L'Homme et son histoire

Les Premières Civilisations

L'Homme et son histoire

Les Premières Civilisations

FRANCE LOISIRS
123, boulevard de Grenelle, Paris

Édition originale
Directeur de collection
Elisabetta Bovo
Auteurs
Giampaolo Righetti,
avec la collaboration
de Barbara Egidati
Comité scientifique
Amilcare Bardi (Arts et Littérature)
Emma Bas (Religion)
Fabio Destefani (Économie et Société,
Sciences et Techniques)
Francesco Massoni (Événements)
Fausta Orlandi
(Architecture et Urbanisme)
Coordination éditoriale
Flavio Ermini
Directeur artistique
Giorgio Seppi

Édition française
Traduction
Marie-Odile Kastner (pages 62-215)
Étienne Schelstraete (pages 12-61)
Révision
Gilles Février
Lionel Monéger (pages 10-61)
Secrétariat d'édition
Claire Forgeot
Réalisation PAO
Bernard Rousselot, Paris

Première édition française 1997 par Librairie Gründ, Paris

Édition du Club France Loisirs, Paris
avec l'autorisation de la Librairie Gründ
ISBN : 2-7441-0995-9
No d'éditeur : 28161
Dépôt légal : décembre 1997
Édition originale 1994 par Arnoldo Mondadori
sous le titre *Preistoria, Civiltà fluviali*

Imprimé en Espagne par Artes Gráficas Toledo, S.A.
D.L. TO: 884-1997

DE L'APPARITION DE L'HOMME AUX CIVILISATIONS FLUVIALES

L'ORIENT ET LA MÉDITERRANÉE ENTRE LE IIe ET LE Ier MILLÉNAIRE

*Ce premier volume de la collection « L'Homme et son histoire » retrace la très longue période de temps au cours de laquelle les premiers hommes se sont différenciés des primates, initiant le difficile chemin qui les a conduits, en l'espace de millions d'années, à s'étendre sur tous les continents. La première donnée qui s'impose à l'attention est l'extrême lenteur de cette évolution. Des millions d'années s'écoulent depuis l'apparition des Australopithèques (les premiers hominidés à adopter la station debout) jusqu'à la fabrication des premiers outils en pierre (œuvre de l'*Homo habilis*). Il faut encore attendre le même laps de temps pour voir apparaître les représentants du genre* Homo sapiens *; c'est à ces derniers que nous devons les premières manifestations culturelles et religieuses de l'Histoire, à travers le culte des morts ou les réalisations de l'art pariétal.*

A partir du xe siècle av. J.-C., la révolution agricole du Néolithique suscite une accélération de l'Histoire ; dans les fertiles vallées fluviales de la Mésopotamie, de l'Égypte et du sous-continent indien, on assiste à la sédentarisation de populations au sein de communautés toujours plus vastes et plus complexes. Vers le IIIe millénaire av. J.-C., cette évolution aboutit à l'essor de grandes civilisations caractérisées par la naissance de villes et dotées d'une organisation administrative plus évoluée, dirigée par un pouvoir central fort. La prééminence de la classe sacerdotale fait du temple le centre non seulement religieux, mais aussi économique et administratif de la cité. L'économie dégage désormais des excédents et se caractérise par la division du travail et la spécialisation des activités.

Du milieu du IIe millénaire jusqu'au VIIe siècle av. J.-C., les populations nomades environnantes se sédentarisent au sein de cités-États, de manière pacifique ou conflictuelle. Ce mouvement est caractéristique de tout l'âge du bronze. L'institution de la royauté fédère ces nouveaux ensembles, le roi devenant le pivot de la stabilité politique et de la prospérité économique, ainsi que le garant d'une justice non arbitraire. Sa légitimité est d'essence sacrée, car il sert d'intermédiaire entre les divinités et les hommes. Cœur de la cité, le palais remplit des fonctions politiques, économiques et religieuses. De Ninive à Cnossos, ce modèle se décline en diverses variantes. L'organisation économique repose sur cette centralisation du pouvoir, l'artisanat et le commerce trouvant un soutien actif dans le palais. Au sein de celui-ci, de vastes entrepôts emmagasinent les excédents nécessaires à l'entretien de la cour et à la subsistance des populations.

Ce tableau est représentatif de l'évolution poursuivie en Mésopotamie, dans la Syrie antique (ensemble s'étendant des rivages de l'Euphrate à la Méditerranée, délimité, au nord, par la chaîne de montagnes du Taurus et, au sud, par le Sinaï), en Égypte (laquelle, selon les apports de la nouvelle historiographie, est reliée aux régions africaines environnantes), en Crète et en Grèce. Si l'Inde et la Chine connaissent une évolution analogue, mais autonome, toute la zone de la Méditerranée occidentale (qui comprend l'Italie, le sud de la péninsule Ibérique, la Sardaigne, la Corse et Malte) semble encore à la recherche d'une assise politique stable.

Parmi les caractéristiques des civilisations de cette époque figurent en premier lieu les progrès des systèmes d'écriture, qui conduisent à l'invention de l'alphabet, authentique révolution culturelle ; ensuite, la persistance de cultes chthoniens d'origine très ancienne, qui reposent sur la fertilité de la terre.

Pour reconstituer une telle période de temps, depuis la préhistoire jusqu'aux grandes civilisations fluviales et à la naissance de cités-États, il est inévitable que, plus on remonte dans le passé, plus les difficultés sont grandes. En l'absence de documents écrits, il faut le plus souvent se contenter des résultats de fouilles (outils, restes de repas, fragments de poterie, objets d'ornement, inscriptions et peintures pariétales). Il en découle de délicats problèmes d'interprétation, même si les chercheurs disposent aujourd'hui de procédures et de techniques de recherche extrêmement sophistiquées.

Un autre obstacle tient à ce que la recherche archéologique a longtemps privilégié certaines zones, comme l'Europe, le Moyen-Orient et l'Égypte. En conséquence, nous disposons d'une chronologie et d'un schéma d'évolution fiables pour certaines régions, tandis que, pour d'autres, la vision est encore trop fragmentaire. Pour les périodes les plus récentes, les textes écrits constituent des sources irremplaçables. Ils vont du simple enregistrement de denrées des entrepôts (tablettes en cunéiforme des palais assyriens ou syriens, tablettes en linéaire B de Pylos et de Cnossos), jusqu'aux lettres, écrits et documents des souverains et fonctionnaires : Annales *des rois assyriens,* Annales *de Tyr... Toutefois, là encore, l'abondance de la documentation pour les civilisations les plus évoluées contraste avec une pénurie de sources écrites pour les autres zones.*

L'Inde présente une singularité, par son traditionnel dédain pour les chronologies. Il faut bien souvent reconstituer son histoire à partir de l'immense littérature indienne, axée surtout sur la religion, qui se présente comme un ensemble homogène et continu jusqu'à nos jours.

A l'issue de cette période, l'Histoire s'achemine vers un tournant majeur : le foyer principal de civilisation se déplace de l'Orient ancien à la mer Méditerranée, principale voie de communication maritime et culturelle, qui constitue le cadre où s'épanouiront les mondes grec et romain.

DE L'APPARITION DE L'HOMME AUX CIVILISATIONS FLUVIALES

Aire géographique	Événements	Économie et Société	Sciences et Techniques
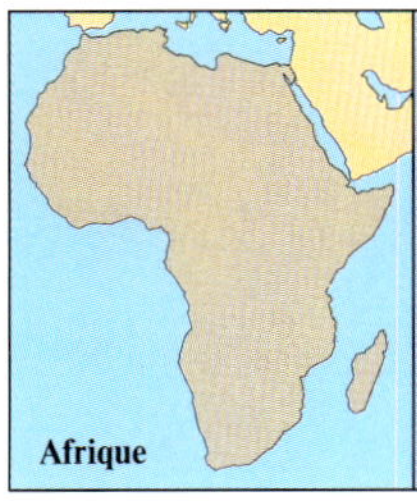 **Afrique**	• Afrique australe. Australopithèques, premiers hominidés à station verticale (5 millions d'années av. J.-C.). • *Homo habilis*. Fabrication d'outils de pierre (2,5 millions d'années av. J.-C.). • *Homo erectus*. Colonisation des zones tempérées de l'Eurasie (1,5 million d'années av. J.-C.). • *Homo sapiens neanderthalensis* (150000 av. J.-C.). • Afrique australe. L'homme moderne apparaît (*Homo sapiens sapiens*, 100000-40000 av. J.-C.). • Cultures mésolithiques du Sahara (8500 av. J.-C.). 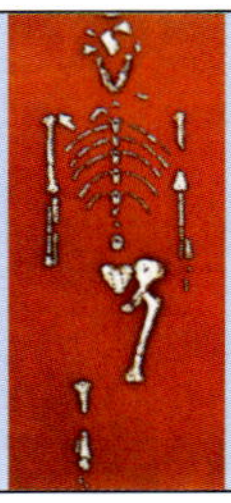	 • Chasse et cueillette de fruits (5 millions d'années-10000 av. J.-C.). • Région saharienne. Mésolithique (8500-7000 av. J.-C.). • Débuts de l'économie agricole et pastorale dans le Sahara (6000 av. J.-C.). Nouvelle phase d'aridité.	• Outils rudimentaires de pierre : *choppers* et *chopping tools* (2,5 millions d'années av. J.-C.). • Bifaces : amygdales et haches à main (1,5 million d'années av. J.-C.). • Découverte du feu (500000 av. J.-C.). • Technique de taille Levallois : lames de pierre montées sur poignée (120000 av. J.-C.). • Emploi des microlithes. Apparition de l'arc (10000 av. J.-C.). 
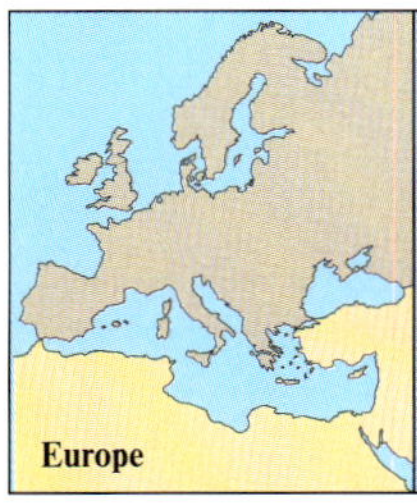 **Europe**	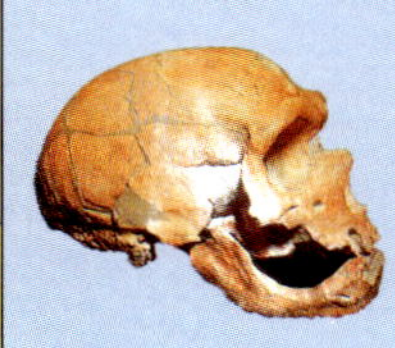 • L'*Homo erectus* dans les zones tempérées d'Europe (1,5 million d'années av. J.-C.). • Homme de Neandertal (120000-35000 av. J.-C.). • Apparition de l'*Homo sapiens* (35000 av. J.-C.). • Cultures mésolithiques (9000-6500 av. J.-C.). • Néolithique. Groupes humains sédentaires (6500-4500 av. J.-C.). • Minoen moyen. Apogée des cités-États crétoises (2300-1570 av. J.-C.).	 • Économie de chasse et de cueillette (jusqu'à 10000 av. J.-C.). • La chasse est associée à la pêche et à la récolte de mollusques et de crustacés (10000 av. J.-C.). • A partir des Balkans, l'agriculture et l'élevage se répandent dans toute l'Europe (6500 av. J.-C.). • Production de lames de pierre pour la fabrication de haches. Commerce de coquillages et d'obsidienne.	 • 1,5 million d'années-5000 av. J.-C. Outils de pierre taillée : du chopp[…] primitif aux bifaces (700000 av. J.[…] aux lames (35000 av. J.-C.) et au[…] microlithes (14000 av. J.-C.). • Premières embarcations. Apparition de l'arc. Métallurgie du bronze (2300 av. J.-C.). • Maîtrise du feu (500000 av. J.-C.). • Céramique à usage domestique. Travail du bois et métallurgie.
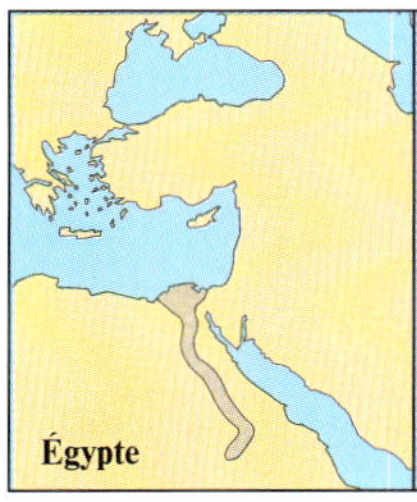 **Égypte**	• Cultures prédynastiques du bassin du Nil. El-Badari et Nagada (6000-4000 av. J.-C.). • Le roi Ménès-Narmer unifie la Haute-Égypte et la Basse-Égypte (3000 av. J.-C.). • Ancien Empire (IIIe-VIe dynasties). Capitale : Memphis (2700-2250 av. J.-C.). • Première période intermédiaire (VIIe-X[e] dynasties). Féodalisation (2150-1955 av. J.-C.). • Moyen Empire (XIe-XIIIe dynasties). Réunification de l'Égypte. Annexion de la Nubie (2050 av. J.-C.). • Invasion des Hyksos. Anarchie (1785 av. J.-C.). 	• L'agriculture est étroitement dépendante des eaux du Nil. • L'État joue un rôle fondamental dans l'économie égyptienne. • Disettes désastreuses. Grave crise économique (2250-2200 av. J.-C.). • Reprise économique. Recettes fiscales. Importation de bois, d'or, de cuivre, de turquoise et de malachite. 	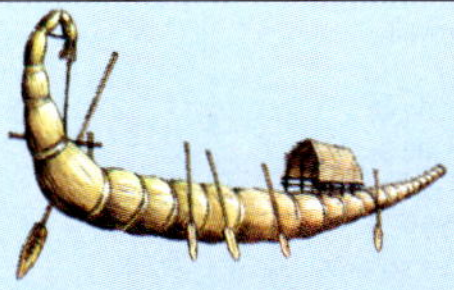 • Grands travaux hydrauliques pour maîtriser le cours du Nil (3000 av. J.-C[…] • A partir de 3000 av. J.-C., développement de la géométrie, de la médeci[…] et de l'astronomie. Calendrier solaire (2800 av. J.-C.). • Travail des métaux, céramique, tissage, construction de bateaux.
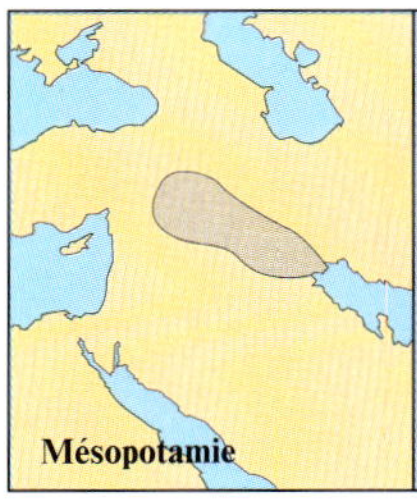 **Mésopotamie**	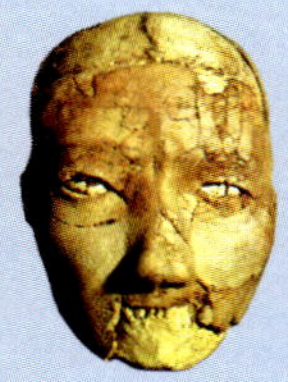 • Cultures de villages présumériens : Hassouna, Samarra et Tell Halaf (VIe millénaire av. J.-C.). • Colonisation de la basse vallée de l'Euphrate. Périodes d'El-Obeid et d'Ourouk. • Les Sumériens occupent la Mésopotamie méridionale. Cités-États indépendantes. • Empire de Sargon, s'étendant du golfe Persique à la Méditerranée. Capitale : Akkad (2370 av. J.-C.). • IIIe dynastie d'Our. Renaissance sumérienne. • Règne d'Hammourabi. Babylone domine toute la Mésopotamie (1800 av. J.-C.).	 • Débuts de l'agriculture dans le nord de la Mésopotamie (7000 av. J.-C.). • Agriculture irriguée dans le sud de la Mésopotamie. Premiers échanges commerciaux (5000 av. J.-C.). • Passage d'une économie villageoise à une économie urbaine. • Sumériens. Hauts rendements agricoles, artisanat raffiné, commerce maritime sur grandes distances. • Introduction d'un système monétaire.	 • Emploi de la voile, de l'araire et du tour de potier. • Tissage : utilisation du métier horizontal. • Introduction de la roue (3250 av. J.-C.). • Travail du cuivre et du bronze (3500-2000 av. J.-C.). • Grands progrès de l'astronomie[…] Élaboration du calendrier lunair[…]
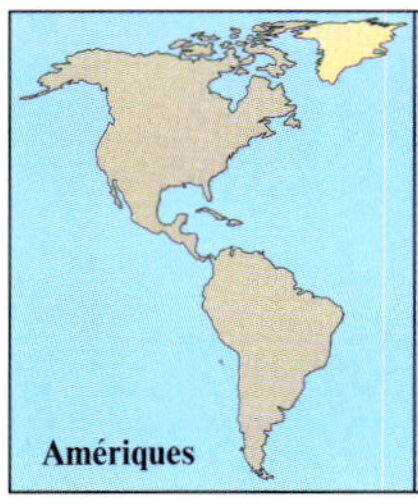 **Amériques**	• Des populations sibériennes gagnent l'Amérique en traversant le détroit de Béring (vers 45000-30000 av. J.-C.). • L'homme occupe l'Amérique du Nord, puis pénètre en Amérique du Sud (vers 16000 av. J.-C.). • Colonisation de l'Amérique du Sud : des foyers de peuplement ont été retrouvés jusqu'en Patagonie (vers 10000 av. J.-C.). • Côtes péruviennes. Sociétés hiérarchisées dotées d'une organisation assez complexe (2500 av. J.-C.).	• Chasse et cueillette (30000-6000 av. J.-C.). • Premiers agriculteurs de l'Amérique du Nord (2500 av. J.-C.). • L'agriculture se développe au Mexique et au Pérou (6000 av. J.-C.). Domestication d'animaux sauvages. • En Amérique centrale et en Amérique du Sud, systèmes de canalisation et rôle fondamental des temples-tumulus. 	• Bifaces, racloirs, pointes Clovis et Folsom. • Premières céramiques du continent américain (Équateur et Colombie, vers 4000 av. J.-C.). • Amérique du Sud. Fabrication de filets de pêche et de tissus retors (3500 av. J.-C.). • Région andine. Utilisation du métier à tisser, production de vaisselle en céramique. • Débuts de la métallurgie au Pérou (1500 av. J.-C.). 
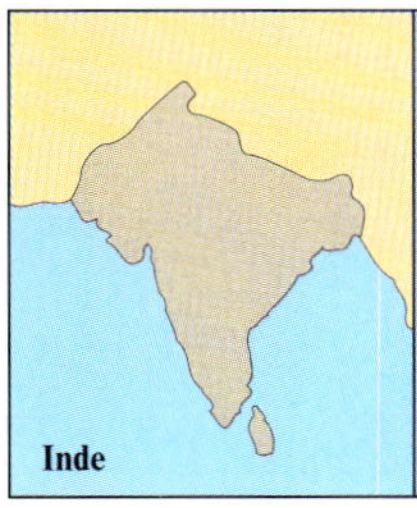 **Inde**	 • Premières communautés agricoles du Baloutchistan. • Villages agricoles de la plaine du Gange (4500 av. J.-C.). • Civilisation urbaine de l'Indus (Harappâ et Mohenjo-Dâro, 2600 av. J.-C.). Après sa disparition, retour à des cultures plus archaïques (2000 av. J.-C.). • Invasion de populations aryennes (1800-1500 av. J.-C.).	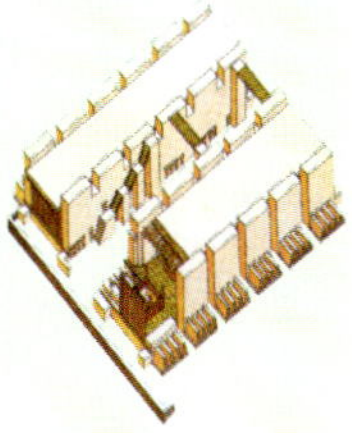 • Hauts plateaux du Baloutchistan : passage d'une économie de chasse et de cueillette à une économie agricole (7000 av. J.-C.). • Bassin du Gange : culture des céréales (4500 av. J.-C.). • Civilisation de l'Indus. Agriculture et artisanat prospères. Vaste réseau d'échanges commerciaux avec l'extérieur, en particulier avec la Mésopotamie (2600 av. J.-C.).	 • Outils d'os et de pierre (7000 av. J.-C.). • Pakistan. Production des premières céramiques (7000 av. J.-C.). • Introduction du tour de potier (3500 av. J.-C.). • Vallée de l'Indus (2500 av. J.-C.) : métallurgie du bronze, utilisation de l'araire, tissage du coton. Systèmes de canalisation des eaux.
 **Asie orientale et Australie**	• *Homo erectus* à Java et en Chine (1,5 million d'années av. J.-C.). • *Sinanthropus pekinensis*. Nord de la Chine (500000-250000 av. J.-C.). • Des groupes humains occupent le Japon et l'Australie (50000 av. J.-C.). • Japon. Culture mésolithique jōmon (10000-300 av. J.-C.). • Chine. Culture de Yangshao. Vallée moyenne du fleuve Jaune (4500 av. J.-C.). • Période de Longshan (2500-1800 av. J.-C.). 	• Chasse et cueillette (1,5 million d'années-6000 av. J.-C.). • Disparition de la faune du Pléistocène. • L'agriculture et l'élevage se développent en Chine (6000 av. J.-C.). • Chine. Commerce d'objets précieux sur de longues distances (5000 av. J.-C.). Japon. Adoption de l'agriculture (Ier millénaire av. J.-C.). • Pêche en haute mer des populations jōmon. 	• Outils de pierre et maîtrise du feu (500000 av. J.-C.). • Japon. Les premières céramiques de l'histoire de l'humanité (10000 av. J.-C.). • Artisanat de l'os, travail des pierres dures. • Chine. Utilisation du tour de potier (2500 av. J.-C.). • Japon et Australie. L'utilisation d'outils de pierre se maintient (2500 av. J.-C.) 

Architecture et Urbanisme	Arts et Littérature	Religion
Premiers abris construits par l'homme (gorge d'Olduvai, Tanzanie, 1 750 000 ans av. J.-C.). Tumulus et bazinas dans le Sahara. Campements à ciel ouvert, cabanes de bois et de branchages, habitats permanents sur des terres de pâturage et d'agriculture. 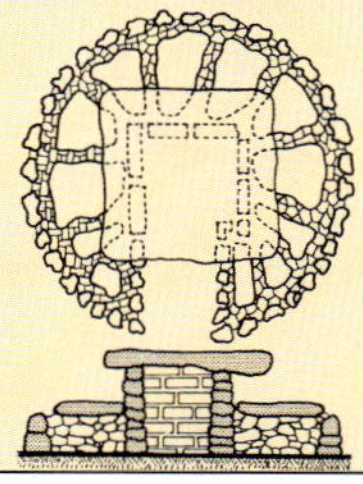	• Débuts de l'art rupestre saharien (Tassili et Fezzan). Quatre grandes époques qui, du Mésolithique, conduisent jusqu'aux premiers siècles de notre ère. Phases du cheval et du chameau. • Céramique et arts mineurs. • Art pariétal et pétroglyphes dans les abris de l'Afrique australe, au sud du Zambèze. 	• Premières manifestations de pratiques magicoreligieuses. Sépultures et culte des morts (100000 av. J.-C.). • Mégalithes funéraires (dolmens, tombes à hypogée, bazinas). • Sahara : cultes animistes (arbres, objets, animaux). 
 Villages agricoles permanents (6000 av. J.-C.). Prédominance de maisons à plan rectangulaire dans le nord de l'Europe. Mégalithes : dolmens, cromlechs et menhirs. Tholos en Crète et dans les Cyclades, *navetas* aux Baléares, temples mégalithiques à Malte et *tumbas de sos gigantes* en Sardaigne.	 • Apogée de l'art pariétal franco-cantabrique : grottes de Lascaux et d'Altamira (20000-15000 av. J.-C.). • Art rupestre des Alpes, de la Scandinavie et du Levant espagnol (8500-2500 av. J.-C.). • Objets sculptés et statues féminines, les Vénus stéatopyges du paléolithique (30000 av. J.-C.). • Diffusion progressive de la céramique décorée (6000 av. J.-C.).	 • Sépultures et culte des morts (120000 av. J.-C.). Croyance en une vie outre-tombe. • Rituels liés à la chasse et à la fécondité (30000 av. J.-C.). • Culture mégalithique. Croyances religieuses liées à l'astronomie (3000 av. J.-C.).
Double sépulture royale à Abydos et Saqqarah (3100-2700 av. J.-C.). Pyramide à degrés de Djoser (IIIe dynastie). Utilisation de blocs de pierre équarris. Nécropole de Gizeh. Pyramide de Kheops et sphinx de Khephren (2550 av. J.-C.). Ve dynastie : temples solaires avec obélisque (*benben*, 2500 av. J.-C.). Tombes rupestres (2250 av. J.-C.). Retour aux nécropoles royales avec des tombes à pyramides (2050 av. J.-C.). 	• Objets votifs, peinture pariétale, relief polychrome. • Refus de la représentation en perspective. • Statuaire royale : portrait idéalisé du pharaon (2700-2250 av. J.-C.). • Production artisanale de très haut niveau (miroirs, peignes, vases). Orfèvrerie. • Écriture hiéroglyphique égyptienne. • Littérature religieuse : *Textes des pyramides* (2500 av. J.-C.). 	• Transition des cultes animistes protohistoriques à des divinités individualisées aux formes humaine et animale (3300 av. J.-C.). • Divinisation du pharaon, lien unique entre les hommes et les dieux (3000 av. J.-C.). La caste sacerdotale. • La survivance après la mort. Tribunal divin des morts et psychostasie (2400 av. J.-C.). • Les dieux de l'Égypte ancienne. 
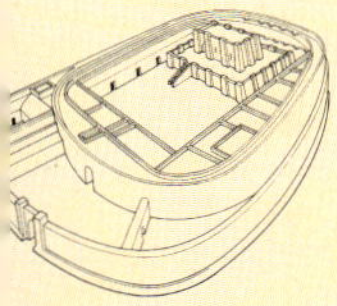 • Premières agglomérations agricoles en Mésopotamie septentrionale (6000 av. J.-C.). • Jéricho, centre proto-urbain avec un système de défense et des lieux de culte. • Ourouk, première cité de l'histoire (IVe millénaire av. J.-C.). • Début du processus d'urbanisation. • Utilisation de la brique en argile crue. • Grandeur de l'architecture religieuse : temple à ziggourat (3500-2500 av. J.-C.).	 • Céramique à motifs figurés stylisés. • Figurines féminines en argile, à tête de serpent (5000 av. J.-C.). • Sceaux-cylindres portant un décor en relief. • Staticité et frontalité de la sculpture : traitement particularisé du visage. • Sculpture sur métal. • Orfèvrerie : reliefs sur pierre. • Invention de l'écriture : tablettes d'argile. Épopée de Gilgamesh (2000-1800 av. J.-C.). • Le Code d'Hammourabi et le Code d'Our-Nammou.	 • Culte des forces de la nature. • Dépendance totale des hommes envers les dieux (3500 av. J.-C.). • Croissant fertile : divinités anthropomorphes liées au cycle des saisons et de l'agriculture. Rites de fertilité (3000 av. J.-C.). • Les « listes des divinités ». • La cosmogonie sumérienne : le roi-prêtre. • Grand développement de l'art divinatoire. • Subordination de la religion à la politique.
Grands villages permanents sur les côtes péruviennes (3000 av. J.-C.). Architecture religieuse au Pérou : temples à tumulus édifiés sur de grandes plates-formes et édifices cultuels sur les côtes (vers 2600 av. J.-C.). Temple-tumulus d'Aspero (2600 av. J.-C.). 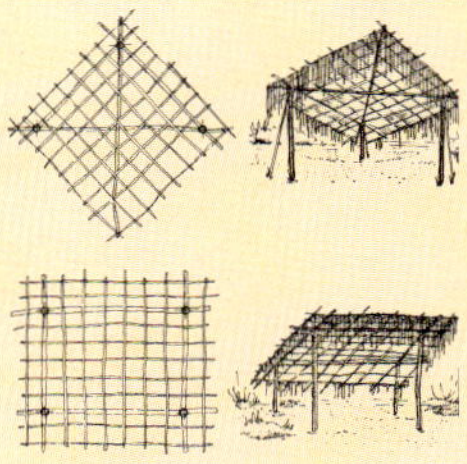	• Peintures rupestres en Amérique du Sud (tradition patagonienne); tendances géométrique et figurative. • Céramique de la culture de Valdivia (Équateur), objets d'usage quotidien, figures féminines, bols (3000 av. J.-C.). • Étoffes peintes avec des motifs zoomorphes. 	• Le chaman, intermédiaire entre le monde des hommes et celui des esprits. • Amérique du Nord : inhumation des morts qui sont souvent enduits d'une couche d'ocre rouge (vers 8000 av. J.-C.). • Amérique du Sud : grandes agglomérations urbaines avec des espaces sacrés édifiés sur des collines artificielles. • Tombes contenant un matériel funéraire différencié (2500 av. J.-C.). 
 • Pakistān : implantations rurales permanentes. Habitations en briques de boue séchée (7000 av. J.-C.). Entrepôts pour les outils et les grains. • Civilisation de l'Indus : imposants complexes urbains planifiés ayant des activités productives. Cités fortifiées avec acropoles (2600 av. J.-C.). • Conception fonctionnelle de l'architecture : briques de boue séchée et d'argile, absence d'éléments décoratifs.	 • Céramique à dessin cordé de la région du Gange (4500 av. J.-C.). • Plaine pakistanaise : céramique fine portant un décor naturaliste et géométrique (3500 av. J.-C.). • Civilisation de l'Indus. Petits ustensiles et têtes de taureaux. Sceaux carrés portant des inscriptions et des représentations animales (2500 av. J.-C.). • Écriture pictographique sur les sceaux, amulettes, vases et tablettes en cuivre (2600 av. J.-C.).	 • Vallée de l'Indus : religion polythéiste liée au culte de la fertilité. • La religion de Mohenjo-Dāro et d'Harappā, base de la mythologie et de la liturgie hindoue. • Statues et représentations sur des sceaux en stéatite. • Divinités anthropomorphes qui sont les précurseurs de celles de l'époque historique. • Culte de la déesse-mère et des animaux sacrés (le taureau).
Homme de Pékin. Occupation de grottes et d'abris rupestres (500000 av. J.-C.). Japon : villages-hypogées permanents (10000-300 av. J.-C.). Chine : culture dite « de Yangshao ». Installations rurales avec des habitations-hypogées en argile (Banpo, 5000 av. J.-C.). Villages fortifiés de la culture dite « de Longshan » (2500 av. J.-C.). 	• Culture dite « de Yangshao ». Céramique fine à motifs curvilignes et géométriques de couleur rouge foncé (4500 av. J.-C.). • Culture dite « de Longshan ». Céramique noire et grise dépourvue de décor peint avec des reflets métalliques et un décor en relief (2500 av. J.-C.). • Japon : céramique jōmon à décor en dessin cordé, le témoignage connu le plus ancien au monde (10000-300 av. J.-C.). • Art rupestre australien (3000 av. J.-C.). 	• *Sinanthropus pekinensis* (« homme de Pékin »). Cannibalisme rituel (500000 av. J.-C.). • Chine : cultes funéraires. Croyance dans la survie après la mort (4500 av. J.-C.). • Divination basée sur l'examen des os et des carapaces de tortue. Culte des ancêtres (2500 av. J.-C.). • La religion des Aborigènes australiens et l'« âge du sommeil » mythique. • La religion jōmon. 

Sur le continent africain, la présence de l'homme remonte à une époque très lointaine, bien antérieure à son apparition dans d'autres régions du monde. L'Afrique fut en effet le théâtre de cette longue évolution qui porta l'homme à se distinguer progressivement des singes anthropomorphes, avec lesquels il partage une étroite affinité génétique. A la lumière des connaissances actuelles, il semble acquis que le processus d'hominisation commença il y a environ 5 millions d'années, dans le sud-est de l'Afrique, avec l'apparition de l'***Australopithecus***, le premier hominidé qui adopta la station verticale. Les témoignages les plus intéressants sur notre lointain ancêtre ont été recueillis le long de la grande faille tectonique qui va de la mer Rouge aux grands lacs équatoriaux. A Laetoli, en Tanzanie, dans une couche de cendres volcaniques pétrifiées, Mary Leakey fit en 1976 une découverte particulièrement suggestive : des traces de pas datant de 3,5 millions d'années. L'analyse des empreintes a montré qu'elles appartenaient à trois individus (deux adultes et un enfant) qui avaient déjà acquis la station verticale. A Hadar, en Éthiopie, on découvrit en 1974 le

squelette presque complet d'une jeune femme qui avait vécu il y a 3,5 millions d'années. D'après une chanson des Beatles, qu'ils écoutèrent le soir de leur découverte, les archéologues lui donnèrent le nom de « Lucy ». Il s'agit de l'exemplaire le plus complet d'*Australopithecus* retrouvé à ce jour. L'analyse des ossements a permis de reconstruire l'aspect physique de Lucy :

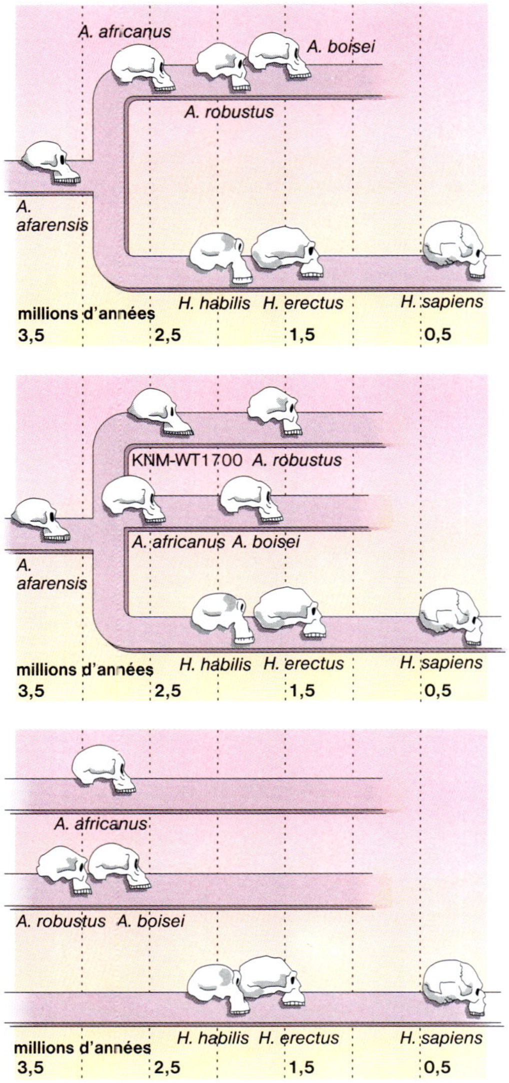

A gauche : empreintes fossiles d'il y a environ 3,5 millions d'années, retrouvées près de Laetoli (Tanzanie).
Ci-contre : trois théories de l'évolution de l'homme. Dans les deux premiers schémas, l'*Australopithecus afarensis *est considéré comme notre ancêtre le plus lointain.
Selon le troisième schéma, au contraire, les australopithèques comme l'*Homo sapiens *descendraient d'une créature non encore découverte, qui aurait vécu il y a plus de 3,5 millions d'années.
En bas, en double page : une autre représentation de l'évolution probable qui a conduit à l'hominisation. De fait, les schémas de ce type sont continuellement modifiés par les spécialistes, à la suite des nouvelles découvertes et à mesure que sont mises au point des méthodes de recherche et de datation de plus en plus perfectionnées. Celui qui est reproduit ci-dessous se fonde sur les interprétations de la famille Leakey, qui se consacre depuis deux générations à la recherche sur les origines de l'humanité.

haute d'un peu plus d'un mètre, de maigre corpulence (elle pesait environ 30 kg), la jeune femme présente quelques détails anatomiques (l'articulation du genou, la forme du bassin et de la colonne vertébrale) qui indiquent qu'elle marchait sur ses membres inférieurs. La capacité crânienne, encore très limitée (300 à 400 cm³), ne signifie pas que son quotient intellectuel n'était pas supérieur à celui des singes. En effet, l'accroissement des facultés cérébrales des animaux ne dépend pas seulement du développement du cerveau en volume et en poids, mais aussi et surtout du développement du cortex cérébral.

Dans l'histoire du genre humain, l'acquisition de la **marche bipède** représente une étape décisive, qui constitue le premier pas vers des progrès ultérieurs. Cette position permet en effet aux membres supérieurs de se perfectionner et à la main de se libérer de toute fonction locomotrice. La main reçut donc de nouvelles fonctions, qui permirent le développement du système cérébral. C'est l'***Homo habilis*** qui exploita ces possibilités en fabriquant les **premiers outils de pierre** : les racloirs et les percuteurs. Même s'il s'agissait encore d'outils très rudimentaires (de simples galets aménagés dont l'arête tranchante était obtenue en enlevant un éclat sur un côté), leur fabrication témoigne sans équivoque d'une pensée conceptuelle qui situe définitivement l'homme en dehors de la souche des singes anthropomorphes. L'homme ne se servait pas seulement d'objets disponibles dans la nature (certains animaux possèdent aussi cette capacité), mais il fabriquait ses instruments en fonction d'un projet rationnel.

L'*Homo habilis* est apparu il y a environ 2 millions d'années, dans le sud-est de l'Afrique. C'est la **gorge d'Olduvai**, en Tanzanie, qui a livré le plus grand nombre de restes fossiles attribuables à cette espèce. Particulièrement riche, ce dépôt préhistorique de 90 mètres d'épaisseur contenait de précieux témoignages sur l'évolution des premiers hominidés.

L'*Homo habilis*, qui descend peut-être de l'*Australopithecus afarensis* (l'espèce la plus ancienne et la plus indéterminée des australopithèques) ou qui suivit une évolution distincte à partir d'un ancêtre commun, peut être considéré comme le **premier représentant du genre humain**. Capable de marcher facilement sur ses membres postérieurs, il présente une morphologie qui le distingue nettement de l'*Australopithecus* : la capacité crânienne plus élevée (le volume du cerveau est en moyenne de 700 cm³), la taille supérieure (1,40 m en moyenne), la conformation du bassin et le pouce parfaitement opposable (ce qui assure les prises) sont des traits qui le rapprochent de l'homme moderne. Néanmoins, son habitat naturel et son régime alimentaire ne diffèrent pas fondamentalement de ceux de l'*Australopithecus*. L'*Homo habilis* préfère les régions sèches de la savane, où il vit de la cueillette des fruits et de la chasse aux petits animaux. Parfois, il se nourrit aussi de charognes abandonnées par les prédateurs. En petits groupes d'environ quinze à vingt individus, il mène une vie nomade à l'intérieur d'un vaste territoire de chasse, s'arrêtant à certains endroits pour de courtes périodes. C'est là qu'il construit des **abris artificiels** : il s'agit des premières structures d'habitat que nous connaissons.

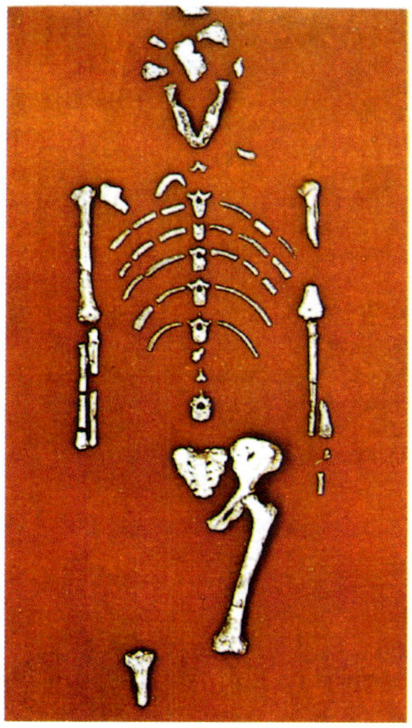

En haut : la célèbre « Lucy », le squelette du plus vieil hominidé retrouvé, daté d'il y a 3,5 millions d'années. A droite : la zone du triangle de Hadar (Éthiopie), où « Lucy » a été découverte.

Entre 1 500 000 et 300 000 années, l'***Homo erectus*** se répand sur le continent africain. Plus corpulent (sa taille moyenne est de 1,60 m), il possède une capacité crânienne supérieure, qui atteint et parfois dépasse 1 000 cm³. L'*Homo erectus* apporte de profondes améliorations à l'industrie lithique. Abandonnant les galets grossièrement façonnés, il met au point des techniques beaucoup plus évoluées de taille et de travail de la pierre. L'industrie lithique de cette période (l'Acheuléen) produit des outils taillés sur leurs deux faces : les **hachereaux taillés en bifaces**, qui servent à creuser et trancher exclusivement, caractéristiques de l'Acheuléen d'Afrique. A la différence de ses prédécesseurs, l'*Homo erectus* se répand en dehors du continent africain, colonisant les régions tempérées d'Europe et d'Asie : le ***Sinanthropus pekinensis*** (homme de Pékin) et le ***Pithecanthropus erectus*** (découvert à Java) se rattachent en effet à la famille de l'*Homo erectus*, comme l'attestent les restes fossiles et les outils qui leur sont attribués. Cet hominidé occupe les plaines ouvertes (les prairies ou les savanes), évitant les milieux inhospitaliers (les déserts ou les forêts équatoriales).

La **maîtrise du feu**, acquise il y a environ 500 000 années, est un autre progrès important de l'*Homo erectus*, qui peut se réchauffer, cuire sa nourriture, se protéger des bêtes féroces et fabriquer des outils de bois plus solides pour chasser ou pour arracher les racines. En incendiant les hautes herbes de la prairie, des groupes organisés de chasseurs peuvent aussi capturer des mammifères de grosse taille, qui sont rabattus vers des pièges ou vers des précipices.

Les hommes ne se contentent donc plus de récupérer des carcasses et pratiquent activement la chasse. Sur les sites d'habitat de l'*Homo erectus*, les archéologues ont effet retrouvé, outre des ateliers de production d'outils en pierre, les ossements d'une faune variée et abondante : des restes d'éléphants, d'hippopotames, de rhinocéros, de bisons ou d'animaux de plus petites tailles, comme des sangliers, des cerfs ou des chevreuils. Le feu contribue en outre au développement de la vie sociale : les soirées passées autour du foyer renforcent les liens familiaux et tribaux, permettent d'échanger les expériences et de transmettre le patrimoine culturel du groupe.

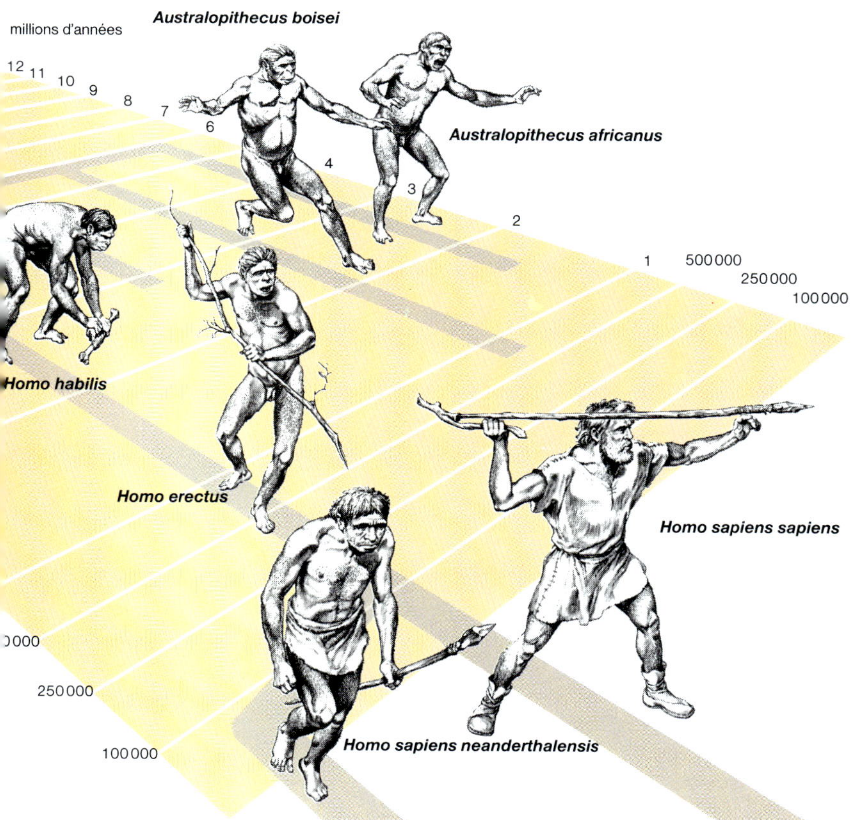

Durant le **Paléolithique moyen** (il y a entre 120 000 et 40 000 années), l'évolution de l'homme devient moins linéaire, et la fragmentation des données rend la période encore plus obscure. De nouveaux types humains se développent dans différentes régions de la planète : les paléontologues les regroupent sous la dénomination commune d'***Homo sapiens,*** qui indique leur parenté avec l'homme moderne. Résultant probablement des transformations génétiques de l'*Homo erectus*, des différences apparaissent entre les régions. Sur le continent africain lui-même, le développement n'est pas homogène : alors que les régions méridionales restent fidèles à la culture du biface, qui atteint parfois un degré élevé de perfection technique, les régions septentrionales sont habitées par l'homme de Neandertal (du nom d'une vallée d'Allemagne occidentale où fut découvert en 1856 un crâne humain fossile de ce type d'hominidé).

L'***Homo sapiens neanderthalensis***, qui est devenu comme l'emblème de l'homme préhistorique, a vécu durant la dernière glaciation. Plutôt petit (sa taille moyenne est de 1,55 m), il possède des os robustes et un tronc massif. La conformation de son squelette est typiquement humaine, mais son crâne ressemble au crâne d'un singe : mandibules massives et saillantes (prognathisme), front bas et fuyant, arcades sourcilières fortement accentuées. Le volume du cerveau est important (de 1 300 à 1 500 cm³). La position des néandertaliens dans le processus d'hominisation est encore discutée. Les paléontologues ont néanmoins acquis la conviction que l'homme de Neandertal n'appartient pas à la lignée

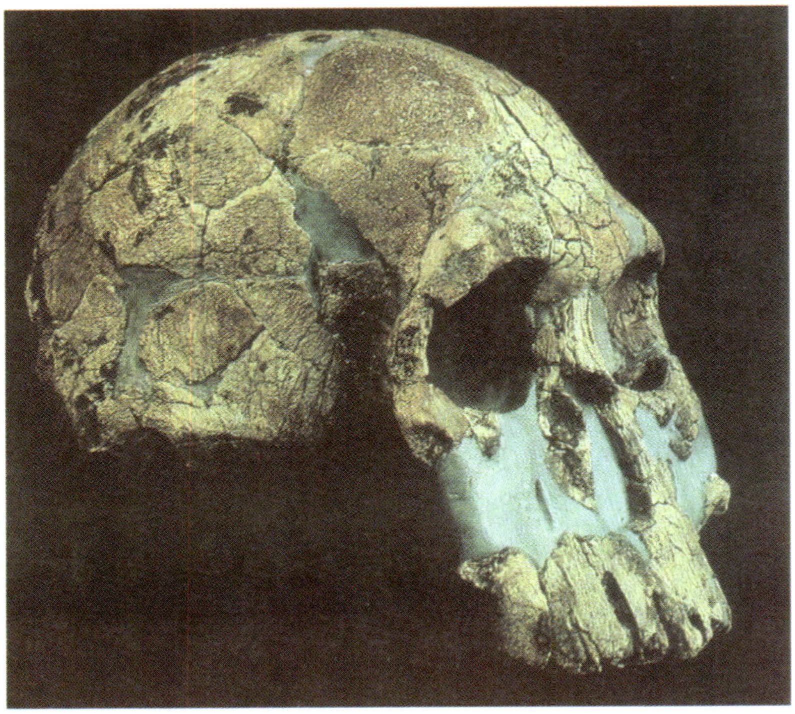

En haut : crâne fossile de l'*Homo habilis *découvert par Richard Leakey dans le nord du Kenya en 1972.
A droite : la carte indique les sites où furent retrouvés des restes fossiles et des traces d'habitat humain appartenant au Paléolithique.
Page ci-contre, en bas : schéma général de la périodisation de la préhistoire. Après qu'une première périodisation eut été sommairement définie par les paléontologues du XIXe siècle, l'analyse plus attentive de la documentation mise au jour par les fouilles a récemment permis une subdivision plus articulée et plus précise.
A droite : industrie de l'os néolithique de tradition capsienne. De haut en bas : aiguille et pendentif, polissoir et spatule, poinçon, cuillère.

qui donna naissance à l'espèce humaine, dont il ne représente qu'une branche latérale. Issu de l'*Homo erectus* européen, il se serait éteint sans descendance il y a environ 40 000 ans, au moment où apparaissait l'*Homo sapiens sapiens*. Les néandertaliens occupèrent des milieux fort variés, depuis l'Europe centrale, au climat rigoureux, jusqu'aux régions chaudes du Moyen-Orient. En Afrique, leur présence est au contraire limitée au Nord du continent : les gisements les plus significatifs sont ceux d'El Guettar (Tunisie) et de Djebel Irhoud (Maroc), qui ont livré de nombreux **outils moustériens** (l'abri du Moustier, en Dordogne, a donné son nom au travail de la pierre à l'époque de l'homme de Neandertal).

En Afrique, le trait le plus significatif du Paléolithique moyen est néanmoins la présence de l'***Homo sapiens sapiens***, l'espèce à laquelle nous appartenons. Apparu il y a 100 000 ans dans le sud-est de l'Afrique, l'*Homo sapiens sapiens* colonisa rapidement l'Europe, où il supplanta l'Homme de Neandertal. Au même moment, il prit pied en Asie, en Indochine et en Australie, avant de passer en Amérique par le détroit de Béring, il y a 35 000 ans, implantation favorisée par la production d'outils de plus en plus efficaces. D'un seul nucléus de silex, il était en mesure de tirer un grand nombre de microlithes et de lames, adaptées à divers usages et montées sur un manche. Aux outils de pierre s'ajoutèrent les objets en os : harpons dentelés, hameçons en coquillage, aiguilles destinées à coudre les peaux.
De nouvelles armes furent introduites : la sagaie, le propulseur, qui permet de projeter les lances avec davantage de force et de précision, et enfin l'arc, à la fin du Paléolithique supérieur. C'est à cette période qu'apparaissent également les premières manifestations d'un **sentiment religieux** (rituels funéraires ou propitiatoires, le plus souvent associés à la chasse) et les premières **productions artistiques** (incisions ou peintures rupestres du Tassili ou du Fezzan), qui attestent que la vie spirituelle de l'homme avait atteint un certain degré de maturité.

Au cours de la dernière glaciation, l'Afrique n'est pas recouverte par les glaces ni exposée à de fortes chutes de température, contrairement à ce qui se passe dans le nord de l'Europe centrale et en Amérique du Nord. En raison de la réduction des précipitations, elle traverse plutôt une période de sécheresse peu propice au peuplement humain. Ce n'est qu'à l'**époque postglaciaire**, quand la couche de glace se retire progressivement du continent européen, qu'apparaît un important changement climatique : des précipitations plus fréquentes favorisent, vers 10000 av. J.-C., le peuplement humain. Durant cette période, il convient de distinguer l'Afrique australe des régions septentrionales. Les populations qui s'établissent en **Afrique australe** conserveront jusqu'au Ier millénaire av. J.-C. des caractères typiquement paléolithiques, qu'il s'agisse de l'économie (chasse et cueillette), de l'industrie lithique (persistance de la culture du biface), de la production d'objets (absence de céramique).

Dans les **régions sahariennes**, au contraire, le peuplement humain évolua très rapidement vers la culture du **Mésolithique**. En Afrique du Nord, le Mésolithique se divise en deux cultures, qui se superposent parfois, occupant les mêmes sites à des époques différentes. La **culture ibéromaurusienne**, apparue il y a environ 20 000 ans, se répand surtout dans les régions côtières du Maroc et de l'Algérie, où des groupes de chasseurs-cueilleurs occupent les abris et les grottes du littoral, manifestant une nette tendance à la fabrication d'un outillage microlithique.
La **culture capsienne** (du nom de l'antique Capsa, aujourd'hui Gafsa, en Tunisie) apparaît au VIIIe millénaire av. J.-C. dans les pays du Maghreb. Caractérisée par une industrie microlithique assez variée (burins, pointes triangulaires et trapézoïdales, lames denticulées), elle n'a pas laissé de traces de ses structures d'habitat, qui étaient sans doute construites en matériaux périssables, comme le bois. L'abondance des précipitations explique que les régions désertiques du

LES ÂGES DE LA PIERRE

La préhistoire est habituellement divisée en quelques grandes époques, correspondant aux principales étapes du processus d'hominisation. Vers la moitié du XIXe siècle, des archéologues danois proposèrent une première périodisation, qui distinguait sommairement trois grandes périodes : l'âge de la pierre, qui débute avec la fabrication des premiers outils de pierre (il y a 2,5 millions d'années) et se termine avec l'acquisition de la métallurgie (3000 av. J.-C.), l'âge du bronze, qui va de 2500 à 1200 av. J.-C., et l'âge du fer.

Une analyse plus attentive de la documentation mise au jour par les fouilles a pourtant démontré qu'il convenait d'introduire de nouvelles divisions au sein de l'âge de la pierre : le Paléolithique (âge de la pierre taillée), le Mésolithique et le Néolithique (âge de la pierre polie).

*C'est durant le Paléolithique que l'humanité accomplit la plus grande partie de son évolution. Durant cette période, l'homme mène une existence de nomade, fondée sur la chasse et la récolte des végétaux sauvages comestibles. La première partie de cette immense période, le Paléolithique inférieur, va de l'apparition de l'*Homo habilis *jusqu'aux premiers hommes de Neandertal (il y a 120 000 ans). Le Paléolithique moyen, qui débute avec l'homme de Neandertal, se termine avec l'affirmation de l'*Homo sapiens *(il y a environ 40 000 ans).*

Durant le Paléolithique supérieur (40000-10000 av. J.-C.), d'importantes innovations bouleversent la culture matérielle (travail systématique de l'os, industrie lithique spécialisée, outils de silex et microlithes susceptibles d'être emmanchés) et la vie spirituelle (apparition des premières productions artistiques).

Le Mésolithique est une période intermédiaire, dont les cultures assurent la transition entre les communautés de cueilleurs-chasseurs du Paléolithique et les premiers pasteurs et cultivateurs du Néolithique. Durant cette dernière période, l'homme abandonne le nomadisme pour adopter une vie sédentaire et produire lui-même ses biens de consommation en cultivant la terre et en élevant des animaux domestiques. A l'industrie lithique s'ajoutent dès lors le travail de la terre cuite et des tissus, tandis que l'organisation des groupes humains devient de plus en plus élaborée, notamment sous l'effet de la division du travail, qui favorise l'apparition d'une stratification sociale jusqu'alors inconnue.

Il convient toutefois de souligner que cette périodisation n'a pas de validité absolue. La chronologie proposée peut certes refléter plus ou moins fidèlement l'évolution de l'Europe et du Proche-Orient, mais se révèle tout à fait inadéquate quand il s'agit d'analyser des sociétés qui ont suivi d'autres rythmes de développement. Il en est même qui n'ont pas connu certaines phases, passant directement d'horizons culturels propres à l'homme du Paléolithique à des échanges aussi soudains que désastreux avec la civilisation industrielle de l'ère moderne. C'est le cas par exemple de populations qui, aujourd'hui encore, vivent à l'état primitif et pour lesquelles le Paléolithique n'est toujours pas terminé.

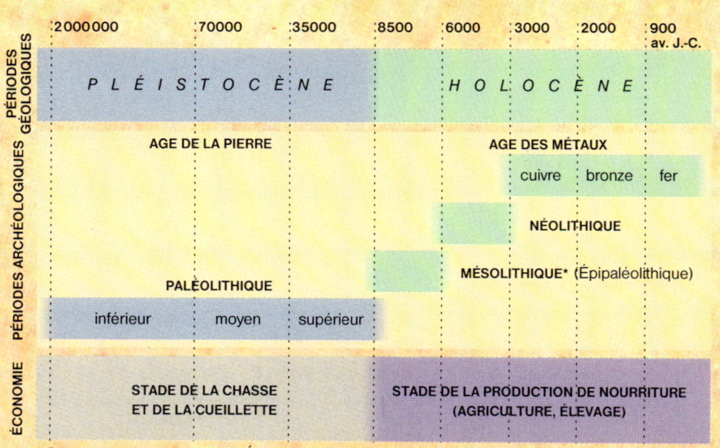

** Certains auteurs distinguent l'Épipaléolithique (économie de chasseurs-cueilleurs postglaciaire) du Mésolithique (début de l'économie de production).*

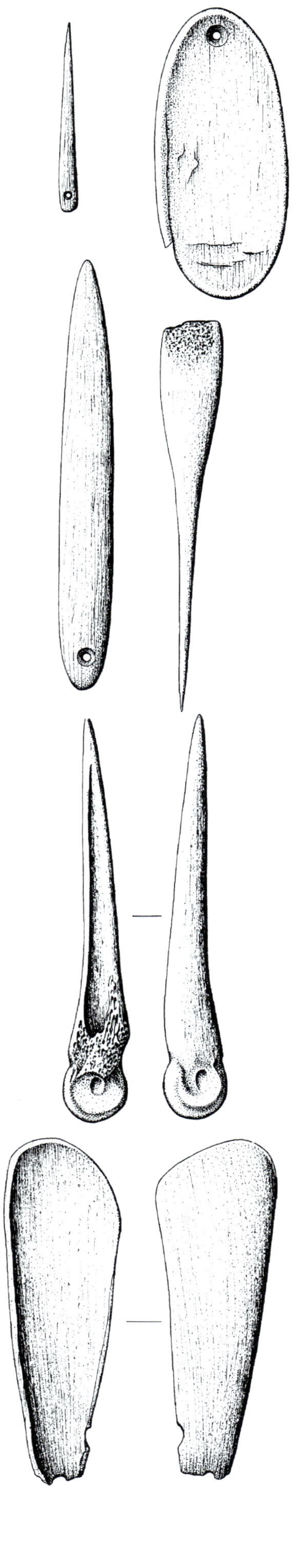

Sahara soient moins étendues qu'aujourd'hui. Les sommets se couvrent d'une végétation de type méditerranéen, alors que les plaines se transforment en prairies parsemées de lacs et de cours d'eau. La faune sauvage est sensiblement modifiée : la région est peuplée de gazelles, de girafes, de buffles, de lions, et même d'animaux de grosse taille comme les éléphants, les hippopotames et les rhinocéros. Cet environnement naturel favorise sans aucun doute le peuplement humain : pour assurer sa subsistance, l'homme peut chasser et pêcher dans les lacs et dans les fleuves.

La récolte des herbes et des céréales sauvages (moissonnées au moyen de faucilles à lames de silex) revêt pourtant, au cours du temps, un rôle grandissant, devenant peu à peu la ressource alimentaire la plus importante.

Dans les régions sahariennes, la **transition vers une économie agropastorale** s'effectue vers le VIe millénaire av. J.-C. Dès ce moment, les céréales sauvages et le bétail sont en effet domestiqués. En même temps, les sociétés humaines abandonnent leur condition semi-nomade pour s'installer dans des campements permanents, comme l'atteste l'introduction de la vaisselle en terre cuite, qui accompagne toujours cette transformation.

Pour l'Afrique du Nord, les derniers millénaires qui précèdent l'ère chrétienne sont à nouveau une période de profondes transformations, dont nous pouvons indiquer la direction d'ensemble sans être pour autant en mesure d'en définir la chronologie précise. A partir du VIe millénaire av. J.-C., la diminution des précipitations pousse les populations néolithiques à abandonner progressivement les sites de peuplement du Sahara, de plus en plus aride et inhospitalier. En quelques millénaires, **la région saharienne se dépeuple tout à fait** et devient une sorte de barrière entre deux régions qui connaîtront une évolution opposée : l'aire soudanaise, qui partagera étroitement le sort de l'Afrique noire, et les régions côtières du nord de l'Afrique, qui se tourneront vers le monde méditerranéen et seront occupées par des peuples nomades d'origine méditerranéenne, les cavaliers **garamantes et gétules**.

A la même époque, l'évolution de l'Afrique méridionale, peuplée de chasseurs bochimans, reste obscure : les cultures qui s'y succèdent n'ont laissé que de rares témoignages. Compte tenu de l'environnement naturel, peu propice à l'agriculture, et de la faible densité démographique, qui n'exige pas d'exploiter intensivement les ressources naturelles, les régions situées au sud de l'équateur restent en fait attachées, au moins jusqu'au Ier millénaire av. J.-C., à une culture prénéolithique.

Les premiers **chasseurs européens du Paléolithique** vivaient dans un environnement dominé par de vastes étendues de glace, aux marges desquelles s'étendaient la toundra et la steppe. Dans ce milieu, les anciennes populations européennes survivaient en chassant le mammouth, le rhinocéros laineux, le bison, le cheval sauvage et le renne. Les chasseurs préhistoriques disposaient d'armes rudimentaires en pierre ; ils se déplaçaient continuellement en suivant le gros gibier, en établissant des campements provisoires à ciel ouvert ou en s'abritant dans des grottes. Des témoignages, exclusivement archéologiques, permettent d'imaginer leur mode de vie : ossements animaux et humains, cendres de foyer, objets de pierre.
Quand une grotte a été occupée lors de périodes ultérieures, les archéologues peuvent en outre établir une chronologie relative, fondée sur l'analyse stratigraphique.
C'est le cas de la grotte du Placard (Charente), des sites des Eyzies (Dordogne) et des neuf grottes de Grimaldi (Ligurie).

Les fouilles archéologiques ont permis de retrouver la trace d'un nombre considérable d'**industries lithiques**, dont l'existence est attestée dans diverses régions d'Europe, en particulier en Europe centrale et occidentale. Ces industries se distinguent les unes des autres par la technique de façonnage des objets. L'industrie la plus ancienne est l'industrie **chelléenne**, qui doit son nom à la ville de Chelles (Seine-et-Marne). Les objets produits sont des coups-de-poing ou bifaces, éclats de silex en forme d'amande, dont les dimensions varient selon l'usage. Presque en même temps apparaît l'industrie **clactonienne** il y a 300 000 ans (de Clacton-on-Sea, Essex), qui se caractérise au contraire par une production très rudimentaire d'éclats. L'**Acheuléen** (de Saint-Acheul, dans la Somme), de 400 000 à 250 000 ans, qui **termine le Paléolithique inférieur**, continue à produire des bifaces, mais témoigne d'une technique plus élaborée : des retouches soignées affinent les outils de pierre.
Les industries du Paléolithique inférieur se répandent dans les régions libres de glaces de l'Europe, c'est-à-dire dans ses régions centrales et méridionales : sud de l'Angleterre, Belgique et Allemagne. La Scandinavie et la Russie septentrionale leur sont inaccessibles. L'***Homo erectus*** est le protagoniste de cette longue période.

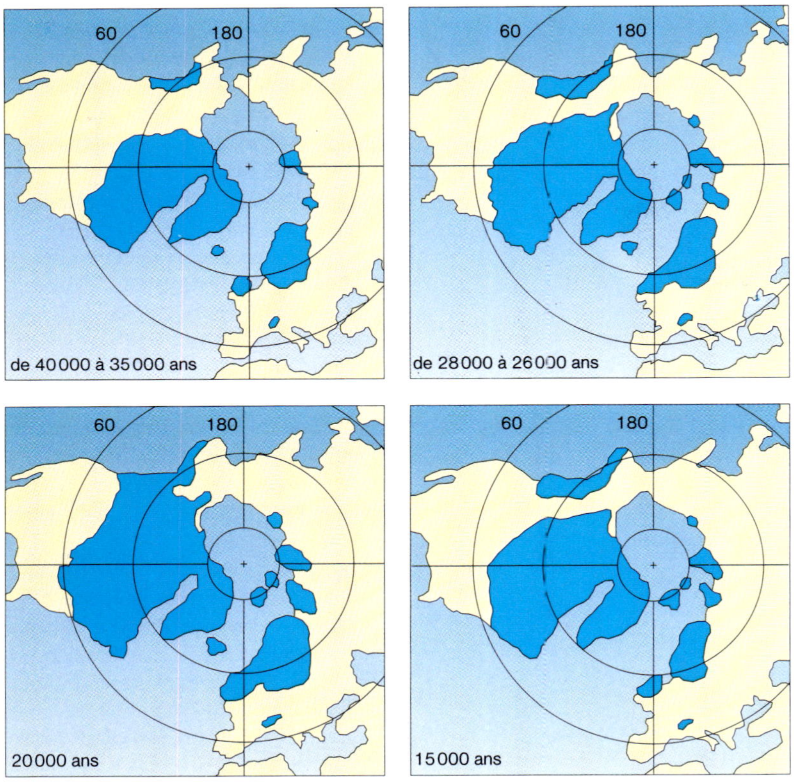

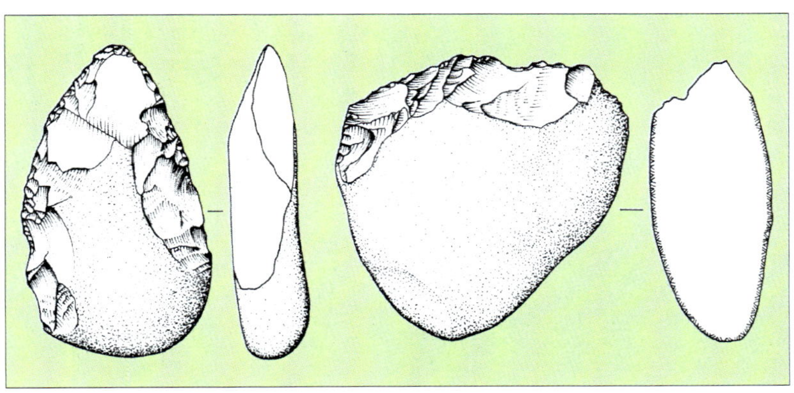

L'ère géologique qualifiée d'**interglaciaire Riss-Würm**, entre 130 000 et 110 000 ans (les deux dernières glaciations qui terminent le Pléistocène), coïncide avec l'apparition de nouvelles industries de la pierre et d'un **nouveau type humain**. Ces conditions se maintiendront jusqu'à la fin de la première partie de la glaciation de Würm et servent à définir une autre période du Paléolithique, le Paléolithique moyen. Le faciès culturel de cette période est le **Moustérien** (de la grotte du Moustier, en Dordogne), qui développe les techniques et les formes du Paléolithique inférieur. Aux bifaces amygdaloïdes (en forme d'amande) s'ajoute un outillage sur éclats, composé de pointes « à main », de racloirs et de pointes foliacées (en forme de feuilles, pointues aux deux extrémités), à partir desquels les archéologues ont davantage identifié des particularismes régionaux que des groupes bien délimités. Le mérite de cette évolution revient à l'**homme de Neandertal**, type caractérisé par son corps massif, sa taille réduite et son crâne plat, plus long que large, dont la région faciale est plus développée que la région cérébrale. De Stuttgart au mont Circé (Italie), les sites découverts en Europe ne portent aucune trace antérieure d'habitat.

A gauche : les phases de croissance des glaciers. L'avancée du front glaciaire vers les vallées dépend de plusieurs facteurs, dont le plus important est l'abaissement de la limite des neiges permanentes. En bas : biface et chopper (galet aménagé) de l'Acheuléen de Terra Amata, Nice (vers 380000 av. J.-C.). A droite : crâne de l'homme de Neandertal de la Chapelle-aux-Saints. Musée d'Histoire naturelle, Milan. Page ci-contre : les phases climatiques et culturelles du Paléolithique supérieur.

Le **Paléolithique supérieur**, qui débute il y a 30 000 à 40 000 ans et coïncide avec la phase finale de la dernière glaciation de Würm, est la dernière période de la préhistoire. L'Europe est alors habitée par des types fort différents, dont les types de Cro-Magnon, de Chancelade et de Grimaldi sont les mieux connus. Le climat change de nouveau : avant la fin du Moustérien, la **glaciation de Würm** modifie la flore, la faune et le climat. Autour de la calotte glaciaire s'étend la toundra, où la faune arctique (rennes, loups polaires, lièvres blancs et bœufs musqués), poussée vers le sud, prend possession d'un environnement typiquement nordique. Sous les latitudes plus basses, la toundra cède la place aux steppes froides, où paissent les chevaux, alors que les mammouths et les rhinocéros résistent dans une étroite bande comprise entre les steppes et la toundra. C'est alors que **l'homme de Neandertal disparaît** : il est supplanté par l'*Homo sapiens sapiens* (l'homme moderne), dont l'apparition est liée à l'évolution du climat durant la dernière glaciation.

Parmi les types, généralement dolichocéphales (boîte crânienne allongée), d'***Homo sapiens***, le plus répandu est le type de Cro-Magnon (du site de Cro-Magnon, en Dordogne, où des ossements fossiles furent découverts en 1868). L'homme de Cro-Magnon est doté d'une ossature et d'une musculature puissantes, d'une taille élevée, d'un crâne aux orbites basses et rectangulaires, d'un nez étroit et allongé

et d'un menton fortement proéminent.
Son contemporain, l'homme de Chancelade (découvert en 1888 dans la commune de ce nom, en Dordogne) représente un type plus petit, à la face rectangulaire. Enfin, l'homme de Grimaldi (du nom d'une localité de Ligurie occidentale) se caractérise par un crâne allongé, un nez élargi et le prognathisme des mâchoires. La proportion des membres, plutôt longs, et la forme du bassin, haut

et étroit, font penser à un type négroïde. D'après une hypothèse fort controversée, le type méditerranéen dériverait de l'homme de Cro-Magnon, les Eskimos seraient issus du type de Chancelade, et l'homme de Grimaldi, qui présente des affinités physiques avec les Bochimans, serait l'ancêtre du type négroïde. L'homme du Paléolithique supérieur appartient à une **culture nouvelle**, caractérisée par une technique de la taille du silex élaborée qui lui permet de produire des outils et des lames plus efficaces que les outils du Moustérien, et servant à façonner d'autres matériaux : l'os, la corne, l'ivoire, le bois. Leur diffusion accroît l'efficacité de la chasse et provoque une **augmentation démographique sensible**. En Europe, la dernière période du Paléolithique se caractérise donc par la richesse et la diversité des cultures, qui sont ramenées à quatre faciès correspondant à des strates successives : l'Aurignacien, le Gravettien, le Solutréen et le Magdalénien.

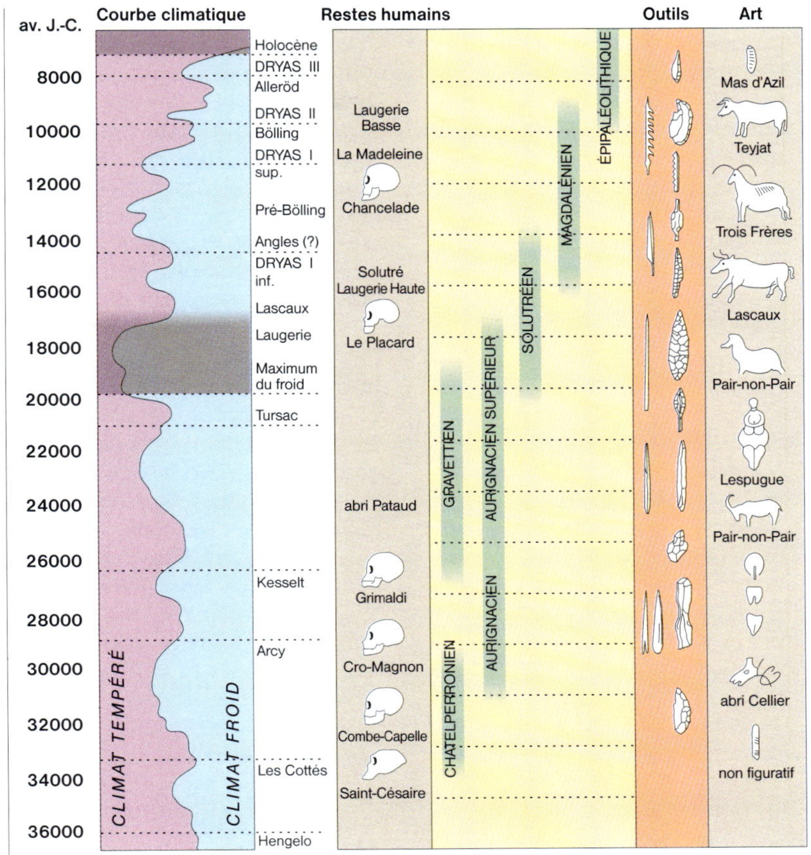

L'industrie de l'**Aurignacien** (36000 à 26000 av. J.-C.) se distingue par l'abondance des outils en os et en corne et l'apparition d'outils rudimentaires destinés au travail du bois. L'homme de l'Aurignacien est en outre le premier en Europe à recourir à la pêche pour accroître ses ressources alimentaires et à s'exprimer à travers des peintures rupestres. La culture suivante, le **Gravettien** (28000 à 22000 av. J.-C.), qui s'étend de l'Europe occidentale jusqu'à l'Ukraine et à la Russie, est le résultat de l'adaptation à une nouvelle phase de la glaciation de Würm. L'homme se remet à chasser de gros animaux (mammouths et bisons), mais se sert d'armes munies de pointes de silex, et non pas de pointes d'os. Les chasseurs du Gravettien apprennent en outre à construire des abris artificiels pour se protéger des vents froids et, comme leurs prédécesseurs, ils s'expriment dans le domaine artistique en façonnant de petites statuettes d'ivoire, de pierre ou d'argile modelée. En partie contemporaine du Gravettien, l'industrie du **Solutréen** (21000 à 18000 av. J.-C.) se caractérise par l'apparition d'une nouvelle technique, qui permet de tailler en pointe les lames de silex destinées aux armes de jet. Cependant, le Solutréen n'est pas une culture homogène : il rassemble des formes et des techniques différentes, dont chacune est spécifique à une aire géographique et résulte de la fusion avec l'héritage local du Moustérien.
L'essor du **Magdalénien** (17000-10000 av. J.-C.) coïncide avec la fin du Paléolithique supérieur et le retrait définitif de la couche de glace. Cette culture constitue l'aboutissement le plus accompli et le plus brillant du chemin parcouru par l'humanité préhistorique. Son degré d'évolution est en particulier confirmé par les graffitis et les peintures qui décorent les grottes et les abris rocheux.

La **fin de l'ère glaciaire** et le début d'un nouvel âge géologique, l'**Holocène**, durant lequel le climat et le milieu naturel sont profondément modifiés, coïncident avec la disparition des cultures de chasseurs du Paléolithique supérieur. Dans une vaste zone tempérée, où d'immenses forêts envahissent les toundras et les steppes des périodes précédentes, l'homme est soumis à de nouvelles conditions de vie et d'habitat. En même temps disparaissent les animaux qui, comme le mammouth, assuraient depuis toujours sa subsistance. Cette époque de transition entre la préhistoire et la révolution agricole du Néolithique est habituellement appelée « **Mésolithique** ». Ses industries produisent, non seulement en Europe, mais aussi au Proche-Orient et en Afrique du Nord, des **microlithes**, petites lames de silex de taille inférieure à 40 mm, de forme généralement géométrique. Cet outillage est utilisé par des groupes de chasseurs, qui se servent aussi de l'arc. Pourtant attestées dans un vaste aire géographique qui s'étend de la Méditerranée occidentale jusqu'à la Bretagne et à l'Europe septentrionale, et jusqu'à l'arrière-pays de la mer Noire, à l'est, les diverses industries microlithiques sont souvent appelées **tardenoisiennes** en raison des microlithes découverts dans le Tardenois (dans l'Aisne) vers 1885.
Le Mésolithique correspond néanmoins à un complexe culturel aux multiples facettes, caractérisé par de fortes différences régionales. La diffusion d'objets lithiques et d'outils identiques sur un vaste territoire indique que des phénomènes de migration perduraient à l'intérieur de zones limitées et que les contacts entre des aires limitrophes favorisaient l'échange des techniques.

L'**Europe du Nord**, occupée par une vaste plaine qui s'étend de l'Atlantique à la Russie, mérite une attention particulière. L'Angleterre et la Scandinavie sont alors soudées au continent par une bande de terre qui, après la régression des glaciers, favorise le peuplement humain. D'appréciables ressources alimentaires sont apportées par les poissons des nombreux cours d'eau et des marais qui se sont formés au moment du dégel. Durant l'hiver, la forêt, qui domine maintenant la zone tempérée, sert de refuge aux chasseurs qui, durant l'été, sont amenés à suivre les déplacements des mammifères et des oiseaux dans la toundra. C'est dans cet environnement qu'apparaît, dans la grande plaine comprise entre la chaîne Pennine (en Angleterre septentrionale) et l'Oural, une culture mésolithique identifiée sous le nom de **Maglemosien** (du danois *Magle mose*, « Grand marais », sur le site de Mullerup au Danemark). Les traces de l'activité humaine sur la « Terre du Nord », aujourd'hui submergée, ont certainement été englouties. Leur disparition est compensée par les restes découverts le long des côtes et sur les rives des anciens marais. Le Maglemosien correspond à la culture caractéristique de **chasseurs** et de **pêcheurs** qui ont adapté des outils en partie hérités des cultures antérieures pour mieux exploiter les

HISTOIRE DE LA RECHERCHE PRÉHISTORIQUE

La question des origines de l'humanité n'a laissé aucune époque indifférente. Dès l'Antiquité, les philosophies et les religions s'employèrent à formuler des réponses. A partir du XVIIIe siècle, l'étude de la préhistoire est stimulée par la connaissance nouvelle des peuples primitifs. C'est à ce moment que se répand une théorie de la préhistoire qui la partage en trois périodes : un stade primitif, où le mode de vie est dominé par la chasse ; une période intermédiaire, caractérisée par le nomadisme ; une phase ultime, pendant laquelle se développe l'agriculture. C'est ainsi qu'apparaissent les théories ethnologiques, qui tentent de reconstruire l'évolution culturelle de l'humanité primitive en se fondant sur les structures économiques des peuples primitifs de l'époque moderne. D'autres préhistoriens, privilégiant les structures sociales, élaborent une classification typologique de façon à en déduire un modèle absolu d'évolution. La plus célèbre de ces théories est due au préhistorien français Jacques de Morgan (1857-1924), pour qui le stade primitif est caractérisé par la promiscuité anarchique de la horde, avant que, dans une phase ultérieure, les clans ne s'organisent en une structure matrilinéaire. A cette époque, la théorie de l'évolution de Darwin imprime un nouvel élan à la recherche positiviste. Aujourd'hui, les préhistoriens ont pris leurs distances par rapport à ces modèles théoriques et ils privilégient la recherche sur le terrain, qui répond à l'exigence d'une méthode scientifique fondée sur la critique des sources historiques. Dans le domaine des études préhistoriques, les sources se réduisent à des traces archéologiques. C'est en se tenant à leur analyse, aussi pauvres et difficiles à interpréter soient-elles, que des résultats rigoureusement scientifiques pourront être atteints.

ressources de l'Europe septentrionale.
Les chasseurs utilisent un arc renforcé de tendons animaux et des flèches adaptées au gibier (des flèches à pointe conique en bois ou en os pour le gibier à fourrure, par exemple). Les pêcheurs disposent d'armes, de lignes, de pièges, de filets et de harpons renforcés avec des dents d'os pour les grosses prises. L'outillage, ciseaux et haches, permet en outre d'exploiter le bois des vastes forêts et de construire les **premières embarcations** et les premiers patins, ancêtres du traîneau.
Entre le VIIIe et le VIIe millénaire av. J.-C., la culture du Maglemosien atteint sa plus grande expansion, avant qu'elle ne se fragmente, vers le Ve millénaire av. J.-C., en une série de cultures locales. La culture d'Ertebølle, au Danemark, est l'expression d'un groupe humain qui se déplace le long des plages et utilise des pots de terre cuite (les plus anciennes céramiques découvertes en Europe du Nord). Le relèvement du niveau des océans, vers le Ve millénaire av. J.-C., provoque la **fin de la culture maglemosienne** et sépare la Grande-Bretagne du continent et la Scandinavie du Danemark et de l'Allemagne.
Le climat devient atlantique, c'est-à-dire plus humide, et favorise l'extension des forêts.
Avec la formation de la mer du Nord et de la Manche, les contacts se ralentissent entre l'Angleterre et le continent. Au IVe millénaire av. J.-C., l'arrivée des agriculteurs danubiens en Europe septentrionale constitue un autre moment important : un nouveau système économique, fondé sur l'agriculture et l'élevage des animaux domestiques, se répand dans toutes les régions d'Europe.

En Europe, l'introduction de la culture néolithique résulte d'un mouvement de colonisation parti du Proche-Orient. Car c'est là qu'une série de circonstances favorables a amené l'homme à découvrir l'agriculture avant qu'en tout autre endroit du monde.
On ne connaît pas avec précision le parcours des colonisateurs : cependant, deux hypothèses sont généralement retenues : ils ont pu gagner la péninsule Balkanique, atteignant d'abord la Thessalie et la Macédoine, ou traverser la Méditerranée, où les côtes de Syrie et d'Anatolie, la Crète et les Cyclades pouvaient servir de pont naturel aux échanges, aux déplacements de population, ainsi qu'à la diffusion des techniques et des connaissances plus avancées de l'Orient.
Entre la mer Noire et la mer Adriatique, les **Balkans** jouissent de conditions climatiques intermédiaires entre le climat méditerranéen et le climat de l'Europe tempérée, qui ont favorisé l'introduction de l'économie agricole du Proche-Orient. Les nombreux sites de peuplement qui sont attestés dans toute la péninsule et sur les deux versants des Carpates, au nord du Danube, portent la trace d'une des premières cultures néolithiques d'Europe : la **culture de Starčevo**, qui pratique l'agriculture, cultivant des céréales indigènes comme le millet et le froment, sans abandonner pour autant la chasse et la pêche.
Le système économique est complété par l'élevage des bovins et des ovins.
La culture de Starčevo reste d'abord fidèle au nomadisme, avant que l'adoption d'un système de régénération des sols ne favorise la sédentarisation des populations et la formation de villages.
De nombreux indices trahissent l'influence de l'Orient : les outils (la hache pour abattre les arbres), le culte de la fertilité de la terre, incarnée par la déesse Mère, ou des sceaux d'argile qui utilisent la technique des poinçons orientaux à des fins rituelles pour représenter la figure humaine.

Plus ou moins contemporaine de la culture de Starčevo, la **culture cardiale**, qui tire son nom du décor caractéristique des terres cuites, obtenu par l'impression d'un coquillage *(cardium)*, est attestée sur les côtes et dans les îles de la Méditerranée centrale et occidentale. Culture hybride, elle occupe des territoires habités par des populations mésolithiques dont elle hérite le travail des microlithes, mais pratique en même temps la culture du millet et développe une activité maritime, suscitée par son implantation géographique. On ignore toutefois l'origine de ses composantes néolithiques, qui pourraient venir de l'Orient comme de l'Afrique, puisque le motif décoratif du coquillage se retrouve à la fois au Proche-Orient et en Afrique.

Parmi les cultures agricoles d'Europe, la **culture danubienne** occupe une place particulière. C'est elle qui, répandue en Europe centrale depuis la Hongrie jusqu'à la Belgique, occupe le plus vaste territoire.
L'occupation éphémère des sites de peuplement indique que les agriculteurs danubiens pratiquent une agriculture rudimentaire, qui consiste à exploiter les sols jusqu'à leur épuisement et les contraint à se déplacer sans cesse. Cette culture est aussi connue pour sa production de céramique, qui comprend des bols hémisphériques et des bouteilles ventrues, imitant la forme des courges, ainsi que des vases incisés, décorés d'un motif à spirale et à méandre, caractéristique de l'ère danubienne.
Enfin, une quatrième vague d'agriculteurs néolithiques, qui provient d'Afrique, s'établit en Espagne pour donner naissance à la **culture d'Almeria**, qui coexiste avec la culture cardiale. Plus tard, au Néolithique moyen, elle se répandra au nord des Pyrénées jusqu'en Angleterre, où elle suscitera l'apparition de nouvelles cultures.

Les quatre grandes régions d'Europe ainsi délimitées sont à l'origine de l'éclosion des **secondes cultures néolithiques** qui, plus homogènes, plus nombreuses et plus diversifiées, n'en conservent pas moins des composantes des cultures antérieures. Durant le **Néolithique moyen**, des améliorations sont certainement apportées aux techniques agricoles, mais ces progrès ne suffisent pas encore à susciter ce qui est déjà en cours en Mésopotamie et en Égypte, où la révolution urbaine impose un système fondé sur la division et la spécialisation du travail.
L'Europe est encore fragmentée en de multiples petits groupes maîtres d'un territoire et tributaires d'une économie de subsistance, artisans de leur propre culture.
La croissance démographique et le problème irrésolu de la régénération des sols, qui impose des déplacements continuels vers de nouvelles terres à cultiver, finissent par provoquer des situations de **guerre**. Alors que les populations commencent à se doter

A gauche : bol provenant de Tell Halaf (Mésopotamie). Ce type de céramique peinte influencera la production européenne.
En bas : les plus à l'ouest des grottes des Balzi Rossi (Vintimille), qui étaient habitées au Paléolithique supérieur.

d'armes offensives, les villages sont fortifiés et entourés de palissades. L'éclatement des quatre grands cycles du Néolithique primitif suscite l'éclosion d'innombrables sociétés, qui connaîtront des évolutions autonomes.

La culture la plus féconde est sans aucun doute le **Danubien I**, prolongé par le **Danubien II** en Pologne, en Bohême, en Hongrie, en Slovaquie, en Autriche et en Moravie. En dehors de cette aire d'extension, il se manifeste sous diverses variantes, qui portent des noms spécifiques. La culture la plus importante est celle de Rössen, qui est attestée dans le bassin supérieur du Danube et de la Vistule, mais qui se répand aussi dans la zone alpine. A l'est des Carpates, enfin, une autre ramification, connue sous le nom de **culture de Cucuteni**, supplante la culture de Starčevo. De nouveau, plusieurs indices trahissent la fusion des traditions mésolithiques et des acquis du premier Néolithique. L'agriculture itinérante est associée à une forme rudimentaire d'échange commercial, qui porte sur des vases de céramique et sur des objets de métal (or et cuivre), sans qu'aucune activité métallurgique ne soit pour autant attestée. En Europe occidentale, l'héritage de la culture d'Almería, qui s'est répandue au nord des Pyrénées, est recueilli par les **cultures de Cortaillod**, dans la zone alpine (site de Vallon des Vaux, Canton de Vaud, 3 850 av. J.-C.), et par la **culture de Windmill Hill**, dans le sud de l'Angleterre.

Dans l'**Europe du Nord**, les conditions climatiques ont retardé l'apparition de l'agriculture, qui ne se développe qu'au cours de la seconde phase du Néolithique.
Le mérite en revient à la **culture TRBK** (abréviation de *Trichterbecher Kulturen* : « Culture du gobelet en forme d'entonnoir »). Les vestiges mis au jour au Danemark et dans le sud de la Suède montrent comment cette culture recueille l'héritage du Maglemosien lors de phases successives (TRBK A, B et C) pour adopter une agriculture néolithique dont l'essor est surtout favorisé par l'influence civilisatrice des agriculteurs danubiens et par l'immigration de populations originaires des régions orientales. Avant la fin du second Néolithique (2000 av. J.-C.), la grande plaine d'Europe, depuis le Rhin jusqu'à la Vistule, est dominée par des groupes d'agriculteurs-guerriers de la culture TRBK (A et B), dont les traditions guerrières et les activités d'échange (commerce de l'ambre) se perpétueront durant la période suivante (TRBK C). Grâce à ce réseau d'échanges, les grandes innovations techniques, comme la métallurgie, la roue et l'araire, seront transmises par les peuples de la mer Égée et de l'Anatolie aux populations européennes.

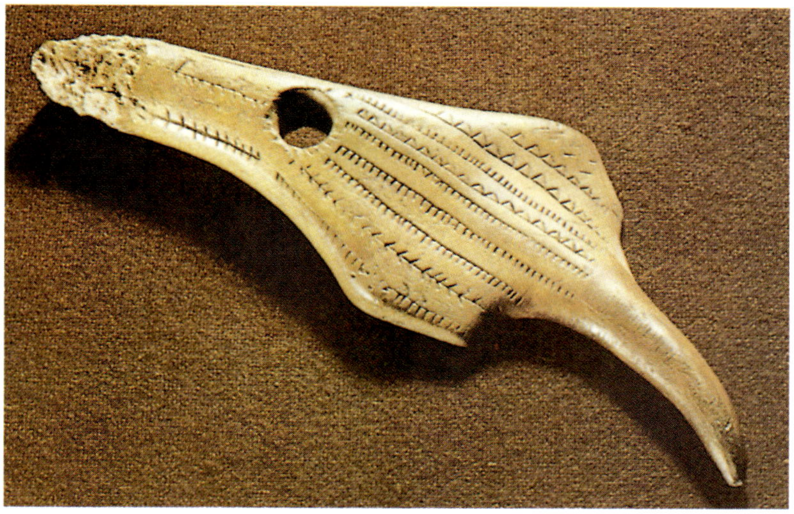

La **Grèce** et les îles de la **mer Égée** sont les premières régions à s'ouvrir aux influences novatrices des civilisations orientales les plus évoluées. Le fait aura des répercussions très importantes : il suffit de songer au degré de développement que la Crète puis la Grèce continentale atteindront au cours des IIIe et IIe millénaires, alors que dans le reste de l'Europe domineront encore des cultures néolithiques plutôt primitives. Dès l'époque des premières cultures, au Ve millénaire, l'écart commence à se creuser : la **culture de Sesklo** (Thessalie), propre à la Grèce péninsulaire et à la Macédoine occidentale, se signale par la production d'une céramique imprimée, décorée de couleurs vives, et de figurines en terre cuite qui recueillent l'héritage des cultures d'Hassouna (Irak) et de Tell Halaf (Syrie). Par ailleurs, l'adoption de la rotation des cultures maintient les populations dans des villages permanents. A la suite, sans doute, d'une vague d'invasions descendant du nord des Balkans, cette culture florissante est supplantée par la **culture de Dimini** (Thessalie et région de Corinthe), dont la céramique adopte les décors du style danubien : le méandre et la spirale. A la même époque, la **civilisation de Larissa**, postérieure à la culture de Sesklo, se développe à l'ouest de la mer Égée. De nouveau, l'influence de Tell Halaf est manifeste.

Ce sont les capacités commerciales des populations de la mer Égée qui contribuent en premier lieu à l'accélération du processus. De l'Orient, les Égéens reçoivent des outils, des techniques et des connaissances. Les différentes cultures qui s'épanouissent le long des côtes et dans les îles de la mer Égée, réunies par des caractéristiques communes, sont rassemblées sous la dénomination unique de **cycle protoégéen**. Parmi ses variantes régionales, les plus importantes, en particulier pour la contribution apportée à la formation de la civilisation grecque, sont : la civilisation **protohellénique**, qui s'épanouit sur les côtes de la Thessalie, en Grèce centrale, dans l'Attique, dans le Péloponnèse et dans les îles Ioniennes ; la civilisation **protocycladique**, qui caractérise la Grèce insulaire ; enfin, la civilisation **protominoenne**, propre à la Crète. L'île de Chypre, qui possède des gisements de cuivre, contribue au commerce des métaux.

En haut : os décoré d'incisions, Épipaléolithique, Ugerløse, Danemark. Ci-dessous : incisions rupestres du val Camonica (Lombardie) représentant des paysans travaillant la terre avec l'araire.

Le cycle protoégéen appartient sans aucun doute à la culture du Néolithique, puisque l'agriculture est pratiquée partout. Toutefois, les techniques (l'araire est tiré par l'animal) et les productions (vigne, olives, figues) témoignent déjà d'une forme de **spécialisation**. Les ressources principales, surtout dans les îles, sont fournies par le commerce maritime, qui est alimenté par la production d'artisans spécialisés, potiers et forgerons. Cette activité indique que la civilisation protoégéenne connaissait bien avant d'autres régions d'Europe la **métallurgie du bronze** et la **division du travail** (attestées en Crète vers 3000 av. J.-C.).
Le cycle protoégéen – IIIe millénaire av. J.-C. – est victime, vers 2000 av. J.-C., d'invasions venues du Nord et cède la place à des cultures plus évoluées, caractérisées par une stricte hiérarchie sociale. La Crète des premiers palais est l'exemple le plus connu de ces sociétés divisées en classes et dominées par l'aristocratie des palais.

C'est à une époque un peu postérieure, au début du IIe millénaire av. J.-C., que remontent les premières traces indiscutables de l'**activité maritime des Égéens** en Méditerranée centrale et occidentale.
La Sicile et l'Italie du Sud, la Sardaigne, le sud-est de l'Espagne, le Portugal et l'estuaire du Tage, ainsi que la France méditerranéenne ont conservé les témoignages d'une culture agricole qui n'est pas directement liée à la culture protoégéenne, mais qui partage avec elle le rite funèbre de la sépulture collective et l'activité métallurgique. L'exploitation de **gisements miniers** est surtout attestée dans la vallée du Tage et à Almería. C'est en outre à cette époque – sinon plus tôt – que les débuts de la **navigation le long des côtes atlantiques** mettent en contact la péninsule Ibérique et les Cornouailles, d'où provient l'étain.
Les artisans de la Méditerranée occidentale n'utilisent qu'une part minime des importations d'étain, si bien que le reste est transporté jusqu'aux îles de la mer Égée et dans les pays du Proche-Orient.

L'Égypte est la première des civilisations fluviales de l'Antiquité à se doter d'une organisation politique stable et unitaire.
A la fin du IVe millénaire av. J.-C., alors que des régions plus avancées, comme le Proche-Orient, sont encore divisées en petites principautés ou en cités-États, la vallée du Nil est aux mains d'un **État centralisé et bureaucratique** qui, malgré d'inévitables périodes de crise, se maintiendra pendant au moins trois millénaires. Cette extraordinaire longévité s'explique non seulement par le relatif **isolement géographique** de l'Égypte – le désert est une formidable barrière naturelle contre les vagues migratoires des peuples voisins, lesquelles forgent l'histoire tourmentée de la Mésopotamie –, mais aussi par la solidité de l'État pharaonique, qui se présente, dès les premières dynasties, comme une théocratie absolutiste. La force de l'Égypte des pharaons s'appuie en effet sur deux principes fondamentaux : la **nature divine du souverain**, monarque absolu, chef religieux et dieu lui-même, et la solidité d'un **appareil bureaucratique** dont la complexité et l'efficacité ne connaissent pas d'équivalent dans le monde antique.

Le **peuplement de la vallée du Nil**, attesté dès l'Oldowayen (700000 av. J.-C.), présente pendant longtemps des caractères analogues aux autres cultures d'Afrique du Nord et ne s'en distingue qu'à la fin du Paléolithique moyen. C'est à ce moment que des groupes humains, poussés par l'aridité croissante des régions sahariennes, se rapprochent du fleuve, se nourrissant à la fois des produits de la savane et de la pêche.
Au Néolithique, le développement de l'agriculture et de l'élevage entraîne la disparition progressive des communautés de chasseurs-pêcheurs et **l'essor de groupes sédentaires** qui anticipent, par certains aspects, la civilisation égyptienne.
Dans les **cultures prédynastiques** de Merimdé, de Badari et de Nagada, entre 6000 et 3000 av. J.-C., l'économie agricole, bien développée, est associée à l'artisanat du textile et de la céramique, au travail des métaux (or et cuivre) et à la construction en briques de terre crue. Dès ce moment un **dualisme** se dessine entre le Nord et le Sud du pays, qui traversera toute l'histoire de l'Égypte : les populations s'organisent en des communautés de plus en plus vastes qui donneront naissance, à la veille de l'ère historique, à deux royaumes distincts, souvent rivaux, dont l'un contrôle le delta (**Basse-Égypte**) et l'autre la vallée du Nil (**Haute-Égypte**).

C'est au début de l'ère pharaonique que remonte l'**unification du pays** : selon la tradition, **Ménès** (nom grec de Narmer), roi légendaire de Haute-Égypte, réussit vers 3000 av. J.-C. à imposer son autorité sur le nord du pays. Alors que la capitale politique du nouveau royaume est fixée à **This**, en Haute-Égypte, Ménès établit sa capitale administrative à Memphis, qu'il fonde à l'extrémité méridionale du delta, à la frontière des deux royaumes, comme pour manifester sa volonté de les réconcilier. Dès ce moment, et jusqu'à la conquête d'Alexandre le Grand en 332 av. J.-C., des centaines de pharaons, répartis en trente dynasties, se succéderont sur le trône d'Égypte. Les deux premières, les **dynasties thinites** (originaires de This), poursuivent l'entreprise d'unification de Ménès. Elles organisent la vie politique et économique du nouvel État et le transforment en une monarchie absolue de caractère divin. C'est à cette période que remontent certains aspects caractéristiques de la civilisation égyptienne : l'écriture hiéroglyphique, le calendrier solaire, les croyances religieuses.
Aux dynasties thinites succèdent les **dynasties memphites** (2650-2150 av. J.-C., IIIe-VIe dynasties), dont les pharaons (Djoser, Kheops, Khephren, Mykerinus) font construire les grandes **pyramides**. Le centre du pouvoir se déplace à Memphis, qui devient la seule capitale du royaume, preuve que les rivalités entre le Nord et le Sud s'apaisent progressivement. Alors que l'État se dote d'institutions de plus en plus centralisées, le pharaon impose son autorité à toutes les activités du pays. Les prélèvements fiscaux et les grands travaux d'utilité publique lui permettent de régenter le processus de redistribution des produits agricoles.
Son administration prend en main le système complexe de drainage et de canalisation des eaux du Nil, et le pharaon s'assure le monopole des échanges avec l'extérieur par des expéditions militaires et commerciales.
Dans le domaine militaire, l'armée poursuit la lutte, commencée sous les dynasties thinites, contre les tribus de Bédouins du Sinaï et de Nubie. Les **échanges commerciaux** avec le Liban et la Syrie sont en plein essor, alors que débutent les expéditions vers le pays mythique de Pount (Somalie). C'est à l'époque de la Ve dynastie que remonte par ailleurs l'établissement des premiers rapports commerciaux avec la mer Égée et l'Anatolie.

A gauche : la palette de Narmer, une stèle votive en schiste, de grandes dimensions, décorée sur les deux faces par des bas-reliefs qui évoquent les exploits d'un souverain nommé Narmer, représenté comme le roi de la Vallée, vainqueur du Delta. Musée égyptien, Le Caire. Ci-dessus : carte de l'ancienne Égypte. A droite : guerriers nubiens. Musée égyptien, Le Caire. Durant la période memphite, les pharaons poursuivent la guerre contre les tribus nubiennes, qui menacent les frontières méridionales du royaume.

Sous les derniers souverains de la VIe dynastie, l'action des **nomarques**, gouverneurs locaux placés à la tête des différentes circonscriptions administratives (les « nomes »), favorise une lente mais inévitable érosion du pouvoir. Une fois obtenue l'hérédité de leur charge, les nomarques tendront à considérer leurs nomes comme des fiefs personnels, se substituant au pharaon à la tête des provinces. C'est le début de la **première période intermédiaire** (2150-1955 av. J.-C.) et d'une phase d'instabilité : alors que l'autorité affaiblie du pharaon ne s'étend plus qu'à la région de Memphis, **l'Égypte perd son unité politique** et se fragmente en un ensemble de petites principautés autonomes. Même si certains historiens tendent aujourd'hui à réduire la portée de la « rupture » opérée par la première période intermédiaire, il n'en reste pas moins que quatre dynasties, privées de grandes personnalités et de pouvoir, se succèdent en l'espace de deux siècles. La dissolution du pouvoir central aggrave la situation générale du pays. Aux problèmes intérieurs (vide du pouvoir, luttes intestines, désordres sociaux) s'ajoutent les graves **difficultés de la politique extérieure** : la région du delta est exposée aux incursions des nomades (Bédouins) du Proche-Orient ; l'expansion militaire vers le Sinaï et la Nubie est arrêtée ; les échanges commerciaux avec la Méditerranée orientale sont interrompus. La récession économique se manifeste par des **périodes de disette** qui ne sont pas seulement dues à des facteurs climatiques (l'Égypte traverse à ce moment une phase de type sahélien), mais sont aussi provoquées par les carences de l'administration centrale, incapable d'assurer l'entretien des canaux d'irrigation.

La **réunification du pays** est l'œuvre des **princes thébains**. En 2050 av. J.-C., Mentouhotep II défait les souverains d'Hérakléopolis (IXe et X^e dynasties), qui n'avaient jamais réussi à étendre leur autorité au-delà des provinces centrales. L'Égypte connaît alors une nouvelle période de stabilité politique et de prospérité économique (le **Moyen Empire**, 1955-1750 av. J.-C.), dont l'apogée correspond aux longs règnes de **Sésostris III** et d'**Amménémès III** (XIIe dynastie) et coïncide avec un extraordinaire essor artistique et culturel. Tout en restant attachés à leur cité d'origine, les souverains thébains s'imposent comme les héritiers et les continuateurs de la grande tradition memphite : ils établissent leur capitale à Licht, au sud de Memphis, et reconstituent les archives royales et les registres cadastraux qui avaient été détruits. De nouveau centralisées, les institutions de l'État sont placées sous l'autorité de la monarchie, qui recourt de plus en plus aux services de fonctionnaires nommés par le pharaon. Ainsi la noblesse provinciale est-elle progressivement privée de son influence (au XIXe siècle av. J.-C., la charge de nomarque est même supprimée). Parallèlement, l'**ascension de la classe moyenne** traduit le dynamisme et l'esprit d'entreprise de la société. Après que Sésostris III a définitivement annexé la **Nubie** jusqu'à la deuxième cataracte, la politique extérieure de l'Égypte est tout entière consacrée à la **défense des frontières**.
Les nombreuses campagnes militaires contre les Libyens et les Bédouins du Sinaï sont destinées à protéger les régions frontalières et à s'assurer le contrôle des ressources minières. En même temps, un nouvel élan est donné aux grands travaux. Alors que les routes caravanières sont rétablies et fortifiées et que sont élargis les canaux navigables traversant les rapides d'Assouan, Amménémès III achève l'**assainissement du Fayoum** débuté par Sésostris III : cette dépression marécageuse est transformée en un vaste domaine (11 000 hectares) qui est encore cultivé de nos jours.

Rien ne laisse présager que l'Égypte sera bientôt plongée dans une nouvelle période de désordre et de décadence. Vers 1720 av. J.-C., poussées par les peuples indo-européens du Proche-Orient (c'est l'époque des dynasties kassites en Mésopotamie), des populations asiatiques d'origine sémite, les **Hyksos**, pénètrent en Égypte par vagues successives et finissent par s'établir dans le Delta à Avaris, réussissant bientôt à contrôler tout le Nord du pays. Face aux invasions « asiatiques » et au sursaut des princes locaux, qui revendiquent leur autonomie, le pouvoir royal apparaît de plus en plus fragile : durant les XIIIe et XIVe dynasties se succèdent des **souverains éphémères**, dont le nom est à peine connu, alors que le vizir reste en fonction pendant de nombreuses années. L'Égypte ne retrouvera son équilibre et son indépendance qu'après trois siècles, sous le règne des dynasties thébaines.

A droite : statue en schiste peint du pharaon Mykerinus et de son épouse Chamerernebti II (IVe dynastie). Museum of Fine Arts, Boston. Avec Djoser, Kheops et Khephren, Mykerinus est un des grands pharaons de l'ère memphite, bâtisseurs de pyramides. Durant cette période, l'autorité du pouvoir central est renforcée et s'étend à toutes les activités du pays. De Mykerinus, l'historien Hérodote nous a transmis une image légendaire, inspirée par la tradition populaire, et qui n'a pas été confirmée par les sources documentaires de l'époque. Le pharaon fut enterré dans la plus petite des trois pyramides de Gizeh. Non loin de là, les fouilles du « temple de la Vallée » ont mis au jour des statues et des groupes statuaires du roi, représenté avec son épouse, avec la déesse Hathor et avec les symboles personnifiés de districts administratifs.

Vers le milieu du IVe millénaire av. J.-C., le développement des systèmes d'irrigation, la spécialisation du travail et la diffusion de l'écriture suscitent la formation des premières grandes cités de la Mésopotamie méridionale. Avant d'atteindre pareil degré de civilisation, l'homme a suivi une **longue évolution** qui l'a porté à s'affranchir des contraintes de la nature et à tenter de domestiquer son milieu. Durant le Paléolithique, il résout le problème de sa subsistance en pratiquant la chasse et la pêche, en recueillant les fruits que la terre produit spontanément, en se réfugiant dans des abris naturels et en menant une vie nomade, à la recherche continuelle de sa nourriture. La pierre est le seul matériau qu'il est capable d'utiliser : des techniques rudimentaires lui permettent de fabriquer des outils de taille, des armes, des racloirs et, plus généralement, tous les objets qui caractérisent le passage d'une vie primitive, encore proche de la vie animale, à une forme embryonnaire de « civilisation ».

La **révolution néolithique** est la première étape décisive vers de meilleures conditions de vie : l'agriculture devient, à ce moment, la principale ressource de l'homme. L'ensemencement d'espèces spontanées sur des terrains sarclés au préalable, ainsi que la récolte des moissons ainsi obtenues figurent parmi les découvertes les plus importantes de l'humanité, car elles procurent à l'homme les ressources alimentaires nécessaires.
Les premières expériences de production agricole remontent à 9000 av. J.-C. : elles sont l'œuvre de la **culture natoufienne** (de El-Natouf), attestée en Palestine et en Syrie, et de la culture de Karim Shahir, qui a laissé des traces dans le nord-est de l'Irak (monts Zagros). Les sites protonéolithiques les mieux connus sont **Jéricho** (8000 av. J.-C.) et les **grottes du Carmel**, sur la Méditerranée. On y a mis au jour des faucilles, des mortiers, des pilons et des silos qui témoignent d'une activité agricole. Alors qu'aucune trace d'animaux domestiques n'a été retrouvée en Palestine, la domestication est attestée dans la culture de **Karim Shahir**, qui pratiquait l'élevage du mouton. Quand l'agriculture devient le moyen de production de base, les sites de peuplement deviennent permanents et accueillent des cultures qui peuvent être considérées comme « néolithiques » dans la pleine acception du terme.
Dans la région communément appelée le « Croissant fertile », les fouilles ont mis au jour des villages de dimensions appréciables, dont les niveaux d'occupation témoignent de différentes phases du Néolithique : depuis les cultures sans céramique jusqu'à l'invention de celle-ci, puis à la formation des villes.
La création de villages permanents représente un bouleversement extraordinaire dans le système de production, qui est le point de départ de l'histoire proprement dite.
Durant la première phase, qui précède l'invention de la céramique, des progrès importants sont réalisés dans la **domestication** de diverses espèces animales : non seulement du mouton et de la chèvre, mais aussi du bœuf et du chien.

Vers 6000 av. J.-C., au moment où apparaissent les premières **céramiques**, les cultures néolithiques se répandent dans des régions éloignées de leur foyer d'origine. Alors que la Palestine régresse vers des formes de nomadisme, d'autres régions, comme l'Anatolie et le nord de la Mésopotamie, connaissent une évolution rapide. Sur les plateaux d'Anatolie, l'agglomération de **Çatal Höyük** prend la forme d'une véritable ville. Ce site

A gauche : photographie aérienne des monts Zagros, qui limitent à l'est la Mésopotamie, la vaste région formée par les vallées du Tigre et de l'Euphrate (en grec, Mésopotamie signifie « l'entre-deux-fleuves »). En haut : carte de la Mésopotamie et de l'Anatolie, indiquant les principaux sites proto-urbains. A droite : crâne modelé de la période précéramique B, provenant de Jéricho. Musée archéologique, 'Ammān. La cité de Jéricho est le plus ancien site où la présence d'orge et de froment cultivés est attestée. C'est la défense de ce bien précieux qui aurait justifié, d'après les spécialistes, la construction de ses puissantes murailles.

néolithique, qui vit surtout de l'agriculture et, plus modestement, de l'élevage, joue aussi un rôle important dans le commerce de l'obsidienne, dont les routes passent par la Syrie, le nord de la Mésopotamie et l'ouest de l'Anatolie. Çatal Höyük est également célèbre pour la production d'une **vaisselle** de couleur noire et ocre, qui reproduit les formes de récipients en bois ou en osier. L'extension de la ville et son urbanisme fonctionnel accréditent l'hypothèse d'un système politique qui étend son autorité à l'arrière-pays et qui anticipe donc le modèle de la cité sumérienne.
Le nord de la Mésopotamie est l'autre foyer où se succèdent des cultures néolithiques munies de céramiques. C'est d'ailleurs leur production de poteries qui sert à les distinguer : la céramique est en effet le

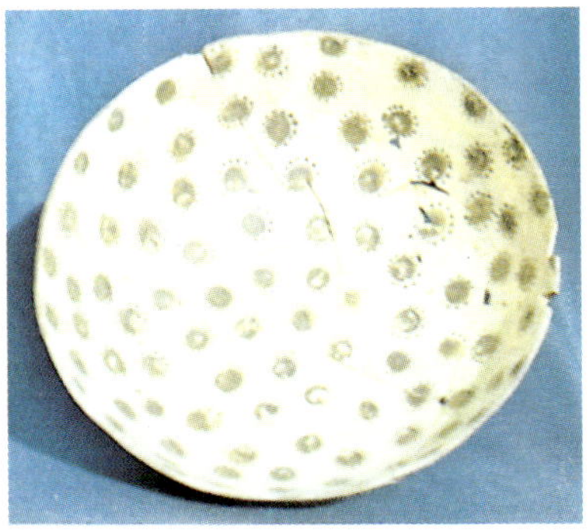

« fossile témoin » qui sert à repérer les couches stratigraphiques des différents « tells » (du mot arabe *tall,* « colline ») ; ces élévations artificielles de terrain permettent d'identifier les niveaux successifs d'occupation d'un site.

La culture de **Hassouna**, s'épanouit au cours de la première moitié du VIe millénaire av. J.-C. Vers 5500 av. J.-C. apparaît une céramique peinte et incisée dite de **Samarra** : ses terres cuites sont décorées de compositions circulaires, animées de motifs figuratifs. Enfin, la culture de **Tell Halaf** se diffuse un peu plus tard dans toute la Mésopotamie et dans le nord de la Syrie. La culture de Samarra comme la culture de Tell Halaf introduisent des innovations importantes, qui rompent avec la culture archaïque de Hassouna. Par exemple, la découverte d'objets en bronze à Samarra atteste la diffusion des techniques métallurgiques, qui contribueront de façon décisive au progrès économique de l'Asie.
La culture de Samarra colonise par ailleurs les plaines alluviales et atteint le sud de la Mésopotamie, où les conditions climatiques empêchent néanmoins l'essor d'une agriculture sèche et poussent les populations à se livrer aux premières tentatives d'irrigation.

La diffusion de la culture agricole de Tell Halaf dans le nord du Croissant fertile coïncide avec les débuts de l'agriculture irriguée dans le sud, qui préludent au grand mouvement d'**urbanisation**.
La formation des premières cités se déroule en deux étapes : la **civilisation d'El-Obeïd** (vers 4500-3500 av. J.-C.) en est la phase préliminaire, alors que la **civilisation d'Ourouk** (vers 3500-2700 av. J.-C.) correspond à sa pleine maturité. La civilisation d'El-Obeïd apparaît dans le sud de la Mésopotamie, où s'épanouira plus tard la grande civilisation de Sumer. Elle se divise en quatre périodes, qui constituent autant d'étapes dans le passage progressif d'une culture néolithique à une culture urbaine. Chacune de ces périodes se distingue par une production spécifique de céramiques et par l'architecture, de plus en plus complexe, des temples. En même temps, le nord et le sud de la Mésopotamie témoignent d'une homogénéité culturelle de plus en plus grande, au point de se présenter, malgré les variantes, comme un complexe culturel unique. Si la céramique de la première période d'El-Obeïd est encore tributaire de la culture de Samarra, la culture de la deuxième période tend à se répandre : les contacts noués avec le sud-ouest de l'Iran pourraient indiquer que des populations iraniennes, attirées par les bienfaits de l'agriculture irriguée, ont choisi d'émigrer en Mésopotamie.

A gauche : plat décoré d'un motif « léopard », période primitive de Tell Halaf, provenant d'Arpachiyah (Irak).
Ci-contre : les vestiges de la ville de Jéricho.
A droite : Ebih-il, intendant de Mari ; statue d'albâtre, première moitié du IIIe millénaire av. J.-C. Musée du Louvre, Paris. C'est en Mésopotamie qu'apparaissent les premières formes d'État organisé : la complexité de leur organisation oblige le souverain à s'assurer les services de fonctionnaires, chargés de faire respecter ses volontés.

Durant la troisième période d'El-Obeïd, l'économie et l'organisation sociale accomplissent des progrès décisifs. Le temple devient le symbole de la cité : de vastes dimensions, il est bâti au milieu d'un terre-plein, sur une hauteur qui surplombe la zone habitée. A côté de l'édifice sacré s'élève l'entrepôt, où sont déposés les produits agricoles à répartir entre les membres de la communauté. D'évidence, cet urbanisme se fonde sur une conception communautaire de l'habitat, dont les différents éléments sont mis au service d'un seul objectif : la conservation et l'accroissement de la production.
On est bien loin des groupes familiaux

du Néolithique qui se contentaient d'assurer leur autosuffisance. Durant cette troisième période, la culture proto-urbaine s'étend dans le nord de la Mésopotamie (**Tepe Gawra**), où elle supplante progressivement la culture de Tell Halaf. Les formes et les décors des céramiques, ainsi que les statuettes féminines en terre cuite, présentent des analogies qui trahissent l'établissement de contacts durables entre le Nord et le Sud. Dès ce moment, le Tigre et l'Euphrate sont utilisés comme voies de communication. Les deux fleuves servent de frontières naturelles à la région comprise entre leurs cours, où la prospérité repose sur l'exploitation de leurs crues. Durant la quatrième période, la culture d'El-Obeïd atteint sa maturité et connaît sa plus grande expansion : le travail des métaux se diffuse largement et l'architecture des temples est de plus en plus complexe.

La culture d'El-Obeïd laisse progressivement la place à la **culture d'Ourouk**, qui doit son nom au site de basse Mésopotamie où apparaissent, durant la seconde moitié du IVe millénaire av. J.-C., des formes élaborées d'organisation urbaine. La formation des cités est étroitement associée à la pratique de l'**irrigation** : la construction d'un réseau de canaux, destiné à maîtriser les crues cycliques du Tigre et de l'Euphrate, l'entretien des voies d'eau et l'ensemble des techniques d'irrigation exigent un effort collectif et la présence d'une autorité qui planifie les travaux. L'augmentation de la production agricole permet l'**accumulation de récoltes**. Conservées dans des entrepôts, ces réserves servent à nourrir les artisans et les autres catégories de travailleurs qui ne participent pas à la production alimentaire. La ville devient donc, avec la régularité de la production agricole, une agglomération permanente, fondée sur un principe de propriété commune et administrée par un pouvoir central. Ses activités doivent pourvoir aux besoins d'une société hiérarchisée, où la division en classes correspond à une spécialisation du travail. Ourouk représente l'apogée de cette évolution, qui prit plusieurs dizaines de siècles.

A la fin du IVe millénaire av. J.-C., la ville impose sa suprématie à toute la basse Mésopotamie, où la vie urbaine est en plein essor. Les modestes centres habités évoluent vers des formes complexes d'agglomérations, composées de villages agricoles et de quartiers urbains, qui entretiennent des rapports réciproques avec Ourouk. Ce modèle urbain, qui constitue **la forme la plus ancienne d'État**, se répand aussitôt en Mésopotamie en même temps que l'écriture, les techniques de production et les méthodes d'administration. Foyer du mouvement d'urbanisation, la ville d'Ourouk laissera un héritage durable.

Les artisans de la révolution urbaine sont les **Sumériens**, population d'origine inconnue qui s'établit en Mésopotamie à la fin du Ve millénaire av. J.-C. L'état actuel de la recherche ne permet pas encore de résoudre les nombreuses questions relatives à leurs origines, à leur identité et à leur langue.

Les découvertes archéologiques confirment en grande partie l'hypothèse selon laquelle les Sumériens auraient immigré en basse Mésopotamie après avoir quitté soit les montagnes du Caucase, soit - par la mer - la vallée de l'Indus. Outre les sources archéologiques, la **« liste royale sumérienne »**, texte rédigé entre 2100 et 1900 av. J.-C., permet de reconstruire l'histoire des Sumériens. Parcourant près d'un millénaire, ce récit de l'histoire sumérienne puise dans des événements originels diverses explications de la royauté, composante essentielle de l'État sumérien, que les dieux concédèrent aux hommes lors de temps mythiques.

Le document divise en quatre grandes périodes la succession des dynasties après le déluge. Le **déluge universel**, la grande catastrophe qui s'abat sur l'humanité comme une punition divine, sépare la période antédiluvienne, où les villes n'existent pas encore, et la période suivante, caractérisée par l'essor des cités et l'affirmation du grand État sumérien. Les études menées sur la liste royale permettent de douter de sa véracité historique : en effet, le texte omet des souverains importants, connus par les inscriptions exécutées durant leur règne.

Les sources archéologiques (céramiques, temples, palais, objets d'art) et épigraphiques (documents administratifs, juridiques ou religieux, textes historiques, inscriptions royales) ont livré de nombreuses informations sur le monde sumérien.

Ces documents attestent que les différentes cités qui composent le territoire de Sumer (Ourouk, Nippour, Lagash, Oumma) forment un complexe culturel et politique homogène. Les découvertes les plus récentes ont remis en question l'idée qu'il s'agissait de « cités-États » : il semble que les Sumériens aient cherché, les premiers, à rassembler leurs villes au sein d'un véritable État.

L'existence d'une ligue, qui réunissait les principales cités, est attestée par les archives de Sumer et par les tablettes du royaume d'Ebla. On peut raisonnablement penser que cette ligue, fondée sur des rapports commerciaux, culturels et politiques, était dominée par Ourouk. Ce sont d'ailleurs les souverains d'Ourouk qui accomplissent le premier pas vers l'**unification politique** du pays de Sumer, avant que la dynastie de Lagash, sous le règne du roi **Eannatoum**, n'impose son autorité non seulement sur la Mésopotamie centrale et méridionale (Kish, Ourouk, Our et Oumma), mais aussi sur la Syrie et l'Élam. Cette première tentative d'unification est ensuite poursuivie par **Lougal-Zagesi**, originaire d'Oumma, qui est le premier grand conquérant de la Mésopotamie.

Après le règne de Lougal-Zagesi, le pays de Sumer est soumis à l'autorité de deux dynasties étrangères, les Akkadiens puis les Goutis. **Sargon**, célébré comme le fondateur du premier empire sémitique, crée l'empire d'Akkad vers la fin du IIIe millénaire av. J.-C. Après avoir défait le roi d'Ourouk, il étend son empire à toute la basse Mésopotamie, poussant ses conquêtes vers le nord, jusqu'à

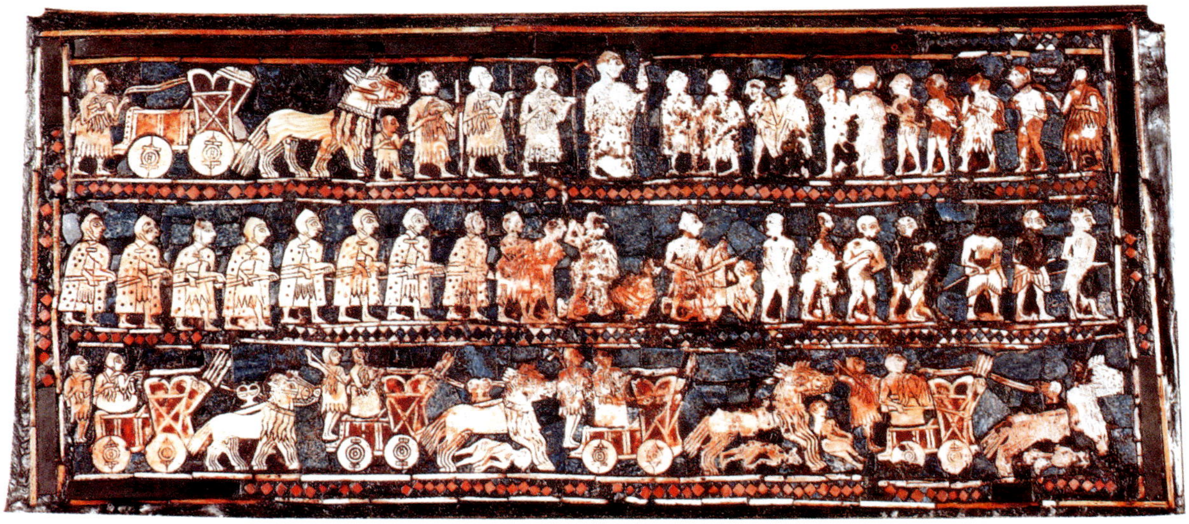

Mari et Ebla. Bien que Sargon se décerne le titre de « roi de la totalité », il est probable que l'extension de son empire n'excède pas les territoires de la Mésopotamie centrale et méridionale, les autres pays n'entretenant avec Akkad que des rapports commerciaux.
Le principal apport du règne de Sargon réside dans l'organisation politique et administrative de l'empire : des gouverneurs, nommés par le pouvoir central, sont placés à la tête des cités et la langue sumérienne est remplacée par une langue sémitique, l'**akkadien**, écrite en caractères cunéiformes. Sous le règne de **Narām-Sin**, neveu de Sargon, l'empire se consolide et s'étend à nouveau : Narām-Sin s'octroie le titre de « roi des quatre régions du monde », où le nord désigne peut-être la Méditerranée, le sud le golfe Persique, l'est l'Élam (l'Iran) et l'ouest le territoire de la Syrie-Palestine. Un changement marque aussi le règne de Narām-Sin : le souverain est divinisé de son vivant. Sous le règne de ses successeurs, l'empire d'Akkad est ébranlé par les révoltes incessantes des cités sumériennes. A l'extérieur, les frontières sont menacées par la poussée de populations nomades : à l'ouest les Amorrites et au nord les Goutis.
Ces derniers finissent par s'établir dans le centre de la Mésopotamie et imposent leur autorité à toute la région. On ne sait presque rien des Goutis : ni le nom de leur capitale, ni la durée de leur domination, ni l'extension de leur empire. Tout au plus peut-on affirmer que leur influence n'est en rien comparable à celle des Akkadiens. **Outou-Hégal**, roi d'Ourouk, repousse ensuite les Goutis, avant d'être déposé par son général **Our-Nammou**, auquel il reviendra de fonder une nouvelle dynastie et d'assister au dernier réveil de la civilisation sumérienne.

Durant la IIIe dynastie d'Our (2100-2000 av. J.-C.), qualifiée de **« renaissance sumérienne »**, la vie politique, économique et culturelle connaît un nouvel essor. De nouveau, la Mésopotamie est placée tout entière sous l'autorité d'un seul souverain, qui réorganise l'administration des provinces, veille à l'entretien des systèmes d'irrigation et entreprend de grands travaux (la résidence royale, la grande ziggourat, le complexe funéraire). Le fils et successeur d'Our-Nammou, **Shoulgi**, procède à d'importantes réformes : il crée une armée régulière, unifie l'administration du royaume, introduit un système de taxation, ouvre des écoles de scribes, modifie l'écriture et fait rédiger un code de lois. En même temps s'affirme une nouvelle idée de la royauté : la divinisation du roi de son vivant s'impose comme un rite durable. Cependant, la IIIe dynastie d'Our ne résiste pas au nouvel assaut de tribus nomades : il s'agit cette fois des **Amorrites**, dont certains se sont déjà fixés, par vagues pacifiques, dans le pays de Sumer. Les derniers souverains réussissent à contenir l'avancée des envahisseurs, mais l'effort de guerre provoque la défection des provinces de l'empire qui finissent, les unes après les autres, par se rebeller. Le soulèvement général emporte la IIIe dynastie d'Our.

Lentement, le centre du pouvoir se déplace vers le nord : d'abord dans les villes d'Isin et de Larsa, puis à **Babylone**, dont l'existence est attestée antérieurement, mais qui n'est encore qu'une ville de faible importance. Cette nouvelle période de l'histoire du Proche-Orient coïncide avec un autre grand bouleversement, d'ordre culturel : alors que la langue sumérienne est définitivement supplantée par l'akkadien, l'extension des échanges commerciaux, de la Méditerranée jusqu'à Suse, favorise la circulation non seulement des biens matériels mais aussi des nouvelles idées.
Durant près d'un siècle, la lente ascension de Babylone prépare l'avènement d'**Hammourabi**, le véritable fondateur du premier empire de Babylone. Monté sur le trône vers 1730 av. J.-C., il donne naissance à une nouvelle dynastie, dont les rois ne porteront plus des noms akkadiens, mais des noms amorrites. Sous le règne d'Hammourabi, qui a laissé de nombreux documents épigraphiques, Babylone étend d'abord sa domination sur les cités du sud de la Mésopotamie et sur l'Assyrie, avant de privilégier une œuvre de pacification et d'unification administrative. Avec la fin du règne et la reprise de la guerre, cette fois défensive, s'amorce déjà le déclin.
Le document qui manifeste le mieux le haut degré d'avancement de la civilisation babylonienne est le **Code d'Hammourabi** : loin d'être un simple recueil de normes juridiques, il fournit un portrait de la société babylonienne et témoigne du souci de son roi de l'améliorer par des réformes. Le souverain se montre en particulier soucieux de recueillir l'idéal traditionnel de paix, d'ordre et de justice des anciens Sumériens : le Code prône en effet la protection du faible et vise à faire respecter, en toute équité, les droits de la veuve et de l'orphelin. Après la mort d'Hammourabi (vers 1686 av. J.-C.), cinq rois se succèdent sur le trône de Babylone, avant que la dynastie ne s'éteigne vers 1600 av. J.-C. C'est alors que Babylone, menacée par des envahisseurs étrangers, doit abandonner à sa rivale du nord, l'**Assyrie**, l'hégémonie sur la Mésopotamie.

***Page ci-contre, en haut :** vase de pierre, période primitive de Tell Halaf, provenant d'Arpachiyah (Irak).*
***En bas :** les ruines de Çatal Höyük (Anatolie), une des plus grandes cités hittites.*
***Sur cette page, en haut :** l'étendard d'Our, panneau de bois incrusté de coquilles de lapis-lazuli et de calcaire rouge (vers 2500 av. J.-C.). British Museum, Londres. La scène commémore la victoire d'un roi d'Our.*
***En bas :** **Stèle de Sargon** (seconde moitié du IIIe millénaire av. J.-C.). Musée du Louvre, Paris. La stèle représente des prisonniers du roi Sargon, fondateur du premier empire d'Akkad. Sargon, qui étendit son autorité à toute la basse Mésopotamie, fut aussi un grand administrateur.*

Selon une opinion communément répandue, l'apparition de l'homme sur le continent américain remonterait à quelque 35 000 années : des groupes de chasseurs d'origine asiatique auraient traversé le détroit de Béring sur la terre ferme en profitant d'un passage que l'abaissement du niveau des mers durant la dernière glaciation avait ouvert entre la Sibérie et l'Alaska. A mesure que les chevaux, les mammouths et les bisons de la steppe peuplaient la région, les chasseurs les auraient suivis et se seraient déplacés vers le sud quand les glaces commencèrent à fondre et que le passage de terre ferme fut à nouveau submergé. Certains groupes auraient continué leur progression vers le sud, peuplant l'Amérique centrale (il y a 25 000 ans) puis les régions andines (il y a 22 000 ans). En l'espace d'un millénaire, ils se seraient installés dans toute l'Amérique du Sud, comme l'attestent les outils lithiques, vieux de 12 000 ans, qui ont été retrouvés dans les grottes de Fell (Patagonie). On a cependant retrouvé dans les foyers du site de Pedra Furada (Brésil oriental) des restes de charbon de bois vieux de 32 000 ans (selon la datation effectuée avec la méthode du carbone 14). Cette observation a remis en question la chronologie traditionnelle de la colonisation de l'Amérique : il a paru justifié d'anticiper l'arrivée de l'*Homo sapiens* de 10 000 à 15 000 ans, en la datant d'il y a 40 000 à 45 000 ans. Néanmoins, cette correction n'est pas non plus à l'abri des critiques, puisque les premières traces de la présence humaine en Amérique du Nord sont de loin postérieures aux découvertes brésiliennes et remontent seulement à 15000 av. J.-C. Certains chercheurs ont donc avancé l'idée d'une colonisation multiple, qui serait l'œuvre de populations du Pacifique venues de Mélanésie, de Polynésie et d'Australie. Jusqu'à présent, les données disponibles n'ont pas permis de confirmer cette hypothèse.

A gauche : itinéraires probables des vagues d'immigration en Amérique, à la fin de la dernière glaciation, et sites des principales découvertes relatives aux chasseurs-cueilleurs de la première période paléo-indienne.
En haut : le système IV, vu du nord, de Monte Albán (civilisation d'Oaxaca, Mexique). La civilisation agricole de la région d'Oaxaca suscite l'apparition de villages ruraux, qui donneront naissance à de véritables villes.
En bas : ruines de Cerro Sechin (Pérou). La civilisation de Chavín est la première à se développer au Pérou, vers 1200 av. J.-C.

Si les différentes étapes de la colonisation sont encore, sous bien des aspects, entourées de zones d'ombre, l'histoire du continent américain à partir du Xe millénaire av. J.-C. est beaucoup moins controversée. Les fouilles archéologiques ont montré que les régions septentrionales et méridionales ont suivi une évolution assez différente. Pendant longtemps, le nord du continent est occupé par des populations paléo-indiennes, qui chassent les grands mammifères (mammouth, mastodonte, paresseux, bison) en les suivant dans leurs déplacements saisonniers. Le passage de la vie nomade à la vie sédentaire est lent. L'extinction des grands animaux, qui sont victimes de la chasse ou des bouleversements climatiques de la fin de l'ère glaciaire, pousse certains groupes à associer les produits de la chasse de mammifères de taille moyenne aux produits de la pêche et à la récolte de

végétaux comestibles. Néanmoins, les nouvelles formes de subsistance et d'habitat mettent longtemps à modifier le style de vie traditionnel des nomades. Le passage définitif à l'agriculture, que l'on fait communément coïncider avec l'introduction du maïs, remonte en effet au Ier millénaire av. J.-C. dans les régions du Sud-Ouest (Nouveau-Mexique, Arizona, Colorado), alors que les autres parties de l'Amérique du Nord restent fidèles à un mode de vie mésolithique, qui se maintiendra jusqu'à l'époque historique.

En haut : squelette de mammouth, découvert dans un site paléo-indien de l'Arizona. A droite : la vallée du río Colorado (Patagonie). Les rochers en surplomb servaient de refuge aux chasseurs-cueilleurs (culture paléo-indienne). En bas : tableau chronologique des civilisations américaines.

L'Amérique centrale et l'Amérique du Sud connaissent une évolution plus rapide. Dès le VIIe millénaire av. J.-C., on commence à domestiquer les animaux et à cultiver les végétaux comestibles. Le développement progressif d'une économie agricole suscite, entre 5000 et 2000 av. J.-C., l'apparition de nombreux villages ruraux au Mexique (vallée de Teotihuacán, région d'Oaxaca) et dans les régions andines. Le peuplement se concentre le long des côtes, où la mer offre des ressources, et dans les vallées intérieures, où la fertilité des terrains alluviaux permet des rendements plus élevés. Il s'agit le plus souvent de villages de petites dimensions, dont les habitants sont unis par des liens de parenté. Les témoignages les mieux connus sur cette période ont été fournis par la culture de Puerto Hormiga (Colombie)

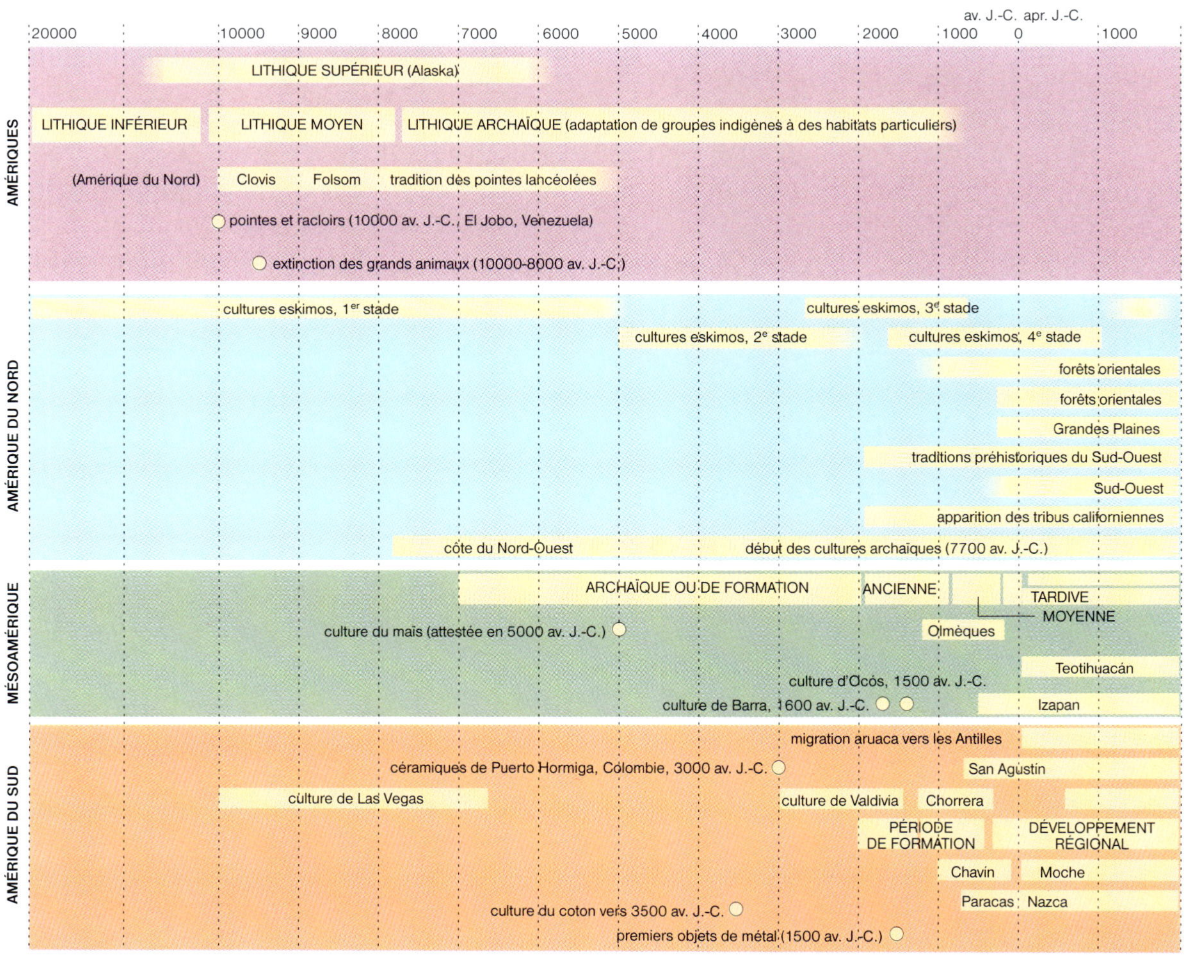

et par la culture de Valdivia (Équateur) entre 3200 et 1800 av. J.-C., qui connaissent déjà le tissage du coton et le travail de la céramique (vaisselle, premières statuettes de terre cuite).

C'est au Pérou, au IIIe millénaire av. J.-C., que s'opère le passage à des formes plus élaborées d'organisation politique, caractérisées par une hiérarchie sociale plus forte. L'augmentation des rendements agricoles, obtenue par l'introduction de maïs hybride sélectionné, favorise la croissance démographique et suscite l'apparition de grands villages, capables d'accueillir jusqu'à quatre mille personnes : Kotosh, Aspero, Sechin Alto. De grands édifices à caractère cérémonial (les « huacas », temples-tumulus) suggèrent l'existence d'un pouvoir de type théocratique. Malheureusement, la fragmentation des données disponibles a empêché jusqu'à présent de reconstruire le contexte de cette évolution. Un fait demeure certain : c'est durant le IIIe millénaire av. J.-C. que se sont pleinement affirmés les traits qui se retrouveront dans les civilisations précolombiennes, à l'époque de leur maturité. Dans la chronologie, c'est la civilisation de Chavin qui s'épanouira la première au Pérou, vers 1200 av. J.-C. En Amérique centrale, des sociétés élaborées (cultures zacatèque et olmèque) apparaîtront à partir de 1500 av. J.-C. autour du golfe du Mexique.

La géographie du sous-continent indien a profondément influencé l'histoire du peuplement humain depuis les époques les plus reculées. A la diversité des milieux naturels (des hauts plateaux aux vallées de montagne, des plaines alluviales des grands fleuves aux forêts de l'Inde péninsulaire) répond en effet la variété des évolutions culturelles : pendant longtemps, des cultures fort différentes coexistent dans les diverses régions du pays.

Dès le **Paléolithique inférieur**, il est possible de distinguer au moins deux aires culturelles : les régions du Nord développent une industrie lithique sur galets et sur éclats (culture de Soano) qui témoigne d'une parenté manifeste avec des productions analogues de l'Asie du Sud-Est, alors que les régions péninsulaires produisent des bifaces qui trahissent l'influence des cultures d'origine africaine. Pareille distinction se maintiendra au Paléolithique moyen, quand les outils seront de plus en plus spécialisés. Sur le Paléolithique supérieur, les données disponibles sont très rares.

Le **passage au Néolithique** n'est pas non plus un phénomène homogène : si l'évolution est relativement précoce dans certaines régions, d'autres parties de l'Inde (le Cachemire, le bassin du Gange et le Deccan) se développent plus lentement. Les **premiers villages agricoles** apparaissent à partir du VIIe millénaire av. J.-C. sur les terrasses naturelles du **Baloutchistan**, à proximité des cols qui facilitent le passage des hauts plateaux iraniens vers la plaine de l'Indus. Des groupes humains relativement peu nombreux, qui se servent d'outils de silex, se mettent à pratiquer, outre la chasse, la culture des céréales sauvages, sous des formes primitives, ainsi que l'élevage du mouton et de la chèvre.

Dans les plaines alluviales de l'Indus et du Gange, les communautés d'agriculteurs tardent au contraire à s'organiser. Il est probable que leurs techniques ne sont pas encore suffisamment évoluées pour résoudre les problèmes entraînés par les inondations périodiques et la présence d'une vaste zone marécageuse. C'est au IVe millénaire av. J.-C. que remontent les traces d'une vie sédentaire organisée dans la **vallée de l'Indus** : des populations venues sans doute du Baloutchistan s'établissent à ce moment dans la plaine du Pendjab et du Sind (aujourd'hui au Pakistan), où ils commencent à assécher les marais et à construire des digues de pierre et de briques pour se protéger des inondations périodiques. Ces foyers de peuplement présentent des traits communs avec la vaste aire culturelle du Proche-Orient.

Ce sont les mêmes sites qui, dans le courant

A gauche : montagnes du Baloutchistan. La découverte d'anciens sites d'habitat dans cette région, aujourd'hui aride, fait penser que le climat a subi d'importantes modifications. En haut : vue générale des ruines de Mohenjo-Dāro. On distingue la structure de l'ancienne acropole et les vestiges d'un stūpa *construit deux millénaires après la fin de la civilisation de l'Indus. En bas : carte des principaux sites de la civilisation de l'Indus.*

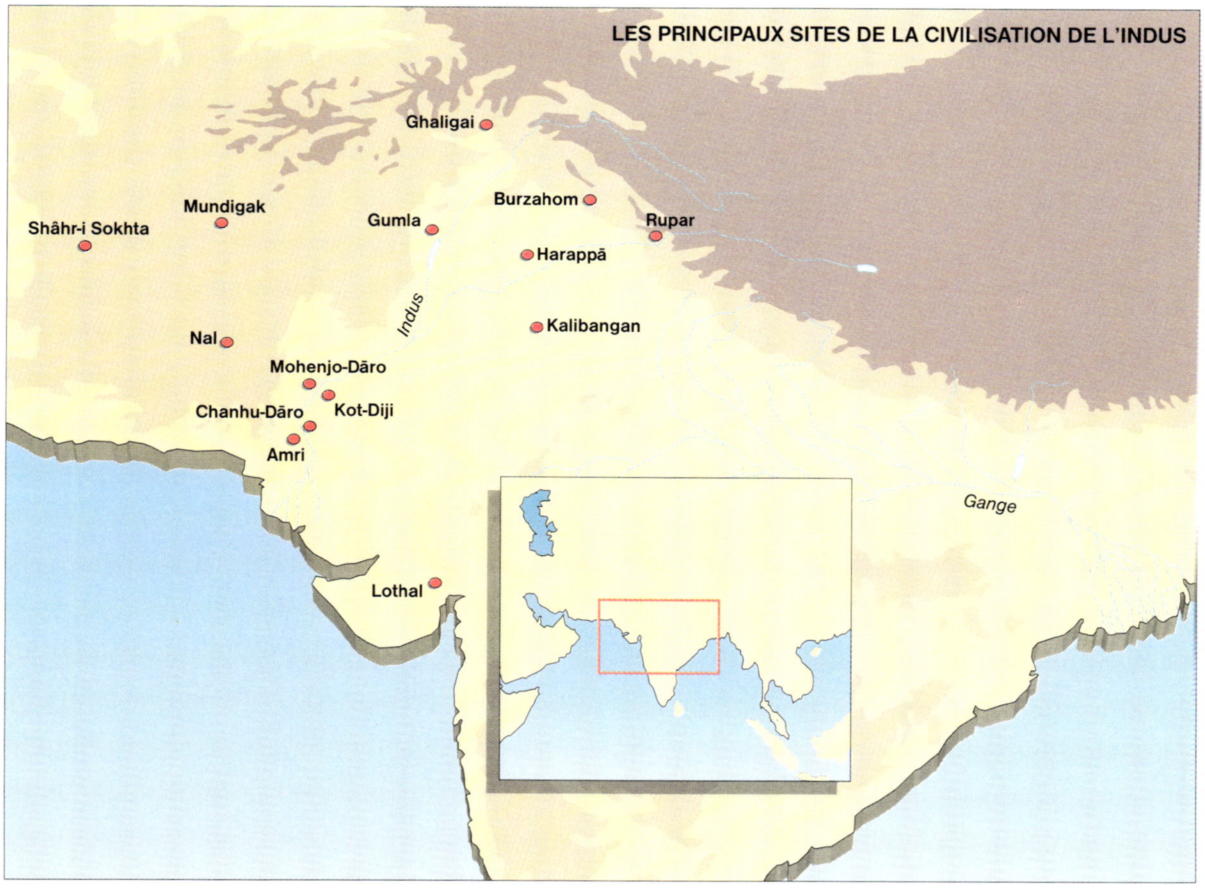

LA DISPARITION DE LA CIVILISATION DE L'INDUS

La civilisation de l'Indus est sans aucun doute la plus méconnue des grandes civilisations du monde antique. Après son rapide déclin, entre 1800 et 1700 av. J.-C., on en perdit la trace pendant des siècles, avant que les vestiges de ses villes les plus importantes ne soient découverts par hasard au début du XXe siècle. Les données disponibles restent fragmentaires, si bien que la disparition de la civilisation de l'Indus est encore entourée de mystère. Jusqu'à une époque récente, les archéologues étaient convaincus que cette disparition avait été provoquée par l'invasion, brutale et violente, de populations indo-européennes venues d'Occident, les Aryens Carya, qui auraient été attirés par les richesses accumulées dans les villes. Outre le changement observé dans les coutumes funéraires, les traces d'incendies et de destructions retrouvées entre les niveaux d'occupation de plusieurs sites (en particulier à Mohenjo-Dāro) paraissaient confirmer cette interprétation. Des recherches plus récentes ont néanmoins accrédité l'hypothèse d'un déclin progressif provoqué par des causes endogènes, dont les premiers signes apparaissent dès la phase finale de la période harappienne.

Si Harappā et Mohenjo-Dāro ont été effectivement abandonnées dans la précipitation (comme l'attestent les ustensiles retrouvés dans les habitations), d'autres sites importants (Kalibangan, Amri et Lothal) ont échappé à des destructions violentes, mais se sont appauvris progressivement jusqu'à se réduire à de simples villages, avant de disparaître tout à fait. Alors que les activités de production et les échanges commerciaux se ralentissent peu à peu, l'entretien des égouts et les travaux d'urbanisme sont de plus en plus négligés. Durant la dernière période, les habitations sont même construites avec des matériaux de récupération, provenant de bâtiments antérieurs.

On a vu dans le déplacement progressif du domaine des moussons l'origine de ce déclin. Ce phénomène aurait en effet provoqué la détérioration des conditions climatiques du bassin de l'Indus : les précipitations abondantes dont ces régions avaient profité durant le IIIe millénaire av. J.-C. seraient devenues plus rares, entraînant le dessèchement des sols et la chute de la production agricole. Il est facile d'imaginer à quel point ces mutations ont pu peser sur l'évolution d'une civilisation qui était tout entière fondée sur la vie urbaine et les échanges commerciaux : la baisse des excédents agricoles aura provoqué de fréquentes disettes dans les villes, dont la subsistance dépendait plus que jamais des campagnes, avant que l'abandon progressif des centres urbains n'entraîne le déclin de l'activité productive.

D'après une autre explication, plus récente, c'est à des modifications géomorphologiques consécutives à de puissants mouvements telluriques qu'il faut attribuer le déclin de la civilisation de l'Indus : le soulèvement des régions côtières aurait entravé l'écoulement des eaux et provoqué la formation de zones marécageuses. Le lent relèvement du terrain aurait donc fini par étouffer les florissantes cités de l'Indus, qui disparurent, comme Mohenjo-Dāro, sous une couche de limon et de dépôts alluviaux de plusieurs mètres d'épaisseur.

du IIIe millénaire av. J.-C., abriteront les villes - beaucoup plus évoluées - de la civilisation de l'Indus. A Harappā, Kot-Diji, Mohenjo-Dāro (Sind) et Amri, les fouilles ont mis au jour de nombreux niveaux d'occupation, qui indiquent que ces villes ont été habitées sans interruption pendant plusieurs siècles.

Durant le IIIe millénaire av. J.-C., **l'agriculture se répand dans toute l'Inde**. Des cultures néolithiques se développent dans le Deccan, où la culture du millet et l'élevage des bovins sont attestés dans le Cachemire et l'Hindou Kouch. Il s'agit toutefois de petits groupes plutôt primitifs, qui demeurent en marge du monde évolué de l'Indus et qui ne connaissent pas encore la métallurgie : haches de pierre polie et outils de silex restent en usage jusqu'au Ier millénaire av. J.-C.
Dans le bassin du Gange, les premières traces d'activités agricoles remontent au Ve millénaire av. J.-C. (monts Vindhya). La diversité des produits cultivés (le riz, autre céréale) fait penser à une évolution tout à fait autonome, indépendante de l'Occident. Mais le développement de la région sera très lent : les formes abouties d'une civilisation urbaine ne remontent qu'à la fin du IIe millénaire av. J.-C.

Vers 2600 av. J.-C., la plus ancienne des grandes civilisations du monde oriental apparaît, de façon presque soudaine, dans les plaines alluviales du Pendjab et du Sind : la **civilisation de l'Indus**, dont le degré de développement est nettement supérieur aux cultures villageoises qui l'ont précédée. Parfois appelée « civilisation de Harappā », du nom d'une de ses villes les plus importantes, la civilisation de l'Indus mérite d'être comparée - pour ses connaissances techniques, son degré de développement économique et son organisation politique - aux civilisations qui s'épanouirent dans la vallée du Nil et en Mésopotamie.
Pourtant, la question de ses origines est loin d'être résolue, et ce ne sont pas les maigres informations dont nous disposons qui pourront l'éclaircir. Pendant longtemps, les historiens ont pensé que la formation des grandes agglomérations urbaines de l'Indus avaient succédé à l'invasion de populations d'origine dravidienne ou du Proche-Orient. L'irruption violente d'envahisseurs étrangers semble en effet attestée par les traces d'incendies et de destructions qui séparent les niveaux stratigraphiques des différentes époques. Par ailleurs, l'hypothèse d'une filiation avec le Proche-Orient paraît confirmée par l'apparition de connaissances nouvelles : la métallurgie, un système élaboré d'écriture, l'emploi de sceaux de pierre comme marques de propriété, inspirés par le modèle des sceaux en usage en Mésopotamie. Néanmoins, les campagnes de fouilles des dernières décennies ont mis en lumière des caractéristiques qui soulignent, au contraire, la continuité avec les communautés néolithiques du Baloutchistan et renforcent l'hypothèse d'une genèse autochtone.
Dès ses débuts, la civilisation de l'Indus se caractérise par le degré d'évolution de son **urbanisme** : toute la vie politique et économique gravite autour de grandes villes dont le plan rationnel répond aux règles d'un urbanisme élaboré, dont aucune autre région du monde ne présente l'équivalent. Outre les deux villes principales, **Harappā** (Pendjab) et **Mohenjo-Dāro** (Sind), d'autres sites ont été retrouvés, de diverses dimensions : depuis les villages agricoles jusqu'aux grandes villes portuaires (Lothal) équipées pour le commerce de longue distance.

A droite : plan de Mehrgarh, le site le plus important découvert au Baloutchistan. Les fouilles archéologiques ont permis de reconstruire avec plus ou moins d'exactitude les différentes phases de développement, depuis l'élevage des moutons jusqu'à l'essor d'une économie agricole à part entière.

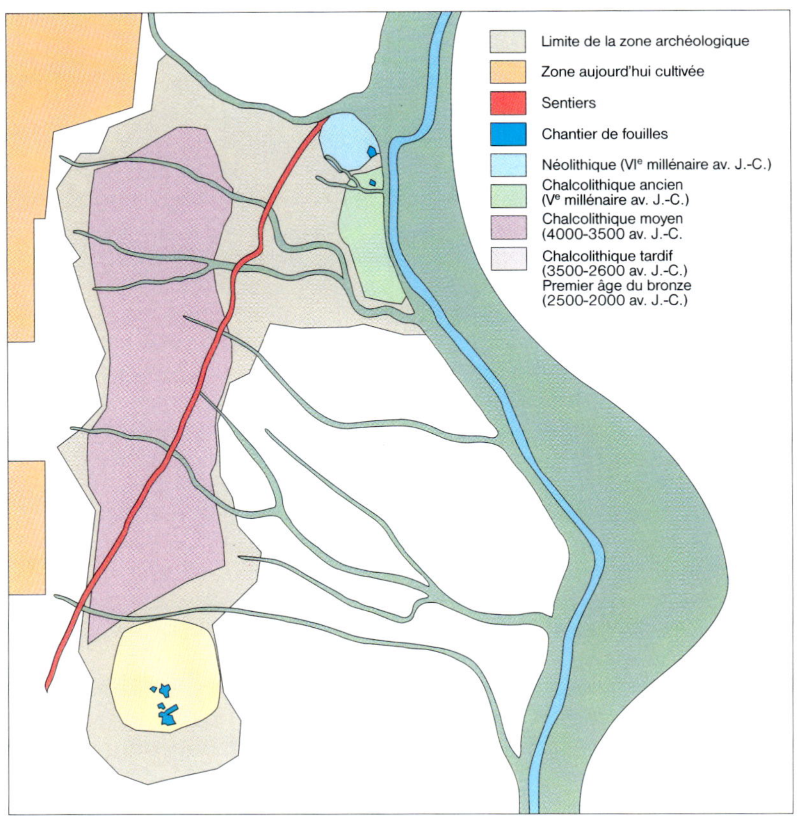

Les épaisses forêts pluviales, presque impénétrables, qui couvrent une grande partie de l'Asie orientale ont entravé pendant longtemps les recherches sur le processus d'hominisation dans ces régions.
Les connaissances actuelles ne sont sans doute pas exhaustives et elles n'intéressent qu'une portion de ce vaste territoire.
Des découvertes assez intéressantes ont été faites en Corée, au Viêt-Nam (à l'embouchure du fleuve Rouge) et en Thaïlande, mais c'est surtout en Chine et à Java qu'ont été identifiées les traces les plus significatives de l'occupation humaine du continent asiatique, dont les principales étapes peuvent ainsi - fût-ce de manière approximative - être reconstituées.
Dans l'état actuel de la recherche, il semble que l'homme soit apparu en Asie orientale il y a environ 1,5 million d'années, quand l'***Homo erectus*** quitta le continent africain, dont il était originaire, pour gagner non seulement les régions tempérées d'Europe, mais aussi l'Indochine et la Chine. D'importants progrès techniques lui permettent alors de s'adapter rapidement à son nouvel environnement : il maîtrise le feu, se couvre de vêtements et se met à construire des abris artificiels.

En **Chine**, les plus anciennes traces de la présence de l'homme nous viennent de Yunamou, dans le sud-ouest du pays, où ont été retrouvés des restes d'*Homo erectus* vieux de 1,7 million d'années. A ces restes sont associés une industrie de la pierre plutôt primitive, caractérisée par des outils de forme irrégulière, et des traces de charbon de bois, qui attestent peut-être l'usage du feu.
C'est aussi à l'*Homo erectus* que sont rattachés les restes des squelettes retrouvés sur l'île de Java, dont le plus ancien remonte à 700 000 années (*Pithecanthropus erectus*).
Néanmoins, aucune trace d'une industrie lithique n'a été retrouvée à côté de ces ossements, peut-être parce les matériaux les plus intéressants nous ont été restitués par des dépôts fluviaux, sujets à l'érosion.
De gros problèmes d'interprétation ont été soulevés par un fragment de mandibule de grandes dimensions, attribué au ***Meganthropus paleojavanicus*** (homme géant paléojavanais). Vieux de 800 000 d'années, celui-ci présente, outre des traits qui rappellent les singes anthropomorphes, des caractéristiques propres aux hominidés, comme la forme des prémolaires et des mandibules. Quoi qu'il en soit, le débat reste ouvert entre ceux qui le rapprochent des australopithèques robustes, qui occupent - plus ou moins durant la même période - les régions africaines, et ceux qui le considèrent au contraire comme une forme robuste de pithécanthrope.

Le site qui a livré les informations les plus significatives sur le Paléolithique asiatique reste sans aucun doute celui de Zhoukoudian, au sud-ouest de Pékin, un des gisements archéologiques les plus importants du monde. Les grottes calcaires de la région furent en effet occupées par l'homme pendant une période extrêmement longue : de 700 000 à 250 000 ans. Ainsi se forma un dépôt archéologique particulièrement riche, de plus de 50 mètres d'épaisseur, qui a beaucoup mieux conservé les restes archéologiques qu'un dépôt à ciel ouvert. C'est là qu'ont été retrouvés une grande quantité d'ossements humains appartenant à l'*Homo erectus* chinois, communément appelé ***Sinanthropus pekinensis*** (homme de Pékin) : doté d'une stature plutôt basse (1,57 m) et d'une boîte crânienne de faible volume (850 à 1 300 cm³), il présente un front fuyant, un développement important de la région occipitale, des arcades sourcilières très accentuées et des mandibules particulièrement robustes.

L'analyse stratigraphique a permis d'établir que les grottes de Zhoukoudian furent habitées par intermittence : les phases d'occupation humaine alternent avec des périodes où les grottes servent d'abri aux animaux sauvages, en particulier aux hyènes, dont on a retrouvé des restes de repas et d'excréments fossiles (coprolithes). Les traces les plus significatives de la présence de l'homme sont fournies par des restes de charbon, trouvés dans les foyers (dès les premières périodes d'occupation, l'homme de Pékin maitrise le feu), et par une industrie lithique très abondante mais plutôt archaïque, composée en particulier d'outils de quartz et de quartzite, aux formes variées : *choppers* et *chopping tools* (galets aménagés sur une ou sur deux faces), perforateurs, poinçons et grattoirs.

Il y a quelque 50 000 ans, l'*Homo sapiens sapiens*, qui appartient à une espèce bien plus évoluée que le *Sinanthropus*, apparaît sur le continent asiatique. Son apparition coïncide avec un progrès indiscutable, technique et culturel. Les groupes humains de cette période, tout en restant fidèles à une économie de chasse et de cueillette, se dotent d'une organisation sociale qui introduit une forme - fût-elle embryonnaire - de division du travail. En même temps, l'affirmation d'une vie spirituelle est attestée par les premières pratiques funéraires (les corps sont inhumés dans des fosses creusées dans le sol) et par les premiers objets décoratifs (colliers ornés de pendentifs en os ou en dent d'animal).

L'industrie lithique paraît aussi plus élaborée et se compose d'une vaste gamme d'outils adaptés aux usages les plus variés.
L'expansion de l'*Homo sapiens sapiens* dans les régions orientales est assez rapide et uniforme, comme en témoignent les restes d'habitations découverts en Chine et en Corée, qui sont les foyers de peuplement les plus importants. L'*Homo sapiens sapiens* s'établit aussi dans le Sud-Est insulaire : à Bornéo (grotte de Niah), à Java (Wadjack) et aux Philippines (grotte de Tabon).

Durant la dernière glaciation, l'abaissement sensible du niveau des eaux laisse émerger d'amples tronçons de la plate-forme continentale. Profitant de ce pont naturel, l'*Homo sapiens sapiens* gagne par la terre ferme le Japon et l'Australie (il y a quelque 50 000 ans), alors que d'autres

A gauche : carte des sites de l'Asie orientale depuis le Néolithique jusqu'au Ier millénaire av. J.-C. En bas, sur les deux pages : maquette d'un village de la culture de Yangshao. La culture de Yangshao est la plus ancienne des cultures néolithiques agraires de l'Asie orientale. Page ci-contre, en haut : haches de pierre polie datant du dernier Néolithique japonais.

groupes de populations paléolithiques réussissent, peu après, à traverser le détroit de Béring, commençant ainsi la colonisation de l'Amérique. Les grandes transformations qui affectent le paysage naturel vers la fin de la dernière glaciation (10000 av. J.-C.) bouleversent le système de vie de l'homme préhistorique. Les nouvelles conditions climatiques et le nouvel environnement sont beaucoup plus favorables aux communautés de chasseurs-cueilleurs, qui s'établissent non seulement dans les cavernes et dans les abris rupestres de l'intérieur, mais aussi le long des côtes et des estuaires. La clémence des températures encourage l'essor d'une végétation abondante et variée : l'homme découvre de nouveaux moyens de subsistance et s'oriente de plus en plus vers la récolte des fruits spontanés de la terre.
Avec le relèvement du niveau des mers, de vastes zones de la plate-forme continentale (la Sonde) sont de nouveau submergées, si bien qu'apparaissent de nombreuses îles et promontoires. L'homme trouve ainsi l'occasion d'exploiter les abondantes ressources des côtes chinoises, coréennes et japonaises. Les amas de mollusques et de crustacés retrouvés à proximité des sites côtiers, ainsi que les restes de nourriture et de vaisselle conservés dans les sols de l'arrière-pays induisent à penser que l'homme évoluait déjà vers une forme de vie sédentaire et que ses abris lui servaient d'habitation semi-permanente ou de point de départ à ses expéditions de chasse et de cueillette.
Le passage à une forme d'existence tout à fait sédentaire coïncide avec l'essor de l'économie agricole. Le phénomène est attesté par la culture de Peiligang dès la fin du VIIe millénaire av. J.-C. dans les collines baignées par le fleuve Jaune, dans le nord-ouest de la Chine. C'est là qu'apparaissent les premières sociétés agricoles : leurs villages permanents sont composés de maisons en dur, dotées d'un foyer central et de puits où sont conservées les céréales.
Formés généralement de quelques dizaines d'habitations, ces villages occupent déjà une certaine étendue.
Les groupes semblent régis par une hiérarchie sociale, comme l'attestent les nécropoles découvertes à proximité des habitations : leurs riches sépultures contenaient des haches, de la vaisselle et des objets décoratifs en jade, de facture précieuse.

À partir du VIe millénaire av. J.-C., le territoire de la Chine accueille des cultures agropastorales, qui se distinguent surtout par la forme de leur vaisselle en céramique. Les plus importantes sont les cultures de Yangshao et de Longshan.
La première, qui se développe entre le VIe et le IIe millénaire av. J.-C. dans le nord du pays, dans le bassin moyen du fleuve Jaune, constitue la première civilisation agricole de la Chine ; sa céramique fine se distingue par un décor peint à motifs curvilignes sur fond rouge. La seconde, qui s'épanouit aux IIIe et IIe millénaires av. J.-C., apparaît dans la région de Sikiang, dans l'est du pays, puis s'étend progressivement vers le nord-ouest, avant d'entrer en contact avec la culture de Yangshao, dont elle est en partie contemporaine. Sous beaucoup d'aspects, la culture de Longshan est plus évoluée que la précédente : son organisation sociale est plus complexe et ses villages, plus étendus, sont protégés de murs en terre battue.

Au **Japon**, l'évolution est plus lente que sur le continent. L'agriculture apparaît plus tard (à partir du Ier millénaire av. J.-C.), et les populations paléolithiques restent longtemps attachées à une économie de chasse et de cueillette, complétée par la pêche. L'exploitation des ressources spontanées se règle sur le cycle des saisons. Le printemps et l'été, époques où diverses espèces marines (le thon ou le maquereau) se rapprochent des côtes ou des embouchures pour se reproduire, sont généralement consacrés à la pêche. L'automne est occupé par la récolte des fruits et des graines et l'hiver est la saison de la chasse aux animaux sauvages. Vers 10000 av. J.-C. apparaît la vaisselle caractéristique dite « jōmon », dont le décor porte des marques de corde.
L'appellation « jōmon » désigne un complexe culturel qui s'épanouit entre 10000 et 300 av. J.-C. Le peuple jōmon habite de petits villages composés de cabanes à demi enterrées, autour desquelles les archéologues ont retrouvé de grandes quantités de coquillages et de crustacés.
Depuis les époques les plus reculées, ces populations pratiquent la pêche en haute mer. Par ailleurs, des groupes s'aventurent dans l'arrière-pays jusqu'à 50 kilomètres des côtes pour se procurer l'obsidienne, utilisée pour la fabrication d'outils. Néanmoins, la culture jōmon reste essentiellement une culture de l'âge de la pierre, où les caractéristiques futures de la civilisation japonaise sont à peine ébauchées.

Les premiers hommes arrivés en **Australie** s'installent surtout sur les côtes et le long des fleuves, où la présence de l'eau offre de plus grands moyens de subsistance.
Leurs déplacements vers les régions de l'intérieur, beaucoup plus arides, sont occasionnels et temporaires. Ce n'est qu'à la fin de la dernière glaciation, quand le relèvement du niveau des océans entraîne l'engloutissement de vastes régions côtières, que les populations seront poussées davantage vers l'arrière-pays. Bientôt, les hommes apprennent à exploiter toutes les ressources alimentaires d'un environnement plutôt ingrat, se nourrissant de toutes sortes de végétaux ou d'animaux. À partir de l'Holocène, ils se servent de grandes haches de pierre pour abattre la végétation à l'orée des forêts et favoriser ainsi la croissance d'espèces comestibles spontanées (taro, bananier, igname). Pendant des millénaires, ils restent attachés à des formes de subsistance typiquement paléolithiques, pratiquant une économie de chasse et de cueillette qui implique une nette division du travail entre les membres du noyau familial : les hommes se chargent des tâches associées à la chasse (fabrication des armes, poursuite et abattage du gibier), alors que les femmes s'occupent de récolter les tubercules et les racines, qu'elles arrachent en creusant le sol avec un bâton. Les aborigènes ne passeront jamais à une quelconque forme d'économie agricole, malgré leurs contacts prolongés avec les horticulteurs de Mélanésie et d'Indonésie. Même l'élevage du bétail leur est inconnu, et le dingo est le seul animal semi-domestique qui vit autour des campements. Isolés des civilisations plus évoluées, les aborigènes n'évolueront guère au cours des millénaires et conserveront les formes traditionnelles de la vie primitive jusqu'à ce que l'intervention dévastatrice des Européens décime leurs populations et les oblige à abandonner leur style de vie ou à se retirer dans les réserves de l'intérieur.

Les premiers hominidés vivent en petits groupes familiaux dans l'espace ouvert de la savane : leur milieu de vie est donc fort différent de celui de leurs parents les plus proches, les grands singes anthropomorphes, essentiellement arboricoles. Ces lointains ancêtres de l'homme sont omnivores.
Ils se nourrissent vraisemblablement d'herbes et de racines, chassent les petits animaux

A gauche : le massif du Hoggar (Sahara algérien), occupé dès le Paléolithique inférieur.
En haut : peinture rupestre de la grotte d'Ouan Amil, style bovidien.
En bas : graffiti de Taghit, dans le Hoggar (5000-2000 av. J.-C.).

(rongeurs et reptiles), mais ne dédaignent pas, à l'occasion, les charognes de grands mammifères, abandonnées par les prédateurs. Pendant des millions d'années, leur existence ne subit pas de bouleversements essentiels : leur subsistance est assurée par la **chasse** et la **cueillette**, même si, au cours de son évolution, l'homme primitif est de moins en moins tributaire d'un milieu naturel souvent hostile. La fabrication d'outils de plus en plus perfectionnés, la maîtrise du feu et l'utilisation de l'arc lui permet de varier ses ressources alimentaires. L'accroissement des moyens de subsistance favorise l'**augmentation progressive de la population humaine** qui, à la veille de la révolution agricole, rassemble environ dix millions d'individus.
Cette évolution entraîne l'élargissement des groupes sociaux, organisés en tribus et non plus en familles. En même temps, la division du travail au sein des communautés devient plus rationnelle : les femmes sont chargées de récolter les herbes et les racines, et des groupes organisés de chasseurs capturent des animaux de grande taille.

Le long des côtes, des rivières et des plans d'eau, l'***Homo sapiens*** commence à récolter des mollusques et à pratiquer la pêche. Sur le site paléolithique de Klasies River Mouth (Afrique du Sud), par exemple, les premières traces d'une exploitation des ressources marines remontent à 120 000 ans : jusqu'à ce que la dernière glaciation provoque le retrait des eaux sur près de 64 kilomètres. Les habitants des abris sous roche et des grottes littorales se nourrissent de mollusques (patelles et moules), de phoques, de dauphins, de pingouins et de baleines. Cependant, durant toute cette période, aucun changement majeur n'apparaît dans l'existence de l'homme primitif, qui est rythmée par les déplacements périodiques à l'intérieur de vastes territoires de chasse.

Vers le VIIe millénaire av. J.-C., l'agriculture et l'élevage apparaissent dans les **régions sahariennes**, dont le climat durant cette période est beaucoup plus humide que de nos jours. Les communautés humaines du Sahara se mettent lentement à domestiquer le bétail (surtout des bovins) et à sélectionner des plantes sauvages originaires de ces régions, comme le sorgho et le millet. Les espèces importées du Proche-Orient, où l'agriculture s'est développée dès le VIIe millénaire av. J.-C., connaissent des fortunes diverses : le mouton et la chèvre s'acclimatent en peu de temps, alors que certaines espèces de céréales - le blé, l'orge - se sont seulement implantées le long des côtes de la Méditerranée, dans la vallée du Nil et sur les hauts plateaux d'Éthiopie.
Les débuts du Néolithique sont généralement associés à l'apparition de la céramique, qui s'est répandue à partir du Sahara central et oriental, où les céramiques néolithiques les plus anciennes appartiennent à la tradition soudanaise (VIIIe millénaire av. J.-C.). Plus tardif, le Néolithique de tradition capsienne, entre le VIe et le Ve millénaire av. J.-C., est également originaire du Sahara.
Une troisième civilisation néolithique apparaît à la même période sur les côtes du Maroc et dans la région d'Oran : certains chercheurs lui attribuent une origine européenne (Ibéromaurusien); d'autres contestent cette hypothèse, qui implique que la navigation à travers le détroit de Gibraltar ait débuté avant le IVe millénaire av. J.-C. Cette civilisation néolithique contient les prémices d'une économie agricole, mais ne renonce pas pour autant aux moyens traditionnels de subsistance : la chasse, la pêche et la cueillette, qui complétera longtemps les ressources alimentaires fournies par l'agriculture, dont les rendements sont inférieurs à ceux obtenus dans d'autres régions du monde. Les techniques agricoles restent en effet plutôt rudimentaires : les paysans se servent de simples houes ou de bâtons de bois pour travailler la terre ou arracher les tubercules et les racines.

En **Afrique centrale** et en **Afrique australe**, où les conditions naturelles sont moins favorables, le développement de l'agriculture est beaucoup plus lent. Pour les **Bochimans**, qui peuplent ces régions, la **chasse** et la **cueillette** restent pendant très longtemps les principaux moyens de subsistance.
Au sud de l'équateur, ce n'est qu'au cours du

IIe millénaire av. J.-C. (le mouton est attesté près du site de Wilton en Afrique du Sud) qu'apparaissent les premières traces de l'élevage du bétail et du passage à une économie agricole. Cependant, de vastes territoires resteront jusqu'à nos jours tout à fait fermés à cette évolution : c'est le cas de la forêt équatoriale et des déserts d'Afrique australe, dont les populations vivent encore aujourd'hui à l'état primitif. En Afrique subsaharienne, le principal résultat de la recherche archéologique a consisté à démontrer que les différentes régions ont été habitées en même temps par des peuples qui avaient atteint des degrés fort différents de connaissance technique.
L'âge de la pierre ne se termine donc pas de façon uniforme : les techniques agricoles sont adoptées à des périodes diverses et, jusqu'à la fin du Ier millénaire de notre ère, de nombreuses communautés continuent à vivre de la chasse et de la cueillette, recourant à une technologie caractéristique de l'âge de la pierre. Cette situation n'exclut pas les échanges culturels, malgré les obstacles : distances et, surtout, désert du Sahara.
Les contacts sont même fréquents : la preuve en a été apportée par l'étude génétique des squelettes découverts dans le Sahara, au Sahel et en Afrique Australe. Le caractère composite de la majorité des populations africaines atteste l'amplitude et la durée des échanges physiques et culturels.

Jusqu'à la fin des années cinquante, les chercheurs admettaient que l'agriculture était apparue tardivement en Afrique subsaharienne et que ses débuts coïncidaient avec l'introduction du fer. On considérait qu'il s'agissait d'une innovation importée du sud-ouest de l'Asie, qui se serait d'abord répandue dans la vallée du Nil, puis dans le reste du continent. Or, des découvertes récentes dans le Sahara et dans d'autres régions ont montré que les principales espèces cultivées sont apparues en Afrique occidentale, dans le bassin supérieur du Niger et du Sénégal : le sorgho, le palmier et la plupart des espèces principales sont bien des espèces indigènes. Une question délicate se pose néanmoins : il s'agit de savoir si la consommation de ces aliments végétaux a suscité l'essor d'une agriculture indépendante de l'agriculture pratiquée en dehors du continent africain. Les preuves, directes ou indirectes, fournies par l'archéologie ne permettent pas de trancher définitivement. Les semences ou les graines retrouvées sur les chantiers de fouilles, ou les données fournies par la palynologie, qui étudie les pollens fossiles des plantes cultivées, constituent des témoignages directs. Ils attestent que de nombreuses espèces de base (le tef et d'autres céréales, ainsi que le bananier sauvage) étaient connues en Éthiopie, où l'agriculture est apparue au moins au IIIe millénaire av. J.-C. Au Soudan, elle est pratiquée dès le IVe millénaire av. J.-C., mais elle ne se développera en Mauritanie et dans le nord du Ghana que durant le IIe millénaire av. J.-C. Les preuves indirectes (instruments, outils, représentations artistiques) fournissent de leur côté des données sur l'élevage. Alors que son apparition remonte au VIe millénaire av. J.-C., les restes de bétail retrouvés au Sahel sont datés avec certitude du IVe millénaire av. J.-C. Enfin, on s'accorde à reconnaître que, dans la plupart des régions africaines de langue bantoue, les débuts de l'agriculture « de labour » coïncident avec le développement de la métallurgie du fer.

A partir du IVe millénaire av. J.-C., le Sahara connaît une nouvelle période d'aridité : les précipitations se font moins abondantes, les lacs se vident, les fleuves s'assèchent. L'avancement des zones désertiques pousse les communautés d'agriculteurs et de pasteurs vers les régions limitrophes, comme la savane ou le bassin du Nil, où s'épanouit la grande civilisation égyptienne. Une nouvelle ère s'ouvre en Afrique du Nord. Les échanges se ralentissent avec le reste du monde africain, qui se trouve séparé par la barrière naturelle du désert, alors que les contacts se renforcent avec le monde méditerranéen.
Les pays du **Maghreb**, en particulier, sont le carrefour d'intenses échanges commerciaux entre l'Afrique du Nord et l'Europe du Sud. L'obsidienne, roche vitreuse très recherchée, est exportée en Tunisie par les habitants de la Sicile, alors que la métallurgie de l'âge du bronze est sans doute transmise aux Africains par des populations de la péninsule Ibérique. Les habitants du Maghreb exportent des **objets décoratifs**, comme l'attestent les sandales d'ivoire ou les colliers de perles d'œufs d'autruche retrouvés dans des sépultures en Espagne. Comme toujours, ces échanges jouent à la fois un rôle commercial et culturel : deux mondes trouvent l'occasion d'échanger leurs expériences.

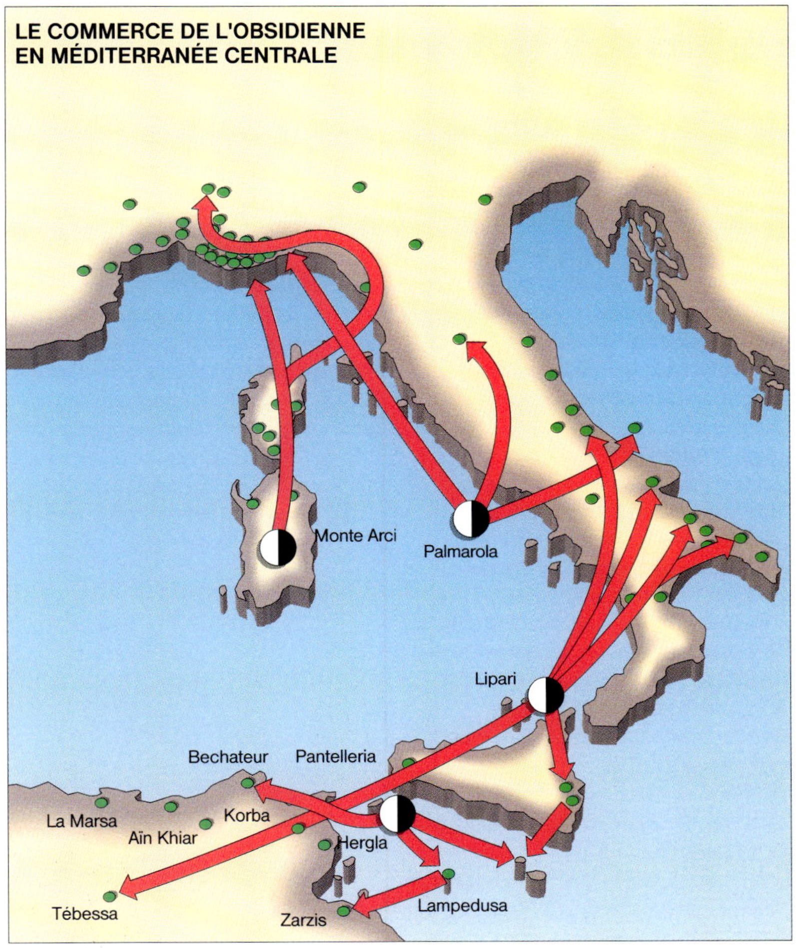

En haut : mouflon aux grandes cornes, graffiti de Tanzoumaïtak.
Ci-contre : peinture rupestre de Jabbaren (Tassili) représentant des éleveurs avec leur troupeau de bovins. En Afrique saharienne, le passage de l'agriculture à l'élevage est attesté dès le VIIe millénaire av. J.-C.
A droite : le commerce de l'obsidienne au centre de la Méditerranée. Roche vitreuse, l'obsidienne était particulièrement recherchée par les hommes préhistoriques. Par la Sicile, elle était exportée en Tunisie.

Parmi les différents facteurs qui déterminent les transformations économiques de l'Europe préhistorique, le plus important est la modification de l'environnement naturel et, en particulier, du climat. Le **passage de l'ère glaciaire à l'Holocène** bouleverse le paysage : les températures augmentant, le dégel de la couche de glace provoque le relèvement du niveau des mers et les étendues désertes sont envahies par la forêt. Ces mutations conditionnent l'évolution des activités productives, en même temps que l'homme s'adapte à de nouvelles conditions de vie.

Le développement des activités productives peut se diviser en plusieurs étapes : une longue période de **vie à l'état sauvage**, durant laquelle la cueillette, la chasse et la pêche sont les seuls moyens de subsistance ; une **période de barbarie**, durant laquelle la récolte des produits spontanés de la nature est complétée par des formes embryonnaires d'agriculture et d'élevage ; enfin, l'**introduction de l'agriculture**, qui marque le passage du Paléolithique au Néolithique et qui coïncide une nouvelle fois avec une transformation de l'environnement naturel. Les **quatre formations végétales** qui partagent l'Europe en autant de régions naturelles sont, du nord au sud, la toundra, la forêt de conifères des régions septentrionales, la forêt de feuillus de la zone tempérée et la forêt sempervirente des régions méditerranéennes. L'agriculture n'est pas pratiquée partout, mais elle se répand, sous des formes qui varient selon les zones climatiques, jusqu'aux limites septentrionales de la forêt de feuillus. Dans les régions situées plus au nord, la rigueur du climat constitue un obstacle insurmontable à sa diffusion, comme on peut encore le constater de nos jours. Du reste, la végétation basse et clairsemée de la toundra, ainsi que le sous-bois de la forêt de conifères empêchent également la diffusion de l'élevage.

Durant la plus grande partie de la préhistoire, les habitants de l'Europe se nourrissent exclusivement des produits que leur offre la nature : ils récoltent des végétaux et capturent des mammifères, des poissons et des oiseaux. Les traces les plus anciennes livrées par l'archéologie sur la faune et la **chasse au Paléolithique** attestent que le gibier est surtout constitué de **gros pachydermes** : éléphants de la steppe et des forêts, rhinocéros des forêts. On peut imaginer la difficulté de la capture d'animaux de cette taille pour des chasseurs seulement armés de lances. Des pièges étaient donc préparés : à proximité des lacs ou des cours d'eau où les animaux venaient s'abreuver, de grandes fosses étaient creusées dans le sol, puis recouvertes de branchages. Durant le **Paléolithique moyen**, qui coïncide avec une nouvelle glaciation, les chasseurs trouvent l'occasion de s'en prendre à de nouvelles proies : le **mammouth**, qui remplace l'éléphant, et le **rhinocéros laineux**, qui supplante le rhinocéros des forêts. Un animal est particulièrement convoité, du moins dans certaines régions : c'est l'**ours des cavernes**, aujourd'hui disparu, et qui était certainement plus grand que les espèces actuelles. Pour le débusquer, les chasseurs s'aventurent même dans les zones les plus élevées de la région alpine. Dans l'Europe méditerranéenne, en particulier en Espagne, les hommes chassent aussi le **cerf**. Les **bisons** et les chevaux sauvages complètent la faune de cette période. Durant le **Paléolithique supérieur**, la chasse prend des formes nouvelles, qui contrastent avec les méthodes primitives des périodes antérieures. Il s'agit dès ce moment d'une **chasse spécialisée**, qui se limite à quelques espèces. Les peintures découvertes dans les grottes de France et d'Espagne attestent en effet que les diverses populations ne chassent pas le même gibier : les uns préfèrent le cheval, les autres le bison, d'autres encore le cerf ou le mammouth (l'animal le plus chassé en Europe centrale et orientale). Avec l'**ère postglaciaire**, ce sont les **cervidés** qui deviennent la proie de prédilection des chasseurs. Parmi les différentes espèces, le **renne** est le plus recherché, en particulier dans les régions situées au nord des Pyrénées et des Alpes. La chasse au renne est une chasse saisonnière et itinérante, puisque l'animal se déplace en troupeau à travers de vastes territoires, se rapprochant des glaciers durant l'été et s'en éloignant durant l'hiver. Les chasseurs sont donc contraints à de longues migrations ou réduits à changer de gibier durant les périodes où les rennes ont quitté leur région (chasse à territoire fixe). Aux produits de la chasse, la **pêche** ou la capture de certains oiseaux ajoutent des ressources complémentaires.

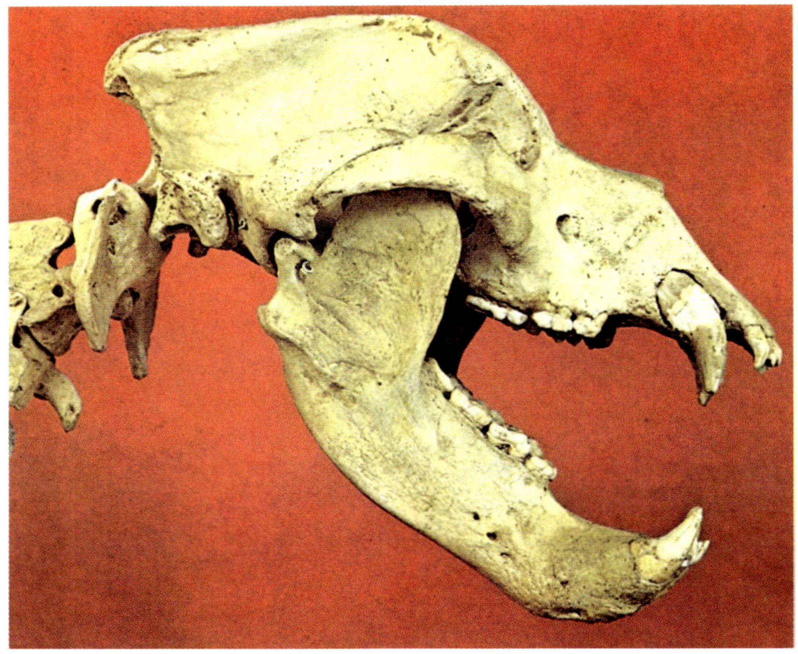

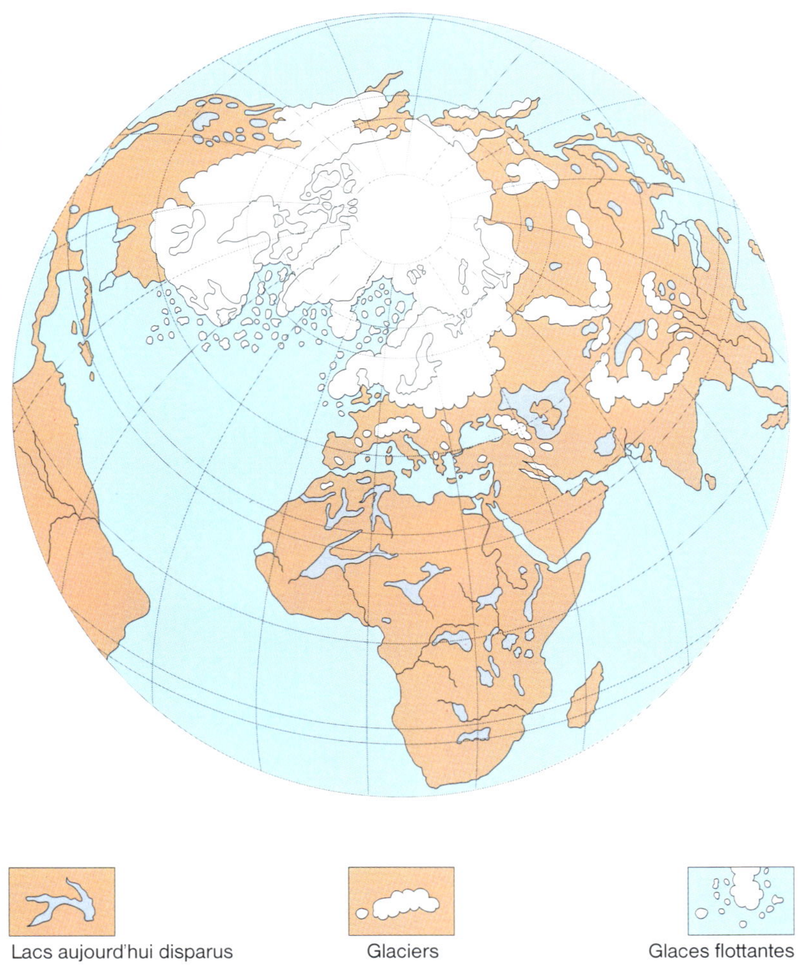

En haut : crâne d'ours des cavernes, animal très répandu au Pléistocène moyen et supérieur.
En bas : expansion maximale des glaciers sur le globe terrestre.

Pendant longtemps, la **récolte de sa nourriture** reste pour l'homme le seul moyen de subsistance. Même après l'introduction de l'agriculture, la chasse et la pêche pallient l'insuffisance productive des terres cultivées. De même, la cueillette ne disparaît pas pour autant : des plantes sauvages complètent les incertaines récoltes de céréales, alors que la forêt fournit de nombreux fruits, comme les glands, les prunes, les noisettes, les mûres ou les framboises. En même temps, des progrès techniques permettent d'extraire de ces végétaux des fibres, des pigments ou des mousses, qui sont utilisés pour la fabrication de tissus ou la construction d'habitations de bois. Quant à la mer, relativement négligée aussi longtemps que l'homme vécut de la chasse et de la cueillette, elle devient au contraire une ressource importante quand les agriculteurs se sédentarisent. La diffusion de

Ci-contre : schéma des rapports entre matières premières et économie.
En bas : graffiti rupestre du val Camonica (Lombardie).
A droite : andouiller de cerf découvert sur le niveau d'occupation d'une cabane de chasseurs de Terra Amata (Nice).

			MATIÈRES	ÉCONOMIE
PRÉHISTOIRE	AGE DE LA PIERRE	PALÉOLITHIQUE	*pierre, bois, os, corne, ivoire*	*chasse et cueillette*
		MÉSOLITHIQUE	*les mêmes*	*cueillette, pêche, chasse*
		NÉOLITHIQUE	*les mêmes, plus la céramique*	*agriculture, élevage, commerce, stockage des excédents, villages, villes, classes sociales*
	AGE DES MÉTAUX	CUIVRE	*les mêmes, plus le cuivre, l'or et l'argent*	*cultures variées, civilisations*
		BRONZE	*les mêmes, plus des alliages métalliques*	*commerce intensif, cultures, civilisations*
		FER	*les mêmes, plus le fer*	*artisanat, classes sociales, guerre*
HISTOIRE			*les mêmes*	*contacts entre populations, l'écriture, classes sociales, architecture monumentale, civilisations*

l'agriculture coïncide en effet avec les progrès de la pêche en haute mer et par exemple, de la pêche aux mammifères marins (baleines, phoques, morses) dans l'Europe du Nord.

Quoi qu'il en soit, la grande innovation qui permet à l'homme de s'affranchir des contraintes du milieu est sans aucun doute l'agriculture : le chasseur-cueilleur devient le producteur de ses moyens de subsistance. L'introduction de cette activité révolutionnaire est l'œuvre de colonisateurs étrangers à l'Europe, qui apportent des animaux et des plantes exotiques et s'adaptent à un nouveau mode d'habitat. La diffusion de l'agriculture est favorisée par la mobilité des anciennes cultures néolithiques, qui se déplacent sans cesse à la recherche de terres à déboiser et à transformer en champs cultivés. La pratique de l'agriculture sédentaire autour de villages permanents est donc précédée par une longue période durant laquelle l'agriculture est dominée par une mise en culture extensive des terres, au moyen d'outils encore rudimentaires.

L'**araire** apparaît d'abord dans les régions méditerranéennes, puis arrive dans les zones tempérée. L'agriculture qui se répand dans une grande partie de l'Europe est fondée en premier lieu sur la **culture des céréales** (blé, millet, orge). Parmi les autres productions figurent des **légumineuses** (lentilles, fèves, petits pois), des plantes fourragères et quelques **arbres fruitiers**. L'arboriculture quant à elle, consiste avant tout à protéger les espèces sauvages : c'est le cas du figuier, de la vigne et de l'olivier dans les pays de la Méditerranée (Italie, Espagne).

Dans l'économie des agriculteurs préhistoriques, l'**élevage** joue également un rôle très important. Les bovins et les porcins dominent les troupeaux du Néolithique, où les ovins et les caprins sont plus rares. Le bœuf comme le porc, du moins aussi longtemps que les espèces domestiquées ne se distinguent pas tout à fait des espèces sauvages, trouvent leur nourriture dans la forêt. Ainsi s'explique leur diffusion dans l'ancienne économie d'une grande part de l'Europe du nord-ouest, où domine la forêt. A mesure que l'agriculture abandonne la pratique de l'itinérance, des déboisements provisoires et des campements saisonniers, la forêt cède peu à peu du terrain aux champs ouverts et aux pâtures. C'est à ce moment que se développe l'élevage du **mouton**, adapté au nouvel environnement. Le cheval connaît un sort analogue : avant l'abandon de l'agriculture itinérante, les traces de sa domestication sont rares. De son côté, le **chien** est le premier animal que l'homme réussit à domestiquer : le fait est attesté par des sources archéologiques remontant jusqu'au Mésolithique ; il est alors utilisé comme compagnon et animal de garde. Ultérieurement, il sera dressé pour la chasse et pour la garde des troupeaux. Le bétail domestique fournit une part essentielle des substances organiques nécessaires à l'artisanat : les peaux, la soie de porc et le crin de cheval, la laine, la corne et l'os. Du reste, la viande et le lait contribuent pour beaucoup à l'équilibre alimentaire de l'homme.

Les sites archéologiques ont livré des traces abondantes d'une **activité « commerciale »**, qui est attestée dès l'âge de la pierre. Ces échanges portent sur des produits finis ou semi-finis, en particulier des **lames de pierres** destinées à la fabrication des haches, indispensables au déboisement des nouvelles terres à cultiver. Le travail des produits échangés varie selon les régions : l'outil est tantôt à peine ébauché, tantôt prêt à l'emploi. A la fin du Paléolithique, la hache n'est plus un produit domestique, à l'exception des outils retrouvés de qualité inférieure. On peut supposer qu'il était devenu plus facile d'en confier la fabrication à des tailleurs de pierre

spécialisés, qui travaillaient directement dans la carrière. Naturellement, les échanges relevaient davantage du troc que du commerce : contre leurs outils, les artisans se procuraient des produits alimentaires auprès des chasseurs-pêcheurs et des agriculteurs. Cette forme primitive de commerce – comme du reste le commerce plus évolué des périodes ultérieures – est inspirée par la volonté d'acquérir des produits de meilleure qualité que ceux obtenus à partir des ressources locales. Par ailleurs, un autre réseau d'échanges se tisse à travers toute l'Europe, depuis la mer Noire et la mer Égée jusqu'à l'Europe occidentale et septentrionale : il est fondé sur le commerce de matériaux comme le **coquillage**, qui sert à la fabrication de bijoux ou d'objets décoratifs, et l'**obsidienne**, dont les principaux gisements se trouvent dans les Cyclades, en Sardaigne (Monte Arci), dans les îles Pontines (Palmarola), dans les îles Éoliennes (Lipari) et dans l'île de Pantelleria.

La formule de l'historien grec Hérodote, qui définissait l'Égypte comme un « don du Nil », est restée célèbre. En Égypte, les activités se concentrent en effet à l'intérieur d'une étroite bande de terres fertiles, entourée par le désert : en raison de la rareté des précipitations, l'**agriculture** est conditionnée par les crues annuelles du Nil. Sous l'influence du Proche-Orient, les pratiques agricoles sont adoptées définitivement durant les VIIe et VIe millénaires av. J.-C. le long du haut Nil, si bien que l'agriculture devient le principal secteur d'activité. Chaque année, les crues apportent l'eau nécessaire à l'irrigation et abandonnent une **couche fertile de limon**, épaisse de 10 centimètres. Après la longue période de sécheresse, dont le sommet se situe en avril, la **crue annuelle** représente un événement essentiel de la vie du pays.
Les pluies équatoriales qui tombent sur les hauts plateaux égyptiens sont à l'origine du

phénomène : leurs effets se manifestent dès le mois de juin à Assouan. La crue idéale est de 16 coudées (soit 8,5 mètres) ; selon que le niveau est inférieur ou supérieur, le pays risque la disette ou l'inondation. A la fin du mois de septembre, le fleuve atteint son niveau le plus haut dans la région où s'étend aujourd'hui l'agglomération du Caire ; après quelques semaines, les eaux commencent à se retirer, avant que le fleuve ne retrouve son lit en novembre. C'est à ce moment que débutent les semailles et la saison agricole. Hérodote nous en a laissé un étonnant témoignage : « [Les Égyptiens] ne prennent pas la peine d'ouvrir les sillons avec l'araire, ni d'utiliser la bêche, ni d'exécuter la moindre des tâches que les autres hommes accomplissent péniblement pour préparer leurs récoltes. Au contraire, quand le fleuve est venu de lui-même arroser leurs champs et qu'il s'est retiré, après les avoir inondés, chacun ensemence sa parcelle ; il y met un troupeau de porcs et, quand il a fait piétiner la semence de cette façon, il n'a plus qu'à attendre le temps de la moisson. »

Dans la réalité, la tâche est plus ardue : les crues du Nil imposent la construction d'un système imposant de **digues** et de **canaux** pour maîtriser la force du fleuve, favoriser l'imprégnation des terres et constituer, dans de grandes citernes ou dans des bassins artificiels, des réserves d'eau pour les périodes de sécheresse. Tous les ans, après la crue, il faut non seulement veiller à l'entretien des digues et des canaux, mais aussi procéder à de nouveaux relevés et mesures des parcelles, qui ont été couvertes d'une épaisse couche de limon. Pour les villages, qui manquent de main-d'œuvre et de moyens, ces travaux représentent bientôt une charge trop lourde, de sorte que, dès la période protohistorique, les communautés locales tendent à former des entités politiques de plus en plus vastes, qui finiront par donner naissance aux deux grands royaumes de l'époque prédynastique. Le besoin d'une **autorité supérieure**, capable de mobiliser une main-d'œuvre abondante, d'organiser l'exploitation des ressources du fleuve et d'assurer la redistribution des produits en cas de disette, explique l'apparition précoce d'un gouvernement unitaire et d'un appareil d'État centralisé. Pour l'économie égyptienne, le bon fonctionnement de la machine administrative est donc vital. Ce n'est pas un hasard si les périodes de crise du pouvoir central, quand l'appareil bureaucratique privé de contrôle effectif, n'est plus en mesure d'exécuter ses tâches efficacement, coïncident généralement avec des périodes de crise économique.
Les bienfaits d'une agriculture irriguée bien organisée se traduisent par des **rendements élevés** pour l'époque (de dix à vingt fois la quantité ensemencée) et l'autosuffisance du pays. Les **céréales** (blé, orge, épeautre), qui occupent la première place, sont la base de l'alimentation et servent également à fabriquer la bière, la boisson la plus répandue, obtenue par la fermentation de pains d'orge. Les **jardins** et les **vergers**, irrigués toute l'année, fournissent en outre des lentilles, des concombres, des oignons, des poireaux, des figues et des dattes.
Les rendements élevés de l'agriculture permettent de répondre à l'augmentation constante du nombre des hommes, sans épuiser les ressources du sol. Dans l'Égypte ancienne, aucune rivalité n'apparaît donc entre l'agriculture et l'élevage, à la différence de ce que l'on retrouve dans l'histoire d'autres régions. Au contraire, l'une et l'autre sont des activités complémentaires qui occupent des milieux naturels fort différents. La périphérie des régions irriguées et la vallée humide du Delta, plus difficiles à cultiver, sont généralement réservées à l'élevage du bétail. Ces zones sont d'autre part le territoire d'un gibier abondant, qui y trouve son environnement idéal. Par ailleurs, les régions

A gauche : domestique broyant le blé, V[e] dynastie (vers 2400 av. J.-C.). Musée archéologique, Florence.
En bas : détail d'une peinture murale provenant d'une tombe et représentant des paysans en train de battre le blé.
En haut : outils de bois et de cuivre. Musée égyptien, Turin.

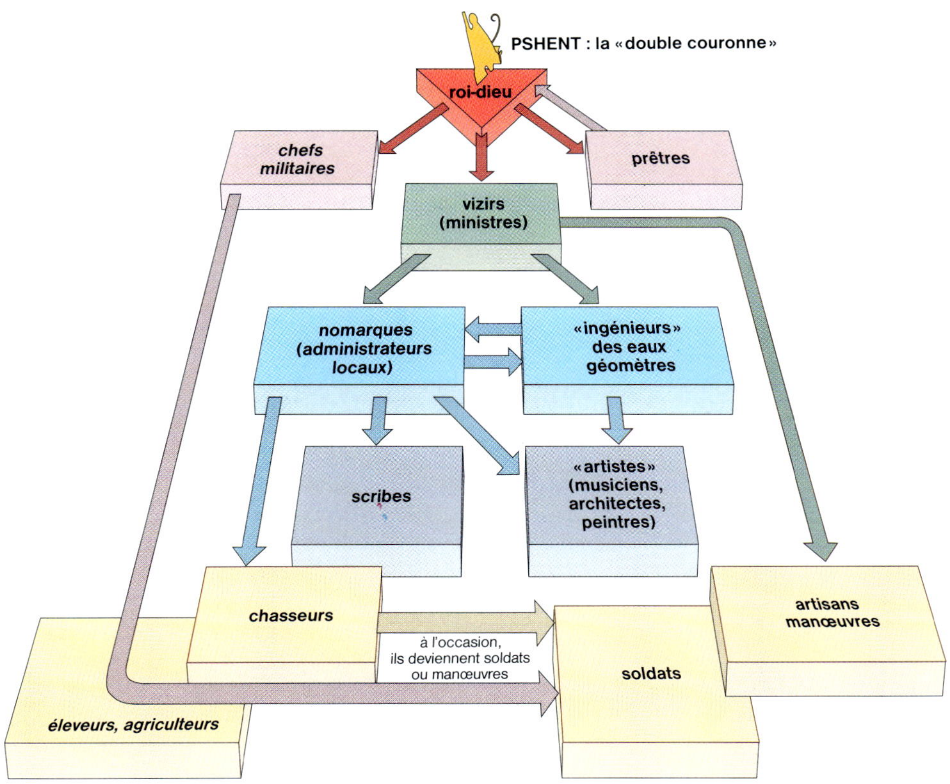

A gauche : schéma de la structure sociale de l'Égypte « historique ». La structure sociale de l'Égypte est pyramidale : le pouvoir économique, politique et religieux est concentré entre les mains du pharaon, roi-dieu dont toute la société procède. La majorité des terres cultivées lui appartiennent; les mines, les carrières de pierre et le commerce extérieur sont l'objet d'un monopole d'État. En bas : détail des bas-reliefs du mastaba de Ti à Saqqarah (IVe dynastie), représentant des scènes de la vie quotidienne. Les personnifications des « domaines » confiés à la surveillance de Ti apportent les produits des champs.

marécageuses fournissent un bien précieux : le vigoureux papyrus, dont la tige peut atteindre 6 mètres de hauteur et constitue une des principales matières premières de l'artisan égyptien. Le papyrus sert à fabriquer les barques, les nattes, les cordes, les voiles, les paniers, les sandales et surtout le papier, tiré de sa moelle.
De plus le Nil est essentiel pour le **commerce intérieur**, qui s'effectue en grande partie le long de son cours. Avec son réseau serré de canaux navigables, il constitue la principale voie de communication du pays, par où passent des barques chargées de grains, de bêtes ou de matériaux de construction.
Faute de monnaie, les commerçants recourent au **troc** ou au **système pondéral**, qui consiste à payer les produits avec une certaine quantité de métal précieux (or, argent, cuivre).

Même si l'Égypte ne manque pas de petits propriétaires, de locataires et d'artisans indépendants, le pouvoir central ne laisse guère de place à l'initiative privée et tend à imposer son autorité sur toutes les activités : de l'agriculture (la plupart des terres sont la propriété du souverain, qui en confie l'exploitation à ses tenanciers) à l'artisanat (entre les mains des ateliers d'État); de l'exploitation des mines d'or et des carrières de pierre au commerce extérieur; des activités les plus délicates (même la production du papyrus est un monopole d'État) aux grands travaux publics, qui jouent un rôle essentiel dans la redistribution de la richesse. Du reste, l'État peut compter sur d'importantes **recettes fiscales**, qui sont perçues par des fonctionnaires particulièrement efficaces. Des impôts sont levés sur la production artisanale, comme sur les produits dérivés de la chasse et de la pêche. Les prélèvements les plus importants pèsent sur le monde agricole : le paysan est tenu de verser un impôt en nature sur sa récolte et sur son bétail, qui sont recensés régulièrement.
Comme nous l'avons vu, le **rôle de l'État** dans l'économie égyptienne est fondamental. L'appareil d'État présente une organisation pyramidale : au sommet se trouve le pharaon, qui dirige tous les secteurs d'activité du pays. Pour ses fonctions importantes, il est secondé, à partir de la IVe dynastie, par un « tchati » (souvent comparé, malgré les limites de cette analogie, avec le vizir ottoman) : directement nommé par le pharaon, celui-ci agit en son nom et n'est responsable que devant lui. Chef de l'exécutif, il dirige les quatre départements qui composent l'administration : le trésor, l'agriculture, les archives royales et la justice. A l'échelon inférieur se presse la foule des fonctionnaires intermédiaires, préposés à des activités spécifiques : les inspecteurs du Trésor, les inspecteurs des grains (responsables de l'emmagasinage et de la redistribution des denrées alimentaires), les inspecteurs du bétail, les chefs de mission (intermédiaires entre le pouvoir central et les autorités locales) et ainsi de suite jusqu'au « préposé au creusement des canaux ». Le fonctionnement de l'appareil administratif est en outre assuré par un grand nombre de scribes, qui sont chargés d'enregistrer tous les faits importants et de maintenir les contacts entre les différents secteurs de l'administration publique.

Le degré d'autosuffisance du pays limite le commerce extérieur à quelques matières premières essentielles que l'Égypte ne possède pas : le **bois précieux**, par exemple le cèdre, est importé de Byblos, l'**or**, de Nubie et du désert oriental, le **cuivre**, de Syrie et du Sinaï, de même que la turquoise et la malachite. Par ailleurs, l'Égypte établit, dès les temps les plus anciens, des relations particulières avec la Méditerranée orientale (la Crète, les îles de la mer Égée, l'Anatolie) et avec le pays mythique de Pount (Somalie), d'où viennent les produits précieux d'origine africaine : l'ébène, l'ivoire, l'encens, les animaux exotiques, les peaux de léopard. Le **commerce extérieur**, qui est confié à des caravanes et à des flottes conduites par des fonctionnaires, restera toujours un **monopole de l'État**. C'est que l'organisation d'expéditions commerciales par voie de terre ou de mer exige de grandes disponibilités financières et de fortes capacités d'organisation que seuls le pharaon ou les prêtres possédaient.

D'importantes innovations bouleversent l'économie de la Mésopotamie préhistorique et protohistorique : l'introduction de l'agriculture irriguée, la naissance de la civilisation urbaine et la spécialisation du travail. Vers 9000 av. J.-C., les premières formes de production agricole apparaissent dans quelques régions du Proche-Orient. Jusqu'à ce moment, l'homme a vécu de la chasse, de la pêche et de la récolte de produits sauvages, en étant contraint de se déplacer continuellement vers des territoires inexploités pour se procurer de nouveaux moyens de subsistance.

La **révolution néolithique**, qui constitue sans aucun doute un tournant décisif de l'histoire de l'humanité, réside principalement dans la possibilité de disposer, grâce à l'agriculture, d'une source potentiellement inépuisable de nourriture. Les nouvelles techniques de production, qui portent sur la **domestication de plantes et d'animaux**, sont d'abord appliquées dans les régions où les conditions climatiques sont favorables à la croissance spontanée de certaines céréales, comme le froment et l'orge, qui sont aussi attestées à l'état sauvage. La sélection des semences et la culture des plantes sur un terrain sarclé, permettent à l'homme de se libérer, du moins en partie, des contraintes du milieu naturel.
La première forme de culture est l'**agriculture « sèche »**, qui se contente de l'humidité naturelle du terrain et des eaux de pluie. On la trouve dans les vallées et dans les régions marécageuses, où abondent les eaux souterraines, puisque les pluies sont plutôt rares au Proche-Orient. La Palestine et, au nord de l'Irak, les monts Zagros, présentent, du point de vue du milieu physique, les conditions nécessaires au développement précoce de cette agriculture.
Le perfectionnement des techniques agricoles et leur diffusion suscitent ensuite l'apparition des villages, de la céramique et des premiers échanges commerciaux.
Dans la plaine alluviale et dans l'estuaire du Tigre et de l'Euphrate, la situation est tout autre. En aval, à proximité de l'embouchure des deux fleuves, les alluvions déposées par les crues saisonnières sont emportées par les fortes marées du golfe Persique. Toutefois, la variation journalière du niveau des eaux compense cet inconvénient, en assurant de façon mécanique l'irrigation quotidienne des bassins. Malgré l'absence de preuves archéologiques, on suppose donc qu'une **agriculture proto-irriguée** exploitant le phénomène d'irrigation naturelle s'est développée dans cette région. Néanmoins, c'est à l'intérieur du delta que sont attestés les plus anciens travaux d'irrigation. Dans ce territoire, où le Tigre et l'Euphrate se perdent en de multiples bras et ramifications, les inondations ne sont pas suffisamment violentes pour provoquer des dégâts. L'édification de digues de taille moyenne et la construction de bassins où les eaux sont retenues au moment du reflux permettent d'accumuler des réserves d'eau, qui seront affectées à l'agriculture en cas de sécheresse. L'**agriculture irriguée**, qui se développe de manière organisée en basse Mésopotamie, s'étend ensuite vers le nord, autour d'Akkad, où les conditions sont pourtant moins favorables : l'inclinaison du terrain, plus forte, la rapidité du courant des fleuves et, par conséquent, la violence des inondations, rendent nécessaire la construction d'un réseau de canalisations solide et étendu.

En haut : frise sumérienne représentant l'activité d'une exploitation agricole. Le lait, contenu dans de grandes jarres, est transvasé dans de petits récipients. A gauche : dans les marais et les étangs qui s'étendent à la confluence du Tigre et de l'Euphrate, des groupes de pêcheurs et de chasseurs mènent encore une existence fondée sur des traditions millénaires. Faites de roseaux et de nattes, leurs cabanes sont en tous points semblables à celles qui sont représentées sur les cylindres-sceaux et sur les vases à reliefs de l'âge d'Ourouk. A droite : le roi Our-Nammou d'Ourouk, représenté en porteur d'offrandes. British Museum, Londres.

Dans beaucoup de cas, l'essor de l'économie agricole provoque la sédentarisation, avec la naissance de villages ruraux dont les habitants se consacrent à la culture des terrains avoisinants. Le **froment**, l'**orge** et le **millet** sont bientôt associés aux légumineuses (pois chiches, fèves, lentilles) et à des oléagineux comme le sésame ou le lin, dont on extrait aussi des fibres textiles.
Le **dattier** est une des espèces les plus appréciées : ses fruits sont très nourrissants ; son écorce et ses feuilles donnent des fibres qui peuvent être entrelacées ou tressées ; enfin, son bois sert à la fabrication des outils. En outre, le dattier s'adapte facilement aux terrains exposés à de fréquents phénomènes de salinisation, comme c'est le cas dans le delta intérieur du Tigre et de l'Euphrate. Quoi qu'il en soit, les villages ne deviennent des agglomérations stables qu'à partir du moment où les agriculteurs se sédentarisent en adoptant la technique de la **rotation des cultures**, qui permet de régénérer le sol.

La domestication des ovins, des bovins et d'autres animaux comme l'âne, le chien, le canard, l'oie et la poule apporte des ressources complémentaires à l'agriculture. Les animaux fournissent viande et peaux, ou sont utilisés comme bêtes de somme (âne) ou animaux de trait (bœuf). L'**élevage** est

A droite : la structure sociale d'une cité-État mésopotamienne, en particulier akkadienne.
Au centre : documents commerciaux incisés dans la pierre, remontant à la IIIe dynastie d'Our (2000 av. J.-C.). Musée de l'Orient biblique, abbaye de Montserrat.
En bas : détail de l'étendard d'Our, représentant des porteurs (IIIe millénaire av. J.-C.). British Museum, Londres.

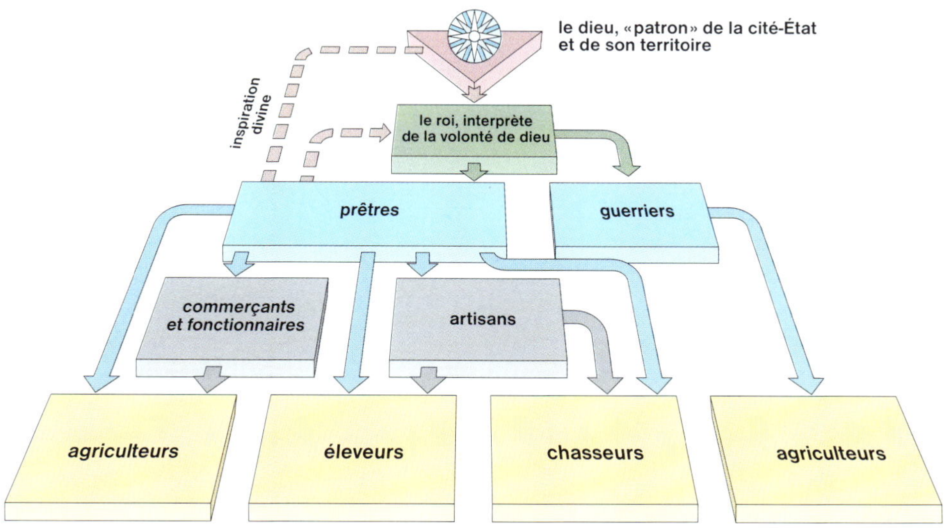

pratiqué par des groupes de pasteurs nomades qui séjournent occasionnellement dans des villages. La société néolithique du Proche-Orient associe donc harmonieusement deux composantes, l'une sédentaire, l'autre nomade. Durant ce long processus qui conduit à la création du village permanent, les **activités artisanales** comme la filature, le tissage et surtout la céramique sont associées aux activités primaires.

Le passage de l'économie rurale à l'**économie urbaine** bouleverse les mécanismes de production et modifie la typologie de l'habitat, les structures sociales et les formes de pouvoir. La ville se distingue du village par ses dimensions, la complexité de son organisation et la concentration de ses équipements. Les progrès de l'organisation sociale procèdent d'une conquête très importante : la **division du travail** entre ceux qui continuent à produire des biens alimentaires et ceux qui abandonnent le secteur primaire pour se consacrer à des travaux spécialisés. Cette division des tâches, qui entraîne une augmentation de la productivité et de la capacité technique, exige une organisation centralisée et contribue à la formation de classes sociales, qui se distinguent par le niveau de la richesse et le prestige de la profession. Aux côtés des agriculteurs et des pasteurs, qui occupent la base de la hiérarchie sociale, figurent les artisans qui transforment en biens manufacturés les matières premières, et les commerçants, qui vivent de l'échange des biens. L'échelon supérieur est occupé par les fournisseurs de services, qui s'occupent du stockage des vivres et des produits manufacturés, de leur enregistrement et de leur distribution. Eux-mêmes sont placés sous l'autorité de ceux qui exercent le pouvoir politique, économique et militaire : les rois-prêtres. La spécialisation du travail est accompagnée par la **centralisation du pouvoir** dans un espace bien délimité : la ville. Ainsi se forme un système économique à deux pôles : la ville, qui ne produit pas de biens alimentaires, et les villages, qui fournissent aux citadins leurs moyens de subsistance et qui dépendent d'eux pour la technique et les services. Une **hiérarchie s'établit entre la ville et la campagne**, entre le siège du pouvoir politique et les activités qui exigent les techniques les plus évoluées, d'une part, et la base de la chaîne de production, qui pourvoit à sa subsistance, d'autre part.

En basse Mésopotamie, l'agriculture irriguée permet d'abondantes récoltes et favorise l'accumulation d'excédents et la spécialisation des tâches, composantes essentielles de la formation des villes.
C'est en effet dans cette région qu'apparaissent les premiers signes de la révolution urbaine. Le **temple** occupe le cœur du système : c'est le foyer des décisions et du pouvoir, d'où sont ordonnés les gigantesques travaux de creusement et d'entretien des canaux. Forts de leurs connaissances en mathématiques et en géométrie, les prêtres conçoivent le programme des travaux. De même, le temple est l'endroit où affluent, sous la forme de prélèvements fiscaux ou d'offrandes, les surplus agricoles; c'est là que les artisans se procurent leurs matières premières; c'est là que les échanges sont alimentés; enfin, c'est là que l'écriture est utilisée, pour enregistrer les productions et les activités.

Ainsi organisées, les villes atteignent un degré de richesse et de puissance qui leur permettent d'entretenir un vaste **réseau d'échanges commerciaux**. La motivation principale du commerce est l'approvisionnement en matières premières : la Mésopotamie, qui n'en possède guère, les importe d'Anatolie, de Syrie, d'Inde ou d'Iran. Les bois précieux, les métaux (en particulier l'étain) et les pierres précieuses sont les matières les plus recherchées. A l'origine, les Mésopotamiens les échangent contre leurs précieux objets manufacturés, avant que le troc ne se transforme en un véritable échange commercial, fondé sur un **système monétaire rudimentaire** : la monnaie est représentée par des lingots ou des barres de métal (précieux ou non), dont le poids est contrôlé.
Les marchands, chargés par les autorités de se procurer les matières premières auprès des pays voisins, établissent de véritables **colonies** en haute Mésopotamie, en Syrie, en Anatolie ou en Iran. De cette façon, le modèle d'organisation de la ville est exporté, et l'urbanisation s'étend à tout le « Croissant fertile », comme l'atteste la fondation de grandes villes (Mari, Ebla).

Les populations paléolithiques qui sont les premières à coloniser le continent américain assurent leur subsistance en pratiquant surtout la chasse et la cueillette des herbes sauvages. Le gibier est en particulier constitué par les grands animaux du Quaternaire, aujourd'hui disparus, comme le tardigrade géant, le cheval sauvage et le mastodonte, l'ancêtre de notre éléphant. Au cours de la dernière glaciation, la disparition progressive des grands animaux, chassés en grand nombre, accroît l'importance des autres mammifères, comme les cervidés et les camélidés andins. En même temps, l'homme se dote d'une gamme plus étendue de ressources alimentaires : s'établissant de façon plus stable dans les régions qui lui fournissent davantage de nourriture, il tend de plus en plus à associer la chasse et la pêche, et commence à exploiter des plantes comestibles.

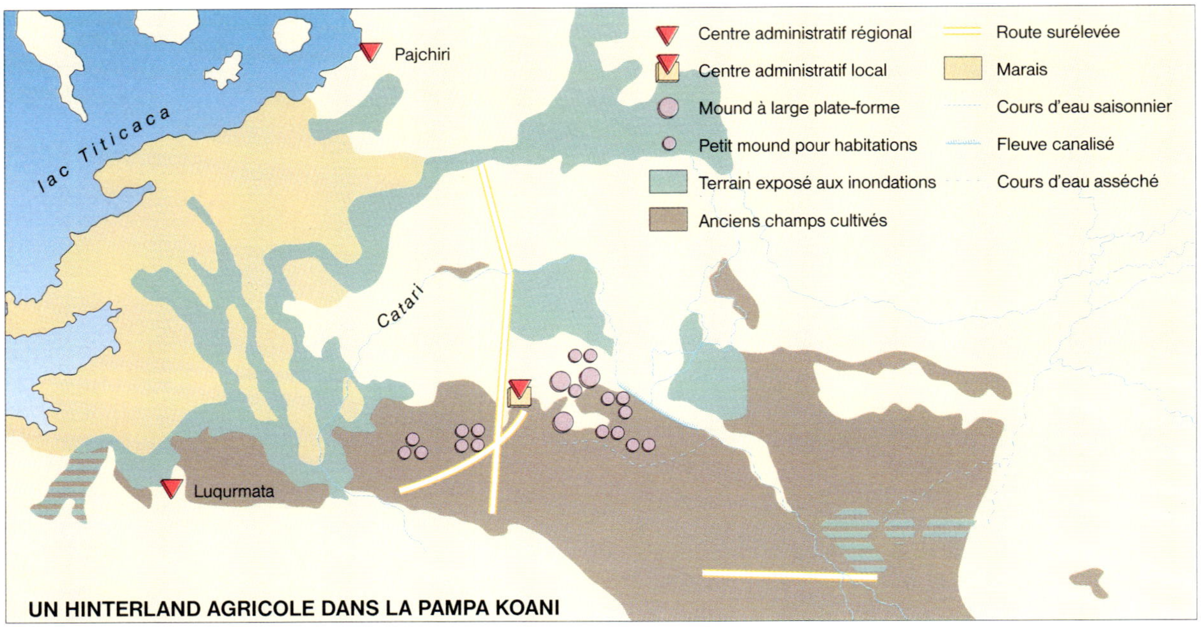

En haut : plan d'un hinterland agricole dans la pampa Koani, près du lac Titicaca.
A gauche : quelques-uns des grands animaux d'Amérique du Nord qui disparurent, victimes de la chasse, durant la dernière glaciation.
En bas : squelette de mastodonte conservé au musée d'Histoire naturelle de New York. Cet ancien proboscidien, qui se répandit au Pliocène dans les milieux de type équatorial, s'est longtemps maintenu en Amérique durant le Quaternaire, alors qu'il disparut précocement en Eurasie, où il fut remplacé par l'éléphant.

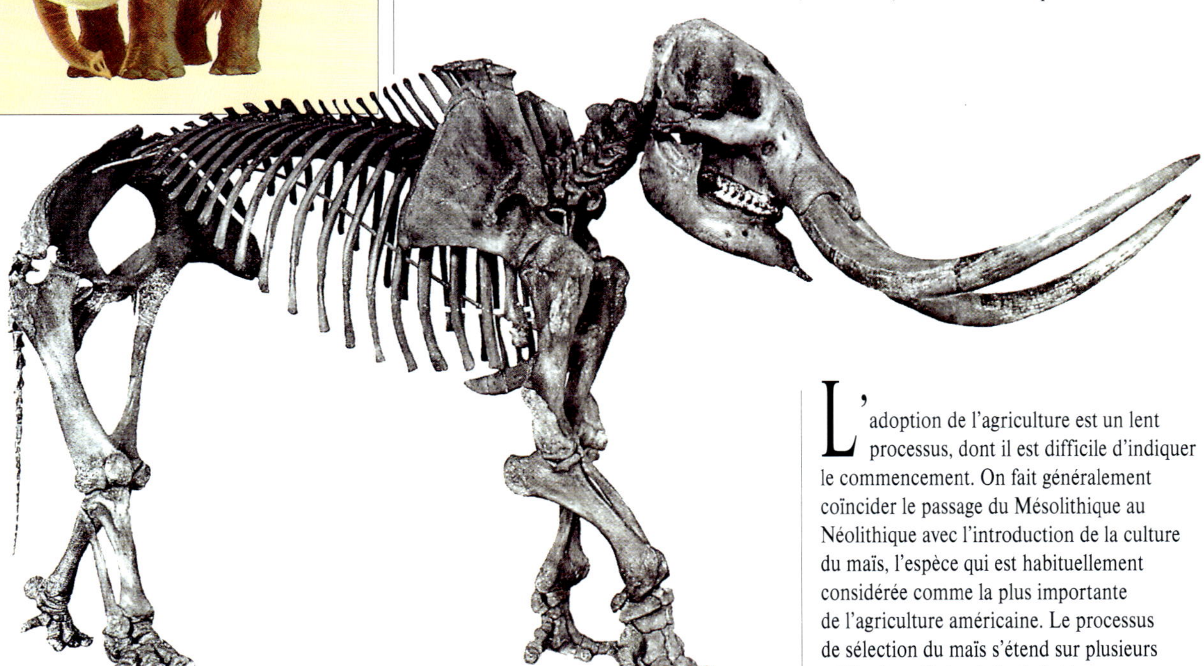

En Amérique du Nord, cette forme d'économie mésolithique sera pendant longtemps dominante. Même si la cueillette des produits végétaux prend, au cours des siècles, une place de plus en plus importante, ce n'est qu'au Ier millénaire av. J.-C. que des populations du Sud-Ouest accomplissent le pas qui les mènera à une économie agricole. Dans d'autres régions (les Grandes Plaines, par exemple), la culture de la terre ne sera pas pratiquée avant l'arrivée des Européens. Les premières traces d'activité agricole ont été retrouvées en Amérique centrale et en Amérique du Sud où, à partir du IXe millénaire av. J.-C., les hommes commencent à semer et à sélectionner les plantes les plus productives. Les débuts de ce processus sont attestés dans deux régions distinctes : les Andes et la Méso-Amérique. La diversité des milieux naturels détermine évidemment des évolutions différentes selon les régions. Au Pérou, les populations cultivent non seulement des haricots, des poivrons et des courges, mais aussi des pommes de terre et des céréales qui supportent les altitudes des hauts plateaux andins. Au Mexique, les produits typiques sont le piment rouge, les haricots et les cucurbitacées. Quoi qu'il en soit, ces premiers essais de culture restent rudimentaires et n'entraînent pas la disparition des moyens traditionnels de subsistance. Pendant quelques millénaires, la culture des végétaux n'apportera en effet qu'un simple complément aux ressources alimentaires procurées par la chasse, la cueillette et la pêche.

L'adoption de l'agriculture est un lent processus, dont il est difficile d'indiquer le commencement. On fait généralement coïncider le passage du Mésolithique au Néolithique avec l'introduction de la culture du maïs, l'espèce qui est habituellement considérée comme la plus importante de l'agriculture américaine. Le processus de sélection du maïs s'étend sur plusieurs millénaires. Grâce à des hybridations

successives, les plants de son ancêtre sauvage, le téosinte, dont l'épi n'avait en moyenne que 3 centimètres de long, subissent des transformations génétiques qui, en modifiant la forme et la taille de l'épi, en augmentent le rendement : alors qu'au IXe millénaire av. J.-C. un hectare de maïs produit en moyenne 80 kg, le rendement atteint près de 200 kg vers 2000 av. J.-C. Les premiers agriculteurs ne connaissent pas encore l'usage de l'araire, qui sera introduit beaucoup plus tard, au moment de l'arrivée des Européens : ils se servent de houes en pierre et de bâtons de bois pour défricher le sol et le préparer à l'ensemencement. Dans les régions où la végétation est plus abondante, le terrain est d'abord déboisé au moyen de haches de pierre montées sur des manches de bois, ou tout simplement incendié.
La domestication des animaux sauvages est une autre transformation qui est communément associée à l'apparition de l'agriculture. Dans le régime alimentaire, les produits végétaux sont ainsi complétés par les protéines animales qui, jusqu'alors, étaient exclusivement fournies par la chasse.
Au Pérou, l'élevage des camélidés (alpaga, vigogne, guanaco, les ancêtres du lama) est attestée dès le VIe millénaire av. J.-C.
Les camélidés jouent un grand rôle dans l'économie de la « puna », la prairie d'altitude (au-delà de 3 000 m) qui couvre le quart des régions andines. C'est en effet l'élevage du lama qui permet d'exploiter la puna, que l'amplitude de ses températures rendrait autrement stérile. Robuste bête de somme, qui peut supporter jusqu'à 60 kg, le lama fournit aussi de la laine, de la viande, de la graisse et des excréments, utilisés comme combustible ou comme engrais. Le lama était d'ailleurs la seule bête de somme de l'Amérique précolombienne, puisque le cheval avait disparu à la fin du Pléistocène.
Dans l'alimentation des populations, le cochon d'Inde occupe également une place importante. Devenu en peu de temps une source irremplaçable de nourriture pour les habitants des Andes, ce petit animal pourvoit à la moitié de leurs besoins alimentaires.
En Méso-Amérique, où l'élevage n'est qu'une activité secondaire, le canard musqué, le dindon et le chien sont les seuls animaux qui sont domestiqués.

A gauche : les restes d'épis, de spathes et d'épillets retrouvés dans la caverne de San Marcos (vallée de Tehuacán) permettent de reconstituer l'aspect du maïs sauvage.
A droite : relevé d'une peinture rupestre de la grotte 3 de Chaclarragra (Pérou), représentant des chasseurs et des camélidés.
En bas : vue du secteur nord des ruines de Chuquitanta (El Paraíso), période précéramique VI (vers 2500-1800 av. J.-C.).

Vers le IIIe millénaire av. J.-C., l'économie agricole a définitivement été adoptée dans toutes les régions qui vont du Pérou au centre du Mexique. Les communautés d'agriculteurs entreprennent de canaliser les eaux des fleuves afin d'irriguer les cultures et d'affronter les périodes de sécheresse. Dans les montagnes et le long des côtes du Pérou, les agglomérations rurales subissent alors une transformation décisive, qui anticipe sous bien des aspects le modèle de peuplement des civilisations précolombiennes. Les villages sont unis par des liens économiques de plus en plus forts, qui sont garantis par une dépendance commune à l'égard d'une capitale régionale. Dans cette structure « en archipel », les centres urbains qui se forment durant cette période contribuent à l'unification de dizaines de petites communautés. A cet effet, les grands édifices cérémoniaux qui se dressent dans toutes les capitales régionales jouent un rôle essentiel. Les temples-tumulus servent en effet de lieux de rencontre aux populations andines et remplissent une fonction qui n'est pas seulement cultuelle : sièges du pouvoir politique, les capitales régionales jouent aussi, très probablement, un rôle économique de première importance dans la récolte et la redistribution des surplus alimentaires, selon une habitude qui caractérisera également les civilisations précolombiennes ultérieures.
Ces agglomérations urbaines, qui ont assuré leur complète autosuffisance dans l'approvisionnement en denrées agricoles et en produits de l'artisanat, ne recourent à des échanges commerciaux de longue distance qu'afin de se procurer les objets rituels ou les produits de luxe. Un réseau d'échanges se tisse dès la fin du IIIe millénaire av. J.-C. à travers les grandes vallées fluviales qui relient les hauts plateaux du Pérou et la forêt amazonienne. Ce commerce porte en particulier sur les plumes colorées, les substances stupéfiantes (utilisées dans les cérémonies de culte, peut-être par les chamans) et le jade, auquel sont certainement attachées d'importantes significations religieuses et symboliques.

Au cours du Paléolithique, l'homme vit dans une extrême précarité : la chasse et la récolte des fruits sauvages, qui représentent ses principaux moyens de subsistance, ne permettent pas toujours de pourvoir régulièrement aux besoins alimentaires des membres du groupe. Les populations sont contraintes de mener une vie nomade, dont les déplacements sont dictés par la poursuite du gibier. Par conséquent, la conquête des techniques de culture et d'élevage représente un progrès décisif, qui garantit un approvisionnement régulier en denrées alimentaires. En même temps, les sites de peuplement acquièrent davantage de stabilité, le nombre des hommes augmente lentement mais sûrement, et les premières formes de stratification sociale apparaissent.
Dans la péninsule indienne, l'introduction de l'agriculture, qui implique l'abandon des moyens de subsistance archaïques, remonte à une période relativement lointaine, légèrement postérieure à son apparition dans les régions du Proche-Orient. Il s'agit probablement d'une évolution endogène, étrangère aux influences du Proche-Orient : l'agriculture apparaît dans les régions où le milieu naturel est particulièrement favorable et où les céréales et les futurs animaux domestiques sont déjà présents à l'état sauvage. La révolution agricole débute ainsi dans le nord-ouest du sous-continent indien, sur les hauts plateaux du Baloutchistan, où des groupes humains commencent, dès le VIIe millénaire av. J.-C., à associer la domestication de plantes et d'animaux aux activités de chasse. Le site le plus significatif de cette période est sans doute Mehrgarh, dont les différents niveaux stratigraphiques permettent de reconstruire approximativement les phases de développement successives des villages du Baloutchistan, depuis le Mésolithique jusqu'à l'adoption définitive de l'économie agricole.
Au début du VIIe millénaire av. J.-C., la culture des céréales (le blé et surtout l'orge) est régulièrement pratiquée à Mehrgarh, même si la chasse conserve une place de premier plan : les fouilles entreprises dans les niveaux les plus anciens ont en effet mis au jour, parmi les restes de repas, de nombreux ossements d'animaux sauvages (gazelles, onagres, sangliers, buffles).
Avec le début du processus de domestication du bétail (vers 6000 av. J.-C.), l'économie des communautés du Baloutchistan connaît un nouveau bouleversement. Même si la chasse ne disparaît pas tout à fait, elle devient une activité accessoire remplacée progressivement par l'élevage des chèvres, des moutons et surtout des bovins. Dans le courant du Ve millénaire av. J.-C., l'évolution continue de l'élevage et des techniques de culture (les populations sélectionnent de nouvelles variétés d'orge et de blé, plus résistantes et mieux adaptées à l'agriculture irriguée) contribue à l'essor définitif de l'économie agricole. Ces transformations suscitent à leur tour des bouleversements sociaux : la constitution d'excédents alimentaires, qui encourage la croissance démographique, amène les villages à s'agrandir et à se doter d'une organisation plus complexe. A cette époque, le site de Mehrgarh, qui s'étend sur 70 hectares, témoigne d'un urbanisme plutôt évolué : outre les habitations des paysans, le village abrite des entrepôts destinés à la conservation des réserves alimentaires et des matières premières, des ateliers de céramique, des boutiques d'artisans et de vastes nécropoles.
Durant la période suivante, les sites néolithiques se multiplient sur tout le sous-continent indien, alors que des groupes d'agriculteurs gagnent progressivement les collines et les montagnes.
Au Ve millénaire av. J.-C. se forment les villages agricoles des monts Vindhya (Kopani-Mando et Mahagara), où apparaissent les premières formes de culture du riz. A partir du IIIe millénaire av. J.-C., la présence de tribus sédentaires pratiquant une agriculture associée à la chasse et à la pêche est aussi attestée dans le Cachemire et dans l'Hindou Kouch. Au même moment, les hauts plateaux du Deccan développent la culture du millet et l'élevage des bovins, qui prendront une place grandissante dans l'économie de la région.

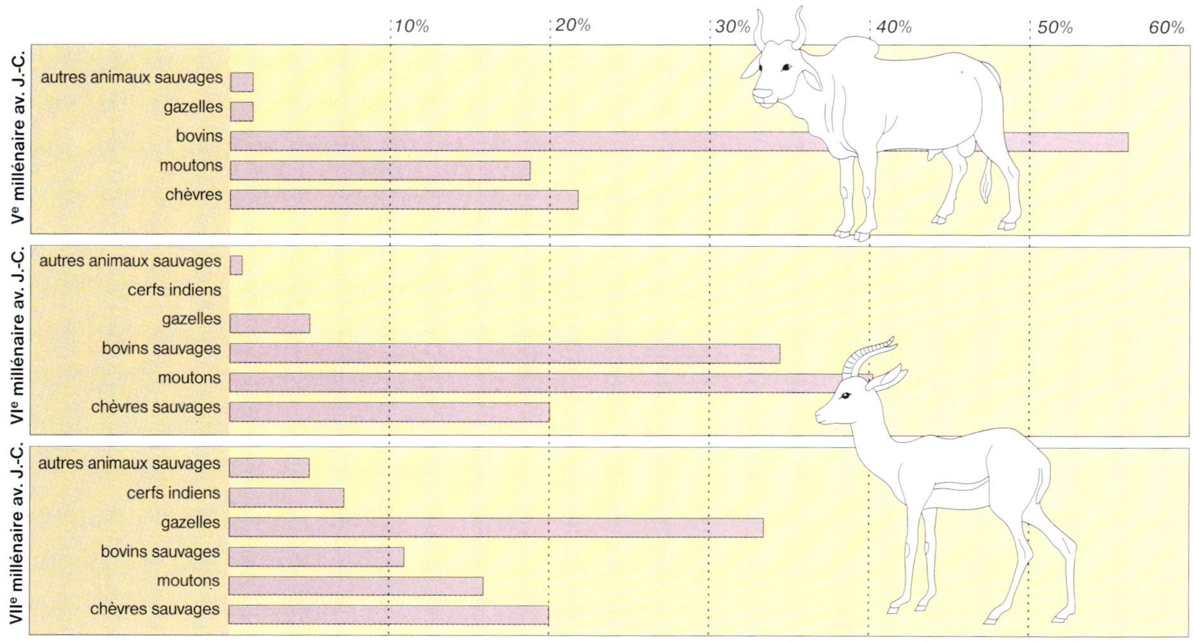

Les plaines alluviales, couvertes de forêts épaisses et de zones marécageuses, constituent un milieu moins hospitalier. Leur colonisation, plus lente, est l'œuvre de sociétés plus complexes, seules capables de profiter des ressources offertes par les grands cours d'eau pour organiser l'exploitation intensive du territoire. Dans la plaine de l'Indus, l'essor des communautés agricoles remonte ainsi au IVe millénaire av. J.-C., alors que la vallée du Gange reste inexploitée jusqu'au IIe millénaire av. J.-C. L'occupation des plaines du Sind et du Pendjab est probablement l'œuvre de groupes de paysans provenant des collines du Baloutchistan.
La construction de digues et de canaux, fussent-ils rudimentaires, leur permet de maîtriser le cours du fleuve et de développer une agriculture irriguée, complétée par la pêche, l'élevage sédentaire de bœufs et de moutons, et la chasse à la gazelle, au sanglier et au cerf. C'est à ce moment là que des

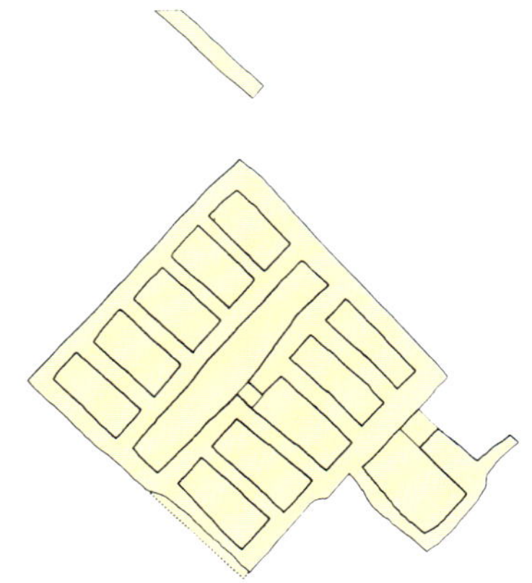

A gauche : les ossements d'animaux retrouvés dans les strates les plus anciennes (VIIe-Ve millénaire av. J.-C.) de sites comme Mehrgarh fournissent de précieuses informations sur le passage de l'économie de chasse à l'économie d'élevage. En haut : plan du grenier de Mehrgarh.

relations commerciales se sont probablement nouées avec le golfe Persique. Ainsi sont jetées les bases de la prospérité que ces régions connaitront dans la seconde moitié du IIIe millénaire av. J.-C., quand s'épanouira la civilisation de l'Indus, dont les villes atteindront le même degré de développement que les grands centres de la Mésopotamie.

En bas, sur les deux pages : le grand grenier de Harappā, situé dans la ville basse, au pied de la citadelle, est composé de deux grands édifices subdivisés en entrepôts et séparés par une large rue. Des interstices pourvoient à la ventilation et préservent les pièces de l'humidité.
Ci-contre : bracelets et colliers artisanaux (VIe-Ve millénaire av. J.-C.), retrouvés près de villages agricoles.
A droite : l'aire de diffusion du millet, du riz, de l'orge et du froment.

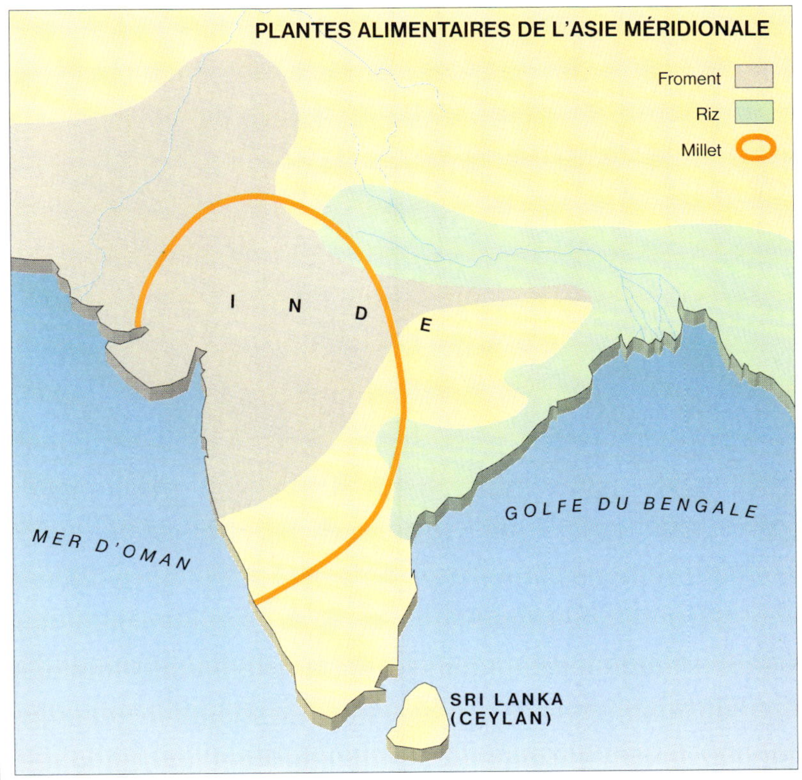

Dans la plaine de l'Indus, le secteur économique le plus important reste certainement l'agriculture : des rendements très élevés sont obtenus grâce à des techniques agricoles avancées (l'usage de l'araire est attesté à Kalibangan vers 2600 av. J.-C.) et à des systèmes de canalisation qui facilitent l'exploitation des eaux du fleuve. Alors que l'abondante production de céréales (orge et froment) est en partie exportée, de nombreux témoignages attestent la culture d'autres espèces, comme les petits pois, le sésame ou les dattes. L'élevage (chèvres, bovins, buffles), la chasse et la pêche (pratiquée avec des harpons et des filets) fournissent également d'appréciables ressources. Une place particulière doit être réservée à la culture du coton, utilisé comme produit d'échange dans le commerce avec l'extérieur. Les denrées alimentaires sont transportées des régions de production jusqu'aux greniers des villes dans des charrettes à deux roues, tirées par deux bœufs. De vastes entrepôts, probablement surveillés par l'administration centrale, sont aménagés dans la plupart des centres urbains. Ce réseau de magasins joue un rôle essentiel dans la récolte et la redistribution des ressources alimentaires à la population ; il sert aussi à stocker les matières premières importées.

C'est pourtant au commerce que les villes de l'Indus doivent leur prospérité. L'existence d'un vaste réseau d'échanges à longue distance est attestée par la découverte de sceaux en stéatite (ils servent à identifier le propriétaire des marchandises) dans diverses régions du Proche-Orient, depuis le golfe Persique jusqu'en Mésopotamie (Our) et en Syrie (Hama). Les importations consistent surtout en métaux précieux et en pierres dures, travaillés et exportés sous la forme d'objets décoratifs. Les artisans de Harappā et de Mohenjo-Dāro se procurent l'or au Rājasthān (au-delà du désert de Thar) et à Mysore (Deccan). L'argent provient d'Afghanistan et de Perse ; celle-ci fournit aussi la stéatite, la turquoise et la calcédoine verte, alors que le lapis-lazuli est importé du Badakhchān afghan. Le coton, l'or, les objets décoratifs, le bois, les coquillages, les ivoires travaillés sont exportés vers la Mésopotamie. La découverte de villes équipées d'installations portuaires de grandes dimensions atteste que les échanges avec l'extérieur s'effectuaient en grande partie par voie maritime. Le port de Lothal, par exemple, long de 214 mètres et large de 36 mètres, possédait des bassins de plus de 4 mètres de profondeur, qui pouvaient accueillir des navires de gros tonnage. Après 1800 av. J.-C., des signes d'appauvrissement apparaissent.
Avec la décadence des villes, l'abandon des travaux d'irrigation et l'arrêt des échanges commerciaux, les régions indiennes entrent dans une longue période de déclin.

Les communautés humaines qui, depuis les temps les plus reculés, occupent les régions de l'Asie orientale disposent, pour assurer leur subsistance, d'un territoire aux milieux naturels extrêmement variés, qui vont de la forêt pluviale des régions tropicales aux steppes arctiques, de la taïga septentrionale aux plateaux boisés de l'aire tempérée, des plaines côtières aux vallées fluviales de l'intérieur. Les premiers hominidés, probablement venus d'Afrique il y a environ 1,5 million d'années, s'adaptent rapidement aux nouvelles conditions climatiques et au nouvel environnement, en exploitant les abondantes ressources naturelles des diverses aires de peuplement. Durant tout le Paléolithique, ils se nourrissent d'animaux – le plus souvent des rongeurs ou de petits mammifères –, qu'ils chassent en groupe ou seuls. Le régime alimentaire est complété par la récolte des fruits, des baies et des racines. Le long des fleuves et sur les côtes, les hommes pratiquent aussi la pêche et récoltent des mollusques et des crustacés.
Les informations les plus significatives sur le mode de vie des **chasseurs-cueilleurs du Paléolithique** sont fournies par les restes animaux et végétaux qui ont été retrouvés sur le site de Zhoukoudian, au sud-ouest de Pékin : outre des semences de micocoulier, les fouilles ont mis au jour des restes de *Trogonterium* (rongeur géant semblable au castor), de chevaux, de cerfs, de bisons, d'éléphants et de rhinocéros. Des ossements de carnivores (léopards, ours, loups, tigres, hyènes) ont également été retrouvés.

Le passage à l'agriculture, que l'on peut situer vers le VIIe millénaire av. J.-C., est précédé d'un **changement climatique** radical qui se produit au début de l'Holocène, quand la fin de la dernière glaciation provoque une rapide augmentation de la température moyenne. Avec le relèvement du niveau des mers, de vastes étendues plates sont submergées, tandis que se forment des îles et des archipels (le Japon, les Philippines et l'Indonésie se séparent à ce moment de la terre ferme).
A l'intérieur des terres, la **grande faune du Pléistocène** (mammouths) disparaît, et la végétation, dont l'évolution est connue grâce à l'analyse des pollens, subit d'importantes transformations.
Ce nouveau milieu de vie conduit les populations à rechercher des moyens de subsistance adaptés : l'homme, qui développe l'industrie microlithique et se sert davantage de l'arc, se tourne vers la chasse au petit gibier ; avec l'extension des zones côtières, la pêche et les produits de la mer (mollusques et algues) lui procurent de nouvelles ressources. La cueillette (racines, tubercules, légumes et fruits), qui devient une activité spécialisée, joue un rôle de plus en plus important et prélude à l'avènement de l'agriculture : vers la fin du Pléistocène, des groupes de chasseurs et de cueilleurs limitent leurs moyens de subsistance à une gamme réduite de végétaux et d'animaux qui, après un long processus de sélection génétique et variétale, fourniront les aliments de base des communautés agricoles.

A gauche : tripode de terre cuite « à mamelons » : céramique grise décorée d'incisions au peigne. Chine, Néolithique. Collection J. Schulmann, Paris.
En bas : bracelet en forme de fer de houe, granit rose, période jōmon. Musée Chiossone, Gênes.

La période cruciale qui s'étend entre le IXe et le VIe millénaire av. J.-C. n'a laissé qu'un petit nombre de sites archéologiques, si bien que **les premiers pas de l'agriculture** sont encore mal connus. Aujourd'hui, la question est loin d'être résolue, même si de grands progrès ont été accomplis en la matière : l'explication traditionnelle, encore admise il y a quelques années, attribuait l'apparition de l'agriculture à des foyers d'innovation culturelle d'Asie occidentale ; aujourd'hui, cette hypothèse apparaît de moins en moins convaincante, si bien que les spécialistes tendent de plus en plus à se rallier à l'hypothèse opposée. En se fondant sur les caractéristiques spécifiques du climat et de la végétation de l'Asie, ils défendent l'idée d'une **évolution autochtone et indépendante**, qui aurait été tout au plus stimulée par des migrations de populations étrangères, porteuses d'idées et de techniques nouvelles.

L'apparition de communautés villageoises où les activités de production se substituent aux activités de consommation est attestée dans trois grandes aires : le nord de la Chine, les régions tropicales et l'Asie insulaire. Cette division régionale correspond à la diversité des espèces domestiquées.
Sur les hauts plateaux du nord de la **Chine**, fertilisés par les alluvions du fleuve Jaune, la culture du **sorgho** et du **millet** gagne en importance. Ces céréales sont en effet adaptées au climat continental de la région, qui se caractérise par des étés très chauds, des hivers rigoureux et des saisons intermédiaires plutôt courtes. Dans les régions méridionales et le long des côtes, c'est la culture du **riz** qui s'impose. La riziculture par submersion, qui est habituellement pratiquée dès le début du

LES TECHNIQUES AGRICOLES

Après avoir déboisé des parcelles plus ou moins étendues en les incendiant ou en se servant de haches en pierre polie, les premiers agriculteurs défrichent le terrain au moyen de simples houes et de bâtons de bois. L'usage de l'araire, qui permet de cultiver des surfaces plus vastes et des terres plus lourdes en exploitant la traction animale, se répand lentement : en Chine, son apparition remonterait au IIIe millénaire av. J.-C., comme le suggère la découverte, dans la région de Hangzhou, d'objets de pierre qui auraient servi de socs.
Durant cette période, les communautés rurales pratiquent sans doute une agriculture itinérante, abandonnant après quelques années les terrains épuisés pour se déplacer vers de nouvelles terres. Cette hypothèse a été confirmée par les fouilles du village de Banpo (civilisation de Yangshao) : l'analyse stratigraphique a montré comment, au cours des siècles, le village a été abandonné puis de nouveau occupé, au rythme de différents cycles culturaux.
Le stade de l'agriculture itinérante ne sera définitivement dépassé qu'avec la culture de Longshan, quand la régénération des sols sera assurée par le fumage des terres et par les premières formes de rotation des cultures.

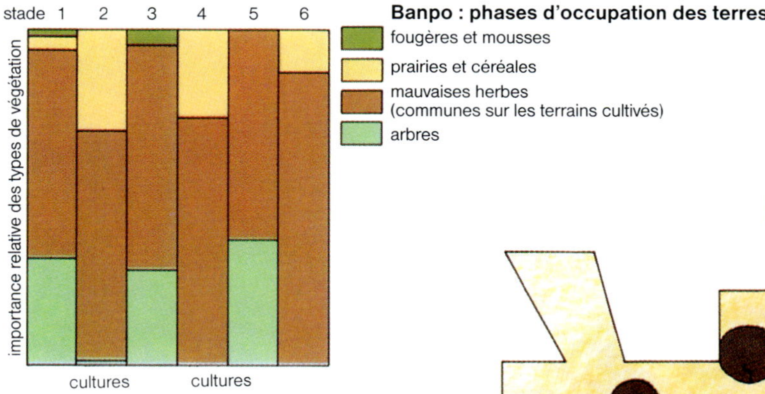

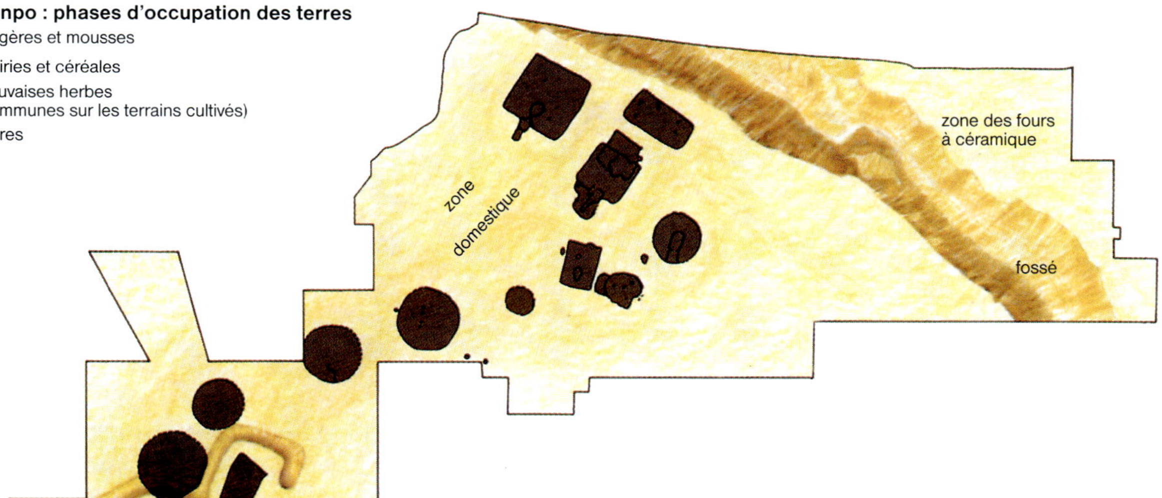

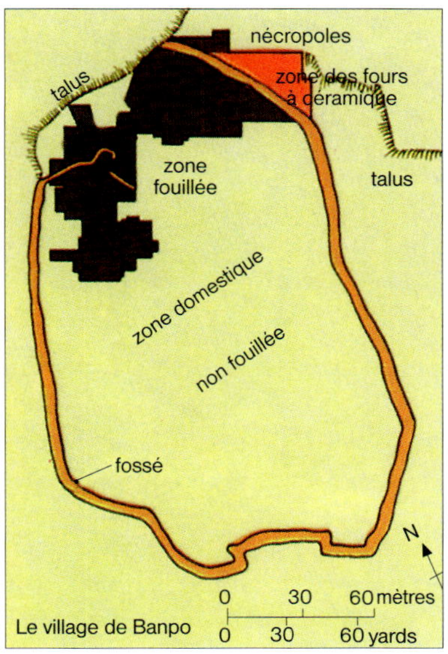

V[e] millénaire av. J.-C., est complétée par la culture des **fruits tropicaux** (noix de coco, mangue, banane), de racines, de tubercules et sans doute de la canne à sucre.
Dans les îles de l'**Asie du Sud-Est**, les transformations du milieu naturel n'entraînent pas, du moins dans un premier temps, l'abandon des moyens traditionnels de subsistance : dans ces régions, de petites communautés continuent de mener une vie nomade et de vivre de la cueillette. Ce n'est qu'à partir de 2500 av. J.-C. que les débuts d'une économie agricole sédentaire sont attestés par l'apparition d'objets de céramique et par la présence d'animaux domestiques, comme le porc. En Extrême-Orient, l'élevage des animaux domestiques joue d'ailleurs un rôle moins important que dans d'autres régions du monde où l'économie agricole se développe à la même époque. Seul **l'élevage du chien et des porcins** (les premiers animaux domestiqués) connaît un essor rapide, alors que les troupeaux de moutons et les chèvres restent rares jusqu'à la fin du Néolithique.
Le nord-est de la Thaïlande mérite une attention particulière : c'est là que débute, à partir du IVe millénaire av. J.-C., l'élevage de mammifères de taille moyenne apparentés au zébu sauvage.

Au **Japon**, l'essor définitif de l'agriculture est beaucoup lent : la culture du riz n'est introduite qu'au IIe millénaire ou au Ier millénaire av. J.-C. C'est que les ressources abondantes des montagnes, des fleuves et des côtes ont assuré, jusqu'à des périodes tardives, la subsistance d'une population qui, tout en ayant adopté un mode de vie sédentaire, pratique une **économie fondée sur la chasse, la pêche et la cueillette**. Aucune trace de domestication de végétaux n'a en effet été retrouvée dans les villages jōmon, qui sont concentrés dans l'est du Japon, la région la plus densément peuplée. Les ossements découverts font au contraire supposer que les principaux moyens de subsistance étaient fournis par les porcs, les cerfs, les petits mammifères et les oiseaux, dont la viande complétait les protéines fournies par les mollusques et les poissons.
Car il faut rappeler que les populations jōmon pratiquaient la pêche en haute mer, s'aventurant jusqu'à 50 kilomètres au large de l'actuelle Tokyo. Cette activité était favorisée par la richesse de la faune aquatique, qui trouvait un milieu particulièrement favorable le long des côtes japonaises, point de rencontre de puissants courants chauds et froids. Les activités économiques étaient réglées par le cycle des saisons : au printemps et en été, période de reproduction des espèces de haute mer, la pêche au thon et au maquereau était l'activité principale ; en automne, on récoltait les fruits secs (glands, noix et châtaignes), conservés dans des puits creusés dans la terre, avant d'être consommés en hiver ; à ce moment, les principaux moyens de subsistance étaient fournis par la chasse aux animaux sauvages, comme le cerf ou le sanglier.

En haut : schéma et plan de l'occupation du site néolithique de Banpo, près du fleuve Zhuan, dans le nord de la Chine (5000 av. J.-C.).
Au centre : les restes du village, conservés au Musée ethnologique de Xi'an.
A droite : bassin de céramique rouge, décoré de silhouettes de cerfs, retrouvé dans le même village.

Comparée à l'extrême rapidité des innovations de notre époque, la lenteur des conquêtes technologiques des premiers hommes peut surprendre. Des millions d'années ont été nécessaires à nos ancêtres pour fabriquer les premiers outils rudimentaires, pour maîtriser le feu, pour apprendre les techniques de l'agriculture, pour découvrir les secrets de la métallurgie. Pourtant, c'est à travers ce lent et difficile combat pour dominer son environnement et s'affranchir de ses contraintes que **l'homme du Paléolithique se différencie des autres primates** : il apprend à se poser comme un être distinct du monde qui l'entoure et réussit à ne plus être tout à fait soumis aux forces de la nature, en les pliant à ses propres exigences. De ce point de vue, le continent africain représente pour nous une source essentielle de connaissance, parce qu'il nous permet de suivre les premières étapes de ce

processus. Les premiers outils (***choppers*** et ***chopping tools***) apparaissent il y a quelque 2,5 millions d'années, entre autres dans la vallée de l'Hadar, quand l'***Homo habilis***, taillant un gros galet au moyen d'un percuteur en pierre, lui donne une arête tranchante. Ainsi sont obtenus des outils grossiers (taillés sur un côté dans le cas du *chopper*, et des deux côtés dans le cas du *chopping tool*), qui sont utilisés pour les tâches les plus variées : écorcher et découper les animaux, arracher les racines, couper du bois ou tailler des peaux pour fabriquer des objets d'usage domestique. Cette tradition technologique, connue sous le nom d'**Oldowayen** (du site d'Olduvai, en Tanzanie), perdure longtemps. Sa phase la plus récente, l'Oldowayen évolué, contemporain de la culture acheuléenne, se caractérise par un travail plus soigné et plus régulier, et par une plus grande spécialisation des instruments, dont la gamme s'élargit : percuteurs, nucléus, grattoirs, racloirs. Il y a 1,5 million d'années apparaît la culture de l'**Acheuléen**, ou culture du biface. Dotée d'une habileté manuelle supérieure et d'une technique plus raffinée, l'***Homo erectus*** peut fabriquer des outils de pierre plus variés, en retouchant le silex sur les deux côtés au moyen de percuteurs plus tendres (en bois ou en os) : aux bifaces tranchants s'ajoutent ainsi des **bifaces amygdaloïdes** (utilisés comme outils de taille et comme rasoirs) et des **hachettes** (les hachereaux caractéristiques de l'Acheuléen d'Afrique). Au même moment sont aussi façonnées des pierres sphériques, de la dimension d'une boule de pétanque, utilisées probablement pour la chasse et pour des usages domestiques. Ces outils sont habituellement désignés par le terme de *bolas*, en raison de leur ressemblance avec l'arme de jet utilisée par les chasseurs de la pampa d'Amérique du Sud. La **maîtrise du feu** représente une autre conquête importante de l'homme : le feu lui permet de se protéger du froid, d'éloigner les animaux féroces, de cuire sa nourriture, de chasser les animaux de la savane et de durcir les outils de bois.

Durant tout le Paléolithique inférieur, l'évolution technologique du continent africain est homogène. Avec le Paléolithique moyen, la situation apparaît plus diversifiée. On peut distinguer deux grandes aires régionales : l'Afrique du Nord, occupée par les néandertaliens, où se répandent des cultures de type moustérien, et l'Afrique australe, où se maintient la culture du biface. L'**industrie moustérienne** se caractérise notamment par la diffusion de la technique du type Levallois (ou du **nucléus préparé**), qui était déjà apparue sous une forme rudimentaire durant la dernière phase du Paléolithique inférieur : un débitage soigné du galet permet d'obtenir un nucléus de silex d'où sont ensuite enlevés, par de petits coups secs et précis, des lames de pierre de plus en plus fines et régulières, qui sont prêtes à être montées sur des poignées d'os ou de bois. Cette technique permet de fabriquer une grande variété d'outils : des poinçons, des burins, des couteaux et surtout des racloirs, l'outil caractéristique de ce faciès culturel.

Au cours de cette période, la taille du silex est de plus en plus souvent complétée par le **travail d'autres matériaux** (le coquillage, l'ivoire, la corne), qui permet de produire des hameçons, des poinçons et des harpons dentelés. Le début du Mésolithique coïncide avec un autre progrès de l'industrie de la pierre : l'apparition des microlithes géométriques (burins, lames denticulées et surtout pointes de flèche triangulaires

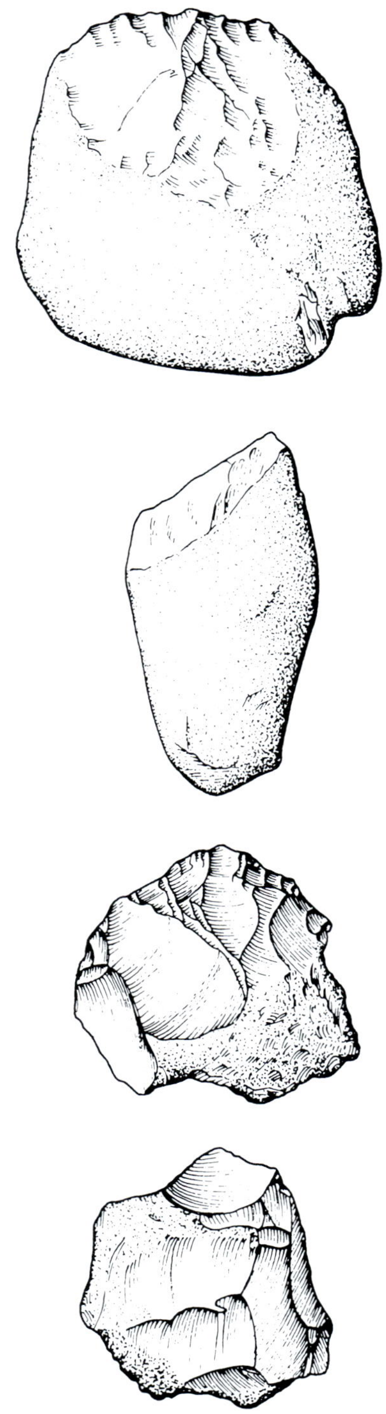

A gauche : une des pierres travaillées découvertes dans la gorge d'Olduvai (Tanzanie).
Ci-contre : la gorge d'Olduvai doit sa célébrité à Louis et Mary Leakey, qui y découvrirent les restes d'un hominidé, appelé « sinanthrope », datant d'environ 1,8 million d'années.
En haut : industrie de l'Oldowayen,* chopper *et polyèdre.

ou trapézoïdales). La réduction progressive de la dimension des outils constitue un progrès essentiel de l'homme, qui se dote d'un matériel plus léger et se déplace donc plus rapidement. L'adoption de petites pointes de silex pour former l'extrémité des flèches entraîne une transformation radicale des techniques de chasse : le propulseur est remplacé par l'**arc**, plus maniable, qui donne au tir une précision meilleure et à la flèche une plus grande force de pénétration.
Alors que l'apparition de l'arc remonte à 10000 av. J.-C. environ, son emploi semble généralisé un millénaire plus tard.

La variété des outils fabriqués au Mésolithique reflète **la diversité de plus en plus grande des cultures africaines**.
Chacune d'entre elles possède son propre outillage et occupe une région précise du continent. Parmi les cultures les plus significatives figurent la culture du **Capsien** (VIIIe millénaire av. J.-C), la culture de l'**Ibéromaurusien** (IXe millénaire av. J.-C) et, dans le sud du continent, la culture du **Wiltonien** (VIIe millénaire av. J.-C), caractérisée par une plus grande diffusion des microlithes géométriques. Avec l'essor de l'**économie agricole** dans le nord du continent, les outils se transforment au gré des besoins des populations qui, devenues sédentaires, ont définitivement associé à la chasse la culture et l'élevage. L'outillage caractéristique de cette période comprend en effet des mortiers de pierre ou de bois, des meules de pierre pour les céréales, des couteaux de silex ou des faucilles. Utilisés pour moissonner les céréales, ces derniers outils sont composés de microlames fixées au moyen de résines naturelles sur des poignées d'os ou de bois creusées de rainures. De nombreux outils sont taillés dans l'os (peignes, harpons, hameçons) ou dans le silex (poinçons, racloirs, lames, haches, microlithes géométriques).
Les premiers récipients de céramique apparaissent vers la fin du VIIe millénaire av. J.-C. dans les régions sahariennes et se répandent un peu plus tard, au VIe millénaire, le long des côtes de la Méditerranée : il s'agit le plus souvent d'objets de facture grossière, aux formes simples, décorés au moyen d'une technique primitive consistant à inciser la pâte encore fraîche.

Ci-dessous : en haut, bifaces amygdaloïdes en pierre taillée du Paléolithique. Cabinet de palethnologie, université de Milan. En bas, divers types de pointes de flèche en pierre taillée du Paléolithique. Collection Aroldi, Milan.
A droite : outils et armes caractéristiques des peuples de chasseurs-pêcheurs, découverts dans divers sites africains. Racloirs, hameçons, harpons dentés, coquillages, datant de 10 000 à 3 500 ans.
Au centre : biface amygdaloïde et hachereau, industrie de l'Acheuléen africain, provenant d'Olduvai.

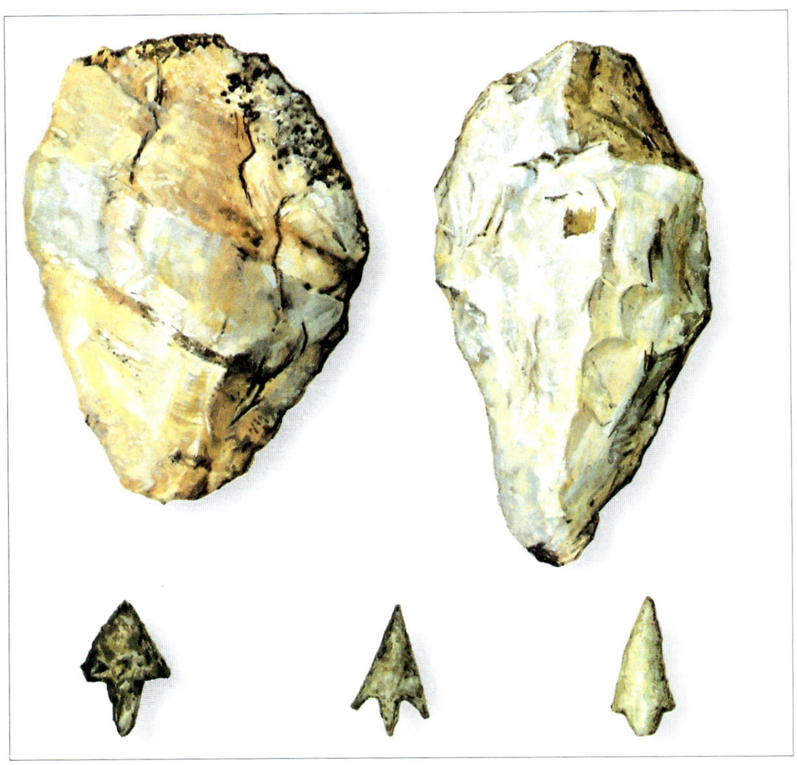

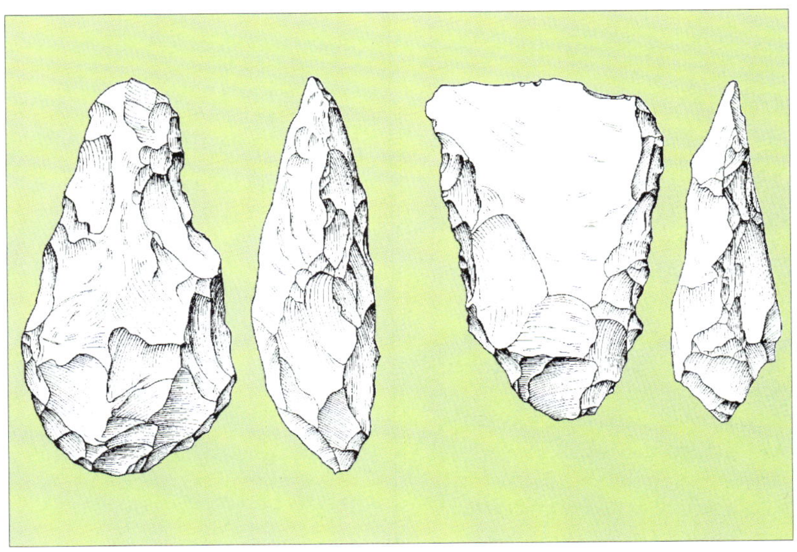

Au Paléolithique supérieur, la fabrication des outils de silex est de plus en plus souvent complétée par le travail d'autres matériaux, comme l'os, la corne et l'ivoire, qui servent à fabriquer des poinçons et des harpons dentelés, alors que les hameçons sont taillés dans des coquillages marins.
La maîtrise du feu, comme on l'a déjà rappelé, permet de durcir les outils de bois, qui sont utilisés pour la chasse ou pour arracher les tubercules et les racines comestibles. Durant cette période, la transformation de l'**industrie du silex** est attestée par l'apparition de l'**outillage microlithique** : burins, lames denticulées et, surtout, pointes triangulaires et trapézoïdales, qui sont utilisées pour diverses tâches.

Par la péninsule Ibérique, la technique du travail des métaux se répand en Afrique du Nord à une époque qu'il est difficile de déterminer. En Espagne, le travail du cuivre est attesté dès le IVe millénaire av. J.-C.
Sa diffusion dans les régions de l'Atlas est peut-être légèrement postérieure.
Les premiers métaux connus sont le **cuivre** et l'**or** – ce dernier n'a pas immédiatement le statut de métal précieux –, qui sont disponibles, fût-ce en quantités limitées, à l'état naturel et dont le travail n'exige pas des connaissances et des techniques élaborées.
L'or et le cuivre servent à fabriquer non seulement des objets décoratifs, mais aussi des outils qui complètent l'outillage de bois et de silex, jusqu'alors dominant.
En Afrique occidentale (Mauritanie), les techniques de travail des métaux apparaissent ultérieurement, entre le IIe et le Ier millénaire av. J.-C., alors que les régions subsahariennes n'exploiteront qu'à partir du Ier millénaire av. J.-C. les gisements d'or et de cuivre.

Les **outils de pierre** fabriqués par l'homme du Paléolithique représentent la première tentative de modifier les matériaux disponibles dans la nature. Ce sont les premières techniques au moyen desquelles l'homme primitif organise ses rapports avec son environnement, améliore et simplifie sa vie quotidienne.
Durant la très longue période du Paléolithique, l'exploitation des matériaux est encore largement tributaire de leurs propres caractéristiques. L'homme n'est pas en mesure d'en modifier la composition, comme il le fera plus tard avec le métal ou l'argile, par exemple. Les outils de pierre qui sont fabriqués sont exclusivement obtenus par **enlèvement d'éclats** et par **retouche**.
Le polissage et la perforation de la pierre, qui apparaissent au Paléolithique supérieur, servent d'abord à la fabrication d'objets décoratifs et artistiques, et ne se répandent qu'après la fin du Paléolithique.

Il existe deux techniques de fabrication : la première est la **technique sur nucléus**, qui consiste à enlever des éclats d'une pierre brute jusqu'à ce que son noyau finisse par prendre la forme souhaitée ; la seconde est la **technique sur éclats**, qui consiste à conserver les éclats détachés du nucléus, sans les retoucher ultérieurement ou en leur appliquant un travail de finition.
A l'origine, les deux techniques, sur nucléus et sur éclats, correspondent à deux types d'outils différents, les **amygdales** et les **racloirs**, et sont pratiquées de manière rudimentaire. Dans le premier cas, c'est un percuteur de pierre qui est employé ; dans le second, un bloc de pierre est frappé violemment contre un support, également en pierre (Clactonien).
La technique sur nucléus évoluera quand le percuteur de pierre sera remplacé par un percuteur de bois, qui permet d'obtenir des amygdales plus fines (Acheuléen).
Un grand pas en avant est ensuite accompli par la **technique Levallois**, qui consiste à retoucher en premier lieu la face supérieure du galet de silex, de façon que le nucléus forme un plan de percussion de forme circulaire, d'où il est plus facile d'extraire des éclats réguliers. Ainsi sont produits des outils qui diffèrent des amygdales, surtout en raison de l'évolution, au Moustérien, de la technique sur éclats.

Au **Paléolithique supérieur**, des techniques nouvelles apparaissent, qui sont beaucoup plus élaborées que les précédentes. La technique sur lames, qui gagne en importance, permet la **fabrication en série de fines lames allongées**, aux côtés parallèles.

A droite : quelques outils caractéristiques de la préhistoire, un racloir (en haut), deux bifaces amygdaloïdes (au centre) et une pointe de lance (en bas).
En bas, sur la double page : les grandes étapes du travail du silex. Premier stade : en frappant deux cailloux l'un contre l'autre, l'homme fabrique son premier outil, un galet aménagé* (chopper)*, qui servira de racloir. Deuxième stade : les éclats sont eux-mêmes façonnés et utilisés comme couteaux denticulés, racloirs, etc. Troisième stade : en multipliant les plans de frappe, l'homme obtient le biface primitif (A), un outil taillé sur ses deux faces, pointu et tranchant, mais encore rudimentaire et peu pratique ; en améliorant la technique, il obtient ensuite un biface plus évolué (B), plus léger et plus maniable. Quatrième stade : découverte de la technique Levallois. Opérations nécessaires à la fabrication de pointes triangulaires (A) : silex de départ (1) ; un contour rainuré est obtenu en taillant le bloc de silex (2) ; la partie supérieure est à son tour préparée de façon à obtenir de nombreux plans de frappe, comme l'indique le cercle de couleur (3) ; représentation de l'arête surmontée d'une surface concave, qu'il s'agit de rendre convexe (4) ; de petites frappes permettent ensuite de préparer le plan de percussion (5) ; on enlève un petit éclat de façon que la pointe finale soit plus fine (6) ; une dernière frappe permet d'obtenir la pointe triangulaire de l'objet fini (7). (B) Autre manière de tailler le nucléus, selon la technique Levallois : la préparation du bloc est identique, mais l'objet fini est extrait de sa base, plate et large, et non de son contour. Les produits finis sont multiples : éclat très large (1) ; lame (2) ; pointe triangulaire (3). Cinquième stade : découverte de la taille des lames : nucléus à lamelles du Paléolithique supérieur (1) ; grattoir (2) ; burin, lame de silex en forme de scalpel (3) ; lamelles (4) ; pointe à dos sur

L'homme est ainsi en mesure d'élargir la gamme de ses outils et de travailler d'autres matières, comme l'os et la corne.
Dès ce moment, il est capable de sculpter des figures humaines et animales, de fabriquer des bracelets, des pendentifs ou des aiguilles à coudre, et surtout de tailler des **pointes de javelot** et des **harpons**.
Dans le domaine de la chasse, qui constitue un des principaux moyens de subsistance de l'homme primitif, les sources archéologiques attestent l'amélioration progressive des techniques : le projectile de pierre, taillé en forme de pointe, des époques lointaines est progressivement supplanté par de longues lances de bois, auxquelles sont fixées des pointes de silex, puis d'os.
La chasse à la lance est généralement associée à la préparation de pièges et réservée au gros gibier.
Au Paléolithique supérieur apparaissent les armes de jet légères : le javelot, qui se distingue de la lance par sa pointe en forme de harpon, ou les flèches, indissociables d'un instrument de tir, l'arc, qui s'est substitué au propulseur.

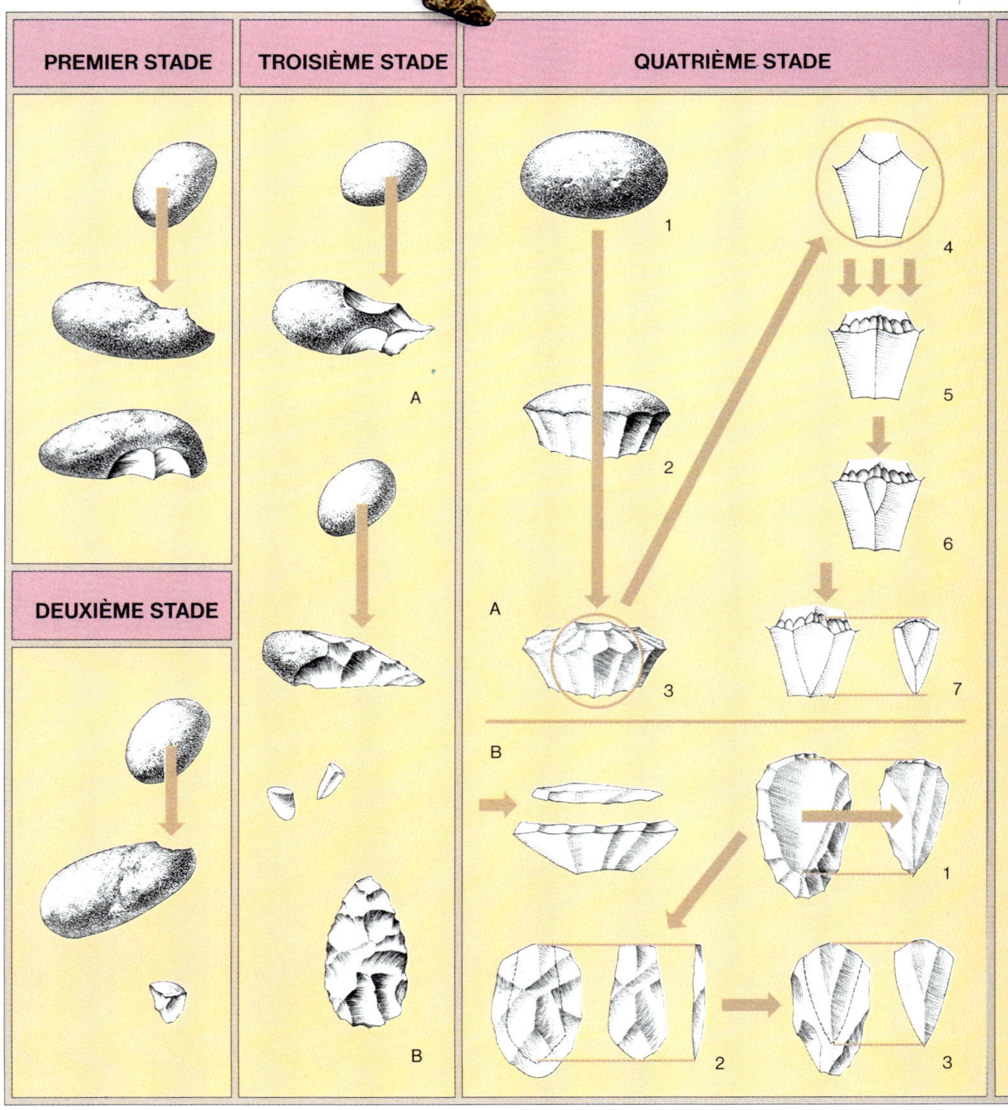

Aux techniques du Paléolithique s'ajoute l'**usage du feu**, qui semble remonter aux périodes les plus anciennes, comme l'attestent les os et les silex brûlés, ainsi que les bâtons de bois aux pointes carbonisées, qui ont été retrouvés, le plus souvent, dans des grottes ou des abris sous roche. Au début, les hommes doivent se contenter de conserver le feu; puis ils apprennent à le produire en frottant l'un contre l'autre des morceaux de bisulfure de fer, ce qui provoque des étincelles suffisamment chaudes pour enflammer des matériaux combustibles. Les foyers, de dimensions variables, sont aménagés dans des campements à ciel ouvert ou dans des abris-sous-roche. Parfois, ils sont aussi protégés par une couverture. Durant les périodes glaciaires, avant la découverte du charbon fossile, le combustible est surtout fourni par les os d'animaux et le bois. Le feu remplit diverses fonctions : se chauffer, se protéger des animaux sauvages, cuire les viandes, durcir les pointes de lance en bois et, enfin, cuire les figurines en terre (la céramique n'est pas encore découverte).

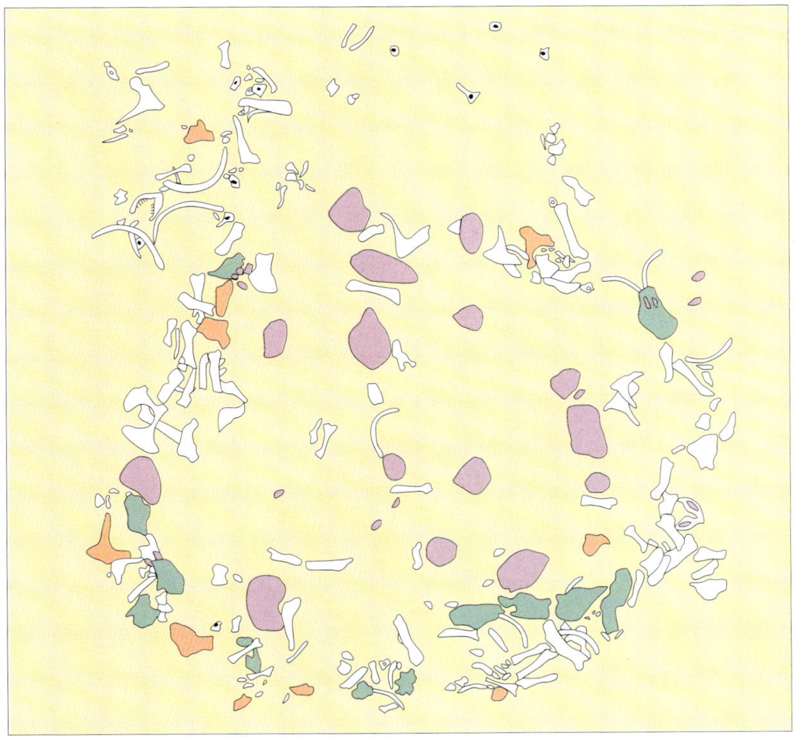

l'exploitation des matières premières. Dans ce domaine, les progrès techniques les plus importants sont représentés par la céramique, le travail du bois et la métallurgie.

La **céramique** est obtenue grâce au durcissement (par cuisson) d'une argile modelée, à laquelle sont ajoutées des substances dégraissantes, comme des granules broyés de quartzite, qui réduisent les risques de fendillement. On peut aussi mélanger l'argile à des granules broyés de calcaire, appelés « fondants », qui, en abaissant la température nécessaire pour atteindre le même niveau de cuisson, économisent le combustible. C'est une invention du Proche-Orient, avec d'autres techniques de travail de la céramique : le modelage à roue lente et à tour rapide, le lissage et la décoration des surfaces. Si la fabrication de récipients est traditionnellement associée à l'agriculture, tous les groupes humains qui connaissent la céramique ne pratiquent pas l'agriculture. A ce sujet, les tessons de céramique retrouvés dans les sites danois de la culture de Ertebølle

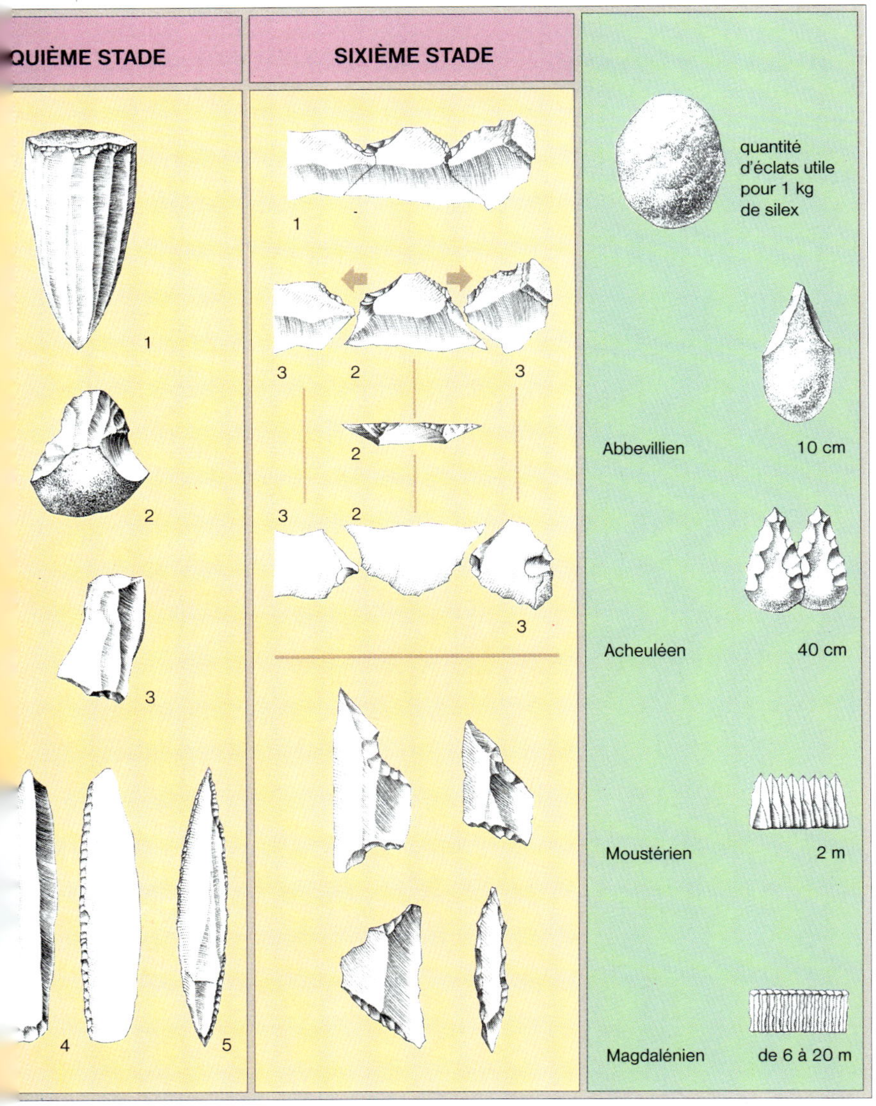

lamelle (5). Sixième stade : technique du microburin et fabrication en série d'outils à dos. La partie supérieure représente la lame de départ (1), la fabrication d'un trapèze (2) avec la technique du microburin (3); la partie inférieure représente des microlithes. Sur le dessin à droite sont indiquées les quantités d'éclats de silex utiles ou maximales, selon diverses cultures.
Sur cette page, en haut : schéma des surfaces du site moustérien de Molodova I (Ukraine), interprété comme une cabane dotée de quinze petits foyers et formée de structures d'os de mammouth.
A droite : le site magdalénien de Pincevent (Seine-et-Marne) et reconstitution d'un des trois éléments composant la première habitation de Pincevent.

Au **Néolithique**, l'homme acquiert davantage d'autonomie face à son environnement, non seulement dans la production de nourriture (agriculture et élevage), mais aussi dans l'utilisation et

(vers 3000 av J.-C.) attestent que l'apparition de la céramique est antérieure à la diffusion de l'agriculture. Les techniques les plus évoluées n'atteindront l'Europe occidentale qu'avec la colonisation grecque, mais une **production domestique** est néanmoins

attestée durant toute la période préhistorique : il s'agit de récipients façonnés à la main, sans l'aide de la roue, par des non-spécialistes. L'hypothèse selon laquelle les principales familles de vaisselle néolithique dériveraient de prototypes précéramiques (paniers d'osier, récipients de bois) est controversée. Tout au plus peut-on affirmer avec certitude que plusieurs motifs décoratifs reproduisent les cordes ou les lanières qui permettaient de transporter ou de suspendre les récipients. La vaisselle danubienne en fournit un exemple, de même que l'ancienne céramique *à cordes,* décorée de lignes horizontales entourant le col de franges pendantes. Les autres techniques décoratives sont l'*incision,* qui consiste à enfoncer dans l'argile encore crue divers objets, comme des coquillages (céramique cardiale), l'*impression,* l'argile étant marquée au moyen de poinçons en forme de rosettes ou de petits disques, et enfin l'*ébauchage,* qui consiste à frotter la surface du récipient partiellement sec pour le polir.

Le **travail du bois** remonte à une époque très lointaine. Il est exécuté au moyen d'outils de silex ou de pierre rudimentaires et donne lieu à la fabrication des armes de chasse, du matériel de pêche, des outils agricoles ou des ustensiles de cuisine : arcs, manches de hache ou de faux, louches et récipients divers. Le plus souvent, les opérations se limitent à tailler le bois le long des veinures, au moyen de coins, puis à le polir. Au milieu du IIe millénaire av. J.-C., quand le tour est introduit par les Grecs, un progrès technique important est accompli. La diffusion de nouvelles techniques favorise l'exploitation d'autres matières, comme l'**écorce des arbres**, facile à travailler, qui peut être tressée ou cuite, et qui permet de fabriquer une grande variété d'objets. Les chasseurs-pêcheurs de l'Europe tempérée et circumpolaire s'en servent pour élever des

Ci-contre : os incisés remontant au Paléolithique supérieur, à la troisième période de l'Aurignacien (40000-30000 av. J.-C.). Musée des Antiquités nationales, Saint-Germain-en-Laye. En bas, à gauche : bois de renne du Magdalénien (12000-11000 av. J.-C.), où sont incisées des silhouettes de rennes, provenant de la grotte du Chaffaud (Savigné, Vienne). En bas : distribution géographique des principales aires culturelles de l'Europe centrale et orientale. Les régions côtières de l'Adriatique appartiennent au vaste complexe des cultures de la céramique imprimée.

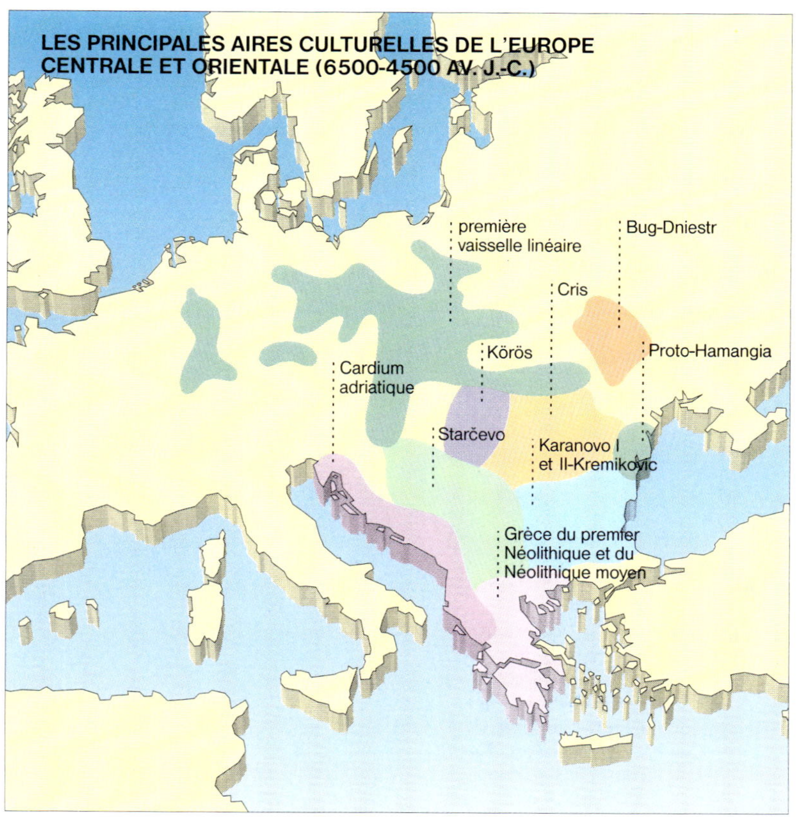

abris semblables à des tentes, pour construire des toitures ou des pavements, pour recouvrir des fosses ou pour fabriquer des boîtes et des récipients. Au début, les hommes exploitent l'écorce du bouleau, qu'ils associent parfois à l'écorce du pin ; ce n'est qu'au cours de la période postglaciaire que le tilleul sera utilisé. Le plus souvent, surtout dans l'Europe du Nord, l'écorce sert à fixer les faux de silex ou les lames de couteau à leur manche.

Depuis les temps les plus reculés, les populations européennes sont capables de traiter les **peaux animales**. Les communautés de chasseurs ne connaissent d'ailleurs aucune matière textile et se servent de peaux pour se vêtir.
Le racloir, taillé dans le silex puis dans l'os, est utilisé de façon ininterrompue, du Paléolithique jusqu'au premier âge du fer, pour tanner les peaux. Des aiguilles en os témoignent en outre que les peaux sont cousues, sans doute avec des tendons d'animaux, et utilisées non seulement pour fabriquer des vêtements, mais aussi pour construire des **bateaux**. Propres à l'Europe du Nord (Écosse, Irlande, Norvège), ces fragiles embarcations sont composées d'une armature légère tendue de peaux. Les sources attestent que, jusqu'à l'époque préromaine, des bateaux dont la quille est revêtue de peau transportent l'étain des Cornouailles jusqu'en Espagne.
Caractéristique du Néolithique, le travail de la corne, de l'os et de l'ivoire permet enfin de fabriquer des outils, des armes, des bijoux ou des objets décoratifs.

La **métallurgie** occupe une place moins importante : découverte au Néolithique ancien par des populations du Proche-Orient, elle se répand à partir du sud-est de l'Europe (Crète), vers 3000 av. J.-C.
Les populations européennes développent moins la technologie du métal que son extraction et son commerce. Dans un premier temps, l'Europe occidentale se contente de l'exporter et de l'échanger contre des objets précieux. Ainsi l'Europe apprend-elle avec beaucoup de retard à travailler les métaux, l'importation de produits manufacturés pourvoyant à ses besoins.
Il faudra en effet attendre un millénaire avant que la métallurgie ne se diffuse en Europe continentale.

En haut (de gauche à droite) : une pointe de lance, une scie, un poinçon, un burin et un autre poinçon. La particularité de ces outils est d'être taillés dans l'os et dans la corne, matériaux beaucoup plus faciles à travailler. Leur usage se répand quand l'homme est en mesure d'abattre un grand nombre de rennes, de mammouths et de bisons, qui fournissent d'abondantes quantités d'os, de corne et d'ivoire.
Ci-contre : outils décorés du Paléolithique. De gauche à droite : un « sceptre », une sorte de crécelle qui, tournant sur son axe, produit un son particulier, un redresseur de flèches en bois de renne, un propulseur.
En haut, à droite : os incisé représentant la silhouette d'un veau, datant du Magdalénien supérieur et provenant de la grotte du Mas-d'Azil (Ariège). Musée des Antiquités nationales, Saint-Germain-en-Laye.

En Égypte, comme dans toutes les civilisations du monde antique, les sciences et les techniques se développent à l'intérieur du cercle réservé des prêtres.
Les « **écoles de scribes** », annexées au temple et destinées à la formation des ministres du culte ou des fonctionnaires de l'État, sont en effet des foyers culturels de haut niveau, où sont pratiquées les disciplines dont les prêtres sont les seuls dépositaires (astronomie, médecine, architecture, magie). Le lien étroit qui unit la sagesse au savoir technique et scientifique est incarné par la figure mythique d'**Imhotep** (XXVIIe siècle av. J.-C.), grand prêtre d'Héliopolis, architecte, astronome (on lui attribue l'élaboration du calendrier solaire), thaumaturge et patron des médecins.

Une des caractéristiques de la science égyptienne, qui était particulièrement avancée dans de nombreux domaines, est d'avoir accompli ses progrès empiriquement, en s'appuyant sur l'expérience à partir de questions éminemment pratiques.
En Égypte, l'essor précoce (dès la première époque dynastique) de la **géométrie** et des **mathématiques**, par exemple, est suscité par les problèmes concrets qui se posent aux fonctionnaires du cadastre et du fisc, qui doivent retrouver le contour des parcelles après les crues du Nil. Les Égyptiens se servent d'un **système numérique décimal**, connaissent les fractions et la racine carrée et sont en mesure de calculer la surface d'un cercle ou le volume d'un cylindre.
Des recueils fournissent en outre les solutions des problèmes arithmétiques et géométriques les plus communs.

De la même façon, la **médecine** reste fidèle à la méthode empirique : dans les formulaires thérapeutiques, les recettes médicales alternent avec les prières destinées à écarter le mauvais sort ou à jeter un charme.

A gauche : statue d'Imhotep, médecin élevé au rang de divinité (2700 av. J.-C.). Musée du Louvre, Paris.
En haut : bas-relief représentant une scène de circoncision, provenant de la tombe d'Ankhmahor, près de Saqqarah.
En bas : relief représentant le travail du bronze (1500 av. J.-C.). Quatre soufflets actionnés par les pieds assurent le tirage ; deux bâtons recourbés permettent de soulever le creuset et de couler le bronze en fusion dans le moule, à travers une série d'entonnoirs.

Dans les cas les plus difficiles, on se rabat sur les pratiques magico-religieuses des prêtres-guérisseurs. Il n'empêche que la médecine égyptienne jouit d'une grande réputation dans l'Antiquité ; la médecine grecque du Ve siècle en héritera un riche patrimoine qui, élagué de ses superstitions, sera interprété de façon scientifique par Hippocrate.
Les médecins égyptiens connaissent en effet, avec suffisamment de clarté, le mécanisme de la **circulation du sang**, ils se servent de l'opium pour les **anesthésies** et possèdent de bonnes notions de pharmacologie, de médecine interne, d'ophtalmologie, d'odontologie et surtout de **chirurgie**.

En **astronomie**, les Égyptiens dressent des cartes célestes assez précises, qui distinguent les étoiles fixes et les étoiles mobiles, même s'ils ne paraissent pas en mesure d'établir avec certitude le mouvement des corps célestes. A la fin de l'époque thinite, le passage du calendrier lunaire, adopté par la quasi-totalité des peuples de l'Antiquité, au **calendrier solaire de 365 jours**, divise l'année en trois saisons (de quatre mois), qui correspondent aux activités agricoles déterminées par les crues du Nil : **Akhet** est la saison des inondations ; **Peret**, la saison des travaux agricoles, de la croissance des cultures ; enfin, **Semou** est la saison des récoltes. Le premier jour de l'année est le 19 juillet : c'est le jour où apparaît Sothis, l'étoile Sirius, manifestation d'Isis, dont les larmes provoquent la crue du fleuve.

Les **connaissances géographiques** sont limitées au bassin du Nil et aux terres limitrophes (Libye, côtes de la mer Rouge, Mésopotamie, Phénicie et Syrie). Dans la vision des géographes égyptiens, toutes ces régions sont entourées par le grand fleuve Océan, qui marque la limite du monde et qui est constellé d'un nombre imprécis d'îles, dont les plus connues sont la Crète, Chypre et les îles de la mer Égée. Si les notions géographiques sont plutôt approximatives, la cartographie locale est beaucoup plus précise. La **première carte géographique** connue est d'ailleurs égyptienne : il s'agit d'une carte de la région des mines du Wad Hammamat.

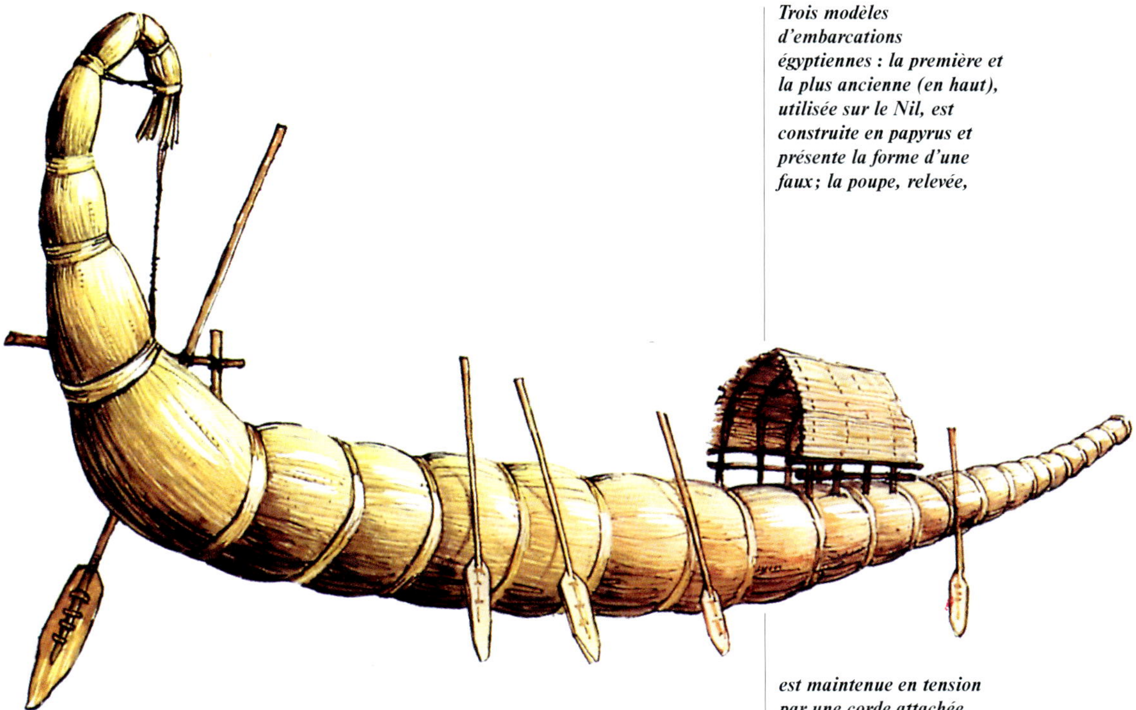

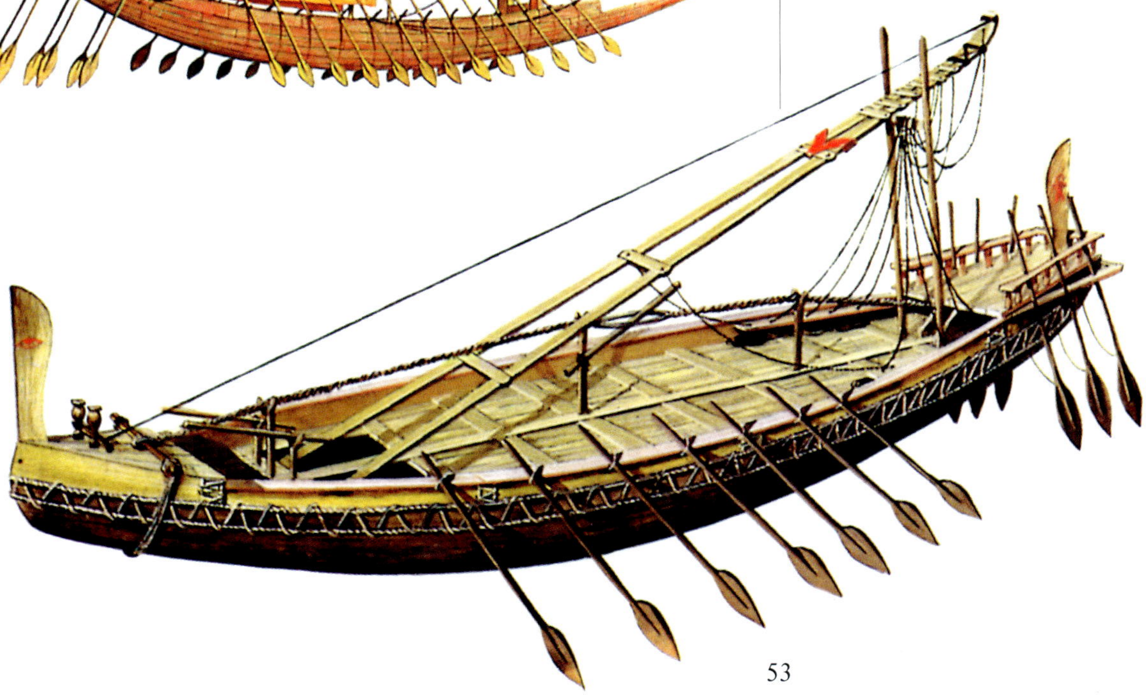

Trois modèles d'embarcations égyptiennes : la première et la plus ancienne (en haut), utilisée sur le Nil, est construite en papyrus et présente la forme d'une faux ; la poupe, relevée, est maintenue en tension par une corde attachée à la coque. Les premiers grands bateaux de bois (au centre) sont probablement construits vers 2800 av. J.-C. ; composés de panneaux très légers, ils n'ont besoin ni de quille ni de côtes de renforcement. C'est avec des navires comme celui qui est représenté en bas que le pharaon Sahourê (Ve dynastie) organisa une expédition en Syrie pour se procurer des bois précieux. A droite : vase de céramique décoré de silhouettes d'animaux aquatiques. Musée égyptien, Le Caire.

En Égypte, le **travail des métaux** est attesté dès le IVe millénaire av. J.-C. : on fabrique des ustensiles (d'abord en cuivre puis, à partir du IIe millénaire, en bronze) et des objets décoratifs (en or, en argent et en cuivre). Difficile à travailler, le fer n'est pas utilisé en Égypte avant le VIIe siècle av. J.-C. La **céramique** et le **tissage** apparaissent avec les cultures mésolithiques et néolithiques qui, aux VIIe et VIe millénaires av. J.-C., suscitent la formation des premiers villages permanents de la vallée du Nil. Même s'ils ne disposent pas de techniques très élaborées (ils se servent de leviers, de traîneaux de bois, de rampes inclinées, de burins de pierre dure, de perçoirs de cuivre, de coins de bois), les **architectes égyptiens** sont capables de mener à leur terme des travaux monumentaux. Il suffit de penser aux complexes funéraires des pharaons ou aux grands travaux hydrauliques (digues, levées, canaux d'écoulement) destinés à maîtriser les crues du fleuve.

La **construction des bateaux** n'a jamais atteint une grande complexité. C'est que la navigation sur le Nil, principale voie de communication du pays, ne présente pas de difficultés particulières. Les **premières embarcations** sont construites en **papyrus** (le matériau le plus commun le long des rives du fleuve) et surtout adaptées aux eaux calmes des canaux et des zones marécageuses. Les Égyptiens construisent ensuite des **embarcations en bois d'acacia**, avec des assemblages à queue d'aronde en ébène, dont la forme en cuillère rappelle la forme des bateaux en papyrus. Pour construire ces embarcations, on recouvre de lattes de bois le modèle (la matrice) en boue d'une barque renversée. Ce n'est qu'à l'époque des grandes expéditions commerciales, organisées par l'État, que seront construites, avec du **bois précieux** importé de Byblos, des navires adaptés à la **navigation en haute mer**. Habituellement, ces embarcations sont mues par la force de deux rangées de rameurs, placés le long de leurs flancs. La voile, qui est aussi utilisée pour remonter le Nil, n'est déployée qu'en cas de vent arrière.

La révolution néolithique coïncide avec une série de progrès techniques (apparition de l'araire, du tour, du métier à tisser) qui résultent des nouvelles conditions de vie et préludent à des avancées ultérieures. Le besoin de rendre les déplacements plus rapides et plus faciles favorise ensuite l'invention de la roue et de la voile. Au nombre des découvertes les plus intéressantes figure aussi la céramique. Son apparition est souvent associée à l'introduction de l'agriculture et à la formation de villages permanents, mais dans les faits, sur un même site archéologique, les trois phénomènes ne sont pas toujours attestés en même temps : on a retrouvé des traces de culture en l'absence de céramique (Néolithique précéramique). La dernière invention – par ordre chronologique, et non par ordre d'importance – est la métallurgie : le travail des métaux, certes encore limité, permet de fabriquer des objets manufacturés.

Les techniques agricoles s'enrichissent de nouvelles pratiques : les terrains sont défrichés, les plantes non comestibles sont arrachées et les sols sont ensemencés. L'invention de l'**araire** constitue en particulier un gigantesque bond en avant. Au début, c'est un simple bâton de bois muni d'un manche fourchu et d'un soc de pierre, qui est poussé à la main pour creuser des sillons dans le sol. Quand il sera tiré par un attelage, l'araire permettra de retourner des parcelles plus étendues. La production et les rendements des terres seront ainsi sensiblement augmentés.

Dans l'histoire des techniques du Proche-Orient, le **tissage** occupe une place particulière : il joue un rôle essentiel dans l'économie des villes et occupe une main-d'œuvre abondante. C'est en outre la seule activité où la femme participe à la production spécialisée de l'artisanat. Si l'on en croit les sources écrites, le tissage est le pivot de l'économie agricole et pastorale. En basse Mésopotamie, au moment où se forment les grandes cités-États, l'artisanat du textile favorise l'établissement d'un réseau de comptoirs commerciaux qui **exportent les laines**. Des documents retrouvés à Lagash attestent qu'à la fin du IIIe millénaire av. J.-C., dans le territoire administré par la ville, le secteur textile emploie quelque quinze mille ouvrières, réparties entre divers ateliers. Placées sous les ordres d'un inspecteur général, six ou sept inspectrices reçoivent la matière première et les rations alimentaires à distribuer aux ouvrières, dont elles surveillent le travail jusqu'à l'achèvement des pièces de laine. Le tissage est réservé à la main-d'œuvre féminine. Le nombre de personnes occupées sur un métier à tisser dépend de la qualité des étoffes : plus le tissu est précieux, plus le nombre d'ouvrières est élevé. Le foulage est ensuite confié à des hommes. Pour la tenue de sa comptabilité, l'établissement recourt aux services de trois scribes. Pendant longtemps, la Mésopotamie reste fidèle aux tissus de laine et au **métier à tisser horizontal**, qui sera remplacé par le métier à tisser vertical au milieu du IIe millénaire av. J.-C. Diverses sources fournissent même les dimensions des métiers à tisser : 3,5 à 4 mètres de longueur ; 3,5 à 4,5 mètres de largeur. Ces dimensions expliquent que plusieurs personnes étaient indispensables pour travailler sur un même métier.

En haut : un objet de cuivre natif, martelé, provenant des fouilles de Çatal Höyük. Musée archéologique, Ankara. Avant la découverte du procédé de fusion des métaux, des métaux presque purs à l'état naturel, étaient travaillés au marteau.
En bas : terre cuite mésopotamienne représentant une femme devant son métier à tisser (début du IIIe millénaire av. J.-C.). Musée du Louvre, Paris. L'essor rapide des villes de Mésopotamie favorise le développement du tissage.

Dans une économie en plein essor, qui s'ouvre de plus en plus au commerce, l'amélioration des transports et des déplacements est indispensable. L'invention de la **roue** (vers 2000 av. J.-C.), qui permet le transport de lourds chargements, constitue donc une révolution. D'abord formées de disques de bois plein, les roues sont réunies par un axe solidaire. Les progrès ultérieurs consisteront à alléger la structure – la roue pleine est remplacée par une roue à rayons – et à introduire un moyeu, qui permet le mouvement articulé et disjoint des roues et de l'essieu. De forme rudimentaire (un plancher garni de ridelles), les premiers véhicules servent au transport des marchandises et des personnes, et contribuent grandement à l'essor des échanges commerciaux.
Plus élaboré, le **char** est également utilisé sur les champs de bataille, comme le montrent de nombreux bas-reliefs et pierres gravées. Dans un pays où le Tigre et l'Euphrate constituent des voies naturelles de communication et où le golfe Persique relie les côtes aux territoires situés plus à l'est, les transports par voie d'eau sont aussi importants que les transports terrestres. Les premières **embarcations** sont formées de troncs d'arbres assemblés ou de simples tronc évidés. Pour les faire avancer, on se sert d'une longue perche, qui en limite l'usage aux eaux peu profondes.

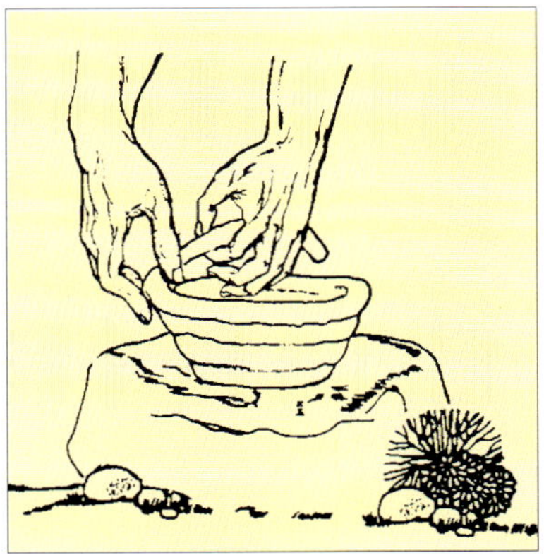

L'introduction de la rame permettra de voyager à contre-courant et de s'aventurer dans des eaux plus profondes.
La **voile** apporte un dernier perfectionnement aux moyens de navigation : composée d'un morceau de peau ou de tissu, elle est attachée au tronc d'arbre qui sert de mât à l'embarcation. Le vent, gonflant la voile, pousse le bateau et lui donne de la vitesse, ce qui autorise d'affronter la haute mer et d'envisager de longues traversées.
L'amélioration technique des embarcations est naturellement associée à l'observation du ciel et à l'étude des phénomènes célestes, qui permettent de mieux s'orienter.

L'invention de la roue bouleverse non seulement les transports, mais aussi l'artisanat de la **céramique**, un des artisanats qui a livré les traces archéologiques les plus anciennes et qui remonte à la phase avancée du Néolithique. Avant l'introduction de la roue, l'argile est façonnée à la main : le potier creuse la forme désirée dans le bloc de terre crue ou superpose des rouleaux d'argile (colombins), qui seront ensuite polis.
La roue permet de fabriquer plus rapidement des objets tout en obtenant des formes plus régulières. Au début, on utilise la **roue lente** : un disque d'argile, de pierre ou de bois, fixé sur un axe, tourne à l'intérieur d'une cavité. Les premières céramiques mésopotamiennes qui sont ainsi fabriquées remontent au milieu du IVe millénaire av. J.-C. Au cours du IIIe millénaire, la **roue rapide** se répand en Mésopotamie, en Syrie, en Palestine et dans certaines régions d'Anatolie. Son introduction permet de remédier à l'imperfection du système précédent : le frottement de l'axe dans son logement est éliminé, ce qui permet d'accélérer le mouvement de la roue.
L'argile posée sur le disque est donc travaillée sans interruption ; la roue conserve pendant longtemps son mouvement, et la glaise, sous la pression des mains, prend les formes les plus diverses. Le tour du potier permet également de polir les surfaces au moyen de spatules ou de pierres plates, et même d'appliquer des motifs décoratifs – peints ou incisés – avant la cuisson.
Les **fours** à céramique les plus anciens sont de simples constructions circulaires en argile : la chaleur du feu se communique aux récipients à travers les trous percés dans le pavement de la chambre de combustion. Plus tard, les fours prendront la forme de constructions rectangulaires.

La découverte des qualités du **cuivre** remonte au Ve millénaire av. J.-C. Les hommes découvrent en particulier sa résistance, sa capacité de fusion à haute température et la malléabilité du liquide, qui prend la forme du moule dans lequel il est versé. En Mésopotamie, le minerai de cuivre est rare, et les autres métaux, comme l'étain, qui composent les alliages, ne sont guère plus abondants. Dès le IVe millénaire av. J.-C., des échanges commerciaux sont établis avec les pays qui possèdent de riches gisements (Anatolie, Chypre). Les Mésopotamiens importent ainsi du minerai de cuivre, qui est pilé dans un mortier, fondu dans un creuset, puis coulé dans un moule. Au cours du IIIe millénaire av. J.-C., le **bronze**, alliage de cuivre et d'étain, remplace le cuivre et sert en particulier à fabriquer des objets de luxe. Avant l'introduction du fer, la métallurgie reste l'apanage d'un cercle restreint d'artisans, dont la production est réservée aux clients les plus fortunés. Le coût élevé des objets de métal limite leur diffusion, malgré leurs avantages : ils sont plus résistants que les objets de pierre ou de bois et, s'ils viennent à se briser, ils peuvent être refondus.

Dans le domaine des **sciences**, des découvertes et des progrès continus permettent de résoudre des problèmes concrets comme l'enregistrement comptable des biens qui affluent au temple, ou le calcul du volume de terre nécessaire à l'édification d'une digue. La science des Mésopotamiens se distingue en effet par ses **préoccupations pratiques**. Dès le début, les Sumériens adoptent deux **systèmes numériques** : le système décimal et le système sexagésimal (aujourd'hui, la mesure du temps et la division du cercle sont encore fondées sur ce dernier système) ; ils connaissent les fractions et construisent des tables de multiplication, en observant que la multiplication est une addition répétée ; ils calculent avec

approximation le rapport entre la circonférence et le diamètre du cercle ; enfin, ils établissent un système conventionnel de poids et mesures. Ces découvertes sont l'œuvre d'une communauté tout entière, qui est amenée à résoudre les problèmes concrets posés par son organisation complexe.
Les **observations astronomiques** et l'étude des phénomènes célestes, qui sont essentielles à la maîtrise des cycles agricoles, répondent à des préoccupations analogues : les scribes sumériens divisent le temps, inventent une espèce de méridienne et conçoivent une horloge à eau. Ils divisent le jour en douze heures, comme la nuit, et adoptent le **calendrier lunaire** pour diviser l'année. Conscients des décalages qu'il introduit par rapport au calendrier solaire, ils lui ajoutent, au besoin, un mois intercalaire.

En haut : façonnage de la céramique « à colombins ». Des rouleaux d'argile sont superposés, puis polis. Plus bas et ci-contre : fragment d'étoffe de vêtement et assiette de bois retrouvés à Çatal Höyük. Musée archéologique, Ankara. A droite : reconstitution du motif décoratif d'une étoffe remontant au néolithique précéramique et retrouvée à Çatal Höyük. Il s'agit de l'un des plus anciens tissus qui nous soient parvenus.

Les premières populations du continent américain nous ont livré très peu de traces de leurs activités, à l'exception de quelques restes de foyers et d'un matériel rudimentaire en pierre qui rappelle l'industrie lithique de l'Asie orientale. Les bifaces, comme d'autres outils de pierre retouchés par pression, n'apparaissent qu'aux alentours du XIIe millénaire av. J.-C. Leur diffusion coïncide, d'après certaines hypothèses, avec la deuxième vague migratoire des chasseurs sibériens. Il s'agit en particulier de **pointes** équipant des armes de jet (lances et javelots), qui sont le plus souvent lancées au moyen d'un propulseur, de **racloirs** destinés au tannage des peaux et de macrolames servant à travailler le bois.
Dès ce moment, l'industrie lithique connaît une évolution rapide, dont il est possible de distinguer assez précisément les différentes étapes. En **Amérique du Nord**, les techniques les plus importantes sont certainement celles de **Clovis** (XIe millénaire av. J.-C.) et de **Folsom** (IXe millénaire av. J.-C.) : toutes deux se signalent par des pointes dont la base présente des rainures caractéristiques, destinées à renforcer leur fixation à l'extrémité de la lance. Les pointes Clovis, qui sont souvent associées à des restes de mammouths, sont utilisées pour la chasse aux grands mammifères, alors que les pointes Folsom, plus fines, conviennent davantage au gibier moyen. Lancée au moyen d'un propulseur, la pointe Folsom possède une force de pénétration de loin supérieure à celle de la pointe Clovis, pourtant déjà remarquable. Ces faciès culturels se répandent progressivement vers le sud, le long de la chaîne andine, comme l'indiquent, semble-t-il, les bifaces retrouvés sur divers sites d'**Amérique du Sud**. On a inventorié différents types d'outils, dont les pointes en forme de laurier, les pointes pédonculées et les pointes à queue, qui manifestent une étroite parenté avec les pointes Clovis et Folsom. De leur côté, les populations de la pampa d'Amérique du Sud et de la Patagonie se distinguent par la fabrication de **boules de pierre**, qui servent sans doute d'armes de jet, comme les *bolas* d'aujourd'hui.

Avec l'essor progressif de l'économie agricole, les pointes destinées à la chasse aux mammifères sont associées à un nouveau matériel, qui témoigne de l'importance grandissante des végétaux dans l'alimentation des populations de Méso-Amérique et des régions andines.
Il s'agit surtout de **paniers** en fibres naturelles spiralées, de **mortiers**, de **pilons** et de **meules** manuelles en pierre, connues sous le nom de *metates*. Au cours d'une période qui débute avec les premières cultures de maïs et s'achève avec l'apparition des agglomérations urbaines, les populations d'Amérique centrale et d'Amérique du Sud dépassent définitivement l'horizon culturel du Paléolithique.
Grâce aux techniques de polissage et d'affilage du **silex**, qui supplantent les méthodes archaïques de débitage, l'industrie lithique accomplit des progrès. L'emploi de nouveaux matériaux (l'**os**, le **coquillage**) permet de fabriquer des armes recourbées et des harpons dentés. Dotées de cet outillage et de **filets de pêche** en fibres de coton, simples mais efficaces, les communautés du littoral sont en mesure d'exploiter les ressources abondantes de la mer.
Entre le Ve et le IIIe millénaire av. J.-C. apparaissent les premières formes de **vaisselle en céramique**, destinées à la cuisson ou à la conservation de la nourriture. La technique de la céramique apparaît d'abord en Équateur et en Colombie, puis se répand dans toutes les régions andines, avant d'atteindre l'Amérique centrale à la fin du IIIe millénaire av. J.-C.
Les techniques de décoration sont variées. La première, la plus simple et la plus répandue, consiste à brosser la superficie du récipient avec une poignée de fibres végétales. D'autres techniques procèdent par incisions avec l'ongle du pouce ou déformation du

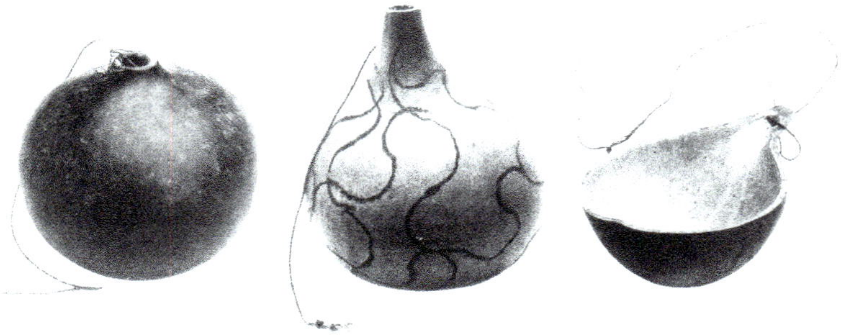

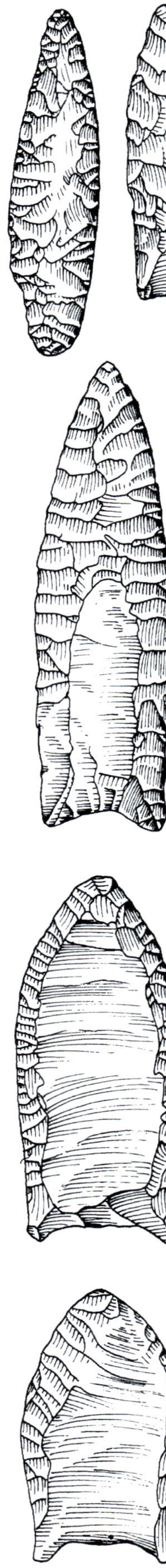

A gauche : courges séchées, utilisées comme récipients par les Yanoamas. A droite, de haut en bas : la pointe Sandia (12000 av. J.-C.) ; la pointe Clovis (10000-9000 av. J.-C.), avec ses rainures destinées à assurer sa fixation ; deux pointes Folsom. Associée au propulseur, la pointe Folsom possède une force de pénétration quatre fois supérieure à celle de la pointe Sandia.

LES TECHNIQUES DE FABRICATION DE LA CÉRAMIQUE

A certains égards, la technique de la céramique des artisans précolombiens est plutôt archaïque. Ignorant le tour de potier, qui sera introduit par les Espagnols, ils façonnent le récipient à la main, en modelant directement un bloc d'argile ou en recourant à la technique des colombins, qui consiste à superposer des rouleaux d'argile (les «colombins»), puis à travailler les parois intérieures et extérieures de façon à créer partout une surface lisse et uniforme. Pour la cuisson, le récipient est mis directement en contact avec le feu, ce qui lui donne de la consistance tout en lui conférant sa couleur rougeâtre caractéristique, provoquée par l'oxydation des particules ferreuses qui constituent l'impureté la plus commune de l'argile. En revanche, le contrôle de la température de cuisson est impossible.

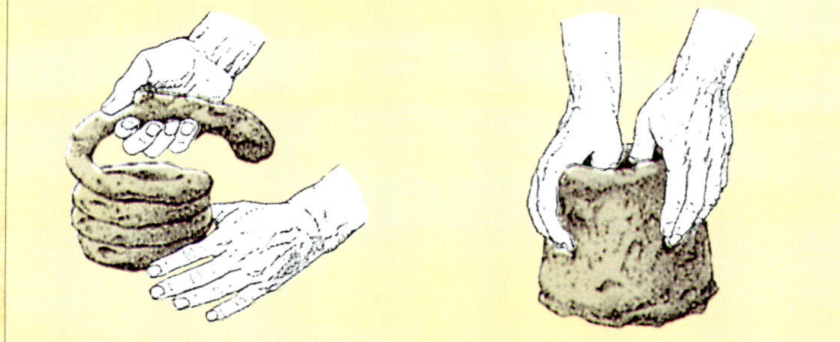

récipient en repoussant sa paroi intérieure. Une technique plutôt originale consiste à passer le bord d'un objet en forme de demi-lune, tenu en main, sur l'argile encore humide, de façon à produire un motif en zigzag. Cette technique est connue du Mexique au Pérou. Parfois, les récipients sont aussi décorés de reliefs : des têtes zoomorphes ou anthropomorphes sont appliquées sur le bord du vase.
Dans les régions andines, des **courges** évidées et séchées servent de récipients.
A la même époque apparaissent les premiers **tissus en coton** retors, fabriqués à la main ou sur un métier à tisser, alors que la domestication du lama (utilisé comme bête de somme) fournit la matière première des étoffes de laine à trame complexe. Dans les vallées sèches du Pérou, les conditions climatiques conviennent idéalement à la conservation des tissus : on a ainsi retrouvé une grande quantité de tissus dont les plus anciens remontent à la période précéramique (ses débuts se situent vers 2500 av. J.-C.).
Les paysans de la vallée Chicama ne possèdent pas de vaisselle, mais leurs corbeilles et leurs nattes sont particulièrement élaborées. Les joncs, les roseaux et les fibres extraites de feuilles sont largement utilisés. Les nattes de roseaux sont tantôt tressées, tantôt tissées sur un canevas de corde. Dans cette ancienne civilisation péruvienne, il est d'ailleurs difficile de distinguer la technique des nattes de la technique du tissage : toutes deux utilisent le tressage et la trame simple. La trame se compose d'un faisceau d'herbes, de joncs et de fibres ; elle est roulée en spirale dans la forme désirée et maintenue par une couture faite des mêmes matières. Les tissus sont fabriqués avec du coton mêlé de fibres végétales flexibles : le coton est filé en forme de S, et les autres fibres en forme de Z.
La plupart des tissus présentent un tressage à rangs serrés aux extrémités du canevas ou sur de grandes surfaces. Les cultures qui occupent le continent américain jusqu'à la fin du IIe millénaire av. J.-C. n'ont pas encore dépassé le stade technologique du Néolithique. Ce n'est qu'aux alentours de 1500 av. J.-C. que les populations péruviennes de Chavín maîtriseront les techniques de la **métallurgie**. Ce sera le début d'une production raffinée d'objets d'or et d'argent, à laquelle la conquête européenne mettra fin au XVe siècle.

A gauche : marteaux de pierre (en haut) utilisés pour briser les tendons des bisons abattus ; rasoirs à pointe arrondie (en bas), provenant du site de Casper (8000 av. J.-C.).
Les diverses cultures du continent américain ne dépassent pas le stade du Néolithique avant le milieu du IIe millénaire av. J.-C. C'est la civilisation de Chavín qui, la première, vers 1500 av. J.-C., maîtrisera les techniques de la métallurgie.
En bas : le site de Mesa Verde (Colorado), où des populations nomades s'établirent dès les temps les plus reculés, connut au cours des siècles un essor ininterrompu, comme l'attestent les restes de ce complexe d'habitations du VIe siècle apr. J.-C. Pour des raisons encore inconnues, le site fut abandonné au XVIe siècle.

Au cours de la préhistoire, le sous-continent indien a connu une évolution très hétérogène. Aussi convient-il de restituer une vision d'ensemble qui rende compte des différentes réalités locales. En plein cœur du **Néolithique**, en particulier dans les régions excentriques (Deccan, Cachemire, vallée du Gange), des communautés humaines archaïques coexistent avec d'autres cultures qui connaissent déjà un rapide essor économique, social et technologique.
Au **Paléolithique inférieur**, la région indienne connaît deux faciès culturels distincts.
La **culture de Soano**, qui s'est répandue dans les régions septentrionales, manifeste une étroite parenté avec les cultures de l'Asie du Sud-Est et se caractérise par la présence de galets grossièrement débités (*choppers* et *chopping tools*), auxquels s'ajouteront ultérieurement des outils sur éclats retouchés plus soigneusement (racloirs et pointes de types moustérien et Levallois). De leur côté, les régions méridionales se signalent par la prédominance du biface et de l'amygdale, qui les rapprochent des cultures africaines, comme le confirme la découverte de haches à la forme rectangulaire caractéristique.
En Inde, le **Paléolithique moyen et supérieur** est encore peu connu, mais les techniques de travail et de débitage de la pierre ne semblent pas avoir profité d'innovations substantielles. Ce n'est qu'à la fin du Paléolithique que des industries lithiques plus spécialisées (lames et burins) se développent aux côtés de l'outillage sur galets.
Au cours du **Mésolithique** apparaissent les premiers **microlithes géométriques** (utilisés généralement comme pointes de flèche), qui constituent, dès le VIIe millénaire av. J.-C., l'outillage caractéristique des tribus de chasseurs-cueilleurs du Baloutchistan.
Ces microlithes se répandent dans le reste du sous-continent indien : leur présence est attestée dans le centre de l'Inde (Gujerat, Rājasthān, grottes des monts Vindhya), dans de nombreux sites d'époques légèrement postérieures. Progressivement, les groupes de chasseurs se transforment en communautés agricoles sédentaires, caractérisées par un niveau supérieur d'organisation sociale et par le recours à de nouveaux moyens de subsistance. Cette évolution, qui coïncide avec des progrès décisifs de l'artisanat, favorise la diffusion d'innovations techniques qui préludent à l'épanouissement futur de la civilisation de l'Indus. A cet égard, le site le plus significatif est certainement celui de Mehrgarh (Baloutchistan), qui est occupé de façon ininterrompue pendant plusieurs millénaires. L'analyse de ses niveaux d'occupation permet de saisir les différentes étapes de cette évolution. Les couches les plus anciennes (VIIe millénaire av. J.-C.) ont livré des outils adaptés à la récolte des céréales, comme les faucilles de silex à manche et les couteaux à moissonner. Cet outillage indique manifestement que les produits du sol jouent dès ce moment un rôle de premier plan dans l'économie des communautés. L'adoption d'un mode de vie sédentaire coïncide en outre avec les débuts de la production d'une **vaisselle en céramique**, qui remplace les paniers en fibres végétales, imperméabilisés avec du goudron, qui étaient fabriqués par les tribus nomades des époques antérieures.
La production des outils en os et des objets décoratifs se spécialise également : les artisans de Mehrgarh mettent au point les techniques de travail de la pierre dure qui seront aussi utilisées durant la période de maturité de la civilisation de Harappā.
Pour percer les perles de lapis-lazuli et de turquoise, ils utilisent des **perçoirs**, simples mais efficaces, munis d'une pointe de jaspe et fixés sur un bâton, qui sont animés d'un mouvement circulaire grâce à une courroie de cuir tendue sur un archet.

Les groupes humains qui occupent les régions périphériques de la péninsule indienne se distinguent au contraire par un bagage technologique plutôt limité, caractéristique des cultures de l'âge de la pierre, et n'accomplissent pas de progrès significatifs avant le Ier millénaire av. J.-C. L'**Inde péninsulaire**, par exemple, victime sans doute de son isolement relatif, ne connaît pas de stade intermédiaire entre le Néolithique et l'âge du fer : pendant plusieurs millénaires, les communautés d'agriculteurs se servent de haches de pierre polie pour déboiser.
Même les habitats sédentaires de la vallée du Gange, qui se développent durant les deux premiers siècles du IIe millénaire av. J.-C., ont livré un matériel qui, malgré la présence d'une production métallurgique rudimentaire, confirme le niveau archaïque de développement de ces communautés : outre des objets anthropomorphes en cuivre, qui représentent peut-être une divinité, les fouilles ont mis au jour des harpons de pêche et de longues haches de pierre.
Dans les régions montagneuses situées entre l'Hindou Kouch et le Karakorum (Pakistan), les traces d'habitat sédentaire sont plutôt rares et n'apparaissent pas avant le IIIe millénaire av. J.-C. Les villages de la région possèdent, jusqu'à la fin du IIe millénaire av. J.-C., une industrie lithique sur galets, qui est ensuite complétée par des outils en pierre polie (parmi les pièces les plus intéressantes découvertes au Cachemire figurent quelques **couteaux percés en forme de demi-lune**, assimilables à des outils analogues utilisés en Chine). Les fouilles ont en outre livré des hameçons et des harpons en os, finement travaillés, qui étaient utilisés pour la pêche lacustre. En revanche, la production de céramique demeure plutôt rudimentaire et primitive : la vaisselle fine au tour ne fait qu'une apparition éphémère, qui coïncide avec l'essor de la civilisation de l'Indus. Aucune trace du travail des métaux n'a été retrouvée. Le Néolithique se prolonge dans ces régions jusqu'à la première moitié du IIe millénaire av. J.-C.

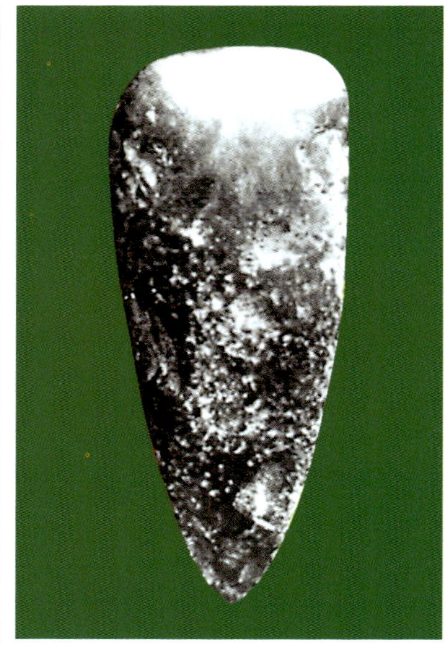

A gauche : vase de Mehrgarh décoré de motifs géométriques (vers 3500 av. J.-C.). A droite : la durée de l'âge de la pierre diffère selon les cultures des diverses régions du sous-continent indien. Les haches en pierre polie, pareilles à ces deux haches de Brahamagiri (région de Mysore), ont été utilisées dans le sud de l'Inde jusqu'au Ier millénaire av. J.-C. Les communautés d'agriculteurs s'en servaient surtout, semble-t-il, pour déboiser. Ce n'est pas un hasard si les haches de ce type ont été retrouvées principalement, en même temps que des objets métalliques, dans les régions de l'Inde qui étaient couvertes par la jungle. Là, l'essor d'une agriculture intensive a exigé de lourds travaux de défrichement pour étendre l'espace cultivable.

Dans ce contexte d'archaïsme et d'immobilisme, l'essor de la civilisation de l'Indus constitue un progrès décisif.
Dès le IVe millénaire av. J.-C., les communautés villageoises des vallées avaient commencé à construire des **canalisations en pierre et en briques** pour irriguer les terres et maîtriser les eaux. Même si les solutions techniques adoptées n'atteignent en aucun cas le niveau de développement de la civilisation de Harappā, ces travaux témoignent d'une première forme de division du travail et d'une

A droite : des puits publics et privés revêtus de briques étaient aménagés le long des rues principales et dans les cours intérieures des maisons de Mohenjo-Dāro. Avec le réseau élaboré de canalisations, ces équipements constituent le plus bel exemple de travaux hydrauliques du monde protohistorique.
En bas : schéma du processus de fabrication des perles de calcédoine. Le travail du lapis-lazuli passe par deux étapes : l'opération de nettoyage libère la pierre des concrétions de calcaire blanc et des cristaux de pyrite; ensuite, des procédés de fabrication spécifiques sont appliqués aux différents objets manufacturés, parmi lesquels figurent en premier lieu les perles.

certaine capacité d'organisation. Les fouilles ont non seulement mis au jour des **céramiques fabriquées au tour**, de formes variées, mais aussi – à Amri, dans le Sind – de petits objets de cuivre, qui attestent l'essor d'une première **industrie métallurgique**. Par ailleurs, l'artisanat de la pierre reste florissant : à Kot-Diji, on a découvert de nombreux outils de pierre sur nucléus et sur éclats : des lames, des pointes de flèche, des racloirs et des meules.

La **civilisation de l'Indus** accomplit des progrès considérables dans de nombreux domaines. A côté des canalisations destinées à l'irrigation des terres, les populations conçoivent des programmes élaborés de **travaux hydrauliques** afin d'assurer l'écoulement des eaux et l'approvisionnement des cités. Les agriculteurs se servent de l'**araire** et du **chariot** à roues pleines, tiré par des bœufs, qui ressemble de très près à celui qui est encore utilisé dans la plaine alluviale de l'Indus. Pour le transport fluvial et maritime, les populations de l'Indus disposent d'embarcations de grandes dimensions, comme l'indiquent les restes d'installations portuaires dotées de bassins relativement profonds. Les scènes représentées sur des sceaux renseignent sur la forme des embarcations : ce sont des bateaux de transport dotés en leur centre d'un vaste espace d'entreposage et adaptés en particulier à la navigation côtière. Si le travail à petite échelle du **cuivre** et du **bronze** est attesté (le fer n'est pas encore connu), il s'agit d'une métallurgie élémentaire, qui se sert d'outils grossièrement travaillés et de techniques assez primitives. Néanmoins, les artisans de l'Indus connaissent déjà la technique du **moulage à la cire perdue**. L'usage de la pierre ne disparaît pas, comme le confirme l'importation de silex fin utilisé pour la fabrication des lames.
En revanche, des progrès importants sont accomplis par l'artisanat de la **céramique** (l'emploi du tour permet de produire une vaisselle fine de bonne qualité) et du **textile** (le premier exemple connu de tissage du coton a été découvert à Mohenjo-Dāro).
Après une période de grande prospérité, grâce aux rendements élevés de l'agriculture irriguée et aux échanges commerciaux avec le golfe Persique, la civilisation de Harappā disparaît brutalement vers 1800 av. J.-C.
Des villes sont abandonnées, d'autres sont victimes d'un rapide déclin. A la civilisation de Harappā succèdent des civilisations encore mal connues, comme celles de Jhukar et de Jhangar, dont les traits tantôt rappellent la civilisation de Harappā, tantôt trahissent l'influence des cultures de l'Iran et du Caucase. Une chose est certaine, l'apparition de ces cultures marque le retour à des villages agricoles moins développés, aux habitations de nouveau bâties en matériaux périssables : ces communautés ont en effet laissé peu de traces de leur histoire.

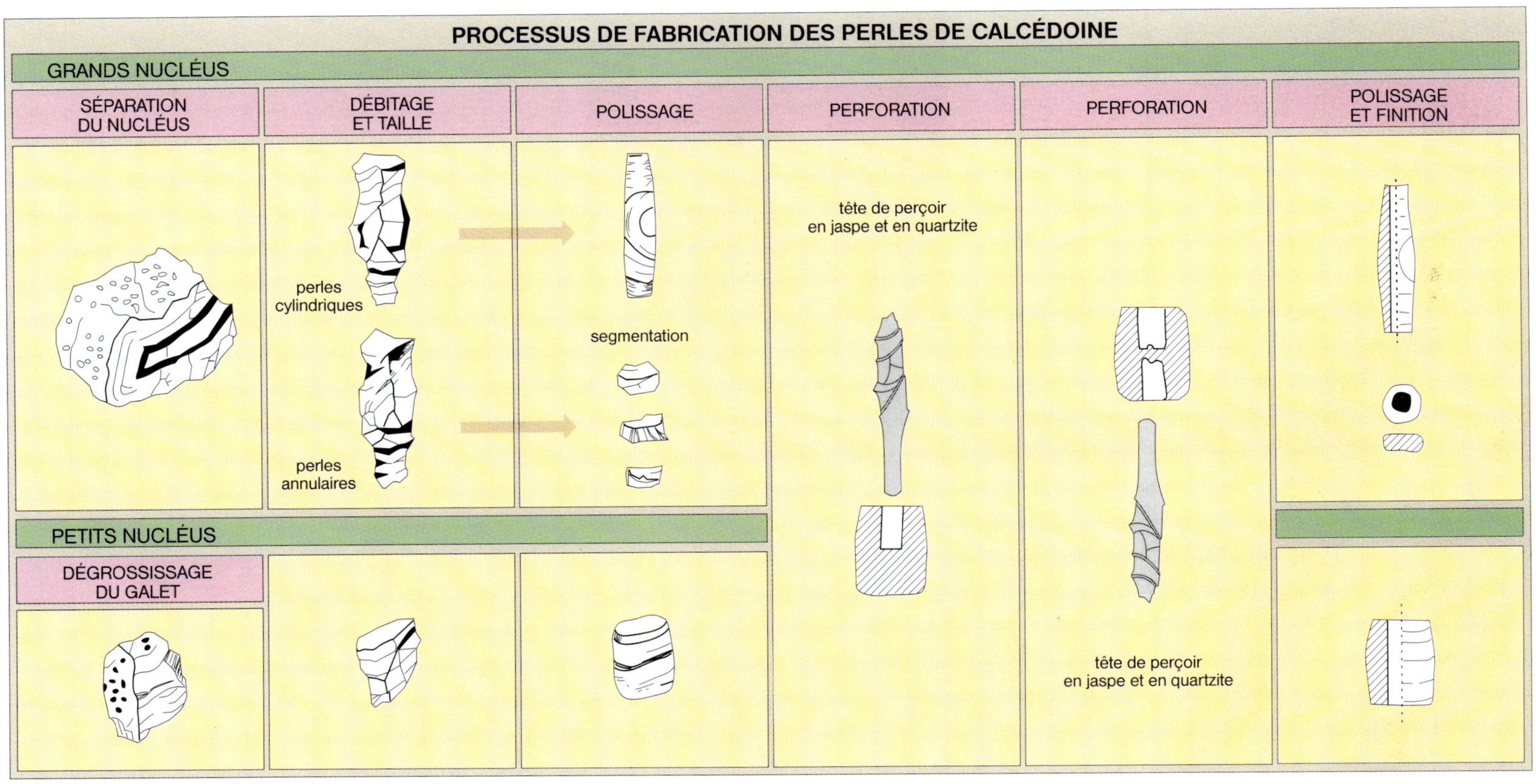

Au cours de cette longue période qui s'étend de l'apparition des premiers hominidés aux débuts des cultures de Yangshao et de Longshan, le progrès technique reste confiné à l'intérieur d'un horizon culturel propre au Néolithique : la métallurgie – indice d'un degré avancé d'évolution – ne prend son essor en Extrême-Orient qu'avec la civilisation Shang, vers le milieu du IIe millénaire av. J.-C. Les premiers objets fabriqués par l'homme primitif sont des **outils de pierre**, le plus souvent des haches et des racloirs, extraits de gros galets qui sont débités de façon à leur donner un bord tranchant. Il s'agit encore d'outils plutôt rudimentaires, aux formes irrégulières, qui sont connus sous le nom de *choppers* et de *chopping tools*, selon qu'ils sont travaillés sur un seul côté ou sur les deux côtés.

Cette industrie lithique se retrouve dans tous les abris et dans toutes les grottes habitées par les premiers hominidés. Néanmoins, c'est à Zhoukoudian, le site le plus important du Paléolithique inférieur et moyen de l'Asie orientale, que les fouilles ont mis au jour le matériel le plus complet. Les différents niveaux stratigraphiques des grottes calcaires occupées par l'homme de Pékin pendant plus de 200000 ans (de 500000 à 250000 av. J.-C.) ont en effet livré plus de vingt mille pièces, qui permettent de reconstruire l'évolution de l'**industrie lithique**, depuis les outils sur galets jusqu'aux premiers outils sur éclats. La matière première utilisée à Zhoukoudian est surtout le quartz ; la quartzite et le grès sont plus rares ; le silex est tout à fait exceptionnel. L'absence de véritables bifaces et la facture somme toute médiocre des outils sur éclats (racloirs et pointes) confirment le **caractère archaïque** de cette production, obtenue par percussion sur enclume ou au moyen d'un percuteur tenu dans la main. Les nombreuses traces de charbon de bois retrouvées dans les foyers de Zhoukoudian indiquent, semble-t-il, que le sinanthrope est en mesure, dès les premières périodes d'occupation du site, de maîtriser le **feu**, non seulement pour cuire, mais aussi pour se protéger des rigueurs du climat.

LA DIFFUSION DE LA CÉRAMIQUE

La fabrication des objets de céramique est une des innovations les plus significatives qui sont communément associées aux débuts du Néolithique. Même si les spécialistes ne tendent plus aujourd'hui à faire coïncider exactement l'apparition de la céramique avec le début de la révolution agricole, il ne fait aucun doute que la production d'une vaisselle en céramique destinée à la cuisson et à la conservation des aliments est l'œuvre de communautés qui évoluent de façon définitive vers un mode de vie sédentaire. Les populations du Paléolithique, dont l'existence nomade ou semi-nomade rendait difficile l'emploi de récipients lourds et fragiles, préféraient recourir à des matériaux plus légers et mieux adaptés à leurs déplacements périodiques à l'intérieur d'un territoire de chasse : les vessies, les peaux animales ou les fibres végétales, comme le bambou ou l'osier, particulièrement abondants dans les régions du sud de l'Asie.

Les techniques du travail de l'argile suivent une évolution qui diffère selon les régions du monde : les premières pièces de céramique proviennent du Japon, où les populations jōmon produisent, dès le Xe millénaire av. J.-C., les vases les plus anciens que nous connaissons.

La vaisselle chinoise et indochinoise est légèrement postérieure (d'environ deux millénaires), alors que la vaisselle indienne n'est pas antérieure au VIe millénaire av. J.-C.

Entre 7000 et 8000 av. J.-C., la céramique apparaît au Proche-Orient et en Afrique du Nord, d'où elle se répand d'abord dans le bassin Méditerranéen (VIIe millénaire av. J.-C.), avant de gagner la plus grande partie des régions européennes (IVe millénaire av. J.-C.). Le continent américain vient en dernier pour l'invention de cet art : les premiers objets de terre cuite, trouvés en Colombie et dans les Andes, remontent aux IVe et IIIe millénaires av. J.-C.

Les grands bouleversements climatiques qui marquent la fin de la dernière glaciation provoquent une transformation importante du mode de vie et de l'industrie lithique des populations du Mésolithique. L'extinction des grands mammifères du Pléistocène oblige les groupes de chasseurs à traquer des animaux plus petits, comme le cerf, ce qui exige des armes plus légères et plus maniables, comme l'arc et la sarbacane. Ainsi se développe une **industrie microlithique** qui fournit des microlames et des pointes de flèche.
Durant cette période, l'**artisanat de l'os** accomplit également de grands progrès et atteint un degré élevé de spécialisation : des hameçons et des harpons sont fabriqués pour la pêche, alors que des aiguilles servent à coudre les peaux et les premiers tissus de fibres végétales. Les pêcheurs des communautés villageoises établies le long des cours d'eau et des côtes se servent aussi de nasses et de filets. Ces populations commencent en outre à construire les **premières embarcations** qui leur permettront d'affronter la haute mer et de s'aventurer, comme les pêcheurs jōmon, très loin des côtes.

Dans certaines régions d'Extrême-Orient, l'essor de l'agriculture coïncide avec l'apparition d'outils efficaces de **pierre polie** (houes, bâtons, puis socs) qui permettent de

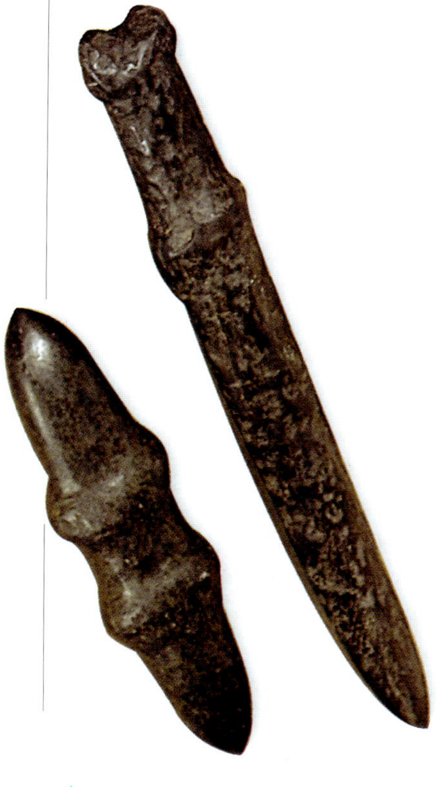

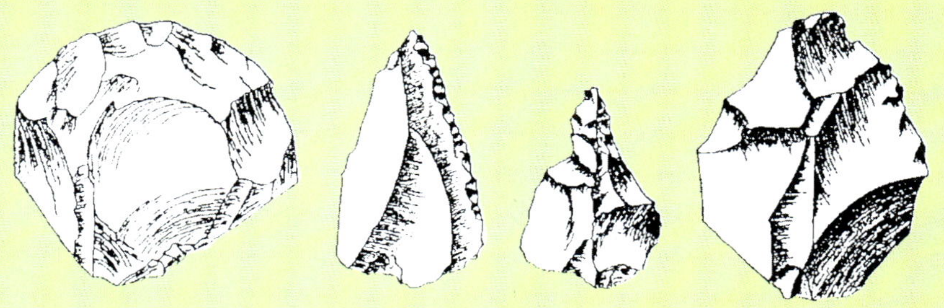

A gauche : poignards japonais en pierre du dernier Néolithique. L'industrie lithique se maintient jusqu'aux premiers siècles de notre ère et, sous l'influence de la métallurgie continentale, se perfectionne au point d'imiter les armes et les outils de métal. En haut : vase en céramique décoré d'incisions et de reliefs (IIIe-IIe millénaires av. J.-C.). Musée national, Tokyo. A droite : chopper du Paléolithique moyen, provenant du complexe du Fen (Shanxi).

LA CUISSON DE LA VAISSELLE

Avant l'invention des fours à céramique, la vaisselle était cuite à ciel ouvert : les récipients étaient posés directement sur le feu. Cette cuisson, durant laquelle les températures ne sont pas très élevées (en moyenne 800 à 900 °C), permet de produire des poteries aux tonalités rougeâtres (provoquées par l'oxydation) ou grisâtres (provoquées par le contact de la flamme). La qualité des objets est relativement faible, parce que le mélange d'argile, souvent pauvre, contient de nombreuses impuretés.

La cuisson au four (inventée par les artisans de Yangshao) se répand en Asie au moment où se développe la sélection d'argiles particulières, comme le kaolin, capables de supporter des températures très élevées. C'est la raison pour laquelle les populations orientales - à la différence des populations d'Égypte ou du Proche-Orient, qui disposent de fours mais travaillent une argile de qualité inférieure - réussiront à mettre au point le procédé du glaçage et à fabriquer de la porcelaine : exposé à des températures élevées, le mélange se liquéfie, ce qui permet de colmater les pores de l'argile et d'obtenir des surfaces tout à fait imperméables. Dans le développement de ces techniques, la structure des fours, qui connaît une évolution continue, joue un rôle essentiel. Les fours à céramique les plus anciens, qui sont le plus souvent creusés dans le sol, sont formés de deux compartiments (la chambre de combustion et la chambre de cuisson), réunis par un conduit d'air relativement court.

Ces fours présentent un grand inconvénient : privés de toit fixe, ils laissent échapper une grande partie de la chaleur. L'invention de la couverture fixe représente donc un progrès décisif, qui permet d'améliorer la position du foyer et du conduit de cheminée, de perfectionner la forme de la chambre de cuisson et, surtout, d'obtenir une distribution optimale de la chaleur, de façon que les parois des récipients ne soient plus exposées à des températures excessives ou insuffisantes. La céramique ainsi fabriquée est plus solide et de meilleure qualité. En même temps, les techniques de décor peint prennent leur essor et, pour imperméabiliser la céramique, le procédé du polissage est remplacé par l'application de patines.

L'outillage des populations qui, il y a environ 40 000 ans, traversent les terres émergées de la plate-forme de la Sonde pour s'établir sur le continent australien, ne diffère guère de l'outillage des autres cultures du Paléolithique supérieur. Pendant des millénaires, ces populations ne dépassent pas ce stade technologique, caractérisé par des

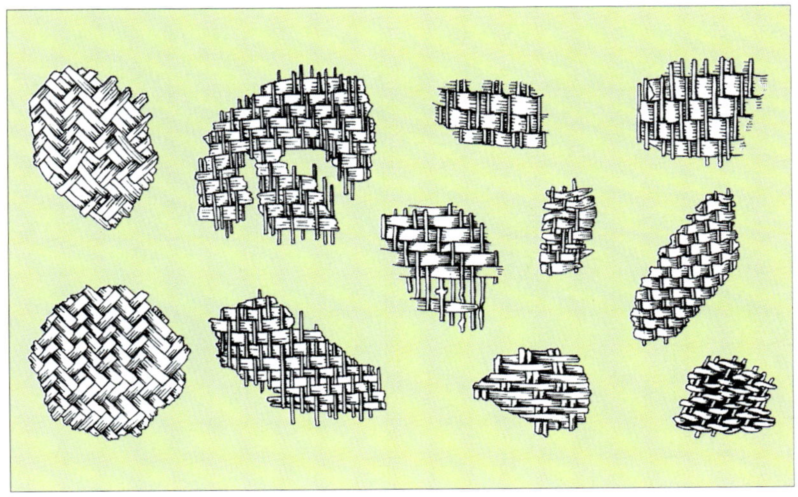

outils de pierre, de bois et d'écorce. Jusqu'à l'arrivée des Européens, les aborigènes ne connaissent en effet ni la métallurgie ni le travail de la céramique ; leur outillage reflète plutôt l'équipement typique de populations nomades qui vivent de chasse et de cueillette : armes rudimentaires, javelots avec propulseur, massues de jet, boomerangs, récipients de fibres végétales tressées, bâtons à la pointe durcie par le feu, servant à arracher les tubercules et les racines comestibles.

Il s'agit d'un matériel très léger, adapté à une existence itinérante.

Il est presque certain que les colonisateurs de l'Australie devaient disposer d'embarcations : de simples pirogues composées de faisceaux de jonc assemblés ou des radeaux d'écorce guère différents des embarcations encore utilisées aujourd'hui. Seuls d'étroits bras de mer, dont la largeur n'excédait pas quelques kilomètres, pouvaient donc être traversés. Même si leur culture conserve tous les traits de l'âge de la pierre, les aborigènes

A gauche : vase en céramique provenant de la culture de Yangshao, qui se développa dans la vallée du fleuve Jaune (3000 av. J.-C.).
En bas : bracelets zoomorphes en silex, à godronnage radial, de la période jōmon. Musée Chiossone, Gênes.
En haut : modèles de tressage de paniers de la culture de Yangshao.
A droite : vase tripode, du Néolithique de Longshan.

perfectionnent au cours des millénaires leur outillage de pierre, de plus en plus spécialisé et de mieux en mieux adapté à la recherche des moyens de subsistance.

Vers la fin du Paléolithique inférieur apparaissent en effet des outils sur lame finement retouchés et très diversifiés, parmi lesquels se détachent les grandes haches de pierre polie montées sur un manche.

déboiser et de défricher les terres. L'industrie lithique sur éclats accomplit de nouveaux progrès et fournit des lames pour tailler le bois, des poignards, des pointes de lance et de flèche de plus en plus élaborées.

Les techniques de polissage de la pierre sont rapidement appliquées à la fabrication des objets décoratifs et au travail de la **pierre dure**, en particulier du jade. En même temps, la **céramique** se répand et se développe : au IVe millénaire av. J.-C., le **tour** est progressivement adopté, alors que les **fours à céramique** apparaissent un peu avant (VIe ou V^{e} millénaire av. J.-C.).

Pour les populations africaines du Paléolithique, habituées à des déplacements incessants au sein de leurs territoires de chasse, l'architecture n'a qu'une place très limitée. Alors que les premières agglomérations urbaines comportant des édifices en maçonnage naissent le long des côtes méditerranéennes au cours du Ier millénaire av. J.-C., dans le centre et le sud de l'Afrique, l'apparition d'une civilisation dotée d'une architecture évoluée (celle du Zimbabwe) s'observe seulement entre le VIIe et le XVe siècle apr. J.-C. Au cours de la période considérée ici, les restes de constructions se composent de cabanes plutôt primitives et des sépultures mégalithiques du Maghreb (qui doivent cependant être placées à la période de transition entre le Néolithique tardif et l'âge des métaux).

Le plus ancien exemple d'habitat connu remonte à environ 1 800 000 années. Les fouilles effectuées dans la **gorge d'Olduvai**, en Tanzanie, ont mis au jour les restes d'un abri rudimentaire attribué à l'*Homo habilis*. Il s'agit d'un cercle de pierres superposées formant un muret, à l'intérieur duquel ont été découverts des restes de repas, des os brisés d'animaux de petite taille. Ces quelques traces permettent de se faire une idée, même approximative, des bivouacs du Paléolithique supérieur : il s'agit d'abris temporaires où les chasseurs font de brèves haltes (parfois pour quelques jours seulement). Une fois épuisé le gibier, ils repartent et abandonnent sur place outils et restes de repas.

A l'intérieur des habitations, on ne constate pas encore de véritable organisation de l'espace ; quant au plan circulaire, il ne révèle pas le type de couverture utilisé. On peut seulement supposer, sur la base de comparaisons avec d'autres habitations de plan circulaire du Paléolithique, l'existence d'une structure portante formée de branches épaisses, fixées dans le sol par de grosses pierres, et qui soutenaient une couverture de branchages. A la fin du Paléolithique inférieur, et surtout au cours du Paléolithique moyen, en raison de l'augmentation de la taille des groupes humains, devenus suffisamment organisés pour pratiquer la chasse collective aux grands mammifères de la savane, la dimension et la structure des habitats subissent, elles aussi, des transformations : des campements semi-permanents plus vastes et mieux distribués apparaissent, qui sont pourvus de secteurs aux destinations les plus variées.

Il semble désormais assuré que chaque tribu possède un territoire bien délimité, habituellement aux alentours d'un cours d'eau, au centre duquel se trouve une sorte de **camp de base auquel on retourne périodiquement, une fois les battues de chasse**

Sur cette page, à gauche : grottes contenant des fresques, dans le Tassili (Algérie). Les grottes ont été les premiers abris des hommes de la préhistoire, leur servant d'habitation pendant des millénaires.
Ci-dessous : vestiges de mégalithes à Erg Admor, en Tunisie.
Page ci-contre, à gauche : Les tumulus et les bazinas sont très nombreux au Sahara. La photographie montre une partie de l'oued el Agial dans le Fezzan (Libye) ; les tumulus, aux formes variées (tours à gradins, petites pyramides, simples cônes de pierre), s'y comptent par centaines. Les fouilles ont permis de confirmer qu'il s'agissait bien là de tombes des Garamantes, population organisée en un royaume très puissant.
A droite : dessin reconstituant le dolmen de Gebel Gorra, en Tunisie.

LES MONUMENTS MÉGALITHIQUES DE L'AFRIQUE SEPTENTRIONALE

Dans la dernière phase du Néolithique commencent à apparaître, dans les pays du Maghreb, des monuments mégalithiques qui rappellent, dans leur conception, ceux d'Europe occidentale. Les plus anciens sont situés dans la région de Tanger (El Mries et Tayadirt) et en Tunisie (El Alia, Dougga, Bou Nougara, Sigus), et ils ont été édifiés entre le IVe et le IIe millénaire av. J.-C. Leur origine européenne confirme les liens étroits établis entre les côtes de l'Afrique septentrionale et le monde méditerranéen : liens non seulement économiques ou technologiques (commerce de l'obsidienne et travail du cuivre), mais aussi culturels. On distingue deux types principaux de mégalithes, qui ont tous deux une destination funéraire : les dolmens, et les tombes à hypogée creusées dans la roche. Ces dernières - répandues principalement sur le littoral tourné vers la Sicile - sont de petites chambres accueillant seulement des os déjà décharnés; les plus anciennes sont précédées d'un couloir (dromos). *En revanche, les dolmens sont construits en gros blocs de grès ou de calcaire joints à sec. De dimensions plus réduites que leurs équivalents européens, ils en reprennent la conception en modifiant cependant - surtout dans l'intérieur du pays, loin de la mer - les caractéristiques des* bazinas, *les tumulus funéraires à degrés répandus en Afrique septentrionale et au Sahara. En fait, les dolmens nord-africains présentent souvent une chambre principale encastrée dans un socle circulaire formant une sorte de plate-forme, complétée parfois de quelques marches.*

Pour un grand nombre de ces monuments, le problème de la datation reste plus ouvert que jamais. On y retrouve en effet des caractéristiques de mégalithes européens des IVe et IIIe millénaires av. J.-C., d'autres éléments (comme le toit à double pente des tombes à hypogée) étant empruntés aux cultures sicule et sarde de l'âge de fer, d'autres encore étant à mettre en relation avec des traditions africaines. Il est probable que certains mégalithes sont contemporains des phases les plus anciennes de gravures et de peintures rupestres, même s'il n'existe pas de lien géographique entre les deux phénomènes ; en revanche, la majeure partie appartient à des époques postérieures bien plus proches de nous.

achevées. L'homme préhistorique exploite souvent les abris-sous-roche et les cavernes naturelles, dont l'entrée est protégée des intempéries par des coupe-vent composés d'une base de grosses pierres soutenant des peaux tendues sur des supports de bois.
En revanche, les **campements** à ciel ouvert sont composés de simples cabanes de plan carré ou circulaire, atteignant parfois de grandes dimensions : certaines mesurent jusqu'à 10 mètres de long et 5 mètres de large. La structure portante est généralement formée de branches maintenues et renforcées par des pierres volumineuses servant aussi à fixer au sol les peaux ou les branchages faisant office de couverture. L'espace intérieur est souvent subdivisé en plusieurs parties, chacune ayant un usage propre : le centre est occupé par un ou plusieurs foyers (placés d'ordinaire dans des cavités circonscrites par des pierres et protégés du vent par un monticule de cailloux) autour desquels on distingue des emplacements servant au travail du silex, à l'écharnage des proies et à la consommation des repas.

Les habitats précédemment décrits restent presque inchangés jusqu'au Néolithique, quand l'homme passe d'une économie essentiellement basée sur la chasse et la récolte des plantes et des fruits à un type de vie basé sur la production de la nourriture (agriculture et élevage). L'emplacement des abris néolithiques, tous concentrés dans la partie septentrionale de l'Afrique, permet d'opérer une distinction nette : le centre et le sud du continent voient perdurer, au moins jusqu'à la colonisation européenne, des systèmes archaïques de subsistance et d'occupation du territoire. En revanche, dans le Maghreb et les zones de dunes du Sahara, où jadis les sources d'eau abondaient, les agglomérations néolithiques font leur apparition aux VIIe et VIe millénaires av. J.-C. Dans les régions septentrionales, où le passage de la chasse à l'agriculture provoque la sédentarisation des groupes humains, la structure des installations est transformée elle aussi : des campements temporaires tout au plus adaptés à des groupes de petite dimension, on passe à des habitats permanents mieux structurés, généralement situés dans les zones qui se révèlent les plus favorables à l'agriculture et à l'élevage.
Les villages néolithiques sahariens en apportent la confirmation : leur emplacement est déterminé par la présence de pâturages et de terrains cultivables, outre la proximité de cours d'eau et de lacs.
Les **techniques de construction** et les **typologies architecturales** ne semblent pas subir de grandes variations par rapport à la période paléolithique. Les populations de la côte méditerranéenne occupent encore, de préférence, les abris rocheux et les grottes du littoral, alors que, dans la région saharienne, les installations néolithiques à ciel ouvert sont probablement constituées de cabanes avec une structure portante en bois et une couverture en matériaux légers (branchages et roseaux). Malheureusement, nous n'en avons conservé pratiquement aucune trace, du fait du caractère périssable des matériaux employés. L'état actuel des connaissances ne permet de proposer que des reconstructions hypothétiques de leur aspect originel.

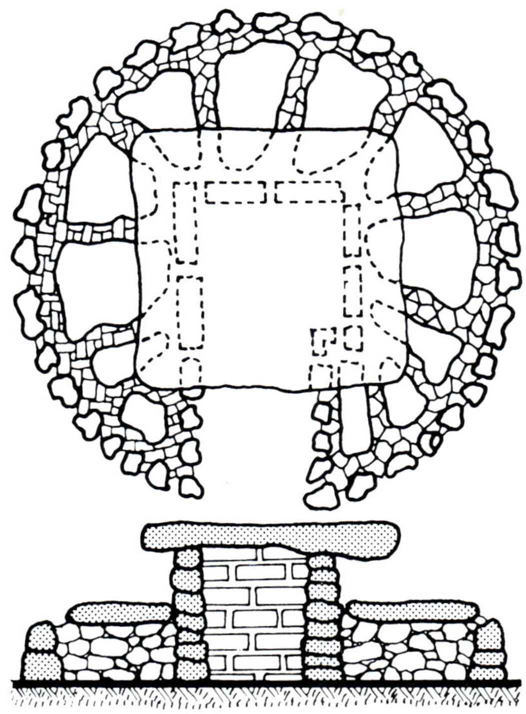

Grâce aux analyses des dépôts de déchets (outils, os d'animaux, restes de repas), il est possible de percevoir, bien que de façon sommaire, les dimensions et la disposition des habitats. Le passage à l'agriculture se manifeste par la présence, à proximité des habitations, de lieux destinés à moudre les céréales et de fosses servant à la conservation des produits alimentaires ou à la collecte des déchets.
A proximité des villages de la côte méditerranéenne ont été créées les premières grandes nécropoles, capables d'accueillir, comme dans le cas des grottes de Taforat (Maroc) et de Columnata (Algérie), une centaine de sépultures avec un matériel funéraire diversifié, manifestation d'une société déjà assez nombreuse et organisée.

A cette époque primitive, l'homme préfère s'installer près des cours d'eau, où il trouve des conditions favorables pour la chasse. Puisque les traces archéologiques concernant le Paléolithique inférieur ne révèlent pas la présence de structures faites de main d'homme, on peut supposer que les groupes humains s'installent de préférence dans des abris naturels ou constitués de simples toits de branchages. Les campements à ciel ouvert du Paléolithique moyen et supérieur sont mieux connus ; la **proximité des fleuves** est une constante. Il s'agit de **cabanes** dont les parois sont faites de peaux tendues entre des poteaux, et dont la base est constituée de grands os de mammouth ou de pierres. Celle-ci fait penser à un dispositif fixant les parties inférieures d'une tente.
Un feu est disposé à l'intérieur, assorti de plusieurs autres au-dehors. Au Paléolithique supérieur, les premières habitations dont il reste des traces se trouvent en Russie méridionale. A **Garino**, par exemple, on a trouvé sur un terre-plein du Don un abri de plan approximativement ovale, au pavement creusé à cinquante centimètres au-dessous du niveau du sol, et dont les limites sont fixées par des défenses de mammouth et des pierres.
A **Kostenki**, toujours sur le Don, on connaît une autre construction, en partie souterraine elle aussi, composée de poteaux de soutien dont il ne reste que les trous dans le sol.
A **Timonovka**, on a découvert six habitations en forme de rectangle allongé, avec des pavements qui se trouvent à trois mètres au-dessous du niveau du sol. Ces maisons appartiennent à un village très ancien, dans lequel elles sont regroupées deux par deux ; leurs murs conservent des traces d'un revêtement en bois et d'une rampe permettant la communication avec l'extérieur.

Dans chacun de ces ensembles, la fosse la plus large révèle la présence d'un foyer. L'installation est complétée par deux dépendances et par des cavités en forme de cônes destinées au stockage des denrées. Des habitats semblables se retrouvent en Autriche méridionale. Dans d'autres régions, les fouilles révèlent des structures de forme circulaire, ovale ou rectangulaire ; les plus vastes abritent plusieurs foyers disposés en enfilade et fournissent des informations sur l'organisation sociale de ces communautés divisées en plusieurs groupes, chacun possédant son foyer.

Au Paléolithique supérieur, les **campements à ciel ouvert** peuvent avoir des dimensions variées, être utilisés une seule fois ou occupés par intermittence. La fréquentation des mêmes sites correspond aux déplacements saisonniers des chasseurs de rennes. En Europe du Sud-Ouest, aucune trace d'habitat fait par l'homme n'a été retrouvée ; les refuges de prédilection sont essentiellement les cavernes et les abris rocheux, très nombreux dans cette région.
Les **cavernes** sont particulièrement appréciées pendant la dernière glaciation, mais elles continuent à servir d'abri pendant la période postglaciaire. Quelques-unes, comme celles du nord de l'Espagne ou du sud-ouest de la France, révèlent une occupation pendant la période mésolithique et, plus tard, dans une grande partie de l'Europe, elles sont habitées par les premiers agriculteurs. Elles sont fermées par des peaux pour les plus anciennes, et par des murs en pierre sèche pour les plus récentes.
Dans **l'Europe méditerranéenne au climat tempéré**, prédominent dès le début de l'agriculture les **maisons de forme allongée**, plus ou moins rectangulaire. Au Néolithique, en Thessalie, leurs entrées sont placées asymétriquement, sur un des longs côtés. Dans d'autres sites grecs, prévaut un plan presque carré. Dès le début de la colonisation néolithique, les paysans thessaliens, devenus sédentaires, habitent leurs villages en permanence. Cela favorise le développement des techniques de construction et l'emploi de briques de boue séchée. Les occupations successives du même lieu provoquent la formation de **tumulus naturels**, constitués par les couches de dépôts de chaque période d'occupation, identiques aux *tells* de l'Asie occidentale. En Grèce, ils portent le nom de *maghula* ou *tumba*. L'introduction du ***mégaron*** remonte à une phase avancée du Néolithique ; c'est le noyau architectural caractéristique des palais mycéniens, composé d'une grande salle rectangulaire communiquant avec la cour par un portique.
Avec l'instauration de la culture de Dimini et la diffusion de la pratique guerrière, les **fortifications** apparaissent ; ce sont d'abord de simples palissades, puis de véritables murs. En Méditerranée occidentale, les habitats et les villages naissent avec l'apparition du métal et reflètent, au moins de façon approximative, les plans des maisons thessaliennes.
Dans la zone tempérée de l'Europe, la forme et les systèmes de construction varient selon les cultures des populations. Le **bois** est le matériau le plus employé, au moins pour les structures, étant donné l'abondance des forêts ; plus au nord, la terre, la pierre et les os de baleine prédominent. Les premiers paysans vivent dans des installations rassemblées autour d'un centre, même si la pratique d'une culture extensive ne permet pas toujours d'habiter dans le même lieu.
Les paysans danubiens, qui introduisent l'agriculture en **Europe centrale**, habitent

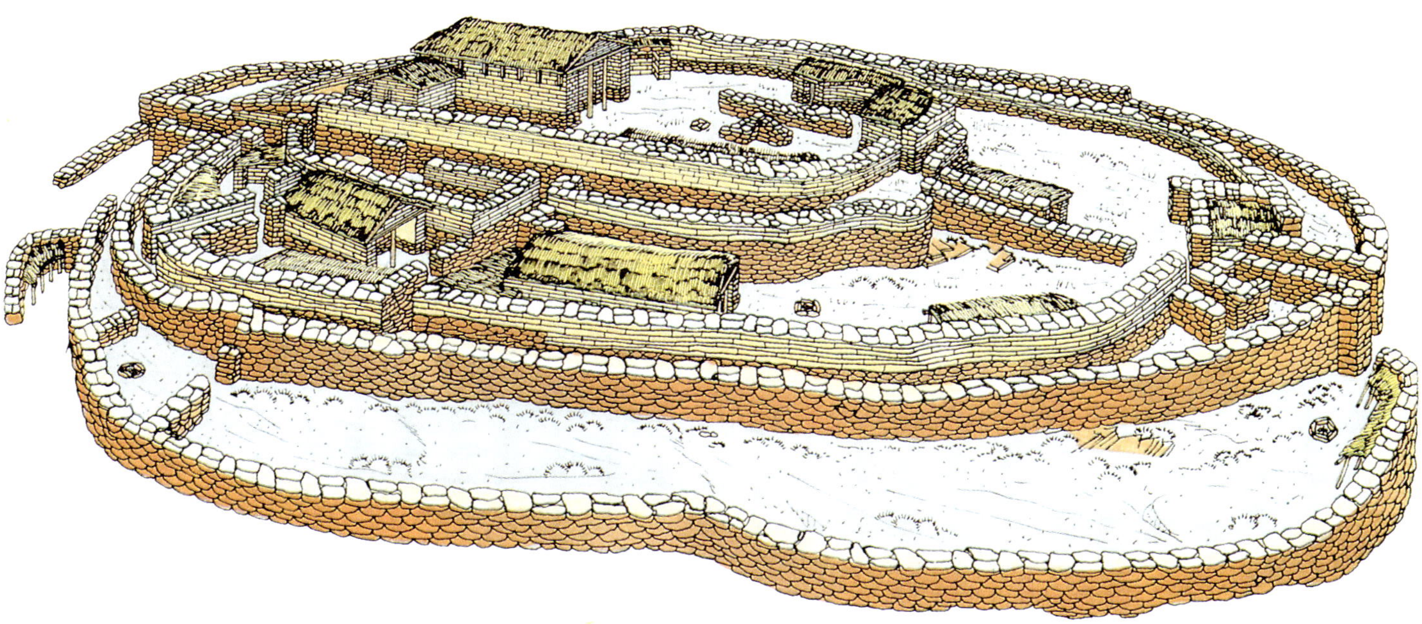

dans de grands bâtiments allongés, entourés de fossés (les carrières dont sont extraits les matériaux servant à élever les murs).
Ces édifices sont parfois entièrement constitués de poutres de bois plantées dans des cavités creusées dans le sol ; à l'intérieur, ils sont divisés en deux parties, dont l'une servait sans doute à stocker les denrées.
Une variante de la maison danubienne est de forme trapézoïdale ; elle est attribuée au peuple de Rössen, alors que la culture de Tripolie construit des habitations de plan rectangulaire. Dans les territoires danubiens, on observe une tendance à **réduire les dimensions** : des grandes maisons allongées du Danubien I, on passe aux structures rectangulaires du Danubien II, jusqu'aux maisons plus petites du Danubien III.
Les rares informations sur les habitats néolithiques de France et d'Angleterre semblent confirmer l'usage d'un plan rectangulaire. Les maisons du nord de l'Europe sont mieux conservées, car elles sont construites en matériaux plus résistants, nécessité due au climat. Elles présentent une notable analogie de forme, la **prédominance** presque absolue des **plans rectangulaires** constituant l'élément essentiel du tableau qui vient d'être esquissé.

A une période non encore datée avec précision, approximativement entre la fin du Néolithique et le début de l'âge du bronze (et au-delà), apparaissent les plus importants monuments des premiers temps de la civilisation européenne, les **mégalithes** : dolmens, cromlechs et menhirs. Le long des côtes méditerranéenne et atlantique, des groupes de tombes ont été découverts, dont le matériel funéraire présente des spécificités qui se retrouvent, presque à l'identique, dans d'autres localités. Toutes les sépultures dont il est question ici ne sont pas des mégalithes,

certains types étant édifiés avec des pierres de modestes dimensions ; on classe cependant dans cette catégorie les tombes faites en pierre sèche de petites dimensions, ainsi que celles creusées dans la roche. De nombreux spécialistes affirment que les variétés typologiques dépendent des caractéristiques du milieu qui les produit ; c'est l'organisation de l'espace intérieur qui permet d'associer ces divers types de sépultures. La similitude de leurs plans est l'élément le plus significatif : on distingue la **tombe à couloir**, composée d'une chambre funéraire à laquelle on accède par un couloir plus bas et étroit ; la **tombe à ciste allongée**, dans laquelle la chambre funéraire est longue, étroite et dotée d'un accès direct avec l'extérieur. Les deux types ne sont cependant pas nettement différenciés ; le premier, le plus répandu, se retrouve dans toute la région de la Méditerranée orientale : Sicile, Sardaigne, Espagne méridionale, Portugal, Bretagne, Irlande centrale, Écosse septentrionale, Danemark, Suède méridionale, Hollande. La **tholos**, tombe circulaire couverte d'une voûte en encorbellement, appartient aussi à cette catégorie (Crète, Cyclades). Aux Baléares, les chambres funéraires creusées dans la roche sont longues, étroites et dépourvues de couloir, l'accès étant parfois matérialisé par des annexes de la chambre principale.
A Minorque, on retrouve ce type de monument, construit en maçonnage à sec, en surface, dans les *navetas*. Les cistes en pierre, mises au jour dans la région parisienne, en Bretagne, en Belgique, en Angleterre, en Italie, peuvent être divisées intérieurement par une galerie avec des dalles placées de chant (ciste segmentée).

« **Dolmen** » est le terme généralement utilisé pour désigner la tombe mégalithique ; de fait, au sens propre, il désigne uniquement de petites chambres, rectangulaires ou polygonales, dépourvues de couloir d'accès et constituées de trois à six mégalithes développés en hauteur. L'entrée de la tombe est particulièrement soignée, surtout dans le cas des tombes à fente, avec une ouverture ronde ou semi-circulaire pratiquée dans une dalle ou sur les bords de dalles contiguës. **Malte** est célèbre pour ses **temples mégalithiques** : ils sont dotés de cours semi-circulaires, des dalles percées font office de porte et des absides sont voûtées en encorbellement. Des tombes collectives, creusées dans la roche et qui reprennent le plan trilobé du temple, sont également présentes. Le mégalithisme de la **Sardaigne** se révèle dans les *tumbas de sos gigantes* (tombes des géants), construites en surface, et dans les sépultures creusées dans la roche, dotées de prolongements mégalithiques dressés en face d'elles. En **France**, les tombes à galerie se multiplient dans les nécropoles du Sud-Ouest, tandis que l'adoption de la religion mégalithique par un peuple forestier de Champagne et du Bassin parisien donne naissance à la **culture SOM** (Seine-Oise-Marne), dont les tombes sont constituées de chambres rectangulaires à *dromos*, aux parois parfois sculptées, où figure une déesse funéraire avec une hache, ressemblant aux statues-menhirs.

Les mégalithes, en s'étendant le long de la côte atlantique vers le nord, atteignent l'**Angleterre**, où ils sont représentés par des tombes à galerie et des tombes à ciste (tombes de Severn Costwold, de Clyde-Carlingford, de Rinyo-Clacton) et par les ***henges***, cercles composés de grands rochers à destination cosmologique plutôt que funéraire. Il faut rechercher leur origine dans les *henges* de la culture de Windmill : des anneaux de fosses funéraires se retrouvent dans des nécropoles entourées d'une ceinture semi-circulaire et d'un fossé interne.

Page ci-contre, en haut : dessin reconstituant une cabane acheuléenne de Terra Amata (Nice) ; l'habitat date de 380000 av. J.-C.
En bas : dans la Grèce du Néolithique supérieur apparaissent des habitats fortifiés proto-urbains, comme celui de Dimini, en Thessalie, reconstitué par ce dessin.
Sur cette page, en haut : plan du complexe religieux de Tarxien, à Malte, daté environ de 2000 av. J.-C.
A droite : l'imposant complexe mégalithique de Stonehenge, en Angleterre.

La fragilité des matériaux employés (briques de boue séchée et bois) a empêché que des vestiges significatifs de constructions civiles de l'ancienne Égypte ne parviennent jusqu'à nous. De celles-ci, il ne reste que des témoignages indirects (outils, sceaux et représentations hiéroglyphiques), qui permettent cependant de se faire une idée, même imparfaite, des différents types de construction : des tentes de peuples nomades de Haute-Égypte aux cabanes en roseaux du Delta, jusqu'aux maisons de plan rectangulaire à pièce unique de la période prédynastique. Pour les mêmes raisons, l'urbanisme ne nous est guère connu ; le seul groupe d'habitations dont il est possible d'établir avec certitude l'**état originel est le village de Kahun**, qui remonte à la XIIe dynastie. Constitué initialement des habitations des ouvriers chargés des grands travaux de la nécropole d'Illahun, ce village présente des caractéristiques qui se retrouveront dans des villages construits postérieurement et beaucoup plus riches d'enseignements, tel Deir el-Medineh, d'époque ramesside : adoption d'un plan orthogonal et fermeture de l'espace urbain

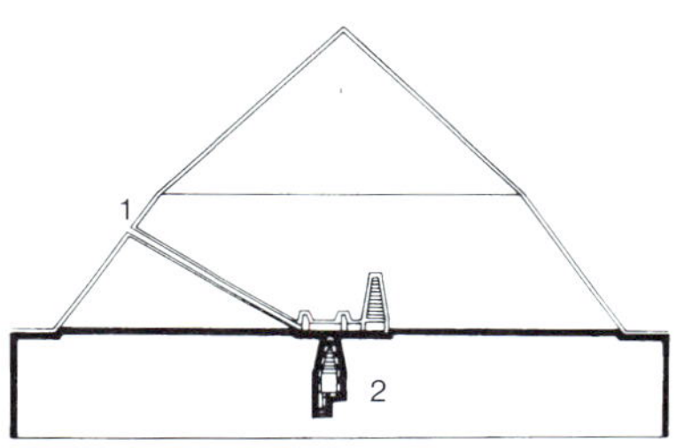

par un mur de briques de boue séchée. L'architecture religieuse nous est beaucoup mieux connue, surtout l'architecture funéraire dont il nous reste de très nombreux exemples. Ce sont les temples et les tombes monumentales des pharaons, conçus pour durer éternellement, qui répandent, très rapidement, l'usage de la pierre.

Les pyramides sont, sans aucun doute, l'expression la plus typique de l'architecture religieuse égyptienne, mais elles ne sont en réalité que l'aboutissement d'un long processus de développement de la tombe royale. A la période prédynastique, les souverains de Haute-Égypte sont inhumés dans une chambre souterraine (**puits sépulcral**), entourés de leurs objets personnels, vaisselle et nourriture, moyens mis à leur disposition pour survivre éternellement dans l'au-delà.
La sépulture est couverte par un simple tumulus de sable et de pierre, symbolisant probablement l'éminence originelle d'où le soleil, qui est à l'origine de la création du monde selon la cosmogonie héliopolitaine, serait apparu pour la première fois.
Avec l'avènement de la dynastie thinite (3100-2600 av. J.-C.), les usages funéraires semblent refléter la dualité administrative du royaume et la double investiture du pharaon comme souverain de Haute et de Basse-Égypte. Ce dernier possède une **double sépulture** : l'une, symbolique, aux environs de This, à Abydos, où se trouve le cénotaphe à tumulus, et l'autre à Saqqarah, aux environs de Memphis, où la véritable sépulture en forme de *mastaba* est établie. Le **mastaba** est une construction en briques de boue séchée, de plan rectangulaire, érigée sur des chambres souterraines conservant le sarcophage et le matériel funéraire. A l'extérieur, il reproduit la demeure terrestre du défunt. Il est flanqué de plusieurs édifices de taille modeste, destinés aux plus hauts dignitaires de la cour royale, selon un usage qui perdurera aux époques suivantes. La **stèle** est une composante essentielle du mastaba : c'est sur elle qu'est gravé le nom du défunt, accompagné d'un bas-relief montrant ce dernier participant à un repas funéraire. De telles représentations peuvent s'expliquer par la foi qu'ont les Égyptiens dans la puissance magique des images et dans le **pouvoir de création de la parole** ; en fait, la nourriture sculptée dans la pierre est considérée comme aussi réelle que les offrandes effectivement déposées dans la tombe au moment des obsèques, tout comme le fait de nommer le souverain contribue à assurer sa survie, au-delà de sa disparition physique. C'est pourquoi, dans les tombes, le nom du défunt apparaît à maintes reprises. Par la suite, la stèle est insérée dans l'architrave de la « **fausse porte** », porte murée à travers laquelle la force vitale du défunt, le *ka*, peut accéder au monde sensible pour subvenir à ses besoins.

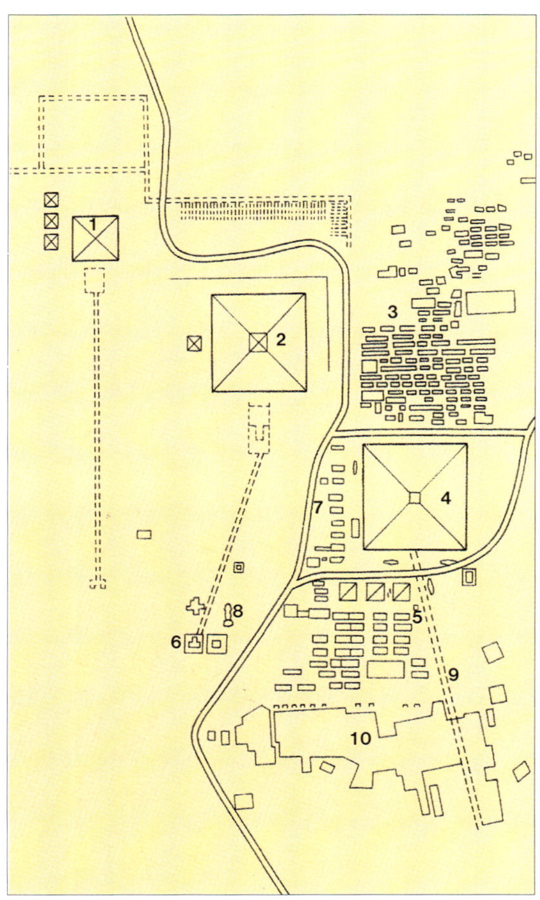

A gauche : coupe est-ouest de la pyramide de Dahchour, dite « rhomboïdale » du fait de sa double inclinaison.
1. Entrée ; 2. Chambre funéraire.
Ci-contre : plan de la nécropole de Gizeh :
1. Pyramide de Mykerinus ; 2. Pyramide de Khephren ; 3. et 7. Mastabas (IVe et Ve dynasties ; 4. Pyramide de Kheops ; 5. Tombe d'Hétephérès ; 6. Temple de Khephren ; 8. Sphinx ; 9. Voie antique ; 10. Village arabe.
Ci-dessus : la grande pyramide à six degrés du pharaon Djoser (IIIe dynastie) à Saqqarah.

La **tombe de Djoser** (IIIe dynastie) à Saqqarah, aboutissement des modifications successives apportées au mastaba, marque le passage à une nouvelle conception architecturale. Il s'agit en fait d'une **pyramide à degrés**, de 60 mètres de haut – la première que l'homme a édifiée – en blocs de pierre taillée. Elle s'élève au milieu d'un grand complexe monumental, dessiné par **Imhotep** (l'architecte principal, grand prêtre d'Héliopolis et conseiller du roi), qui reproduit en pierre, matériau éternel, une véritable cité avec ses palais, ses cours, ses sanctuaires, ses magasins et ses salles souterraines. Ces édifices ne sont pas fonctionnels : ce sont de simples façades derrière lesquelles on ne trouve que des remplissages en pierre, et qui peuvent uniquement contenir les effigies votives du défunt, qui apparaissent toutes en double exemplaire pour symboliser la double origine de la royauté du pharaon : la Haute et la Basse-Égypte, la Vallée et le Delta. C'est sous la pyramide qu'est creusée la chambre sépulcrale du roi, reliée à plusieurs galeries et à des salles souterraines.

Les trois pyramides attribuées à Snefrou (celle à degrés, inachevée, de Meidoum, les deux pyramides de Dahchour, l'une régulière, l'autre dite « rhomboïdale ») témoignent de l'évolution de la pyramide vers sa forme définitive, qui apparaît vers la moitié du IIIe millénaire, quand Kheops, Khephren et Mykerinus, pharaons de la IVe dynastie, érigent leur nécropole à **Gizeh**, à proximité de Memphis. La **tombe de Kheops** est majestueuse : la première à présenter une forme pyramidale parfaite, elle mesure

236 mètres de côté et 146 mètres de haut. Selon la tradition, elle a exigé vingt ans de travail à des milliers de paysans, suspendant les travaux agricoles pendant les crues.
Les roches employées pour la construction pesaient de deux à quinze tonnes et étaient soulevées au moyen de chariots placés sur des longues rampes inclinées. Compte tenu des technologies disponibles (outils en bois et en pierres dures, barques à fond plat et chariots, cordes, rouleaux en bois, ânes et bœufs), cette performance témoigne de l'énorme capacité de mobilisation d'un État ayant atteint son apogée et qui s'affirme comme l'organisateur exclusif de la vie économique et culturelle.
Les pyramides de Gizeh font partie d'un complexe très précisément organisé.
Le **temple** est situé à l'entrée de la zone funéraire où, au moment des obsèques, ont lieu les rites de renaissance liés au mythe d'Osiris : le pharaon, identifié à Horus au cours de sa vie, se serait transformé en Osiris, le dieu des Enfers qui renaît et règne parmi les morts. Du temple, une rampe ascendante, couverte et décorée de reliefs, conduit à un

autre temple adossé à la façade orientale de la pyramide qui, lui, marque la frontière entre le royaume des vivants et celui des morts.
Il comprend deux parties essentielles qui correspondent à une double fonction : la partie externe est destinée au culte des statues royales, alors que, dans la partie interne, sont déposées les offrandes destinées à subvenir aux besoins du défunt. Aux abords immédiats de la tombe royale se trouvent souvent des cavités destinées à abriter des **navires en bois** permettant au pharaon de naviguer dans le royaume souterrain aux côtés de Rê (le soleil). Tout autour, hormis des pyramides aux dimensions plus modestes abritant les dépouilles mortelles des reines ou des vases canopes, sont érigés les mastabas des hauts dignitaires, leur position dépendant du rang de ces derniers dans la hiérarchie ; les dignitaires peuvent ainsi suivre leur souverain et jouir de sa protection dans l'au-delà. Dès lors se constitue une véritable « Cité des morts », avec ses rues et ses quartiers, calquée sur le plan de la capitale.

Le **choix du site**, à proximité de la capitale et à l'abri des crues du Nil, où sont érigés ces monuments répond en outre à des exigences religieuses. En fait, toutes les tombes royales se trouvent sur la rive occidentale du fleuve, traditionnellement identifiée avec le royaume des morts, car c'est la dernière partie éclairée par le soleil avant qu'il ne descende, au crépuscule, parcourir les régions souterraines. Ce symbolisme conditionne aussi l'**orientation des pyramides**, dont les côtés sont alignés suivant les points cardinaux : au début sur une ligne nord-sud et, à partir de la IVe dynastie, sur une ligne est-ouest qui reproduit le parcours du soleil. Les théologiens confèrent en effet à la pyramide une symbolique solaire : la tombe permet au pharaon de monter aux cieux

jusqu'à la barque solaire et de se transformer en astre. En outre, l'idée d'une protection de Rê descendant sur la tombe du souverain est associée à l'édifice : la pyramide rappelle le faisceau des rayons qui traversent les nuages quand l'astre décline à l'horizon.

A gauche : statue du pharaon Khephren, IVe dynastie.
En haut : ruines du temple d'Hathor dans le Sinaï, construit pendant la XIIe dynastie.
Ci-contre : une phase de la préparation des blocs de pierre pour la construction d'une pyramide. Les blocs sont détachés de la roche par chauffage de la pierre à des endroits précis, ensuite arrosés d'eau froide ; puis ils sont équarris et polis ; après avoir été estampés, ils sont tirés avec des cordes sur des rails jusqu'aux embarcations.
A droite : détail de la tombe rupestre de Sebekhotep (Assouan).

La IVe dynastie voit la **disposition interne des pyramides** s'uniformiser (antérieurement, elle était variable) selon un schéma qui durera jusqu'à la fin du Moyen Empire. De l'entrée, placée au nord, on pénètre dans un couloir en déclivité, qui débouche sur un vestibule fermé par des sarrasines en granit donnant accès à deux salles. A l'ouest, vers le royaume des morts, c'est la **salle du sarcophage** ; à l'est se trouve le ***serdab*** : il contient les statues du défunt, lesquelles, grâce à une fente placée au sommet de leur tête, profitent des offrandes rituelles. Les parois des pièces - avec des bas-reliefs peints, à caractère magique, qui représentent les scènes permettant au *ka* de poursuivre sa vie - se couvrent désormais des ***Textes des pyramides***, formules magico-symboliques destinées à faciliter la résurrection du pharaon par le biais de sa transformation en Osiris. C'est à cette époque, qui voit l'affirmation définitive du culte du soleil comme religion d'État, que remonte le **temple solaire**, expression la plus significative de l'architecture religieuse.
Le temple solaire le mieux conservé, situé à Abou Gorâb, est édifié par Niousserê vers 2470 av. J.-C., sur le modèle du temple d'Héliopolis, aujourd'hui disparu.
Les cérémonies cultuelles ont lieu dans une cour à ciel ouvert où, à côté d'un autel en albâtre, se dresse le ***benben***, un obélisque tronqué de trente-six mètres dressé sur un grand podium, image et emblème du soleil créateur. Le mur d'enceinte est décoré de bas-reliefs (aujourd'hui perdus, car utilisés pour fabriquer de la chaux) illustrant la fête de l'érection du pilier Ded (le jubilé royal), ainsi que des aspects de la vie agricole célébrant l'astre qui assure l'abondance des récoltes.

Vers la fin de l'époque memphite, la décadence du pouvoir central et le prestige accru des nomarques se répercutent sur l'architecture funéraire privée, qui atteint un degré de raffinement inimaginable pendant la dynastie précédente. Le **mastaba de Ti** (coiffeur en chef de la maison royale), à Saqqarah, en est le meilleur exemple. Il porte un étonnant décor de bas-reliefs peints, décrivant les principaux moments de l'existence posthume du défunt : cortèges de femmes (symbolisant les domaines agricoles qu'il possédait) apportant les offrandes funéraires, travaux des champs, épisodes de chasse, scènes de la vie quotidienne.
Les grands fonctionnaires provinciaux ne recherchent plus, sur le plan religieux, la protection du pharaon, mais préfèrent ériger leurs complexes funéraires aux abords des capitales des nomes (plutôt qu'à Memphis), en les plaçant sous la protection des divinités locales. On assiste ainsi à l'éclosion de nombreuses nécropoles décentrées (Beni-Hassan, Assiout, El-Bersheh, Assouan, Gebelein, Qeu el-Kébir, la plus vaste) qui, par leurs dimensions et leur richesse, rivalisent avec les nécropoles royales. Là où la nature du sol empêche l'édification des traditionnels mastabas, on se tourne vers les tombes rupestres, composées généralement d'au moins une chambre sépulcrale et d'hypogées, précédés extérieurement par un portique.

Les innovations architecturales de la première période intermédiaire perdurent au Moyen Empire, alors que, politiquement, il s'agit de rétablir un pouvoir centralisé dans un État unitaire.
Non seulement l'architecture funéraire privée reste pratiquement inchangée (les grandes nécropoles provinciales avec tombes à hypogée ne mettent pas en évidence de discontinuité entre les deux périodes), mais de plus les tombes royales subissent l'influence des traditions provinciales.
La **tombe de Mentouhotep II**, datant de la XIe dynastie, en offre l'exemple le plus significatif. Elle est construite dans un amphithéâtre rocheux aux environs de Thèbes. Une voie surélevée relie le temple à une large cour, où est érigée une terrasse à colonnade, sur trois niveaux, qui soutient la pyramide. Par une galerie de 140 mètres de long, dont l'entrée est située à la base d'un puits creusé dans la cour extérieure, on arrive à un cénotaphe placé sous la pyramide, contenant un sarcophage vide et une statue du roi. Le véritable sépulcre se trouve à l'extrémité d'une seconde galerie, dans laquelle on pénètre par un espace à portique, avançant dans la montagne sur 150 mètres, suivant la tradition des tombes rupestres des rois de l'ancienne Égypte. En revanche, les souverains de la XIIe dynastie se rattachent à la tradition de l'Ancien Empire, tant par le choix du site que par la disposition de la tombe. Le déplacement du site des nécropoles royales de Thèbes aux environs de Memphis s'accompagne d'un **retour aux tombes**

A gauche : bas-relief de la nécropole de Saqqarah représentant un personnage portant sur l'épaule la cuisse d'un animal venant d'être immolé.
La nécropole de Saqqarah, avec ses très nombreux reliefs, est une source inépuisable d'informations sur la vie quotidienne des Égyptiens de l'Ancien Empire.
Ci-dessous : cour et entrée de la tombe rupestre de Pépi (VIe dynastie), à Assouan.

LE SPHINX ET LE TEMPLE DE KHEPHREN

Placée au pied de la nécropole de Gizeh, à l'entrée de la rampe monumentale conduisant à la pyramide de Khephren, l'immense masse du Sphinx (57 mètres de long et 20 mètres de haut) garde le complexe funéraire tout entier. Son visage reproduit les traits du souverain, alors que son corps de lion couché indique qu'il est la personnification d'Atoum (le soleil). Le Sphinx fut exécuté en sculptant la pierre même d'une éminence rocheuse, alors que les autres parties ont été réalisées en pierre rapportée. A l'origine, il était recouvert d'un enduit peint dont il ne reste aujourd'hui que des traces. Plusieurs fois ensablé et nettoyé, il a subi, avec le passage des siècles, de graves dommages causés par les tempêtes de sable destructrices ; il a aussi servi de cible aux exercices de tir des Mamelouks, qui l'ont défiguré.

Datant de la IVe dynastie, le temple de Khephren qui se trouve à ses pieds est le mieux conservé de cette période. C'est là que le défunt était accueilli avant de pénétrer dans le royaume des morts, pour l'exécution du rituel complexe de purification garantissant (grâce à son identification avec Atoum-Rê, le soleil), la renaissance et la survivance dans l'au-delà. La forme architecturale est simple mais imposante : elle présente une double entrée à l'est, gardée par deux couples de sphinx, qui débouche d'abord dans un vestibule, puis dans la salle hypostyle en forme de T. De là, un couloir étroit permet d'accéder à une rampe monumentale qui conduit à la pyramide.

L'espace intérieur est linéaire et austère, scandé de grands piliers monolithes en calcaire (un temps couverts de grandes dalles de granit) soutenant des architraves massives.

La lumière naturelle, qui pénètre par des ouvertures sommitales, laissait dans la pénombre les vingt-trois statues du roi, placées le long des murs du périmètre, dont une seule nous a été conservée : la très belle statue en diorite de Khephren sur son trône, protégé par le faucon Horus aux ailes déployées (aujourd'hui au musée du Caire).

A gauche : détail du monumental sphinx de Gizeh représentant le pharaon Khephren sous forme de lion à tête humaine. Mesurant cinquante-sept mètres de long et vingt mètres de large, il était, à l'origine, recouvert d'un enduit peint, dont il ne reste que quelques traces. Le visage est partiellement détruit par le vent et les tirs d'artillerie reçus pendant un exercice des Mamelouks au siècle dernier.
A droite : le mur du fond du vestibule à piles du mastaba de Mereruka, à Saqqarah, avec la statue du défunt (VIe dynastie).
Ci-dessous : vue d'ensemble des pyramides de Kheops, Khephren et Mykerinus à Gizeh.

pyramidales, flanquées des mastabas des dignitaires. Le manque de matière première et de main-d'œuvre, employée alors à la mise en valeur du Fayoum et au renforcement des frontières méridionales, impose tout à la fois des dimensions plus modestes et une nouvelle technique de construction ; l'utilisation de la pierre est limitée à la nervure centrale portante et au revêtement externe, l'espace central étant comblé avec du sable et de la pierraille. Alors qu'apparaissent les premiers **Textes des sarcophages**, aucun texte ne couvre plus les parois internes des monuments funéraires. Beaucoup de zèle est mis à faire obstacle aux pilleurs : le plan interne et les dispositifs de protection se compliquent toujours davantage, l'entrée (qui ne se trouve plus sur la façade nord) étant cachée avec soin et souvent placée à distance de la pyramide. Malheureusement, la majeure partie de ces édifices a disparu, car les blocs de pierre qui les composaient ont été réemployés à d'autres constructions.

A la fin de la XIIe dynastie, avec l'invasion des Hyksos, l'**époque des pyramides** est **définitivement terminée**. Les efforts pour empêcher les pillages se sont révélés vains et, à partir du Nouvel Empire, les pharaons feront édifier des temples funéraires ouverts au culte ; la chambre abritant le sarcophage sera alors placée dans une tombe à hypogée dissimulée dans la Vallée des Rois.

Les fouilles ont mis au jour de nombreux villages néolithiques dans la région proche-orientale. Les informations obtenues permettent de retracer l'évolution typologique des agglomérations sur une période qui s'étend de 8500 av. J.-C., en Irak septentrional, jusque vers 5000 av. J.-C., en Anatolie. Les premiers habitats permanents, qui apparaissent simultanément à l'agriculture irriguée, sont caractérisés par leur plan circulaire : il s'agit de **cabanes de boue et de roseaux**, composées d'une pièce unique et parfois entourées d'enceintes faites de blocs d'argile. Vers 6500 av. J.-C., à ces premières formes se substituent des habitations de plan rectangulaire comprenant plusieurs pièces, comme en témoigne l'agglomération la plus importante de cette période, **Qalaat Djarmo**, dans le nord de l'Irak. Là aussi, le matériau le plus communément utilisé est la boue, modelée en blocs et couverte de roseaux tressés. L'agglomération la plus considérable, tant par son extension que par son organisation, est **Jéricho,** qui mérite l'appellation de centre proto-urbain.
Né sur les rives de la mer Morte, en terre palestinienne, l'habitat permet de suivre, à travers la stratigraphie, le développement du Précéramique A au Précéramique B. Dans la première phase, les maisons sont de simples pièces circulaires dotées d'un foyer, mais le **système défensif** qui entoure le site présente déjà des particularités remarquables : un fossé creusé dans la roche, un mur d'enceinte érigé à l'intérieur et un bastion circulaire muni d'un escalier pour parvenir jusqu'au sommet. A Jéricho, pendant la phase suivante, des habitats de plan rectangulaire, admettant plusieurs pièces et parfois flanqués de magasins, se substituent à des maisons de plan circulaire. A cela s'ajoute une distinction fonctionnelle entre les édifices : ils n'ont pas tous un usage domestique ; quelques-uns, de forme longitudinale, avec une niche semi-circulaire sur un des petits côtés, sont très probablement des **lieux de culte**, où l'élément absidal abrite l'autel.
Une autre nouveauté apparaît : la **cour** vient scander la disposition des édifices et permet le passage de l'un à l'autre, puisque les rues n'existent pas.

La tendance à créer des **habitats fermés**, serrés les uns contre les autres, se manifeste particulièrement à **Çatal Höyük**, en Anatolie, où les habitations sont adossées les unes aux autres, sans voies de passage et sans rues ; on y pénètre par des ouvertures pratiquées dans le toit. Toujours à Çatal Höyük, les habitats domestiques se distinguent des magasins et des temples non par la forme des pièces, mais par le matériel, les statues votives et les peintures. On retrouve la cour, toujours utilisée comme élément de transition et de passage, et qui n'est donc pas disposée régulièrement à l'intérieur de l'habitat.
Ourouk est le **premier site** à mériter pleinement l'appellation de **cité**. Située en basse Mésopotamie, elle apparaît à la fin du IVe millénaire av. J.-C. Sa naissance est préparée par une longue période subdivisée en plusieurs phases, au cours desquelles le temple, la concentration humaine autour de lui, et le système économique de redistribution fondé sur la spécialisation du travail font leur apparition, tous ces éléments participant à l'accomplissement de la **révolution urbaine**. La seule extension d'Ourouk suffit à faire comprendre qu'il ne s'agit plus d'un village néolithique.

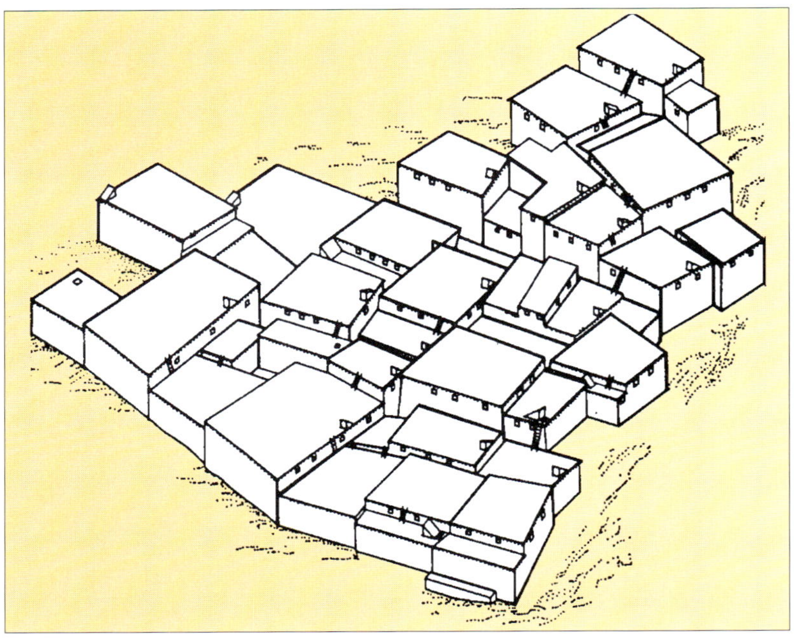

A gauche : dessin reconstituant un groupe de maisons et de sanctuaires à Çatal Höyük, en Anatolie, agglomération présentant une forme architecturale complexe et novatrice (VIe millénaire av. J.-C.). A droite : vue des restes de la citadelle d'Ebla, une des plus importantes cités syriennes de l'Antiquité, qui atteint son apogée dans le dernier quart du IIIe millénaire av. J.-C. Ci-dessous : restes d'une colonne mosaïquée d'Ourouk ; la décoration est obtenue avec des clous d'argile colorés.

De surcroît, la cité est dotée d'éléments architecturaux, tels les longs et imposants murs d'enceinte et les lieux de culte, avec les enclos sacrés et les ziggourats qui deviendront canoniques dans le modèle urbain de la Mésopotamie. Le cœur de la cité est l'**Eanna**, l'enceinte sacrée de la déesse Inanna, à l'intérieur de laquelle s'élèvent plusieurs édifices. Dans une autre zone, un **Temple blanc**, dédié au dieu Anu, est érigé sur une éminence artificielle. Ces édifices, parmi les plus anciennes constructions sacrées en Mésopotamie, se présentent comme des modèles pour les édifices à venir ; ils héritent eux-mêmes d'éléments attestés à Éridou, site important de basse Mésopotamie.

Le complexe religieux d'**Éridou**, constitué de temples bâtis à des époques successives, permet de suivre l'évolution qui mène d'une simple pièce rectangulaire jusqu'à un édifice tripartite édifié sur une terrasse artificielle, prémice de la ziggourat. Ourouk

hérite de ces caractéristiques et les fixe dans la tradition en les canonisant. Le plan du **temple**, d'abord rectangulaire, prend la forme d'un T ; la nef centrale est large, cantonnée par une série de pièces sur chaque côté, et terminée par une sorte de transept abritant d'autres pièces ; les accès sont latéraux et les parois sont animées de niches décoratives ; c'est ainsi que se perfectionne le modèle de la **ziggourat**, à savoir du temple construit sur une éminence artificielle. Le rôle de la ziggourat est diversement interprété par les savants : pour les uns, il s'agit de la reproduction symbolique et religieuse de la montagne, source de vie et siège des dieux ; pour les autres, la surélévation du temple répond à une motivation pratique : on tente ainsi de le mettre à l'abri des inondations fréquentes et périodiques. Quelques temples d'Ourouk, datant de la même période, offrent la particularité de porter un décor de **cônes colorés** en argile, enfoncés dans l'enduit des murs externes et disposés de façon à créer des motifs ornementaux géométriques.
Enfin, toujours à Ourouk, apparait la cour qui relie les divers édifices et offre un espace pour les assemblées.

Pendant la période protodynastique, avec la floraison de la civilisation sumérienne (vers 2800-2380 av. J.-C.), l'**urbanisation** s'étend à toute la **Mésopotamie méridionale**, suscitant la création de nombreuses cités. Chaque cité, bien qu'économiquement et politiquement liée aux autres, jouit d'une autonomie pleine et entière. Le pouvoir religieux ne cesse de se renforcer jusqu'à devenir le pivot du système économique tout entier. Du point de vue architectural, le temple et la cour s'agrandissent. L'exemple le plus célèbre est le **temple ovale de Khafadje**, ainsi nommé par référence à la forme des deux enceintes qui le cernent. L'édifice sacré, toujours carré, est édifié sur un soubassement de plusieurs mètres de haut, avec une cour flanquée d'ateliers, de boutiques artisanales et de magasins ; il est enfermé dans une enceinte de forme ovale, où l'on pénètre par une entrée monumentale. C'est ainsi que l'espace sacré devient un véritable **enclos**, distinct des quartiers résidentiels édifiés à proximité, point de référence pour toutes les activités.
C'est à l'époque protodynastique qu'apparaît l'autre forme architecturale qui deviendra essentielle dans la cité, à savoir le **palais royal**. Sa création est due au rôle prédominant du gouverneur de la cité sumérienne qui, en tant que vicaire du dieu, l'administre et en garantit la prospérité. De plus, la naissance du palais révèle la lente évolution du pouvoir qui, de sacré à l'origine, se laïcise peu à peu.
Par la suite, le temple d'époque sargonique sera édifié à proximité du palais, jusqu'à être absorbé par lui.

EBLA, UN EMPIRE GRAVÉ DANS L'ARGILE

Le mérite de la découverte d'Ebla revient à la mission archéologique italienne de l'université de Rome. Il s'agit d'une des plus importantes cités syriennes de l'Antiquité. Sa puissance est confirmée par quelques inscriptions royales, comme celle dans laquelle Sargon d'Akkad se vante de l'avoir soumise ; ou celle de Narām-Sin qui va plus loin en affirmant être le premier à avoir conquis Ebla, parmi tous les rois qui l'ont précédé. En 1968, une heureuse découverte dans le site de Tell Mardikh, situé à une soixantaine de kilomètres d'Alep, permet d'identifier le site comme celui de la grande cité.
Les fouilles suivantes attestent l'extension de l'habitat et datent son apogée au dernier quart du IIIe millénaire av. J.-C. Les strates les plus récentes révèlent la destruction de la cité par l'armée akkadienne, puis la renaissance qui la suit au IIe millénaire av. J.-C. D'Ebla, il reste le long périmètre des murs délimitant une surface assez grande, dans laquelle on distingue deux zones d'habitats : la partie basse occupée par les quartiers résidentiels et les temples, et la citadelle sur laquelle est édifié le palais royal. Il s'agit d'un centre fortifié caractéristique de la région syrienne, mais la découverte la plus importante consiste dans les archives du palais, constituées d'un nombre important de tablettes en écriture cunéiforme. Des textes économiques côtoient des textes juridiques permettant de reconstituer la vie dans la cité, ses activités, son organisation, sa structure politique.
Il faut mentionner les tablettes lexicales qui, outre les listes de professions et les noms d'objets et de lieux, comprennent aussi des syllabaires, véritable vocabulaire bilingue établissant la liste de nombreux mots en sumérien avec leur traduction en éblaïte.

Bien que les témoignages archéologiques soient rares, le style akkadien influence très fortement l'architecture mésopotamienne. Sargon est le premier roi dont les textes enregistrent l'acte de la fondation d'une cité (capitale homonyme du royaume d'Akkad, qui n'a pas encore été identifiée) comme une intervention humaine ordonnatrice du chaos de la nature, et en tant que telle assimilable à l'action créatrice des dieux. Le seul édifice de grande dimension pouvant être attribué avec certitude à la période akkadienne est le **palais de Tell Brak**, dans la région du fleuve Habur. Les murs d'enceinte massifs enferment un édifice régulier et ordonné, composé de pièces rectangulaires disposées autour d'une cour centrale et de cours périphériques d'importance secondaire.

Pendant le règne des souverains de la **troisième dynastie d'Our**, avant la chute de Sumer, se manifeste la dernière grande floraison architecturale : la cité est presque intégralement reconstruite et enrichie d'une résidence royale et d'une ziggourat de vaste dimension. E-Kharsag est le nom du palais identifié comme le lieu de résidence des souverains Our-Nammou et Shulgi. Il est doté d'une grande cour principale entourée de cours secondaires, d'après un schéma très semblable à celui du palais de Tell Brak.
La ziggourat est composée d'une base massive, sur laquelle s'appuient deux terrasses, le temple étant édifié sur la terrasse supérieure. On y accède par un escalier central qui se dédouble dans sa partie inférieure. La nouveauté est introduite par le **plan du temple,** composé de **trois éléments distincts** : une cella principale, large, placée transversalement, la niche destinée à l'accomplissement du rituel et une salle précédant la cella. Les accès ne sont plus latéraux mais axiaux. Comme dans le palais, on constate une hiérarchisation de l'espace, du lieu le plus accessible jusqu'au plus sacré, accessible seulement à de rares adeptes.

Après la chute d'Our, l'héritage de la civilisation sumérienne est reçu par les cités voisines et les régions limitrophes de la Mésopotamie. Le **modèle urbain est exporté** dans des centres situés au nord (Assur) et vers l'ouest, le long de l'Euphrate (Mari), jusqu'à la Syrie (Ebla). Ces cités se présentent comme des **agglomérations fortifiées** par de puissantes murailles, à l'intérieur desquelles domine le complexe palatial aux fonctions administratives, résidentielles et représentatives. En revanche, les temples perdent leur pouvoir et sont subordonnés au palais. La cité des premiers siècles du IIe millénaire av. J.-C. est un lieu d'échanges commerciaux et culturels, insérée dans un réseau de communications étendu à tout le Proche-Orient, et même au-delà.
Les fortifications sont, très probablement, la réponse aux grands déplacements des tribus nomades attirées par le bien-être de la cité.

Ci-dessus : tablette rectangulaire à inscriptions cunéiformes provenant des archives d'Ebla.
Ci-dessous : le temple ovale de Khafadje ; il s'élève sur une terrasse haute de 6 mètres, à l'intérieur d'une cour rectangulaire, et l'ensemble est entouré de deux enceintes enfermant aussi des édifices qui ne sont pas réservés au culte.

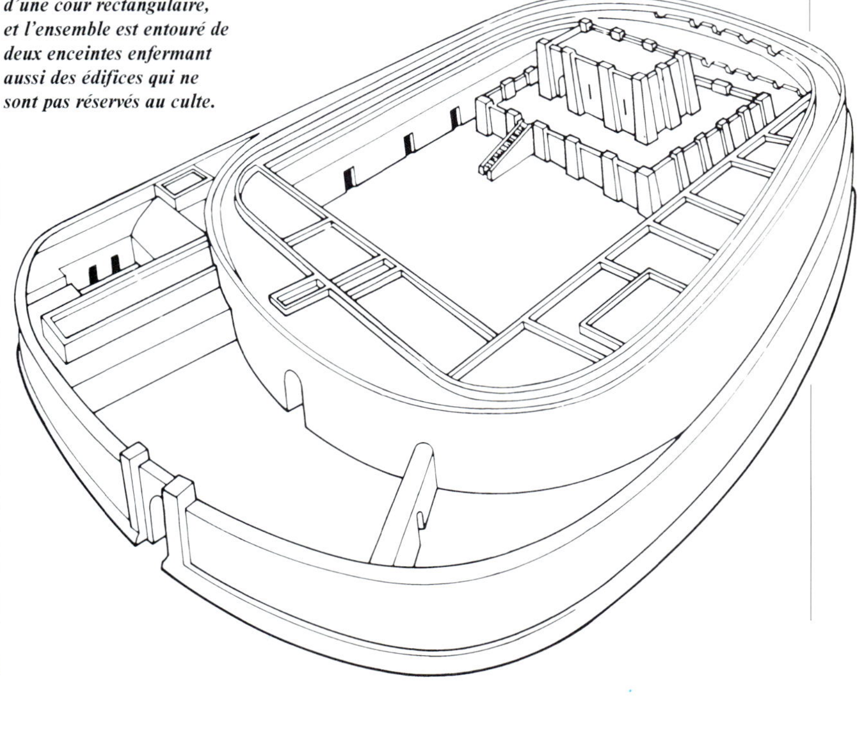

L'existence de constructions faites de main d'homme pendant les premiers millénaires de l'occupation humaine du continent américain est purement conjecturale. Les **cavernes** et les abris-sous-roche étaient assurément utilisés, même si aucune trace d'habitat ou de campement de cette époque ne subsiste aujourd'hui. Selon l'hypothèse la plus répandue, les chasseurs nomades de la préhistoire utilisent des abris très simples, construits en matériaux légers, adaptés à des déplacements continuels entraînés par les migrations périodiques du gibier. Malheureusement, la forme de ces abris de fortune nous est inconnue et les reconstitutions proposées se basent toutes sur des témoignages postérieurs : il s'agirait de tentes circulaires, abritant une seule famille, constituées d'une structure portante de poteaux de bois fixés dans le sol, recouverte de peaux de cerfs, le foyer étant placé au centre de l'espace habité et le sommet de la tente restant ouvert pour l'évacuation de la fumée. Des fouilles récentes ont confirmé l'existence de structures de plus grandes dimensions. Au Québec ont été mises au jour les fondations d'un grand abri permanent (trente mètres sur six) qui pouvait accueillir une dizaine de familles. Selon l'hypothèse la plus plausible, il s'agirait d'un camp de base,

A gauche : la caverne de Danger (Utah), habitat du désert caractéristique des périodes les plus anciennes : elle se trouve à quatorze mètres au-dessous du niveau actuel du Grand Lac Salé. Pendant les fouilles, des milliers d'objets qui se sont accumulés avec le temps y ont été mis au jour.
Ci-dessus : la caverne du Mammouth, dans le Mammoth Cave National Park (Kentucky). C'est un ensemble de grottes, fréquentées dès l'époque préhistorique, qui s'étend sur plusieurs kilomètres.
A droite : Huaca de los Reyes, la plus grande des huit **huacas** *qui forment le complexe de Caballo Muerto dans la vallée du Moche (Pérou).*

vers lequel les groupes de chasseurs-cueilleurs revenaient en été (quand on peut se nourrir plus facilement) pour renforcer les liens sociaux (l'appartenance au clan) et traiter les affaires concernant la collectivité.
Les plus anciennes traces d'habitat à ciel ouvert connues en Amérique méridionale remontent au Paléolithique tardif : dans le **village de Monte Verde** (dans le sud du Chili), daté vers 13000 av. J.-C., des vestiges bien conservés d'un habitat permanent de chasseurs, pouvant abriter une cinquantaine de personnes, ont été découverts. Situé sur la rive d'un torrent, il est composé de douze cabanes rectangulaires avec une structure portante en bois recouverte de peaux d'animaux. A l'intérieur, on distingue des **lieux spécialisés** destinés à des occupations précises : travail du bois et de la pierre, stockage, cuisson de la nourriture.

De nos jours, les découvertes se concentrent en deux zones, futurs sièges de développement de la civilisation précolombienne, la Méso-Amérique et les Andes.

C'est ici qu'apparaissent, à partir du Ve millénaire av. J.-C., les **villages permanents** dont les habitants créent de nouvelles formes de subsistance ; à côté des ressources traditionnelles de la chasse, l'exploitation de la faune marine et des plantes sauvages gagne en importance. Il s'agit d'habitats aux dimensions encore modestes, implantés sur la **côte**. Alors que l'agriculture s'affirme et que sont sélectionnées des variétés de végétaux comestibles toujours plus productives, les groupes d'habitats s'éloignent du littoral, vers les **fonds de vallées intérieures**, où la fertilité des dépôts d'alluvions favorise les récoltes. Les dimensions et l'emplacement des habitats sont très similaires à ceux des villages côtiers. Cependant, si on analyse les matériaux et les techniques de construction, il est possible de distinguer des typologies régionales. Ainsi, dans la vallée de Tehuacán, au Mexique, des restes de villages ont été exhumés ; ils comprennent des groupes de dix à quinze maisons-hypogées de plan circulaire, pouvant

être datées entre 3400 et 2300 av. J.-C.
Aux environs de Huaca Prieta, le plus ancien site péruvien connu à ce jour, un groupe d'habitations de petites dimensions a été découvert : les maisons sont composées d'une pièce unique à demi enterrée dans le sol, dont les parois sont décorées avec des cailloux du fleuve. A Chilca, sur la côte centrale du Pérou, les habitations sont faites de paille ou de jonc, et se présentent sous forme de simple hangar carré doté d'une couverture à double pente soutenue par quatre poteaux.
Des fouilles récentes effectuées dans les Andes centrales ont permis de découvrir d'autres sites correspondant à la première phase de la civilisation agricole. Aux abords de La Paz, on a retrouvé les restes de petites maisons en argile avec des fondations en pierre ; on suppose qu'étaient déposées, sous le pavement, les dépouilles mortelles des membres de la famille. Dans le département de Cochabamba, en Bolivie, des vestiges d'habitats de plan rectangulaire construits en briques crues *(adobes)* ont été reconnus dans des tumulus de détritus.
Les habitats méso-américains restent pendant une longue période de petits villages ruraux ; c'est vers la fin du IIe millénaire av. J.-C., avec la culture olmèque, que se développent des sociétés capables de réaliser de grands ouvrages publics, comme les centres cultuels de La Venta et de San Lorenzo, édifiés sur un plan très complexe prévoyant d'énormes terre-pleins, des lieux de cérémonies fermés par des colonnades, des vasques rituelles, des pyramides et une centaine de tumulus.
En revanche, dans la région andine, dès le IIIe millénaire av. J.-C., surgissent des agglomérations permanentes de grandes dimensions (trois mille à quatre mille habitants), qui présentent une structure sociale beaucoup plus organisée. Les centres les plus remarquables sont tous concentrés au Pérou : Kotosh (vallée Hualaga), Aspero (Valle di Supe), Sechin Alto, El Paraíso, Huaca de los Reyes. Ces agglomérations, qu'on peut déjà qualifier d'urbaines, introduisent les **premières formes d'architecture monumentale** mises au jour en Amérique. Les habitations se développent autour des grands édifices cultuels : il s'agit de temples à tumulus érigés sur de larges plates-formes pouvant atteindre 10 mètres de hauteur et accessibles par de grands escaliers.

A droite : dessin illustrant trois types de toits servant de maisons **(tapiri)** *aux Yanoama.*
En partant du haut : dispositif à support unique, à trois supports, à quatre supports. Les habitats méso-américains restent longtemps de petits villages de cabanes, comme celles qui sont représentées ici. Ce n'est qu'à la fin du IIe millénaire av. J.-C., avec la culture olmèque, que se développent des sociétés plus complexes, capables de mener à terme la construction de bâtiments publics imposants.

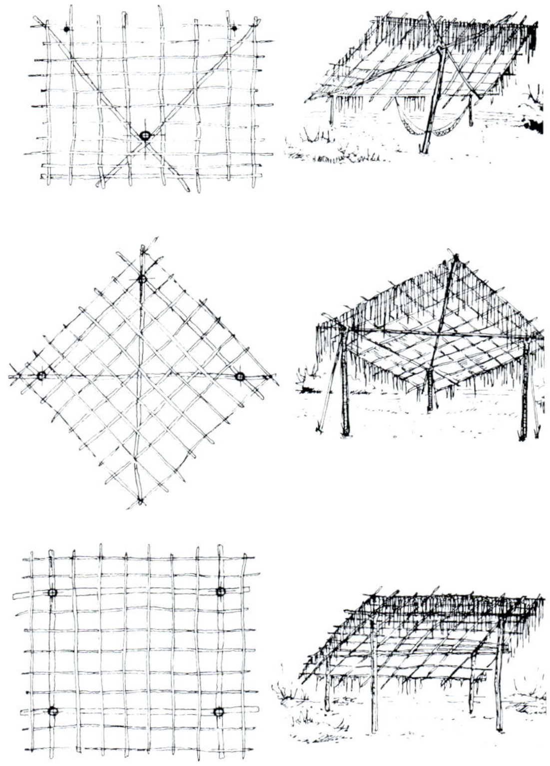

Les lieux de cérémonies sont édifiés en maçonnage, en utilisant des blocs de pierre grossièrement équarris et joints à sec ou avec un mortier de boue. Il est fait appel à la ***tapie*** ou à l'**adobe** : blocs de taille variable (l'adobe a environ les dimensions d'une brique), faits d'argile mêlée à de la paille et à des cendres, puis séchés au soleil. Les murs, recouverts d'un enduit peint dont il ne reste que des traces, sont décorés, dans leur partie supérieure, de frises en adobes. Les parois sont généralement creusées de niches contenant des objets, peut-être votifs ; dans le **temple-tumulus d'Aspero** (2600 av. J.-C.), on a retrouvé des objets fabriqués avec les matériaux les plus variés (plume, coton, corde et roseau), des statuettes en argile, des bâtons de bois taillés. Le plan des temples est relativement développé et présente de nombreuses pièces, corridors, cours, puits et salles à hypogées. Toujours à l'intérieur, se trouvent des sépultures de personnages de haut rang. Les temples-tumulus prennent le nom de ***huacas***, un terme d'origine quechua qui, du côté andin, désigne à l'origine les lieux destinés à recevoir les sépultures et, par la suite, tous les édifices sacrés. A une époque très pauvre du point de vue architectural, il s'agit là des premiers exemples de constructions monumentales en Amérique. Malheureusement, il ne nous reste que peu d'éléments, et il n'est pas toujours possible de reconstituer avec certitude l'aspect et les fonctions de ces édifices, qui semblent annoncer (par leur forme vaguement pyramidale) quelques-unes des caractéristiques des grandes réalisations architecturales et urbanistiques de la civilisation précolombienne, à partir de la fin du IIe millénaire av. J.-C., période où s'affirment, dans la zone méso-américaine, les cultures olmèque et de Chavín.

Ci-dessous : deux **chulpas** *de Sillustani (Pérou).*
Les **chulpas** *sont des monuments funéraires mégalithiques remontant au VIe siècle av. J.-C. ; leur fonction est proche de celle des* **huacas,** *dont les quelques traces qui nous sont parvenues ne permettent toujours pas d'en reconstituer l'aspect.*

La première civilisation urbaine développée, caractérisée par de vastes agglomérations urbaines construites selon un plan rationnel, naît soudainement dans les plaines du Sind et du Pendjab vers 2600 av. J.-C. Il existe cependant des noyaux d'habitation antérieurs de plusieurs siècles, dans quelques localités de la vallée de l'Indus, révélés par une étude stratigraphique de ces sites. Il semble que, déjà au milieu du IVe millénaire av. J.-C., des populations venant du Baloutchistan aient occupé ces régions, commençant à assécher les marais et protégeant leurs villages des crues du fleuve à l'aide de remblais en pierre. Les premières phases de ces habitats sont mis en évidence par les niveaux les plus anciens d'**Amri** (vers 3500 av. J.-C.) et **Kot-Diji** (vers 3000 av. J.-C.). Les fouilles ont mis au jour les vestiges de nombreuses **maisons de plan quadrangulaire**, aux murs de pierres ou de briques de boue séchées au soleil. Il s'agit d'édifices de petites dimensions, dépourvus de portes et de fenêtres, auxquels on accédait probablement par le haut au moyen d'escaliers. Un solide **bastion muni de tours** cerne l'habitat pour assurer sa protection. Ces habitats, bien que développés sur des sites qui verront l'essor de la civilisation de l'Indus, appartiennent tous à une **phase proto-urbaine**, caractéristique des communautés villageoises néolithiques.

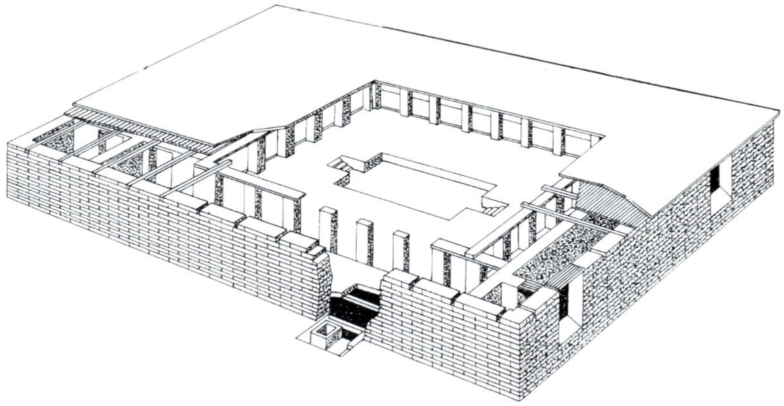

Ceux qui, vers 2600 av. J.-C., bâtissent Harappā et Mohenjo-Dāro introduisent des éléments de civilisation jusqu'alors inconnus. Ils montrent déjà une maîtrise des techniques de fabrication de la **brique cuite au four** et connaissent les qualités imperméabilisantes du **bitume**. De plus, ils possèdent des capacités d'organisation remarquables, qui leur permettent de construire une cité selon un plan capable de répondre de façon fonctionnelle aux nécessités pratiques des habitants. C'est une **conception urbanistique très avancée** qui ne connaît pas d'équivalent, même dans les civilisations plus avancées de l'Égypte et de la Mésopotamie. Les centres urbains de l'Indus atteignent des dimensions remarquables : à son apogée, **Mohenjo-Dāro** s'étend sur soixante hectares et sa population compte approximativement quarante mille habitants. Le tracé des rues suit un **schéma orthogonal** : deux voies axiales principales (constituées d'artères rectilignes pouvant atteindre dix mètres de large et quatre cents mètres de long) se coupent à angle droit, déterminant de grands ilots à l'intérieur desquels les voies obéissent à des règles moins rigoureuses. La cité est ainsi divisée de façon rationnelle en plusieurs **quartiers** aux attributions différentes : habitations, négoces et lieux de travail. La partie résidentielle comprend des **habitations à deux étages,** avec des pièces quadrangulaires disposées autour d'une cour centrale. En l'absence d'ouverture sur la voie principale, l'accès aux maisons ne peut se faire que latéralement, en passant par les cours intérieures. Les fenêtres sont relativement étroites et placées en hauteur. De nombreuses maisons possèdent un bain portant un revêtement de brique cuite, imperméabilisé par une couche de bitume. Un **système de conduites d'eau** en terre cuite, assez complexe, permet l'approvisionnement en eau potable (disponible dans les puits publics situés le long des rues ou dans des puits privés à l'intérieur des cours) et assure l'écoulement des eaux usées qui se déversent dans des canalisations placées sur les marges des artères principales. Ce réseau d'écoulement des eaux usées, en briques cuites, est doté de petits puits d'inspection permettant de retirer périodiquement les détritus. La pente des conduites est calculée de façon très précise et, de plus, des dispositifs particuliers empêchent la pollution des eaux potables.

A côté des **habitations seigneuriales**, témoignant du niveau de vie élevé des classes dominantes, il existe aussi des quartiers constitués d'**édifices** beaucoup plus **modestes**, probablement destinés aux ouvriers. Quelques zones de ce noyau urbain sont consacrées au développement des **activités de production** : boutiques et ateliers d'artisans, forges pour le travail des métaux (comme en témoignent les nombreux restes de fusion retrouvés) et vastes espaces pour moudre les céréales. Les tavernes, marchés et casernes où sont cantonnés les soldats ne manquent pas. A **Harappā**, les fouilles ont mis au jour les fondations d'un vaste **magasin** d'une conception très élaborée, destiné au stockage des céréales. Placé au pied de la citadelle de la cité et composé de deux pièces indépendantes, il est doté d'un système de conduits assurant une ventilation adéquate. La taille du bâtiment (il s'agit probablement d'un grenier public) démontre l'existence d'un pouvoir centralisateur fort, capable, notamment, de contrôler le stockage et la redistribution des réserves de nourriture aux populations.

En haut : élévation du « grand bain » de Mohenjo-Dāro. Ci-contre : le site de Mohenjo-Dāro, une des plus anciennes cités du monde, remonte à la moitié du IIIe millénaire av. J.-C. ; c'est un exemple presque sans égal sur le plan de l'urbanisme. De grandes voies rectilignes séparent des blocs réguliers constitués d'édifices de plan rectangulaire avec des murs en briques cuites. Les édifices publics les plus importants sont situés dans la citadelle (à gauche sur la photographie), qui se trouve en position surélevée par rapport au reste du complexe urbain. C'est ici qu'ont été mis au jour, notamment, l'édifice dessiné ci-dessus : une salle destinée aux assemblées, et un grand grenier probablement affecté au stockage des réserves alimentaires de la cité.

LES SITES NÉOLITHIQUES

Dès le VIIe millénaire av. J.-C., des villages agricoles permanents naissent dans la plaine de Kachhi, zone de transition entre les hauts plateaux iraniens et la vallée de l'Indus. Le plus ancien habitat connu est Mehrgarh, édifié sur une terrasse naturelle surplombant le fleuve Bolan. Il est caractérisé par des maisons de plan carré à un seul étage, avec une couverture en roseaux soutenue par des poteaux de bois. Les parois sont faites de briques de boue recouvertes d'un enduit, alors que le sol est en terre battue. A l'intérieur de la maison apparaissent aussi, dès le VIe millénaire av. J.-C., des magasins pour la conservation des céréales et le rangement des outils ; ils sont subdivisés en locaux de petites dimensions et jouent un rôle important dans la redistribution de la nourriture, des matières premières et des objets fabriqués.
Les groupes humains qui, au cours du Ve millénaire av. J.-C, se sont établis au sud de la vallée du Gange, dans la région des monts Vindhya, présentent un développement assez similaire à celui de la plaine de Kachhi, mais leurs villages sont beaucoup plus pauvres. Les habitats de Mahagara et Chopani Mondo sont de grossières cabanes de roseaux recouverts d'argile et de boue, avec un sol en terre battue dans lequel on creuse un foyer à puits.
Les régions montagneuses situées entre l'Hindou Kouch et le Karakorum sont occupées par des communautés néolithiques à partir de la fin du IVe millénaire av. J.-C. Des informations importantes sur les habitats nés dans les vallées et sur les hauts plateaux de cette région nous sont livrées par les fouilles effectuées sur les sites de Ghalagai (dans la vallée du Swat, Russie centrale) et de Burzahom, un village lacustre des environs de Srinagar (dans le Cachemire), qui datent du IIIe millénaire av. J.-C. On a mis au jour des restes d'habitations à demi souterraines, de plan quadrangulaire ou circulaire. La structure portante est faite de poutres en bois avec une couverture de paille et d'herbes sèches. A proximité des habitations ont été découverts des puits, pouvant atteindre quatre mètres de profondeur, probablement utilisés comme dépôts.

La partie basse de la ville, qui abrite le quartier artisanal et le quartier résidentiel, est presque toujours dépourvue d'enceinte : seuls les centres urbains des zones frontières sont protégés par d'épais **murs de briques**, comme en témoignent les fouilles entreprises à Lothal et à Sutgaken-Dor. La **citadelle**, située dans la partie haute de la ville, concentre les édifices publics à caractère administratif et religieux.
A Mohenjo-Dāro, ce sont les vestiges de nombreuses constructions de grandes dimensions qui ont été mis au jour : une vaste salle composée d'une vingtaine de piliers porteurs en briques, pour les assemblées urbaines ; un grenier spacieux contenant les réserves alimentaires de la cité, et quelques éléments d'installation thermale dont une vasque de 13 mètres sur 7,5 mètres, entourée d'une véranda, sans doute destinée à l'accomplissement de rituels de purification.

Les techniques de construction et les matériaux utilisés rappellent ceux en usage chez les Sumériens : **briques de boue** séchées au soleil et **briques d'argile** cuites dans des fours, assemblées avec un mortier de bitume. Il faut noter qu'aucun élément décoratif, sculpté ou peint, n'apparaît sur les édifices : les hommes de la civilisation de l'Indus auraient-ils obéi, dépourvus de toute préoccupation esthétique, à une conception fonctionnelle de l'architecture, où l'utile l'emporte sur la beauté ? Ou l'**absence de reliefs et de peintures sur les murs** et dans les habitations est-elle due, plus simplement, à l'emploi de matières périssables qui ne sont pas parvenues jusqu'à nous ?

A gauche : le dessin représente une habitation caractéristique du site de Mehrgarh. La structure est faite de briques d'argile revêtues d'un enduit, le toit est formé d'un treillis recouvert de paille.
Ci-dessus : dans les ruines d'Harappā, on distingue les vestiges de maisons construites en briques d'argile cuites dans des fours à bois. Ces briques sont si solides que les Anglais les réutilisèrent, à la fin du siècle dernier, pour construire le ballast de la voie ferrée Karāchi-Lahore.
A droite : plan de la citadelle d'Harappā : 1. Grenier ; 2. Lit du fleuve ; 3. Moulins ; 4. Habitations des artisans ; 5. Tour nord-ouest ; 6. Tombe islamique ; 7. Entrées à terrasses, côté ouest.

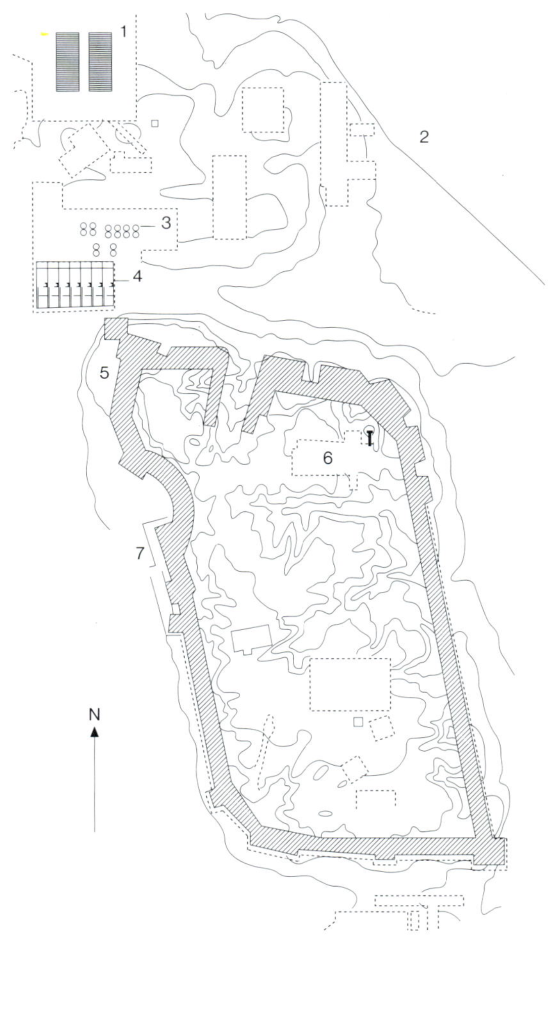

Au Paléolithique, l'homme mène une existence nomade ne permettant assurément pas l'éclosion d'habitats permanents. Au cours de ses déplacements saisonniers à l'intérieur de son territoire de chasse, il doit se contenter d'abris provisoires - cavernes naturelles, abris de fortune faits de branchages et de peaux - qui, au mieux, le protègent des intempéries. Aucune trace de tels abris n'ayant été conservée, nos connaissances se limitent aux installations dans les grottes. Les **cavernes naturelles** représentent pour l'homme primitif une solution d'autant plus commode qu'elles offrent en outre une protection contre les prédateurs. Quand la caverne est occupée, son ouverture est fermée par un coupe-vent fait de peaux et de branches, maintenu à la base par des pierres, alors que le feu, allumé à l'extérieur, est utilisé pour la cuisson de la nourriture et pour éloigner les animaux sauvages. Les restes de repas et les scories résultant du frottement des pierres (opération à laquelle est réservée un autre espace à l'extérieur de la grotte) sont abandonnés sur le sol de l'habitat et, au fil du temps, en viennent à constituer des dépôts de détritus pouvant atteindre une dizaine de mètres d'épaisseur. Leur analyse est très importante pour les archéologues parce que ces fragments nous fournissent la majeure partie des informations sur la culture matérielle de ces périodes très lointaines.

Au cours de l'Holocène, les cultures de l'Asie orientale tendent à se spécialiser de plus en plus, abandonnant l'économie de consommation caractéristique du Paléolithique pour se rapprocher d'une économie de production agricole, qui s'affirme au Néolithique. Cela provoque une transformation profonde du mode de vie : le nomadisme est abandonné, les communautés agricoles s'établissent dans des zones favorables à la culture, menant une **vie sédentaire** qui suit le rythme des saisons agricoles. Alors que dans les régions montagneuses, quelques groupes de chasseurs et de cueilleurs continuent à vivre dans des grottes ou des abris-sous-roche, les **premiers villages** de taille relativement importante - quelques dizaines d'habitations - naissent, à partir des VIe et V^{e} millénaires av. J.-C., dans les forêts sises en terrain plat, le long des côtes ou des rives des fleuves.

Les habitats les plus anciens, qui appartiennent à la **culture dite « de Yangshao »**, se sont concentrés dans le bassin médian du fleuve Jaune. Il s'agit de villages occupés périodiquement ; les agriculteurs, n'étant pas encore totalement sédentaires, sont encore obligés de se déplacer à la recherche de terres fertiles : pour cette raison, les habitations et les parcelles de terre sont abandonnées après quelque temps et sont réoccupées des années plus tard. Le site le plus représentatif de cette culture est **Banpo**, un village situé le long du fleuve Zhuan (un affluent du fleuve Jaune). Banpo fournit des indications précieuses sur le régime alimentaire, la culture matérielle et les techniques de construction de la communauté Yangshao. Ce site s'étend sur presque 50 kilomètres carrés et comprend une centaine de **cabanes à demi souterraines** en bois et en argile, protégées par un fossé.
Le pavement des habitations est encastré dans le sol et représente un développement des abris primitifs, constitués de larges cavités creusées dans la terre et recouvertes de branchages ou de peaux afin de se protéger du vent et du gel. Leur diamètre varie de trois à cinq mètres et elles ne peuvent abriter qu'une seule famille. Les parois sont formées d'une structure portante de **poteaux de bois** fixés dans le sol et entrecroisés au sommet, consolidés à la base par des pierres, alors que le revêtement est fait de branchages, d'écorces ou de peaux enduites d'argile et de paille, pour offrir une meilleure protection contre

A gauche : intérieur de cabane avec un foyer creusé dans la terre, village de Banpo.
Ci-dessus : reconstitution de quelques cabanes villageoises à Banpo, appartenant à la culture dite de « Yangshao » (Néolithique). Le pavement de ces habitations se trouve au-dessous du niveau du sol. Les murs et le toit forment une unique structure pyramidale ou conique.
A droite : paysage du Gansu central, où se développe la culture Yangshao.

LES VILLAGES JŌMON

Au Japon, le développement des habitats permanents coïncide avec l'affirmation de la culture jōmon, qui voit l'apparition de petits groupes d'habitats aux dimensions limitées (formés de groupes de trois à dix cabanes semi-souterraines), ainsi que de vastes édifices publics. Les villages jōmon - généralement situés près des rives des fleuves, des rivages lacustres et marins - sont caractérisés par des dépôts de coquilles, restes de repas déposés à proximité des habitations. Ces dernières sont de simples abris de bois et de branchages, composées d'une pièce unique avec un sol en terre battue, généralement situé au-dessous du niveau du sol. Le toit est formé d'une couverture en paille, posée sur des branches soutenues par des poteaux en bois fixés verticalement dans le sol.
Au centre de la pièce unique, se trouvent le foyer pour la cuisson des repas ainsi qu'un petit puits creusé dans la terre pour stocker les semences et les fruits secs (glands, châtaignes et noix) qui constituent une source importante de nourriture pendant la longue saison hivernale. Chaque village est doté de fours pour la cuisson de la céramique, et de nécropoles délimitées par des cercles en pierre ou des pierres fichées dans le sol; les dépouilles mortelles y sont inhumées dans des tombes, des jarres ou des urnes funéraires.

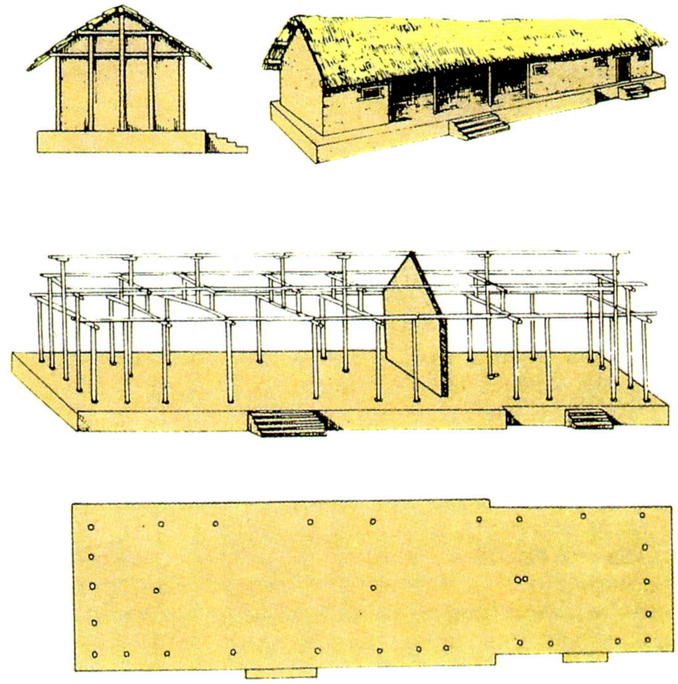

les intempéries. Les cabanes sont de **plan circulaire ou carré**; des piliers supportent un toit conique ou à double pente, les murs et le toit formant un ensemble de forme pyramidale ou conique. L'entrée des cabanes est habituellement précédée d'un petit couloir d'accès doté d'une couverture à double pente. Le **foyer**, creusé au centre de l'édifice, correspond à une ouverture pratiquée dans le toit, alors que les puits se trouvant à proximité des habitations sont utilisés pour conserver les denrées alimentaires. Au centre du village se trouve presque toujours un édifice de plus grandes dimensions qui fait probablement office de **salle cultuelle** ou de siège de la communauté. Au-delà du fossé qui protège et délimite la partie résidentielle, sont installées la partie réservée au travail et à la cuisson de la céramique ainsi que la **nécropole**, où sont inhumés les adultes (alors que les enfants le sont dans des urnes en terre cuite placées entre les maisons).

Les habitats de la **culture dite « de Longshan »**, qui apparaissent à une époque postérieure, présentent un caractère plus permanent. La typologie des maisons ne se distingue guère de celle de Yangshao, mais les villages sont de plus grandes dimensions. Les édifices, en maçonnage, sont entourés de bastions en terre battue ou en briques de boue qui peuvent atteindre 6 mètres de haut et plus de 10 mètres de large. Ces bastions avaient probablement une double fonction de défense militaire et de protection contre d'éventuelles inondations. Pour le reste, la disposition de l'habitat reprend celle des autres agglomérations néolithiques, prévoyant des espaces réservés à l'accomplissement de différentes tâches (stockage des produits comestibles, production de vaisselle, travail de la pierre). A l'intérieur des villages (et non plus à l'extérieur comme dans les villages Yangshao), on trouve aussi la nécropole, où la présence de tombes individuelles dotées d'un matériel funéraire suggère l'existence d'une différenciation sociale désormais marquée. Les habitats proto-urbains de Longshan perdurent et se développent à l'époque Shang, quand naissent des cités aux dimensions considérables.

Le Néolithique chinois voit l'éclosion d'autres cultures, concentrées essentiellement dans le bassin du fleuve Bleu (Yangzi Jiang) et sur la côte orientale. Elles sont encore mal connues, mais présentent quelques spécificités, notamment quant à l'habitat et à l'industrie de la pierre, qui permettent de les distinguer assez nettement des cultures, partiellement contemporaines, de Yangshao et de Longshan. Le village d'Hemudu, situé dans le Zhejiang, au sud de l'embouchure du fleuve Bleu, est occupé, dès le Ve millénaire av. J.-C., par une population qui pratique la riziculture. Bien que contemporain de Banpo, il présente une architecture très différente, avec des habitations en bois construites sur pilotis, d'après une technique qu'on peut retrouver dans des communautés rizicoles d'Indochine.

Ci-dessus : statuette en pierre de la période jōmon (vers la fin du IIe millénaire av. J.-C.). En haut, à droite : une des grandes cabanes découvertes pendant les fouilles de Xiaotun, près d'Anyang (culture néolithique dite « de Longshan »). A droite : graffitis dans la grotte d'Ayers Rock, en Australie centrale. Les Aborigènes australiens ont maintenu leur culture et leurs usages intacts pendant des millénaires, jusqu'à l'arrivée des colonisateurs anglais.

A la différence de ce qui se produit en Asie, aucune trace d'habitat permanent n'a été retrouvée en **Australie**. Le nomadisme, les dimensions restreintes des petits groupes humains font que ceux-ci ne ressentent pas la nécessité de créer des installations permanentes de grande envergure.
Chaque groupe (abritant généralement deux à trois familles) dispose d'un territoire de chasse bien délimité, au sein duquel il accomplit des déplacements périodiques. C'est pourquoi les Aborigènes ne construisent pas d'édifices durables, mais élèvent seulement des abris de fortune avec les matériaux dont ils disposent (abris habituellement formés d'une structure portante grossière en bois soutenant une couverture de branchages); ou encore ils se limitent à de simples bivouacs installés autour d'un feu, se protégeant sous des toits d'écorce.

Pendant le Paléolithique, le continent africain ne connaît aucune manifestation artistique proprement dite. Bien que quelques paléontologues aient interprété l'apparition des outils bifaces comme l'indice d'un goût esthétique embryonnaire, c'est à des époques beaucoup plus tardives que l'on rencontre les premiers exemples achevés d'un art africain. Les peintures et les gravures rupestres des peuples du Sahara et de la chaîne de l'Atlas n'apparaissent qu'au Mésolithique.
On connaît de nombreuses manifestations de l'**art pariétal** et de la **gravure sur pierre** dans les abris-sous-roche de l'Afrique australe, au sud du fleuve Zambèze, où la pierre est suffisamment lisse pour permettre la gravure ou la peinture. Ces productions sont généralement attribuées aux Bochimans, sans pouvoir établir de chronologie précise, malgré les nombreuses hypothèses avancées : époque mésolithique, pour certains ; néolithique, pour d'autres, mais, en réalité, il pourrait s'agir d'artisans en activité à des périodes beaucoup plus tardives. Habituellement représentés avec beaucoup d'élégance et de réalisme, les sujets sont très variés : scènes de chasse, épisodes guerriers, animaux (antilopes, gazelles, gnous, rhinocéros, éléphants, girafes, hippopotames).

A gauche : graffiti de Taghit (Algérie), dans le style dit « Tazina » (5000-2000 av. J.-C.). Ci-contre : un graffiti et une fresque dans une grotte du Tassili (Algérie). Ci-dessous : un autre graffiti provenant du Tassili. Il représente une des « dames à la tête ronde ». Il s'agit d'un des exemples les plus anciens d'expression artistique dans le Sahara, remontant vraisemblablement au VIe millénaire av. J.-C.

Au cours de la période protohistorique africaine, la plus haute expression artistique reste, assurément, l'**art rupestre de la région saharienne**, dont les centres les plus intéressants sont situés le long de la chaîne de l'Atlas et sur les reliefs montagneux du Sahara central. En dépit des problèmes importants rencontrés pour obtenir une datation absolue, l'analyse des sujets représentés a permis de distinguer **quatre grandes époques,** qui s'étendent du Mésolithique jusqu'aux premiers siècles de notre ère. La **phase la plus ancienne** remonte, selon certains spécialistes, au IXe ou au VIIIe millénaire av. J.-C., et elle est probablement l'œuvre de groupes de chasseurs du Mésolithique. Sur les rochers du Tassili, du Fezzan et du Tibesti, ils ont représenté, avec beaucoup de réalisme, les **animaux sauvages** vivant dans un Sahara luxuriant, doté d'une faune très riche. Outre le buffle, qui est l'animal le plus fréquemment reproduit, on trouve aussi la girafe, l'hippopotame, le crocodile, l'éléphant et le rhinocéros. La **gravure** est la technique la plus usitée (pour rendre les contours), parfois associée à la taille et au polissage des surfaces. Généralement, les animaux sont de grande taille (une girafe de l'oued Djerat atteint six mètres de haut), c'est pourquoi on parle à leur propos de **style monumental**. Des figures plus petites (que l'on interprète comme des œuvres appartenant à des périodes de décadence) apparaissent parfois, ainsi que des représentations moins réalistes. C'est le cas du **style Tazina**, caractérisé par des animaux (antilopes et gazelles) très fins et élégants ; difficile à dater, il est localisé dans l'Atlas saharien. Les représentations d'êtres humains sont moins nombreuses : on les

trouve en orants, les mains levées vers le ciel, ou armés d'arcs, de javelots et de haches.
Les créatures à tête d'homme et corps d'animal sont très intéressantes, car elles rappellent des scènes analogues en Afrique méridionale et dans la vallée du Nil.
Ces images, probablement liées à des cérémonies cultuelles, sont habituellement identifiées comme des sorciers masqués ou des entités supérieures, même si l'on est encore réduit à des conjectures à leur sujet.
A l'intérieur de la très vaste zone ayant connu le développement de l'art pariétal, des **styles régionaux** différents ont pu être définis. Ainsi, dans l'art rupestre de la chaîne de l'Atlas (qui est mis en relation avec les cultures néolithiques de tradition capsienne) apparaît très fréquemment l'image d'un mouton dont la tête est ornée d'un sphéroïde. Il est difficile de discerner le sens exact de cette image, car l'interprétation traditionnelle du sphéroïde comme symbole du disque solaire vient d'être remise en cause.
Le **style des têtes rondes**, caractéristique de la région du Tassili, est parvenu aussi, dans un second temps, dans l'Akakuos et l'Ennedi : il s'agit de peintures à fond blanc, sur lesquelles apparaissent des figures humaines schématisées, le visage dépourvu de traits et le corps couvert de tatouages ou décharné.
Les couleurs prédominantes, probablement obtenues à partir de l'ocre, sont le rouge

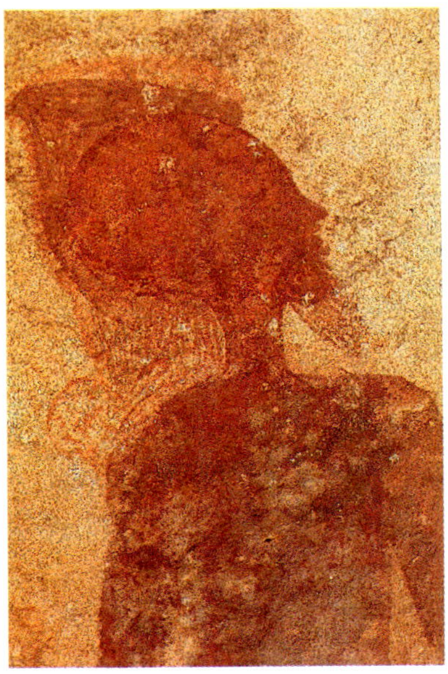

(en plusieurs tonalités), le noir et le jaune. Le blanc, utilisé pour les fonds, sert aussi pour les coiffures et les ornements.

Le passage de la communauté des chasseurs à une économie pastorale coïncide avec une **transformation de l'art rupestre** du Sahara.
A partir du VIe millénaire av. J.-C., les **troupeaux** de bovins domestiques, de chèvres

LA CÉRAMIQUE ET LES ARTS MINEURS

La céramique africaine, qui naît simultanément à l'établissement d'une économie agricole, apparaît plutôt standardisée, avec une typologie limitée : les vases sont généralement pansus, avec un fond conique, et rappellent vaguement la forme d'une courge. Le décor est pauvre, lui aussi, se réduisant à de simples impressions sur l'argile encore humide : habituellement, les motifs sont en arêtes de poisson en forme de peigne et disposés sur des lignes ondulées parallèles, ou sur des pointillés régulièrement répartis. L'unique facteur de variété (outre les dimensions qui sont parfois imposantes) consiste souvent dans le fait que les frises se déroulent sur des registres superposés. Dans quelques cultures, comme le Néolithique de tradition capsienne, le décor est réduit à l'extrême et se concentre sur le goulot. Au nord du Maroc, l'influence ibérique est sensible sur la vaisselle : la céramique cardiale propre à cette région est décorée avec des coquilles de Cardium, *mollusque très répandu en Méditerranée. L'art mobilier témoigne lui aussi de réalisations modestes : seules les cultures néolithiques du Tassili et de l'erg d'Admer nous ont laissé des sculptures en ronde bosse qui représentent, d'une manière très stylisée, des êtres anthropomorphes, des bovins, des antilopes et des rongeurs.*
Les expressions les plus typiques des cultures néolithiques restent les objets de décoration et quelques gravures à caractère naturaliste ou géométrique sur des plaquettes ou des coquilles d'œufs d'autruche (utilisées comme récipients) ; elles représentent des renards du désert, des bovins, des antilopes et des sangliers. A partir des œufs d'autruche étaient façonnées des perles pour fabriquer des colliers et des pendeloques.

A gauche : fresque sur une paroi rocheuse du Tassili (Algérie).
Ci-dessus, en haut : une coquille de* Cardium, *coquillage très répandu en Méditerranée utilisé pour former un décor caractéristique, dit « cardial », dans la céramique marocaine.
En bas : céramique décorée de motifs en arêtes de poisson.
A droite : céramique du Néolithique méditerranéen, région d'Oran (Algérie). Cette céramique porte des décors, faits d'incisions ou d'impressions avec des objets divers, disposés principalement autour du goulot.

et de brebis se substituent progressivement aux représentations d'animaux sauvages.
Ces images nous offrent un aperçu fidèle de la vie des pasteurs du Néolithique. Les **scènes de la vie quotidienne** sont très fréquentes : pasteurs à la tête de leur troupeau, femmes assises dans leurs cabanes, luttes entre tribus pour la possession du bétail.

Au IIe millénaire av. J.-C., à l'art rupestre des pasteurs fait suite la **phase** dite **du cheval**, caractérisée par des représentations d'équidés souvent associés à un cavalier.
Les **scènes de chars** à deux roues tirés par des chevaux au galop appartiennent aussi à cet horizon culturel, dont les principaux témoignages se trouvent dans la région du Fezzan. Elles sont peut-être à mettre en relation avec les Garamantes (l'antique peuple du Fezzan, soumis par les Romains en 19 av. J.-C.) qui, d'après Hérodote, ont introduit le char dans la région. La **phase des chameaux**, la plus tardive, remonte aux premiers siècles de notre ère.

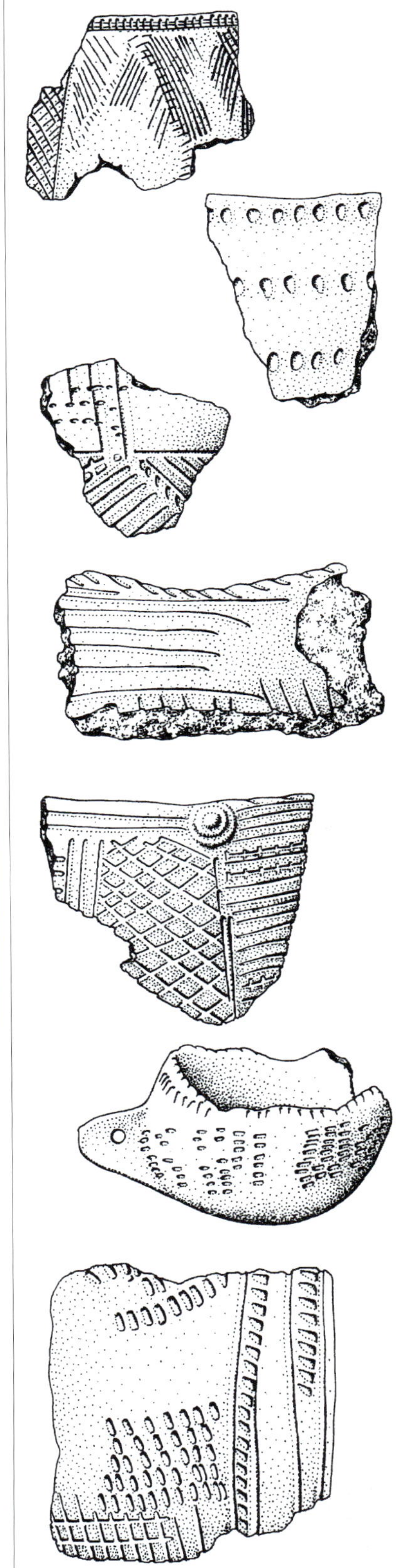

Quand, au milieu du siècle dernier, les premières découvertes d'objets en os portant des figures incisées ont été faites, un nouvel horizon s'est ouvert pour l'étude des cultures préhistoriques européennes.
Dès lors, les recherches se sont multipliées, de la Dordogne aux Pyrénées et dans d'autres sites d'Europe continentale. De nombreux objets travaillés avec art, aujourd'hui définis conventionnellement sous l'appellation d'**art mobilier**, proviennent, dans leur grande majorité, de dépôts datant du Paléolithique supérieur. Des découvertes extraordinaires sont venues s'ajouter, révélant une indubitable capacité artistique des premiers hommes. L'**art pariétal**, qui recouvre cette nouvelle catégorie, désigne les représentations exécutées sur des parois rocheuses à l'aide des techniques les plus diverses : peinture, relief, gravure, graffitis.

Les peintures polychromes de la **grotte d'Altamira**, un des plus prestigieux exemples de l'art paléolithique, ont été découvertes les premières. Divisée en deux parties, la grotte présente environ trois cents représentations gravées et peintes.
Dans la première se trouve « le grand plafond », décoré de nombreuses figures polychromes, où se distingue un grand bison que quelques signes séparent d'un cerf aux lignes harmonieuses, alors qu'à l'opposé apparaît une grande tête de cheval. Ce sont là les deux figures principales dont dépendent les autres, un être anthropomorphe et des bisons dans des postures variées. La seconde partie se distingue par ses figures noires et ses gravures ; il s'agit encore d'animaux : bisons, bovidés, chevaux, chèvres, sangliers, un mammouth, un élan, un félin et d'autres animaux difficiles à identifier. Avec la découverte de grottes similaires en France, la peinture d'époque paléolithique est désormais reconnue. Il s'agit d'un **art naturaliste** : les représentations, essentiellement animales, sont des images fidèles et réalistes. Puisque la plupart des découvertes ont été faites en France (Dordogne et Pyrénées) et en Espagne (monts Cantabriques), on a appelé cet **art franco-cantabrique**. En Espagne, un autre type d'art préhistorique est aussi attesté ; c'est un art pariétal, composé exclusivement de peintures, nommé **art rupestre** pour le distinguer et indiquer clairement la nature de ses supports, rochers ou parois rocheuses visibles de l'extérieur. Cet art pariétal est présent en Espagne orientale ou du « levant », entre Lérida et Cadix : c'est pourquoi il est appelé **art levantin**. On voit encore des animaux, mais les représentations humaines sont beaucoup plus nombreuses et souvent regroupées dans des **scènes narratives**.
Là réside la grande différence de l'art levantin avec l'art franco-cantabrique.
Cependant, tous deux utilisent des techniques très similaires, usant de pigments naturels (ocre, oxyde de fer, carbone végétal) dilués avec de la graisse d'animal ou du blanc d'œuf et étalés avec des pinceaux.
L'art levantin se distingue également par sa **schématisation,** qui transforme l'anatomie, surtout celle de l'homme, en des formes géométriques ou de simples lignes. De plus, au Paléolithique, les peintures rupestres fourmillent d'animaux gigantesques, expression des puissances naturelles qui dépassent l'homme ; en revanche, dans l'art levantin, l'homme, tant par le choix des thèmes que par la taille des représentations, devient le principal protagoniste. L'artiste relate des événements quotidiens, où les figures de petites dimensions soulignent la prédominance d'une conception de l'homme, non comme être individuel, mais comme membre d'une communauté ayant des obligations précises, déterminées selon le sexe (l'homme chasse et combat, la femme se charge des activités sédentaires). On devine donc l'intention narrative, à laquelle s'ajoute la **tentative de représenter la figure dans l'espace**. C'est pour toutes ces raisons qu'après de longues discussions, l'art levantin, d'abord daté du Paléolithique, est désormais placé au Néolithique.
La découverte de l'art préhistorique, d'abord limitée à l'Espagne et à la France, s'étend maintenant à l'Europe entière, ainsi qu'à l'Afrique.
Les **exemples italiens** les plus remarquables se trouvent à Lecce, dans la grotte Romanelli, dans l'île de Levanzo (Egadi) et dans celle d'Addaura près de Palerme. L'**art rupestre arctique** occupe aussi une place importante, la gravure y étant beaucoup mieux représentée que la peinture. Ces images ont un caractère naturaliste, avec une préférence marquée pour les représentations animales ; mais le style est différent du franco-cantabrique et elles sont attribuées à une époque postérieure.
L'apparition d'un art paléolithique aussi évolué a conduit les chercheurs à supposer

Sur cette page, en haut : peintures rupestres de la grotte des Génois à Levanzo. Ci-dessous : la salle des bisons, dans la grotte d'Altamira (Espagne). Quelques-unes des plus belles peintures pariétales du Paléolithique supérieur ont été découvertes dans cette grotte. Page ci-contre, en haut : le taureau de l'abri du Romito, près de Papasidero (Cosenza). En bas : Vénus de Laussel. Musée d'Aquitaine, Bordeaux.

l'existence de phases préliminaires aux premières expressions véritablement artistiques. Parmi les nombreuses théories proposées, l'une d'elles se fonde sur les gravures des parois argileuses des grottes, dont la signification reste très souvent obscure, mais dans lesquelles on reconnaît parfois des formes animales. Stimulée par les enchevêtrements de lignes tracées précédemment, sans aucune intention figurative mais seulement pour imiter les empreintes animales sur les parois des grottes, l'imagination de l'homme préhistorique aurait donné naissance, au cours d'une phase plus évoluée, celle des peintures franco-cantabriques, à une conception élaborée des représentations animales. Les saillies rocheuses pourraient avoir conduit l'homme préhistorique à y deviner des formes animales. Enfin, la pratique de l'impression des mains, que l'on retrouve souvent dans les grottes, aurait suggéré l'usage de la couleur. Ces empreintes sont les plus anciens signes découverts dans les grottes ; elles sont obtenues, soit en étalant de la peinture rouge ou noire sur la main que l'on appose ensuite contre la paroi rocheuse (impression « positive »), soit en peignant la main placée sur le rocher en même temps que toute la zone environnante (impression « négative »). L'expression artistique correspond à l'acquisition d'une nouvelle capacité humaine et, comme telle, s'intègre à un patrimoine culturel transmissible. Ainsi, la très large diffusion de l'art figuré du Paléolithique supérieur témoigne de sa suprématie en tant que mode d'expression culturelle.

Au Paléolithique supérieur, avant de tirer parti des parois rocheuses comme support artistique, on utilise dans ce but des outils et des objets d'usage quotidien en les transformant. L'art mobilier réunit tous ces objets qui continuent probablement à remplir un usage pratique : les sagaies et les harpons gravés dans la corne, les bâtons perforés, appelés aussi **bâtons de commandement**, les propulseurs, les spatules et les tubes en os. Le bâton est essentiellement décoré d'animaux gravés de façon schématique, tout particulièrement aux périodes les plus anciennes (Aurignacien et Solutréen), alors qu'au Magdalénien, apparaissent aussi des symboles sexuels. Les objets les plus remarquables sont les **propulseurs**, bâtons en corne de renne, comportant un trou ovale à une extrémité et un crochet en forme d'animal à l'autre. Généralement, il s'agit d'une tête de cheval sculptée en bas-relief, mais parfois de figures d'animaux (cheval, chèvre, bison, renne, oiseau) aux pattes repliées ou à la tête tournée vers l'arrière. On trouve aussi des pendentifs, plaquettes gravées d'animaux aux formes et aux dimensions variées.

Les statuettes, qui font également partie de l'art mobilier, sont surtout répandues en Europe orientale, plus rarement en Europe du Sud-Ouest. Les **Vénus paléolithiques**, désignation habituelle des statuettes féminines, sont gravées dans l'os, la pierre et l'ivoire ; elles témoignent d'une diversité qui correspond aux différents lieux de découverte. Il existe un groupe rassemblant les Pyrénées et l'Aquitaine, ainsi que des groupes italien, danubo-rhénan, russe et sibérien. Hormis les statues de ce dernier ensemble, aux formes longilignes, les autres sont **stéatopyges** : les cuisses, les flancs et les seins sont proéminents, en même temps que les attributs sexuels, symboles de la fertilité, sont nettement mis en évidence. Dans l'art mobilier, la forme du matériel utilisé conditionne celle des images créées ; ainsi en est-il des propulseurs, pour lesquels l'artiste est obligé de suivre la forme de l'os. Cela n'a pas pour conséquence une déformation de la réalité avec aplatissement ou allongement des corps, mais une représentation partielle, limitée, par exemple à la tête.

En revanche, la **céramique**, la forme d'art caractéristique du Néolithique européen, possède une valeur esthétique indéniable tout en permettant de distinguer les différentes cultures et donc de reconstituer l'histoire. Les **motifs ornementaux** sont tracés sur la surface du vase déjà cuit, au moyen d'outils tranchants (décoration gravée), ou bien obtenus en imprimant des signes sur la pâte encore humide (céramique imprimée), ou encore en ajoutant d'autres matériaux en forme de grappe, de cordon, de protubérance. Au début du VIe millénaire, dans les Balkans et en Thessalie, l'influence de l'Anatolie se manifeste dans la production d'une céramique aux formes simples, sphérique et dépourvue de décor. A une période plus tardive, un décor géométrique (triangles, lignes) fait son apparition. D'autres motifs naissent, tels des végétaux stylisés de couleur blanche dans la culture de Starčevo-Körös, laquelle produit, à une phase plus tardive, une vaisselle plus grossière aux motifs imprimés à l'aide des ongles ou de coquillages. La production méditerranéenne de la **culture à céramique cardiale** porte le même type de motifs (le *Cardium* étant le nom du coquillage utilisé). En Italie, on trouve une céramique peinte en rouge avec des lignes en zigzag.

Le **Néolithique moyen** introduit un changement de style, tant dans les formes que dans le décor ; la polychromie et les méandres prédominent à Dimini. En Europe centrale apparaît, par le biais du Néolithique danubien, la **céramique rubanée**, décorée de formes peu variées : lignes parallèles, spirales. Au Néolithique récent, les qualités esthétiques de la céramique déclinent, à l'exception de celle des Balkans et de l'Europe centrale, décorée avec un vernis noir brillant ou revêtue d'un enduit blanc. La céramique de Tripolie est particulièrement belle : polychrome, elle est ornée de motifs géométriques distribués sur toute la surface du vase. Enfin, la péninsule Ibérique se caractérise par une céramique lisse et dépourvue de décorations. Le Néolithique européen poursuit les traditions plastiques du Paléolithique, avec des figures sculptées en position assise, qui semblent indifférentes ou en méditation. Dans le sud-est de l'Europe, la culture de Sesklo produit des sculptures raffinées dans le rendu des détails anatomiques, alors qu'en Roumanie, on trouve des figures dont la tête est représentée de façon géométrique, un losange traversé par deux lignes et deux triangles indiquant les yeux. La quête de l'essentiel se poursuit avec des figures en forme de colonne à tête cylindriques, dépourvues de caractéristiques physionomiques. Après le réalisme de l'art paléolithique, l'homme aborde l'**abstraction** et le symbolisme dans le domaine artistique.

À première vue, l'art égyptien peut sembler dépourvu d'évolution, figé dans des canons esthétiques immuables. Un **lien aussi profond avec la tradition** s'explique par le fait que l'idée d'un art conçu comme expression personnelle et subjective est totalement étrangère à la mentalité égyptienne. Les œuvres d'art dissimulent souvent le labeur d'artisans qui travaillent selon des techniques et des moyens hérités du passé, dans des ateliers royaux dirigés par un maître d'œuvre (en règle générale, le prêtre de Ptah). De plus, les œuvres d'art n'ont pas une valeur purement esthétique; elles remplissent une **fonction rituelle** liée aux croyances funéraires : évocation magique de l'objet représenté, par exemple pour le bas-relief et la peinture, soutien matériel au *ka* (l'esprit vital) en cas de dissolution du corps, dans le cas de la sculpture.

Les premiers témoignages artistiques remontent au Néolithique. Ce sont des **objets votifs** retrouvés dans des tombes : figurines féminines en terre cuite, céramique portant un décor géométrique ou stylisé, vaisselle ornée de figures de divinités zoomorphes, bijoux, amulettes et objets en os. Les extrémités sculptées de massues en pierre ainsi que les grandes tablettes de cérémonie sont caractéristiques de la période prédynastique. Les tablettes portent un décor en relief célébrant des événements historiques et mythologiques importants. La **peinture pariétale** connaît un essor important à l'époque historique. Le fait qu'aucune œuvre n'ait jamais été conçue, peinte ou sculptée pour être admirée par les citadins ou contribuer à l'embellissement de la cité, mais afin d'être placée dans une tombe ou un temple, est un préalable indispensable pour la compréhension de l'art égyptien. Les décors intérieurs des tombes sont exécutés essentiellement selon la technique du **relief polychrome**, qui deviendra classique.
Le répertoire iconographique est constitué de quelques images récurrentes, représentées de façon animée : le défunt apparaît dans l'accomplissement de ses activités quotidiennes, dans des scènes domestiques ou champêtres. On trouve aussi des images de banquets et de rites funéraires. On est frappé, tout à la fois, par le **refus de la perspective** et le recours à des solutions formelles qui deviendront des canons : les figures sont alignées sur des registres superposés, selon un procédé logique et non réaliste.
Le personnage se tient de profil, mais son œil, ses épaules et son buste sont vus de face. Ainsi, l'artiste ne crée pas une image réaliste, mais obéit à un concept consistant à mettre en évidence les parties de l'anatomie jugées les plus importantes.

La IVe dynastie voit l'épanouissement de la grande **statuaire royale**, qui est sans doute la plus haute expression de l'art égyptien. Elle crée une image idéalisée du souverain : le pharaon est totalement serein et immobile, aucun sentiment ne l'agite, son attitude est tout à la fois solennelle et hiératique. La grande majorité des statues sont peintes, à l'exception de celles, sculptées dans le granit, dont seuls des détails sont peints (lèvres, yeux, bijoux). Pendant la première période intermédiaire, le **style de Memphis** décline en même temps que les dynasties des pharaons, et chaque région tend à développer sa propre école (art provincial). La production artistique se manifeste par l'usage de matériaux moins précieux, comme le bois, et par un académisme moins marqué : l'optimisme serein de l'époque memphite est abandonné, alors que des solutions nouvelles se font jour, caractérisées par une plus grande caractérisation psychologique et physique et par un sens de la polychromie jusqu'alors inconnu. Le Moyen Empire marque un retour aux canons traditionnels, sans pour autant renier les récentes conquêtes. La statuaire royale n'a plus l'impassibilité solennelle de la période memphite : le souverain, empreint parfois d'une expression douloureuse et tourmentée, s'est humanisé. La statuaire privée connaît la suprématie de la **statue-cube** (répandue à l'époque ptolémaïque) : la figure est recroquevillée, les genoux à la hauteur des épaules de façon à former un bloc servant de support aux inscriptions hiéroglyphiques.
La **production artisanale** atteint un très haut niveau artistique, même dans les objets de la vie quotidienne : miroirs, peignes, vases à onguents en pierre, meubles en bois et en ivoire incrustés de pâte de verre colorée et de pierres semi-précieuses. Les créations, raffinées, des bijoutiers et des orfèvres – bijoux en or, lapis-lazuli et turquoises – sont de véritables chefs-d'œuvre.

Une véritable **production littéraire** fait son apparition à l'époque memphite, lorsque sont définis les genres littéraires qui deviendront l'apanage de la culture égyptienne. Les livres de sagesse, qui constituent l'un des genres littéraires les plus significatifs, sont rédigés sous forme d'**enseignements** adressés par un père à son fils afin de l'instruire des règles de la vie (*Sagesse d'Hergedef* et *Sagesse de Ptahhotep*). A l'image des Proverbes bibliques, ce sont des conseils à caractère essentiellement didactique, qui proposent une éthique tout de modération, de contrôle de soi et de respect de l'ordre établi. Nombreuses, les **biographies** dérivent du récit de la vie des défunts gravé dans les chapelles funéraires, et ont un rôle d'autojustification (pour démontrer que le mort a le droit de jouir de l'offrande funéraire). De telles œuvres sont importantes, car elles reflètent l'évolution de la société et de ses valeurs; si, dans l'autobiographie d'Uni (fonctionnaire de la Ve dynastie), prévaut la loyauté au souverain, les biographies des gouverneurs provinciaux de la première

Ci-dessus : coffret en terre cuite peinte (seconde moitié du IVe millénaire av. J.-C.), provenant d'El Amrah. British Museum, Londres.
Ci-dessous : stèle représentant un harpiste jouant pour le dieu Rê. Musée du Louvre, Paris.

L'ÉCRITURE ÉGYPTIENNE

L'écriture hiéroglyphique procède probablement d'une évolution autonome à partir d'un emprunt au Proche-Orient où, depuis quelques siècles déjà, était apparue une écriture pictographique. Née vers 3000 av. J.-C., elle est utilisée pour les inscriptions lapidaires et murales. Bientôt, l'écriture hiératique lui est adjointe, pour la rédaction, sur papyrus, des documents administratifs et des textes sacrés ou littéraires. Pendant longtemps, on a cru que cette écriture était réservée aux clercs, à la différence du démotique, largement répandu dans le peuple. En réalité, le hiératique et le démotique sont deux formes successives de l'écriture cursive (la première remonte à l'Ancien Empire, et la seconde s'affirme vers le VIIe siècle av. J.-C.), qui reflètent l'évolution de la langue égyptienne au cours du temps. Cette évolution se termine au IIIe siècle apr. J.-C. avec le copte, qui est la langue égyptienne transcrite, non plus en hiéroglyphes, mais avec les lettres de l'alphabet grec.

Avec la conquête romaine, l'usage de l'écriture hiéroglyphique disparaît progressivement, alors que, déjà au Ve siècle apr. J.-C., personne n'est plus capable de la lire. Les égyptologues tentèrent d'en donner une interprétation allégorique ; en dépit de son manque de fondements, cette dernière a conduit des générations de chercheurs à se fourvoyer, les incitant à lire les hiéroglyphes comme une langue idéographique, dans laquelle à chaque signe correspondrait un concept. Après des siècles de tentatives infructueuses, il revint à Champollion - qui déchiffra la pierre de Rosette - d'ouvrir la voie à leur compréhension définitive. Grâce à ses connaissances approfondies des langues médio-orientales et du copte, il démontra que les hiéroglyphes n'ont pas seulement une valeur idéographique, mais aussi phonétique. Ils composent, en fait, un système d'écriture consonantique (les voyelles n'apparaissent pas), dans lequel le signe a perdu en partie sa fonction pictographique originelle, mais en est venu à transcrire les sons du langage. Le signe peut donc signifier l'objet représenté, mais aussi - le plus souvent - le son du mot qui désigne cet objet. Ainsi, le hiéroglyphe du poisson exprime la séquence des deux consonnes « nr » quand on l'utilise pour désigner le poisson, mais aussi dans la transcription d'autres mots : on le rencontre par exemple, associé au hiéroglyphe du poinçon - « mr » - pour composer le nom de Narmer, le souverain prédynastique, sur une palette de celui-ci. Des signes particuliers, les déterminants, permettent de reconnaître comment le signe est employé : par exemple, si le phonème « nr » doit être entendu comme le nom du poisson ou comme élément homophone d'un mot.

période intermédiaire sont caractérisées par un esprit d'indépendance et un orgueil prononcés. Au cours de cette période, le pays traverse une crise politique grave : l'État vacille, les individus se retrouvent privés de protection et à la merci de la violence. Comme pendant tous les temps de crise, le ton et les formes littéraires se modifient, en adoptant un intimisme pessimiste.

Ce pessimisme trouve son expression dans les ***Lamentations***, un genre qui naît précisément à cette époque. La lamentation sur les désordres et les bouleversements sociopolitiques s'accompagne d'un mépris envers le peuple et d'une volonté de restaurer l'ancien ordre social.

Désillusion et découragement apparaissent tout aussi clairement dans la **production lyrique** : le *Dialogue avec son âme d'un homme fatigué de la vie* raconte la désespérance de celui qui voit s'écrouler le monde qui l'entoure de manière irrémédiable. Il invoque la mort comme seul réconfort, comme « la guérison après une longue maladie, la vue de sa maison après un long séjour en prison ».

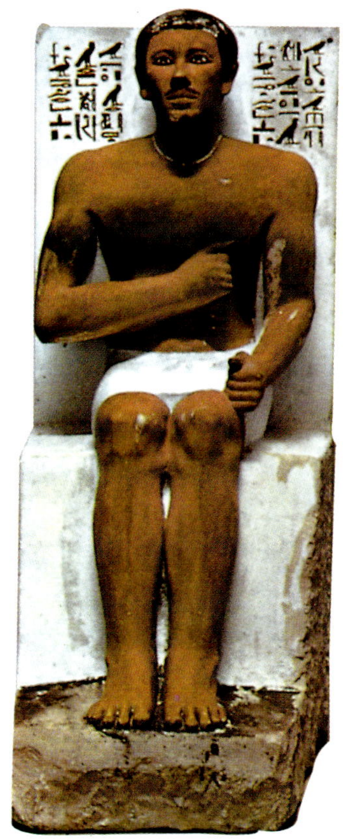

A gauche : statue du scribe accroupi, calcaire peint avec des yeux incrustés (Ve dynastie). Musée égyptien, Le Caire. Ci-dessus : Rahotep et son épouse Nofret, provenant de Meidoum (début de la IVe dynastie). Ce groupe présente des qualités artistiques remarquables et un excellent état de conservation qui permettent d'apprécier l'effet produit par la polychromie qui couvrait originellement toutes les sculptures. Musée égyptien, Le Caire.

Le **Moyen Empire** peut être considéré comme la période classique de la littérature égyptienne. L'ordre et le pouvoir central ont été rétablis, les valeurs traditionnelles revalorisées dans la littérature biographique ainsi que dans les ouvrages didactiques. Nombreuses sont les œuvres exprimant la dévotion envers le souverain *(Enseignements de la loyauté)* ou comportant un but de propagande bien marqué *(Enseignements d'Amenemhat à son fils Sésostris)*. La célèbre *Prophétie de Néfertiti* recèle une finalité politique, car elle utilise la prophétie comme instrument de légitimation des souverains thébains, présentés comme les sauveurs de l'Égypte. La **production narrative** est florissante, *les Aventures de Sinouhé* en constituant la meilleure expression : elles sont centrées sur la figure du vassal égaré, repenti et pardonné, qui retrouve une vie intègre et reste par la suite fidèle à son souverain.

Les textes funéraires apparaissent à la fin de la Ve dynastie, sur les parois internes des pyramides. Il s'agit de formules magiques et d'exorcismes qui aident le souverain lors de son voyage vers les Enfers.

Les ***Textes des pyramides*** exposent le rituel funéraire exclusivement réservé au pharaon, caractéristique qui s'atténue pendant la première période intermédiaire, quand les textes gravés sur les sarcophages (et précisément nommés ***Textes des sarcophages***) reflètent la démocratisation de l'expérience religieuse et manifestent des préoccupations et des désirs purement humains. C'est sur la base de tels matériaux, développés et transcrits sur des rouleaux de papyrus, que sera élaboré, au cours du Nouvel Empire, le célèbre *Livre des morts*.

Les prémices de l'art mésopotamien sont à rechercher dans la céramique proto-sumérienne et dans un groupe de **minces figurines**, mises au jour à **Éridou** et datées du Ve millénaire av. J.-C. Elles sont caractérisées par leur visage, triangulaire et pointu comme une tête de serpent. Leur interprétation reste incertaine. Le corps est rendu de façon plutôt maladroite, avec un rétrécissement de la taille à partir de laquelle le buste, complété par des ajouts d'argile, s'élargit jusqu'aux épaules ; les jambes sont fines, séparées par une simple ligne, et les attributs sexuels, bien que rendus

de façon sommaire, se distinguent très clairement, les bras étant croisés sur la poitrine. Cette particularité semble anticiper une caractéristique de la statuaire mésopotamienne de la période suivante, appelée statuaire « de présentation », qui se substitue à la personne devant le dieu.

La **céramique** peut être considérée comme une expression artistique jusqu'à l'apparition du tour, la production de la vaisselle en série s'accompagnant du déclin de la qualité de son décor.
La **céramique** dite « **de Samarra** » constitue sans conteste l'un des premiers exemples d'importance. Son décor consiste, pour l'essentiel, en bandes étroites composées de fins dessins géométriques. A l'intérieur des récipients, les compositions révèlent un goût pour les motifs tournoyants : des poissons et des oiseaux tenant d'autres poissons dans leur bouche ou leur bec, des chèvres stylisées en forme de triangle. A l'époque proto-sumérienne, le **décor** céramique devient **polychrome**, le corps du vase étant recouvert d'un vernis rouge, sauf sur le col où sont disposés des motifs décoratifs. Enfin, à la période protodynastique, la **céramique rouge** présente des motifs, géométriques ou figurés, sur toute la surface du récipient. A partir de la période proto-sumérienne, les vases à **décor en relief** font aussi leur apparition. Le premier exemple provient d'Ourouk : il est en albâtre et doit sa beauté à des reliefs présentant une scène narrative. Il s'agit d'une composition achevée se développant sur plusieurs registres et disposant les figures en des épisodes ordonnés. Le thème décoratif en est la fête du Nouvel An : sur le registre supérieur, quelques figures humaines, le visage tourné vers la droite, apportent des dons à une figure féminine vêtue d'une robe longue et portant une coiffure ornée d'une corne caractérisant une divinité.
Derrière elle, deux bottes de roseaux noués la désignent comme la déesse Inanna. Sur le registre inférieur, la procession de porteurs d'offrandes va dans la direction opposée.
La partie basse est ornée d'une frise d'animaux et de végétaux dans lesquels la déesse a l'habitude de se manifester : les germes d'orge, les agnelles et les béliers.

La thématique de ces vases à usage essentiellement cultuel rappelle celle d'une autre forme artistique très importante en Mésopotamie : le **sceau**. Il s'agit d'un petit cylindre, gravé sur sa face externe, que l'on fait rouler sur l'argile tendre d'une tablette ou sur une marchandise, afin que son dessin s'imprime. Le sceau sert à désigner un propriétaire ou à apposer une marque sur un document, mais l'élaboration de compositions toujours plus variées est un exercice de création qui conduit à des résultats d'une valeur artistique indéniable. Le sceau-cylindre, dès son apparition, est agrémenté de frises ornementales, simples successions de plantes, d'animaux ou d'hommes, ou bien de scènes narratives présentant des actions : le roi combattant, le pasteur défendant sa vache contre un lion, le cortège de fidèles portant des offrandes à un temple. Il s'agit essentiellement de motifs religieux, tant pour les éléments ornementaux que pour les récits. A la libre fantaisie, particularité du décor des premiers sceaux, succède un style plus régulier mais plus enchevêtré, dénommé **style « à brocart »**, dont le rythme est constitué par la répétition de petits motifs de remplissage qui rappellent la broderie ; ici, la volonté décorative l'emporte sur l'intention narrative. Le thème le plus usité est composé d'animaux et d'êtres fantastiques qui semblent engagés dans une lutte aux motifs obscurs. Si le sens du décor prédomine pendant la période protodynastique, à l'époque suivante, la glyptique akkadienne inaugure un **style plus réaliste**, où les figures sont campées dans des espaces isolés et sont très minutieusement décrites. Il s'agit toujours d'un combat, mais rendu avec un esprit neuf, plus vraisemblable, même si les compositions paraissent plus statiques.
Cette évolution aboutit à la prédominance de scènes narratives nettement individualisées, aussi bien dans le monde divin que dans le monde humain, où l'homme est soumis aux agissements redoutables de divinités effrayantes qu'il se doit de servir.

C'est aussi d'Ourouk que provient l'un des plus anciens exemples de **sculpture** en ronde bosse. Il s'agit d'une tête féminine en pierre blanche, dont il ne reste que le visage. Sur la base de la tradition de la période suivante, on suppose que les sourcils de la statue étaient en lapis-lazuli, les globes oculaires en coquillage et les pupilles également en lapis-lazuli. La chevelure, rendue en vagues plates, divisée par une raie centrale nettement marquée, constitue l'élément le plus remarquable ; à l'origine, elle était recouverte d'une feuille de métal gravée. La **tête féminine d'Ourouk** porte la marque du

A gauche : figure en argile de femme nue, assise, aux jambes serrées et aux bras repliés sur la poitrine, provenant de Tell Hassan (seconde moitié du Ve millénaire av. J.-C.). Musée d'Irak, Bagdad. Ci-contre : plat en terre cuite portant un décor peint, céramique de Samarra (5500-5000 av. J.-C.). Staatliche Museum, Berlin. Dans la partie creuse des plats de ce type, sont peints des groupes de figures répétés quatre fois, produisant l'illusion d'un mouvement de rotation. Ici, le motif est constitué d'oiseaux et de poissons stylisés ; la svastika, au centre du plat, est elle aussi un motif récurrent du répertoire de Samarra.

A droite : deux sceaux-cylindres sumériens en pierre et leurs impressions. On y voit des taureaux à tête humaine, caractéristiques de l'art mésopotamien.
Ci-dessous : tasse en terre cuite portant un décor peint, céramique de Tell el-Ubayd (4500-4200 av. J.-C.). Musée d'Irak, Bagdad. Ces petites tasses, avec un décor en rosette, sont propres à la céramique de Tell el-Ubayd.
Au centre : grand vase rituel d'Ourouk. C'est l'un des premiers exemples connus de relief appliqué. Son décor constitue une somme sur la pensée religieuse proto-sumérienne, et une réalisation achevée de la tendance naturaliste qui caractérise le premier essor artistique mésopotamien.

goût de l'art proto-sumérien pour l'association de matériaux différents, aux couleurs variées, comme les coquillages et les pierres dures.

Dix **statues** du **temple d'Eshnounna** (Tell Asmar) peuvent être datées de la période protodynastique. Deux d'entre elles, qui présentent les symboles de la divinité gravés sur leur socle, sont plus grandes que les autres et ont des yeux d'une taille disproportionnée. Il s'agit, quant à la divinité masculine, d'Abu, dieu de la Végétation, tandis que la divinité féminine, distincte de la petite figure de son fils sculptée sur la base, est la déesse-mère. Les autres statues, de dimensions plus modestes, évoquent des prêtres et des orants. Il s'agit là d'un des rares exemples de sculptures destinées à l'ornementation des temples sumériens. Mais, au-delà de leur valeur documentaire, les statues d'Eshnounna possèdent une valeur artistique incontestable, en ce qu'elles permettent de saisir les éléments qui deviendront canoniques dans la statuaire mésopotamienne jusqu'à une époque tardive.

La statuaire a pour rôle essentiel de **symboliser la présence** du dieu ou de l'orant et de participer aux célébrations cultuelles : une statue ne doit pas décrire une action, mais individualiser un état. Quand il s'agit d'une figure humaine, la sculpture a pour **rôle de se substituer** à la personne qu'elle représente devant la divinité, comme si la sculpture avait une vie propre. D'autre part, la valeur de substitution est confirmée par une pratique cultuelle primordiale chez les Sumériens, qui consiste à nourrir et à vêtir les statues des dieux. Du symbolisme de la sculpture dérivent son **absence** totale **d'animation** et son **hiératisme** : la statue, bien qu'en ronde bosse, est sans relief, dépourvue de profondeur et parfaitement symétrique ; enfin le cylindre, considéré comme la forme parfaite, est la figure géométrique sur laquelle repose son élaboration. Un phénomène analogue s'observe en Égypte, le solide parfait qui inspire l'artiste n'étant pas alors le cylindre, mais le cube.
C'est cette **géométrisation** qui permet à l'artiste de placer la statue dans l'espace. Une typologie commune à toutes les statues de la Mésopotamie s'élabore, qui était déjà présente dans les statues d'Eshnounna. Elles ont toutes un corps rigide, un long vêtement en cloche, les bras croisés dans un geste de prière ; proportionnellement, la tête est plus importante que le corps et, sur les visages masculins, les cheveux, divisés par une raie en deux parties égales, descendent sur les côtés pour rejoindre la barbe. Un contraste naît donc de l'opposition entre le rendu sommaire du torse et des jambes et le **traitement détaillé du visage**. Celui-ci doit son importance au rôle de substitution joué par la sculpture : elle doit désigner fidèlement, à travers une physionomie précise, la personne représentée.

Il existe cependant un autre type de sculpture, présentant un personnage assis ; les meilleurs exemples en sont la **statue d'Ebih-il** de Mari et le groupe de statues du célèbre souverain Goudéa de Lagash.

De petites dimensions, la statue en albâtre d'Ebih-il respecte les canons établis, mais témoigne cependant d'une évolution stylistique et d'un plus grand réalisme dans le rendu des détails ; à l'assemblage des parties principales d'une figure, équarries plus que modelées, se substituent un raffinement et une sensibilité nouvelles, qui privilégient les formes rondes et l'harmonie de l'ensemble. Ebih-il est un prêtre, comme le montre son crâne rasé en signe de respect pour la divinité. Il est assis sur un siège en osier, poitrine nue, et porte une jupe en fourrure, traitée avec un grand souci du détail. Le visage est bien modelé ; les lèvres ne sont plus des sillons longilignes, les courbes qui se relèvent aux angles donnant l'impression d'un sourire. Le torse est rendu de façon sommaire, et les angles sont arrondis. Le **groupe de statues de Goudéa** présente le souverain debout ou assis, les mains jointes, la tête nue ou portant une coiffe de laine. Ces statues, plus tardives que les exemples précédemment abordés, mettent en évidence une perfection plus grande du modelé des surfaces, laissant cependant percevoir le recours à la forme géométrique idéale du cylindre (structure circulaire de la base, plis du châle, mains jointes placées en continuité avec la ligne courbe des bras).

La pierre n'est pas le seul matériau utilisé pour la sculpture en ronde bosse ; on a bientôt recours au métal, pour lequel sont créées des techniques adaptées. L'artiste qui travaille le métal élabore d'abord un modèle en cire ; à partir de celui-ci, il procède, non pas en retirant, mais en ajoutant de la matière, contrairement à la pratique du sculpteur de pierre. Il est cependant difficile de donner une forme strictement géométrique au **métal**. L'exemple le plus fameux reste la **tête de bronze de Ninive**, datée de l'époque sargonique. Les cheveux, relevés sur la nuque selon la tradition sumérienne, sont ondulés et retenus par un diadème en or ; la barbe, qui encadre un visage lisse, est rendue très précisément ; l'ensemble est complété par des yeux incrustés de pierres précieuses, aujourd'hui perdues. Ayant dépassé le stade de la rigidité frontale, la perspective est traitée de façon plus correcte. L'analyse portera enfin sur une sculpture en pierre (granit noir), une tête de souverain, généralement identifiée comme le **portrait du grand Hammourabi**. Tous les éléments traditionnels sont présents, depuis les cheveux ondulés, séparés au centre, jusqu'à la coiffe de laine, mais la représentation se distingue par son caractère quasi impressionniste : elle laisse percevoir un nouveau concept de la royauté, qui assoit sa légitimité dans le rappel de la tradition et qui s'affirme de façon plus laïque.

Ci-dessus : statue masculine de la période protodynastique, du temple d'Abu à Tell Asmar (première moitié du IIIe millénaire av. J.-C.). La pose de la figure, la fixité des yeux et le rendu de la simple jupe à franges sont typiques de la statuaire sumérienne de cette période. Musée d'Irak, Bagdad.
A gauche : tête de femme en marbre blanc provenant d'Ourouk (vers 3200 av. J.-C.). Les sillons situés au sommet de la tête ainsi que les sourcils étaient probablement remplis de pâte colorée ou de pierre, et les yeux certainement incrustés de pierres dures.
A droite : détail du Code d'Hammourabi. Musée du Louvre, Paris.

LE CODE D'HAMMOURABI

Le code d'Hammourabi est célèbre, à juste titre, pour être l'un des premiers documents juridiques connus ; il a été découvert à Suse, en 1902, au cours d'une campagne française de fouilles. Gravé sur une stèle, il se trouvait à l'origine dans le temple de Shamash à Nippour, où l'avait fait placer Hammourabi. Le sac de la cité par l'armée élamite provoqua le transfert de la stèle à Suse, capitale du royaume d'Élam, où des archéologues français l'ont exhumée des siècles plus tard. Cette stèle ne constitue pas la seule version du code d'Hammourabi ; un nombre important de copies sur des tablettes a permis aux spécialistes d'en reconstituer les parties lacunaires, témoignant de sa diffusion et de son grand prestige dès l'Antiquité. Le Code est divisé en trois parties : prologue, lois et épilogue ; ce schéma révèle ses liens avec la tradition sumérienne qui s'était formée et consolidée au travers du Code d'Our-Nammou, fondateur de la IIIe dynastie d'Our, et de celui de Lipit-Ishtar, roi d'Isin. Dans le prologue, le roi déclare vouloir se consacrer à la justice par ordre des dieux qui l'ont choisi, ainsi que sa cité, pour garantir l'équité, l'ordre et le bien-être dans tout le royaume. Dans l'épilogue, il affirme être parvenu à accomplir sa tâche et conclut avec une série de bénédictions et de malédictions. Hammourabi s'exprime ainsi : « Les grands dieux me l'ont demandé et je fus le pasteur bénéfique au juste sceptre [...]. J'ai accueilli en mon sein les populations de Sumer et d'Akkad et elles prospèrent sous ma protection [...]. L'homme opprimé impliqué dans une affaire précise vient devant ma statue - roi de droiture -, lit attentivement l'inscription sur la stèle et écoute mes paroles exquises. Ma stèle peut éclaircir son affaire : il voit son droit et son cœur s'élargit [...]. » La section centrale est constituée d'environ trois cents lois ; elle présente un vaste répertoire de prescriptions en matière de criminalité, commerce, mariage, famille, propriétés, prix et salaires, avec les peines encourues, énoncées sous forme d'hypothèses : « Si un homme a fait porter un don pour un mariage à la maison du beau-père, alors qu'il a déjà donné l'argent pour la noce, et si ensuite le père de la jeune fille lui dit : "Je ne te donne plus ma fille", le père devra rendre tout ce qui lui avait été donné en doublant la quantité. »
Les descendants et les dieux sont les destinataires du Code. Sur la stèle, le bas-relief présente le roi face au trône du législateur suprême. Pour cette raison, et pour l'aspect de glorification du prologue et de l'épilogue, le document n'est pas interprété comme une réforme législative, mais plutôt comme un genre particulier de sentences royales, dans lequel Hammourabi se pose en modèle de souverain juste, garant des droits du faible.

L'**orfèvrerie** est l'un des domaines artistiques les plus florissants durant l'époque sumérienne ; elle produit des vases finement gravés de figures animales, ou des objets dans lesquels l'or et l'argent se combinent avec le bois. La **nécropole de la première dynastie d'Our** livre un véritable trésor, composé d'objets d'orfèvrerie dont le plus célèbre est une harpe. Sa caisse harmonique, retrouvée en mauvais état, est décorée d'éclats de coquilles marines, de lapis-lazuli et de jaspe rouge enchâssés dans du bitume. Les mêmes matériaux, alternés

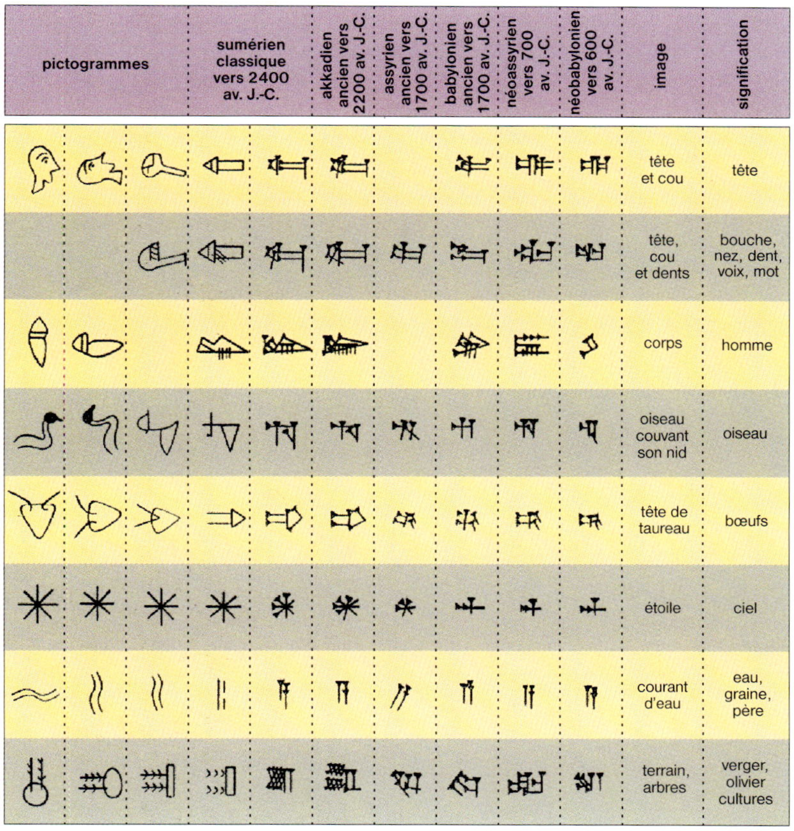

Ci-dessus : évolution des caractères cunéiformes. A partir des pictogrammes, les Sumériens ont conçu par un processus d'abstraction et de simplification une écriture qui se sert de signes en forme de coin.
A droite : tête de veau (taureau) en or placée sur la caisse de résonance d'une harpe, provenant d'Our. Musée de l'université de Pennsylvanie, Philadelphie.

avec des feuilles d'or, ornent le chevalet qui soutient les cordes, tandis qu'une tête, fondue en or, complète l'instrument, comme si l'on avait voulu représenter la créature produisant la musique. On a aussi découvert un objet fait d'une âme de bois, recouverte d'incrustations de verre coloré enchâssées dans du bitume, sur laquelle on a posé un arbre avec ses fleurs et ses fruits; un cabri y appuie ses pattes antérieures, son corps est recouvert d'une toison faite de coquilles marines et de lapis-lazuli, et ses cornes sont entièrement constituées de lapis-lazuli.

La juxtaposition d'animaux herbivores et de végétaux est un thème privilégié de l'art de la gravure sur pierre, dans la mesure où il symbolise les dieux de la fécondité. Le tableau de mosaïque dit l'« **étendard d'Our** » est semblable à ces sculptures, même s'il est constitué d'un matériau moins précieux. Il s'agit d'un panneau de bois recouvert d'incrustations. Les deux faces latérales, de forme trapézoïdale, sont décorés d'éléments mythologiques; en revanche, sur les deux faces principales plus développées, apparaissent une scène de victoire militaire et une fête. Chaque sujet est développé sur trois registres et encadré par une frise ornementale de lapis-lazuli et de coquilles marines incrustés dans le bitume. Le registre supérieur de l'épisode belliqueux met en scène le triomphe du roi, lequel se distingue par sa taille plus imposante; le registre médian décrit la bataille, tandis que le registre inférieur montre l'avancée des chars sur les cadavres ennemis. Les schémas iconographiques qui caractérisent l'art du relief (revue militaire par le roi, marche sur les cadavres ennemis, individualisation des personnages en faisant varier leur taille) apparaissent ici pour la première fois, mais il n'existe pas encore de véritable volonté narrative, les scènes n'étant pas disposées les unes à la suite des autres.

Le **relief gravé sur pierre**, le genre le plus représentatif de l'art mésopotamien avec la glyptique, développe des thèmes analogues à ceux de l'« étendard d'Our » et, à la différence de la sculpture en ronde bosse, privilégie des thèmes dynamiques impliquant le mouvement. Les premiers exemples dignes d'intérêt nous sont livrés par des **plaques de pierre** de forme carrée, trouées au centre et décorées par des scènes de banquet : une figure masculine et une figure féminine sont entourées par des serviteurs et des musiciens, les mets étant disposés sur la table, sans doute l'une des nombreuses représentations de la fête du Nouvel An, célébrant le renouveau de la nature. C'est pourtant sur les **stèles** que l'art du relief trouve son plein épanouissement aux époques sumérienne, akkadienne, et à celle d'Hammourabi. La **stèle des Vautours** célèbre la victoire d'Eannatoum, roi de Lagash, contre Oumma : elle montre le roi marchant à la tête de son armée, piétinant les ennemis dont les cadavres sont dévorés par les vautours. La **stèle de Narâm-Sin**, le neveu de Sargon, montre une expédition militaire du souverain qui guide ses soldats au sommet de la montagne où siègent les divinités. Enfin, sur la stèle où est gravé le fameux Code d'Hammourabi, le relief présente le souverain debout devant le trône du dieu-soleil, le juge suprême. Ces œuvres ont contribué à constituer un **répertoire de schémas et de techniques de représentation** qui sera l'héritage des périodes suivantes.

Les développements technico-artistiques abordés jusqu'ici offrent une image éloquente du haut niveau culturel atteint par les premières civilisations mésopotamiennes, et surtout par la civilisation sumérienne. Pour compléter ce tableau, il faut parler de la conquête la plus extraordinaire : l'**invention de l'écriture**. C'est aux Sumériens que revient le mérite d'avoir introduit un système de signes capable non seulement d'assumer des fonctions pratiques – enregistrement, comptabilité –, mais aussi de créer et de transmettre un patrimoine littéraire important. La première forme d'écriture est pictographique, chaque objet y étant représenté par une image qui le reproduit. Avec le temps, le pictogramme subit un processus d'abstraction grâce auquel il prend une valeur d'idéogramme, propre à exprimer un concept ou une action, avant de devenir un symbole phonétique correspondant à un son unique. A ce dernier stade, un petit nombre de signes offre des possibilités infinies et peut servir à transmettre n'importe quel contenu linguistique. Parallèlement au processus d'abstraction, les signes subissent une simplification graphique et, avec l'utilisation d'un stylet en forme de coin, ils peuvent être gravés dans l'argile, spécificité graphique qui a valu à cette écriture le nom de **cunéiforme**. Les **tablettes d'argile** sur lesquelles on écrit sont ensuite cuites, ce qui a permis leur conservation pendant des millénaires.

Les tablettes figurent en très grand nombre parmi l'abondante **documentation** retrouvée, non seulement dans les cités sumériennes, mais aussi syriennes, comme Mari et Ebla. Elles contiennent des textes de natures diverses : actes administratifs, traités scientifiques, listes de mots, hymnes religieux, exorcismes, prières... Il existe aussi de nombreux textes historiographiques qui établissent la liste des souverains (liste royale sumérienne) et des fonctionnaires, ainsi que des **textes littéraires** parmi lesquels des textes mythologiques et épiques. Hormis les dieux, le personnage le plus célébré en Mésopotamie est Gilgamesh, souverain mythique, protagoniste de nombreux poèmes sumériens qui relatent ses actions et fournissent des matériaux à la grande tradition babylonienne à venir. Parmi les textes juridiques, rappelons le **Code d'Hammourabi**, gravé sur une stèle, et le **Code d'Our-Nammou**, moins célèbre et plus ancien. Ce dernier établit des normes éthiques de défense du malade et du faible, que l'on retrouvera largement réglementées dans le Code d'Hammourabi, lequel, loin d'être un ensemble de lois nouvelles, constitue en fait une adaptation et un regroupement de lois antérieures consolidées par la tradition.

Les débuts de la **période** dite **de formation**, pendant laquelle sont lentement définis les éléments qui deviendront caractéristiques des grandes civilisations précolombiennes, sont généralement fixés au IIe millénaire av. J.-C. ; ils sont contemporains du développement de la civilisation olmèque et de la civilisation de Chavín, au Pérou. Jusque-là, les cultures néolithiques du centre et du sud de l'Amérique n'avaient pas fourni de réalisation artistique remarquable ; seules de grossières peintures rupestres et quelques objets en céramique ont été retrouvés.
En Amérique du Nord, les premières manifestations d'importance ne remontent qu'aux premiers siècles de notre ère, avec la suprématie de la civilisation pueblo.
L'**art rupestre**, qui couvre une période extrêmement vaste, évolue très lentement et fournit peu de données permettant de dater précisément ses manifestations. On a donc établi une chronologie basée sur des différences stylistiques et distinguant trois périodes déterminées : l'art des premiers chasseurs, celui des chasseurs de l'Holocène et l'art des agriculteurs. L'**art des premiers chasseurs** est attesté par quelques fragments de peinture (datés de 26000 av. J.-C.) couvrant les parois de l'abri préhistorique de **Pedra Furada**, dans le nord-est du Brésil. Malheureusement, les images sont trop abîmées pour permettre une lecture complète. Dans une zone désertique, près de Valsequillo, dans l'État mexicain de Puebla, cinq cents fragments d'os ont été mis au jour au cours de fouilles archéologiques ; il s'agit d'instruments réalisés par l'homme : couteaux, racloirs, poinçons. Parmi eux, se trouve un coin en os, fait à partir d'un bassin d'éléphant et qui, sur une de ses faces, porte un décor constitué d'un enchevêtrement de lignes gravées, parmi lesquelles se distinguent assez nettement les contours d'un bison et d'un tapir, ainsi que la représentation d'une file d'éléphants et de mammouths.
Cet exemple d'art figuratif est comparable aux peintures et aux graffitis du Paléolithique européen.

La période qui s'étend de 10000 à 3000 av. J.-C. voit la diffusion des peintures rupestres sur un territoire beaucoup plus vaste, comprenant une grande partie de l'Amérique du Sud (du nord-est du Brésil au Mato Grosso et à la Patagonie).
L'**art des chasseurs de l'Holocène** s'articule en traditions régionales qui diffèrent par leur style et leur thématique. La « tradition patagonienne » est caractérisée par des mains peintes (rappelant les manifestations similaires du Gravettien européen), toujours associées à des chameaux et à des figures humaines. On distingue deux grandes tendances, l'une non figurative (ou **géométrique**), l'autre **figurative**, qui représente – de façon très stylisée et schématique – des êtres humains, des personnages ithyphalliques et des animaux sauvages (cervidés, félins, nandous, oiseaux, serpents). Dans certaines régions, des scènes de chasse, de danse et de rapports sexuels ont été découvertes. Les images peintes se superposent souvent, preuve de l'occupation des mêmes sites pendant plusieurs millénaires. Des couleurs minérales sont utilisées, avec une préférence marquée pour l'ocre ; la tonalité dominante est le rouge.
Le même style, assez approximatif, se retrouve à partir de 3000 av. J.-C. dans l'**art des agriculteurs**, lequel représente de grandes figures anthropomorphes et des animaux sommairement ébauchés.

La **céramique** commence à se répandre dans les villages agricoles de la région des Andes à la fin du IVe millénaire av. J.-C. Les premières régions à témoigner de cette nouvelle technique sont l'Équateur (culture de Valdivia) et la Colombie (culture de Puerto Hormiga). La **culture de Valdivia**, qui se développe à partir de 3200 av. J.-C. dans les vallées côtières de l'Équateur, perdure pendant un siècle et demi. C'est une civilisation essentiellement côtière, alors que les habitats ne manquent pas à l'intérieur du pays. Les artisans du lieu produisent une céramique assez diversifiée : outre les

A gauche : figurine en terre cuite peinte (vers 1000 av. J.-C.), provenant de Tehuacán ; figurines en argile crue (2300-1900 av. J.-C.) mises au jour à Huaca de los idolos à Aspero, Pérou ; fragments d'un vase de la culture de Valdivia (vers 1500 av. J.-C.), décorés et gravés. La production artistique de la culture américaine ne connaît pas une évolution rapide, et les pièces présentées témoignent d'une grande uniformité par leur style très similaire, bien qu'appartenant à des périodes éloignées les unes des autres.
Ci-dessous : peintures rupestres de Río Colorado. Des milliers d'objets en pierre, de dessins et de peintures rupestres composent le patrimoine artistique le plus ancien du continent américain.

récipients d'usage quotidien, ils modèlent aussi des statuettes d'argile en ronde bosse. Il s'agit surtout de **statuettes féminines**, de huit à dix centimètres de haut, dont les attributs sexuels sont bien mis en évidence, alors que les membres et les autres détails anatomiques sont à peine ébauchés ou totalement absents. Leur visage, sur lequel apparaissent de grandes incisions verticales, est orné de coiffures compliquées, alors que les yeux ont une forme très spécifique « en grains de café ». Les archéologues s'accordent pour penser qu'il s'agit là d'objets votifs liés au culte de la fertilité, selon un usage qui restera enraciné dans les populations précolombiennes jusqu'à la conquête espagnole ; les autres objets en terre cuite ont une valeur pratique. Parmi les éléments les plus caractéristiques de cette production, les **écuelles** à pied révèlent le bon niveau technique des artisans. Les **décors de vases** consistent exclusivement en motifs géométriques imprimés dans l'argile encore humide ; les motifs anthropomorphes sont exceptionnels. Les sites de **Monsu** et de **Puerto Hormiga** (sur le littoral des Caraïbes) ont livré les plus anciens tessons de céramique précolombienne, remontant à 3000 av. J.-C. A côté d'objets ordinaires, dépourvus d'ambition artistique et décorés de courbes ou de points, apparaît une production plus élaborée, enrichie de figures humaines aux têtes grotesques ou zoomorphes, appliquées sur les rebords des vases.

A gauche et sur la page ci-contre, en haut : figurine en terre cuite, vue de face et de dos, provenant de Tlatilco. Ce n'est qu'à partir du IIe millénaire av. J.-C., qu'il est possible d'identifier une série de cultures agricoles villageoises développées au Mexique.
Ci-dessous : graffitis sur un coin en os façonné à partir du bassin d'un mammouth. Valsequillo, Puebla.
A droite : céramique de la première période de formation de Chiapa de Corzo.

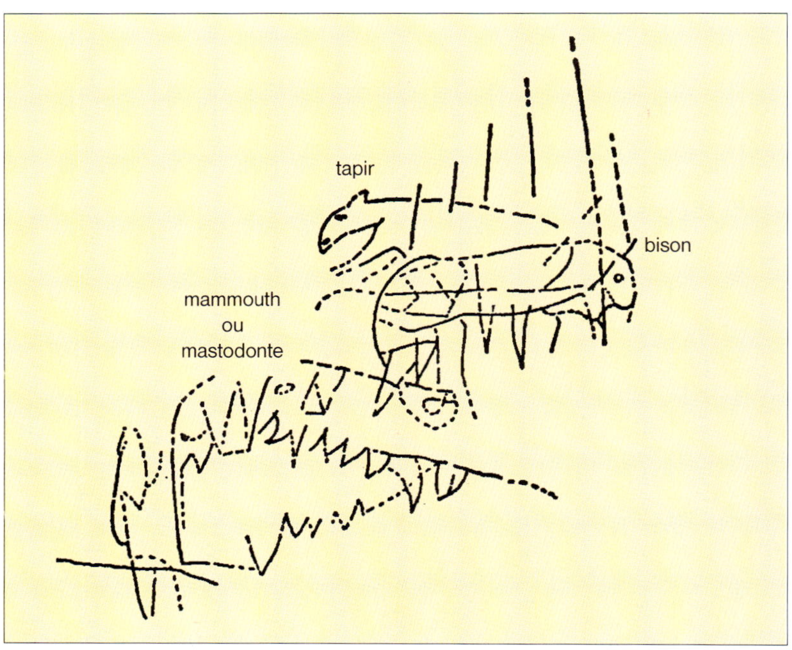

Au IIe millénaire av. J.-C., la céramique est désormais répandue en Amérique centrale et méridionale. Au Mexique et au Guatemala, elle a probablement une origine autochtone. Les principaux centres de diffusion sont les vallées de Teotihuacán et la côte panaméenne du Pacifique, où sont modelées une vaisselle simple pour les usages quotidiens, et des figures humaines probablement destinées au culte domestique. Ces figurines constituent l'unique expression artistique de la communauté méso-américaine. A la même période, au Pérou, des agglomérations plus grandes se substituent aux villages ruraux (Kotosh, Sechin Alto, Aspero). Les grands temples qui y sont édifiés portent des **décors en relief** ; il faut voir là l'influence des productions équatorienne et colombienne dans la céramique. En revanche, un décor caractéristique de cette région est celui des **courges décorées** de motifs géométriques qui, une fois vidées et séchées, servent généralement de récipients.
Le tissage du coton est déjà bien implanté : à Huaca Prieta, des **étoffes peintes** ont été mises au jour ; elles annoncent, tant par la forme que par leurs décors zoomorphes (un condor avec un serpent dans l'estomac), les motifs de la culture de Chavín.
Légèrement postérieure, une céramique en provenance de la région péruvienne se caractérise par des formes simples et un décor de rubans d'argile dentelés formant

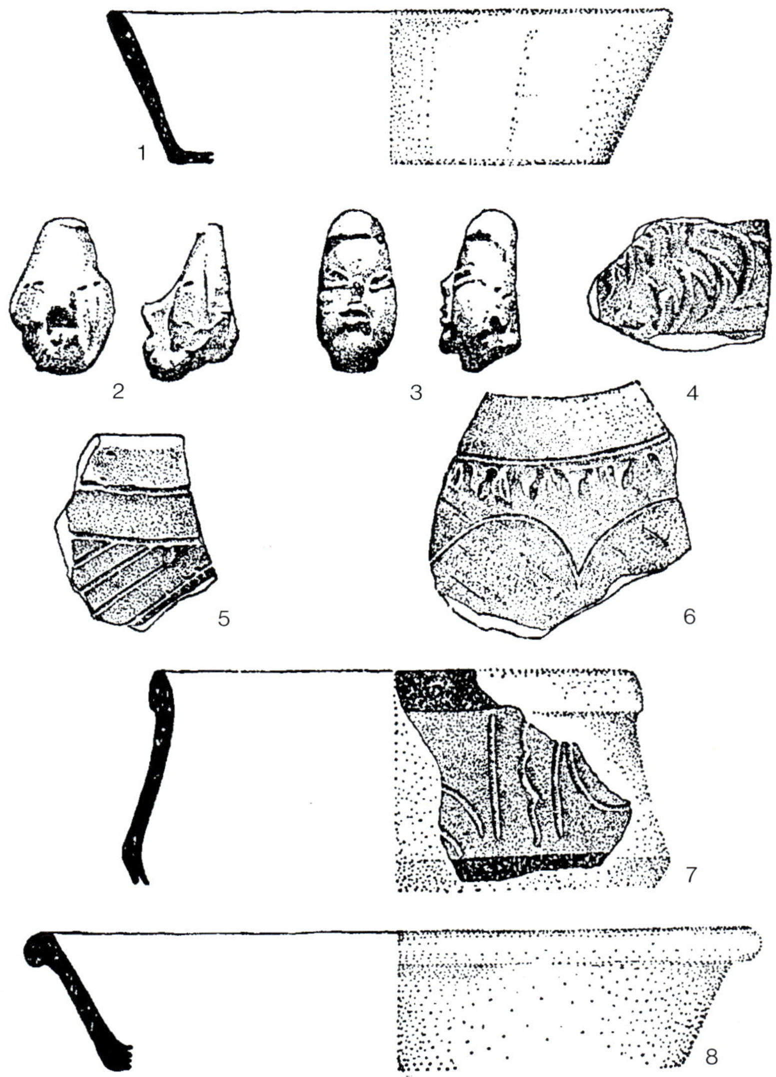

des ondulations. Les couleurs rouge sombre, marron et noir témoignent de l'imperfection du contrôle de la cuisson. A côté de ce type de céramique, apparaissent aussi des moules en terre cuite, plats ou cylindriques, servant très probablement de supports pour exécuter des dessins colorés. La production de statuettes fines, simples mais bien modelées, se poursuit, tandis qu'apparaissent les premières plaques de jais (une variété de lignite compacte de couleur noire) polies, utilisées comme miroirs. Avec les coquillages et l'os, on façonne des perles pour les colliers, des tablettes, ainsi que de fins cylindres creusés dans des os d'oiseaux et destinés à contenir, pense-t-on, de la poudre de tabac.

Pendant la longue période précédant l'apparition de la civilisation d'Harappā et de Mohenjo-Dāro, l'Inde ne connait pas à proprement parler de manifestations artistiques, exception faite des peintures rupestres représentant des animaux et des scènes de chasse à l'arc, attribuées à des groupes humains du Mésolithique habitant le Deccan (Kugpal et Kudatin), les grottes des monts Vindhya (Morhana Pahar) et le Cachemire (Burhazom). En Inde, au début de la période néolithique (vers 6000 av. J.-C.), le passage progressif du nomadisme à une vie sédentaire provoque d'importantes transformations, qui touchent aussi l'artisanat : les premiers récipients en terre cuite font leur apparition, se substituant aux corbeilles en fibres végétales utilisées par les communautés de chasseurs mésolithiques dans leur quête du gibier. Il s'agit encore d'objets assez rudimentaires, dépourvus de décor. C'est à cette période que remontent aussi les premiers objets ornementaux : dans le matériel funéraire des nécropoles néolithiques, on a retrouvé des coquillages et des perles en os, ainsi que des pierres semi-précieuses, dont le lapis-lazuli et la turquoise. Entre le IVe et le IIIe millénaire av. J.-C., grâce au perfectionnement des techniques de modelage et de cuisson (c'est durant cette période que se répand l'usage du tour de potier), la céramique atteint une qualité très supérieure à celle de la période précédente. L'usage de la couleur et la présence de motifs décoratifs bien définis contribuent à différencier la vaisselle des diverses régions et à distinguer des styles particuliers, reflets du grand développement culturel de l'Inde. Parmi les nombreuses typologies dégagées, les **céramiques d'Amri et de Quetta** sont assurément les plus importantes. La dernière, apparue dans le site homonyme au début du IIIe millénaire av. J.-C. et répandue dans le Baloutchistan septentrional (vallée du Zhob), est caractérisée par un décor, sur fond rouge, de motifs géométriques avec une nette prédominance des lignes brisées ; elle présente d'importantes affinités avec la production du haut plateau iranien (Sialk) et des oasis de Turkménie méridionale (Hissar). La céramique d'Amri (présente dans les villages agricoles de l'embouchure de l'Indus et du Baloutchistan méridional) se distingue par des décors géométriques et zoomorphes sur un fond couleur chamois ; elle peut, dans une certaine mesure, être rattachée au style de Suse (élamite).

Quelques objets en terre cuite, fabriqués dans des centres de la civilisation de la vallée de l'Indus et probablement destinés à l'exportation. A gauche : cage avec un oiseau, provenant de Mohenjo-Dāro. A droite : mère et enfant, de Mohenjo-Dāro. Ci-dessous : petite jarre (sans doute une cage pour des insectes, ou un récipient pour les herbes aromatiques), et figurine de taureau à tête mobile.

Une véritable production de reliefs se développe en Inde à partir de la seconde moitié du IIIe millénaire av. J.-C. Les fouilles effectuées dans les centres urbains de la vallée de l'Indus (surtout à Harappā et à Mohenjo-Dāro) ont mis au jour les **premiers spécimens d'art plastique** (statues en pierre et en terre cuite), ainsi que de nombreux sceaux en stéatite portant des représentations humaines et zoomorphes. La céramique n'est pas absente ; elle présente un décor naturaliste ou floral plus ou moins stylisé, sur un fond rouge ou rose : les animaux et les pipals, figuiers indiens qui revêtent, encore aujourd'hui, une valeur religieuse dans l'hindouisme, sont prédominants. Il s'agit généralement d'une vaisselle assez commune comportant les mêmes objets : vases pansus avec un rebord très étroit, creusets cylindriques, larges

bassins ou coupes posés sur des socles élevés. Un type de céramique, déjà présent dans les couches pré-urbaines de Kot-Diji et d'Harappā, se retrouve communément dans les tombes et les habitations du bassin de l'Indus, témoignant ainsi de la profonde uniformité de cette culture.

La **statuaire** se compose essentiellement d'œuvres de petites dimensions, en grès ou en bronze. Il s'agit surtout de figures masculines orantes, en position de yoga, peut-être identifiables avec Śiva. Étant donné le petit nombre de fragments (moins d'une vingtaine en tout), il est malaisé de définir les caractéristiques de cette production, parfois difficile à dater. Cependant, on constate une forte **tendance à la stylisation** et un manque d'intérêt pour les détails anatomiques, souvent traités de façon schématique. Parmi les exemples les mieux conservés, on connaît un buste d'homme portant une barbe aux formes géométriques (peut-être un roi-prêtre) provenant d'Harappā (conservé au musée des Antiquités de l'Asie centrale, New Delhi), dont la physionomie rappelle la statuaire mésopotamienne. Les sculptures d'Harappā ont parfois su rendre avec naturel et spontanéité le mouvement qui anime leurs sujets. C'est le cas d'une statuette féminine aujourd'hui conservée au Musée national de New Delhi : il s'agit d'un petit bronze, mesurant dix centimètres, qui représente une danseuse aux traits négroïdes. Parmi les statues d'Harappā, on connaît aussi un buste d'homme en grès, de facture parfaite, son appartenance à la sphère culturelle de la civilisation de l'Indus faisant cependant l'objet de discussions : en effet, sa forme préclassique et la précision de la représentation anatomique n'ont pas de parallèle dans cette culture.

Les **statuettes en terre cuite** sont beaucoup plus nombreuses ; elles représentent des hommes et des animaux (plus de deux mille exemplaires ont été mis au jour dans les seuls sites d'Harappā et de Mohenjo-Dāro).

A droite : tête de bouc en terre cuite (2500 av. J.-C.), provenant de Mohenjo-Dāro. Musée national, New Delhi.
Ci-dessous : buste en stéatite du « roi-prêtre », qui porte un manteau décoré de trèfles, originellement recouvert d'une pâte rouge, provenant de Mohenjo-Dāro (civilisation de l'Indus tardive). Musée national, Karāchi.

Les figurines anthropomorphes sont essentiellement féminines et liées au culte de la fécondité. Interprétées comme des représentations de la déesse-mère, ce sont des objets votifs semblant avoir quelque parenté avec certaines statues mésopotamiennes, surtout les statuettes féminines à tête de serpent de la culture d'Obeid. Quelques figurines remarquables représentent des hommes en position repliée, portant un collier à franges (collier que l'on retrouve au cou des modèles miniatures de bœufs) ; elles sont interprétées comme des images d'esclaves offertes en substitution lors de sacrifices humains.

La **production artisanale** comprend aussi des objets en ivoire taillé, en cuivre, argent, bronze, terre cuite, argile, pierre, os et verre. Il s'agit d'anneaux, de bracelets, d'épées, de couteaux, de rasoirs, décorés de figures stylisées et enrichis de pierres enchâssées. Certains objets sont fabriqués avec des matériaux importés, et sont sans doute destinés à l'exportation.
A Mohenjo-Dāro, de petites **plaques de cuivre** ont été retrouvées : portant un dessin sur un de leurs côtés, et une brève inscription sur l'autre, il s'agit peut-être d'amulettes ou de contremarques d'une obligation de paiement.

Les fouilles d'Harappā et de Mohenjo-Dāro ont aussi mis au jour des **petits objets** et des **jouets** en terre cuite ou en bronze, figurant des animaux (oiseaux, singes) et des chariots miniatures tirés par des bœufs, œuvres de simples potiers.
En revanche, quelques **têtes de taureau**, provenant de Mohenjo-Dāro, manifestent l'habileté d'un artiste qui a travaillé les détails.
Mais ce sont les milliers de **sceaux carrés en stéatite** qui sont l'expression la plus caractéristique de la civilisation de l'Indus ; mesurant en moyenne 3 cm sur 8 cm, ils servaient probablement à marquer les propriétés. Ils portent des représentations stylisées d'hommes et d'animaux, surmontées de brèves inscriptions pictographiques.
Les animaux constituent un thème privilégié : le bison surtout, mais aussi le tigre, le rhinocéros et le taureau à bosse y sont remarquablement traités.
Les figures humaines sont moins fréquentes : un héros domptant un tigre et un sujet assis, doté d'une corne (peut-être s'agit-il d'une divinité préfigurant Śiva) constituent deux thèmes de prédilection.

Un **système pictographique** déjà bien développé fait son apparition vers 2600 av. J.-C., parallèlement à la suprématie de l'empire d'Harappā. L'écriture, utilisée essentiellement sur les sceaux et les amulettes, apparaît aussi sur quelques vases et sur des tablettes en cuivre, alors qu'on ne connaît pas d'inscription sur pierre ni d'autres types de textes (documents comptables ou administratifs). Malheureusement, la grande brièveté des inscriptions explique que cette écriture n'a pas encore pu être déchiffrée. On sait cependant qu'elle compte environ trois cents signes, qu'elle est probablement syllabique et écrite de gauche à droite et de droite à gauche.
Avec la chute de la civilisation de l'Indus, cette écriture disparaît sans laisser de trace. Les cultures qui suivent régressent au stade néolithique et ne comportent aucune expression artistique digne de ce nom.
Il ne reste qu'une céramique grise faite à la main (vaisselle de Jhangar), purement utilitaire, très éloignée des productions remarquables transmises par l'artisanat d'Harappā et de Mohenjo-Dāro.

La **céramique** fournit assurément les témoignages les plus significatifs de la sensibilité artistique des cultures protohistoriques orientales. Elle se développe dans les villages néolithiques de Chine et du Japon, parallèlement à la révolution agricole et au développement de communautés sédentaires. En revanche, dans l'état actuel des recherches, on ne connaît aucune réalisation importante (se rattachant à des périodes antérieures) dans d'autres domaines. En ce qui concerne le Paléolithique supérieur et le Mésolithique, aucun témoignage de sculpture sur pierre ou sur os n'est connu ; les gravures et les peintures rupestres – qui dans d'autres régions atteignent de hauts niveaux de développement – sont assez rares, cantonnées dans quelques régions de l'Indochine et dans l'archipel japonais (île d'Honshū).
Seule la culture Shang (qui s'affirme en Chine vers le milieu du IIe millénaire av. J.-C.) manifeste une créativité remarquable qui s'exprime dans une production raffinée et élégante comprenant, à côté d'une céramique très fine, une sculpture en pierre de grandes dimensions et des vases en bronze au très riche décor abstrait ou zoomorphe (les motifs zoomorphes étaient totalement absents de la vaisselle de la période antérieure).

Les **objets chinois d'époque néolithique** ne sont comparables ni par leur variété ni par le niveau artistique atteint à ceux de la période Shang ; ils n'en révèlent pas moins un sens esthétique prononcé et une habileté technique remarquable dans le travail de l'argile. Parmi les diverses traditions céramiques s'affirmant à partir du VIIe millénaire av. J.-C., les plus importantes sont celle dite de « Yangshao », connue aussi sous le nom de « culture de la céramique rouge », et celle de « Longshan », qui présente une céramique noire aux reflets métalliques caractéristiques. Elles sont suivies par la culture Xiaotun, dont la céramique grise de bonne facture se place à la veille de l'époque historique, assurant la transition avec la culture de l'époque Shang.

La **culture de Yangshao** est située dans le nord-ouest de la Chine, dans le bassin moyen du fleuve Jaune. La céramique produite est fine et élancée, de couleur rouge foncé, avec des motifs géométriques faits de courbes et de spirales généralement peints en noir. Le haut niveau technique atteint par les artisans de Yangshao est notamment mis en évidence par leur aptitude à produire une céramique fine et parfaitement circulaire, en dépit d'un recours exceptionnel à l'usage du tour. Les figures stylisées d'hommes et d'animaux n'apparaissant que rarement parmi les motifs décoratifs, une interprétation religieuse et cosmologique a été proposée. Selon Mircea Eliade, les figures humaines représenteraient des prêtres ou des sorciers, alors que les poissons exprimeraient des symboles sexuels. La production céramique de la culture de Yangshao comprend essentiellement des récipients d'usage quotidien (vases pour la cuisson et la conservation des denrées, jarres à eau à base aplatie, brocs et coupes).
Il faut y ajouter des jarres aux élégantes formes pansues, qui font partie du matériel funéraire du défunt ou qui recueillent ses cendres ; ces jarres possèdent un rebord dentelé caractéristique, interprété comme un symbole funéraire, et sont décorées de motifs typiques en triangle ou en damier (on les nomme les *death patterns*), qui expriment sans doute la foi dans une renaissance de l'âme du défunt.
De nombreux spécialistes ont relevé des affinités troublantes entre cette céramique et des productions du Proche-Orient, surtout celles d'Hassouna et de Tell Halaf, mais il est difficile d'envisager des contacts directs entre les deux civilisations, qui supposeraient des flux migratoires très étendus.
Le fait qu'aucun indice n'ait pu être établi sur les voies qui auraient pu être utilisées par les populations en mouvement va contre cette hypothèse. En outre, il est à considérer que les agriculteurs de Yangshao sont des sédentaires qui occupent les mêmes sites depuis des siècles.

La **culture dite « de Longshan »** est de peu postérieure à la culture de Yangshao (2500 av. J.-C.), et se superpose même à elle dans sa période initiale. Occupant la Chine orientale, dont l'épicentre est la région du Xinjiang, elle est caractérisée par une **céramique noire à reflets métalliques**, obtenue grâce à un procédé de vernissage brillant de grande qualité.
Complètement dépourvue de décor peint, la céramique de Longshan est **ornée en relief** de triangles et de trapèzes parallèles imprimés dans l'argile humide. La technique se distingue de celle de Yangshao par l'usage du **tour de potier**, désormais généralisé et qui autorise une production aux formes

Trois exemples de la céramique de la culture dite de « Yangshao », qui s'épanouit en Chine à la période néolithique.
A gauche : vase tripode pour les repas* (ding)*, en céramique noire, en forme de hibou. Musée d'Histoire de la Chine, Pékin.
Ci-dessus : vase globulaire à décor de méandres peints.
A droite : vase* ding *à enfoncer dans le sol, mis au jour lors des fouilles du village de Banpo (Shanxi méridional).

multiples : la céramique de Longshan présente une variété typologique considérable, en relation avec les différences d'utilisation (boisson, cuisson, consommation et conservation des denrées). Tous ces types se retrouveront, avec des modifications plus ou moins prononcées, dans la production de bronze immédiatement postérieure de l'époque Shang. Parmi les formes les plus caractéristiques, il faut noter les marmites, pour la cuisson et la préparation du repas, à trois ou quatre pieds pleins *(ding)* ou vides *(li)*; les vases *xian,* adaptés à la cuisson à la vapeur, semblables par leur partie supérieure à un *ding,* et par leur partie inférieure à un *li*; enfin, les verres *gu,* à l'évasement très accentué.
La production statuaire, dont les premières réalisations datent de la même période, est beaucoup plus modeste.

La plastique chinoise ne reflète pas, à l'évidence, la variété typologique et l'habileté de la production céramique, dont elle ne semble constituer qu'un dérivé secondaire. Les témoignages dont nous disposons consistent en quelques têtes humaines stylisées, aux traits du visage à peine ébauchés, qui ornaient vraisemblablement les couvercles de récipients en argile.

Ci-dessus : urne funéraire en terre cuite décorée de motifs en damier et de lignes peintes en noir et rouge, de type Banshan ; culture de Yangshao. Musée de l'Asie orientale, Stockholm.
A droite : broc en céramique de l'époque jōmon tardive, d'Aomori-ken (Japon). Musée national, Tokyo.

Au **Japon**, la céramique apparaît beaucoup plus précocement dans les villages paléolithiques des chasseurs-cueilleurs jōmon, il y a plus de dix mille ans (d'après une datation proposée par Leroi-Gourhan, les vestiges de cette production remonteraient même au milieu du XIIIe millénaire av. J.-C.). Les spécialistes admettent donc généralement que les **céramiques jōmon** sont les plus anciennes connues au monde. La phase primitive comprend une vaisselle simple, modelée à la main, avec un bord dentelé et des décorations généralement obtenues en imprimant une corde enroulée sur l'argile encore fraîche. D'autres types d'ornements sont connus, obtenus par l'impression de coquillages, l'incision de lignes parallèles ou l'application de cordons d'argile en relief.
La forme est inspirée par les **récipients de l'époque paléolithique**, les corbeilles en fibres végétales et les courges, auxquels sont ajoutées des poignées à anse et à anneau.
La forme caractéristique de la base, conique ou arrondie, peut s'expliquer par l'habitude d'enfoncer les vases dans le sol, ou de les suspendre au moyen de cordelettes. Pendant la très longue période de sa production, la céramique jōmon connaît **cinq phases successives**, au cours desquelles la vaisselle subit de faibles modifications, tant dans la forme (apparition de vases à fond plat, plus profonds) que dans le décor (qui se diversifie et se raffine), sans que disparaissent pour autant les **impressions en dessin cordé** qui la caractérisent, même si, dans les dernières phases, on leur ajoute souvent des décors appliqués représentant de petites têtes animales. Aux typologies autochtones originales s'adjoignent, au fil du temps, de nouvelles formes qui révèlent des affinités significatives avec des objets chinois analogues. Cela s'explique d'ailleurs très bien, du fait de l'intensité de l'**influence chinoise sur le Japon archaïque**, exercée directement ou par l'intermédiaire de la péninsule coréenne.

Les premiers témoignages d'art plastique remontent au début du IVe millénaire av. J.-C., époque à laquelle des statuettes d'argile de petites dimensions (dix à trente centimètres) font leur apparition dans les villages jōmon. Présentes dans presque toutes les habitations, elles semblent être modelées par les membres de la famille eux-mêmes, comme le suggère la grande variété de détails différents, ce qui exclurait donc l'hypothèse d'une production en série. Il s'agit très souvent d'images anthropomorphes féminines, à rôle probablement cultuel et propitiatoire. Les traits de ces statuettes ne sont qu'ébauchés, contrairement à leurs caractères sexuels, nettement mis en évidence, en relation avec les cultes de la fertilité, très répandus dans toutes les populations qui ont adopté un mode de vie sédentaire.

Aucun témoignage statuaire ou céramique datant de la période examinée ici n'a été découvert sur le **continent australien**.
La production artistique s'y limite à des peintures rupestres. On connaît aujourd'hui des milliers de sites qui abritent des peintures rupestres (les plus intéressants se trouvent au nord du pays) ; c'est pourquoi il est difficile de définir une chronologie fiable, d'autant qu'au cours du temps, de nouvelles peintures ont été superposées aux anciennes.
Il faut **distinguer trois styles** (gravures, style figuratif simple, style figuratif complexe), dont seul le premier, qui consiste dans la gravure de simples profils, remonte assurément aux phases les plus anciennes de l'occupation humaine. Les sujets représentés sont strictement liés au patrimoine mythologique de ces populations : figuration d'événements mythiques (la création du monde et des hommes), de scènes magiques, d'esprits protecteurs (les très subtils *mimi*) ou des ancêtres totémiques du groupe.
La **peinture sur écorce** est sans doute déjà pratiquée, mais du fait de la fragilité de ce support, nous n'en avons aucune confirmation.
La sculpture est complètement absente de l'univers paléolithique : les pierres totémiques gravées et décorées (utilisées aujourd'hui dans les cérémonies funéraires) sont, très probablement, le fruit de l'influence des populations mélanésiennes.

Pendant des millions d'années, les prédécesseurs du genre humain semblent avoir vécu une existence purement animale. Les premières traces de comportements non exclusivement destinés à la satisfaction de besoins élémentaires apparaissent au cours de la dernière phase du Paléolithique moyen (culte des morts), et elles se font de plus en plus fréquentes avec l'apparition de l'*Homo sapiens sapiens* (peintures rupestres, statuettes féminines et objets rituels). Si une valeur religieuse peut leur être attribuée, c'est dans l'unique acception applicable à l'homme du Paléolithique, c'est-à-dire par référence à l'ensemble des manifestations qui dépassent les nécessités immédiates de la survie. Il est probable que le **sentiment religieux** des populations africaines de l'époque préhistorique ne diffère guère de celui des chasseurs-cueilleurs des autres parties de la planète. Malheureusement, les chercheurs sont confrontés à une pauvreté extrême des données concernant le continent africain. Ils ne disposent que de faibles indices, toujours susceptibles d'interprétations variées. C'est pourquoi ils préfèrent se limiter à un travail de classification, plutôt que de s'aventurer dans des synthèses et des explications difficilement démontrables. On ne peut s'appuyer que sur de rares et fragmentaires restes de tombes, des morceaux d'ocre rouge, quelques pierres sphériques ainsi que des peintures rupestres. On a fait une **découverte** étrange à **el Guettar**, en Tunisie : il s'agit d'un dépôt de cailloux arrondis, œuvre de l'homme de Neandertal, auxquels sont mêlés des milliers de silex, des ossements, pour la plupart brisés, et des dents de mammifères. L'ensemble, qui forme un cône de 75 centimètres de haut et 1,5 mètre de diamètre, est probablement une œuvre humaine, bien qu'apparemment dépourvu d'utilité précise. En l'absence d'explication consistante, ce dépôt a été interprété comme un autel rudimentaire ou comme une simple borne servant à indiquer la présence d'un puits artésien, aujourd'hui fermé, qui se trouve aux alentours.
La **signification magicoreligieuse de l'ocre rouge** apparaît plus clairement ; il y a quarante-deux mille ans, il était déjà extrait de la grotte du Lion au Swaziland, entre l'Afrique du Sud et le Mozambique.

Cet ocre joue un rôle important dans le monde spirituel de l'homme du Paléolithique, qui s'en sert pour réaliser des fresques dans les cavernes, peindre son corps ou les dépouilles des défunts. Selon l'hypothèse la plus répandue, l'usage de cette substance colorante est associé aux rituels funéraires, dans lesquels il symbolise le sang, la vie.
A partir du Paléolithique moyen, l'existence de **sépultures volontaires** est une des rares données incontestables dont nous disposons. Apparues en même temps que l'*Homo neanderthalensis*, ces pratiques funéraires sont bien connues en Europe et au Proche-Orient, où plus d'une centaine de tombes moustériennes (concentrées surtout dans le Périgord et en Israël) ont été mises au jour. Nous ne possédons que de rares témoignages sur le Paléolithique africain. Klaviers River Mouth est le site le plus significatif : quelques squelettes d'*Homo sapiens* ont été mis au jour, pour lesquels on peut supposer des inhumations volontaires. Les autres témoignages relatifs au culte des morts remontent presque tous au Mésolithique. Les sépultures de cette période sont toutes groupées sur la côte méditerranéenne (la grotte de Taforat, au Maroc, et celle de Columnata, en Algérie), où des nécropoles relativement vastes comprennent des dizaines, et parfois même des centaines de squelettes. Les **mégalithes** funéraires, qui remontent au Néolithique tardif (dolmens et tombes à hypogées dérivant clairement de modèles européens), sont répandus dans le Maghreb et le Sahara. Les plus anciens sont datés du IIIe millénaire av. J.-C., mais beaucoup sont

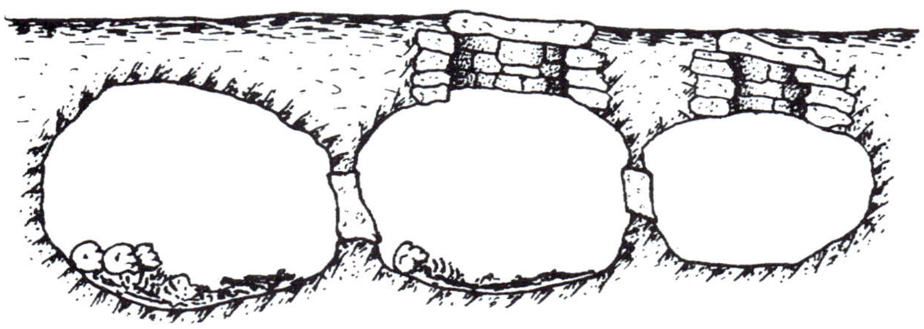

Sur cette page, à gauche : tombe collective en forme de silos, dans la localité Les Trembles (Algérie). Les sépultures de l'âge des métaux présentent des formes très diversifiées ; dans la région d'Oran et au Maroc, on a découvert des tombes à puits qui ont des correspondants en Espagne.
Ci-contre et en haut : peintures rupestres du Tassili (Algérie) représentant des figures féminines, probablement en train de célébrer un rite.
Page ci-contre, en bas : petites figurines en argile mises au jour dans les grottes de la région de Tanger ; il s'agit d'idoles et d'objets votifs dont la signification reste encore inconnue à ce jour. Elles ont des formes phalliques, zoomorphes ou anthropomorphes et sont à rattacher à un culte de la fécondité.
A droite : graffitis rupestres d'animaux fantastiques, dans le Sahara libyen.

L'ÉTAT ACTUEL DES RECHERCHES

Les grandes difficultés rencontrées lors des tentatives de reconstitution des croyances religieuses de la préhistoire sont dues à l'absence de sources écrites pour cette période. Le plus souvent, la documentation disponible reste muette : les os, plus ou moins manipulés, les sépultures, les statuettes en ronde-bosse, les peintures rupestres, les objets taillés nous révèlent l'existence d'un sentiment qui peut être qualifié de religieux chez l'homme du Paléolithique, mais ne permettent pas de le définir précisément. En essayant d'interroger les sources disponibles, silencieuses sur bien des points, les chercheurs sont donc obligés de formuler des hypothèses, en y intégrant les rares données disponibles mêlées à leurs intuitions personnelles et à des comparaisons ethnographiques. Poussés par le désir de démontrer la pleine appartenance de l'homme préhistorique au genre humain, ils ont souligné les affinités existant entre certaines découvertes, auxquelles on pourrait donner un caractère religieux, et les comportements observés chez des peuples qui vivent encore aujourd'hui de façon primitive. Sur la base de rares fragments osseux et de comparaisons effectuées avec des rites connus chez les Amérindiens, les Pygmées ou les Esquimaux, ils ont affirmé - à l'aide d'arguments très développés - la diffusion de rituels variés dès l'époque de l'homme de Neandertal : cultes des crânes, des mandibules, de l'ours, cannibalisme rituel, rites initiatiques...

Cependant, après l'enthousiasme du siècle dernier et de la première moitié de notre siècle, le scepticisme semble être désormais de rigueur dans le discours scientifique ; on souligne volontiers l'aspect approximatif et hypothétique de nos connaissances, et combien il est illusoire de recourir à des comparaisons entre des contextes culturels très différents, en assimilant des faits qui sont très éloignés entre eux.

De plus, on a beau jeu de démontrer aujourd'hui que les interprétations proposées dans le passé se basaient sur des campagnes de fouilles conduites de façon bien peu rigoureuse. L'exemple type à cet égard est fourni par les circonstances de la découverte d'un squelette du type de Neandertal à Peyzac-le-Moustier (qui a donné son nom à l'industrie lithique de la période néandertalienne) : un antiquaire avait transformé le lieu de fouilles en une espèce de boutique d'antiquités, manipulant intentionnellement les preuves pour augmenter la valeur de sa découverte. Pareillement, Leroi-Gourhan, dans son ouvrage désormais classique, Les Religions de la préhistoire, *rappelle comment, dans les années soixante, on ne possédait de plan exact que pour une unique sépulture néandertalienne, parmi les vingt reconnues ou présumées telles.*

Ainsi, de nos jours, le champ de ce que les chercheurs affirment savoir sur les croyances religieuses de l'homme préhistorique s'est beaucoup réduit : seule la présence de sépultures au Paléolithique moyen et l'emploi de substances colorantes comme l'ocre sont avérés. Le cannibalisme de l'homme de Neandertal apparaît aujourd'hui certain, même si quelques personnes ont des doutes sur sa signification rituelle. Pour tout le reste, on est dans l'obscurité la plus totale.

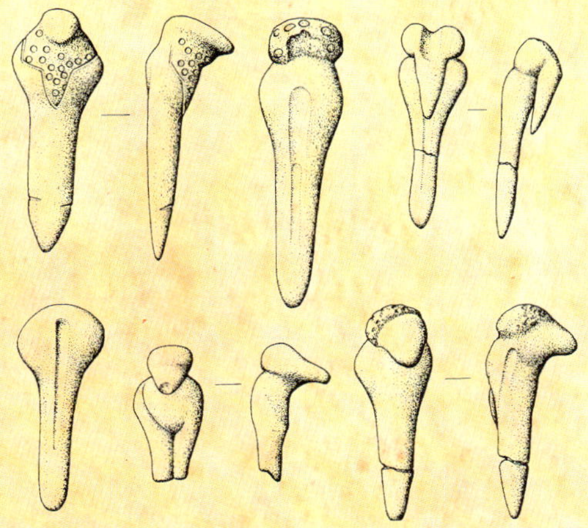

postérieurs ; la pratique de l'inhumation sous des tumulus faits de pierres posées à sec (les ***bazinas***) a perduré jusqu'à l'époque romaine ou pré-islamique.

L'attention réservée aux défunts est assurément un indice de l'existence d'un **sentiment religieux diffus** qui, dans le passé, a souvent été interprété comme la preuve de la croyance dans une vie outre-tombe.

Lors des fouilles, l'analyse des tombes et du matériel funéraire nous fournit de nombreux renseignements sur le mode de vie de l'homme préhistorique (régime alimentaire, développement technologique, structures sociales), mais elle est, hélas, bien peu révélatrice sur ses croyances religieuses.

Il en est ainsi des peintures rupestres du Sahara, qui n'apportent que de rares informations ; on a souvent conféré une signification magicoreligieuse à ces peintures qui pourraient, selon une hypothèse très répandue, être mises en relation avec des **rites propitiatoires, liés à la fécondité** animale et **aux succès à la chasse**, qui constituait alors la principale source de subsistance.

D'autres interprétations ont été proposées pour certaines figures : la présence récurrente d'animaux (moutons, béliers et bœufs) portant entre leurs cornes des objets circulaires ou allongés, a suggéré des analogies avec les symboles solaires présents dans la religion égyptienne, par exemple l'uræus du bélier d'Amon, pourtant très postérieur. Le rapprochement avec des rites berbères paraîtra peut-être plus convaincant ; destinés à invoquer la pluie, ces derniers prévoient le sacrifice d'un bélier dont la tête est recouverte par une courge.

Si elles se prêtent à des interprétations religieuses, les peintures découvertes dans les massifs du Fezzan et du Tassili n'attestent pas pour autant la présence de divinités nettement individualisées. Il semble probable que les populations qui les ont peintes n'avaient pas encore constitué un panthéon bien défini, mais restaient attachés à des **cultes animistes** (généralement considérés comme la forme minimale de la religiosité). De ce point de vue, la solution de continuité entre l'âge de pierre et les époques historiques n'a pas été établie. La croyance en une puissance mystérieuse résidant à l'intérieur des arbres, des animaux et, enfin, des objets inanimés (roches, sources) a longtemps été répandue, avant l'établissement de la religion islamique parmi les populations d'Afrique du Nord ; elle reste encore vivace de nos jours dans toutes les tribus primitives.

La nature des découvertes archéologiques rend très difficile la reconstitution de l'attitude religieuse de l'homme primitif et de ses pratiques cultuelles. Cependant, quelques données peuvent être interprétées avec une certaine sûreté comme des expressions d'une religiosité liée à la nécessité de garantir le succès de la chasse ou la fertilité des animaux, condition indispensable pour que le gibier abonde. C'est dans cette optique qu'ont été accomplis les premiers sacrifices significatifs consistant en **offrandes votives**. Le rite s'accomplit dans un espace situé à proximité des campements à ciel ouvert, dans des grottes ou, par immersion, dans des cours d'eau et des étangs, l'homme offrant ce qu'il a de plus précieux, à savoir les animaux.
On a pu confirmer la pratique de la **déposition par immersion** à la période magdalénienne, près des campements où des carcasses de jeunes rennes femelles ont été mises au jour : avant d'être jetées dans l'eau, elles étaient lestées, leur cage thoracique étant ouverte et remplie de pierres.

Sur cette page, à gauche : peinture murale, un bison, grotte de Niaux. La flèche sur l'animal joue très probablement un rôle magique, propitiatoire, garantie d'une bonne chasse.
Ci-dessus : empreinte de main, grotte de Gargas, Haute-Garonne.
A droite : feuille en terre cuite et vernis rouge, montrant la déesse de la fertilité (seconde moitié du IIIe millénaire av. J.-C.), Chypre.
Page ci-contre, en haut : tombe d'époque néolithique dans l'île d'Öland, Suède.
A droite : idole ithyphallique en terre cuite, art néolithique thessalien (2500-2200 av. J.-C.), Musée archéologique national, Athènes.

La **déposition dans le sol** a lieu aussi bien à l'intérieur qu'aux alentours des campements, ou à l'entrée des grottes. Des squelettes entiers de jeunes mammouths ont été retrouvés, étendus sur un lit de terre rouge et entourés de perles d'ivoire et d'objets en pierre très travaillés ; des amas de crânes de cerfs, des cercles de crânes de mammouths, à l'intérieur desquels étaient accumulées des défenses réduites en morceaux et gravées.
Dans un campement en Ukraine, des statuettes féminines sont mêlées à des ossements, association fréquente au Paléolithique supérieur.
En Europe centrale, le **sacrifice des ours** prédomine, comme l'attestent les crânes de ces animaux déposés dans des grottes du Paléolithique moyen et supérieur. Parfois, on les découvre dans des coffres en pierre mêlés à des morceaux de charbon ; ailleurs, ils sont disposés en file le long des parois de la grotte ou à l'intérieur de niches, entourés ou recouverts de pierres. L'interprétation de ces données matérielles n'est pas toujours assurée et les hypothèses avancées peuvent toutes être admises. En définitive, il n'est pas possible de décider si, au Paléolithique, les sacrifices d'animaux sont de nature religieuse ou font partie de rituels magiques. Les offrandes peuvent simplement consister en un acte permettant de garantir le succès de la chasse et la reproduction des animaux, mais elles peuvent aussi traduire la reconnaissance par l'homme de sa dépendance envers une force qui le dépasse, et, en conséquence, la nécessité des rites pour s'attirer ses faveurs. Le problème reste entier.

Le **culte des morts** dont témoignent les sépultures forme un autre aspect primordial du cadre religieux primitif.
Si, pour le Paléolithique inférieur, aucune information à ce sujet n'est disponible, en revanche, pour les périodes suivantes, les fouilles ont fourni de précieuses informations sur la façon de disposer les dépouilles mortelles dans les grottes. Généralement orientés dans une direction précise, les squelettes peuvent être placés sur le dos ou, plus communément, en position repliée sur un côté, et étendus le long des parois rocheuses de la caverne. Parfois, le corps occupe une cavité artificielle creusée au centre de la partie principale de la grotte, mais là aussi le corps est disposé selon une orientation précise, le visage recouvert d'une grande plaque en os. Enfin, il semble que pour les enfants, on procède à la sépulture d'un corps dont le crâne a été détaché.
Le **matériel funéraire**, très simple, est composé d'objets bien travaillés, en pierre, en os ou en cornes d'animaux.
La déposition isolée de crânes portant des lésions, témoins d'une mort violente, et troués dans la région occipitale, est d'interprétation difficile. L'une des hypothèses avancées est celle d'un sacrifice humain avec aspiration du cerveau (il s'agirait là d'une pratique de cannibalisme rituel), mais rien ne vient conforter cette théorie.

Par rapport aux phases préhistoriques plus anciennes, les nombreux témoignages sur les pratiques funéraires du Paléolithique supérieur attestent le

développement remarquable du sentiment religieux chez les hommes de cette période. La déposition des dépouilles mortelles sur le foyer souligne le lien profond unissant les vivants et les morts. Souvent, on enduit les cadavres d'ocre rouge pour leur donner la couleur de la vie ou, plus simplement, comme manifestation de solennité ; on les recouvre ensuite de dalles de pierre ou d'omoplates de mammouths, peut-être pour les retenir dans la tombe et les empêcher de revenir à la vie.
La position des squelettes est très variée : sur le dos, sur le côté, en position repliée avec les mains près du visage, à la façon d'une personne endormie ; dans ce dernier cas, on pense que les jambes étaient maintenues par des liens.
Les dépositions de crânes mutilés et perforés se poursuivent à cette période, alors que le matériel funéraire s'enrichit peu à peu et comprend désormais des objets ornementaux. Les peintures qui, en France et en Espagne, ornent les parois de nombreuses cavernes, constituent un indice supplémentaire de l'existence d'un sentiment religieux chez les peuples de l'âge de pierre.

Les **images d'animaux**, réalistes dans leurs formes et dans leurs mouvements, font l'objet d'interprétations variées. Quelques spécialistes leur attribuent une **valeur magique** : l'homme du Paléolithique espère peut-être garantir ses succès à la chasse au moyen de représentations d'animaux blessés ou tués, traduisant ce qu'il souhaite réaliser dans la réalité.
Dans ce cas, il s'agit de magie opératoire, mais aussi de magie de fertilité, visant à garantir la multiplication des espèces animales. De fait, quelques images de femelles enceintes sont associées à des Vénus, symboles de la fécondité humaine et de la déesse-mère.

De nombreux témoignages archéologiques de l'accomplissement de rituels ont été recueillis, et surtout de sacrifices, qui accompagnent les événements les plus importants de la vie des individus et de la communauté : la conception, la naissance, la mort, la fondation d'un habitat ou d'une maison, ainsi que le travail agricole quotidien. Les sépultures d'animaux dans le sol des maisons, les vases placés sous les foyers, les silex et les éclats dans les trous formés par les pieux soutenant la maison sont probablement à mettre en relation avec les **rites de fondation** consistant à déposer des sacrifices.
Des **puits sacrificiels** mis au jour dans les habitations contiennent des os d'animaux, des tessons de céramique, des cendres, des statuettes. La maison possède donc une dimension religieuse dans laquelle se manifeste la dépendance de l'homme envers des forces supérieures.

Dans les cultures néolithiques européennes, on ne peut généralement pas distinguer d'édifices réservés au culte. A partir de l'âge du cuivre, des grottes, des sources et des étangs sont consacrés et deviennent les lieux d'accomplissement de sacrifices (Grèce, Crète). Dans diverses parties de l'Europe, on a retrouvé de nombreuses grottes abritant plusieurs sépultures, mais, au Néolithique, l'usage semble consister à en déposer une seule dans de simples fosses protégées par des dalles ou des tas de pierres. La position et l'orientation du corps sont variables, mais reprennent souvent celles observées au Paléolithique, notamment les positions allongée ou repliée sur un côté. Les sépultures sont généralement orientées vers le soleil, pour des raisons probablement religieuses : la soumission de l'homme à l'ordre de la nature, dont le soleil est l'emblème. La présence de vases en céramique contenant de la nourriture dans le matériel funéraire laisse supposer une **croyance dans une vie outre-tombe**.

Non seulement la mort, mais aussi la vie, l'accouchement, la naissance, la fertilité font l'objet de cultes : les statuettes figurant des femmes au ventre gonflé par la grossesse et les jambes ouvertes pour l'accouchement en témoignent. A côté de ces statuettes, on fixe dans l'argile le moment de la prière avec des figures masculines présentées dans un geste rituel (les bras sur la poitrine ou levés au-dessus de la tête). Dans les deux cas, il ne s'agit pas d'images de divinités, la religion ne se manifestant pas encore dans des mythes et des conceptions divines mais plus simplement dans le rituel. Les **tombes mégalithiques** retiendront enfin notre attention, leur signification restant controversée.
Les mégalithes de la Méditerranée occidentale peuvent être reliés à une tradition orientale, et donc interprétés comme des traces d'une colonisation. En revanche, les tombes mégalithiques de l'Atlantique témoignent de l'existence d'une « religion mégalithique », à moins qu'il ne s'agisse d'une religion préhistorique répandue dans le monde entier entre le Ve et le IIIe millénaire av. J.-C. Les tombes mégalithiques se seraient alors transformées en centres cultuels et auraient fait l'objet d'une vénération de la part des hommes qui pensent que, dans le passé, elles avaient été occupées par des hommes possédant des pouvoirs spirituels.

Ouverte à l'assimilation d'éléments divers et d'influences provenant des populations voisines, la religion égyptienne est caractérisée par un profond **syncrétisme**, les mythes et les croyances subissant un processus ininterrompu de réorganisation et de fusion. En l'absence d'un texte sacré contenant une doctrine nettement définie, il est malaisé d'en dresser une synthèse complète, d'autant plus que, habitué à vivre avec les **centaines de divinités** qui peuplaient son quotidien, l'Égyptien lui-même ne semble jamais avoir eu une telle exigence. Hormis les divinités principales vénérées dans le bassin du Nil, le panthéon égyptien en possède d'innombrables autres, secondaires et locales, ainsi qu'une foule de génies protecteurs attachés à un moment ou à une activité précis (l'accouchement, la récolte, l'amour).
Il faut ajouter à cette liste des personnages déifiés (comme Imhotep, le grand prêtre d'Héliopolis et l'architecte du complexe funéraire de Djoser) et les dieux d'origine orientale (Astarté, Baal) qui marquent le Nouvel Empire.

Ce vaste **univers religieux éclectique et tolérant** trouve ses racines dans le paganisme animiste des communautés préhistoriques. Aux périodes les plus anciennes, la sensibilité religieuse des populations habitant la vallée du Nil se manifeste dans le culte de puissances divines présentes dans la nature : les arbres, les objets inanimés (le sistre de Dandara, la pierre *benben*), mais surtout les animaux (zoolâtrie). C'est une influence qui se fera sentir longtemps, et qui constituera le substrat profond et permanent de la religion égyptienne ; les croyances historiques se grefferont sur cette base lorsque, avec l'essor de l'agriculture, on passera progressivement à une **conception personnelle de la divinité**. Les divinités zooanthropomorphes, caractéristiques du monde égyptien, naissent de la fusion de caractères animaux, aux origines anciennes, et de spécificités humaines, et témoignent d'une continuité entre les périodes protohistorique et dynastique.
Ce patrimoine religieux ne se consolide qu'à l'époque memphite, quand sont élaborés les **premiers grands systèmes théologiques**, dans un effort d'organisation qui restera toujours inachevé.

Il existe de nombreuses versions du mythe de la **création du monde**, sur lesquelles se sont greffées des légendes secondaires ou complémentaires. Il en résulte un mélange complexe de mythes dans lesquels il est possible d'isoler un noyau commun : la création du monde à partir de l'**élément liquide primordial,** né d'un démiurge (identifié au soleil à Héliopolis et Hermopolis, à Ptah à Memphis). D'après la cosmologie héliopolitaine, qui est à la fois la plus ancienne et la plus significative, le monde a le soleil pour origine. Le **soleil** est né sur une petite éminence de sable émergeant du **Noun**, le chaos primordial, l'élément liquide incréé et informe qui précède toute chose. Dans certaines versions, le soleil apparaît sous la forme d'un œuf ou d'un enfant assis sur une fleur de lotus ; dans d'autres, il se matérialise dans le *benben*, la pierre en forme d'obélisque tronqué vénérée à Héliopolis, symbolisant un rayon de soleil pétrifié. Prenant conscience de soi, le soleil (qui sera ensuite assimilé à Rê) sort de l'inertie et crée le cosmos, imposant aux éléments un ordre immuable : le **Maât**.
Le concept de Maât ne définit pas seulement l'ordre cosmique, mais concerne aussi l'ordre social et politique, établi une fois pour toutes par le démiurge. Il correspond cependant, selon les circonstances, à la justice, au droit, à l'ordre, à la vérité. Cette **conception d'un univers statique** – reflétant les rythmes récurrents d'un monde nilotique scandé par la répétition des cycles de la nature et des gestes des hommes – marque en profondeur la culture égyptienne. Le strict respect du Maât n'est pas seulement la doctrine religieuse suprême, mais aussi une norme morale, sociale et politique à laquelle on ne peut échapper. Il est du devoir du pharaon de garantir l'équilibre de la création, dans laquelle chaque élément trouve sa place et accomplit une fonction essentielle.

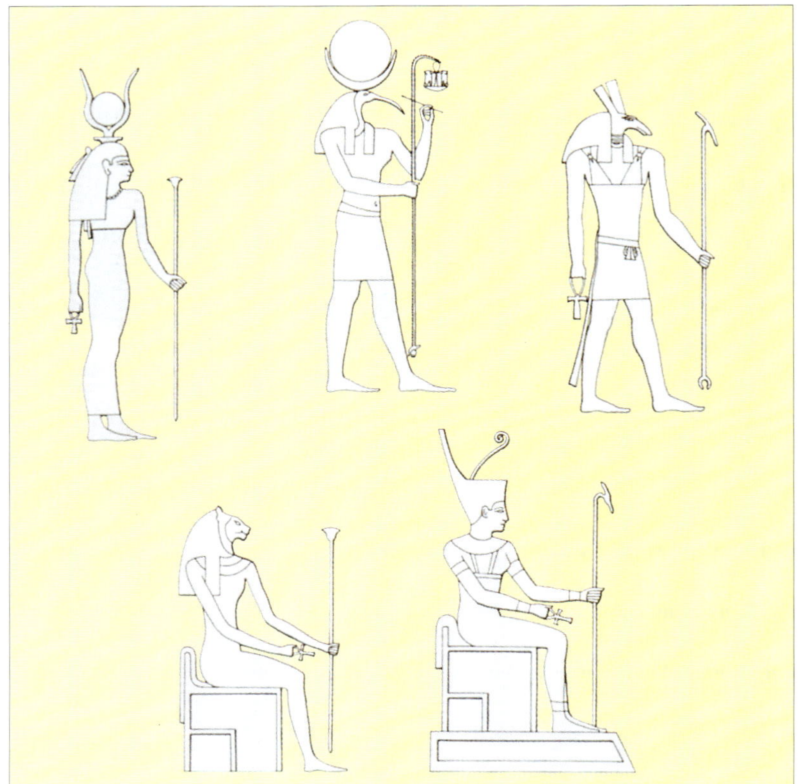

Le récit mythique aborde aussi la création des autres dieux et des hommes (qui sont nés des larmes de Rê). Par un processus d'autofécondation ou, selon une autre version, par l'émission de salive, le soleil-Rê donne naissance à un premier couple divin : **Shou**, le sec, le vide, et **Tefnout**, l'humide. De l'union du sec et de l'humide naît un second couple (**Nout**, la voûte céleste, et **Gheb,** le sol terrestre) qui, à son tour, donne naissance à deux couples d'enfants : Osiris et Isis, Seth et Nephtys, divinités anthropomorphes qui interviennent dans le monde des hommes. Le premier couple divin constitue le prototype de la famille royale et, d'après la tradition, Osiris est le légendaire dieu-pharaon de l'âge d'or qui a répandu la civilisation dans la vallée du Nil. **Osiris** est traîtreusement assassiné par son frère **Seth** (l'impétueux vent du désert, la contrepartie négative et violente de la force organisatrice symbolisée par le pharaon), qui s'empare de

Sur cette page, en haut : quelques divinités égyptiennes. De gauche à droite : Hathor, Thoth, Seth, Bastet et Neith.
A gauche : fragment de pilastre, provenant d'un temple de Karnak, avec le dieu Horus à tête de faucon enlaçant le pharaon.
Page ci-contre, à gauche : statuette funéraire du pharaon Séthi Ier, XIXe dynastie. Museo Civico, Bologne. La statuette faisait partie du mobilier funéraire du pharaon.
En haut : une autre image du dieu Horus, d'époque memphite (VIe dynastie).
A droite : le dieu Anubis embaumant un défunt et lui donnant une forme de poisson.

son royaume après avoir caché son cadavre. **Isis**, l'épouse-sœur d'Osiris, après avoir longtemps erré entre les pièges tendus par les esprits au service de Seth, retrouve le corps de son mari et s'efforce de le ressusciter par la magie. Transformée en faucon, elle agite les ailes au-dessus de lui pour le ranimer; elle est miraculeusement fécondée et donne naissance à un fils posthume d'Osiris : **Horus**, homonyme du dieu solaire, qui s'incarne, comme lui, dans un faucon. Après une longue lutte contre Seth et un interminable processus qui dure quatre-vingts ans, Horus obtient l'héritage de son père devant le tribunal des dieux. Quant à Osiris, après sa mort et sa résurrection, il a obtenu le royaume des morts (« le lieu situé au-delà de l'occident »), transformant un lieu sombre et triste en une région riche et fertile.

Le pouvoir de séduction de ce récit est à l'origine d'interprétations diverses, qui tendent toutes à souligner le caractère agraire du dieu assassiné : dans la parabole de sa mort et de sa résurrection, beaucoup ont vu

en filigrane le **cycle immuable** de la végétation qui meurt et renaît, ainsi que le caractère divin du Nil, alternativement à sec ou en crue. Dans le même temps, comme dans de nombreuses religions à mystères, ce mythe exprime l'**espoir que l'humanité sera sauvée**. Ressuscité grâce aux formules magiques d'Isis, Osiris devient le symbole de la vie qui se poursuit après la mort : les souverains défunts s'identifient à lui et, à leur suite, tous les morts.

Ainsi, à partir de la période memphite (vers 2650 av. J.-C.), la mythologie d'Osiris (se superposant à celle de Rê) se greffe de façon résolue, malgré les difficultés logiques, sur les plus anciennes croyances de **survie après la mort** dont témoignent le matériel funéraire mis au jour dans les tombes néolithiques; la conception de l'au-delà qui transparaît est assez sereine, dans l'ensemble. Même si quelques textes religieux de la première période intermédiaire manifestent une plus grande inquiétude quant au destin de l'homme après la mort, on est bien loin ici de la sombre vision mésopotamienne empreinte de la peur des châtiments et de l'annihilation.

Pour les Égyptiens, l'au-delà n'a pas une valeur négative ou terrifiante, mais indique seulement la région souterraine située à l'ouest, que le soleil-Rê (image de la vie qui renaît de façon cyclique) illumine chaque nuit, quand l'obscurité règne pour les vivants. Ainsi, l'autre vie est semblable à celle-ci, animée par les mêmes plaisirs et faite des mêmes nécessités : cela explique, entre autres, la présence d'offrandes alimentaires périodiquement renouvelées dans les tombes (plus tard, une représentation à valeur magique leur est substituée), les « scènes de vie » sculptées sur les mastabas de l'Ancien Empire, les reproductions en bois des diverses activités humaines et des concubines du mort. De plus, on trouve couramment des **shaouabtis** dans les tombes : ce sont des statuettes en terre cuite chargées de répondre (de la racine *ousheb* signifiant « répondre ») aux ordres du défunt, et accomplissant diverses tâches pour son compte. Elles sont apparues au Moyen Empire, avec la typique pioche égyptienne et l'inscription suivante : « Si je suis appelé, si je suis chargé des travaux se déroulant dans la Cité des morts [...] comme c'est le devoir de l'homme, à savoir cultiver les champs, faire s'écouler l'eau des remblais, transporter le sable d'orient en occident, alors tu diras : " Me voici ". »

Le **voyage vers le monde souterrain** est parsemé de pièges, dont le plus dangereux est représenté par les démons, toujours prêts à se saisir du défunt : c'est pourquoi des **formules rituelles** sont gravées sur les parois de la chambre funéraire, peintes à l'intérieur du sarcophage ou sur des rouleaux de papyrus. Ces formules sont récitées aux moments opportuns, permettant au défunt de franchir les obstacles. Pour être admise au royaume des morts, l'âme du défunt doit être soumise à un processus particulier, la **psychostasie** (pesée de l'âme), devant un tribunal composé de quarante-deux juges (représentant les quarante-deux nomes égyptiens) et présidé par Osiris.
Le cœur du défunt qui, pour les Égyptiens, est le centre de la vie, des sentiments et de la volonté, doit être pesé sur une balance sur laquelle est posée, en contrepoids, une plume (symbole de Maât, la vérité). A la seule condition que la balance reste en équilibre, le défunt accède au royaume des morts; si le cœur est alourdi par les mensonges, il est condamné à tomber du plateau de la balance et à être dévoré par un

monstre à tête de crocodile et au corps de lion. Toutefois, même coupable, le défunt peut obtenir une sentence favorable s'il sait utiliser avec perspicacité les formules rituelles qui, par prudence, ont été déposées dans son sarcophage.

Pour que l'âme du mort puisse jouir des bienfaits de la vie outre-tombe, son corps doit rester incorruptible et échapper à la dissolution. Cela correspond, d'ailleurs, à la conviction enracinée dans l'ancienne Égypte que le *ka* (la force vitale d'une personne) a besoin de supports matériels pour exister.
La momification, pratiquée sous la protection d'Anubis, répond précisément au souci de préserver l'intégrité corporelle. Si, malgré tout, et quelle qu'en soit la raison, le corps est détruit, une statue ou une image peuvent se substituer à lui (on les trouve en grand nombre dans les sépultures). Les techniques d'embaumement varient en fonction du statut social et des possibilités financières du défunt. Le processus le plus élaboré, d'abord réservé aux souverains, a lieu dans la « **maison de la purification** », où le corps est porté après le décès. On retire d'abord le cerveau et les viscères, qui sont conservés séparément dans quatre vases canopes, placés chacun sous la protection d'un fils d'Horus. Après avoir été immergé pendant soixante-dix jours dans une solution de nitrate et de sel marin, le corps est rempli de tampons imbibés d'arômes et d'onguents, de façon à lui redonner son aspect premier. Enfin, la **momie** est lavée, enveloppée dans des bandelettes de lin imbibées de résines et déposée dans un

cercueil. Sur le visage est placé un masque funéraire, qui peut être fait de matériaux extrêmement précieux. Entre les bandelettes de la momie, on place des amulettes, des talismans et des formules sacrées, dont l'*oudjat* (l'œil d'Horus qui, placé sur l'incision abdominale, symbolise la reconquête de l'intégrité physique), le pilastre *djed*, mystérieux fétiche préhistorique devenu un symbole osirien, le scarabée, symbole du dieu-soleil naissant, et le signe *ankh*, symbole de vie. Le rituel funéraire se termine par la cérémonie de l'**ouverture de la bouche** : le prêtre touche les yeux, la bouche, les oreilles de la momie avec une hachette votive en prononçant des formules magiques, pour que le défunt puisse recevoir les offrandes et se nourrir. La même cérémonie est accomplie sur les statues et les peintures, afin de leur conférer une forme de vie dans l'outre-tombe.

Dans l'Égypte ancienne, le **pharaon** est le chef religieux suprême. Il est le seul interprète de la volonté divine, tout en étant lui aussi une divinité, personnification des divinités solaires Horus et Rê. Il est également le gardien de Maât, l'ordre divin du monde, et apparaît responsable, devant les dieux, de la situation du pays qui lui a été confié.

En tant qu'intermédiaire privilégié entre les dieux et les hommes, le pharaon est le seul à pouvoir légitimement célébrer toutes les cérémonies cultuelles ; seules des raisons pratiques font qu'il peut être remplacé par des prêtres agissant en son nom. Les prêtres égyptiens ne sont donc pas les dépositaires d'une vérité révélée, mais plutôt des fonctionnaires accomplissant, par délégation du pouvoir du pharaon, des rites utiles au bien-être général du pays.
Le service religieux est temporaire (habituellement trois mois par an) et n'exige pas une vocation véritable, mais seulement la stricte observance de quelques préceptes, dont l'abstinence sexuelle.
Une fois terminé son service, le prêtre retourne à la vie laïque, à sa famille et à ses occupations habituelles.
La **hiérarchie religieuse** est très compliquée et comprend des fonctions et des spécialisations diverses. Du reste, les temples ne sont pas seulement les centres de la vie religieuse, mais aussi des organismes économiques et culturels complexes : ils ressemblent à de minuscules États, jouissent de privilèges particuliers (prébendes, rentes, donations), possèdent une administration autonome et jouent un rôle économique essentiel. En conséquence, le clergé, qui détient aussi les secrets de la magie et le monopole de la culture technico-scientifique, jouit d'un pouvoir et d'un prestige immenses : dans les périodes de faiblesse du pouvoir central, le grand-prêtre d'Amon ou d'une autre divinité de premier plan devient, de fait, le véritable souverain de l'Égypte, arrivant dans certains cas à destituer le souverain (XXIe dynastie).

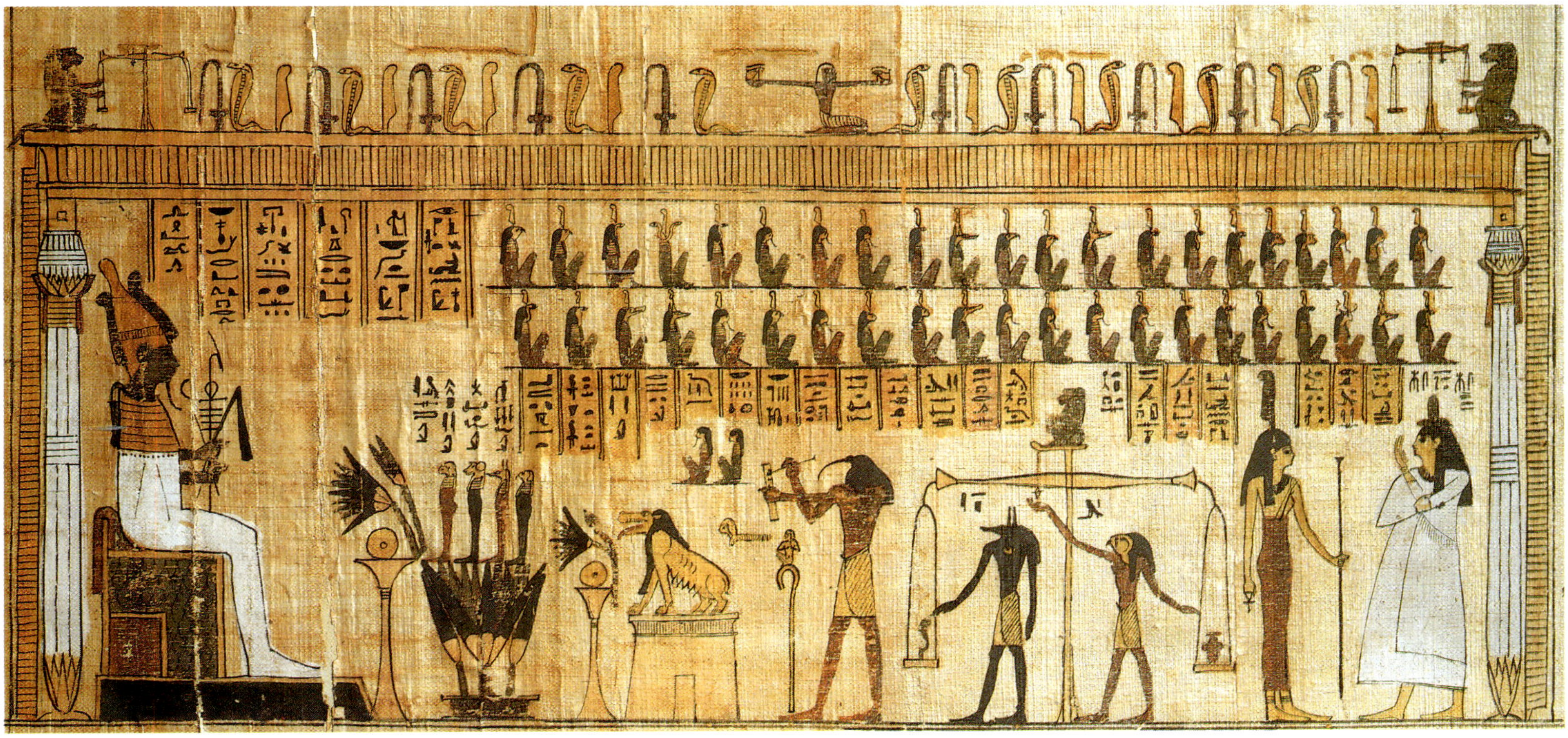

LES DIEUX DE L'ÉGYPTE ANCIENNE

La complexité du panthéon égyptien reflète le long processus d'unification du pays : dès la période protohistorique, quand l'Égypte est divisée en communautés indépendantes, chaque cité ou village possède ses divinités propres. Avec l'unification du pays, les divinités des cités les plus importantes acquièrent progressivement une stature nationale.
Les traditions locales ne sont pourtant pas abolies. Au contraire, la tolérance qui caractérise le monde égyptien fait que chaque communauté continue d'adorer, à côté des divinités officielles, son dieu local; et on peut noter, au cours du temps, une symbiose entre les deux cultes, avec des superpositions et des assimilations de caractères différents. Les divinités les plus vénérées sont celles qui représentent le soleil, créateur de l'univers.
***Rê,** dieu solaire, symbolisé par l'obélisque. Originaire d'Héliopolis (dont le nom grec signifie « cité du soleil »), il deviendra le grand dieu de l'État, divinité suprême de l'ancienne Égypte : roi des dieux, père de l'humanité et protecteur des pharaons.*
***Amon,** dieu créateur et seigneur de l'univers. Divinité originaire de Thèbes, il est assimilé à Rê, à qui il emprunte sa fonction solaire.*
***Horus,** dieu-faucon, symbole du soleil naissant, souvent représenté comme un disque solaire ailé.*
***Isis,** reine des dieux, grande déesse-mère et magicienne, protectrice des défunts.*
***Osiris,** souverain du monde souterrain, juge des morts, mais aussi dieu de la Renaissance. Ce sont d'abord les pharaons défunts qui s'identifient à lui, puis l'ensemble des défunts.*
***Seth,** dieu de la Tempête et du Désert, violent et dangereux; c'est le frère et le meurtrier d'Osiris.*
***Anubis,** à tête de chacal, procède à la momification en tant qu'embaumeur d'Osiris.*
***Hathor,** représentée sous la forme d'une génisse, déesse de l'amour et de la danse, maîtresse des enfers et des étoiles.*
***Thoth,** à tête de mouton ou d'ibis, dieu de la Sagesse et de l'Écriture, scribe des dieux.*
***Ptah,** le créateur du monde, selon la cosmologie de Memphis. Il est représenté sous la forme d'une momie au crâne rasé, et il lève un sceptre, symbole de son rôle de créateur.*
***Sekhmet,** déesse à la tête de lionne, elle apporte la peste, mais elle est aussi la patronne des médecins qui savent comment l'apaiser.*
***Maât** (la justice), fille de Rê, elle porte un diadème orné d'une plume d'autruche qui symbolise la légèreté de la vérité.*
***Bastet,** déesse-chatte de la Danse et de l'Amour.*
***Sobek,** dieu-crocodile, lié aux mythes solaires.*
***Min,** dieu ithyphallique de la Fertilité, de la virilité qui se renouvelle continûment.*
***Uto,** très ancienne déesse-serpent. Son symbole (l'uræus, le cobra, ou l'œil d'Horus) fait saillie dans la couronne des souverains de Basse-Égypte; il foudroie les ennemis.*

Le **temple** est essentiellement la maison du dieu et à l'intérieur, loin de la présence des fidèles, s'articule une machinerie liturgique complexe. La partie la plus sacrée du sanctuaire est inaccessible aux fidèles; les statues des dieux, placées dans l'obscurité, sont presque invisibles. Les fidèles ne peuvent assister aux cérémonies qu'en cas de procession, de funérailles solennelles et de fête religieuse, quand les statues des dieux sortent de l'obscurité du temple pour visiter leurs propriétés et leurs parents sur la barque sacrée que les prêtres et les fidèles transportent sur leurs épaules. Mais, puisque le souverain concentre toutes les prérogatives religieuses, les individus ne cherchent pas à comprendre et à interpréter la volonté des dieux, surtout pendant la période memphite : la profonde foi dans la puissance et l'importance des dieux ne correspond pas toujours à une adhésion personnelle et sincère à l'égard de la religion.

A la fin de l'Ancien Empire, la démocratisation de l'expérience religieuse reflète la mutation politique en cours, comme conséquence de l'affaiblissement du pouvoir du souverain; la fonction religieuse de ce dernier est dévaluée, tandis que naît l'idée d'un patrimoine religieux appartenant à tous. Cette **crise des valeurs traditionnelles** s'accompagne d'une moindre confiance dans la providentialité de l'histoire, autrefois garantie par la personne même du pharaon. La littérature de la première période intermédiaire répète continuellement que, dans le monde, le mal a sa place et que la vertu n'est pas toujours victorieuse. Cependant, et paradoxalement, cette crise pousse à chercher des solutions alternatives. Une fois disparue la religiosité figée de l'époque memphite, les Égyptiens apparaissent disponibles pour de nouvelles expériences plus authentiques, bien que reposant sur des doctrines à caractère magique – très peu présentes dans le passé – ou des théories sotériologiques originaires du Proche-Orient.

Pendant le Moyen Empire, parallèlement à la restauration d'un ordre politique et social stable qui restitue au pharaon son ancienne autorité, **une religion royale s'affirme** à nouveau. Au moment de la mobilisation nationale contre les Hyksos, les divinités thébaines acquièrent une position prééminente. Amon, dieu lié à la famille du roi, dont il est considéré comme le père de chair, est assimilé à Rê (il devient Amon-Rê), transformant ainsi la nature solaire et le rang du roi des dieux.
Ce culte, d'abord destiné à légitimer l'autorité de la maison régnante, verra par la suite s'accroître l'autonomie et la puissance de ses prêtres. Ceux-ci parviendront, au cours de la XVIIIe dynastie, à élargir leur autorité de telle sorte qu'elle en viendra à concurrencer le pouvoir monarchique : ils interviendront jusque dans les luttes dynastiques, en cherchant à imposer des pharaons.

Page ci-contre, en haut : détrempe de la tombe d'Iti (vers 2200 av. J.-C.), à el-Ghebelen, représentant une scène de sacrifice. Musée égyptien, Turin.
En bas : scène de psychostasie (pesée de l'âme), d'après un** Livre des morts **d'époque tardive. Musée égyptien, Turin.
La psychostasie, dans les croyances religieuses de l'Égypte ancienne, est le processus auquel l'âme est soumise à son arrivée dans l'au-delà : le cœur du défunt est placé sur une balance; une plume est placée en contrepoids. Si le cœur, alourdi par les mensonges, pèse plus que la plume, le défunt ne peut accéder aux délices du monde souterrain.
Sur cette page, à droite : porteur de stèle avec une inscription célébrant le dieu Rê (le soleil). Rê, selon la mythologie égyptienne, est le dieu qui illumine le monde des défunts quand celui des vivants est dans l'obscurité.

A l'époque préhistorique, la religion des peuples de Mésopotamie est liée au **culte de la fertilité** et de la terre, mais c'est surtout au Néolithique, avec l'apparition de l'agriculture, que l'homme établit un lien, qui se renforcera ultérieurement, entre sa propre survie et la fertilité du sol, représentée par la **déesse-mère**. Les innombrables statuettes mises au jour dans les villages néolithiques, reproduisant l'image d'une déesse nue avec des attributs sexuels nettement mis en évidence, démontrent la grande diffusion de ce culte et l'importance de s'assurer du caractère cyclique et de la régénérescence des moissons.

A côté des déesses de la Fécondité, apparaissent des **divinités atmosphériques** associées à la pluie, élément indispensable au rendement de la terre et au déclenchement des crues bénéfiques des fleuves.

En Mésopotamie, les inondations, sans comparaison avec celles de l'Égypte, ne sont ni régulières ni prévisibles, et souvent si catastrophiques qu'elles suggèrent quelque châtiment divin. Le **déluge universel**, connu de tous les peuples proche-orientaux, des Sumériens aux Babyloniens et aux Hébreux, est attesté par l'archéologie dans la stratification des tells, qui présentent une interruption dans la succession des niveaux, ainsi que par l'épigraphie, le déluge constituant une ligne de partage entre un « temps mythique » et un « temps historique ». On peut interpréter ce cataclysme comme une de ces violentes inondations, d'ampleur considérable, qui caractérisent la Mésopotamie jusqu'au IVe millénaire av. J.-C. Avec des conditions de vie précaires, il est compréhensible que les habitants de la région aient pu ressentir une terreur sacrée envers la nature, si déterminante pour leur existence.

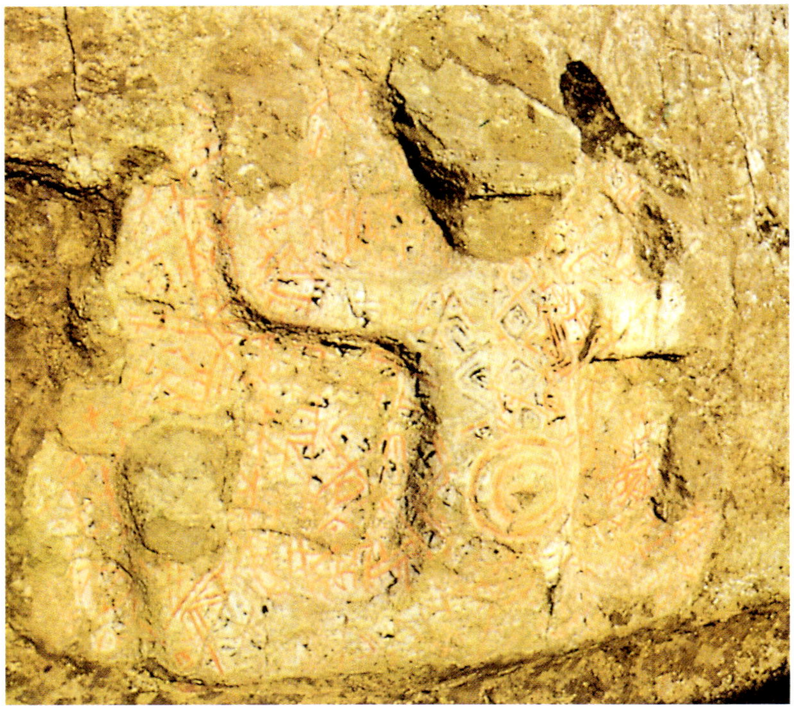

Les Sumériens conservent ce noyau religieux originel en héritage. Par eux s'instaure le premier système religieux organisé : une mythologie retraçant l'origine des dieux, du monde et des hommes, accompagnée d'un rituel codifiant les actes liturgiques et les prières. La **tradition écrite** des Sumériens débute vers 3000 av. J.-C., longtemps après leur installation en basse Mésopotamie ; aussi faut-il se tourner vers l'archéologie si l'on veut connaître la religion sumérienne de la période qui a précédé l'écriture : l'architecture, la statuaire et la glyptique fournissent des informations indirectes sur le sujet. A l'époque historique, l'archéologie vient encore en aide à l'épigraphie, car, parallèlement à l'évolution du système graphique et à la constitution de la grammaire, on grave des **inscriptions votives** royales, des inscriptions célébrant des fondations, des tablettes enregistrant les offrandes religieuses et, enfin, des textes religieux et mythologiques, des hymnes, des lamentations et des exorcismes.

Les ***Listes des dieux*** constituent une source religieuse très importante ; six d'entre elles sont parvenues jusqu'à nous : les listes de Fara (2600 av. J.-C.), d'Abou Salabikh (2550 av. J.-C.), de Nippour (1900 av. J.-C.), d'Isin (1900 av. J.-C.), de Larsa (1800 av. J.-C.) et de Babylone (1200-600 av. J.-C.). Les deux premières remontent à la période sumérienne, les quatre autres sont postérieures, mais toutes constituent un moment essentiel de la réflexion théologique. Cependant, la reconstitution de la religion sumérienne a suscité des interprétations et des hypothèses variées. Une thèse, inspirée par la théorie évolutionniste, distingue deux phases : une première, au cours de laquelle les Sumériens, comme tous les autres peuples mésopotamiens, conçoivent la **nature comme une puissance** capable de mettre leur vie en péril, étant à l'origine de phénomènes violents (inondations, sécheresses) ; une seconde phase, dans laquelle la **nature et ses phénomènes sont personnifiés par des divinités**. Dès les premiers témoignages iconographiques, le monde divin est anthropomorphe ; le vase cultuel d'Ourouk III (2900 av. J.-C.) représente la déesse Inanna avec des traits humains et, même sur les sceaux, **les divinités sont toujours anthropomorphes** : le dieu des Eaux Enki apparaît comme un homme sur une barque, et le dieu-soleil se lève sur les montagnes, toujours sous forme humaine, les rayons partant des épaules illuminant la création. Dans l'écriture, lorsque les Sumériens veulent indiquer la divinité d'un personnage, ils accompagnent son nom du mot *dingir* qui, graphiquement, correspond au pictogramme de l'étoile et désignerait le ciel ou An, le dieu suprême ; cela ne signifie nullement que les divinités du panthéon sumérien soient exclusivement pastorales, puisque ce mot apparaît avec les noms de toutes les divinités, aussi bien les divinités chtoniennes que les dieux des Enfers. Nous avons déjà dit combien, pour le Sumérien, la nature est vivante et constitue le lieu où, par excellence, se manifeste la divinité, qui n'est pas conçue comme transcendante. Les dieux,

Ci-dessus : relief pariétal représentant une déesse enceinte, appartenant au sanctuaire de Çatal Höyük. A gauche : grande peinture murale dans le sanctuaire de Çatal Höyük. Elle représente la poursuite ou la capture d'animaux sauvages. Le taureau rouge et l'homme en habit de cérémonie (selon toute vraisemblance un sorcier ou un prêtre) témoignent d'une technique plus simple que les autres figures.

A gauche : statuette féminine en albâtre vert, semi-transparent, dont le visage est fait d'une feuille d'or, provenant du temple de la déesse Inanna à Nippour et remontant à la première moitié du IIIᵉ millénaire av. J.-C. Ci-dessous : dessin exécuté par l'archéologue Woolley au cours des fouilles d'une tombe sumérienne. Il révèle un nombre impressionnant de squelettes étendus dans un des « puits de la mort ». A droite : la protection des édifices sacrés contre les puissances du mal a été une préoccupation constante de nombreux peuples de l'Antiquité. Dès la fin de l'époque sumérienne, on trouve des objets prophylactiques conservés dans des « caisses de fondation » aux angles des édifices. Le génie représenté assume cette fonction en enfonçant un clou dans le sol.

personnifications des phénomènes naturels, sont des images anthropomorphes aux pouvoirs surhumains. Les nombreuses divinités citées dans les précieux documents que sont les ***Listes des dieux***, se retrouvent dans les archives de diverses cités sumériennes, formant un panthéon variable d'une cité à l'autre. Le monde divin reflète ainsi le monde humain, structuré en cités-États toujours en conflit. L'existence de deux écoles théologiques aux théories opposées est, à cet égard, révélatrice : elles sont liées respectivement aux cités de Nippour et d'Éridou, chacune ayant élaboré une théogonie et une cosmogonie propres. Alors qu'à Nippour la divinité la plus importante est Enlil, le dieu de l'Air, à Éridou, c'est Enki, le dieu de l'Océan, des Sources et de l'Eau douce, qui est l'élément principal de la nature. Pendant toute la période historique de Sumer, Enlil joue un rôle prééminent : séparant le ciel de la terre, il crée les étoiles et les astres, puis fait naître la vie sur terre. **Enlil** et **Enki** sont tous les deux les fils d'**An**, le dieu du Ciel et maître du panthéon mésopotamien, qui ne semble exercer aucune fonction active. A côté de ces trois divinités principales, on trouve **Nin-Hursag**, la terre mère, **Inanna**, la déesse de la végétation, de l'amour et de la guerre, **Utu,** le dieu-soleil, et **Nanna**, le dieu-lune. Dans le panthéon sumérien, les divinités personnifiant les éléments ou les phénomènes célestes sont masculines, alors que les déesses féminines sont liées à la fécondité.

D'après la cosmogonie sumérienne, il existait à l'origine **trois éléments primordiaux** : le ciel, la terre et l'eau, dont les dieux sont les enfants. Pendant une période indéterminée, le ciel et la terre sont restés unis, jusqu'au moment où l'air (le dieu Enlil), les a séparés et a créé des astres auxquels correspondent les trois divinités cosmiques : Nanna (la lune), Utu (le soleil) et Inanna (Vénus). Enfin, Enlil a conçu les plantes et les animaux sur la terre. Cependant, dans leurs mythes, les Sumériens s'intéressent plus à l'organisation du monde qu'à sa genèse ; c'est généralement à Enki, obéissant aux ordres d'Enlil, que revient cette tâche. Ainsi s'énonce un passage du texte mythologique *Enki et l'organisation du monde* : « A Sumer, Enki décrète le fait suivant : "Sumer, grande montagne, pays du ciel et de la terre [...],

Aux origines des temps, les dieux se sont partagé les royaumes et les tâches : le ciel à An, la terre à Enlil, la région des enfers, le monde souterrain à Ershkigal, les eaux à Enki, une division analogue s'opérant sur terre dans le territoire sumérien. Les dieux et les hommes sont en relation grâce à de **bons esprits** ou de **mauvais démons** ; c'est pourquoi il est essentiel pour les hommes de connaître la volonté divine et de la respecter.

les dieux furent engendrés par toi, comme le ciel, inaccessible qui engendre le roi, et ceint sa tête d'un noble diadème, qui engendre le souverain [...]/ Notre demeure ! Sumer ! Tes étables sont construites, tes vaches se multiplient ;/tes bergeries sont édifiées, tes brebis se multiplient. " »
De cet extrait, on peut avant tout déduire que **la royauté, don divin**, est une institution destinée à assurer le bien-être et la

prospérité ; elle est synonyme de civilisation. Le lien entre le souverain et la divinité est sans aucun doute un des éléments les plus caractéristiques de la religion sumérienne ; la royauté, issue du ciel, est déjà exercée avant le déluge et demeure à jamais l'élément caractéristique de l'État sumérien.
Les changements historiques sont interprétés comme des déplacements successifs d'une cité à une autre, d'un roi à l'autre, d'une forme de gouvernement accordée à l'homme, don de la divinité en des temps mythiques.

Sur la base d'une telle conception, le **roi** est donc, avant tout, un **prêtre** ; il doit garantir le bien-être du peuple en s'assurant les faveurs de celui qui contrôle les forces hostiles à l'homme : la fonction du roi consistera d'abord, avant même d'organiser les activités économiques du pays, à maintenir des relations stables avec la divinité, à s'assurer de son soutien et à la calmer si, d'aventure, elle se met en colère.
La célébration du culte est ainsi l'activité principale du souverain, qui l'exerce non par la prière mais par la magie : l'accouplement du roi avec la prêtresse-déesse permet, par exemple, au dieu de rendre les terres fertiles. Quant à l'**homme du peuple**, sa création répond à un but bien différent : il se substitue aux dieux dans le labeur (creusement de canaux, construction de digues, agriculture, élevage). De plus, l'homme doit construire les demeures des dieux (les temples) et veiller à leur subsistance.

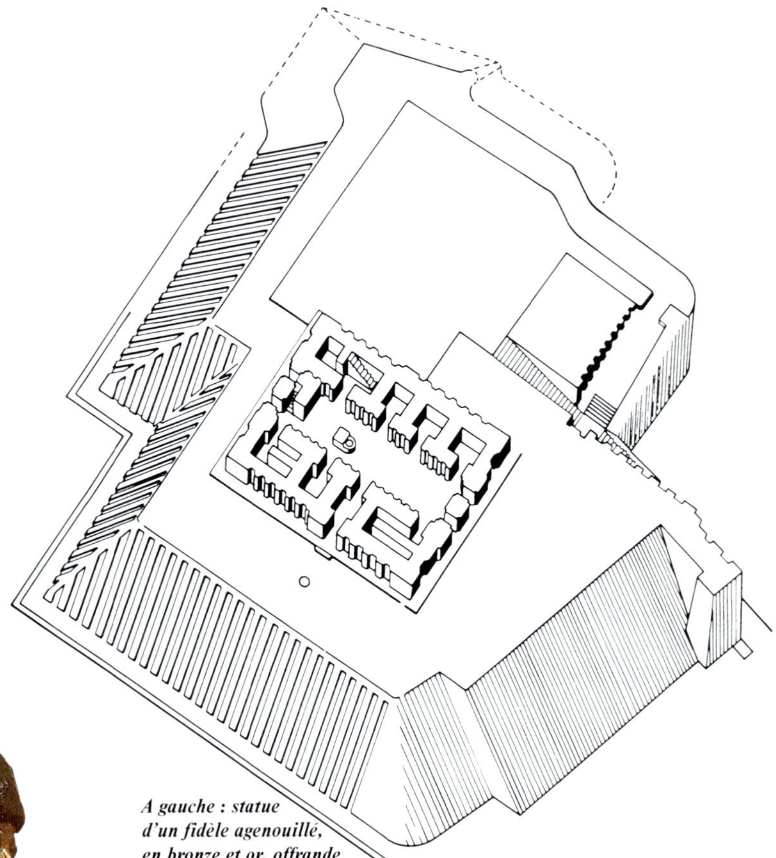

A gauche : statue d'un fidèle agenouillé, en bronze et or, offrande pour la vie d'Hammourabi, roi de Babylone (vers 1800 av. J.-C.), trouvée à Larsa. Musée du Louvre, Paris.
Ci-dessus : le Temple blanc, sur la haute terrasse d'An à Ourouk ; le dieu y descend par un escalier réservé, dont la première marche est placée à un mètre de haut. Le temple est probablement lié au culte de la fertilité, qui occupera une place centrale dans la littérature religieuse de l'époque suivante.
A droite : scène de sacrifice rituel (vers le IIIe millénaire av. J.-C.), provenant de Mari. Musée national, Damas.

Le rapport intense et profond que le Sumérien entretient avec la divinité comporte, naturellement, des **actes cultuels** témoignant de sa foi. Les cérémonies publiques, auxquelles tous peuvent participer, sont accomplies par le roi et les prêtres.
Les **fêtes religieuses** figurent parmi les cérémonies les plus importantes : on y célèbre, chaque mois ou chaque année, des événements de la vie agricole ou une divinité particulière. La fête la plus célèbre est l'**Akitu,** qui glorifie la nouvelle année et est associée à l'union sacrée de la divinité tutélaire de la cité avec Enlil, incarnée par l'union du roi et d'une prêtresse. Sont ensuite pratiqués des **sacrifices**, immolation de bœufs et de chèvres, ou des offrandes de nourritures et de boissons, de vêtements et d'objets votifs.
Les rites concernant le soin et l'**alimentation donnés aux dieux** par le souverain lui-même sont importants : ils trouvent leur justification dans l'anthropomorphisme et l'exigence, reconnue aussi aux dieux, de manger et de se laver. Chaque jour, on dépose de la nourriture devant les statues des dieux et on procède à leurs ablutions ; ce n'est qu'à l'occasion de processions solennelles et de fêtes que les statues sortent du temple. Les prêtres et les prêtresses se consacrent au service du dieu, mais leur rôle précis n'est pas toujours connu, le grand-prêtre *(sanga)*, hormis l'accomplissement du culte, exécutant aussi des tâches administratives. Les prêtresses sont citées dans les sources sous les noms de *nin-dingir*, *en*, *lukur*, *ensi* ; le personnel du temple compte aussi des chanteurs (*nar* ou *gala*) qui récitent des hymnes et des lamentations pendant les fêtes. A côté de la religion officielle, on trouve un culte privé dont témoignent l'archéologie et l'onomastique. Aux innombrables figurines en terre cuite,

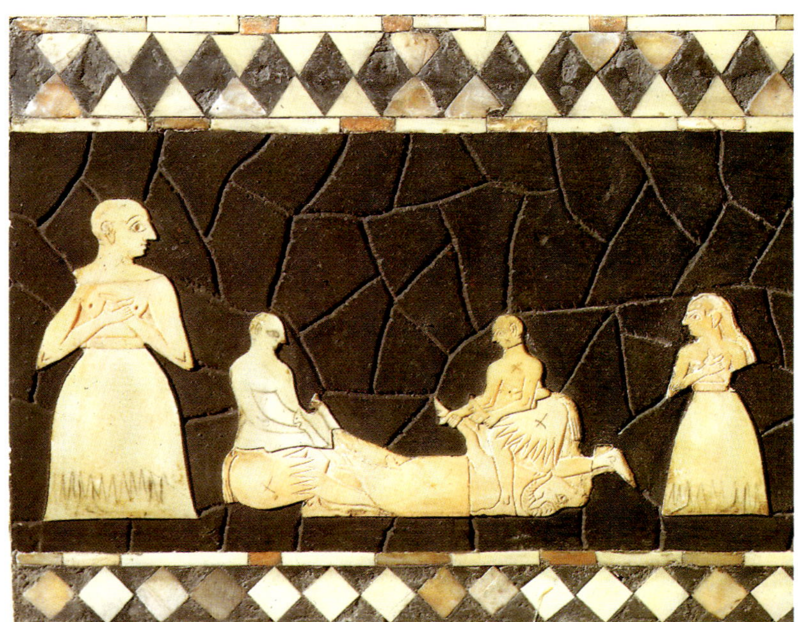

LA DIVINATION

La divination est l'un des aspects les plus importants de la religion mésopotamienne; elle est basée sur la conviction que l'homme peut communiquer avec les forces divines qui déterminent son destin. Connaître le mal signifie pouvoir l'éloigner avec les moyens adéquats. Les procédés pour interroger la divinité sont variés et diffèrent aussi en fonction du statut social : le roi a recours à des pratiques interdites au pauvre. La divination est donc une pratique commune à la religion officielle et à la religion populaire.
L'examen des entrailles d'un animal sacrifié et l'observation du vol des oiseaux sont les plus fréquents. A partir de la période akkadienne, les résultats sont enregistrés sur des tablettes, conservées ensuite dans les archives afin de pouvoir être réutilisées : elles contiennent les descriptions d'actions insolites accomplies par des animaux, ou d'événements étranges qui ont eu lieu dans le ciel. Leur analyse va contribuer au développement de l'astronomie et de la science, car les examens revêtent parfois la forme de véritables expériences.
La naissance d'animaux ou d'enfants difformes est un présage de mauvaise augure pour l'État, à tel point que la correspondance royale s'y réfère.
La divination mésopotamienne est étroitement liée à l'astrologie, art consistant à interpréter des phénomènes célestes comme des présages d'événements à venir. C'est la pratique divinatoire la plus ancienne qui est déjà codifiée à l'époque paléobabylonienne. L'homme du peuple recourt de préférence à la magie et aux exorcismes pour trouver des remèdes aux maladies et aux souffrances de sa misérable existence.

Ci-contre : statuette en diorite représentant Dudu, grand prêtre de Lagash, art sumérien (IIIe millénaire av. J.-C.). Sjöhistoriska Museum, Stockholm.

attestations de la dévotion populaire, on attribue le pouvoir magique d'assurer la fécondité. Pour les Sumériens, le nom a une valeur sacrée et magique; les parents, en donnant un nom à leurs enfants, expriment par là leur espérance et leur dévotion.
Les nombreux noms de divinités sont un signe du sens du divin qui envahit l'existence de l'homme; bien que totalement conscient du profond fossé qui le sépare des dieux, ce dernier peut communiquer avec eux par l'intermédiaire de son dieu personnel.

La **conception de l'au-delà** est un élément déterminant de la religion sumérienne. La mort, conçue de façon tragique, est perçue comme une issue inéluctable qu'il faut repousser le plus longtemps possible, et affronter de la manière la moins douloureuse possible. En ce qui concerne le sort de l'homme dans l'au-delà, il dépend des circonstances de sa mort : celui qui meurt par accident est destiné à souffrir aussi après la mort. Le péché n'existe pas dans la religion sumérienne, pas plus que la récompense après la mort. Il ne reste à l'homme qu'à conquérir la gloire pendant sa vie par des actions impérissables, puisque l'au-delà n'apporte pas la félicité. **Les nécropoles royales d'Our** fournissent de nouvelles informations sur le monde des morts : les fouilles des tombes ont mis au jour des objets de prix, ainsi qu'un nombre élevé de sépultures de serviteurs, enterrés avec les souverains et leurs épouses. On peut supposer l'existence d'un rituel consistant à ensevelir les serviteurs encore vivants dans les tombes, où ils ingéraient un poison; le souverain devait continuer à jouir, après sa mort, des plaisirs de la vie terrestre en compagnie de son entourage.

Les changements politiques et historiques survenus à la chute de la civilisation sumérienne (IIe millénaire av. J.-C.) se reflètent dans le domaine religieux, où des éléments nouveaux sont introduits.
Deux d'entre eux retiendront notre attention : tout d'abord, l'arrivée de populations nomades sémitiques d'Occident; puis le dépassement du fractionnement politique, avec la constitution d'un État unitaire englobant la région mésopotamienne tout entière.
L'**afflux de populations pastorales** provoque une importante transformation de la religion néolithique, liée à l'agriculture et caractéristique des peuples sédentaires.
Le point de référence des nomades étant le ciel, ils vénèrent des **divinités célestes**.
Le nouveau type de religion qui s'affirme à partir du IIe millénaire av. J.-C. est une synthèse entre des éléments archaïques, typiques d'une civilisation agraire, et les apports nouveaux des peuples de pasteurs; en conséquence d'une telle synthèse, la langue sumérienne reste en vigueur comme langue religieuse, alors que les divinités célestes finissent par devenir prédominantes.
Parmi elles, la plus importante est Mardouk, dieu suprême du panthéon babylonien, auquel il faut ajouter Adad, le dieu de la Tempête, et les dieux incarnant des astres, tels Shamash (Utu sumérien), dieu du Soleil, et Sin (Nanna sumérien), dieu de la Lune.

Ci-dessus : peinture murale du palais royal de Mari, une scène d'offrande sacrificielle (vers 1700 av. J.-C.).
Ci-dessous : vase en bronze et en or d'Entéména, roi-prêtre de Lagash (IIIe millénaire av. J.-C.).

La constitution d'organismes supranationaux a pour effet la **subordination de la religion à la politique**, alors que la fonction royale se laïcise de plus en plus. Aussi bien la religion officielle que la religion populaire, dont on possède de rares témoignages, accordent une grande importance à la **divination**. Le nombre très élevé de présages et de textes qui s'y réfèrent confirme la diffusion de cette pratique permettant, non seulement de connaître la volonté des dieux, mais encore de prévenir leur colère, non seulement de prévoir le futur, mais aussi de légitimer des conduites politiques malhonnêtes.

Le contexte religieux des cultures amérindiennes qui précèdent la conquête européenne n'acquiert ses principales caractéristiques qu'à la fin du IIe millénaire av. J.-C., lorsque les Olmèques et les Chavín édifient (dans le golfe du Mexique et au Pérou) de vastes complexes cultuels très bien organisés, destinés au culte de divinités formées de la fusion de caractères humains et animaux.
Dans les religions précolombiennes, hormis le serpent, l'animal sacré par excellence est le jaguar, auquel sont attribuées des valeurs multiples : il est considéré comme une représentation des forces diverses qui animent la nature et, parfois, comme le dieu de la Végétation, de la Terre et de la Mort.
En revanche, on ne possède que de rares témoignages sur la période précédente ; bon nombre de croyances des populations préhistoriques d'Amérique nous sont encore totalement incompréhensibles à ce jour.
Les convictions religieuses des groupes humains occupant la région nord-américaine ne diffèrent probablement pas beaucoup de celles des autres populations de chasseurs du Paléolithique, pour lesquels les rituels magiques jouent un rôle essentiel : ils sont liés à la chasse et ont pour but de favoriser l'issue heureuse des expéditions.
Ce n'est qu'au cours du Ier millénaire av. J.-C. que les populations indiennes élaborent un univers cultuel à fondement animiste, fondé sur la croyance (qui a probablement ses racines dans les époques précédentes) en un monde de pouvoirs ou d'êtres spirituels se cachant derrière des apparences banales et habitant les lieux les plus divers (objets inanimés, plantes, animaux). Les **chamans** assurent le lien entre le monde des hommes et celui des esprits ; après l'absorption de substances hallucinogènes, ils sont capables d'entrer en contact avec le monde surnaturel : **par l'extase** (la sortie de soi et le voyage vers le monde des esprits), ou **la possession et l'envahissement** par les esprits eux-mêmes. Au moyen de ces pratiques, les chamans peuvent orienter les forces surnaturelles à l'avantage de la communauté tout entière, prédisant le futur, soignant les maladies, célébrant des rituels pour garantir une chasse favorable et abondante.

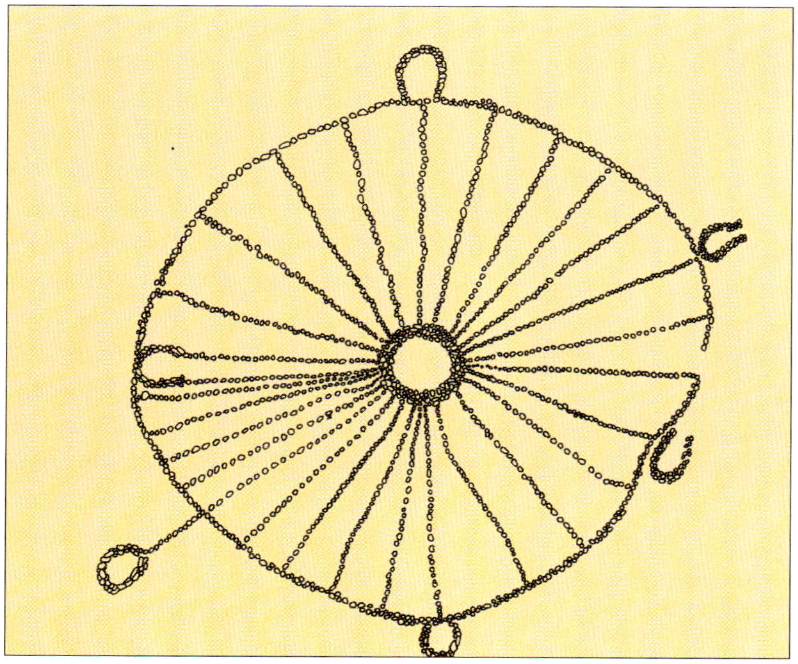

Sur cette page, à gauche : une « roue de sortilèges » des hautes plaines de la région du Mississippi. Les « roues de sortilèges » sont de grands symboles solaires, tout comme les enclos où se déroulent les cérémonies liées au culte du soleil.
Ci-dessus : une « Vénus de Valdivia », fragment de statuette féminine en terre cuite de couleur rosée, mise au jour à Valdivia, sur la côte méridionale de l'Équateur.
Page ci-contre, à gauche : dessin de la stèle de Raimondi, culture de Chavín.
Au centre, en haut : coupe en argile portant une image de jaguar, trouvée à Tlapacoya, civilisation olmèque.
Au centre, en bas : une autre image du dieu-jaguar, provenant de Cerro de San Martín, culture olmèque.
A droite : graffiti dans les ruines de Cerro Sechin, culture de Chavín.

C'est à cette époque que la céramique confirme la diffusion de **cultes liés à la fécondité** dans les communautés sédentaires de pêcheurs et d'agriculteurs. Les exemples les plus significatifs nous sont offerts par les statuettes en terre cuite de la culture de Valdivia, représentant des figures féminines aux caractères sexuels nettement mis en évidence, généralement interprétées comme des divinités de la fertilité liées à la terre et à la végétation. Entre 2600 et 2000 av. J.-C., sur les hauts plateaux et le long de la côte péruvienne (à Aspero, Sechin Alto, Huaca de los Reyes, Garagay), de **grandes agglomérations urbaines** se constituent et on édifie autour d'elles les premiers édifices sacrés qui nous soient connus. Il s'agit de constructions en maçonnage (comprenant des salles, des corridors, des niches, des cours en hypogée et des puits funéraires), placées au sommet d'une éminence artificielle constituée de plusieurs plates-formes en terre superposées, qui peuvent atteindre 10 mètres de haut et dont la forme évoque les pyramides à gradins des périodes suivantes. Le complexe religieux rassemble généralement plusieurs temples-pyramides cantonnant une vaste place centrale. Les cérémonies religieuses

Des **restes de sépultures** témoignent d'une croyance en une vie après la mort. Les plus anciennes datent du VIIIe millénaire av. J.-C. : les corps des défunts sont placés en position repliée, à côté d'un **matériel funéraire** rudimentaire composé d'objets d'usage quotidien appartenant au mort et qui pourront lui être utiles dans l'au-delà. Les dépouilles mortelles sont souvent recouvertes d'une **couche d'ocre rouge**, selon un usage très répandu au Paléolithique moyen et supérieur dans de nombreuses cultures. Comme nous avons eu l'occasion de le voir précédemment, l'homme primitif attribue une signification magicoreligieuse à l'ocre, l'utilisant, du fait de son chromatisme particulier, comme symbole du sang et de la vie. Les premières tombes abritant un matériel funéraire différencié, témoignant de l'existence d'une stratification sociale, apparaissent dans les Andes à partir du IIIe millénaire av. J.-C. Elles contiennent, outre des objets d'usage quotidien, des **objets ornementaux** plus élaborés : colliers, miroirs, pendentifs de coquillages, bijoux et plumes de couleur.

Ci-contre : statuette en terre cuite représentant le sacrifice d'un enfant à bouche de jaguar, culture olmèque. Musée national, Jalapa.

ne sont pas célébrées dans les temples (qui abritent plutôt les statues des dieux, les offrandes rituelles, les objets sacrés, les dépouilles mortelles des grands prêtres), mais dans la vaste cour qui s'ouvre devant eux, où le peuple se rassemble, l'accès à la zone sacerdotale lui étant strictement interdit. Les temples-pyramides sont appelés *huacas*, terme indiquant un espace sacré dans lequel la divinité est apparue et où elle continue de se manifester. Dans cette conception transparaît à l'évidence le souvenir des cultes

animistes admettant la présence d'esprits surnaturels dans les pierres, les sources, les cavernes, les collines.

C'est probablement dans les temples que siège le **clergé**, qui exerce **des charges politiques et administratives**, contrôlant, par exemple, la distribution des réserves alimentaires.

Les cérémonies de culte pouvaient avoir une finalité pratique, à savoir gagner les bonnes grâces de la divinité de façon à garantir à la communauté des pluies abondantes, et donc la croissance et la maturation des moissons.

Ces lieux de culte offrent des caractéristiques architecturales qui continueront de jouir d'une grande fortune aux époques suivantes,

LE CULTE DU JAGUAR DANS LA RELIGION OLMÈQUE ET CELLE DE CHAVÍN

La civilisation olmèque et celle de Chavín, qui marquent le début de la période de formation des grandes cultures précolombiennes, présentent toutes deux un univers religieux centré sur un grand nombre d'êtres surnaturels, en partie zoomorphes, en partie anthropomorphes. Il s'agit généralement de divinités liées au monde naturel, peuplant habituellement les forêts des hauts plateaux et de la côte : aigles, caïmans, serpents. L'adoration du jaguar devait avoir une importance primordiale, car il est souvent représenté comme un être humain, fruit de l'union d'une femme avec un félin. L'image de l'homme-jaguar est omniprésente dans la production artistique (masques, sarcophages, grandes sculptures monolithiques, éléments décoratifs des édifices cultuels). Ainsi, dans la salle sacrée du Castillo (centre du plus important complexe religieux de la culture de Chavín), on conserve une gigantesque sculpture monolithique en granit de cinq mètres de haut, représentant une divinité terrifiante : un jaguar aux formes humaines stylisées, dont le pouvoir et la force sont symbolisés par des griffes et des crocs très prononcés, auxquels s'ajoute une crinière faite d'une enchevêtrement de serpents. Dans les temples andins, le jaguar apparaît assez fréquemment sous une unique forme : celle d'un dieu à figure de félin, dont les bras ouverts empoignent vigoureusement une sorte de bâton. Ici aussi, les griffes sont bien marquées, et la crinière est faite de serpents.

Des figures similaires abondent dans des complexes religieux olmèques : ainsi, à La Venta, le plan de la zone sacrée où se déroulent les cérémonies cultuelles reprend la forme d'un masque de félin stylisé. Une image très intéressante, attestant les liens existant entre la civilisation olmèque et les civilisations méso-américaines suivantes, est conservée sur le couvercle d'un sarcophage en pierre : le jaguar, représenté avec une langue fourchue et des sourcils faits de plumes, apparaît comme un prédécesseur possible de Quetzalcóatl.

et seront même reprises sur une plus grande échelle par d'autres cultures : dans la civilisation de Chavín, la structure pyramidale des édifices sacrés se rencontre aussi dans l'aire mexicaine (depuis la culture zacatenca du Ier millénaire av. J.-C. jusqu'aux temples mayas), et dans la plaine alluviale du Mississipi naissent aussi, à partir du VIIe siècle apr. J.-C., des complexes funéraires, organisés de façon similaire, appelés *mound*. Sur la côte méridionale (péninsule de Paracas), on a mis au jour des tombes creusées dans la roche et contenant des momies enveloppées dans des tissus finement brodés, attribuées à une civilisation (Ier millénaire av. J.-C.) dont les croyances religieuses se développent en deux phases successives : croyance en des êtres supérieurs aux formes zoomorphes; puis croyance dans une survie après la mort.

Les temples péruviens sont des **lieux de sépulture privilégiés**, destinés à des personnes de haut rang social. L'analyse des offrandes funéraires découvertes à l'intérieur des temples révèle une caractéristique singulière de la religion de ces populations : on trouve assez fréquemment des **stupéfiants**

en quantités plus ou moins importantes, surtout des feuilles de coca, probablement importées d'Amazonie. Parmi le mobilier funéraire, on trouve aussi des plateaux et des tubes servant à inhaler la drogue, l'effet de cette dernière étant accrue par l'adjonction de chaux, habituellement présente dans de grandes courges. Malheureusement, à l'exception de ces quelques témoignages, on ne possède que peu d'éléments sur les rites célébrés dans les temples-tumulus. On peut souligner l'évidente affinité existant entre les découvertes archéologiques et les pratiques rituelles dans les cultures précolombiennes à leur apogée. Ajoutons à cela que les fréquentes **représentations de félins** et d'autres animaux (le condor), présentes parmi les populations péruviennes dès la période de formation (Ier millénaire av. J.-C.), joueront un rôle essentiel dans les religions andines.

Malgré tous les efforts accomplis, la pauvreté des données disponibles n'a pas encore permis de reconstituer avec certitude les croyances religieuses des plus anciennes populations des vallées de l'Indus. Aucun texte sacré, doctrinal ou mythologique ne nous est parvenu, et aucun vestige d'édifice religieux n'a été mis au jour. On peut seulement affirmer l'existence d'une **religion polythéiste,** dans laquelle les rites liés à la **fertilité** avaient une grande importance. Les uniques vestiges d'édifices pour lesquels une fonction cultuelle ait été suggérée sont ceux de la citadelle de Mohenjo-Dāro (Pākistān occidental), remontant probablement au IIIe millénaire av. J.-C., où l'on a découvert une grande vasque, portant un revêtement de brique, qui pourrait être associée, selon certains, à des rites de purification (ablutions rituelles) lors de cérémonies liturgiques. La même cité compte d'imposants édifices aux murs très épais placés sur de hautes plates-formes, auxquels on accède par de larges escaliers. Il pourrait s'agir de temples, bien que cette interprétation ne s'appuie sur aucune preuve tangible. Les caractéristiques générales des environs de la **citadelle de Mohenjo-Dāro** – avec un grand bain et des pièces réservées au clergé qui constitueraient le sanctuaire principal – font penser que le **siège du gouvernement théocratique** se trouvait là. L'uniformité de la structure et de l'architecture de la cité, rassemblée autour du temple-citadelle qui constitue le centre de l'organisation civile et religieuse, témoigne de l'existence d'une administration ordonnée, instituée par décret divin, dirigée par une souveraineté au pouvoir unificateur, à l'image de celle des rois-prêtres mésopotamiens. La même hypothèse peut être avancée pour Harappā, qui occupe une position analogue au nord. Les **bases de la mythologie et de la liturgie hindoues** doivent être recherchées dans ces cités de l'Indus, car la monarchie sacrée est liée au culte de la déesse-mère, comme en témoignent les statuettes féminines trouvées en grand nombre dans les sites de la culture d'Harappā, identiques à celles d'Asie occidentale ou du Baloutchistan.

Ci-dessus : partie d'une statuette mise au jour à Mohenjo-Dāro, peut-être une déesse-mère.
Ci-dessous : tombes néolithiques à Mehrgarh, fin du VIe millénaire av. J.-C.

Les **statues** et les **images gravées sur les sceaux en stéatite** constituent la source la plus importante dont nous disposions pour connaître les croyances religieuses de la civilisation de l'Indus. Les sceaux étaient probablement utilisés pour indiquer le nom du propriétaire des ballots de marchandises. Une majorité de sceaux ont été mis au jour à Mohenjo-Dāro. Ils offrent un répertoire iconographique qui présente des affinités avec certains éléments connus dans les religions indiennes d'époque historique.
Ainsi, on y trouve une figure masculine à trois visages avec une coiffure cornue, assise en posture de yoga et entourée d'animaux : il pourrait s'agir d'un prototype de Śiva, sous la forme de Paśupati, le « Seigneur des animaux » de la religion hindoue.
Ce **dieu tricéphale** apparaît parfois debout,

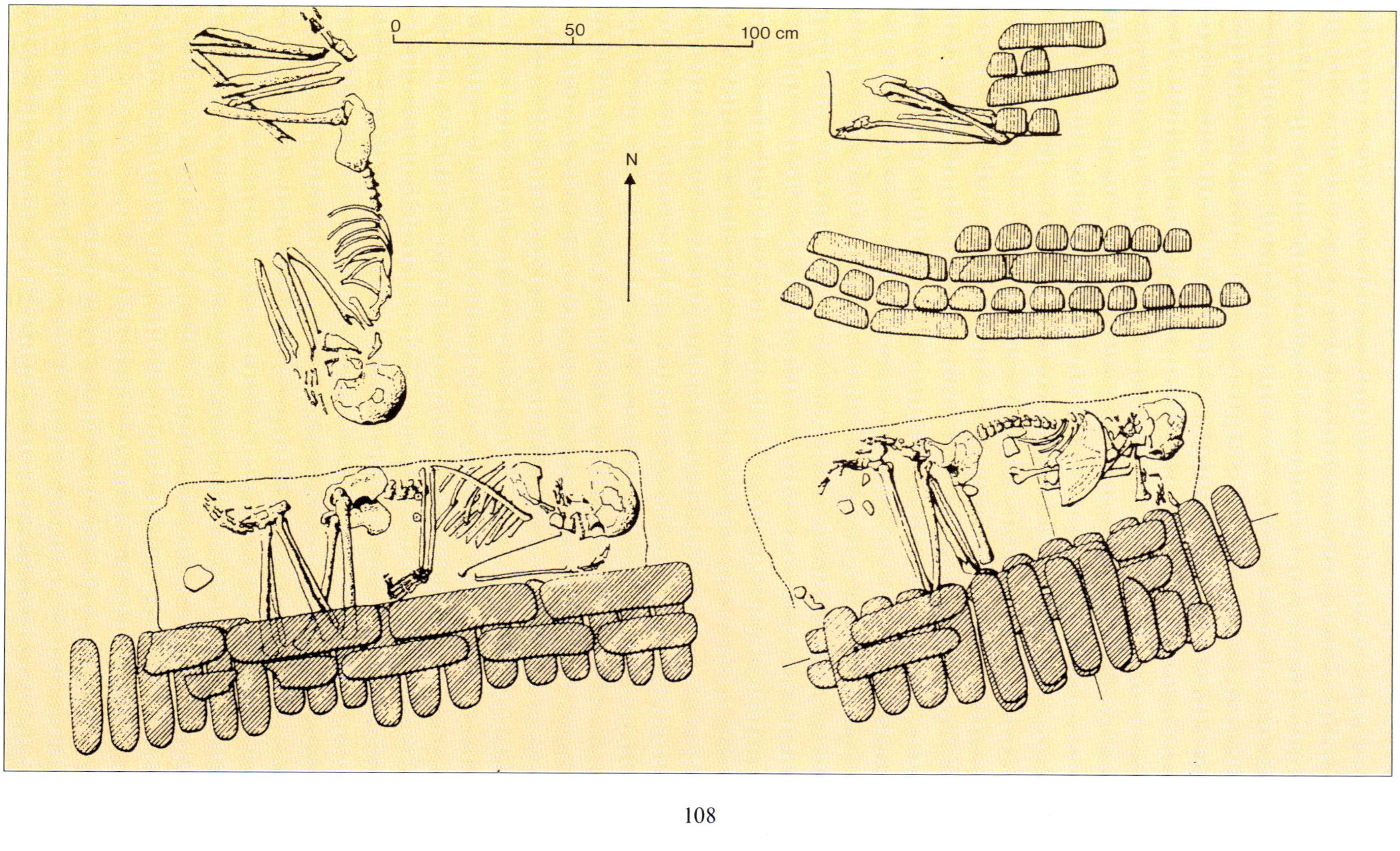

entre les branches d'un arbre sacré, le **pipal,** qui conservera une valeur symbolico-religieuse dans cette religion. On retrouve souvent cette divinité adorée par un homme à genoux, accompagné d'une chèvre à visage humain et, parfois, d'une procession de prêtresses. L'image du dieu est fréquemment associée à des symboles phalliques, comme le ***linga*** (pierre levée en forme de cône allongé), encore observés dans la religion populaire hindoue. Comme on le voit, il est difficile de ne pas associer ces images avec les croyances hindouistes. Mais, dans l'état actuel des connaissances, la seule donnée sûre est l'existence d'une divinité cornue associée au pipal. Du fait du manque d'inscriptions bilingues et de la brièveté des textes, il n'est guère possible de déchiffrer les inscriptions gravées sur les sceaux et la signification des représentations nous échappe encore.

Les nombreuses statuettes, mises au jour à Harappā et Mohenjo-Dāro, montrant des femmes enceintes ou mettant en évidence les caractères sexuels, semblent témoigner d'une large diffusion du **culte de la déesse-mère,** qui donne la vie et symbolise la fécondité.
De telles figurations assument probablement une valeur votive et sont le prélude, par certains côtés, de l'idée hindouiste de la *śakti*, la puissance féminine éternelle.
Le **culte du taureau** est sans doute lié aux rites de fécondité : sur les sceaux, on voit des taureaux bondir, des scènes de combat et de sacrifice de ces animaux, scènes qui font penser à la religion minoenne ; il serait cependant hasardeux de tirer des conclusions dans ce sens. Quelques chercheurs supposent que les statuettes représentaient des divinités domestiques conservées à l'intérieur de niches creusées dans un mur, et cela dans presque toutes les maisons de la civilisation de l'Indus, selon une tradition qui a perduré jusqu'à nos jours, la déesse-mère, gardienne de la maison et du village, étant celle qui préside aux naissances et aux nécessités quotidiennes.
En reliant l'ensemble de ces éléments – divinités masculines, souvent cornues et tricéphales, prototypes probables du dieu hindou Śiva ; déesses-mères ; culte des animaux (où l'on trouve des êtres étranges, taureaux avec trompe d'éléphant et parties postérieures striées comme chez les tigres) –, on peut conclure que la partie de l'hindouisme qui trouve son expression dans le culte de Śiva et de la déesse-mère dérive de cette ancienne civilisation d'Harappā.
L'hypothèse selon laquelle le culte de la vache aurait la même origine semble beaucoup plus douteuse. A la différence de ce qui se passe pour le taureau, consacré au Śiva non védique et largement représenté dans la civilisation d'Harappā, l'image de la vache est totalement absente. Cependant, le caractère sacré de la vache est profondément enraciné dans les anciens cultes indo-iraniens, dans lesquels la Grande Mère est elle-même la vache qui donne son lait, dispensateur de vie par excellence. La documentation disponible suggère que le culte s'est diffusé en Inde parmi les populations indigènes dravidiennes avec le développement de l'agriculture.
Il s'agit peut-être d'une survivance de la tradition indo-iranienne, même si elle n'apparaît pas dans les représentations d'Harappā et de Mohenjo-Dāro.

Après le déclin de la civilisation de l'Indus, les envahisseurs aryens introduisent leur langue et leurs traditions, mais ne semblent pas avoir supprimé les anciennes pratiques religieuses.
La **religion védique**, qui représente la phase la plus ancienne de l'hindouisme, semble les avoir intégrées à son patrimoine et avoir reçu d'elles une empreinte durable.

Ci-dessus : couvercle d'une urne en terre cuite, provenant du cimetière H d'Harappā. Elle se distingue, par la technique et le décor peint, des représentations habituelles dans la civilisation de l'Indus.
A droite : corps d'une statuette – il s'agit vraisemblablement d'une déesse-mère – trouvée à Mohenjo-Dāro. Ces statuettes, probablement objets de vénération domestique, ont une valeur votive et semblent anticiper, d'une certaine façon, l'idée d'une puissance féminine éternelle, propre à l'hindouisme.

LES RITES FUNÉRAIRES

Les seuls témoignages dont nous disposons sur les pratiques religieuses en usage dans les communautés protohistoriques sont de type funéraire.
Dans les villages néolithiques des hauts plateaux du Baloutchistan, les tombes se trouvent dans des espaces ouverts situés à proximité de l'habitation, parfois sous le plancher de la maison. Hormis l'inhumation (les défunts sont alors placés en position repliée), on pratique aussi la crémation et l'inhumation fractionnée, à savoir l'ensevelissement des parties disjointes d'un squelette. La différenciation du matériel funéraire révèle l'existence d'une stratification sociale.
Sur les côtes de l'Inde méridionale existent des sépultures mégalithiques aux formes variées – de pierres épaisses, grossièrement équarries jusqu'aux dolmens –, selon un rituel en usage jusqu'aux premiers siècles avant notre ère.
Les rites funéraires pratiqués dans la vallée de l'Indus sont attestés par les fouilles menées dans des noyaux urbains (Harappā, Kalibangan, Rupar), qui ont mis au jour des cimetières où la pratique de l'inhumation est prédominante : les défunts sont déposés dans des fosses rectangulaires, couchés sur le dos, avec, déposé à leurs côtés, le mobilier funéraire composé de vaisselle et d'autres objets d'usage quotidien.

En Asie orientale, les premiers témoignages sur l'existence d'un **sentiment** qui puisse être défini comme **religieux** remontent au Paléolithique moyen et supérieur, période associée aux traces d'**anthropophagie rituelle** du *Sinanthropus pekinensis* et aux **premiers vestiges de sépultures**, œuvres de l'*Homo sapiens*. Mais ce n'est qu'à partir de l'époque néolithique que l'on dispose d'une

documentation suffisamment développée, qui concerne surtout le culte des morts pratiqué dans les villages agricoles des cultures dites « de Yangshao » (Chine orientale) et « de Longshan » (Chine occidentale), où apparaissent des nécropoles relativement importantes dès le VIe millénaire av. J.-C. Malheureusement, la connaissance des croyances religieuses est compromise du fait que l'on s'appuie uniquement sur des témoignages muets, tout ce qui était confié à la transmission orale (légendes, cérémonies cultuelles, prières) n'ayant jamais été transcrit. Malgré tout, les offrandes de nourriture et les objets de la vie quotidienne présents dans les tombes assurent qu'il existait dans les cultures néolithiques de Yangshao et de Longshan des croyances en une forme de **survie** après la mort.
Dans la dernière phase du Néolithique, à côté de l'**inhumation** dans des tombes à fosse, la **crémation** se répand, les cendres étant conservées dans des urnes placées à l'intérieur de l'habitat. C'est la preuve que le **culte des ancêtres** est désormais défini, culte qui constituera un trait spécifique de la religiosité à l'époque historique : ainsi, à Yangshao, les défunts sont généralement ensevelis à proximité des habitations, dans de grands vases dotés d'une ouverture dans leur partie supérieure, ce qui leur permet de sortir et de rentrer : l'**urne funéraire** ferait donc office de **maison** pour le mort (ce n'est pas par hasard si quelques céramiques de Yangshao sont des modèles de petites cabanes), lequel peut ainsi manifester constamment sa présence et protéger ses descendants, selon une idée répandue aussi dans le culte des ancêtres d'époque Shang.

Les **différentes formes de sépultures**, ainsi que le matériel funéraire, fournissent de nombreuses informations utiles sur la culture matérielle des populations protohistoriques : régime alimentaire, connaissances techniques, structures sociales.
Dans les nécropoles appartenant à la culture de Longshan (et de manière encore plus évidente à l'époque Shang), les **différences sociales** sont désormais **très marquées** et se reflètent aussi dans les usages funéraires. Quelques tombes se distinguent par la complexité de leur architecture et la richesse de leur mobilier funéraire : à côté d'objets de la vie quotidienne, on trouve de la vaisselle en céramique, des bijoux, des jades taillés. Tous ces objets ont généralement une **valeur**

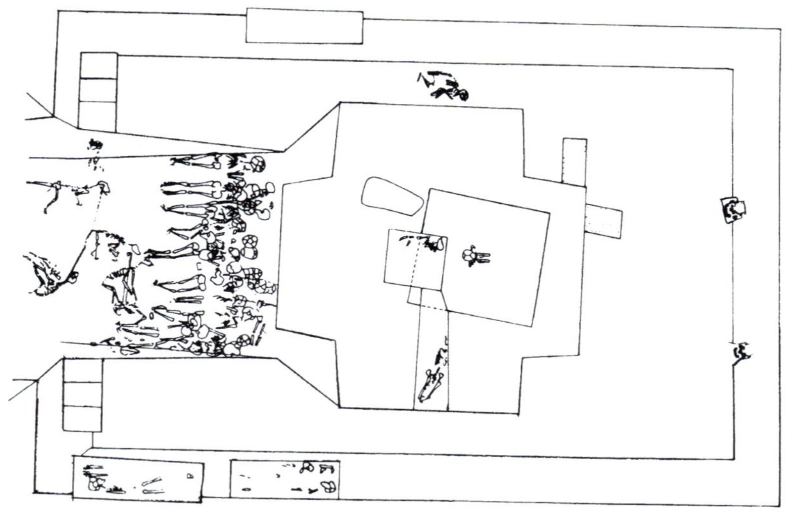

A gauche : sépulture commune avec un matériel funéraire en terre cuite, découverte pendant les fouilles du village néolithique de Banpo, Shanxi méridional (Chine).
Ci-dessus et à droite : plan d'une « tombe royale » de l'époque Shang, mise au jour à Sufutun dans le Shandong; à gauche du dessin, des squelettes d'hommes et d'animaux sacrifiés.

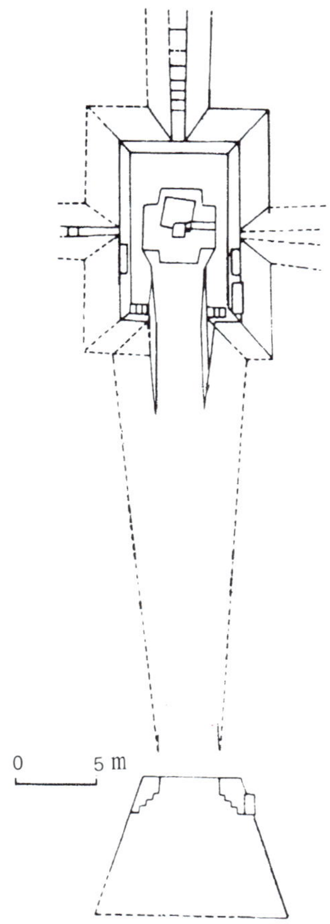

LE CANNIBALISME RITUEL

La vie spirituelle de l'homme du Paléolithique présente de nombreuses zones d'ombre, et la tentative faite pour intégrer nos maigres informations au moyen de comparaisons ethnographiques n'a pas apporté encore de résultats définitifs. La pauvreté de la documentation et l'impossibilité d'arriver à des conclusions fiables a poussé de nombreux archéologues au scepticisme, et a fait s'effondrer de nombreuses hypothèses, acceptées par tous il y a encore dix ans : les cultes des crânes, des mandibules, de l'ours sont aujourd'hui considérés par certains spécialistes comme des conjectures fantaisistes.
Seule la pratique du cannibalisme s'est vue confirmée, tant à Krapina (en Croatie) qu'à Zhoukoudian. Dans ces sites, on a mis au jour, mêlés à des résidus de repas, de nombreux restes humains dont les os longs avaient été intentionnellement brisés comme si on avait voulu en extraire la moelle. Ces os portaient aussi des traces d'abrasion, comme s'ils avaient été décharnés à l'aide d'instruments tranchants; cela atteste, de façon convaincante, que l'homme du Paléolithique se nourrissait, en certaines occasions, de ses semblables. Les chercheurs restent cependant divisés sur la façon d'interpréter cette forme de cannibalisme : certains - et c'est la tendance prédominante aujourd'hui -, tout en admettant des épisodes d'anthropophagie, soutiennent qu'il est impossible de démontrer qu'ils avaient un caractère religieux, et pensent plutôt que de nombreuses dépouilles mortelles, abandonnées sans être enterrées, ont été dévorées par leurs semblables ou par des animaux sauvages. Pour d'autres, l'anthropophagie n'était pas dictée par des exigences alimentaires, mais rituelles. Ils rappellent à ce propos que, dans certaines populations primitives, la pratique du cannibalisme est encore vivante et répond essentiellement à deux types de motivations : elle peut être déterminée par le désir d'acquérir la force et la valeur du défunt en ingérant ses chairs, ou présenter une signification strictement funéraire, étant un moyen d'éviter la corruption du corps du défunt et de conserver celui-ci, en partie incorporé dans un membre de la communauté.

symbolique et rituelle bien précise : ainsi, le jade est une pierre qui, par sa dureté et sa pureté, est l'emblème de l'intégrité ; c'est pourquoi il est toujours présent dans le matériel funéraire, étant chargé de la conservation du défunt. Dans les tombes les plus remarquables, les objets de cérémonie ne manquent pas, même si leur signification reste parfois obscure : des haches, des couteaux rituels et, surtout, les *bi* (disques perforés au centre, figurant probablement le ciel) et les *zong* (longs prismes creux à l'intérieur, symboles de la terre). Malgré nos connaissances, nous en sommes généralement réduits aux conjectures, mais on peut être assuré du lien étroit entre l'époque néolithique et l'époque Shang, où se distingue la prééminence d'éléments qui entreront plus tard dans la religion chinoise. La **divination**, qui constitue un autre aspect typique de la religion chinoise, apporte une autre confirmation en ce sens. Selon les croyances religieuses à la base de la divination, l'homme vit dans un monde peuplé d'esprits et de puissances surnaturelles, qui interviennent constamment dans sa vie quotidienne et qu'il faut flatter et apaiser avec des offrandes et des sacrifices ; d'où la nécessité d'interpréter la volonté des dieux, tâche accomplie par les prêtres au moyen des os oraculaires : ils exposent au feu des carapaces de tortues et des omoplates de bovins, tirant des craquelures les auspices pour l'avenir. Cette technique est reprise pendant la dynastie Shang, quand les devins transcrivent directement les questions et les réponses sur des os, prenant la responsabilité de la prédiction en les scellant avec leur signature.

LA RELIGION JŌMON

Les conceptions religieuses des populations jōmon transparaissent surtout dans la petite statuaire, abondante et dont la fonction rituelle est évidente dans le cas des pierres phalliques, et surtout des statuettes féminines en terre cuite aux caractéristiques sexuelles nettement mises en évidence (abdomen élargi, seins saillants), alors que les autres parties du corps sont à peine esquissées. Il est probable que ces images avaient une signification complexe, liée à deux formes de croyance : d'une part, elles rappellent sans aucun doute les cultes de la fécondité qui accompagnent dans presque toutes les cultures (et pas uniquement les cultures orientales) le passage du nomadisme à une vie sédentaire. Selon cette interprétation, ces objets représenteraient donc des divinités liées aux processus naturels de croissance et de génération, qui seraient modelées dans chaque famille et conservées dans l'habitation afin de se garantir leurs bienfaits. Une confirmation de cette interprétation semble apportée par la découverte, dans le village de Hirade, d'un millier de statuettes, toutes groupées dans un unique bâtiment. Les archéologues ont rejeté l'hypothèse qui verrait dans cet édifice l'atelier d'un potier, d'autant plus que les statuettes sont de factures très différentes ; ils pensent qu'il s'agissait d'un lieu de culte où les jeunes déposaient, comme des offrandes votives, les images des déesses dispensatrices de la vie et de la fécondité.

Mais à côté de l'idée de fertilité et de force procréatrice, et c'est là la seconde forme de croyance, les figures féminines se réfèrent probablement à une autre idée religieuse : elles représenteraient, à l'intérieur de la communauté, dominée par le principe de descendance matrilinéaire, la vénération envers la souche qui a donné naissance aux lignées et qui protège les tribus en assurant le renouvellement et la reproduction. C'est pourquoi elles sont généralement interprétées comme des manifestations d'une religiosité familiale et domestique, dont il reste aussi des traces évidentes dans le culte des ancêtres des cultures chinoises contemporaines.

Ci-dessous : figurine en céramique de la période jōmon ; il s'agit sans doute d'idoles ou d'images de divinités. Le terme* jōmon *dérive d'un mot japonais qui signifie « en dessin cordé ». Les décors des vases sont réalisés avec des rondelles de céramique superposées.
A droite : un aborigène australien achevant une peinture rupestre rappelant un épisode de la vie de la tribu pendant la mythique « époque du sommeil ».

Les **aborigènes d'Australie** possèdent un patrimoine spirituel très riche, resté pratiquement intact pendant des millénaires, jusqu'au contact avec les civilisations occidentales qui, comme cela s'est souvent passé lors de la colonisation de civilisations extra-européennes, a provoqué un appauvrissement irréversible. Tout leur univers religieux tourne autour de la **croyance en un âge du sommeil mythique**, époque fabuleuse durant laquelle vivaient les êtres primordiaux qui modelèrent l'univers et créèrent les groupes humains, implantant les traditions et définissant les dispositions cultuelles. Chaque clan descend d'un ancêtre-totem (animal, plante, fruit) dont l'esprit demeure, non seulement dans les objets totémiques, mais aussi dans chaque homme, s'incarnant dans son corps au moment de la conception et l'abandonnant à sa mort. C'est pourquoi l'aborigène vit dans un univers où les forces spirituelles sont aussi puissantes que celles du monde visible, et où il est perpétuellement en liaison avec tous les membres de son clan, y compris ceux des générations passées et futures.

Les **cérémonies religieuses** et les **danses rituelles** *(corroboree)* ont la tâche essentielle de représenter et de faire revivre les épisodes de l'âge d'or : elles sont exécutées par l'ensemble de la communauté, guidée par les anciens du clan qui gardent et transmettent la mémoire des mythes cosmogoniques, des danses, des chants et du rituel.

Seuls les hommes adultes peuvent prendre part aux rituels principaux, alors que les jeunes hommes en sont exclus et que les femmes célèbrent des rites liés à la fécondité. Pour participer, **chaque jeune homme doit accomplir un itinéraire initiatique complexe,** fait d'épreuves très difficiles et douloureuses : circoncision, extraction des incisives, tatouages par scarification. L'initiation se termine par une épreuve très astreignante : il doit passer une nuit entière dans la forêt, où il entre en contact avec les esprits totémiques, dont la voix lui parvient par l'intermédiaire de la *churinga*, la pierre gravée sacrée, en forme de losange, que l'on fait tourner.

Ce n'est qu'alors qu'il devient adulte de plein droit, membre à part entière du clan et initié aux secrets de l'âge du sommeil.

L'ORIENT ET LA MÉDITERRANÉE ENTRE LE IIe ET LE Ier MILLÉNAIRE

Aire géographique	Événements	Économie et Société	Sciences et Techniques
 Mésopotamie et Anatolie	 • Age du bronze récent. Des groupes sédentaires donnent naissance aux Assyriens et aux Babyloniens. Intégration de nomades hittites, hourrites et amorrites. Royaume du Mitanni en Assyrie (1600-1100 av. J.-C.). • Les Hittites conquièrent l'Anatolie, la Babylonie et la haute Syrie. • Toute la Mésopotamie est sous domination assyrienne (IXe-VIIe s. av. J.-C.). • Arrivée des Mèdes (612 av. J.-C.). Chute de Babylone (539 av. J.-C.).	• Présence conjointe d'une population agricole sédentaire et d'une population pastorale nomade. • Pratique d'une centralisation économique depuis le palais avec une spécialisation des tâches. • Introduction de l'écriture comme outil d'enregistrement et d'archivage. • Domination du commerce et ouverture de nouvelles routes (liaison avec l'océan Indien). • Extension du réseau commercial du Tigre à la Crète, et du royaume d'Ourartou à l'Arabie. 	• Diffusion de la métallurgie. Introduction du fer, parallèlement au bronze. • Essor de la culture du coton et du textile ; travail spécialisé. • Domestication du chameau. • Construction d'un nouveau type de chariot, plus rapide, pour le combat. • Travail du verre. • Sciences appliquées : médecine et astronomie, développement des mathématiques. 
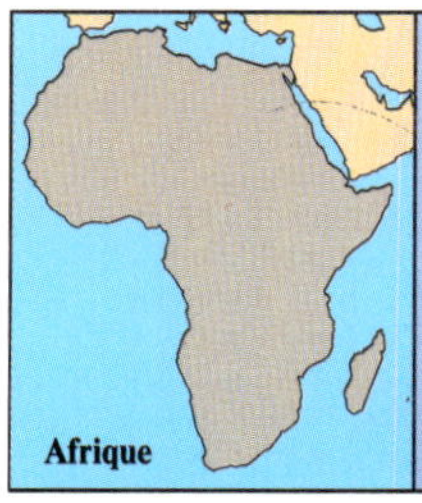 Afrique	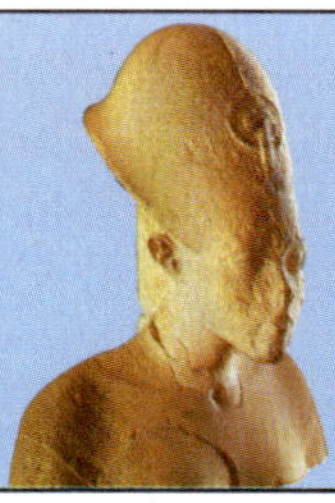 • Avènement du Nouvel Empire en Égypte (vers 1570-1085 av. J.-C.). • Les Égyptiens contrôlent la Nubie. • Affrontement avec les Hittites (bataille de Qadesh, 1297 av. J.-C.). • Offensive des Peuples de la Mer. • Dynasties libyque et koushite. • Invasion assyrienne (663 av. J.-C.). • Au nord du Sahara, civilisation rurale et nomade libyenne. Retard et isolement de l'Afrique subsaharienne.	 • Égypte : réveil de l'agriculture. Imposition de tributs en nature (or nubien, bétail libyen, encens et ébène du Pount). • Fort développement du commerce avec les centres méditerranéens. • Agriculture sédentaire libyenne et élevage nomade. • Économie néolithique au sud du Sahara.	 • Amélioration des techniques métallurgique • Essor de la sidérurgie. Développement des armements ; introduction du coche de gue léger à deux roues. • Construction de navires à quille plate. • Production d'ustensiles plus fonctionnels et d'objets de luxe (trésor de Toutankhamo • Progrès de l'astronomie (élaboration d'un calendrier).
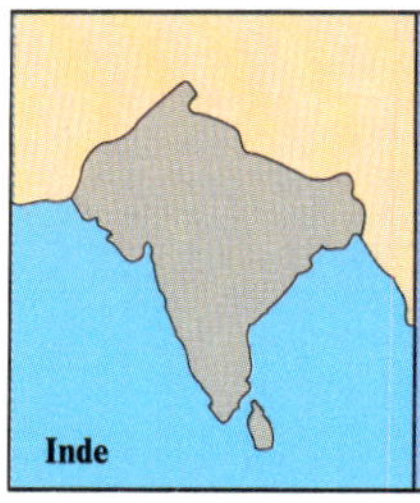 Inde	• Disparition de la civilisation urbaine indienne. • Arrivée des Aryens dans la région du Pendjab (vers 1500 av. J.-C.). • Création d'une civilisation villageoise organisée en tribus. • Importante guerre entre deux groupes aryens (vers 1000 av. J.-C.). • Nouveaux flux migratoires et progression vers les monts Vindhya et le Gange. • Constitution de véritables États et résurgence de la civilisation urbaine.	• Économie villageoise, agriculture et élevage. • Avec l'arrivée des Aryens, retour à l'élevage des moutons et des chevaux. • Commerce de produits agricoles et du bétail en échange de métaux. • Essor de l'économie manifesté par la nouvelle fondation de centres urbains. 	• Métallurgie en retard par rapport aux grandes civilisations contemporaines. • Poursuite du travail du cuivre et de l'or, début de l'emploi du bronze. • Agriculture : nouvelles techniques de culture. • Céramique travaillée au tour, avec un décor noir sur un fond rouge ou blanc. • Textile (coton). 
 Syrie	 • Influence des empires limitrophes. Domination égyptienne. • Exode des Hébreux d'Égypte. • Invasion des Peuples de la Mer. Les Philistins. • Règnes de Saül, David et Salomon. • Crises, séparation d'Israël et de Juda. Les prophètes. • Conquête assyrienne (722 av. J.-C.) et babylonienne (587 av. J.-C.). • Essor des cités phéniciennes (Tyr, Sidon).	 • Agriculture dans les vallées fluviales (le Jourdain), élevage dans les zones désertiques et montagneuses, commerce maritime avec les centres côtiers. • Extraction du sel de la mer Morte et des montagnes de Sodome (sel gemme). • Commerce phénicien : exportation d'objets en ivoire et en bois, importation de métaux. • Les Phéniciens fondent de nouvelles colonies dans le nord de l'Afrique, en Sicile, en Sardaigne et aux Baléares.	 • Métallurgie de l'or, du cuivre et du • Travail du bois et de l'ivoire (mobili et ustensiles avec des incrustation d'ébène). • Construction navale : navires de commerce et de guerre. • Extraction de la pourpre, teinture de la laine et du lin. • Industrie phénicienne du verre. • Travail du bronze (vallée du Jourda
 Crète	• Fin de la civilisation des premiers palais (vers 1700), suivie d'une reconstruction. • Organisation de plusieurs centres de pouvoir (Cnossos, Phaistos, Malia). • Thalassocratie (domination politique sur mer). • Destruction de la civilisation des seconds palais et domination mycénienne. • Colonisation dorienne. • Absorption de la Crète dans la civilisation grecque. 	 • Économie palatiale centralisée. • Agriculture spécialisée : culture de l'olive, de la vigne, apiculture. • Prédominance du commerce : exportation de laine, denrées alimentaires, bois et cuivre ; importation de métaux précieux. • Création d'un vaste réseau commercial : Grèce, Anatolie, Égypte, Syrie.	• Métallurgie : les bijoux (damasquinage), et les armes (procédés de fusion et d'alliage). • Industrie céramique : les *pithoi* (grands vases) pour le transport et le stockage des marchandises. • Habileté dans la construction de navires et les techniques de navigation. • Développement des mathématiques adaptées aux activités commerciales. 
 Grèce	• Développement et expansion de la civilisation mycénienne. • « Les siècles obscurs » : disparition de l'écriture, des commerces. • Invasion des Doriens et première vague de colonisation grecque en Asie Mineure (fin du IIe millénaire av. J.-C.). • Seconde vague de colonisation vers la Méditerranée occidentale (VIIIe-VIIe siècle av. J.-C.). • Époque archaïque : passage de la monarchie au gouvernement aristocratique. Naissance et développement de la *pólis* (cité-État) : Sparte, Athènes. Les premiers législateurs : Lycurgue et Dracon (VIIIe-VIIe siècle av. J.-C.).	 • Économie essentiellement agricole. • Élevage et artisanat centralisés. • Création d'un vaste réseau commercial pour l'approvisionnement en métaux. • Phase autarcique, essentiellement rurale, lors de l'invasion dorienne. • Émigration et fondation de colonies, sièges de nouveaux marchés (Asie Mineure). • Extension du commerce à toute la Méditerranée.	 • Influences minoennes et orientales dans la céramique, la métallurgie et la navigatio • Introduction du fer et production d'instruments pour la culture de l'olive et de la vigne. • Essor de la navigation et amélioration des techniques navales. • Frappe de la monnaie. • Évolution des techniques de combat (phalange hoplitique).
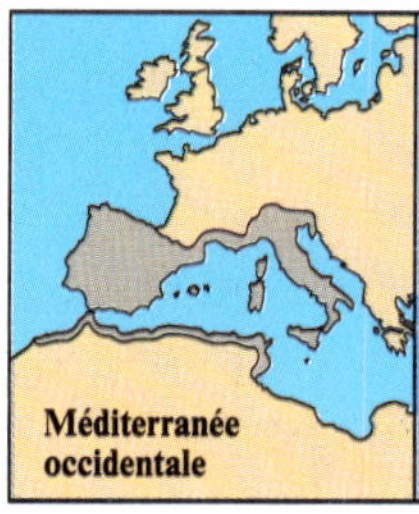 Méditerranée occidentale	• Essor de l'âge du bronze. Retard de l'aire orientale. • Développement de civilisations locales : civilisation des Nuraghi en Sardaigne, mégalithisme en Corse, aux Baléares (vers1500 av. J.-C.). • Expansion des colonisations grecque et phénicienne. • Introduction du fer : civilisation villanovienne et d'Ateste (aujourd'hui Este) (début du Ier millénaire av. J.-C.). 	• Économie villageoise. • Agriculture et artisanat (armes, bronzes, harnais pour les animaux). • Intensification du commerce (métaux), surtout avec les colonisations phénicienne et grecque ; naissance d'un artisanat spécialisé. • Usage du cheval domestiqué et du chariot pour les déplacements. Réseau commercial au sein de l'Europe continentale. • Diffusion de l'ambre pour la création de bijoux et d'objets ornementaux. 	• Métallurgie du bronze, sidérurgie et orfèvrerie. • Travail et cuisson de la céramique. Introduction du tour pour la production céramique. • Peinture sur vase. • Filature : diffusion du métier à tisser (à partir de 1500 av. J.-C.). 

Architecture et Urbanisme	Arts et Littérature	Religion
ge du bronze récent, modèle politique e la cité-capitale. e palais comme centre de la citadelle : icisation de la cité. alais royal à plan centré, divisé en zones onctionnelles : lieu de réception, résidence administration. 	• L'art comme une célébration du pouvoir et de la foi ; reliefs néo-assyriens dans les palais, reliefs rupestres en Anatolie et reliefs pariétaux néo-hittites ; stèles et obélisques. • Sculpture hittite élaborée en fonction de l'architecture (sphinx et lions, figures humaines et divines). • Sceau-cylindre mésopotamien. • Diffusion de l'écriture cunéiforme et de l'akkadien. • Les *Annales* des rois assyriens et l'*Épopée de Gilgamesh*. 	• Crise de la religion traditionnelle basée sur l'agriculture (divinités chtoniennes et célestes, rites magiques). • Prépondérance des populations pastorales (Amorrites) et des cultes célestes. • Introduction de thèmes solaires indo-européens. • Subordination de la religion d'État à la politique et aux impératifs économiques. • Religion des astres et conceptions fatalistes. • Solution de la crise avec le monothéisme éthique (zoroastrisme). 
 résence conjointe de plusieurs plans d'urbanisme : cité à plan ouvert (Thèbes), ité-nécropole à plan fermé par une muraille (Akhetaton). pogée de l'architecture des temples (Louxor, Karnak, Abou-Simbel) t élaboration définitive du plan du temple. rédominance de la tombe à hypogée (Vallée des Rois et des Reines).	 • Grand essor de la statuaire colossale (colosses d'Amenhotep III). • Idéalisme et réalisme dans l'art du portrait. • Vérisme et goût naturaliste lors de l'hérésie amarnienne. • Relief et peinture : éléments de décoration des temples et des tombes (scènes de la vie publique et privée). • Bijoux polychromes et terres cuites vernissées. • Poésie lyrique sacrée et profane, prose. • Le *Livre des Morts*, le recueil le plus grand et le plus complet d'hymnes, prières et formules magiques.	 • En Égypte, triomphe du culte du dieu Amon, assimilé au dieu du Soleil. • Importance du pharaon, émanation directe et incarnation de la divinité. • Hérésie d'Amenhotep IV : tentative pour imposer le culte d'Aton et rétablir l'autorité royale sur les prêtres. • Reprise de la tradition thébaine (culte d'Amon). • Déclin politique et théocratique (princes-célébrants). • Animisme, cultes chtonien et célestes dans le reste de l'Afrique.
abitats à plan quadrangulaire ou circulaire (IIe millénaire av. J.-C.). vec les Aryens, diffusion des villages à plan rectangulaire, avec un accès ur chaque côté. abitats à plan circulaire comprenant plusieurs pièces, construits en bois en bambou. ette typologie s'applique aussi aux édifices publics et religieux. onstitution de nouvelles agglomérations urbaines et reprise de la construction brique et pierre (fortifications). umulus funéraires à coupole, précurseurs des temples bouddhiques.	• Céramique pré-védique présentant des thèmes naturalistes stylisés. • Céramique de coloration grise. • Statuettes zoomorphes en terre cuite. • Persistance de types génériques de la culture de la vallée de l'Indus. • Le sanscrit : langue sacrée de la littérature religieuse. • Première floraison de la littérature védique : *Rigveda* (« collection » de mythes et de prières), *Brāhmaṇa* (traités liturgiques), *Āranyakā* (« textes de la forêt »), *Upaniṣad* (textes de la doctrine secrète).	• Fusion entre le *Veda* (« Sagesse ») aryen et les cultes locaux. • Polythéisme naturaliste. • Passage graduel au monothéisme et premières manifestations de recherche philosophique (l'importance du sacrifice pour parvenir au bien suprême). • Affirmation de l'autorité du brahmane (principe cosmique). • Panthéisme.
 • Palais à cour centrale de type mésopotamien. • Le temple de Salomon, expression la plus remarquable de l'architecture hébraïque (Xe siècle av. J.-C.). • Choix de sites côtiers pour l'implantation des cités phéniciennes. Topologie urbaine : acropole, enceinte sacrée (*tophet*), port, nécropole. • La colonne, élément novateur dans le modèle architectural mésopotamien (*bīt-hilani*).	 • Ivoire gravé, bronze travaillé au repoussé. • Coupes en or, argent et bronze, travaillées au repoussé, bijoux et verres phéniciens. • Les sceaux-cylindres : thèmes et style communs à la zone mésopotamienne. • Évolution de l'écriture, des hiéroglyphes égyptiens à l'alphabet phénicien. • Le genre épique en littérature. • Les livres de l'Ancien Testament : expression historico-religieuse de l'antique Israël.	 • Polythéisme phénicien et création de panthéons urbains. • Sacrifices et rites phéniciens près des cippes ou de pieux (*massebah* et *asherah*). • Sacrifices humains (enfants) dans le *tophet*, sanctuaire à ciel ouvert. • Monothéisme hébraïque. • Prophétisme : dénonciation de la corruption et annonce de la punition divine. • Messianisme.
es seconds palais : reprise du plan traditionnel vec cour centrale. e *megaron* crétois, espace à ciel ouvert, omposante de la demeure royale ou lieu e cérémonies. bsence d'architecture religieuse (les rites accomplissent dans les grottes de montagne). es palais mineurs ou villas (Hagia Triada). bsence de structures défensives. e temple-tombeau. hourniá : exemple d'urbanisme centrifuge. 	• Céramique dite « style du palais » : motifs floraux et animaliers peints ou en relief. • Clair-obscur et *horror vacui* (l'horreur du vide) pour la décoration des vases d'époque tardive. • Fresques dans les parties principales du palais. • Peinture pariétale : les fresques naturalistes et polychromes (*Le Prince aux fleurs de lis* à Cnossos). • Bijoux et sceaux en or. • Évolution de l'écriture des hiéroglyphes minoens au linéaire A et au linéaire B. 	• Prédominance des divinités féminines à caractère chtonien : la Dame aux fauves, la Déesse aux serpents, la Dame à l'arbre. • Culte de la nature, de l'arbre sacré et des sources. • Symboles des divinités (animal, hache bipenne, corne de taureau). • Tauromachie et fêtes religieuses. • Prédominance du rite funéraire de l'inhumation. 
 • Citadelle fortifiée mycénienne (murs cyclopéens, palais-forteresse). • Création du *megaron*, constituant un noyau central bien protégé et difficile d'accès. • Début de l'architecture des temples (Héraïon de Samos et d'Olympie). • Les ordres architectoniques dorique et ionique. • Affirmation des *póleis* (centres urbains) avec l'*agora* (place), espace ouvert pour le marché, et l'acropole, centre du pouvoir. • Complémentarité de la ville et de la campagne.	 • Influence crétoise sur l'art mycénien. • Style géométrique des vases et de la petite statuaire. • Période orientalisante : céramique corinthienne orientalisante et à figures noires. • Sculpture dédalique en Crète et statuaire monumentale dans les Cyclades. • Introduction et modification de l'alphabet phénicien. • La grande épopée homérique. Hésiode.	 • Fusion entre le culte chtonien (influence crétoise) et les divinités olympiennes. • Religiosité d'Homère et d'Hésiode : création du mythe et du panthéon (cosmogonie et théogonie). Lieux de cultes panhelléniques : Delphes, Olympie et Délos. • Institution des Jeux olympiques (776 av. J.-C.). • Débuts de la philosophie : Thalès (VIIe-VIe siècle av. J.-C.).
village apparaît comme un véritable ntre fortifié. bitations sur pilotis au bord des lacs. *ayots* (tours) aux Baléares et en Corse. raghi et tombes mégalithiques Sardaigne. hitecture funéraire : chambres sépulcrales Espagne, la « tombe des Géants » Sardaigne, *nauetas* aux Baléares. 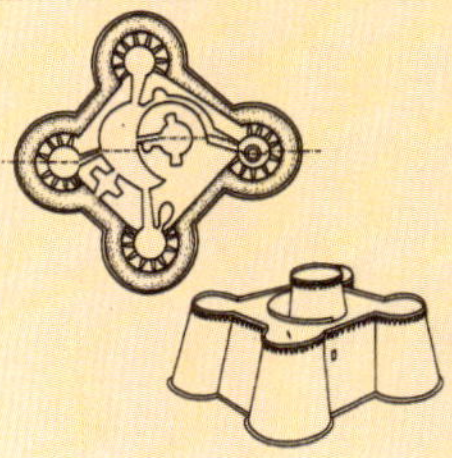	• Objets en bronze et céramique de bonne facture. • Petits bronzes sardes (statues zoomorphes et anthropomorphes, vases et urnes cinéraires). • Sculpture en pierre, représentant souvent une figure en pied. • Céramique campaniforme (en Espagne, puis dans toute l'Europe). • Menhirs et ensembles de sculptures (guerriers ou déesse-mère en Corse) en alignements serrés. 	• Signification cosmique et religieuse des alignements mégalithiques. • Culte des personnages masculins et culte des ancêtres. • Culte du soleil et des astres. • Lien entre les aspects sacrés et sociaux de la vie. 

Les deux grands fleuves, le **Tigre** et l'**Euphrate**, la plaine comprise entre eux et les zones plus désertiques du haut plateau iranien et de l'Anatolie constituent les éléments principaux du décor mésopotamien. A cette diversité de milieux correspond une grande variété de situations et de peuples qui, cependant, tous ensemble contribuent à dessiner un tableau stratifié et composite.
La plaine alluviale est le siège naturel des premières installations humaines et de l'affirmation progressive de la civilisation. Ici, les caractéristiques du milieu sont plus favorables que dans les zones limitrophes : en fait, la présence des fleuves et leurs crues, bien que plus irrégulières que celles du Nil, rendent fertile un territoire par ailleurs aride.

La topographie met en évidence une polarité des milieux naturels entre les terrains fertiles, propices à l'agriculture, et les régions arides, adaptées à l'élevage. Il en découle une **double composante sociale,** caractéristique de cette région : d'une part, des groupes sédentaires donnent naissance à des civilisations grandioses, comme celles des Assyriens et des Babyloniens ; d'autre part, des nomades, comme les Hittites, les Hourrites et les Amorrites, pénètrent sur les territoires des sédentaires par vagues successives, provoquant parfois des bouleversements catastrophiques, mais pouvant aussi s'intégrer pacifiquement.
Le **nomadisme** est une donnée permanente de l'histoire de la civilisation mésopotamienne : il coexiste en symbiose avec les cités et les structures palatiales (liées à la cour et à la résidence des souverains) qui se succèdent depuis l'urbanisation jusqu'à la conquête mède (612 av. J.-C.). Du reste, il n'existe pas une forme unique de nomadisme, c'est-à-dire celle des tribus qui émigrent vers les vallées agricoles situées entre les fleuves et se sédentarisent ; on constate aussi des mouvements saisonniers de bergers : pendant le printemps et l'hiver, ils exploitent les pâturages dans la zone de steppes de haute Mésopotamie et des hauts plateaux iraniens anatoliens ; puis, pendant l'été, ils descendent dans la région agricole, riche en eau et en fourrage. Les contacts qui ont alors lieu entre les tribus de bergers et les populations sédentaires sont souvent empreints d'hostilité, mais se transforment parfois en interaction pacifique. Ainsi dans le cas du commerce, où le palais doit utiliser des sédentaires à son service ou des nomades pour le transport des marchandises dans des zones inaccessibles. Étant donné cette mobilité, autant spatiale que sociale, l'histoire de la Mésopotamie est celle d'une superposition continue de populations différentes.

Le IIe et le Ier millénaire av. J.-C. se caractérisent par une tendance de tous ces peuples à créer une institution politique qui dépasse et élimine le fractionnement engendré par la cité-État de la période précédente. Les deux tentatives les plus considérables sont celles des Babyloniens et des Assyriens. Jusqu'à la fin de la première moitié du IIe millénaire av. J.-C., **Babylone** est une cité moins importante que les villes méridionales d'Our, Isin et Larsa. Avec le roi **Hammourabi** (1792-1750 av. J.-C.), fondateur d'une dynastie amorrite, elle devient un centre de pouvoir très influent. Le vaste royaume dont Babylone est la capitale mène une politique d'expansion militaire au détriment de l'Assyrie, des régions du Sud, de l'Élam et des territoires de l'Ouest, consistant dans un premier temps à conquérir de nouveaux territoires, puis à renforcer ceux qui ont déjà été annexés. Elle se double d'une organisation interne du pays, dont le fameux **Code d'Hammourabi** est l'expression (les lois du royaume, dites du roi Hammourabi, sont gravées sur une stèle de basalte noir aujourd'hui conservée au musée du Louvre).

Vers 1600 av. J.-C., période cruciale pour Babylone : les Hittites s'avancent jusqu'à la cité et la conquièrent. C'est le début d'une **période obscure**, durant laquelle le prestige de Babylone s'affaiblit, la cité étant reléguée à un rôle secondaire. Les **Kassites**, une population originaire des montagnes du Nord-Ouest, profitent de ce moment de faiblesse pour s'installer dans la cité et établir une domination qui durera trois siècles.
Alors que la tradition littéraire survit, presque inchangée, des transformations importantes se font jour dans les domaines sociaux et économiques, et on assiste au déclin de l'initiative privée et de toute tentative de réforme sociale. Les *kudurru*, stèles en calcaire présentant, dans la partie inférieure, une inscription qui entérine les nombreuses donations de terrains effectuées par le palais, témoignent d'une organisation administrative de type féodal. Pendant ce temps, dans le nord du pays, l'Assyrie se libère du joug du royaume du **Mitanni** fondé par les Hourrites, dont elle était devenue vassale, et connaît une brève période de splendeur pour retomber ensuite. Le pouvoir politique du Mitanni, qui s'étend jusqu'en Syrie, est exercé par une monarchie héréditaire soutenue par une aristocratie dominante. Elle durera environ un siècle et demi, jusqu'à l'**affrontement avec les Hittites**, en 1365 av. J.-C., lors duquel Toushratta, roi du Mitanni, est battu et reconnaît être le vassal du vainqueur.

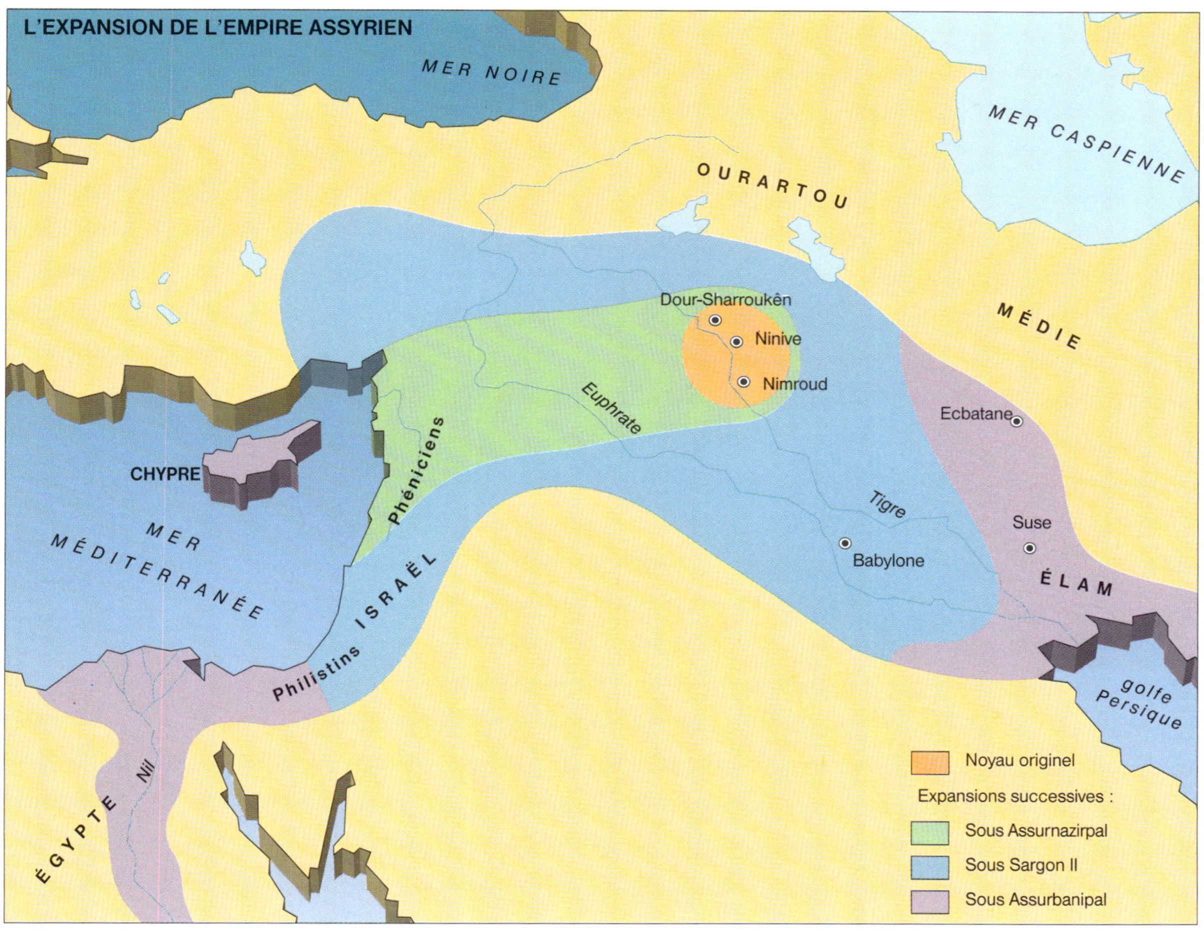

Ci-dessus : le souverain babylonien Hammourabi (debout) reçoit les insignes du pouvoir du dieu du Soleil (Shamash) assis sur un trône ; détail de la stèle du* Code d'Hammourabi. *Musée du Louvre, Paris. A gauche : la carte illustre les différentes phases d'expansion de l'empire assyrien.

Pour résumer, on peut dire que la moitié du IIe millénaire av. J.-C. est une période très importante pour le monde mésopotamien : descendant des montagnes au nord-est de la vallée fluviale, trois peuples nomades apparaissent sur la scène et donnent naissance à trois royaumes puissants qui éclipsent, pendant environ cinq siècles, le prestige de Babylone et celui du royaume assyrien naissant. Il s'agit des **Kassites**, des **Hourrites** et des **Hittites**. Les deux premiers s'installent respectivement dans la partie méridionale et dans la partie septentrionale de la Mésopotamie, alors que les Hittites s'établissent en Anatolie. De ces trois peuples, ce sont les Hittites qui créeront le royaume le plus puissant et le plus durable.

Il est probable que la prise de pouvoir par les Hittites est le résultat final d'une longue série de vagues migratoires de tribus indo-européennes qui, dans un premier temps, fusionnent avec les populations autochtones de l'Anatolie et, seulement à partir de 1680 av. J.-C., commencent à manifester leur volonté dominatrice. Selon la tradition, le fondateur de l'ancien empire hittite est **Labarna** (vers 1680-1650 av. J.-C.) ; ses successeurs Hattousili Ier et Moursili Ier poursuivent son œuvre en étendant les limites du royaume jusqu'à Babylone et en s'établissant solidement en haute Syrie.
La monarchie hittite, contrairement aux monarchies orientales, établit son pouvoir sur la base de l'approbation d'une classe qui choisit le roi, le soutient et contrôle ses actes. Le mode de domination politique dans les rapports avec les peuples conquis est lui aussi différent : il ne s'agit pas d'une monarchie universelle mais d'une fédération de peuples liés au pouvoir central par des traités. Néanmoins, ces particularités finissent par être la cause de la grave crise dynastique qui clôt l'ancien Empire. Après une brève période, s'ouvre alors le **Nouvel Empire**, qui légitime le pouvoir légal par le principe de la succession héréditaire et le soustrait ainsi au contrôle aristocratique. Avec **Souppilouliouma** (env. 1380-1346 av. J.-C.), l'expansion reprend jusqu'aux montagnes du Liban, la Syrie et la haute Mésopotamie. Cette période est caractérisée par une ouverture plus grande à l'influence des grandes traditions et à l'assimilation d'éléments caractéristiques de la civilisation mésopotamienne : une preuve en est l'évolution de la royauté dans une direction similaire à celle des monarchies orientales avec la divinisation du souverain.

Les victoires hittites successives, ainsi que la pression égyptienne due à son expansion en Syrie rendent l'affrontement inévitable : c'est la **bataille de Qadesh** (1297 av. J.-C.), dont l'issue reste incertaine. Quelques années plus tard, un traité de paix entre Égyptiens et Hittites ratifie la division de la Syrie en deux sphères d'influence et rétablit l'équilibre dans le monde oriental ; mais un autre événement le brisera à nouveau et balayera définitivement la puissance hittite : vers 1200 av. J.-C., **les Peuples de la Mer envahissent le Proche-Orient**.
Les siècles qui suivent sont dominés par l'ascension de l'Assyrie, destinée à dominer la Mésopotamie tout entière. Vers la fin du IIe millénaire av. J.-C., un nouvel élément intervient : une invasion massive de tribus sémitiques originaires d'Europe du Nord, les **Araméens**, le long de l'Euphrate et jusqu'à la Babylonie. Installés dans les vallées de l'Euphrate et du Kabour, les Araméens s'organisent en petits États alliés et commercent avec l'Occident. Les souverains assyriens devront à plusieurs reprises affronter la menace araméenne.

Avec **Assurnazirpal II** (884-858 av. J.-C.) s'ouvre une période de grande puissance politique et militaire de l'Assyrie. Le nouveau souverain consolide l'État et étend les frontières. La campagne militaire annuelle devient l'instrument principal de la politique expansionniste au détriment de ceux qui sont considérés comme les ennemis traditionnels de l'Assyrie : les populations belliqueuses de la haute vallée du Tigre, au nord, et les tribus des régions occidentales. Les expéditions militaires ont d'importantes conséquences sur la politique intérieure : le butin et les tributs imposés aux régions conquises apportent les ressources permettant de financer de nouvelles campagnes et d'atténuer les dommages liés à l'état de guerre permanent. **La conquête de la riche cité de Karkemish** et l'avancée jusqu'à la Méditerranée, où le souverain reçoit le tribut des cités phéniciennes, constituent les succès les plus importants remportés par Assurnazirpal II. **Salmanasar III** (858-824 av. J.-C.), son successeur, poursuit aussi une politique expansionniste. Il s'emploie surtout à la défense et à la consolidation des conquêtes faites par son prédécesseur dans la zone occidentale ; outre l'importance stratégique de ce territoire du fait de la circulation des caravanes, le contrôle de la région garantit à l'Assyrie une ouverture vers la Méditerranée.

A gauche : Assurnazirpal II, statue en calcaire (IXe siècle av. J.-C.), British Museum, Londres. Ci-dessus : détail d'un bas-relief du palais de Téglath-Phalasar III à Nimroud, capitale assyrienne ; il illustre la reconquête, par ce souverain, de la cité d'Ashtoreth-Karnaim dans la région de Galaad, ensuite annexée à la Galilée en 733-732 av. J.-C.

Par ailleurs, les armées assyriennes se sont engagées à plusieurs reprises en Babylonie et dans le sud de la Mésopotamie, où se sont installés les **Chaldéens**. La région est subdivisée en zones tribales, dites « maisons », qui exercent chacune un pouvoir autonome : Bīt-Dakkūri, Bīt-Amukkāni et Bīt-Yakin sont les plus influentes. Les tribus chaldéennes sont durablement impliquées dans les affrontements entre l'Assyrie et la Babylonie : elles prêtent serment à l'un ou à l'autre des belligérants, luttant cependant pour conserver leur indépendance. Quand les rois assyriens cherchent à obtenir le contrôle de la région, les Chaldéens parviennent à un accord avec la cité babylonienne. En retour, ils affrontent Salmanasar III, auquel ils payent un tribut après avoir été battus. Par la suite, Teglath-Phalasar III soumet toute la région. Entre-temps, un puissant État nord émerge, l'Ourartou, qui tient tête à l'Assyrie. Sargon II battra définitivement le roi d'Ourartou, Rousas II, lors d'une bataille aux alentours de la ville de Karkemish.
Dans la pratique, chaque souverain assyrien se voit contraint de regagner les territoires perdus après la mort du souverain précédent, et Sargon doit ainsi reconquérir la Syrie, la Palestine et la région chaldéenne. Cependant, la méthode qu'il utilise est celle de la provincialisation, c'est-à-dire l'annexion directe des territoires vaincus, accompagnée de l'élimination des gouvernements locaux et de la déportation de populations entières. L'extension des possessions assyriennes de la mer Méditerranée au golfe Persique rend inévitable un **affrontement avec l'Égypte** ; mais la précarité de la victoire assyrienne préfigure la **décadence de l'Empire**. La menace vient du sud et le coup fatal est porté par Babylone, soutenue par les Mèdes d'origine iranienne. L'année 539 av. J.-C., au cours de laquelle les Perses, guidés par Cyrus, entrent dans Babylone, marque la fin de l'histoire de la Mésopotamie antique.

Entre la zone située au nord du Sahara, la vallée du Nil et la région subsaharienne, le continent africain des IIe et Ier millénaires av. J.-C. présente une situation assez diversifiée. Le facteur distinctif est la **différence de niveau de civilisation** atteint par chaque zone. En particulier, le progrès rapide des Égyptiens contraste fortement avec le développement des autres populations africaines. De toute façon, le désert du Sahara est le point de départ permettant de comprendre l'extraordinaire développement de la vallée du Nil qui réussit à donner naissance à une civilisation raffinée, alors que le reste du continent demeure lié pendant des millénaires à la culture néolithique, ignorant tant le métal que l'urbanisation. L'idée selon laquelle le « miracle » égyptien serait né de l'implantation de colonies originaires de l'Asie voisine est délaissée ; les découvertes archéologiques les plus récentes révèlent que seul un pourcentage infime des habitants des régions nilotiques était asiatique, alors qu'un fort pourcentage était en tout point comparable aux Nord-Africains voisins. Entre 5500 et 2500 av. J.-C., le **Sahara** apparaît comme un territoire à climat tempéré, riche en eau et couvert de végétation.
De nombreuses populations s'y installent, se mélangent, échangeant leurs connaissances techniques et améliorant leurs outils.
Le Sahara devient le berceau de la culture agricole du néolithique et le point de contact entre les populations méditerranéennes blanches, nord-africaines et levantines de la partie septentrionale du continent, et les populations noires du centre. A cette période, l'agriculture se substitue à l'économie basée sur la cueillette et la chasse. L'Égypte est favorisée par les crues régulières du Nil, qui dépose sa boue (le limon) fertilisant la plaine. La productivité agricole exceptionnelle, ainsi que le contact avec les civilisations proche-orientales déjà en plein essor posent les bases de la **rapide croissance égyptienne**. Ainsi, contrairement à ce que l'on crut, les anciens Égyptiens ne constituent pas un peuple à part ou une colonie du Proche-Orient, mais se rattachent à la culture saharo-soudanaise, caractéristique d'une communauté de peuples dispersés de l'Atlantique au Nil. Quand le Sahara aborde sa phase de sécheresse, les populations qui y habitent émigrent dans trois directions principales : au nord, où émerge, à partir de 2000 av. J.-C., le groupe des Berbères ; à l'est où, attirés par le mirage des terres fertiles du Nil, ils rencontrent une forte résistance des pharaons ; au sud, où ils développent l'agriculture et diffusent de nouvelles espèces végétales, s'étendant jusqu'aux limites de la forêt tropicale.

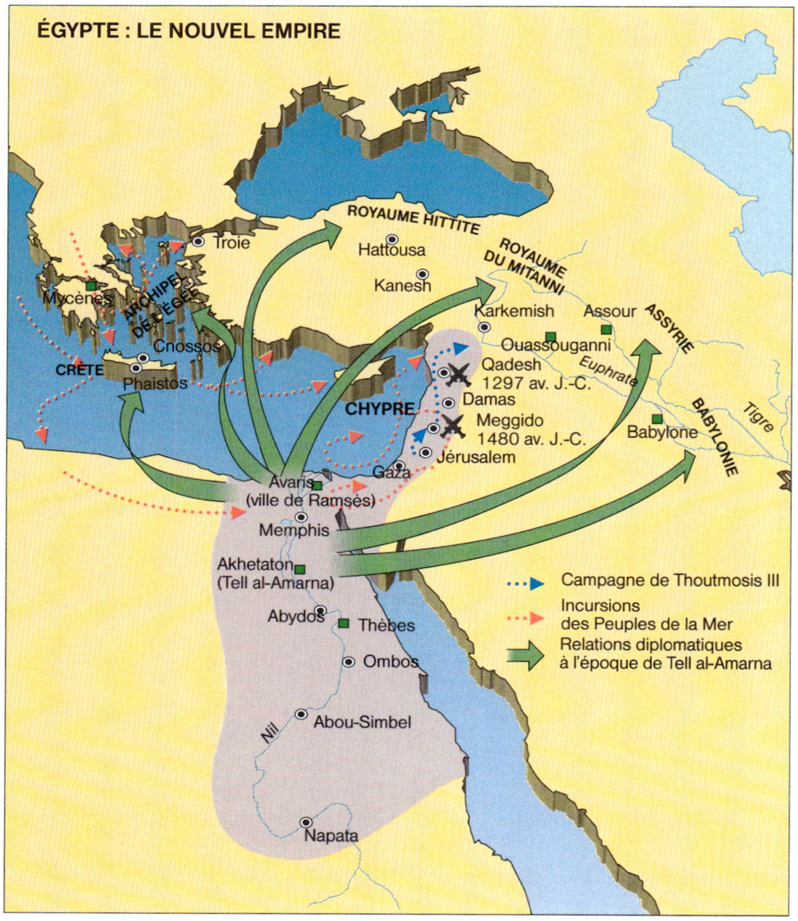

Dans un contexte similaire, l'Égypte se distingue non seulement par son développement de techniques agricoles, mais aussi, et surtout, parce qu'elle est l'unique région à connaître une révolution urbaine et une organisation politico-administrative comparable à celle des grands États d'Orient. Après les périodes de prospérité de l'Ancien et du Moyen Empire (selon la chronologie la plus récente, de 3200-2300 av. J.-C. et de 2100 à 1800 av. J.-C.), séparées par les crises de la première et de la seconde période intermédiaire, la domination pharaonique connaît son apogée pendant le **Nouvel Empire** (1570-1085 av. J.-C.).

Cette nouvelle période débute avec la violente réaction égyptienne qui part de Thèbes, la capitale de l'Empire, contre les **envahisseurs Hyksos**, d'origine et de composition ethniques encore incertaines. La reconquête, œuvre de la XVIIIe dynastie, est imposante : l'Égypte retrouve la stabilité interne et recule ses limites territoriales en s'étendant jusqu'aux confins de l'Asie à l'est, du territoire nubien au sud et de l'ancienne Libye à l'ouest. Le mérite d'avoir engagé la conquête de la Nubie et la pénétration en Syrie jusqu'à l'Euphrate revient à **Thoutmosis Ier** (1525-1518 av. J.-C.), mais c'est **Thoutmosis III** (1504-1450 av. J.-C.) qui conquiert définitivement la côte syro-palestinienne et laisse en héritage à son successeur un territoire très vaste subdivisé en districts (les nomes) gouvernés par des fonctionnaires (les nomarques). A l'ouest et au sud, les populations sont cantonnées dans leurs territoires par des fortifications militaires élevées en des points stratégiques. En cas de nécessité, elles sont mobilisées pour le ravitaillement et la défense de la vallée du Nil. L'Empire atteint ainsi son apogée, mais une crise interne menace sa prospérité : la réforme entreprise par le pharaon lui-même, **Aménophis IV** (1379-1362 av. J.-C.), qui tente d'imposer le culte du dieu Aton, le disque solaire. Voulant restaurer, au plan politique, l'autorité du souverain par rapport au pouvoir excessif du clergé, le pharaon met l'accent sur la religion solaire, jusqu'à lui conférer une valeur monothéiste. Un nouveau nom est adopté par le pharaon : non plus Aménophis mais Akhenaton (agréable à Aton). La fondation de la nouvelle capitale, Akhetaton (l'horizon d'Aton), l'ancienne Tell al-Amarna, s'accompagne de l'abandon de Thèbes, siège du culte du grand dieu Amon désormais détrôné. Le pays subit alors une très forte crise : le clergé s'oppose violemment à la réforme. Les successeurs d'Akhenaton, cependant, continueront dans la voie qu'il avait ouverte, jusqu'à ce que l'un d'eux, Toutankhamon, cède et restaure les anciennes divinités, avant de retourner à Thèbes.

A gauche : la carte illustre les campagnes de Thoutmosis III (1504-1450 av. J.-C.), durant lesquelles sont conquises la Phénicie et la Palestine ; l'Égypte élargit ses frontières jusqu'au royaume du Mitanni. De plus, sont mis en évidence les incursions des Peuples de la Mer et les relations diplomatiques établies avec d'autres pays par Aménophis III (1417-1379 av. J.-C).
A droite : détail d'une statue d'Aménophis IV (1379-1362 av. J.-C.), le pharaon « hérétique » qui essaie d'imposer le culte monothéiste d'Aton, le disque du Soleil, et transfère la capitale de Thèbes à Akhetaton. A cause du peu d'intérêt porté aux affaires d'État, l'Égypte perd beaucoup de son autorité sur l'Asie.

LA NUBIE

La Nubie est la région du Nil méridional, dont le territoire s'étend - approximativement - entre la deuxième et la quatrième cataracte. Sa richesse en or et sa situation à l'entrée des voies de pénétration vers l'intérieur de l'Afrique (le Nil Blanc, les vallées sahariennes et le Darfour) font de la Nubie une région très convoitée par les pharaons jusqu'à la fin de l'Ancien Empire. La région, bien que soumise aux influences culturelles égyptiennes, ne perd jamais ni son originalité ni sa physionomie et possède sa propre civilisation, qui prend le nom de Koush, attestée vers 2000 av. J.-C.

En amont de la troisième cataracte, les restes archéologiques de la ville de Kerma témoignent clairement de l'existence de riches princes indigènes qui ont des relations commerciales et diplomatiques avec l'Égypte pendant la domination Hyksos. Kerma est probablement l'ancienne capitale du royaume de Koush, qui parviendra à son apogée à la fin du IXe siècle av. J.-C.

La période qui précède son essor est marquée par la colonisation égyptienne. La véritable occupation de la Nubie se produit sous Amosis, fondateur de la XVIIIe dynastie, et se termine avec le règne de Thoutmosis Ier (1525-1518 av. J.-C.), qui met fin au royaume de Koush. Commence alors pour la Nubie une période très importante de son histoire, qui laisse des traces permanentes dans la vie culturelle des périodes suivantes. Les pharaons de la XVIIIe dynastie, à partir de la reine Hatshepsout, commanditent la construction de splendides temples dédiés à des divinités égyptiennes, décorés de peintures et de reliefs qui célèbrent les exploits du royaume, tout comme les inscriptions dispersées dans tous les centres nubiens de la deuxième à la quatrième cataracte : Bouhen, Semna, Sedenga, Suleb et Saïs. Pendant les désordres créés par la réforme d'Aménophis IV, la paix ne règne pas moins, tout comme se manifeste la loyauté de l'administration nubienne.

Sous la XIXe dynastie, les Ramessides continuent la politique des grands travaux de construction en poursuivant l'édification des temples, mais aussi des infrastructures qui autorisent l'augmentation et l'amélioration de l'exploitation des mines d'or. Mais l'œuvre la plus importante qui témoigne de la puissance égyptienne sur le territoire est l'érection des fameux temples d'Abou-Simbel, en aval de la deuxième cataracte, de proportions gigantesques, entièrement creusés dans la roche.

Toutankhamon (1361-1352 av. J.-C.) semble redonner la tranquillité à l'Égypte, mais avec son très court règne (il meurt à dix-huit ans) se termine la XVIIIe dynastie et commence une crise politique aggravée par la pression hittite. Il revient aux Ramessides d'affronter la situation et de renforcer les conquêtes égyptiennes en Asie. La bataille de Qadesh de 1297 av. J.-C., qui voit l'affrontement entre Ramsès II et les Hittites, se conclut par un traité de paix, mais la trêve est brève. Vers 1200 av. J.-C., l'**invasion des Peuples de la Mer** sur les côtes de la Méditerranée orientale, outre la destruction de la puissance hittite, amoindrit aussi la puissance égyptienne : les pharaons perdent leur hégémonie en Asie et voient vaciller leur pouvoir.

A l'ouest et au sud du delta, les Libyens et les Nubiens, longtemps soumis au pouvoir pharaonique, profitent du déclin de leurs dominateurs. Comme déjà dans le passé, les Libyens tentent de pénétrer en Égypte, jusqu'à ce qu'au XIIe siècle, Ramsès III les autorise à s'installer dans la zone occidentale du Delta en échange d'une aide militaire.
La Nubie se réveille aussi après des années d'exploitation et, au IXe siècle av. J.-C., donne naissance au puissant royaume de Koush.
Alors que les troupes mercenaires sont victorieuses d'une Égypte déchirée par les luttes entre le clergé et le pouvoir politique, au bord de la désagrégation sous les poussées des districts revendiquant l'autonomie, les Libyens s'installent à Thèbes et gouvernent l'Égypte sous les XXIIe et XXIIIe dynasties.
La Nubie répond par l'instauration de la dynastie « éthiopienne », fondée par le prince éthiopien Piankhi. Son successeur, Shabaka, soumet toute la vallée du Nil au royaume de Koush, dont la capitale, Napata, devient un centre important, auquel parviennent des demandes d'aide des villes syro-palestiniennes menacées par l'expansion assyrienne.

Les souverains éthiopiens maintiennent d'abord des relations pacifiques avec l'Assyrie, mais ensuite Taharka, le plus grand souverain éthiopien, accepte la guerre.
Son nom apparaît dans la Bible à cause de la terreur que provoquent les guerriers noirs de Koush. Le roi assyrien Assarhaddon échoue dans sa tentative de pénétrer en Égypte mais, en 663 av. J.-C., son successeur Assurbanipal s'empare de Thèbes et la saccage. La défaite provoque le repli des Koushites vers le Sud et la fin de leur dynastie en Égypte, qui devient une **province assyrienne**. Quelques décennies plus tard, le pouvoir passe aux mains des **rois saïtes**, ainsi nommés à cause de leur nouvelle capitale Saïs, dans le delta du Nil.
L'Égypte connaît un ultime essor jusqu'à l'arrivée des Perses (525 av. J.-C.), qui occupent la majeure partie du pays et le conserveront, hormis une brève période, jusqu'à la conquête d'Alexandre le Grand.

Le développement de la région située au sud du Sahara connaît un grand retard par rapport à la civilisation égyptienne.
L'occupation de cette vaste zone de l'Afrique est constituée d'**habitats dispersés**, avec des niveaux de développement technique très variés. Si le dessèchement progressif du Sahara entraîne le déplacement de populations anciennes qui y étaient installées, elle oblige, d'autre part, les bergers nomades à se déplacer entre le désert et les hauts plateaux du Tassili et du Tibesti, ou au nord et au sud du Sahel. En outre, le Sahara est parcouru de pistes de chariots tirés par des bœufs, des ânes et des chevaux qui le relient à la côte atlantique et à l'Afrique du Nord, comme en témoigne l'ancien art rupestre.
La **fin de la préhistoire** et l'essor du néolithique, c'est-à-dire d'une pratique constante de l'agriculture accompagnée de la constitution de communautés sédentaires organisées en villages, se produisent dans la ceinture soudanaise, mais s'arrêtent devant les forêts tropicales de l'Afrique centrale.
En fait, ici, l'abondance de fruits et de légumes comestibles permet aux cueilleurs de se procurer aisément leur alimentation.
En Afrique centro-méridionale, l'agriculture se répand plus tard, probablement au Ier millénaire après J.-C., avec l'apparition de la métallurgie du fer, qui fournit les instruments de déforestation.

A gauche : porteurs d'offrandes de la reine du Pount. Musée égyptien, Le Caire. Ce fragment en calcaire peint faisait partie d'un bas-relief du temple de la reine Hatshepsout (XVIIIe dynastie) à Deir el-Bahari et raconte les expéditions égyptiennes dans la mythique « terre du Pount », célèbre pour ses richesses : myrrhe, ébène, ivoire, etc.
A droite : peinture rupestre des Bochimans, une des plus anciennes populations africaines. Sous la pression des groupes hottentots, repoussés eux-mêmes par des populations bantoues, les Bochimans se sont retirés dès la préhistoire dans les régions inhospitalières au sud du désert du Kalahari.

Il n'est pas encore possible d'établir avec certitude les causes de la décadence des grands centres urbains de la civilisation de la vallée de l'Indus, vers 1800-1700 av. J.-C. Au cours du IIIe millénaire av. J.-C., le sous-continent indien voit aussi se développer une civilisation urbaine surprenante, dont Mohenjo-Dāro et Harappā représentent les centres les plus importants. Ces métropoles surgissent sur les rives de l'Indus, libérées de la jungle marécageuse et rendues aptes à l'agriculture. Leur édification a été précédée d'un réseau dense d'installations agricoles dans les vallées du Baloutchistan et dans les zones bordant la plaine fluviale.

Ci-contre : une vue des fouilles de Mohenjo-Dāro avec la citadelle dans le fond. Mohenjo-Dāro est l'une des deux plus grandes cités de la civilisation de la vallée de l'Indus, qui s'est développée sur les rives du grand fleuve de 2500 à 1800-1700 av. J.-C. Les causes de son déclin brutal n'ont pas été complètement éclaircies, mais l'élément crucial semble être l'invasion de groupes indo-européens originaires d'Asie centrale.
Ci-dessous à gauche : carte des aires de civilisation dans la vallée de l'Indus, de l'époque préhistorique à la période védique.

Le développement extraordinaire de ces villes, leurs plans en damier, leurs imposantes structures hydrauliques publiques et privées, la beauté des objets à usage domestique ou ornemental prouvent l'existence d'une civilisation prospère. Ses ressources principales sont l'élevage et une agriculture florissante grâce à la fertilité de la vallée fluviale et à l'activité commerciale qui relie la vallée de l'Indus aux régions voisines,

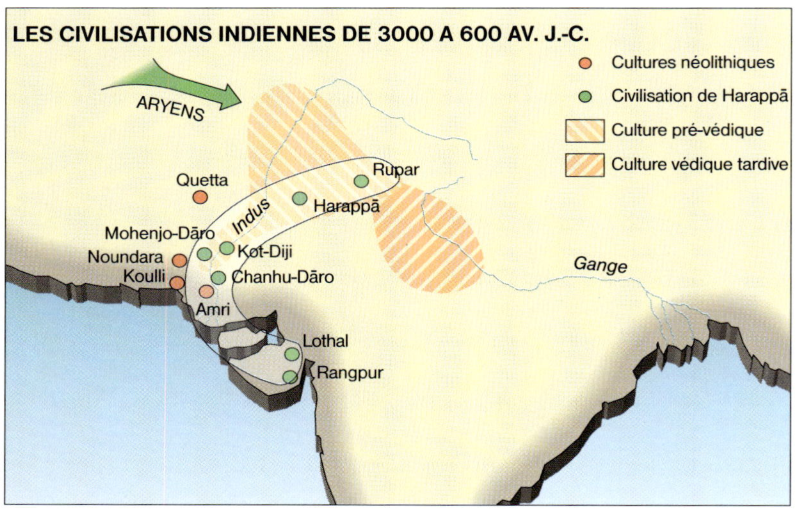

au golfe Persique et à la Mésopotamie.
Les objets en pierre, en métal, les sceaux, les céramiques et les ivoires produits par la cité nourrissent de vastes échanges commerciaux. De plus, cette civilisation connaît un système d'écriture qui comprend plus de quatre cents signes pictographiques, malheureusement non encore déchiffrés à ce jour.

Pendant les premiers siècles du IIe millénaire av. J.-C., les anciennes **cités** connaissent un **déclin brutal**.
Les hypothèses concernant ce phénomène ne manquent pas (diminution de la fertilité de la terre, surexploitation, catastrophes naturelles), mais le facteur essentiel résiderait dans l'**invasion de groupes indo-européens**, des populations pastorales nomades originaires d'Asie centrale s'avançant jusqu'aux vallées de l'Indus et du Gange. Pourtant, des recherches archéologiques récentes conduites dans le Baloutchistan et le long de l'Indus démontrent que l'arrivée de ces envahisseurs n'a pas provoqué un abandon total de la vie urbaine : les fouilles ont en fait révélé la présence, précisément à cette période, d'un nombre important de sites d'importance notable qui, cependant, ne possèdent pas les structures évoluées des anciennes cités de l'Indus.
Ces centres introduisent de nouvelles cultures, caractéristiques de l'Asie méridionale, ce qui indiquerait que la crise de la civilisation urbaine a été résolue par une augmentation de la production agricole et par l'importation de céréales de régions périphériques. L'apparition de nouvelles populations, la diffusion de l'agriculture au-delà de la vallée de l'Indus, vers le Gange et le Deccan, l'élevage des chevaux (non attesté jusqu'alors) sont des éléments nouveaux composant le cadre de la **naissance de l'ancienne civilisation indienne**.

La première moitié du Ier millénaire av. J.-C. est caractérisée par l'exploitation des ressources agricoles de la **vallée du Gange**, probablement due à une nouvelle vague migratoire de groupes indo-européens qui, vers 1500 av. J.-C., occupent le Pendjab et s'étendent donc dans la vallée du Gange, vers le golfe du Bengale. Les plus anciens textes de la littérature sanscrite racontent que ces peuples, probablement originaires de Russie méridionale, se dirigent d'une part vers l'Europe et, d'autre part, vers la région nord-occidentale de la péninsule indienne. Là, ils se subdivisent en deux nouveaux groupes s'orientant respectivement vers l'Iran et, à travers l'Hindou Kouch, vers le Pendjab. Les analogies que présentent les plus anciens témoignages littéraires et religieux de l'Iran et de l'Inde semblent attester l'historicité de ce fait.
L'*Avestā*, le livre de la Sagesse iranien et le *Rigveda*, celui de l'Inde, font référence à un style de vie très similaire, qui semble se rapporter à une population d'origine unique.

Ces Aryens possèdent une organisation sociale et politique basée sur la famille patriarcale et sur la division en tribus et clans dirigés par un chef unique. Une fois le stade de nomadisme dépassé, les Aryens s'installent dans les villages, où ils se consacrent à l'élevage, à l'agriculture et à une forme embryonnaire de commerce, dans lequel les biens les plus prisés à l'échange sont l'or, les bijoux et les bovins.
Ils connaissent aussi les métaux moins nobles, comme le bronze et le fer. Cette phase très ancienne de la civilisation indienne est caractérisée, à ses débuts, par les **luttes des Aryens contre les populations indigènes** et, ensuite, par les affrontements entre les nouvelles tribus aryennes formées dans le Pendjab et celles qui s'y étaient installées antérieurement. Les durs conflits qui

caractérisent cette seconde vague d'invasions constituent le sujet d'un autre monument littéraire de l'Inde ancienne, le *Mahābhārata*. A la suite des guerres, l'expansion territoriale aryenne atteint les monts Vindhya, frontière entre les Aryens, au nord, et les populations centro-méridionales de la péninsule.

D'après les témoignages archéologiques, le phénomène le plus important du Ier millénaire av. J.-C. réside dans l'intégration de tous **les villages de la vallée du Gange** au sein d'une **culture globalement uniforme**. Dans la région située entre le Gange et le Yamuna, les agglomérations se multiplient et les premiers objets en fer font leur apparition. L'usage de ce métal, d'abord réservé aux armes, s'étend progressivement à la fabrication des outils agricoles, favorisant l'expansion vers le sud des terres cultivées. Parmi les conséquences d'une telle expansion et de l'amélioration des conditions de vie figure aussi la renaissance de la civilisation urbaine. Au tournant du VIIIe siècle av. J.-C., on relève la **fondation** de quelques-unes des **villes les plus importantes de l'Inde septentrionale**, comme Pānīpat, Hastināpura, Ahichatra, Sonepat et Mathurā.
Du point de vue politique, cette période est caractérisée par la lente transformation des tribus en royaumes concurrents.

A gauche, en double page : les restes de Harappā, l'un des plus grands centres de la civilisation de l'Indus avec Mohenjo-Dāro. Ci-dessus : petit chariot tiré par des bœufs, objet en céramique provenant de Mohenjo-Dāro. A droite : sceau en stéatite de format carré, emblématique de l'empire commercial de la civilisation de Harappā. Les illustrations de ces pages accréditent le haut niveau atteint par la civilisation de la vallée de l'Indus dans sa dernière période. L'invasion des Aryens apporte de grands bouleversements politiques et sociaux, sans toutefois susciter un courant artistique nouveau, et produit une césure qui se prolongera pendant environ un millénaire.

De véritables capitales sont alors fondées, présentant une structure défensive composée d'une enceinte en brique ou en pierre.

Ces données sont le fruit d'une étude approfondie du matériel épigraphique et archéologique mis au jour lors des fouilles. A l'inverse, il manque une historiographie indienne. L'Inde, qui a pourtant connu de nombreux genres littéraires, a complètement négligé l'historiographie, même si les deux plus grands poèmes épiques (le *Mahābhārata* et le *Rāmāyaṇa*) et les *Purāṇa* peuvent être considérés comme des textes historiques.
On pourrait expliquer cette lacune par la tendance caractéristique de l'esprit indien à la spéculation, qui l'a empêché de concentrer son attention sur les phénomènes sociaux et historiques, considérés comme transcendant la volonté humaine. Le ***Mahābhārata*** reste donc une source précieuse. Cette grande épopée en cent mille strophes et dix-huit livres rassemble des éléments de la vie sociale, civile et religieuse de l'Inde ancienne.
Le sujet principal de l'ouvrage est la guerre entre les cousins Kaurava (Kuruidi), fils de Dhrtarāstra et Pāndava (Panduidi), fils de Pāndu ; mais on entrevoit dans cette guerre la lutte historique entre les anciens et nouveaux émigrants aryens dans la péninsule indienne, et aussi un affrontement entre la religion traditionnelle anti-brahmanique et les disciples du brahmanisme.
On peut également obtenir des informations dans des poèmes de cour et à partir des temples anciens, avec l'énumération des maîtres védiques et les listes de rois.

La région qui s'étend entre la Méditerranée orientale et le désert d'Arabie, entre la Mésopotamie et l'Égypte, n'est pas caractérisée par une unité politique. Le mot « Syrie » est une dénomination géographique désignant ce vaste territoire habité par des peuples d'origine sémitique qui l'ont atteint en plusieurs vagues migratoires, s'établissant dans les plaines côtières et dans les vallées fertiles des grands fleuves comme le Jourdain et l'Oronte, ou poursuivant une vie nomade dans les steppes et les zones frontalières du désert.
Le **contraste** entre les **centres côtiers** et l'**arrière-pays** est une constante dans l'histoire de cette région qui n'a jamais atteint l'assise politique stable et unitaire des grandes puissances limitrophes. L'**absence d'unité** est en partie imputable à la géographie physique, c'est-à-dire à la variété extrême du paysage, qui comprend des chaînes de montagnes comme le Liban, l'Anti-Liban et l'Amanos, des vallées fertiles, des régions désertiques, des hauts plateaux steppiques et une zone côtière florissante pourvue de nombreux ports. Il faut aussi prendre en considération la situation de la Syrie, enserrée entre les grands États unitaires de la Mésopotamie, de l'Anatolie hittite et du royaume égyptien, lesquels, à des périodes diverses, exercent leur influence, sinon leur hégémonie : la zone septentrionale de la Syrie est généralement soumise à la Mésopotamie et aux Hittites, la zone méridionale à la sphère politique égyptienne. L'Égypte exerce son contrôle en imposant des inspecteurs et des tributs aux princes locaux, alors que les Hittites établissent des rapports de vassalité par voie diplomatique, des traités étant conclus avec les souverains des différentes cités. Une politique plus oppressive est mise en place par les Assyriens, puis par les Babyloniens.

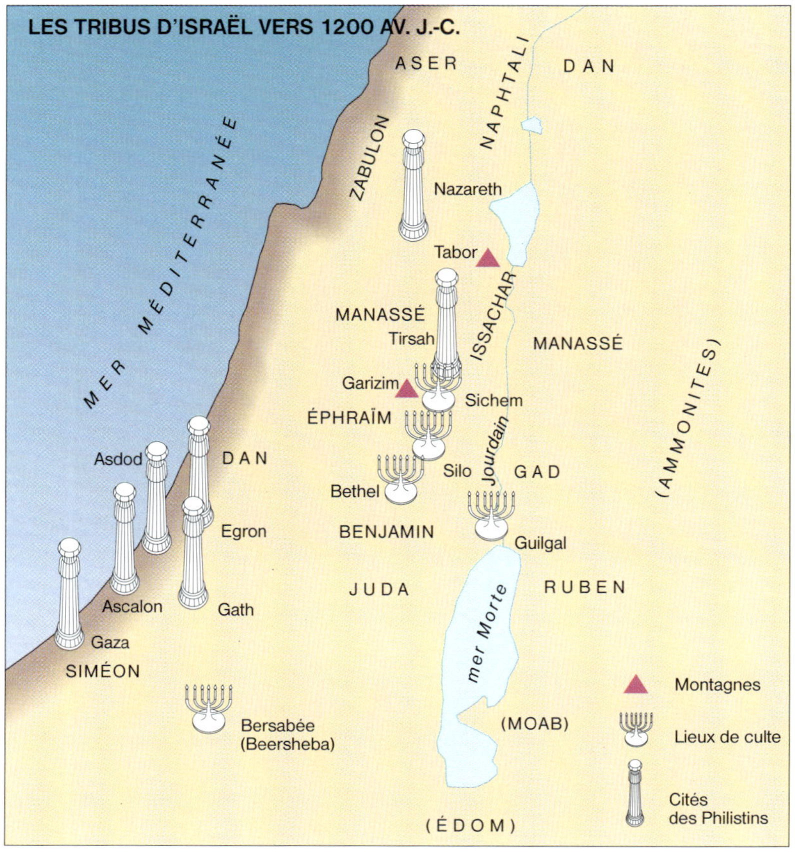

A gauche : statue d'Idrimi, roi d'Alalakh, cité-État dans l'antique Syrie. Personnage historique énigmatique, vassal de l'empire hourrite du Mitanni au milieu du IIe millénaire av. J.-C. (environ), Idrimi constitue son propre royaume pour tenter de résister à la politique expansionniste des pharaons du Nouvel Empire. De telles informations sont tirées de l'inscription en caractères cunéiformes qui couvre la partie antérieure de la statue.
Ci-dessus : répartition des douze tribus d'Israël sur le territoire palestinien vers 1200 av. J.-C.
A droite, en double page : **Visite de la reine de Saba à Salomon,** ***panneau médiéval éthiopien.***

Les habitants de la Syrie appartiennent à de nombreux peuples et tribus, mais, traditionnellement, on peut les subdiviser en deux grands groupes : les **Cananéens** et les **Araméens**. Ils sont tous deux d'origine sémitique, mais alors que les premiers résident en Palestine et dans la zone côtière (parmi eux, on comptera aussi les tribus des Hébreux), les autres, originellement liés au nord de la Syrie, se déplacent le long de l'Euphrate pour s'établir finalement dans la région située au sud de Babylone, organisant de petits États comme Bīt-Adīni et Bīt-Yakīn. Pendant le IIe millénaire, la Syrie connaît une division politique en **cités-États** : Karkemish, Alep, Alalakh et Ougarit ne sont que quelques illustrations d'une réalité fortement fragmentée, proies faciles des visées hégémoniques des États limitrophes. Comme au Proche-Orient, la vague dévastatrice des Peuples de la Mer provoque en Syrie un bouleversement.

Le vide du pouvoir, engendré par la défaite des grands empires et leur repli territorial, représente l'occasion pour les tribus des Hébreux et des Araméens de créer des États autonomes. C'est le moment de la diffusion araméenne en Mésopotamie.
Le **peuple des Hébreux**, ayant traversé le Jourdain, finit par occuper la Palestine, à l'exception d'une mince bande côtière méridionale, occupée par l'État des **Philistins** (trace politique et ethnique de l'intervention des Peuples de la Mer). Les douze tribus d'Israël, unies dans une confédération et liées à un sanctuaire central d'après le récit biblique, atteignent la Mésopotamie, et plus précisément la cité d'Our. Guidées par le patriarche **Abraham**, elles franchissent l'Euphrate jusqu'à Harran et se dirigent ensuite vers la Palestine, la Terre promise. Une partie du groupe originel, toujours selon la tradition biblique, s'installe en basse Égypte, où elle vit en captivité jusqu'à ce que **Moïse** reçoive l'ordre de Dieu de reconduire les tribus dans la Terre promise. Pendant l'exode d'Égypte, Dieu se révèle à Moïse sur le Sinaï et lui remet les tables de la Loi (**les Dix Commandements**). L'arrivée des tribus d'Israël et leur installation au détriment des anciens habitants de la Palestine sont attestées archéologiquement vers 1200 av. J.-C.
Leur organisation prend une forme fédérale et les liens qui unissent les douze tribus sont religieux, symbolisés par le sanctuaire dans lequel est conservée l'**Arche d'alliance**, symbole du pacte entre Dieu et son peuple. Une fois la phase nomade achevée, le pouvoir politique est géré collectivement par les tribus ; il n'est transféré à des individus, les

shofetim **(juges)**, qu'en cas de danger et pour de brèves périodes. La situation durablement conflictuelle entre Israël et les peuples voisins détermine le passage de la confédération à un État fort, contrôlé par un **pouvoir monarchique**.

La faiblesse concomitante de l'Égypte et de la Mésopotamie permet au nouvel État de s'étendre et de réunir sous son pouvoir une grande partie du territoire syrien. Le premier roi d'Israël est **Saül** (vers 1020-1000 av. J.-C.), qui a le mérite d'organiser et de renforcer l'État contre ses ennemis. Son successeur, **David** (vers 1004-961 av. J.-C.), étend le pouvoir d'Israël par une série de guerres victorieuses et, dans le même temps, il renforce la cohésion interne des tribus par une politique d'équilibre. Le transfert de l'Arche d'alliance à **Jérusalem** consacre la cité comme centre religieux et politique de l'État. Le règne de **Salomon** (vers 961-925 av. J.-C.) représente la période de plus grande expansion et richesse d'Israël ; il n'y a pas de guerre, à l'inverse des règnes précédents ; l'action du souverain est concentrée sur le renforcement du commerce international. La prospérité est marquée par le faste de la cour et les grands travaux, parmi lesquels la construction du Temple de Jérusalem. L'attitude tolérante de Salomon dans ses rapports avec les cultes étrangers amène cependant une réaction religieuse qui, par la bouche des prophètes, condamne cette tendance politique, considérée comme coupable et immorale. Ainsi, la rivalité tribale se réveille, conduisant à la **division de la monarchie** : au Nord, le grand **royaume d'Israël,** qui poursuit la politique de tolérance ; au Sud, le **royaume de Juda**, qui maintient la foi traditionnelle. Au plan international, la division de la monarchie hébraïque coïncide avec la résurgence des grandes puissances limitrophes : l'Assyrie, en particulier, fait à nouveau montre d'agressivité envers les pays situés à l'Ouest.
En 722 av. J.-C., après une série d'attaques assyriennes, **Samarie**, capitale du royaume d'Israël, succombe. Environ un siècle et demi plus tard, **Jérusalem** subit le même sort, cette fois-ci par la main des Babyloniens. La cité est détruite, le Temple incendié, la population déportée, mais l'esprit religieux et national d'Israël reste inchangé.

Ci-dessus : détail d'une mosaïque du Ve siècle apr. J.-C. qui représente la Ville Sainte, musée d'Israël, Jérusalem. Pendant le règne de Salomon (vers 961-925 av. J.-C.), le Temple de Jérusalem est construit.
A droite :* le Jugement de Salomon,** ***miniature du XIIIe siècle. La vie et les actions de Salomon sont une source infinie de légendes et l'inspiration d'une iconographie présente pendant des siècles.

Parallèlement aux événements de l'arrière-pays palestinien, s'amorce le développement d'une région côtière, la **Phénicie**, connue pour son rôle dominant dans un commerce méditerranéen qui se développe pendant le Ier millénaire av. J.-C. Son entrée dans l'histoire intervient à la suite des changements politiques provoqués par les invasions des Peuples de la Mer et coïncide avec l'affranchissement de l'influence égyptienne et hittite des cités côtières florissantes de Byblos, Ougarit et Sidon. Une forte cohérence culturelle et économique se dessine entre les diverses cités, régies par des monarchies et s'adonnant à l'activité commerciale avec l'arrière-pays asiatique à l'est et les îles égéennes et la Grèce à l'ouest. Même si chaque cité apprécie son autonomie, il y a des périodes où l'une domine les autres, s'imposant surtout dans le commerce et les relations internationales. La première à endosser ce rôle, entre la fin du IIe et le début du Ier millénaire av. J.-C., est **Sidon,** à qui les sources historiques attribuent la fondation de Tyr. C'est Sidon qui affronte les premiers assauts assyriens, motivés par la nécessité de ravitaillement en bois précieux à partir des montagnes libanaises. Entre le Xe et le IXe siècle av. J.-C., c'est au tour de **Tyr**, dont la puissance s'accroît surtout sous le règne de **Hiram** (969-936 av. J.-C.). La cité jouit d'une grande stabilité politique et d'une belle prospérité économique ; le pouvoir du palais contrôle les activités commerciales, le ravitaillement en matières premières et la formation de la main-d'œuvre spécialisée. Des relations s'instaurent avec le royaume voisin d'Israël, avec le roi David d'abord, puis avec Salomon. Les successeurs d'Hiram maintiennent de bonnes relations avec les souverains d'Israël, et étendent l'influence de Tyr sur d'autres cités, parvenant également à assujettir Sidon. L'heureux succès de Tyr semble menacé dès le début de la pression militaire assyrienne ; Assurnazirpal II et Salmanasar III mènent des expéditions dans la région syrienne et atteignent la côte phénicienne, imposant des tributs à Tyr, Byblos, Sidon et à d'autres cités. Cependant, malgré la guerre, pendant tout le IXe et une partie du VIIIe siècle av. J.-C., le prestige économique et politique sur la région des principaux centres côtiers ne décline pas : l'influence réduite des souverains est en fait compensée par les initiatives des marchands, qui maintiennent actifs les rapports internationaux. Ainsi, les Phéniciens commencent à se déplacer à la recherche de nouveaux marchés. La première expédition importante est envoyée en direction de la côte de l'Afrique septentrionale : en 814 av. J.-C., est fondée **Carthage**, qui deviendra la plus riche et la plus célèbre de toutes les colonies phéniciennes. A partir de la moitié du VIIIe siècle av. J.-C., la transformation de la politique assyrienne, plus agressive et annexionniste, provoque une réduction progressive de leur autonomie, jusqu'à l'assujettissement et à la suppression des libertés commerciales qui en découlent.

A gauche : détail des ruines du palais de Phaistos en Crète. La civilisation minoenne des premiers palais se développe entre 2000 et 1700 av. J.-C. Elle assigne au palais, selon une tradition proche-orientale, le rôle de siège de toutes les activités politico-religieuses. Cette période des premiers palais connaît une fin brutale due, selon l'hypothèse la plus accréditée, à un raz de marée consécutif à une éruption volcanique dans la mer Égée.
Ci-dessous : stèle portant une inscription en linéaire A, Musée archéologique, Héraklion. Ce type d'écriture syllabique remonte vers 2000 av. J.-C., mais elle n'a pas encore été déchiffrée.

Pour la Crète, l'âge du bronze est une période particulièrement importante, pendant laquelle elle s'affirme et se développe en une **civilisation florissante**, dite **minoenne**, du nom de Minos, roi mythique de l'île.
La richesse économique, l'originalité artistique et le rôle politico-commercial de la Crète sont tels qu'ils permettent de la comparer aux grandes puissances contemporaines, comme la Mésopotamie, la Syrie, l'Égypte et l'Anatolie. A l'origine de son développement, on trouve la révolution urbaine, c'est-à-dire le passage d'une économie rurale à une économie commerciale qui va de pair avec l'introduction de la métallurgie. La civilisation minoenne est elle aussi une **civilisation palatiale**, modelée sur les grands systèmes proche-orientaux, où le palais est l'expression d'un pouvoir royal centralisé.
Les **premiers palais**, construits dans des lieux devenus célèbres, comme Cnossos, Phaistos et Malia, ont été détruits par un violent **tremblement de terre** vers 1700 av. J.-C. D'autres hypothèses ont été avancées quant aux causes de leur destruction, comme l'arrivée des Louvites, un peuple d'Asie Mineure, ou une évolution socio-économique endogène. Cette destruction ne signe pas la fin de la civilisation minoenne, car sur les ruines des premiers palais, on en édifie d'autres, plus complexes et mieux organisés.
Les documents archéologiques de cette époque (XVIIe-XVe siècle av. J.-C.) indiquent une augmentation démographique, contemporaine de la formation d'États régionaux qui sont dirigés par les palais.
La Crète est probablement subdivisée en une zone septentrionale gouvernée par le palais de **Cnossos**, une zone méridionale dépendante de **Phaistos**, une zone centro-orientale et une zone orientale soumises respectivement à **Malia** et à **Zakro**. La découverte d'autres édifices de proportions plus réduites, mais tout aussi somptueux et élégants, dans les localités de Tylissos, Vathypétro et Hagia Triada, met en lumière le système administratif crétois, à l'évidence organisé autour de centres de pouvoir importants dont dépendent les villages et les cités alentour.

La période des **seconds palais** représente l'apogée de la civilisation crétoise, non seulement du point de vue artistique, mais aussi économique. Pendant la période précédente, l'île connaissait déjà la métallurgie du bronze, à laquelle viennent maintenant s'ajouter dans les échanges commerciaux les produits de la terre (blé, huile, vin). Cela détermine une forte augmentation de la richesse et une **centralisation du pouvoir** de la part de l'administration palatine. Dans le palais, les marchands prennent les marchandises à exporter et accueillent les clients à qui sont destinés les produits commerciaux; les forgerons trouvent là l'outillage et le métal à travailler et reçoivent, en rémunération de leur travail, des biens de première nécessité; les potiers et les peintres créent de splendides décorations pour la vaisselle qui orne la table du roi et figure dans les banquets rituels, ou pour les fresques qui embellissent la demeure royale tout en augmentant son faste.
C'est aussi à l'intérieur du palais que sont produits le vin et l'huile, comme semblent le suggérer tant la découverte des presses à raisin et à huile que la présence des *pithoi,* énormes vases en terre cuite arborant des décors variés, fabriqués non seulement pour le stockage des denrées, mais aussi pour leur transport par bateaux. C'est en partant de l'étude des ruines des palais (puisque les tablettes rédigées en linéaire A n'ont pas encore été déchiffrées) que l'on peut obtenir des informations sur la civilisation crétoise et sa place au sein des relations commerciales dans la Méditerranée orientale. La complexité architectonique de ces édifices, composés non seulement des appartements royaux et de la salle du trône, mais aussi de magasins, d'ateliers artisanaux, de locaux de trésorerie et d'archives, et de zones consacrées aux cérémonies et à l'exercice du culte, témoigne de façon éloquente du haut niveau de bien-être atteint par la civilisation crétoise.
De plus, la structure du palais permet de reconstituer les fonctions et les attributs de la royauté : **le roi** est certainement le **chef politique**, mais aussi le **célébrant suprême du culte**; c'est probablement cette fonction sacerdotale qui légitime son pouvoir.
La présence de nombreux espaces religieux à

Ci-contre : détail de la salle du trône du palais de Cnossos, en Crète. Ci-dessous : ce casque en dents de sanglier daterait de la période néo-palatiale minoenne ; Musée archéologique, Héraklion. A droite : détail de l'inscription qui mentionne le manuscrit dit « de Gortyne », découvert en 1884 sur un mur de l'odéon de Gortyne datant de la période grecque (Ier siècle av. J.-C.). Ce manuscrit, composé sur douze colonnes en écriture grecque boustrophédon, fait référence à une législation plus ancienne, d'époque archaïque ; dans quelques cas, cependant, il met en évidence une évolution juridique considérable, par exemple dans les garanties personnelles de l'esclave et dans l'interdiction de la défense privée.

l'intérieur du palais, espaces qui sont souvent en relation étroite avec les appartements royaux et les salles de cérémonie, en est une preuve. La diffusion de l'**écriture syllabique**, se substituant à l'écriture hiéroglyphique, est caractéristique de la période néo-palatiale et ne représente pas seulement un fait d'ordre culturel, mais constitue un indice du fait que le pouvoir s'organise de manière toujours plus complexe. D'autres aspects culturels et artistiques contribuent à fournir des informations sur la nature fastueuse du pouvoir politique en Crète : le raffinement de la céramique, par exemple, la vivacité chromatique des fresques palatines qui illustrent la vie à la cour (cérémonies sacrées, tauromachies, danses, processions).

Les sources historiographiques antiques parlent de la domination sur mer de la Crète et du mythique roi de Cnossos, **Minos**, qui avait conquis les Cyclades. Il ne s'agit pas simplement d'un phénomène d'irradiation culturelle et commerciale, mis en évidence par la large diffusion de la céramique crétoise, mais d'une **domination politique pleine et entière sur mer (thalassocratie)** ; domination si solide qu'elle rendait inutile la construction de murs d'enceinte ou d'autres ouvrages de fortification, non plus qu'une production massive d'armes. En tout cas, la thalassocratie est étroitement liée au commerce et à l'importance croissante de la Crète dans le réseau complexe des rapports qui se sont créés en Méditerranée orientale entre les zones d'influence égyptienne, syrienne et anatolienne. On peut vérifier ces liens sur la base de la présence dans la région égéo-anatolienne d'une série de motifs décoratifs communs (spirale, corne de taureau, disques solaires), de techniques artisanales similaires et d'aspects culturels et linguistiques susceptibles d'y être associés. La Crète est incitée à étendre ses trafics par la recherche continue de matières premières, surtout de métaux. L'**expansion dans les Cyclades** est aussi attestée par les fresques d'Akrotiri, dans l'île de Thíra (l'actuelle Santorin), qui racontent une expédition navale crétoise en terre africaine. Pour la première fois, sont représentés les instruments de la domination maritime crétoise : hormis la flotte, on voit les structures portuaires, témoignages d'un dirigisme du pouvoir royal dans le territoire. Les liens que la Crète établit avec la côte syrienne sont importants ; la cité d'Ougarit accueille un comptoir commercial minoen, alors que Chypre fait fonction d'intermédiaire entre l'Asie et la Crète. De plus, la Crète constitue une étape obligée et un dépôt de marchandises pour les navires sur les longues routes allant de l'Orient à l'Occident.
La suprématie maritime crétoise s'explique donc par la prise en compte du fait que la Crète est l'un des nœuds les plus importants du commerce méditerranéen, libre des contrôles égyptiens et mésopotamiens.

Les années 1450-1400 av. J.-C. marquent un autre tournant significatif dans l'histoire de l'île : la **fin tragique de la période néo-palatiale**. On constate une nouvelle destruction des palais qui n'est plus suivie de leur reconstruction, comme cela s'était passé la première fois. Ce qu'il est advenu exactement est encore aujourd'hui objet de débat, mais l'hypothèse la plus plausible, à côté de celle du raz de marée, est liée à l'**arrivée des Mycéniens**. Ceux-ci, entretenant déjà des rapports commerciaux avec les Minoens, auraient envahi l'île, provoquant la chute de sa florissante civilisation. En tout état de cause, un **pouvoir mycénien** s'établit à Cnossos après cette date.

Un lot de nombreuses tablettes d'argile rédigées en linéaire B (une écriture syllabique différente du linéaire A utilisé en Crète) a été découvert pendant les fouilles du palais de Cnossos, et fournit des informations intéressantes sur cette période. Les tablettes énumèrent des locations de terre, des listes de personnes, d'objets, de tributs, de rations de blé ou d'huile ; elles permettent de

reconstituer le régime social, économique et politique de la domination mycénienne.
Sur les ruines des splendides palais minoens, les Mycéniens ont construit leurs demeures, moins élégantes et fonctionnelles, destinées surtout à des buts militaires. Les influences crétoises sur la civilisation mycénienne sont indubitables, mais tout aussi évidente est la rupture définitive avec l'époque précédente ; on peut la saisir dans la facture différente des céramiques et des bijoux, moins raffinés.

La Crète va ainsi s'helléniser jusqu'à être absorbée par l'histoire grecque. Après la décadence et la **disparition des royaumes mycéniens** (on pense qu'une vague migratoire de nouveaux descendants grecs, les Doriens, est à l'œuvre), apparaissent sur l'île les premiers objets en fer, et partout s'affirme la pratique funéraire de l'incinération. Celle-ci est l'indice d'un changement radical : la Crète se conforme au nouveau mode de vie des arrivants qui, en Grèce aussi, semblent avoir fait disparaître le haut degré de civilisation atteint par les populations originelles.
Commence alors une longue **période de décadence** qui durera jusqu'à la conquête romaine, et au cours de laquelle l'île constitue

une zone marginale dans le vaste monde grec. Avec l'arrivée des **Doriens**, la puissance maritime et économique de la Crète, héritée et développée par les Mycéniens, se délite définitivement, tout comme le pouvoir royal qui l'avait créée. Politiquement, l'île se divise en **cités-États**, suivant aussi en ce domaine le modèle grec. **Gortyne** en constitue le témoignage archéologique le plus important, parce qu'elle conserve un document rédigé en grec et écrit avec l'alphabet grec : il s'agit d'un code de lois qui aligne Gortyne sur le régime juridique dorien des cités du Péloponnèse et constitue une confirmation plus tardive de l'absorption de la Crète dans le système grec.

L'aventure historique des **Mycéniens** se situe entre les XVIe et XIIe siècles av. J.-C. Elle est attestée archéologiquement par les palais et les citadelles fortifiées du Péloponnèse et de l'Argolide, et épigraphiquement par la mise au jour de tablettes en linéaire B à Pylos. Les pièces historiques renvoient à une civilisation de guerriers qui ont choisi des lieux fortifiés et élevés comme sièges de leurs palais, et qui subissent la forte influence de la civilisation crétoise. Le matériel funéraire, la céramique, toutes les expressions culturelles et

A gauche : stèle en linéaire B, Musée archéologique, Héraklion. Le linéaire B, probablement une adaptation du linéaire A, est utilisé pour écrire une forme archaïque du grec. Les Mycéniens, après s'être emparés de la cité de Cnossos, adoptèrent l'écriture crétoise pour leur langue.
Ci-dessous : **Départ pour la chasse,** ***détail d'une stèle en tuf (XVIe siècle av. J.-C.), provenant d'une tombe de la nécropole de Mycènes, Musée archéologique national, Athènes. Cette stèle est considérée comme l'une des premières réalisations de « sculpture monumentale » dans l'art occidental.***
A droite : carte des principales cités-États grecques avec leurs systèmes politiques respectifs.

artistiques, y compris la forme d'écriture, sont impensables sans l'existence du modèle minoen. Le contenu des textes en linéaire B nous renseigne sur l'organisation sociale des Mycéniens et sur leurs relations avec la Crète. Des textes similaires à ceux trouvés à Pylos ont été mis au jour lors des fouilles de Cnossos. Ils mettent en évidence le fait que les Mycéniens, vers le XVe siècle av. J.-C., exercent assurément une certaine forme de domination sur cette dernière cité.

La **structure politique et sociale** apparaît fortement **centralisée**, soumise au pouvoir d'un ***wanax*** (seigneur), secondé par un commandant militaire, le ***lawagetas*** ; il existe en outre une aristocratie de chefs militaires qui possèdent de grandes propriétés terriennes. A la base de la société se trouvent les travailleurs libres et les esclaves. Le centre du système est constitué par le palais, le siège du prince. Cependant, les rapports entre les princes mycéniens et l'**aristocratie militaire** n'ont pas encore été complètement éclaircis. L'aristocratie militaire, comme le montrent les documents, voit ses possessions élargies et jouit d'une position privilégiée. Il pourrait s'agir d'un rapport de dépendance qui, cependant, n'empêche pas une part active de l'aristocratie dans la gestion du pouvoir.
Les centres politiques et économiques grecs

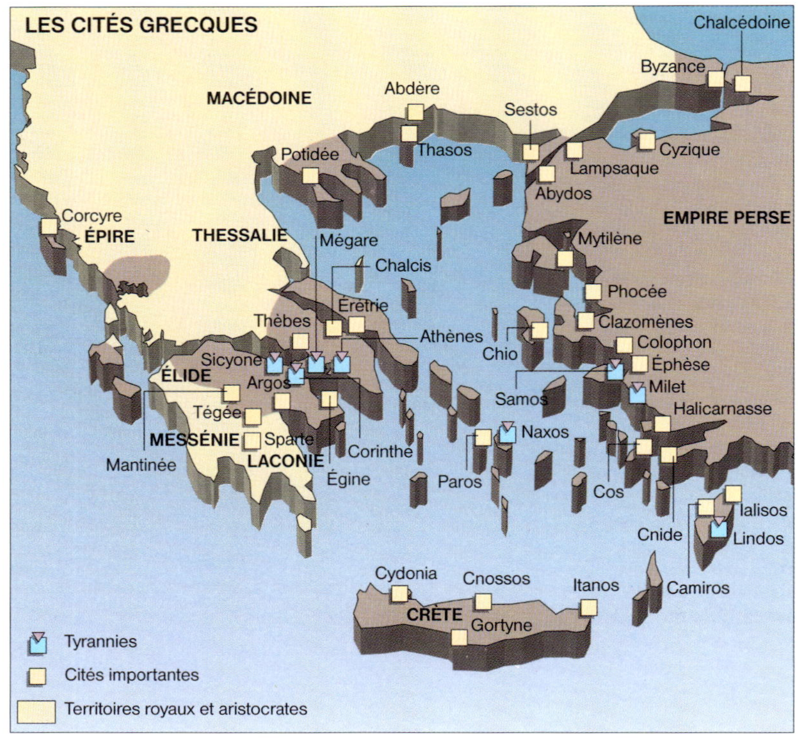

d'époque mycénienne, sortant de leur isolement, créent un vaste réseau de communications avec les autres régions du bassin méditerranéen et se substituent progressivement aux Crétois, leur disputant la domination maritime. Cependant, on ne peut parler d'une véritable hégémonie maritime, mais plutôt d'une expansion commerciale, dont les limites sont marquées par la diffusion de la céramique mycénienne.

La domination sur Cnossos correspond à la période de plus grande expansion des Mycéniens vers les régions du Levant (Syrie, Palestine, Égypte, Chypre, la côte de l'Asie Mineure) et celles de l'Occident méditerranéen (Sicile, îles Éoliennes, Italie, de la mer Ionienne à la mer Tyrrhénienne). Dans un cas, les contacts sont plus fréquents et entraînent l'implantation d'installations commerciales et artisanales. Minet el-Beïda, sur la côte syrienne, et Naucratis, sur le delta du Nil, sont des exemples de colonies commerciales directement installées en terres étrangères : elles développent la fonction d'emporium lié à la patrie. En Occident, en revanche, les sources grecques parlent d'exilés, fugitifs ou vétérans de la guerre de Troie qui s'installent dans des localités éloignées de la mère patrie. Pour résumer, on peut dire qu'une période de mise en ordre et de structuration sociale, politique et économique fait place à une période d'expansion dans la mer Égée, matérialisée par l'installation d'une **principauté mycénienne à Cnossos** et qui coïncide avec une période de **grande expansion commerciale**, plus liée à des exigences économiques que politiques.
La recherche de nouveaux espaces et de terres pour une population en croissance, de métaux (dont le sol grec est dépourvu), de blé pour compenser la production insuffisante du pays constitue les raisons de l'émigration grecque continue et généralisée.
La légendaire **guerre de Troie**, cité de l'Asie Mineure qui contrôle les trafics le long des routes menant à la mer Noire, est probablement aussi un épisode de l'expansion mycénienne, qui dispute à Troie la domination sur la côte d'Asie Mineure.

Vers la fin du XIIIe siècle av. J.-C., on discerne les premiers signes du **déclin mycénien** : des palais tombent en ruine, d'autres sont incendiés et détruits. Des causes naturelles (tremblements de terre) peuvent expliquer la destruction de Tirynthe et peut-être aussi de Pylos et de Mycènes. Mais, pour cette dernière, on ne peut tout à fait écarter l'hypothèse de l'intervention destructrice de peuples d'envahisseurs. La tradition épique et historiographique antique attribue en fait la disparition de la civilisation mycénienne à l'arrivée d'une nouvelle population indo-européenne, les **Doriens**. Tant la venue de cette population que sa responsabilité dans la destruction de la civilisation mycénienne sont aujourd'hui objets de débats entre historiens et archéologues. L'incohérence entre les dates traditionnelles et les témoignages archéologiques semble pouvoir être résolue par la théorie d'un déclin de la civilisation mycénienne en deux temps : une première crise interne est suivie d'une transformation

progressive des conditions de peuplement dans quelques régions grecques (Péloponnèse, Thessalie, Crète). Le changement consiste dans le passage d'une société centralisée à une domination collective du territoire par les tribus d'envahisseurs, moins hiérarchisées. Le travail de la terre est confié aux populations asservies, inaugurant ainsi l'esclavage lié à la terre.
Selon certains historiens, les causes du déclin mycénien seraient liées aux déplacements des Peuples de la Mer qui, entre le XIIIe et le XIIe siècle av. J.-C., ravagent l'Orient. D'après d'autres historiens, au contraire, cela n'est pas possible car, parmi les Peuples de la Mer, il faudrait compter les Mycéniens eux-mêmes.

La période durant laquelle a lieu la pénétration dorique est caractérisée par des transformations importantes. Mais cela ne démontre pas l'existence d'une relation de cause à effet, car les innovations sont avérées dans des zones qui ne sont pas sous l'influence des Doriens, comme l'Attique, alors qu'on note une continuité entre les styles artistiques mycénien, submycénien et grec. La transformation la plus significative touche à l'utilisation des métaux.
En particulier, l'**introduction du fer** modifie l'ordre social, en ce qu'elle confère un rôle différent aux détenteurs et aux artisans du nouveau métal ; de plus, disposant d'un plus grand nombre d'armes en fer, une nouvelle organisation militaire se crée. Cependant, cette situation ne concerne pas seulement les Doriens, mais est répandue dans tout le monde grec ; il est donc difficile de conclure que les Doriens sont les inventeurs d'une nouvelle technologie métallurgique, d'une organisation militaire différente, d'un rite funéraire nouveau et d'expressions artistiques renouvelées.

Ce qu'il est important de noter, c'est l'émergence de ces siècles obscurs qui séparent le monde mycénien à l'époque archaïque de la réalité sociale et institutionnelle de la toute nouvelle ***pólis*** (cité). C'est autour de cette dernière que s'organisera la splendide civilisation grecque classique. Dans la *pólis*, on peut deviner des éléments du passé qui coexistent avec des éléments novateurs : d'une part, le vieux système mycénien et sa culture palatiale, de l'autre, la société et la culture de type tribal. La cité haute (acropole) et la cité basse (*ásty*) sont les emblèmes de cette cohésion. Conséquence de cette nouvelle organisation, un rapport modifié entre la structure politique et territoriale se traduit sous forme d'un plus grand équilibre social.

A gauche : tête en ivoire provenant d'une tombe à chambre* (tholos) *de Mycènes (XIVe-XIIIe siècle av. J.-C.), Musée archéologique national, Athènes.
Ci-dessous : Tirynthe, détail du mur sud-ouest avec la « porte étroite » (XIIIe siècle av. J.-C.). La cité, située en Argolide, est l'un des principaux centres achéens, siège d'un royaume distinct de Mycènes, sa voisine. Les murs puissants ont une hauteur moyenne d'une dizaine de mètres et une épaisseur qui atteint six mètres par endroits. A l'intérieur de la forteresse, on accédait au palais par des propylées monumentaux. La structure était enrichie par des cours, des magasins et diverses pièces, témoignant du grand développement atteint par la cité.
A droite :* Guerrier, *fresque provenant du premier palais de Tirynthe (1350 av. J.-C.), Musée archéologique national, Athènes.

A la fin du IIe millénaire av. J.-C., les différentes crises politiques qui se produisent en Asie Mineure favorisent l'implantation des colonies grecques. A partir des Cyclades, de l'Eubée, de l'Attique, les colons de la dodécapole ionique (Milet, Priène, Samos, Éphèse, Colophon, Lébédos, Myonte, Érythrée, Téos, Clazomènes, Chio, Phocée) se déplacent à la recherche de nouvelles terres et de nouvelles richesses.
Il se crée aussi une hexapole (groupe de six cités) dorienne, qui exprime en substance la volonté dominatrice de Rhodes. Cette migration, nommée **première colonisation**, se réalise dans la tradition des échanges

commerciaux initiée pendant la période mycénienne et permet la formation de *póleis* (cités) dans des modalités analogues à celles de la mère patrie.

L'histoire grecque de la période archaïque, c'est-à-dire entre le VIIIe et le VIIe siècle av. J.-C., se caractérise par quelques événements importants, parmi lesquels la **seconde colonisation** et la présence des **premiers grands législateurs**. L'action de ces derniers s'inscrit dans le cadre de l'histoire individuelle des cités, même si, d'un point de vue général, l'événement peut être associé à la colonisation et à la diffusion de l'écriture dans l'administration publique. La nouvelle vague de colonisation se tourne maintenant vers l'Occident méditerranéen et vise en premier lieu l'Italie méridionale. Le but premier des nouvelles fondations est agricole : en effet, elles ne sont pas seulement des bases commerciales, mais des cités avec, alentour, des terres cultivables. En général, un petit groupe d'émigrants part de la cité originelle et se dirige vers une localité indiquée par l'oracle de Delphes. Arrivés en ce lieu, ils prennent possession du site et fondent un centre urbain, établissant, dans la mesure du possible, de bonnes relations avec les populations indigènes. La colonisation est la réponse au déséquilibre entre les ressources et les besoins à la fin des **siècles obscurs**.

Ci-contre : carte de la Grèce et des côtes de l'Asie Mineure à la période archaïque.
Ci-dessous, à gauche : schéma de la Constitution spartiate vers le VIIIe siècle av. J.-C. A partir du IVe siècle av. J.-C., selon la tendance alors répandue de personnaliser les processus historiques, on fait remonter cette constitution et tout le système social, institutionnel et militaire spartiate à la figure mythique de Lycurgue. Aujourd'hui, on retient de toute façon qu'au moins une partie des mesures peut être attribuée à l'œuvre d'un législateur précis.
Ci-dessous, à droite : sceaux et anneaux en or (XVIe siècle av. J.-C.) avec des scènes de chasse (au-dessus) et de bataille (au-dessous), mis au jour à Mycènes ; Musée archéologique national, Athènes.

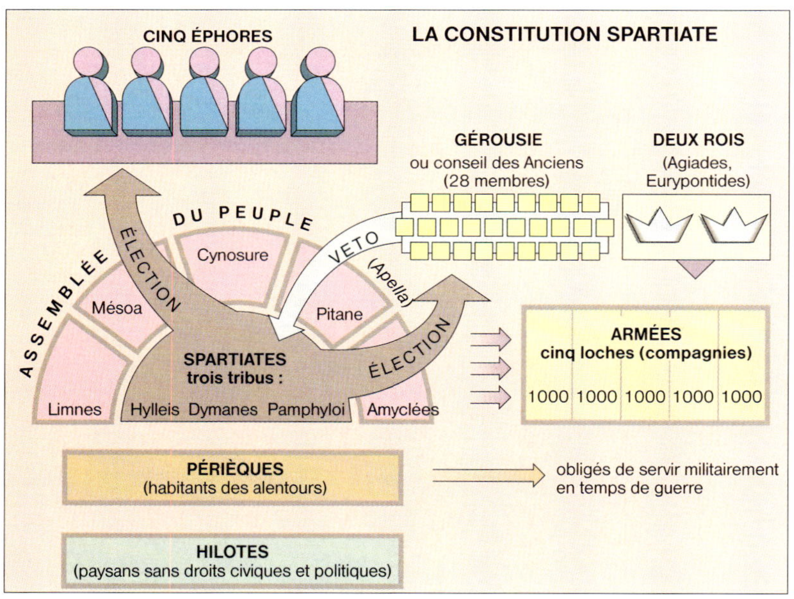

Pendant ce temps, on peut observer de profondes transformations du tissu social dans la *pólis*. L'aristocratie, qui s'est substituée aux rois des cités archaïques, héritiers de la période mycénienne, est en crise. La nécessité de soustraire à l'emprise individuelle les lois qui régissent la vie au sein de la cité impose une **œuvre législative écrite** qui se présente comme l'arbitre des discordes. Le législateur Lycurgue œuvre à Sparte, dont l'organisation politique se maintient longtemps. Après de graves désordres, vers le VIIIe siècle av. J.-C., la cité élabore une constitution sévère qui se pose comme le modèle du bon gouvernement. L'équilibre politique qui caractérise la **Constitution de Sparte** reflète les différentes composantes des institutions doriennes : l'*apella*, l'assemblée des citoyens-soldats, rappelle le rôle de l'armée dans la conquête ; à celle-ci est adjointe la *gérousia*, c'est-à-dire le conseil des Anciens, qui rappelle la subdivision tribale ; pour maintenir l'équilibre s'impose enfin une *diarchia* (gouvernement de deux rois). En tout cas, à la base de la constitution spartiate on trouve la grande *Rhétra*, c'est-à-dire la **loi de Lycurgue**. Dictée par l'oracle de Delphes au même Lycurgue, elle consacre l'organisation en tribus et *obai* (villages) et l'existence de deux assemblées. L'organisation sociale prévoit un nombre fixe de citoyens, les Spartiates, et la présence dans la périphérie des Périèques, qui se consacrent aux activités commerciales et artisanales et sont soumis aux obligations militaires. La rigide organisation militaire instituée s'explique, entre le VIIIe et le VIIe siècle av. J.-C., par une politique d'expansion et de conquête. Sparte ne participe pas à la colonisation, exception faite de Tarente ; elle tente de résoudre ses problèmes d'ordre démographique et économique avec la conquête de la Messénie, dans le Péloponnèse.

Athènes, l'autre *pólis* importante de la Grèce, est le siège d'un palais mycénien sur l'Acropole. Il revient à un roi célèbre, **Thésée**, figure mythologique, de civiliser l'Attique et de la réunifier. A Thésée succèdent sept autres rois, puis une dynastie d'archontes, magistrats à vie. Aux archontes à vie succèdent les archontes désignés pour dix ans, puis pour un an, pivots de la magistrature athénienne. Au-delà du mythe, les faits historiques confirment que l'émergence d'Athènes est postérieure à celle de Sparte.

L'ORIGINE DE LA *PÓLIS* SELON ARISTOTE

Parmi les nombreux textes antiques qui abordent l'origine de la pólis, *le plus intéressant est le premier livre de la* Politique *d'Aristote. Le philosophe expose le problème politique, à savoir celui de la constitution d'une communauté autosuffisante qui permet à ses membres non seulement de vivre, mais encore de vivre bien. La communauté qui possède ces caractéristiques, c'est la* pólis.

« Puisque nous voyons que toute cité (ou État) est une sorte de communauté et que toute communauté est constituée en vue d'un certain bien (car tous les hommes font tout en vue de ce qui leur paraît un certain bien), il est évident que toutes visent un certain bien et que précisément le bien souverain entre tous est la fin de la communauté qui est souveraine entre toutes et inclut toutes les autres : c'est elle qu'on nomme la cité [pólis] *ou communauté politique.* [...]

« C'est donc en regardant les choses évoluer depuis leur origine, qu'on peut, ici comme ailleurs, en avoir la vue la plus juste.

« Tout d'abord, il est nécessaire que s'unissent par couples les êtres qui ne peuvent exister l'un sans l'autre, tels la femelle et le mâle, en vue de la génération (et ce n'est pas là l'effet d'un choix, mais, tout comme chez les animaux en général et les plantes, c'est une loi naturelle que la tendance à laisser après soi un autre pareil à soi-même); tels encore, pour leur conservation, l'être qui par nature commande et l'être qui obéit. L'être qui, grâce à son intelligence, est capable de prévoir est chef par nature, maître par nature; l'être qui, grâce à sa vigueur corporelle, est capable d'exécuter est subordonné, esclave par nature; c'est pourquoi maître et esclave ont même intérêt. [...]

« La communauté constituée selon la nature pour la vie de chaque jour, c'est donc la famille; [...] *la première communauté formée de plusieurs familles pour des besoins qui débordent la vie quotidienne est le village. [...]*

*« La communauté née de plusieurs villages est la cité, parfaite, atteignant désormais, pour ainsi dire, le niveau de l'*autarcie *complète : se formant pour permettre de* vivre, *elle existe pour permettre de* vivre bien. *C'est pourquoi toute cité existe par nature, tout comme les premières communautés : elle est, en effet, leur fin, or la nature d'une chose, c'est sa fin* [...].

« D'après ces considérations, il est évident que la cité est une réalité naturelle et que l'homme est par nature un être destiné à vivre en cité (animal politique)*; celui qui est sans cité est, par nature et non par hasard, un être ou dégradé ou supérieur à l'homme* [...]. *Ainsi la raison est évidente pour laquelle l'homme est un* être civique *plus que tous autres, abeilles ou animaux grégaires* [...]. *Tel est, en effet, le caractère distinctif de l'homme en face de tous les autres animaux : seul il perçoit le bien et le mal, le juste et l'injuste, et les autres valeurs; or c'est la possession commune de ces valeurs qui fait la famille et la cité.*

« Par nature donc, la cité est antérieure à la famille et à chacun de nous [...]*; l'homme qui ne peut pas vivre en communauté ou qui n'en a nul besoin, parce qu'il se suffit à lui-même, ne fait point partie de la cité : dès lors, c'est un monstre ou un dieu.*

« La nature est donc à l'origine de l'élan qui pousse tous les hommes vers une telle communauté; mais le premier qui la constitua fut cause de très grands biens. Si l'homme, en effet, à son point de perfection, est le meilleur des êtres, il est aussi, quand il rompt avec la loi et avec le droit, le pire de tous. [...]

« La vertu de justice est une valeur politique; en effet, la justice est la règle de la communauté politique; or c'est l'exercice de la justice qui détermine ce qui est juste. »

Aristote, Politique, *tome I, livres* I *et* II, *texte établi et traduit par Jean Aubonnet, Les Belles Lettres, Paris, 1960, 1991.*

Après la tentative du tyran Cylon de s'emparer de l'Acropole, vers 621 av. J.-C., intervient l'œuvre du législateur **Dracon**. On lui doit la législation sur les délits de sang destinée à soustraire à la sphère privée la punition des homicides. Ainsi s'établit l'autorité du pouvoir judiciaire.
Le développement ultérieur de la **constitution athénienne** prévoit un collège d'archontes qui se répartissent les tâches afin d'équilibrer le pouvoir. L'équilibre des pouvoirs est le principe recherché dans cette constitution; elle institue une assemblée, l'aréopage, formée des anciens archontes, auxquels sont conférés des fonctions judiciaires et politico-administratives. C'est seulement ensuite qu'apparaîtra la *boulé*, c'est-à-dire le conseil populaire, à vocation autant législative qu'exécutive. L'Athènes archaïque est donc un État à prédominance aristocratique, dépourvu d'un mode de représentation des classes moyennes et inférieures de la société.

A gauche :* Aristote, *copie romaine d'un original grec, peut-être une statue, datant de 334-322 av. J.-C., Musée archéologique national, Palerme. Le grand philosophe (384-322 av. J.-C.) étudie dans sa* Politique *la constitution démocratique de la* pólis. *Ci-dessus : détail de l'urne dite « des guerriers », provenant de Mycènes, Musée archéologique national, Athènes. Les Mycéniens sont un peuple guerrier, les « Achéens » des poèmes homériques, qui occupent la Crète entre les* XVIe *et* XIIIe *siècles av. J.-C., signant ainsi la fin de la civilisation minoenne, tout en subissant son influence culturelle. A droite : la forteresse de la sibylle à Delphes. Les Grecs se tournaient vers la sibylle de Delphes pour obtenir des réponses lors d'une prise de décision importante.

À la fin du IIIe millénaire av. J.-C., la métallurgie du bronze se répand aussi en Europe. La théorie « diffusionniste » suggère une origine orientale à cet important changement culturel, mais on tend de plus en plus à souligner, sur la base de découvertes archéologiques répétées, qu'il pourrait s'agir d'une évolution autonome dans le cadre du néolithique européen. Il semble désormais établi que des centres métallurgiques de grande importance se sont répandus en Occident à partir du IVe millénaire av. J.-C., favorisés, à l'évidence, par la présence de gisements minéraux.
Le **cuivre** est le premier métal à être utilisé du fait de sa ductilité, qui permet de le travailler à froid par martelage. En fondant le cuivre avec l'étain on obtient du **bronze**, qui est beaucoup plus résistant que le cuivre pur et permet de produire des objets (armes et outils agricoles) plus durables.

C'est assurément à la recherche de gisements minéraux non encore exploités que des habitants d'importants centres de la Méditerranée orientale, Crétois en tête, arrivent en Europe. Les trafics commerciaux y favorisent **l'essor de la métallurgie du bronze**, apprise de ces civilisations plus évoluées qui, elles-mêmes, la tenaient des régions proche-orientales. La diffusion du bronze provoque de nombreux changements dans l'organisation du territoire européen, qui se matérialisent par **l'apparition de quelques civilisations** en Europe nord-occidentale et méridionale, Italie comprise.

Parmi les civilisations les plus originales, il faut citer celle dite des **nuraghi** qui s'affirme en **Sardaigne** à partir de 1500 av. J.-C. (environ). Les Sardes, présents dans l'île à l'époque néolithique (civilisation villageoise), semblent avoir été des guerriers pourvus de grandes aptitudes artistiques.
Les nuraghi (sortes de forteresses dont il reste d'importants témoignages) et les bronzes, petites sculptures représentant surtout des hommes en armes, constituent les éléments les plus caractéristiques de cette civilisation qui ne se retire à l'intérieur de l'île qu'aux alentours du VIe siècle av. J.-C., lors de l'arrivée des Carthaginois, qui consacrent l'hégémonie punique sur les côtes de la Sardaigne.
Des peuples constructeurs d'édifices similaires à ceux des Sardes, utilisés comme sépultures ou comme temples, habitent les **îles Baléares**, la **Corse** et **Malte**. À une époque reculée, le phénomène du **mégalithisme** est attesté en ces lieux. Il s'agit de la diffusion des dolmens et menhirs, monuments faits de pierres de grandes proportions alignées selon une orientation qui semble liée à des pratiques magiques et religieuses.
Ces îles représentent la variante méridionale du mégalithisme nordique et occidental.
Les tumulus, les tours, les temples de l'âge du bronze prolongent donc une tradition ancienne qui remonte au néolithique.

À gauche : archer portant une jupe de type oriental, art nuragique, Musée archéologique national, Cagliari.
Ci-contre : la tombe des Géants dans le village nuragique de Serra Orrios, près de Dorgali. La culture des nuraghi se développe en Sardaigne à partir de 1500 av. J.-C.
Ci-dessus, en double page : le **talayot** *de Ses Paisses près d'Artá, dans l'île de Majorque (Baléares).*

Le développement du commerce phénicien et grec, par le biais des **fondations de colonies**, représente un moment très important pour la Méditerranée occidentale. Les premiers sont les **Phéniciens**, suivis par les Mycéniens. Les Phéniciens, experts en navigation et habiles commerçants, **s'imposent dans le bassin méditerranéen** après l'effondrement de la puissance maritime minoenne et s'avancent jusqu'au détroit de Gibraltar, entrant en contact avec la civilisation ibérique. Les **Grecs,** qui se joignent aux Phéniciens pour ensuite se substituer à eux dans le monopole du commerce méditerranéen, jouent aussi un rôle très important, surtout dans la péninsule italienne. Les colonies qu'ils fondent en Sicile, dans les Pouilles et en Campanie exercent une fonction importante de relais entre la civilisation grecque et les populations indigènes de l'arrière-pays qui s'initient à de nouvelles techniques et donnent naissance à une céramique très influencée par des prototypes mycéniens et corinthiens.
La première région à être concernée par ces courants de peuplement et de civilisation est la péninsule Ibérique. Les Phéniciens atteignent facilement la zone méridionale, proche du détroit de Gibraltar. Ils entrent en contact avec **le pays de Tartesse**, dont la capitale se dresse à l'embouchure du

Guadalquivir, au centre d'une zone importante pour ses riches **mines d'argent**. Les sources historiques antiques racontent qu'en échange d'objets de peu de valeur, les Phéniciens réussissent à acquérir de grandes quantités de ce précieux métal. La Bible aussi parle de cette civilisation quand elle cite les navires de **Tarsis** qui font commerce d'argent, de cuivre et de plomb.
Tyr est la cité phénicienne qui colonise l'Espagne méridionale et les Baléares. Avec sa décadence (VIIIe siècle av. J.-C.), les Grecs font leur entrée jusqu'à ce que Carthage, la plus importante des cités phéniciennes, régente la Méditerranée. Les **Ibériques**, qui donnent naissance au royaume de Tartesse, sont de souche afro-méditerranéenne, et développent plus leur culture le long des côtes qu'à l'intérieur de la péninsule. Exposés aux influences civilisatrices des Phéniciens, des Grecs et des Carthaginois, ils réalisent des progrès dans l'agriculture et dans l'artisanat. Dirigés par un régime monarchique, ils construisent sur des hauteurs des cités dotées de murs défensifs de type cyclopéen. A ces centres urbains s'ajoutent Malaga et Gadir (l'actuelle Cadix), bases commerciales phéniciennes, hormis Mainake et Sagonte, colonies grecques.

Vers la fin du IIe millénaire av. J.-C. se produit un autre changement culturel important, avec des variations chronologiques d'une région à l'autre : l'**introduction du fer**. La technique de fusion et de travail du fer est d'origine anatolienne et remonte à la moitié du IIe millénaire av. J.-C. ; cependant, celle-ci se diffuse très vite dans le monde proche-oriental, puis en Europe. Là, l'âge du fer apparaît comme une période d'**importants mouvements de population**, de guerres, de désordres et d'agitation sociale, durant laquelle l'Europe sort de la préhistoire.
Ce changement est généralement attribué à l'arrivée d'une nouvelle vague de peuples indo-européens, parmi lesquels les Doriens, qui pénètrent jusqu'à la péninsule italienne, les Illyriens s'installant en Europe orientale et les Celtes en Europe centrale. Apparaissent aussi les peuples italiques, qui se dirigent vers la péninsule italienne et donnent vie à une nouvelle civilisation, qui s'assimile parfois aux populations indigènes. Le problème de l'invasion indo-européenne fait encore aujourd'hui l'objet de débats. Le doute est à nouveau soulevé de savoir si les progrès de l'âge du fer sont à rattacher à l'arrivée de peuples étrangers ou s'ils constituent le résultat d'une évolution endogène.

Le cas italien peut servir d'exemple. A la fin du IIe millénaire av. J.-C., dans la dernière période de l'âge du bronze, l'**Italie** connaît de **profondes transformations** ; nouvelles idées et nouvelles technologies, associées au rite de la crémation, font leur apparition, peut-être dues à l'influence celte. A partir de cette période vont s'affirmer de nouveaux centres de pouvoir et de culture. Au cours du VIIIe siècle av. J.-C., les différences régionales s'accentuent : la Toscane, du Tibre à l'Arno, est le siège des Étrusques ; dans la région des Apennins, on trouve les Osco-Ombriens ; les Grecs dominent en Italie du Sud et en Sicile. Au nord, on distingue les cultures des Ligures et des Vénètes, plus limitées géographiquement et déjà attestées à des périodes plus anciennes, qui accueillent maintenant les nouveaux apports.
La **civilisation villanovienne** est le signe précurseur du progrès italique au début du Ier millénaire av. J.-C. Elle prend le nom du village de Villanova, près de Bologne, où les fouilles ont mis au jour une agglomération en révélant les phases successives de son développement. Cette civilisation villanovienne est mise en relation avec une civilisation qui s'est largement propagée en Europe : la **culture de Hallstatt**, caractérisée par des villages de cabanes (qui ne sont plus sur pilotis) disposés selon un schéma ordonné et privés de défense. L'enrichissement progressif du matériel funéraire est le signe de l'aisance économique acquise et démontre l'ouverture aux influences extérieures. L'importance de cette civilisation réside dans son ample diffusion dans différentes parties de l'Italie et donc dans sa contribution à la formation d'autres cultures. C'est le cas, par exemple, des **Étrusques**, dont les cités se développent dans des lieux précédemment investis par la civilisation villanovienne. Dans le territoire sillonné par l'**Adige** s'installe un peuple d'origine indo-européenne, les **Vénètes**, qui viennent de l'est à travers la vallée de l'Isonzo et pénètrent dans la plaine padane. Ils s'y installent, provoquant le déplacement des habitants indigènes vers les zones alpines ou vers l'ouest. Ils apportent avec eux l'incinération et le fer, et développent une activité agricole. Ils se répandent ensuite jusqu'à la côte adriatique, caractérisée par une série de lagunes qui, au lieu de stimuler une activité maritime, constitue une barrière défensive. La centaine de tombes découvertes permet d'en reconstituer la civilisation, qui reste indépendante jusqu'à l'arrivée des Romains et maintient son caractère original, enrichie par les rapports établis avec les autres peuples européens et italiques. Un des centres les plus intéressants est celui d'**Este**,

A droite : situle en bronze mise au jour dans la nécropole de la Certosa, près de Bologne (XIIIe-VIIIe siècle av. J.-C.). Des guerriers armés de lances et de boucliers y sont représentés, Musée archéologique, Bologne. Ci-dessous : urne-cabane d'inhumation d'époque villanovienne, provenant de la tombe de Poggio al Bello près de Vetulonia, Musée archéologique national, Florence. Dans la péninsule italienne, la civilisation villanovienne est prédominante au premier âge du fer. Apparue vers les XIIe-Xe siècles av. J.-C., elle se répand largement et contribue à la formation d'autres cultures, dont la plus importante est celle des Étrusques. Ces derniers se sont précisément installés dans des lieux précédemment occupés par la civilisation villanovienne.

une petite cité des environs de Padoue, où ont été mis au jour des témoignages importants sur les anciens Vénètes (**civilisation d'Ateste**). Toute la zone autour de Padoue porte des traces de cette présence et révèle une habileté dans le travail du métal, armes ou figures humaines en bronze.
Le port d'**Adria**, sur la côte adriatique, est fréquenté par des marchands grecs jusqu'au VIIe siècle av. J.-C., et devient ensuite un des plus importants comptoirs étrusques. C'est par cette cité que les influences civilisatrices pénètrent en Vénétie.

La variété des milieux, déjà relevée à propos des événements historiques, exerce une forte influence sur les capacités de développement économique de la Mésopotamie. Cette variété détermine la présence conjointe dans le temps, à partir de la révolution urbaine, de trois systèmes différents : la **cité**, où l'artisanat et les activités liées à l'administration palatine ou religieuse occupent la première place ; la **terre cultivée**, gérée par des noyaux familiaux qui se consacrent à une production primaire ; une **zone de steppes** ou de montagnes, dans laquelle l'élevage prédomine. Ces trois systèmes interagissent de façons diverses en fonction des événements historiques et de la solidité des institutions politiques centrales. En général, là où l'urbanisation apparait particulièrement développée et où l'organisation palatine ou religieuse est stable, les autres types de production, c'est-à-dire agricole et pastorale, sont subordonnés à l'économie de la cité ; ils peuvent être intégrés comme éléments complémentaires à cette dernière qui, le plus souvent, contrôle leur exploitation.

Ci-dessus : bulle portant l'empreinte d'un sceau-cylindre ; originaire de Suse, elle représente le stockage de la récolte dans un grenier surélevé. Ci-dessous : représentation d'un parc assyrien baigné par des eaux provenant d'un aqueduc suspendu sur des arches ; au centre, un sentier conduit à un autel et à un pavillon royal situés sur la colline ; dessin tiré d'un relief assyrien du palais de Ninive (VIIe siècle av. J.-C.). A droite : embarcations phéniciennes transportant du bois le long du fleuve, détail d'un bas-relief du palais de Sargon II à Dour-Sharroukên, l'actuelle Khursabâd (fin du VIIIe siècle av. J.-C.). Musée du Louvre, Paris. Page suivante : le célèbre obélisque noir qui illustre les expéditions de Salmanasar III (858-824 av. J.-C.), British Museum, Londres. Sur les bas-reliefs, apparaissent Jéhu, roi d'Israël, et le roi de Tyr, prosternés dans un acte de soumission au souverain assyrien (sur les deux premiers reliefs), ainsi que les tributs qu'ils ont apportés.

Un contraste apparait à l'évidence entre les différentes parties du monde mésopotamien, c'est-à-dire entre les zones urbanisées qui sont les plus avancées technologiquement, la campagne qu'elles contrôlent et la steppe qui, elle, échappe plus facilement au contrôle et à l'asservissement. Le type d'habitat caractéristique de la campagne est le **village**, peuplé de noyaux familiaux à qui l'on a assigné une portion de terre inaliénable, destinée à être transmise de génération en génération. Tous les habitants du village se consacrent à la même activité, la production de la nourriture ; la spécialisation du travail n'existe pas. L'économie domestique est donc une **économie de subsistance**. Les **produits cultivés** sont d'abord les céréales, comme le froment et l'orge (beaucoup plus répandu, ce dernier est donc moins valorisé que le blé) ; puis les légumes, surtout les légumineuses comme les lentilles, les haricots, les fèves, les pois chiches ; enfin, les arbres fruitiers (pommiers, poiriers) et les oliviers et les vignes. Le **palmier dattier** est une plante caractéristique, notamment de la Mésopotamie méridionale : on utilise ses fruits, mais aussi son bois pour la construction et les aménagements hydrauliques.
Quant à l'**élevage**, il est essentiellement ovin et, en second lieu, bovin. Les ovins ont été parmi les premiers animaux domestiqués. Les bovins sont utilisés, non seulement pour l'alimentation, mais aussi pour le labour et, plus rarement, comme **bêtes de trait**, car on utilise préférentiellement à cet usage des ânes et des onagres, auxquels sont adjoints par la suite des chevaux et des dromadaires.

L'introduction de la **spécialisation des tâches** engendre un progrès important, ainsi que la création d'un autre système de production, lié à la cité. C'est ainsi que la production d'outils et d'instruments est confiée à des artisans et à des fournisseurs de service employés à plein temps. L'avantage n'est pas seulement économique, mais aussi technologique : les spécialistes acquièrent une qualification toujours plus grande dans leur domaine et expérimentent des méthodes et des matériaux nouveaux. Il est évident que les contributions des producteurs agricoles doivent subvenir aux besoins de ces travailleurs. Le système économique ainsi défini diffère du précédent puisqu'il ne s'agit pas d'une économie de subsistance, mais d'une économie dégageant des excédents agricoles destinés aux artisans et aux marchands. De plus, ce système est caractérisé par l'inégalité de ses composantes - contrairement au système villageois, dans lequel tous les membres se consacrent à l'agriculture - et présente une **hiérarchie pyramidale**, où les spécialistes jouissent d'un prestige social plus important. En outre, le stockage des excédents alimentaires nécessite une autorité centrale qui réceptionne, emmagasine et distribue le surplus qui constitue le salaire destiné aux spécialistes. D'où l'introduction de l'écriture comme instrument indispensable à l'**enregistrement et à l'archivage,** et la naissance d'une nouvelle profession prestigieuse, celle de **scribe**.

Le développement économique oppose donc la cité, nœud du nouveau système, au village. La **cité** - plus évoluée, efficace et complexe - utilise le **village** en prenant possession des excédents et de la force de travail nécessaires à son fonctionnement. Les communautés villageoises, considérées séparément, apparaissent comme de simples chaînons dans le système économique spécialisé dirigé par le palais.
Le développement historique d'une telle organisation traduit une extension toujours plus importante de l'influence des centres palatiaux, jusqu'à l'absorption totale de la communauté villageoise. Quand se créent les grands royaumes monarchiques et que les dimensions territoriales de l'État deviennent considérables, le palais central, siège du pouvoir politique installé dans la capitale, se démultiplie en palais provinciaux, sièges des administrations périphériques.
Ainsi, chaque activité est contrôlée par le pouvoir royal, la propriété privée disparait, le souverain et les fonctionnaires nobles sont propriétaires de la terre, alors que les paysans deviennent dépendants du palais ou des métayers.

Le **palais** devient ainsi le centre vers lequel convergent, sont stockés et transformés les produits des activités d'une hiérarchie complexe de subordonnés. Le centre utilise la richesse comme source de son pouvoir social et économique, afin d'assurer son prestige et de financer une série d'actions liées au culte (prêtres, temples), à la bureaucratie (scribes), au commerce (marchands), à la guerre (armée, campagnes militaires). En résumé, le palais tire des revenus de son territoire sous forme de produits agricoles et de main-d'œuvre disponible, en vue de subvenir aux besoins des fonctionnaires et d'entreprendre des travaux (édification de temples et de palais, embellissement de la cité).
Mais, surtout, partout où il le juge nécessaire, le palais fait installer de **grandioses infrastructures hydrauliques**, canalisant et acheminant les eaux fluviales pour irriguer des terres naturellement arides. La régulation des crues du Tigre et de l'Euphrate, irrégulières et violentes, est indispensable, tant pour garantir les récoltes que pour maintenir et étendre les surfaces cultivables.
Naturellement, le palais a d'autres sources de revenus que l'agriculture. L'imposition et la perception de **taxes** sont assurément une rubrique non négligeable au chapitre des rentrées financières, tout comme les **butins de guerre et les tributs** imposés aux peuples vaincus. Mais c'est le **commerce** qui est la source de richesse la plus importante.
L'absence de matières premières essentielles comme le bois et les métaux (surtout le cuivre), et de matériaux de luxe comme les pierres précieuses et l'or, apanage de la cour et reflet de son prestige, donne sans aucun doute l'impulsion principale à la circulation des marchandises : elle incite à augmenter toujours plus le volume des trafics et à ouvrir de nouvelles voies et routes commerciales.
Là aussi, l'organisation et la réglementation dépendent exclusivement du palais. La figure du marchand indépendant n'existe pas, sauf pour la vente au détail. En ce qui concerne le commerce de grande envergure, les coûts et les risques sont tels qu'il faut disposer de ressources financières très importantes. En pratique, on confie à un marchand un capital déterminé, consistant en une somme d'argent (or, argent et autres métaux au poids) ou en biens appartenant au palais et provenant de tributs, de prélèvements fiscaux ou de produits des ateliers artisanaux. Les **marchandises achetées** sont généralement des **matières premières** - métaux, bois précieux (comme le cèdre du Liban), ivoire - et des **produits de luxe** - tissus teints et brodés, vaisselle, bijoux, animaux exotiques -, mais aussi des denrées agricoles et des produits de l'élevage. Ainsi, le marchand est habituellement un intermédiaire qui agit au profit du palais en organisant des caravanes ou des expéditions maritimes et fluviales.
Le commerce d'État constitue aussi un aspect de la diplomatie internationale, prenant alors la forme d'un **échange de dons**. Le réseau étroit d'échanges entre le pharaon d'Égypte et les rois de Babylone, d'Assyrie, de Mitanni, d'Hattousa et de Chypre tient une place privilégiée dans les relations entre les différentes cours, du XVe au XIIIe siècle av. J.-C. Dans ce phénomène se mêlent les aspects économique et politique : le principe qui régit de tels échanges est celui de la réciprocité.
Le souverain qui reçoit le don, au moment d'un mariage, d'une fête, d'une accession au trône, de la signature d'un traité, est moralement tenu de faire de même en dépassant la valeur du don reçu. Le but de l'échange n'est pas le gain, mais le prestige.
Il revient à l'État de procéder à l'ouverture et à l'entretien des **voies de communication** afin de garantir l'existence de ce dense réseau de commerce et d'échanges.

LES VOIES DE COMMUNICATION

Une grande partie des échanges et des trafics commerciaux de l'ère mésopotamienne se fait par voie maritime, à travers la Méditerranée orientale, la mer Rouge et le golfe Persique (contact important avec l'océan Indien).
D'un côté, la Crète est l'avant-poste le plus occidental, nœud de grande importance pour les contacts avec l'Égypte et la côte syrienne, auxquelles on arrive par l'intermédiaire d'une autre île, Chypre, le plus grand fournisseur de cuivre au IIe millénaire av. J.-C.
D'un autre côté, l'extrême limite orientale du réseau commercial est l'Inde. Les voies maritimes sont toujours complétées par un réseau de voies terrestres qui parcourent la zone proche-orientale, reliant la haute et la basse Mésopotamie avec la Syrie, les cités côtières et l'Anatolie jusqu'à la mer Noire.
Jusqu'au XIIIe siècle av. J.-C., les contacts avec l'Égypte ont lieu à travers la zone syro-palestinienne et la mer Rouge, mais à partir de cette date, grâce à la formidable innovation dans le domaine des transports que constitue la domestication du chameau, la péninsule arabique entre dans le réseau des voies caravanières et sa traversée permet d'établir un lien plus direct entre la Mésopotamie et l'Égypte.
Il existe des parcours de nature et d'importance variées : des « voies royales » aux sentiers de guerre. Les premiers sont des itinéraires particulièrement entretenus par l'administration, parce qu'ils représentent les principaux moyens de communication à l'intérieur de l'État, et d'un État à l'autre. Les seconds, à l'inverse, sont des parcours empruntés pendant les campagnes militaires, qui revêtent une indiscutable importance stratégique, tout en ouvrant indirectement la voie à la conquête économique d'un nouveau territoire. Certains d'entre eux finissent par devenir des itinéraires normaux de transit. Enfin, le trafic fluvial n'est pas moins important : le Tigre et l'Euphrate représentent un moyen essentiel de relier l'Assyrie et la Babylonie avec l'Orient et l'Occident. Les bords de l'Euphrate et ses nombreux affluents sont parsemés de cités importantes qui constituent autant d'étapes obligatoires des pistes caravanières qui, de la Mésopotamie, rejoignent la Méditerranée orientale, en Anatolie, dans la zone syro-palestinienne et en Égypte. Mari et Karkemish sont les cités les plus célèbres. De l'Euphrate, par l'intermédiaire de ses affluents, on aboutit au Tigre et, de celui-ci, au golfe Persique. Dans cette zone, le système de canalisation, construit pour la régulation des crues et pour une exploitation rationnelle de l'eau, constitue une autre possibilité de transit pour la circulation des navires marchands.

Il est impossible de dresser un tableau uniforme de la situation économique, des modes de production et des systèmes d'organisation, du fait des différents niveaux de civilisation atteints par les peuplades africaines entre les IIe et Ier millénaires av. J.-C. A la prospérité d'une Égypte fertile et évoluée s'opposent le mode de vie des populations périphériques, nomades et pastorales, qui pratiquent une agriculture plutôt primitive, et plus encore la condition des habitants des régions centro-méridionales du continent, qui sortent à peine de la préhistoire. Le constat vaut aussi entre l'Afrique du Nord, ouverte aux influences méditerranéennes, et les régions subsahariennes.
L'économie égyptienne connaît une évolution comparable à celle de l'économie mésopotamienne ; dans les deux cas, l'essor est lié à la bonne situation des **vallées fluviales** inondées périodiquement par les crues du fleuve. L'Égypte est cependant encore plus fortunée que la Mésopotamie : le Nil a des crues régulières, et l'homme apprend à exploiter la terre grâce aux digues et aux canalisations qui fertilisent des zones arides. L'économie égyptienne est concentrée dans les mains du pharaon, qui assure la bonne marche du pays par l'intermédiaire d'une **bureaucratie abondante et efficace**, présente dans chaque district. La terre appartient au pharaon et tous les paysans travaillent à son service. Au schéma de production basé sur le village, constitué de familles travaillant la terre et envoyant leurs excédents au palais, est substitué celui d'un assujettissement des paysans, tant politique qu'économique.

La centralisation des productions s'accompagne d'une redistribution : c'est le pharaon qui fixe la quantité de denrées alimentaires que les paysans peuvent conserver pour leur subsistance et celle qu'ils doivent envoyer au centre ; c'est toujours le pharaon qui organise le stockage et la conservation des excédents, et qui fixe les quantités à attribuer aux catégories qui ne sont pas directement engagées dans les productions alimentaires. La centralisation concerne aussi le travail : le noyau dirigeant détermine les travaux nécessaires à la communauté, comme le creusement d'un canal ou la construction d'une muraille.
Les dépenses affectées au culte, à la construction des temples ou au maintien du luxe dans lequel vit la cour sont considérées comme indispensables à la communauté.
Le pays tout entier est régi par une organisation unitaire. Aux principaux **fonctionnaires** et **prêtres**, le pharaon fait de généreuses donations en terres et en revenus, que ceux-ci se transmettent de génération en génération. De là essentiellement découle le grand pouvoir acquis par le clergé, qui n'hésite pas à s'opposer au pharaon.

Par la suite, le système économique égyptien conserve pratiquement inchangées ses caractéristiques, mais c'est essentiellement pendant le Nouvel Empire qu'il se consolide et s'étend tout à la fois. Le renforcement interne du pouvoir pharaonique correspond au rétablissement de l'agriculture centralisée, momentanément compromise par les prêtres et les fonctionnaires désirant affirmer leur autorité absolue sur les domaines concédés à l'origine par le pharaon.
A l'augmentation des terres conquises, correspond de plus un **développement commercial exceptionnel**. L'Égypte doit, elle aussi, s'approvisionner en matières premières indispensables, comme les métaux, le bois, l'ivoire et l'or, afin d'alimenter son artisanat et conforter sa richesse. La mer Rouge et la Méditerranée sont le théâtre d'activités commerciales avec des **expéditions navales égyptiennes**, dont la plus remarquable est la campagne dans le fabuleux **pays du Pount**, à l'initiative de la reine Hatshepsout. Il semble que l'Égypte avait déjà établi des relations avec ce pays, qu'on s'accorde aujourd'hui à situer dans la corne de l'Afrique.
De cette région proviennent l'encens, l'ivoire, les peaux de panthère. Après l'expédition d'Hatshepsout, le Pount apparaît dans la liste des peuples vaincus, tout comme la Syrie, la Palestine et les cités côtières qui, en signe de soumission, envoient leur tribut d'étoffes teintes en pourpre, d'ivoires taillés et d'autres articles de luxe, destinés à la cour et aux classes aisées.

Les îles égéennes, la Crète, Chypre (importante pour le cuivre) et les cités phéniciennes entretiennent aussi des relations commerciales avec l'Égypte. Les grandes transactions sont toujours accompagnées d'un **échange de dons** entre les souverains des

A gauche : scène de l'Égypte ancienne, l'inspection du bétail (XVIIIe dynastie).
Ci-dessous, en double page : coffret d'ivoire représentant une scène de chasse du pharaon, trésor de Toutankhamon (1361-1352 av. J.-C.). Musée égyptien, Le Caire.

Ci-dessus : stockage des denrées dans un magasin, bas-relief en calcaire provenant de la tombe d'un haut fonctionnaire égyptien (fin de la XVIIIe dynastie). Musée archéologique, Bologne.
A droite : poignard et fourreau en or et en fer, provenant de la tombe de Toutankhamon. Musée égyptien, Le Caire.

grands royaumes de Mésopotamie et les pharaons égyptiens. Il s'agit d'une forme particulière d'échanges, basée sur le concept de l'obligation réciproque. Dans d'autres cas, l'Égypte passe d'une politique de relations commerciales pacifiques à l'agression coloniale et, finalement, à la **conquête**.
C'est le cas de la **Nubie**, région importante par la présence de ses riches **mines d'or** qui, pendant le Nouvel Empire, ont été exploitées de manière intensive. Les autres produits importés de cette zone comprennent le bois d'ébène, l'encens, l'ivoire, le bétail et les animaux exotiques, ainsi que les pierres dures comme la cornaline, la turquoise, l'améthyste et la malachite.

Avec l'Afrique nord-occidentale voisine, l'Égypte maintient, au contraire, des relations plus conflictuelles car, ne réussissant pas à la soumettre définitivement, elle est souvent contrainte de défendre la région du Delta contre ses attaques ; elle utilise parfois les populations comme main-d'œuvre ou en qualité de soldats mercenaires. Les **Libyens** (ainsi sont-ils nommés dans les documents égyptiens) font partie d'une communauté ethnique plus vaste, constituée de populations arrivées en Afrique à des périodes différentes, descendants des anciens habitants du Sahara avant sa phase de sécheresse, d'une population « éthiopienne » à la peau sombre et d'un peuple à la peau plus claire. Leur économie est liée à la pratique de l'**élevage nomade** : brebis, chèvres, bovins constituent fréquemment le tribut versé aux Égyptiens. Pourtant, les Libyens connaissent aussi l'**agriculture**, pratiquée avec un outillage en bois ou en pierre. Ils cultivent le blé dur et l'orge, en plus des légumes (haricots et pois chiches), des palmiers dattiers et des figuiers. La mise au jour de flèches en bois ou en bronze, témoignages de la connaissance de la technique métallurgique, suggère l'existence d'**échanges commerciaux** avec le sud de la péninsule Ibérique, la Sardaigne, la Sicile, Malte, le sud de l'Italie et, à travers eux, avec la Crète, Chypre et les côtes d'Asie Mineure.

Dans la partie de l'Afrique située au **sud du Sahara**, la pratique agricole est attestée en Éthiopie, dans le bassin du Sénégal et près du delta du Niger.
Les témoignages sur l'origine de l'**agriculture** dans cette région sont rares, tout au plus des preuves indirectes dérivant de l'existence de larges zones d'implantation stable, avec des restes d'habitats fixes et de nécropoles régulièrement utilisées. L'hypothèse selon laquelle l'agriculture a été importée du Sud-Ouest asiatique à travers la vallée du Nil semble abandonnée. En revanche, l'idée que l'Afrique du Nord constitue le centre diffuseur

fait son chemin. Là, apparaissent les principales cultures végétales comme l'igname, le riz, le sorgho, le palmier à huile. Dans quelques cas, l'agriculture est précédée ou accompagnée par l'élevage bovin ou ovin. La métallurgie est totalement absente, car cette partie du continent africain ne connaît pas l'âge du bronze et devra attendre le début de l'ère chrétienne pour la diffusion du fer.

La vallée de l'Indus, tout comme l'Égypte et la Mésopotamie, est le siège d'un développement économique lié à l'agriculture organisée, au commerce diffusé sur une vaste échelle et à un artisanat spécialisé qui inclut la métallurgie. La civilisation de l'Indus peut être considérée dans le cadre du système économique caractéristique des cultures proche-orientales antiques.
Avant la moitié du IIe millénaire av. J.-C., on constate le déclin des cités, et il semble que l'**arrivée des Aryens** (*ārya*) paralyse les activités économiques, suscitant un **retour à l'élevage et au nomadisme**. En réalité, les envahisseurs asiatiques sont des éleveurs et ne pratiquent qu'exceptionnellement une agriculture rudimentaire, qui épuise rapidement la terre et oblige à la recherche constante de sols vierges. Leur richesse principale est donc constituée de **bétail**, même si les propriétaires de troupeaux tendent à se constituer une assise foncière. On élève des ovins et des bovins; les Aryens connaissent aussi le **cheval**, et en cela ils marquent leur affinité avec les populations de l'Iran. Très appréciés, les chevaux permettent une grande rapidité de déplacement et sont utilisés exclusivement à cet effet par les tribus, notamment pour accomplir des razzias.

La partie nord-occidentale de l'Inde, où la civilisation urbaine est alors déclinante, est la première à subir l'invasion de populations indo-européennes. Les fouilles archéologiques révèlent que ces régions, le **Baloutchistan** et la **vallée de l'Indus**, ne régressent pas totalement vers l'élevage, mais continuent à abriter des installations qui atteignent les dimensions de **véritables cités**, sans pour autant posséder l'organisation évoluée des cités antiques de Harappā et de Mohenjo-Dāro. L'économie de ces centres est caractérisée, d'une part, par la décadence urbaine et l'interruption partielle du grand commerce asiatique, de l'autre, par la permanence d'une agriculture bien développée. Les productions agricoles attestées sont le blé et l'orge (céréales d'hiver), ainsi que le riz, le millet et le sorgho (céréales d'été). Il existe donc un **système agricole**, caractéristique des régions de l'Asie méridionale, **basé sur plusieurs récoltes annuelles**. Il s'agit d'un virage important dans l'économie de l'Inde ancienne, qui reste liée au cadre général de l'économie agraire du Proche-Orient jusqu'à la décadence de la civilisation de l'Indus; mais, ensuite, au cours du IIe millénaire av. J.-C., elle développe des systèmes alternatifs pour remédier à la crise, comme l'importation de céréales cultivées dans les régions périphériques et une pratique agricole plus diversifiée et adaptée aux sols semi-arides. De nouvelles terres sont colonisées et cultivées en Inde centrale, dans le Deccan, mais surtout dans la vallée du Gange. Le riz et le millet apparaissent particulièrement bien adaptés à ces régions qui voient se multiplier les nouveaux villages. A l'agriculture est ici adjointe une **industrie modeste** qui continue de produire des objets en pierre à surface lisse, en cuivre, en bronze et en céramique décorée. Déjà, avant l'arrivée des Aryens, l'**élevage du cheval** est attesté dans quelques centres importants par la découverte de figurines équestres en terre cuite.

La période qui suit la fin de la civilisation de l'Indus est un moment clé de l'histoire indienne; quelques éléments de la culture antique survivent, qui sont adoptés par la nouvelle, tout en se combinant à des aspects originaux. La première moitié du Ier millénaire av. J.-C. voit l'exploitation progressive des ressources agricoles de la **vallée du Gange**. Les textes sacrés des *Veda* attribuent ce phénomène à la progression des populations aryennes qui, après avoir attaqué le Pendjab, se déplacent vers l'est à la recherche de nouveaux pâturages. Dans cette zone riche en fleuves, les **Aryens** accomplissent le **passage** d'une **vie semi-nomade** à une vie sédentaire basée sur l'**agriculture**. Les choses ne se passent pas toujours pacifiquement; il se produit des luttes continues pour la recherche de sols meilleurs ou de voies d'accès à l'eau. Le vol de bétail aussi semble être une habitude, comme le démontre le fait que le mot *goshati* (s'emparer du bétail) prenne désormais le sens de « guerre ».

Ainsi, les Aryens sont les premiers à instaurer la culture en zone semi-aride, en l'irriguant avec l'eau des fleuves, et à défricher la jungle là où c'est possible : « Ils rendirent les champs fertiles, en y apportant l'eau des fleuves. La végétation croît dans le désert, les eaux remplissent les cavités » (*Rigveda*, IV, 33). L'incendie est la technique de **défrichement** utilisée par les Aryens. Celle-ci ne garantit pas un résultat durable, car, après un certain temps, le sol se couvre à nouveau de végétation. Des outils adaptés au but recherché apparaissent alors nécessaires, comme les **haches à lame de métal**. Le cuivre et le bronze, déjà connus même s'ils étaient peu employés, ne sont

Ci-dessus : ces figurations équestres en terre cuite (première moitié du IIe millénaire av. J.-C.), mises au jour à Pirak (Baloutchistan), constituent les premiers témoignages de l'apparition du cheval dans le monde indien.
A gauche : grains de riz carbonisés, mis au jour à Pirak. Le riz est l'une des cultures principales de la vallée du Gange au IIe millénaire av. J.-C.
A droite, en double page : reconstitution du village agricole de Navdatoli, dans le Deccan (vers 1700 av. J.-C.). Les potiers jouent un rôle important dans l'activité artisanale, comme le révèle la variété des pièces et de leurs décors.

guère adaptés à la fabrication d'outils résistants ; le fer se révélera très rapidement plus efficace. A cette période, d'abord dans la vallée supérieure du fleuve, puis dans la vallée moyenne, apparaissent de nombreux villages correspondant aux installations de chasseurs-cueilleurs originaires de la région.

Les débuts de l'agriculture sont favorisés par l'introduction de cultures particulièrement adaptées à la région, comme le riz. On constate une intégration progressive de toutes les installations agricoles du Gange, dont la culture est caractérisée par la connaissance du fer, autre élément important du point de vue économique et technologique. Ici aussi, la tradition littéraire associe l'introduction du métal avec l'arrivée des Aryens, alors que l'archéologie tend à expliquer le phénomène comme une évolution autonome de la culture artisanale indigène. L'**usage du fer**, cantonné d'abord aux **armes**, est ensuite étendu à la production d'**outils agricoles** qui permettent de transformer les rives du Gange en un paysage agraire. Le système de la double récolte annuelle se généralise avec, en conséquence, une augmentation de la production qui parvient à satisfaire les besoins d'une population croissante. Un **artisanat** modeste se développe parallèlement, surtout constitué d'objets en céramique, dont nombre sont richement décorés. La contenance des vases semble suggérer plutôt un usage lié au transport des denrées agricoles qu'à un usage domestique. Les **échanges commerciaux**, basés sur cette activité artisanale et sur la transaction de produits de l'agriculture et de l'élevage, permettent l'importation de métaux comme le bronze et le fer. L'or aussi est répandu et utilisé pour de petits objets de luxe. Dans la première moitié du Ier millénaire av. J.-C., se créent ainsi les bases de la renaissance de la civilisation urbaine ; de fait, la fondation de quelques-unes des plus importantes cités historiques de l'Inde remonte directement au VIIIe siècle av. J.-C.

A droite : puits d'absorption de l'eau constitué de morceaux de jarre superposés ou de grands anneaux de terre cuite, issus d'une fouille pratiquée à Hastināpura (Ier millénaire av. J.-C.). La régulation des eaux pendant les périodes de mousson a toujours constitué un problème difficile à résoudre pour les populations du Gange.

Déjà, pendant la première période védique, la sédentarisation et la pratique de l'agriculture introduisent des changements significatifs dans la **structure sociale**. D'abord, les Aryens imposent leur domination aux tribus autochtones de l'Inde, qui vont fournir de nombreux artisans. Cette première stratification sociale s'ajoute à celle des tribus aryennes, où l'on distingue les membres libres et ceux de la noblesse guerrière. La période védique tardive est caractérisée par la création d'un nouvel **ordre hiérarchique** : au sommet de la hiérarchie, on trouve les prêtres et les guerriers nobles ; le second échelon comprend les citoyens libres et les commerçants aryens ; dans le troisième, enfin, on dénombre les esclaves, les manœuvres, les artisans qui appartiennent aux tribus soumises. Chaque village et le territoire alentour appartiennent à un ***gramin*** (propriétaire de village) qui, membre de la caste guerrière, peut le recevoir, soit en concession des petits monarques de l'époque, soit par la force, en imposant une taxe en échange de sa protection. Dans les villages, les artisans, et surtout les charrons, jouent un rôle important car ils construisent les chariots, indispensables moyens de déplacement pour les Aryens. Viennent ensuite les forgerons, les céramistes et les menuisiers. Les **artisans**, dans leur grande majorité, appartiennent à la catégorie inférieure ; mais leur travail les mettant en contact avec l'eau et le feu, ils sont souvent craints. Les sources historiques parlent du récipient que le potier prépare sur le tour, en le qualifiant de démoniaque : cela semble confirmer l'hypothèse selon laquelle la capacité technique des peuples soumis est la cause du système de castes, ultime instrument de domination pour des Aryens qui ne possèdent pas de grandes capacités dans le domaine artisanal. Un traitement différent est réservé aux **commerçants** : on ne les considère pas comme impurs, et leur activité acquiert la même valeur que l'agriculture ou le sacerdoce. En effet, l'époque védique tardive se distingue par un **accroissement important du commerce**. Les commerçants ouvrent de nouvelles voies de communication et sont à l'origine de la découverte de nombreux territoires, dans leur recherche continue du sel, de métaux et de gisements à exploiter.

La diversité du paysage est un facteur très important pour l'étude de l'économie de la région syrienne. On y distingue trois entités économico-géographiques : la première, agricole, est située dans les vallées fluviales ; la deuxième est pastorale, localisée dans les steppes et les montagnes boisées où l'élevage est l'activité prédominante ; la troisième est maritime et commerciale, donc côtière, où se concentrent les établissements urbains. Un contraste se dessine entre l'arrière-pays voué, pour l'essentiel, aux productions primaires et la région côtière, qui vit du commerce.
L'**agriculture** est pratiquée par des groupes sédentaires habitant les villages de la plaine. En revanche, les groupes nomades se consacrent à l'**élevage** dans les zones situées en lisière de celles qui sont cultivées. Pour ces deux groupes, la **proximité de sources d'eau** pour irriguer les champs et abreuver le bétail est essentielle. Bien que la région syrienne bénéficie d'un climat méditerranéen, avec une pluviosité plus importante qu'en Mésopotamie, ce sont les fleuves qui sont pourvoyeurs d'eau en grande quantité.
Les principaux cours d'eau naissent dans la chaîne du Liban, dans les hauts plateaux palestiniens et dans les vallées parallèles orientées nord-sud. Durant leur parcours, les fleuves forment de larges bassins lacustres, comme le lac de Tibériade et la mer Morte, augmentant ainsi les ressources hydrauliques du territoire. La frontière entre les zones plus arides et les zones irriguées n'est pas toujours nettement définie, et, souvent, agriculteurs sédentaires et pasteurs nomades se disputent le même territoire et les mêmes ressources. La vie commune est difficile et dégénère parfois en affrontements autour des sources.
L'**hostilité entre agriculteurs et éleveurs** est évoquée dans le récit de l'affrontement de deux frères, dont la version la plus célèbre se trouve dans la Bible avec Abel, le berger, et Caïn, l'agriculteur. On arrive parfois à un accord basé sur un permis de passage ou de campement provisoire pour les éleveurs.

Les plantes le plus communément cultivées sont les **céréales** (blé et orge) et les **arbres fruitiers** : poiriers, pommiers, figuiers, oliviers, vignes, palmiers. La grande place réservée à l'**horticulture** est une particularité de l'agriculture palestinienne.
Le jardin se distingue du champ de céréales ; on y cultive des légumineuses (pois, haricots, fèves, pois chiches, lentilles) et des légumes, comme les navets, les choux et la salade.
Toujours dans les jardins, et lorsque le climat le permet, on cultive des plantes aromatiques, utilisées dans la fabrication des parfums ou pour la conservation et l'assaisonnement des plats. Une autre activité caractéristique de la mer Morte et des montagnes de Sodome se développe : l'**extraction du sel** utilisé pour conserver les poissons. On cultive aussi les **graines oléagineuses** comme le lin et, surtout, le sésame : il est employé, concurremment à l'olive, pour la fabrication de l'huile. L'huile de sésame trouve aussi sa place en médecine, et c'est un article d'exportation depuis les temps les plus reculés.
L'**élevage** concerne surtout les ovins, les ânes et, dans une moindre mesure, les bovins.
Les brebis et les chèvres produisent de la laine, utilisée pour confectionner des vestes ; elles constituent une valeur d'échange, mais trouvent aussi une place dans l'économie domestique. Les ânes, animaux de somme par excellence, tirent les chariots et transportent les chargements de marchandises le long des grandes voies de communication.

En haut : **La Vache et le Veau** *(IXe siècle av. J.-C.), œuvre d'art phénicienne en ivoire originaire de Arslān Tash (ancienne Hadatou). Musée du Louvre, Paris.*
Ci-dessus : poids en forme de veau, en bronze et en plomb collé (XIVe-XIIIe siècle av. J.-C.), mis au jour à Ougarit.

La situation sur la côte est très différente. Il s'agit d'un territoire étroit, compris entre la chaîne des montagnes du Liban et la Méditerranée, privé de ressources agricoles (par manque de terrains plats adaptés) et de ressources minérales, parsemé de centres urbains comme Ougarit, Byblos, Sidon et Tyr, et qui s'est tourné vers d'autres activités comme le commerce et l'artisanat. L'origine du **développement commercial exceptionnel des cités phéniciennes,** à partir de la fin du IIe millénaire av. J.-C., se situe dans l'importance fondamentale que l'ensemble de la côte syro-palestinienne revêt sur le plan économique, comme point de rencontre des pistes caravanières de l'arrière-pays asiatique et des routes commerciales de la Méditerranée. Au cours du IIe millénaire, les cités septentrionales de **Minet el-Beïda** et d'**Ougarit** jouent un rôle prédominant. Objet d'un différend entre l'Égypte et l'Empire hittite, elles réussissent cependant à conserver

leur neutralité politique, garantie nécessaire à la liberté des échanges commerciaux. Minet el-Beïda et Ougarit servent d'*epineia* (ports) : elles sont essentiellement des points d'accès à la côte pour les régions intérieures.
Les marchandises, venant de l'arrière-pays syrien et mésopotamien, affluent dans ces cités afin d'être échangées contre du cuivre de Chypre et d'autres produits originaires de l'Égée. Dans cette organisation, un rôle identique, sinon plus important, est dévolu à la Crète, étape inévitable au cours des longs voyages entre l'Orient et l'Occident.
Les cités phéniciennes situées dans la partie méridionale de la côte sont les héritières de ces grands centres commerciaux. Profitant de la décadence imprévue de la civilisation mycénienne, qui avait monopolisé les trafics commerciaux de la moitié du IIe millénaire jusque vers 1200 av. J.-C., c'est d'abord **Sidon,** puis **Tyr** et peu à peu d'autres cités qui entreprennent une activité commerciale dans le bassin oriental de la Méditerranée, assurant la liaison entre l'Égypte, l'Anatolie, Chypre et la côte palestinienne. A l'exportation de produits raffinés de leur artisanat (coupes de bronze et d'argent, ustensiles en bois de cèdre

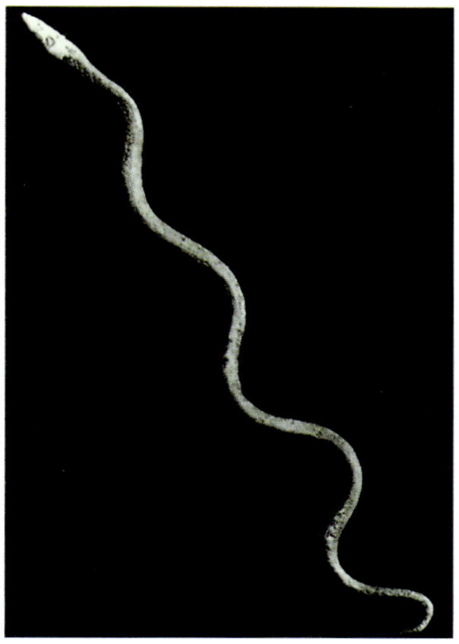

avec incrustations d'ivoire, récipients en pâte de verre, étoffes teintes en pourpre) correspond l'importation de matières premières : cuivre de Chypre, étain d'Anatolie, lin d'Égypte. Les Phéniciens deviennent ensuite des **intermédiaires commerciaux** pour les produits originaires d'autres régions. Au temps du roi Salomon, les rapports entre la cité de Tyr et le royaume d'Israël sont particulièrement étroits, alors qu'est entreprise la construction du Grand Temple de Jérusalem. A cette occasion, les Phéniciens envoient non seulement des matières précieuses, comme le bois de cèdre et le sapin, mais aussi des ouvriers spécialisés.

Au début du Ier millénaire av. J.-C., les cités phéniciennes élargissent leur horizon vers la Méditerranée occidentale. On suppose que le **territoire de Tarsis**, l'une de leurs destinations les plus importantes, est le royaume de Tartesse qui s'est développé dans le sud de la péninsule Ibérique.
L'extension et l'ouverture de nouvelles routes en Occident concernent aussi l'Afrique du Nord, la Sicile, la Sardaigne, les Baléares. Dans ces territoires, les Phéniciens **fondent des colonies** où ils introduisent aussi des éléments de population. Carthagène, Sulcis et Tharros (Sardaigne), Mozia (Sicile), Cadix, Huelva et Sexi (Espagne) en sont les plus célèbres. L'expansion est provoquée par la constante nécessité de découvrir de nouvelles sources de matières premières comme l'argent, le fer et l'or. Ces métaux alimentent le commerce avec les marchés orientaux ou entrent dans la fabrication d'objets toujours plus précieux. Parmi les produits de l'**artisanat phénicien**, les plus renommés sont les objets d'ivoire (pyxides, amulettes), mais surtout les marqueteries de mobilier en bois. On relève aussi les pierres dures incisées, comme le lapis-lazuli et la cornaline, les étoffes teintes en pourpre, les bijoux et la verrerie.
On ajoutera enfin la **pêche**, activité caractéristique des zones côtières. Son importance est si grande qu'elle justifie, dans quelques colonies phéniciennes, la frappe de monnaies représentant un poisson. Les objets hittites constituent aussi des produits d'échanges. Les témoignages archéologiques révèlent que, parmi les marchandises transportées dans de grandes amphores sur les navires phéniciens, on compte le poisson conservé dans du vin, et une sauce très appréciée à base de poisson et de vinaigre.

En haut : mince serpent en cuivre à tête dorée, mis au jour dans le Néguev, à Timna, site probable de quelques mines du roi Salomon (961-925 av. J.-C.). A gauche, en double page : peinture murale de la tombe de Rekhmaré à Thèbes (XVIIIe dynastie) qui représente les tributs des pays étrangers (sur ce détail, l'Assyrie et la Syrie) au pharaon égyptien.
Ci-dessus : **Lionne terrassant un personnage dit «éthyopien»** ***(VIIIe siècle av. J.-C.), chef-d'œuvre de l'artisanat assyrien en ivoire, or, lapis-lazuli et cornaline, découvert à Nimroud. British Museum, Londres.***

C'est la position géographique de l'île, située entre l'Égypte, la Grèce continentale et l'Asie, qui est à l'origine de la constitution du système économique crétois : c'est un **point de rencontre des routes commerciales les plus importantes** entre les civilisations plus avancées de l'Orient ancien et celles de l'Occident. La Crète se trouve au centre de cette trame serrée de contacts et, point de passage obligé, profite de la situation en exerçant le rôle de dépôt de marchandises et de garant du commerce maritime.
Elle atteint progressivement cette position, en passant d'une société rurale (dont les ressources proviennent d'activités primaires comme l'agriculture, la chasse et la pêche) à une société urbaine dans laquelle l'artisanat, l'industrie et le commerce sont plus rentables, produisent des richesses plus importantes et voient s'accomplir des progrès sur les plans technologique et scientifique. Cependant, l'évolution économique de la Crète s'insère dans le cadre plus vaste de la formation et du développement de la société urbaine de l'Orient ancien, dont la Crète représente l'avant-poste le plus occidental. A partir de la Crète, les apports de civilisation atteignent la zone de la Méditerranée occidentale, la Grèce et l'Europe.
Trois éléments sont à l'origine de cette mutation de la Crète : la création d'un pouvoir politique centralisé, l'**accumulation d'excédents agricoles** et la diffusion de l'usage du bronze. Quand l'agriculture (olives, vignes et blé) et l'exploitation des ressources naturelles comme le bois, le cuivre et les coquilles de murex (pour teindre les tissus) dégagent des excédents, ceux-ci peuvent être exportés. La Crète se tourne vers la mer et, peu à peu, s'insère dans les trafics commerciaux déjà exploités par les puissances égyptienne et mésopotamienne, développant parallèlement une grande habileté dans la construction navale.

Ci-dessus : table à offrandes en pierre dans le palais de Malia ; elle présente trente-quatre petites cavités où étaient déposées les prémices des récoltes sous forme de semences.
A gauche : silos à grains situés dans le palais de Malia.
A droite : détail du vase dit « des moissonneurs » (1550-1500 av. J.-C.), rhyton en stéatite portant un décor en relief, originaire d'Hagia Triada. Musée archéologique, Héraklion. A l'époque minoenne, les paysans aussi travaillent pour le palais, de qui ils reçoivent la terre qu'ils cultivent. Ils paient cette dernière sous la forme de loyer réglé en nature, conservant une partie de la récolte pour leurs besoins personnels.

L'existence d'excédents est à l'origine d'un processus économique. Ne produisant pas leur nourriture, les forgerons, les potiers, les charpentiers, les marins ou les orfèvres doivent en effet être entretenus par ces excédents. La **division du travail** nécessite une organisation sociale et politique différente de celle du village. Des centres urbains et des palais apparaissent, seules structures capables de soutenir l'industrie naissante, en garantissant aussi bien la fourniture de matières premières que l'obtention de marchés où sont vendus les produits finis. La matière première la plus demandée est assurément le métal, non seulement le métal précieux, comme l'or ou l'argent, mais aussi et surtout le cuivre et l'étain (tous deux nécessaires à la production du bronze). Ce besoin d'approvisionnement en matières premières engage la Crète dans la voie commerciale, même si d'autres matériaux et produits sont **importés** comme le marbre, l'ivoire, la pierre de lave, les bijoux égyptiens raffinés, les sceaux mésopotamiens. En échange, l'île **exporte** des produits appréciés (huile et vin) issus de son **agriculture spécialisée**, ceux de l'élevage ovin et de l'apiculture. Tout produit peut devenir un objet de transaction commerciale, dans un système primaire d'échanges où les marchandises elles-mêmes constituent la contrepartie nécessaire pour en acquérir d'autres.

En Crète, seul le **pouvoir politique** régente les capitaux en abondance et les sources d'approvisionnement. L'huile, le vin, le blé, le bois, la laine et le bétail arrivent au palais sous forme d'offrandes au roi-prêtre, ou comme paiement des terres et des troupeaux loués aux sujets ; les marchandises sont entreposées dans de grands magasins et sont minutieusement enregistrées dans les archives par les **scribes,** une profession qui se développe. Les biens, une fois entreposés, sont redistribués : une partie est destinée à la cour ; une autre (les matières premières) aux artisans qui travaillent dans les ateliers du palais ; une dernière, aux marchands qui les reçoivent sous forme de prêts à intérêt pour l'exportation. Le solde est vendu au détail sur le marché de la cité. Chaque activité économique transite par le palais.
Le **système économique centralisé** a aussi des conséquences dans l'organisation du travail. Il en résulte d'abord une **spécialisation**, avec la division des tâches entre les producteurs de nourriture, d'une part, et les artisans et marchands, d'autre part. Le travail indépendant se réduit considérablement au profit du travail subordonné, qui emploie tant des hommes libres que des esclaves. Tous travaillent dans la dépendance de l'État ou d'un petit nombre de propriétaires privés. En pratique, le palais possède la majeure partie des terres cultivables et les loue aux **paysans**, qui paient leur loyer en nature, versant une partie de la récolte et gardant le reste pour leurs besoins personnels ; de la même façon, les **éleveurs** s'occupent des troupeaux du souverain en versant un tribut en nature.
Les **artisans** et les **marchands** travaillent dans les dépendances du palais et les **esclaves** sont employés dans divers secteurs de production. La figure du souverain apparaît indispensable pour le fonctionnement de ce système économique complexe. En réalité, il est l'administrateur, le contrôleur, l'arbitre, le surintendant de l'agriculture et de l'économie, celui qui assure le bien-être de ses sujets.

Le schéma dessiné jusqu'ici est basé sur deux sphères d'activité distinctes : d'une part, la production primaire et, de l'autre, l'activité artisanale et commerciale. Il en résulte, à l'évidence, que le schéma est déséquilibré en faveur de la seconde sphère, qui reçoit en Crète une impulsion particulière et devient essentielle dans la prospérité de l'île. Mais les productions primaires conservent leur importance, même si elles sont conditionnées par les exigences commerciales. L'**agriculture** privilégie les produits qui peuvent être utilisés pour l'échange ou satisfaire les besoins de la cour. C'est ainsi que se développent les spécialisations de la culture de l'olive, de la vigne, de l'horticulture et de l'apiculture. Parmi les activités primaires, on trouve la **chasse** qui, d'activité de subsistance, est devenue, petit à petit, une **pratique ludique** exercée par les princes. Il s'agit d'un usage déjà introduit dans les cours orientales, comme en témoignent les nombreuses reproductions qui montrent le roi occupé à la capture de bêtes féroces.
La **pêche** constitue une ressource alimentaire pour les insulaires les plus modestes, alors que les produits de la mer apparaissent rarement sur la table des nobles de la riche et industrieuse Crète minoenne.
Enfin, l'économie crétoise est caractérisée par un secteur particulier : l'**apiculture**. Le miel est considéré comme un produit d'échange, tout comme l'huile, le vin et les objets de luxe.

En ce qui concerne le commerce, secteur moteur de l'économie minoenne, il s'agit en particulier **de négoce avec les pays étrangers**, comme l'Égypte, la Mésopotamie, la Syrie et l'Espagne à l'ouest. Les fouilles archéologiques entreprises dans l'île ont mis au jour des vases en pierre, des bijoux et des scarabées égyptiens, des sceaux mésopotamiens, de l'argenterie espagnole en grande quantité. La présence de ces objets raffinés appelle plusieurs explications : produits de luxe acquis à l'étranger et destinés à un petit groupe d'acquéreurs, comme le souverain et la cour, dons échangés avec des souverains d'autres puissances, ou encore tributs imposés aux peuples soumis. D'autre part, en Méditerranée occidentale, en Égypte, en Syrie et en Mésopotamie, les temples, les tombes et les palais ont révélé la présence de céramique minoenne. C'est précisément la diffusion de la céramique minoenne qui définit l'étendue du trafic minoen, incluant les îles de l'Égée, la Grèce, Chypre, les côtes de la Syrie et de l'Égypte et, plus loin encore, la péninsule Ibérique. Le commerce extérieur est surtout basé sur l'achat et la vente de produits de luxe, ainsi que d'un petit nombre de biens de première nécessité ; mais il ne s'agit probablement là que d'un **commerce** secondaire comparé à celui, beaucoup plus important, des **métaux principaux**, comme le cuivre, le plomb, l'étain, l'or et l'argent. Parmi les nombreux marchés auprès desquels la Crète s'approvisionne, les cités de la côte syrienne acquièrent une importance particulière, elles qui constituent le point d'aboutissement des grandes routes caravanières du continent asiatique. Ce sont ces voies qui relient, par exemple, les gisements miniers du haut plateau anatolien aux côtes de la Méditerranée. Dans ces ports, la Crète se procure le métal pour son propre ravitaillement et pour la revente à d'autres pays. La recherche de métaux pousse la Crète vers des territoires moins avancés, mais bénéficiant de ressources intactes, comme en Occident (surtout l'Espagne, qui fournit l'argent). L'amélioration des communications maritimes, avec la construction de **navires de transport** toujours plus grands et plus solides, constitue une incitation supplémentaire au développement des trafics. Ces navires, qui sont à distinguer des navires de guerre, confirment l'importance du volume des affaires, qui nécessite l'emploi de moyens de transport spécifiques.
La prospérité économique de la Crète est ébranlée par l'**arrivée des Mycéniens**, qui eurent d'abord des relations commerciales avec les Minoens avant de s'établir en Crète en tant que puissance dominante. Les grands centres de l'époque minoenne déclinent, les palais de Phaistos et de Malia sont détruits (probablement par un tremblement de terre) ; seule Cnossos survit et conserve son importance économique, même si elle est désormais placée sous la domination des nouveaux arrivants, les Grecs.

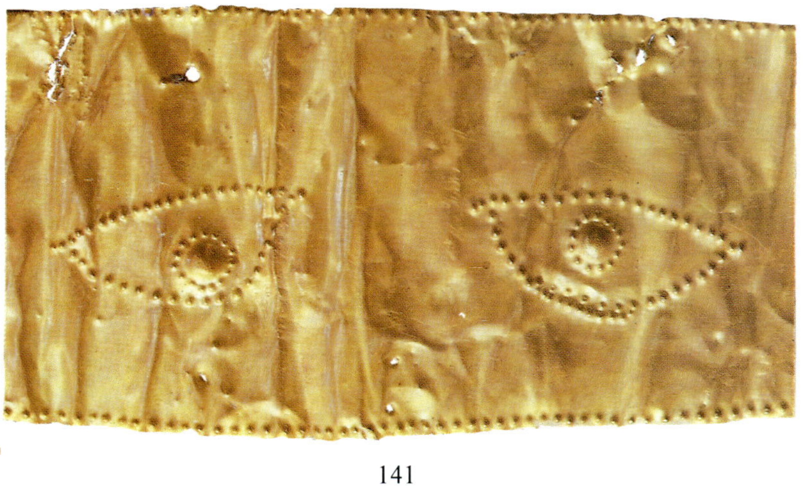

En haut : coupe provenant de l'établissement minoen de Palaikastro (vers 1500 av. J.-C.) en Crète. Musée archéologique, Héraklion.
Ci-dessous : petit masque en or de la période prépalatiale, trouvé à Mochlos. Musée archéologique, Héraklion. L'or, ainsi que les autres métaux précieux sont importés en Crète depuis les cités de la côte syrienne, auxquelles aboutissent les grandes voies caravanières du continent asiatique.
A droite : une des jarres du magasin sacré du palais de Cnossos où sont déposées les provisions destinées aux prêtres.

D'importants documents rédigés en linéaire B et mis au jour dans le palais de Cnossos, en Crète, et surtout dans celui de Pylos, au sud-ouest du Péloponnèse, fournissent des informations intéressantes sur le monde mycénien. Les tablettes (plus de mille parmi les documents retrouvés à Pylos), restées intactes au long des événements qui mirent un terme aux palais et à leur civilisation, peuvent être classées selon la nature des actes administratifs consignés : listes de fonctionnaires, d'artisans et d'esclaves, enregistrements d'offrandes votives, de locations de terres, de rations de grains et d'huile distribuées à des individus, et listes de matériaux (textiles, métaux) que le palais devait répartir afin qu'ils lui reviennent sous forme de produits finis. Ces documents esquissent une **économie à prédominance agricole**, fortement centralisée, soumise au pouvoir d'un souverain, propriétaire de fait de toutes les richesses produites. Les paysans, les éleveurs, les artisans travaillent tous sur ordres, dans le palais ou dans des villages disséminés dans le royaume. Les principaux produits consignés sur les tablettes sont des produits agricoles, comme le blé, l'huile et le vin. On trouve aussi des listes de produits dérivés de l'élevage (contrôlé plus strictement par le pouvoir central), comme la laine et, dans une moindre mesure, le lin.
L'**artisanat** a une grande importance sociale et ses membres jouissent d'une grande considération, puisque leurs productions sont destinées presque exclusivement au palais et au commerce extérieur. Dans ce secteur, parmi les activités les plus développées, la production de tissus occupe la première place, comme le confirment les documents mis au jour à Pylos. La **métallurgie du bronze**, qui jouit aussi d'une position privilégiée, se consacre surtout à la fabrication des **armes**, indispensables pour les belliqueux royaumes mycéniens. Ce système économique présente de fortes ressemblances avec celui qui s'est élaboré dans les grands empires du Proche et du Moyen-Orient asiatique. Il est donc possible d'envisager l'hypothèse selon laquelle les Mycéniens prirent leur essor à partir de ce modèle, par l'intermédiaire de la Crète.

L'économie mycénienne possède une autre spécificité : le **commerce**, stimulé par la nécessité de s'approvisionner en matières premières, dont la Grèce est peu pourvue. De nombreuses céramiques témoignent des échanges commerciaux et de leur extension à l'ensemble du Bassin méditerranéen. De la **vaisselle mycénienne** a été retrouvée sur les côtes de l'Asie Mineure, à Chypre et Rhodes, en Syrie et en Égypte, en Italie méridionale et sur les côtes de la péninsule Ibérique.
La monnaie n'existe pas encore, mais quelques denrées, plus estimées que d'autres pour leur valeur intrinsèque et leur rareté, sont considérées comme des valeurs d'échange pour l'acquisition d'autres marchandises. Les Grecs ont besoin d'ivoire et de métaux (cuivre, étain, or), mais aussi de blé, puisque la production ne suffit pas aux besoins de la population. Le territoire grec est très compartimenté par des reliefs montagneux et de nombreuses vallées : l'**exiguïté des terres cultivables,** ajoutée au manque d'eau, ne permet qu'une agriculture

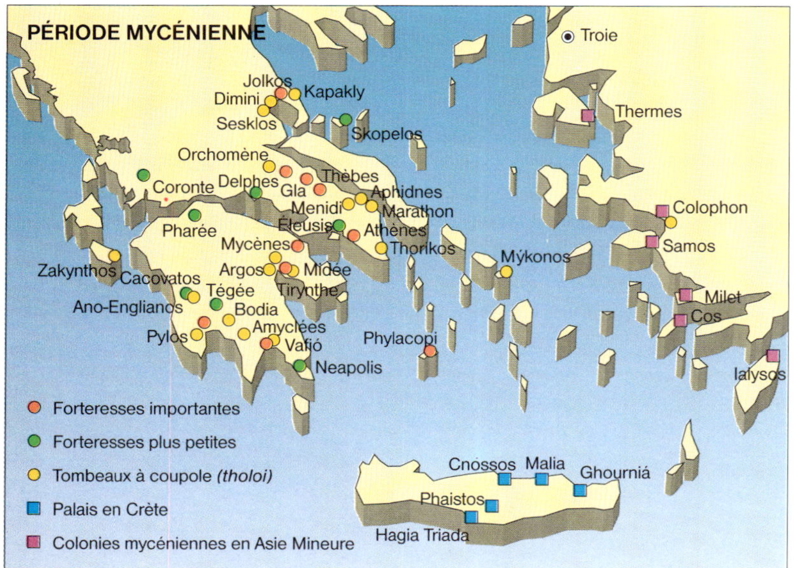

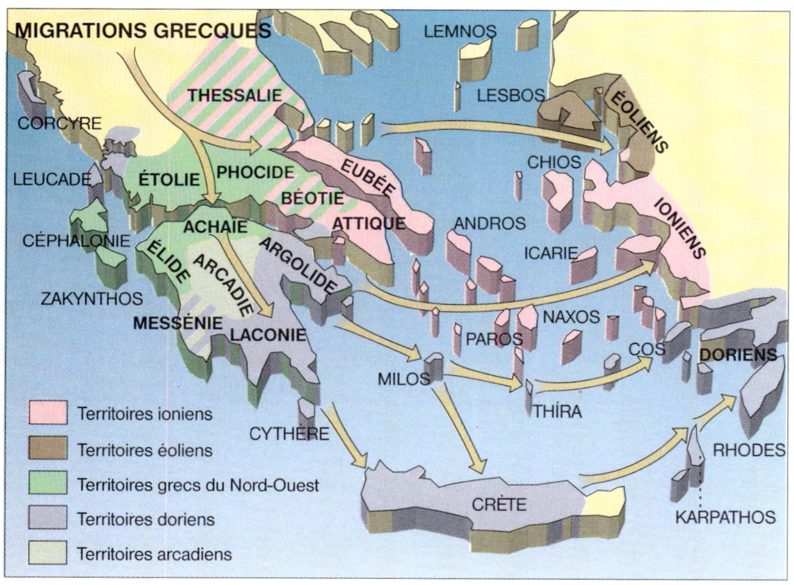

A gauche : cartes des principaux établissements de la période mycénienne et de la migration grecque. Ci-contre : pyxide d'ivoire provenant du matériel funéraire d'une tombe creusée dans la roche de l'aréopage d'Athènes (1400 av. J.-C.). Musée de l'Agora, Athènes. Ci-dessous : amphore à trois anses à décor de palmettes, trouvée à Deiras près d'Argos (XVe-XIVe siècle av. J.-C.). Musée archéologique national, Athènes.

limitée à quelques végétaux, comme l'olivier et la vigne. L'incitation à se tourner vers la mer pour y entreprendre de longs voyages en est une conséquence. Le développement commercial mycénien est dû non à une volonté expansionniste, comme dans le cas de la Crète, mais à la nécessité de trouver de nouvelles sources d'approvisionnement en matières premières. Les Mycéniens se tournent vers l'est et vers l'ouest, mais pour des raisons différentes. Dans le premier cas, ils entrent en contact avec des peuples plus avancés, qui leur apprennent des techniques nouvelles; dans le second, en revanche, ils se tournent vers des lieux moins fréquentés par le commerce international et donc plus riches en matières premières. De plus, comme les Crétois et les Phéniciens, les Mycéniens assurent une fonction de simples agents de transport et d'échange des marchandises entre différentes régions.

Avec la chute de la civilisation mycénienne et le début des âges obscurs, une **période d'autarcie** s'ouvre pour l'économie grecque et dure approximativement de 1100 à 800 av. J.-C. Le commerce décline avant de disparaître et on revient à un système de production à prédominance agricole et pastorale. Cependant, c'est à cette période que remonte l'**apparition du fer**, dont la métallurgie, d'abord consacrée à la production d'armes, provoque des changements économiques, mais aussi politiques et sociaux. Pour acquérir ce nouveau métal, il faut relancer les rapports commerciaux, en particulier avec les pays riches en gisements de fer (Anatolie orientale, arrière-pays syro-anatolien).

La reprise commerciale s'accompagne d'un phénomène caractéristique de la période archaïque : la **fondation de colonies** en terres étrangères et une **émigration** vers les nouveaux établissements. La première direction empruntée est l'Orient, vers les côtes d'Asie Mineure. Ici, comme auparavant, le haut niveau de civilisation des populations indigènes stimule l'importation d'objets et de matières premières (métaux et ivoire).
La Crète, Rhodes et Chypre sont les escales sur les routes de l'est; **Minet el-Beïda**, centre important de la côte syrienne, devient un emporium grec où convergent tous les produits égyptiens, mésopotamiens, ourartéens, phéniciens. Puis, **Naucratis**, dans le delta du Nil, devient une base commerciale grecque vouée aux produits égyptiens.
L'expansion continue vers la mer Noire, tant pour l'accès aux gisements métallifères de la région que pour l'approvisionnement en bois. Le **bassin occidental de la Méditerranée** est une riche source de métaux : l'argent de Tartesse, région minière du sud de l'Espagne; l'étain qui, des îles Cassitérides (Grande-Bretagne), atteint par voie terrestre les côtes méditerranéennes de la France; le fer de l'île d'Elbe, transférant par les colonies et les emporiums établis le long des côtes. Les Grecs entreprennent aussi de **commercer avec l'arrière-pays** de ces régions, et font découvrir de nouvelles techniques et connaissances à des civilisations moins évoluées.

Ci-dessus : détail d'un splendide poignard de parade en bronze avec des incrustations en or et en argent (XVIe siècle av. J.-C.) trouvé dans les tombes royales de l'acropole de Mycènes. Sur la lame, à décor niellé et damasquiné, sont représentés des archers et des hoplites engagés dans une chasse au lion. Musée archéologique national, Athènes.
A gauche : **Pêcheur,** ***fresque (1500 av. J.-C.), Akrotiri, dans l'île de Thíra (l'actuelle Santorin). Musée archéologique national, Athènes. Située dans la partie méridionale des Cyclades, et déjà habitée à la période minoenne, Thíra est occupée, à partir du Ier millénaire av. J.-C., par des populations doriennes du Péloponnèse.***
A droite : figure de femme faisant la cuisine, artisanat mycénien. Musée archéologique, Strasbourg.

Développement de l'agriculture, augmentation démographique, essor de la métallurgie et du commerce constituent les caractéristiques principales de l'Occident méditerranéen pendant l'âge du bronze. L'**agriculture** représente l'activité principale, la base du système villageois autosuffisant ; on cultive du blé et des légumes et on élève du bétail (bœufs, brebis, cochons). Chaque communauté se suffit à elle-même ; elle produit sa nourriture et fabrique l'équipement nécessaire avec les matériaux disponibles localement. Ainsi, le paysan n'est pas poussé à produire plus que nécessaire pour sa consommation et celle de sa famille. Cependant, il est vraisemblable que l'autarcie des villages ne soit que rarement effective. En complément de cette économie, il existe une forme primaire de commerce, le troc, qui

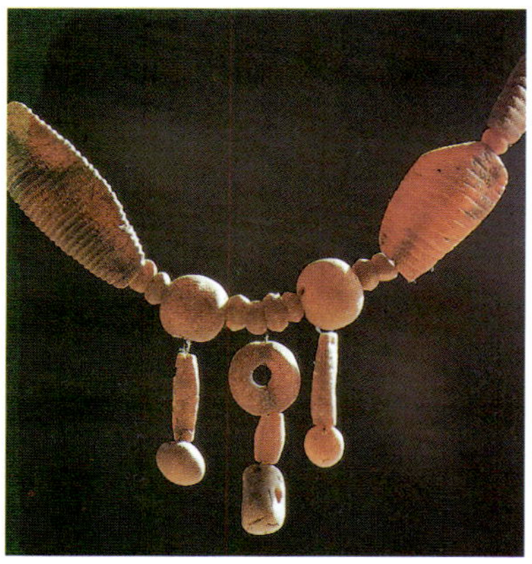

implique nécessairement de se procurer la matière première. Un commerce toujours plus complexe se développe, dans lequel le cuivre, l'étain et l'or sont payés avec les produits artisanaux (surtout les articles de prix, comme les bijoux et les armes), ou avec les denrées alimentaires et les têtes de bétail.

La naissance et le développement de la métallurgie en Europe sont favorisés par les importants **gisements miniers**, dus à la variété géologique et à la présence de massifs montagneux anciens. On recherche le **cuivre**, puis les autres métaux en France méridionale, en Europe centrale, dans la péninsule Ibérique et en Grande-Bretagne. Extrait dans les mêmes régions, l'**or** est à l'origine d'une spécialisation de la métallurgie : l'orfèvrerie. En revanche, l'étain est beaucoup plus rare, ses plus riches gisements se situant en Bretagne et en Cornouailles.
L'obligation pour les artisans de se procurer d'abord la matière première favorise l'expansion du négoce. Le **réseau commercial** concerne généralement les produits de luxe et est pratiqué de façon irrégulière. L'**apparition du métal** produit un changement important dans l'économie villageoise. La métallurgie permet, surtout, d'accumuler des richesses matérielles. D'abord le cuivre, puis l'or, le bronze, et enfin le fer, l'ensemble constituant des matières premières réutilisables en pratiquant la refonte et un nouveau façonnage. A l'inverse, le vase en terre cuite, le silex, la hache de pierre, une fois cassés ou usés, perdent de leur valeur et doivent être remplacés. Un **artisanat spécialisé** se développe ainsi, même en des zones éloignées des lieux d'extraction. La production d'objets variés, du poignard au bijou, est attestée dans la péninsule Ibérique, en Italie et dans le nord de la France, pour ne citer que les pays méditerranéens, mais en réalité, cette production touche l'ensemble de l'Europe.

A gauche : détail d'un collier d'ambre mis au jour dans la nécropole de Poggio la Pozza (période de transition entre les âges du bronze et du fer). Musée Pigorini, Rome. L'ambre fait l'objet d'un commerce entre l'Europe méridionale et l'Europe continentale dès le IIIe millénaire av. J.-C.
Ci-contre : vase en terre cuite provenant de la nécropole de Rinaldone (Montefiascone, Lazio) constituée de tombes à fosse (période néolithique, 2200-1700 av. J.-C.). Musée Pigorini, Rome.
Ci-dessous : petit taureau en bronze, culture talayotique de l'île de Majorque. Musée archéologique, Barcelone.

Dans ce domaine aussi se produisent peu à peu des progrès qui caractérisent les civilisations plus avancées. Parmi ceux-ci, on signalera d'abord la **découverte des alliages**. Ainsi, l'alliage de bronze (étain plus cuivre) se diffuse à partir des régions riches en gisements d'étain. L'emploi de ce métal

traverse toute l'Europe, facilitant de fréquents contacts entre les zones méridionale et septentrionale, ainsi qu'entre celles-ci et le Proche et Moyen-Orient. Il existe une « **route maritime de l'étain** » qui, partant de l'actuelle Douvres, en Angleterre, mène à Huelva en Espagne en passant par Rochelongue en France. Les sources anciennes mentionnent la richesse en étain des îles Cassitérides dans le nord (probablement les territoires de la Bretagne et de la Cornouailles actuelles). Acheminé jusqu'aux côtes méditerranéennes, l'étain est ensuite expédié vers les pays orientaux.
Pendant l'âge du bronze, parallèlement à la constitution d'un réseau commercial, les premiers **chariots** sont construits et le **cheval**, désormais domestiqué, permet de parcourir les longues voies terrestres plus rapidement qu'avec des bœufs. Avec l'artisanat naît la figure de l'**artisan ambulant**, précurseur du marchand, qui ne se limite pas à la production, mais apporte aussi les outils et les produits semi-finis dans les villages des agriculteurs et des pasteurs.

L'**ambre** est un autre matériau recherché : cette résine fossile dure offre une gamme variée de nuances du jaune au rouge pour la réalisation de bijoux et objets ornementaux. Dès le IIIe millénaire av. J.-C., l'ambre nordique se diffuse dans toute l'Europe jusqu'à la Grèce. Les rapports entre l'Europe septentrionale et méridionale sont très fréquents à l'âge du bronze ; des milliers de perles et de pendentifs ont été mis au jour au cours de fouilles archéologiques.
Des grains d'ambre ont été découverts dans des tombes mégalithiques de l'Espagne méridionale, alors que la présence de bijoux de facture orientalisante parmi le matériel funéraire de quelques sites européens confirme le commerce de cette marchandise. Les principaux **gisements d'ambre** se trouvent dans les régions qui jouxtent la Baltique.
La découverte de nombreux objets d'ambre, aussi bien en Europe septentrionale que méridionale, confirme l'existence de relations entre les deux zones. Les armes en bronze constituent souvent la monnaie d'échange pour l'ambre. Celui-ci est aussi demandé en Méditerranée orientale, et il est vraisemblable que les voies de diffusion suivent les bords des mers occidentales ou les fleuves, de l'Europe centrale jusqu'à l'Adriatique.

Ci-contre : statuette représentant une femme assise avec son fils dans les bras, art nuragique. Musée archéologique national, Cagliari.
En bas, à gauche : petit bronze en forme de barque, art nuraghique. Musée archéologique national, Cagliari.
Les bronzes figuratifs, qui sont des offrandes votives dédiées aux divinités et déposées généralement dans les temples à puits (les coupelles sont suspendues aux murs et sont certainement utilisées comme des lampes), révèlent le haut niveau de l'artisanat nuraghique. Cinq cents exemplaires nous sont connus, provenant généralement de trésors ou des décharges de fondeurs, mais aussi de tombes et d'habitations.
Ci-dessous : fibule en forme de cheval, provenant de Villanueva de Teba en Espagne. Musée archéologique, Burgos.

C'est une période de grand développement pour la Méditerranée, mais la chute de la civilisation mycénienne, vers 1200 av. J.-C., bouleverse le mode de vie des populations, avec des déplacements de peuples du sud au nord. Cette situation a de fortes répercussions en Italie, où l'on assiste à l'abandon des villages le long des côtes et au retranchement dans des sites plus faciles à défendre, facteurs qui concourent à la constitution de cette mosaïque de peuples qui sera la caractéristique de l'âge du fer.
L'augmentation des ressources provoque une **croissance démographique** qui nécessite une agriculture plus productive. On élabore des outils plus efficaces pour défricher les terres. C'est le **fer**, abondant, qui est le plus largement employé dans la fabrication d'objets fonctionnels, alors que le bronze, plus rare, est réservé à la production des articles de luxe. Les **forgerons**, qui connaissent la technologie complexe de la fusion et du travail du fer, prennent de l'importance dans l'économie. Ils se consacrent uniquement à cette activité, abandonnant le travail des champs et l'élevage. La production agricole augmente afin d'assurer l'excédent nécessaire non seulement aux besoins des artisans, mais encore à l'acquisition des matières premières et des outils métalliques.
Plus encore que pendant l'âge du bronze, les **différences sociales** s'accentuent entre ceux qui produisent plus, et peuvent donc accroître leur patrimoine, et ceux qui restent en marge. Une confirmation est apportée par la découverte de matériel funéraire très précieux. L'intensification et l'augmentation des trafics commerciaux constituent une autre conséquence importante de l'essor agricole et démographique.

Vers le milieu du IIe millénaire av. J.-C., de grandes innovations interviennent dans le domaine technique. L'affirmation progressive de la métallurgie du fer et l'introduction du char rapide, qui révolutionnent les techniques de combat, en sont des exemples significatifs. L'horizon technologique est bien sûr lié au travail spécialisé et à l'image de l'artisan. C'est dans ce secteur de l'économie qu'ont lieu des inventions et des progrès importants, en dépit du traditionalisme caractéristique du monde oriental. Cette attitude a un fondement religieux : ce sont les dieux qui ont inventé les techniques afin de mettre de l'ordre dans le chaos primitif; ils ont établi les activités civiles une fois pour toutes, et le rôle des hommes consiste à imiter ce qui a été fait aux origines. Les plus fortes incitations à l'innovation viennent des régions périphériques et de populations récemment établies en Mésopotamie.

La **métallurgie** joue le premier rôle dans le domaine des techniques, parce qu'elle représente un domaine très spécialisé et très utile du point de vue économique. L'emploi du métal est en fait primordial dans toutes les activités les plus importantes : l'agriculture, l'artisanat et la guerre, sans compter le commerce, où le métal est utilisé à la fois pour l'échange et le calcul de la valeur des biens, et comme moyen de thésaurisation. Néanmoins, jusqu'au milieu du Ier millénaire av. J.-C., la métallurgie reste de faible envergure et s'adresse à une catégorie limitée de consommateurs.

La difficulté d'approvisionnement en matières premières comme le cuivre et l'étain, qui dépendent des importations des pays voisins, crée une forte dépendance de la métallurgie au profit du palais, seul à pouvoir assurer un tel ravitaillement. Ainsi, le forgeron, plus que les autres artisans, est obligé de travailler dans les ateliers du palais. C'est là que les **procédés de fusion** sont mis au point : le minerai est d'abord réduit en fragments, déposé dans des creusets en argile placés sur le feu jusqu'à ce que le point de fusion soit atteint. L'élimination des impuretés se fait par fusions successives.

Le cuivre et l'étain sont alors coulés dans des lingots, dont la forme caractéristique est la barre rectangulaire à bords rentrants.

On emploie aussi des moules, en argile ou en pierre, dans lesquels on coule le cuivre, ce système garantissant une meilleure compacité de la surface des objets obtenus et une plus grande rapidité d'exécution.

Pour la création d'objets plus complexes, un procédé plus perfectionné est utilisé : la technique à **cire perdue**. Elle consiste à enduire une couche de cire sur une couche d'argile et à la recouvrir d'une autre couche d'argile. Le métal, coulé entre ces deux couches d'argile, prend la forme et l'épaisseur de la couche de cire qui fond au moment de la fusion. Cette étape terminée, les moules sont cassés et détachés de l'objet. Les objets en métal ont plusieurs destinations : artistique (statues, reliefs), ornementale et de consommation (bijoux, instruments du culte), instrumentale (outils et armes). Les **outils** qui

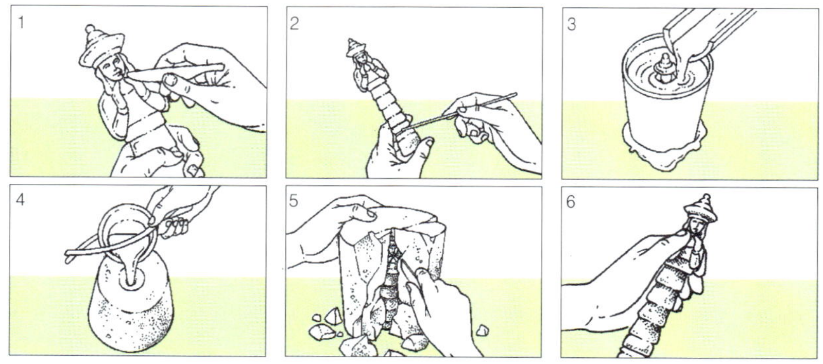

servent le plus sont des perforateurs en orfèvrerie, des foreuses pour la menuiserie et l'ébénisterie, des outils pour tailler, burins et scies. Les **armes en bronze** les plus répandues sont les épées, courtes et larges, qui adoptent ensuite une forme de plus en plus allongée. Vers le milieu du IIe millénaire av. J.-C., simultanément à l'introduction d'un type d'arc plus précis et surtout du char rapide de combat, apparaissent les premières cuirasses à écailles, entièrement métalliques.

Le **bronze** est de loin le métal le plus répandu, le fer étant cantonné au rôle de métal précieux pour la fabrication des bijoux. Les vestiges révèlent l'essor d'une véritable **métallurgie du fer** en haute Syrie et dans le royaume du Mitanni. A partir du XIVe siècle av. J.-C., le fer sert de plus en plus, d'abord dans la fabrication des armes, conjointement au bronze, puis dans celle des outils. Pour l'essentiel, la supériorité du nouveau métal réside dans sa plus grande solidité. Il est délicat de le travailler car son point de fusion est très élevé et, une fois atteint, doit être suivi par une série de refroidissements et de réchauffements intenses avec, pendant les intervalles, un martelage destiné à en augmenter la dureté et à lui donner une forme. La nouvelle technique permet de produire des objets plus résistants, mais de formes simples. Le martelage n'apparaît donc pas adapté à la création d'objets élaborés.

Le **tissage** est une autre technique particulièrement importante car elle nécessite l'emploi d'une main-d'œuvre nombreuse. C'est la seule activité artisanale qui recourt à des femmes et, du point de vue des quantités produites, il s'agit d'un secteur moteur dans une économie agricole et pastorale. La matière première utilisée est la laine blanche (de brebis) et noire (de chèvre). On utilise rarement le lin, étoffe prisée, généralement importé et réservé à la confection de vêtements royaux ou de cérémonie. La laine blanche est préférée à la laine noire, qui est destinée à des vêtements

Ci-dessus : fabrication d'une statuette en bronze selon la technique de la cire perdue. 1. Préparation du modèle en cire. 2. Finition du modèle. 3. Préparation du moule avec de l'argile ou du plâtre. 4. Le bronze est coulé dans le moule. 5. Le moule est brisé. 6. La statuette est terminée. A gauche : Assurnazirpal II à la chasse au lion, bas-relief du palais de Nimroud (IXe siècle av. J.-C.). Le char rapide de combat doté de roues à rayons constitue l'une des innovations techniques les plus importantes de la période. Page ci-contre, à gauche : char en terre cuite mésopotamien (IIe millénaire av. J.-C.). Musée du Louvre, Paris. Au centre : délégué de la Bactriane avec un chameau, bas-relief du palais de Persépolis. A droite : tablette enregistrant les dimensions de cinq champs.

frustes ou de travail. La véritable nouveauté dans ce secteur consiste dans l'introduction de la **culture et du tissage du coton**, « la plante qui porte la laine », comme la définit le roi assyrien Sennachérib en vantant sa présence dans son parc royal. Filer le coton est une tâche féminine : les femmes sortent les fibres placées dans des récipients en terre cuite et font passer les fils à travers des anneaux situés au fond des récipients. La phase suivante est le tissage sur un métier horizontal, le type le plus répandu, auquel s'ajoute le métier vertical au milieu du IIe millénaire av. J.-C.

Le **char rapide de combat** représente le summum de l'innovation dans l'art de la menuiserie. Le premier type de chariot attesté est lourd, à quatre ou deux roues, fabriqué en bois plein renforcé par des jantes en cuivre ou en bronze. Ces véhicules, utilisés pour le transport des marchandises ou des hommes, sont tirés par des bœufs lorsque les charges sont importantes, mais plus couramment par des ânes et des mules. L'attelage est composé d'un harnachement exploitant la force du cou de l'animal, ce qui n'offre pas la meilleure capacité de traction. L'introduction du char rapide s'accompagne d'une série d'innovations techniques, parmi lesquelles l'utilisation de **roues à rayons** (six, plus rarement quatre ou huit), l'allégement de chacune de ses composantes et, enfin, la traction réalisée par des paires de chevaux, avec un harnachement qui répartit aussi l'effort sur les épaules de l'animal.
Le char rapide est essentiellement utilisé dans les combats.

LA DOMESTICATION DU CHAMEAU

Les communications sont très importantes pour l'économie mésopotamienne, qui tire une grande richesse du commerce et doit s'approvisionner en matières premières dont elle est dépourvue. Les moyens de transport sont donc essentiels, notamment pour les transports terrestres, les animaux attelés au chariot ou directement montés par l'homme. Hormis le bœuf, adapté aux lourdes charges, c'est l'âne qui occupe la première place, car il sert tout à la fois de bête de somme, de trait et de monte. Le cheval, bien que connu antérieurement, est surtout utilisé au moment de l'apparition du char rapide.
Ces animaux peuvent certes se déplacer sur tous les types de terrain - montagneux, plat, accidenté -, mais ne sauraient affronter un voyage dans le désert en toute sécurité, du fait de la température élevée et de l'absence de points d'eau suffisants. En revanche, le chameau et le dromadaire possèdent les qualités nécessaires pour les zones désertiques. Leur domestication et leur emploi ne se développent qu'à partir du XIIIe siècle av. J.-C. C'est un changement important qui voit les itinéraires commerciaux s'étendre par la « voie du désert », reliant ainsi la péninsule Arabe au réseau déjà étendu des trafics commerciaux mésopotamiens et égyptiens. De plus, l'ouverture de ces nouvelles voies de communication signifie l'acquisition de nouvelles connaissances géographiques et de produits rares, comme les aromates, les pierres précieuses et l'ivoire.

La tradition classique attribue la **découverte du verre** aux Phéniciens ; en réalité, les témoignages archéologiques la situent au IIe millénaire av. J.-C., dans une zone comprenant la Mésopotamie, la Syrie et l'Égypte. La technique de fabrication du verre résulte de la fonte de calcium, sodium et silicium, l'ensemble étant coulé ensuite dans des moules pour les petits objets (comme les perles), ou travaillé à la main sur la roue du potier pour la fabrication de produits de plus grande dimension. On connaît aussi des procédés pour colorer le verre : le bleu, la couleur la plus répandue, imite le précieux lapis-lazuli. La **vitrification d'objets en pierre** s'apparente à la technique du verre.

Alors qu'elle semble insolite aujourd'hui, la séparation entre la technique et la science est chose commune dans l'Antiquité, spécialement dans le monde oriental. Leurs horizons restent séparés, bien que toutes deux relèvent du même milieu politico-social, c'est-à-dire la cour. La **médecine** est une science liée à la magie et à la religion. Au médecin s'ajoutent souvent des devins et des exorcistes dans la décision d'un diagnostic et d'une

thérapie. Cela constitue un obstacle important à la progression de la science médicale, qui se limite à la guérison des symptômes au lieu de rechercher les causes véritables des maladies.
Les **mathématiques** et l'**astronomie** sont deux sciences très évoluées. Toutes deux se révèlent indispensables à la bonne marche de l'administration. La nécessité de tenir une comptabilité, de répartir les salaires, diviser la terre, établir les quantités, poids et volumes des briques pour la construction d'un édifice, etc., pousse les **scribes** à élaborer un système complexe de calcul : outre les principales opérations, ils connaissent aussi les carrés, les racines carrées et cubiques, les nombres réciproques, les logarithmes. De plus, ils possèdent des connaissances étendues en **géométrie** (les rapports entre les côtés d'un triangle rectangle et les propriétés des triangles identiques). Les scribes sont capables de résoudre des problèmes variés et tendent à le faire en termes algébriques : signe évident, ici aussi, du fossé existant entre théorie et pratique. En fait, tous les problèmes se réduisent au quotidien administratif, mais les solutions qu'on en donne restent abstraites. Le **système numérique** est composé d'un petit nombre de signes et la valeur des chiffres est donnée par la position relative de ceux-ci : la base de la numérotation est sexagésimale (encore en usage aujourd'hui pour le calcul du temps) et il y manque un signe spécifique pour le zéro.
L'**astronomie** aussi est liée à la vie quotidienne et répond surtout à la nécessité d'établir un calendrier pour les activités agricoles.
De l'observation des astres et des phases lunaires dépend la division du temps. L'étude de la périodicité des mouvements célestes sert aussi aux prophéties et aux présages demandés par le souverain pour déterminer son avenir et celui de son pays. L'astronome continue à être également un devin.

Au sein de l'Afrique, seule l'Égypte atteint un niveau de développement identique à celui du Proche-Orient dans le domaine des sciences et des techniques. Les similitudes de leur organisation économique (spécialisation du travail et centralisation), ainsi que les échanges commerciaux permettent une diffusion continue des expériences et des connaissances dans les divers secteurs de l'artisanat ; par conséquent, on constate une unité technologique entre les civilisations mésopotamienne et égyptienne, favorisée par les déplacements de groupes d'artisans d'une cité à l'autre, d'un royaume à l'autre.

Les chariots et le mobilier en bois construits pendant le Nouvel Empire mettent en évidence l'habileté de la fabrication et le raffinement du décor.
Les **menuisiers** se servent d'outils ordinaires comme la hachette, dont la lame semi-circulaire ou rectangulaire est fixée au manche à l'aide de cordelettes. Pour inciser ou percer des trous, on a recours au burin, au poinçon et, surtout, au **trépan à archet**. Cet outil, souvent représenté sur les reliefs funéraires, est constitué d'une tige portant le foret ; un mouvement de rotation par le va-et-vient de l'archet provoque la pénétration de la mèche dans le bois. A l'efficacité des outils, il faut ajouter l'habileté des artisans dans l'assemblage des parties élémentaires.
Les techniques de liaison et d'assemblage sont variées : pour obtenir des surfaces planes, on place en parallèle des planches issues du même tronc, de manière que les irrégularités s'emboîtent les unes dans les autres comme autant de pièces d'un puzzle. Pour assembler deux planches, on insère des chevilles en bois, ou on recourt à un brochage avec mortaise, ou simplement à des trous et à des cannelures dans lesquels sont passés des liens. Cette dernière technique est aussi utilisée pour façonner les angles. Une fois ces opérations terminées, les irrégularités, les finitions et les assemblages sont recouverts de stuc. Les résultats sont de bonne qualité, tels qu'ils apparaissent sur les **chariots** et, plus particulièrement, sur les **chars rapides** tirés par des chevaux. Si l'invention de ce moyen de transport ne peut être attribuée aux Égyptiens (qui l'ont empruntée à la Mésopotamie), il leur revient cependant d'avoir mis au point des chars simples et légers, à deux roues et à quatre ou six rayons. L'utilisation de ce véhicule marque une véritable révolution dans les combats grâce à des possibilités de déplacement plus grandes et à une rapidité accrue des manœuvres.

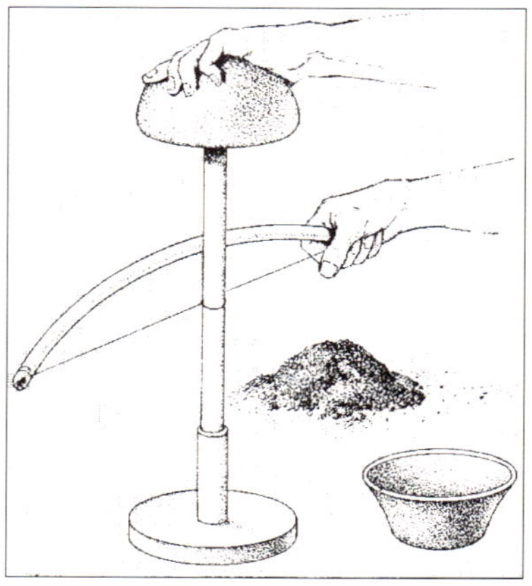

A gauche : labours avec une charrue tirée par des bœufs, détail d'une peinture murale de la tombe de Sennedjem (XIXe dynastie), dans la nécropole de Deir el-Medineh. Dans cette localité de Haute-Égypte, sur la rive occidentale du Nil, en face de l'antique Thèbes, on a découvert un village et la nécropole des ouvriers chargés des tombes royales thébaines.
La nécropole comprend une quarantaine de tombes d'artistes et de chefs artisans.
Ci-dessus : reconstitution du fonctionnement d'un trépan à archet égyptien (environ 1500 av. J.-C.).

L'habileté technique des menuisiers trouve aussi son expression dans la **construction de navires**. Les embarcations fluviales sont fabriquées à l'aide de tiges de papyrus réunies en bottes, alors que celles destinées à affronter les mers sont réalisées en bois robuste comme l'acacia et le pin, généralement importés, et peuvent atteindre des dimensions considérables. Ces navires sont de forme allongée, avec une proue surélevée portant un décor de frise, alors que leur système de propulsion est constitué d'une grande voile de lin carrée hissée sur le grand mât et de rames placées sur les flancs.
L'assemblage minutieux des différentes parties de la coque en assure à la fois l'imperméabilité et la longévité. Le bois précieux, importé des côtes syriennes, de Nubie et du pays du Pount (ébène, cèdre, buis), s'emploie pour la fabrication de **meubles**. La production égyptienne de coffres et coffres-forts est particulièrement réputée du fait du soin apporté à la décoration.
L'ivoire, l'or, les pierres dures et le verre sont utilisés pour recouvrir les lits, les chaises, les tables, les coffres et les sarcophages.
On se sert aussi de l'ivoire pour la sculpture, les objets de toilette, les coffrets, les bracelets, les éventails, les tables et les pièces de jeux.
Les techniques vont du revêtement au placage, de la marqueterie à l'incrustation de métaux divers, jusqu'à la sculpture de bas-reliefs. Le trésor découvert dans la tombe du

En Égypte, comme en Mésopotamie, les artisans font partie d'un système fortement centralisé et sont installés à proximité des palais, des temples les plus importants ou des lieux de sépulture.
L'**activité artisanale** dépend d'eux pour l'approvisionnement en matières premières, surtout en métaux et matériaux précieux.
La métallurgie progresse sensiblement, bien que les objets en métal soient avant tout des produits de luxe et, plus rarement, des outils de travail. Le processus des nouvelles **techniques de fusion** est illustré par une tombe de 1500 av. J.-C. Le cuivre et l'étain, sous forme de lingots, sont fondus dans un creuset placé au-dessus d'un feu de charbon.
La combustion est facilitée par des soufflets actionnés au pied. Quand le bronze atteint son point de fusion, il est coulé dans le moule par une série d'ouvertures en forme d'entonnoirs. Une fois le métal solidifié, le moule d'argile est brisé. Parmi les **objets en bronze** les plus répandus, hormis la vaste typologie des récipients, se trouvent des outils utilisés en menuiserie et en orfèvrerie, ou pour la taille des pierres. Ce sont ces outils, plus efficaces et de meilleure qualité, qui permettent aux Égyptiens d'être d'excellents menuisiers, charpentiers et orfèvres.

pharaon Toutankhamon (l'unique trésor qui nous soit parvenu intact) apporte la preuve de la grande habileté des Égyptiens dans ce domaine : des lits, des trônes et des tabourets sont plaqués en or et portent des incrustations de pierres et de verres colorés.

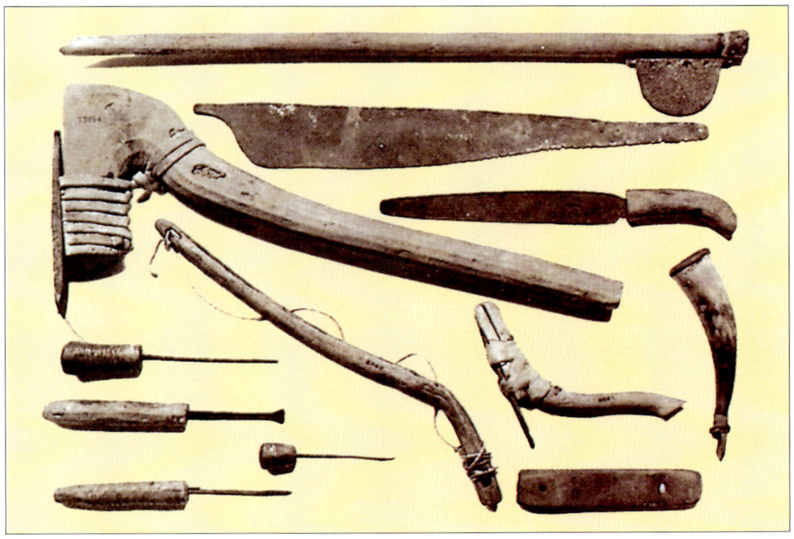

L'**orfèvrerie** est un autre domaine dans lequel les Égyptiens du Nouvel Empire ont atteint un haut niveau de technicité. Le travail de l'or est moins complexe que la métallurgie du cuivre, du bronze et du fer. Le précieux métal peut être fondu en barres et en lingots, ou utilisé en feuilles et en plaques comme revêtement et, enfin, travaillé avec d'autres matériaux comme les pierres dures pour la fabrication de bijoux. Parfois, d'autres métaux sont ajoutés à l'or, comme le cuivre ou l'argent, et les barres prennent une teinte particulière, très répandue pendant tout le IIe millénaire av. J.-C. Pour la **fusion de l'or** pur, on se sert de moules d'argile et de pierre. Étant donné sa malléabilité, ce métal peut être travaillé par la technique du martelage en s'appuyant sur des supports bitumés afin d'obtenir des feuilles destinées au revêtement. Les parties élémentaires sont ensuite clouées les unes aux autres avant d'être travaillées par incision ou au repoussé. Pour la fabrication des **bijoux**, il est fait appel à deux techniques principales : le filigrane et la granulation. Dans les deux cas, les fils et les petites boules, qui caractérisent ce type de décor, s'obtiennent en coulant l'or dans des moules ayant la forme désirée et en soudant ensuite les divers éléments. On connaît une grande variété de bijoux découverts surtout dans des tombes : bracelets, colliers, boucles d'oreilles, tiares, pectoraux et amulettes, toujours abondamment incrustés de gemmes et de pierres dures (la turquoise, la cornaline et surtout le lapis-lazuli).
A la fin du IIIe millénaire av. J.-C., les Égyptiens possèdent des notions chimiques sur le vernissage qui leur permettent de fabriquer de la **faïence** dite égyptienne ; une masse poreuse recouverte d'une glaçure opaque. La découverte technique à l'origine de ce nouveau procédé consiste dans la possibilité de fondre, comme on le fait avec les métaux, les silicates alcalins du sable, de la potasse (un produit de la combustion du bois) et du natron (présent sous forme minérale dans le désert occidental de l'Égypte).

A gauche, en double page : détail d'une peinture représentant les constellations célestes, qui orne les parois de la tombe du pharaon Sethi Ier dans la Vallée des Rois (XIXe dynastie).
Ci-dessus : outils en bois et en métal utilisés par les tailleurs de pierre, sculpteurs et charpentiers égyptiens. Ils ont été conservés grâce à la sécheresse du climat.
A droite : une chaise royale (XVIIIe dynastie). Musée égyptien, Le Caire. Produit raffiné de l'ébénisterie égyptienne qui, à cette époque, atteint un haut niveau de perfectionnement, elle représente une variante complexe d'une chaise pliante, sa décoration mettant en évidence une extraordinaire virtuosité technique.

Ce contexte technologique et scientifique permet aux artisans du Nouvel Empire de découvrir le procédé de fabrication du **verre** en faisant fondre du sable et du natron chauffés comme le métal. Un verre transparent est obtenu dans un premier temps, puis on découvre la façon de le colorer en ajoutant des pigments végétaux et minéraux. Le travail du verre a lieu quand le mélange est encore chaud et peut donc être modelé en vases en utilisant une âme de sable. Le verre est fréquemment employé pour les bijoux d'imitation destinés aux moins fortunés. Les onguents et les vases colorés au bleu de cobalt sont plus précieux.
La **sidérurgie** ne pénètre que tardivement en Égypte, avec les armées assyriennes, alors que l'empire est sur le déclin.

Dans le domaine des sciences, les Égyptiens connaissent, déjà sous l'Ancien Empire, les règles de base de la géométrie et de l'**arithmétique**. A la différence des Mésopotamiens, ils n'apprennent que dans un second temps une façon plus rapide de faire des multiplications à l'aide de tables. La multiplication reste longtemps une opération laborieuse, basée sur des redoublements et des additions successives. En **géométrie**, les connaissances sont plus avancées, probablement à cause d'une observation plus attentive, liée aux besoins pratiques de l'architecture, comme la construction des pyramides, qui exigeait, notamment, la formule nécessaire au calcul du volume du tronc de la pyramide, qui n'a jamais été utilisée en Mésopotamie. Dans le domaine des mathématiques aussi, avec une approximation plus précise du futur pi grec $(16/9)^2$, les Égyptiens battent les scientifiques proche-orientaux. C'est en **astronomie** qu'ils obtiennent les meilleurs résultats : ils établissent un calendrier identique au calendrier actuel, sur la base de patientes observations et d'enregistrements des hauteurs des crues du Nil.

Une économie à dominante agricole, comme dans la civilisation indienne entre le IIe et le Ier millénaire av. J.-C., privée des structures urbaines présentes dans la civilisation de l'Indus, ne peut avoir que de modestes perspectives dans le domaine des techniques, caractérisées par la persistance d'aptitudes héritées du passé. La première vague d'invasion aryenne ne semble pas apporter d'innovations particulières sauf, peut-être, la **domestication du cheval**. Pour le reste, la culture semi-nomade des Aryens ne se montre pas plus avancée que les centres indiens de la région nord-occidentale. L'artisanat est divisé en trois secteurs : la métallurgie, la céramique et le textile. Dans la métallurgie, le travail du cuivre et du bronze est poursuivi, bien que ces deux métaux soient rarement employés pour la fabrication d'outils agricoles. En fait, on continue à disposer de pioches, de bêches et de charrues en pierre lisse et en bois. L'utilisation du cuivre et du bronze témoigne des **techniques de fusion et de la combinaison des alliages**. En l'absence de données archéologiques sûres, on suppose que les procédés métallurgiques étaient identiques à ceux des civilisations plus évoluées de la Mésopotamie. La fusion du cuivre et du bronze ne nécessite pas de hautes températures, contrairement à la métallurgie du fer. Versé dans des moules, le métal fondu est essentiellement destiné à la fabrication d'armes (pointes de lance, haches) et, plus rarement, d'outils. A ce propos, il est intéressant de noter l'existence de **dépôts de cuivre** découverts dans trente-quatre sites entre le haut Gange et l'Orissa. Ces dépôts comprennent de nombreux objets qui peuvent être divisés en huit types principaux : les haches plates, en général de forme torse à larges bords ; les haches dites « à épaule », avec un bord saillant au point de rencontre de l'axe de la hache ; les ciselets, ou outils à barre (60 cm), qui consistent en une barre aux côtés quasi parallèles et un large rebord ciselé sur un côté, et non au centre, comme pour les haches ; les anneaux obtenus en reliant les extrémités d'une baguette de section circulaire ; les têtes de crochet portant des crochets latéraux et un nœud pour y fixer une corde ; les poignards, à lame fourchue et manche d'une seule pièce ; les pointes de lance, avec des nervures médianes et un ergot pour y fixer une corde ; des objets anthropomorphes étranges (jusqu'à 40 cm), avec des jambes écartées et des bras recourbés. Ces dépôts, antérieurs au VIIIe siècle av. J.-C., permettent d'établir quelques analogies avec l'outillage de la civilisation de l'Indus, étant donné qu'il est impossible d'affirmer avec certitude qu'il s'agit là de traces de l'invasion aryenne. Les outils de cuivre livrent des informations sur leurs usages, à l'image des crochets, probablement dérivés de prototypes de bois ou d'os, qui servent à la pêche ou lors de la chasse d'animaux féroces comme les rhinocéros. En général, les dépôts mettent en évidence la présence de communautés semi-nomades, capables de défricher de petites clairières dans la jungle et vivant surtout de chasse et de pêche.

Les **outils en cuivre** possèdent des caractéristiques distinctes : obtenus à l'évidence par une habile fusion, ils ont été martelés. Cependant, il s'agit là d'œuvres d'artisans spécialisés qui se déplaçaient probablement de village en village, à une période où il n'existait pas encore d'organisation urbaine développée. On ne sait de quelles sources cet artisanat tire son inspiration, mais on suppose qu'ils utilisent la technique métallurgique de la région de l'Indus, sans exclure des emprunts à la culture trans-himalayenne du nord et du nord-est. Malgré tout, en l'absence de preuves sûres, on peut présumer une capacité d'invention des travailleurs du cuivre du Gange.

L'**or**, naturellement considéré comme un métal précieux, est réservé aux bijoux et aux modestes transactions économiques qui ont principalement lieu avec les centres du Sud-Est asiatique, d'où sont importées des denrées et de nouvelles cultures (le riz) qui s'adaptent mieux au climat de la région du Gange.

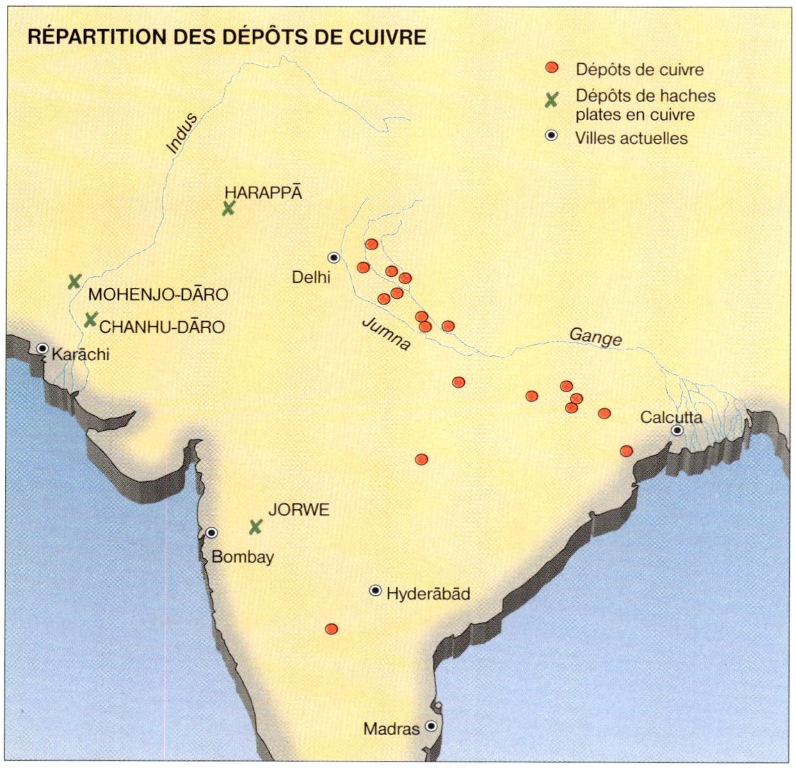

A gauche : objet anthropomorphe en cuivre provenant de la haute vallée du Gange et datant du IIe millénaire av. J.-C. Au centre : carte illustrant la répartition des dépôts de cuivre découverts dans de nombreux sites situés entre le haut Gange et l'Orissa. A droite : lame de harpon en cuivre mise au jour dans un dépôt du Gange (IIe millénaire av. J.-C.). Même si nombre de ces objets ont la forme d'armes, ils sont en fait réservés aux cérémonies.

L'agriculture est peut-être le seul domaine dans lequel des progrès se manifestent. L'introduction de nouvelles plantes pour affronter la crise qui suit la chute de la civilisation de l'Indus s'accompagne de l'apprentissage de **nouvelles techniques de culture**. Cependant, les innovations ne concernent guère les outils. Les fouilles entreprises près des villages et des grands établissements comme Pirak, dans le Baloutchistan, ont mis au jour des outils en pierre. Il s'agit de faucilles pour la moisson du riz, de l'orge et du sorgho. Elles sont constituées de lames et de microlithes géométriques probablement insérés dans une armature en bois. L'emploi de ces outils primitifs semble se poursuivre sans évolution jusqu'à la fin du premier âge du fer.
Les innovations agricoles concernent plutôt les **techniques d'irrigation**, puisque le riz nécessite une grande quantité d'eau pour inonder les champs. Le creusement de canaux ne semble pas encore répandu et il est probable que, longtemps, l'eau a été transportée dans des outres portées par les paysans ou par des animaux. On ignore comment était pratiqué le broyage des épis : peut-être était-il confié aux animaux, qui les écrasaient pour séparer le grain de la balle.

La céramique est sans conteste le matériau le plus souvent découvert au cours des fouilles archéologiques. Cela se vérifie aussi pour des périodes beaucoup plus anciennes de l'Inde, comme celle qui suit la décadence de la civilisation de l'Indus et marque l'arrivée des envahisseurs aryens.
La stratigraphie des sites occupés aux environs de 1500 av. J.-C. met en évidence, dans une chronologie précise, analogue dans tous les sites de la région de l'Indus à celle du Gange, une céramique ocre, dont on ignore même la forme des vases, précédant une **céramique grise peinte**, associée à la résurgence et à l'essor de la civilisation urbaine.
Dans quelques sites, apparaît aussi une industrie produisant une **céramique noir et rouge** qui n'est pas antérieure à 1000 av. J.-C. Cette céramique, généralement fonctionnelle (bols, plats, vases pansus), est le résultat d'une cuisson en plusieurs étapes, faite de telle façon que la partie supérieure et l'intérieur de la pièce, en contact avec le feu, noircissent, alors que la partie inférieure, qui se trouve en haut durant la cuisson, devient une terre cuite rouge. Le décor, quand il existe, est rudimentaire et consiste en cannelures ou en lignes peintes en blanc.
Parmi les outils du potier, le plateau rotatif est certainement utilisé avant 2500 av. J.-C. par la civilisation de l'Indus, et diffusé ensuite dans le reste de l'Inde. Les **plateaux rotatifs des potiers**, dont aucun exemplaire ne nous est parvenu intact, sont généralement en bois.
Ils fonctionnent en appuyant sur un pivot situé au centre d'une structure en bois. De plus, ils doivent être assez lourds pour conserver l'énergie cinétique quand on les fait tourner.
Leur typologie dépend du genre de pivot (cheville, goujon) utilisé pour les faire pivoter. Le type le plus simple est composé d'une roue à pivot fixe, qui tourne à l'intérieur d'une pierre creusée. Un type plus complexe est doté d'un pivot qui ne constitue pas un tout avec le plateau, mais se trouve être un essieu tournant à partir d'un socle fixé à la terre, avec un coussinet le séparant du plateau.
Ce dernier modèle, perfectionnement du premier type, est probablement le plus répandu en Inde. Le **tour** apparaît plus tard et représente assurément une amélioration technique. Le tour est en fait composé de deux plateaux rotatifs, fixés l'un au-dessus de l'autre autour d'un axe commun, de telle façon que le potier actionne le plateau inférieur avec le pied et peut ainsi avoir les mains libres pour travailler le bloc d'argile disposé sur le plateau supérieur.
La production de vaisselle aux formes larges, travaillée au tour, se poursuit pendant toute cette période. L'habileté des artisans s'exprime dans la décoration peinte ou appliquée plus que par la variété des formes.
Quant au **textile**, à la différence du Moyen-Orient, le coton est utilisé préférentiellement à la laine et au lin.

Ci-dessous : coupe du tumulus d'Hastināpura. Le graphique correspond à la fouille effectuée par B.B. Lal à Hastināpura entre 1950 et 1952, près de l'ancien cours du haut Gange. Il permet de déterminer la chronologie du site.

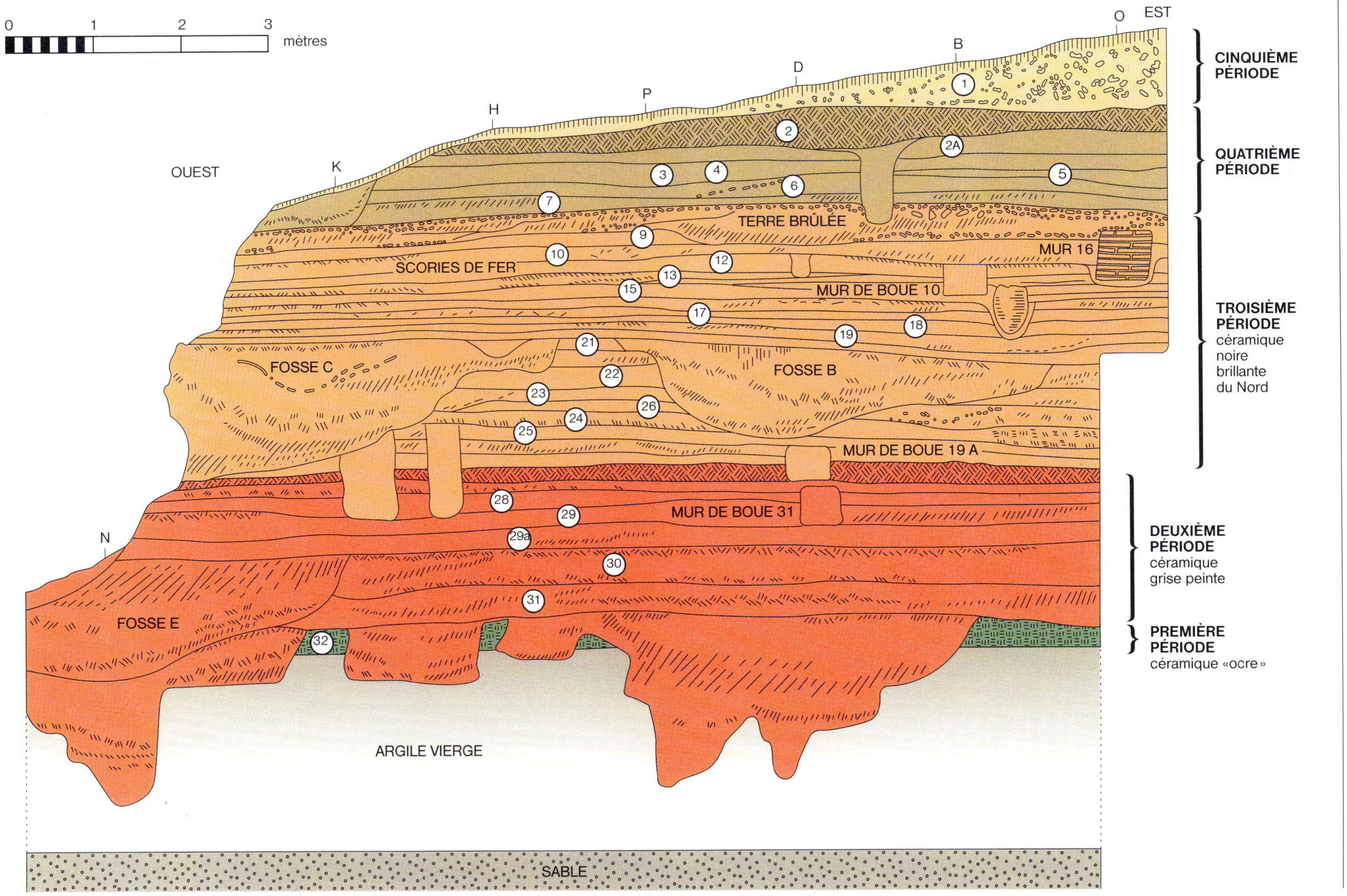

Un artisanat florissant comme celui des cités côtières phéniciennes, qui produit des objets d'une facture si raffinée qu'ils sont continuellement demandés par les grandes cours orientales, suppose un niveau avancé de connaissances techniques. De plus, le fait que, avec les produits, le savoir-faire des artisans soit demandé confirme la réputation des Phéniciens. Ils dominent sans aucun doute la transformation des matières premières acquises sur les marchés d'outre-mer, en particulier dans le travail des métaux, précieux et non précieux. Les ateliers artisanaux phéniciens affinent les techniques apprises du monde proche-oriental, surtout dans le domaine de l'**orfèvrerie**. Les bijoux figurent parmi les objets les plus demandés, confortant la place prépondérante des produits de luxe destinés aux souverains et à leur cour dans le commerce international.
Le filigrane est une technique très utilisée, surtout dans les bijoux comportant une âme de métal non précieux (bronze).
La granulation en est une autre, consistant dans la fusion de petites gouttes de poudre de carbone végétal fixées avec des alliages conçus à cet effet.
Les Phéniciens se révèlent particulièrement habiles dans la **technique du repoussé**,

A gauche : collier orné de pendentifs circulaires en or, à granulations, provenant de la tombe du seigneur aux Chèvres à Ebla, en Syrie (1760-1700 av. J.-C.). Musée d'Alep, Syrie. Ci-dessus : un navire commercial phénicien. Relief, musée de la Marine, Paris. Les Phéniciens figurent parmi les plus grands navigateurs du monde antique : leurs routes atteignent tous les ports de la Méditerranée et s'étendent au-delà des Colonnes d'Hercule, jusqu'aux côtes de l'Europe septentrionale et de l'Afrique occidentale.

appliquée à des coupes composées de feuilles d'argent ou de bronze. Elle consiste à marteler des poinçons en bois ou en cuir sur une base de poix. La **métallurgie du fer** est répandue et largement utilisée dans la fabrication des armes (javelots, poignards, lances) et de produits d'usage quotidien (avant-trains de charrues, burins, couteaux).

En **menuiserie** et en **charpenterie**, dans la construction de navires de transport et de guerre, ainsi que dans la fabrication du mobilier et des objets, d'importants progrès sont réalisés. Le bois dont disposent les menuisiers phéniciens est le plus prisé de toute l'Antiquité. Il s'agit des fameux cèdres et pins du Liban, nécessaires d'abord comme matériaux de construction des palais royaux. Pour leur transport, les troncs sont généralement remorqués par des navires.
Le bois précieux est exporté sous forme d'objets et de mobilier, ou au contraire conservé pour la thésaurisation, à l'instar des métaux les plus précieux. La valeur de ces objets ne réside pas seulement dans leur matériau, mais aussi dans la technique d'assemblage des diverses parties, avec des tenons et des mortaises, beaucoup plus rarement avec des clous, qui apporte ainsi une véritable « valeur ajoutée » à ces produits.
La beauté et le raffinement des objets en bois s'accroissent ensuite avec les incrustations d'ivoire. Le **travail de l'ivoire** est assez répandu et diversifié (ouvré en incisions et en ronde bosse). La production comprend, entre autres, des vases à onguents, des peignes, des vases. Ces objets révèlent l'influence de l'art et du symbolisme égyptiens.

Mais ce sont les **chantiers navals** qui donnent à la technique du bois son plus vaste champ d'application et qui permettent à la technique phénicienne de devenir célèbre à juste titre. Le contrôle des trafics commerciaux engendre la maîtrise des moyens de navigation et une connaissance approfondie de la mer et des conditions météorologiques. Les **navires de transport** utilisés dans les activités commerciales sont construits selon des critères qui en garantissent la fiabilité.
Dotés d'une coque arrondie, dont la forme assure une grande capacité de chargement, ils atteignent en moyenne vingt à trente mètres de long et six à sept mètres de large. La poupe est arrondie et se termine en volute ou en queue de poisson ; la proue est aussi curviligne, décorée d'une frise zoomorphe (têtes de chevaux). Sur la coque, du côté de la proue, sont peints deux yeux ayant la double fonction symbolique de rendre la route visible et d'intimider les ennemis. La propulsion du navire est assurée par une voile rectangulaire unique, hissée sur le mât principal. Un timon en forme d'aviron, avec des pales asymétriques, assure la gouverne de

l'embarcation. Sur le pont, on trouve le château, c'est-à-dire l'abri pour l'équipage et l'appareillage. Les **navires de guerre** sont plus larges que les navires commerciaux; constituant une arme offensive, la proue est dotée d'un rostre, éperon de bronze servant à briser les flancs des navires adverses.
Le château contient aussi les archers et les machines de guerre. Le système de propulsion - plus complexe parce qu'il doit permettre des manœuvres rapides et des changements de cap au cours d'une bataille - est composé de deux voiles (une grande voile centrale et une petite voile à la proue) et d'avirons disposés le long des flancs.
On procède à la fabrication des proues par la préparation séparée de morceaux de bois taillés d'après des modèles, le montage étant rendu plus facile par les lettres de l'alphabet inscrites sur chaque pièce. Les planches sont partiellement superposées (bordages) et soutenues par une charpente interne faite de poutres disposées perpendiculairement à la quille. Le revêtement extérieur, qui protège et imperméabilise la proue, est composé de plaques de plomb enduites de poix et fixées à la quille avec des clous en cuivre.

Les **techniques de navigation** sont elles aussi très sophistiquées. Le petit cabotage, qui s'effectue de jour et pour de brefs trajets, assure le relais entre les cités de la côte et utilise des embarcations encore plus petites que celles qui ont été décrites ci-dessus. La navigation au long cours, au contraire, couvre de longues distances vers des ports lointains et s'effectue aussi de nuit. Il est alors possible de s'orienter par l'observation des étoiles de la Petite Ourse,

également appelée, pour cette raison, l'Étoile phénicienne. Les longs voyages sont entrecoupés d'escales pour les ravitaillements et les réparations. Pour les expéditions commerciales, on préfère les mois de mars à octobre, qui garantissent de meilleures conditions climatiques.
La robustesse des embarcations et une grande connaissance de la navigation permettent aux Phéniciens d'entreprendre de nombreux **voyages d'exploration** (même au-delà des Colonnes d'Hercule) à la recherche de métaux ou de nouveaux marchés.

Dans l'Antiquité, les Phéniciens sont réputés dans deux autres domaines : la **teinture des étoffes en pourpre** et le travail du verre. Sur les listes des butins, contenues dans les annales des rois assyriens, apparaissent souvent, entre les pierres précieuses, les bijoux et les ivoires, les « vestes de laine colorée et de lin, violettes et pourpres ». L'indication de la provenance de telles prises (toujours la côte méditerranéenne) est une preuve indirecte de leur caractère précieux et de leur beauté. La teinture des étoffes devient une spécialité des pays côtiers, qui disposent de la matière première nécessaire, le **murex**. Ce mollusque est pêché en grande quantité dans les fonds méditerranéens et placé ensuite dans des vasques situées en bordure des habitations. Une fois les coquilles brisées, la macération des mollusques produit un pigment qui, dilué dans de l'eau de mer en quantités variables, prend une couleur pourpre caractéristique. La valeur particulière de cette teinture est due à la coloration indélébile ainsi conférée aux tissus.
Quant au **verre**, il n'est pas une invention des artisans phéniciens qui, cependant, en raffinent la technique de production et

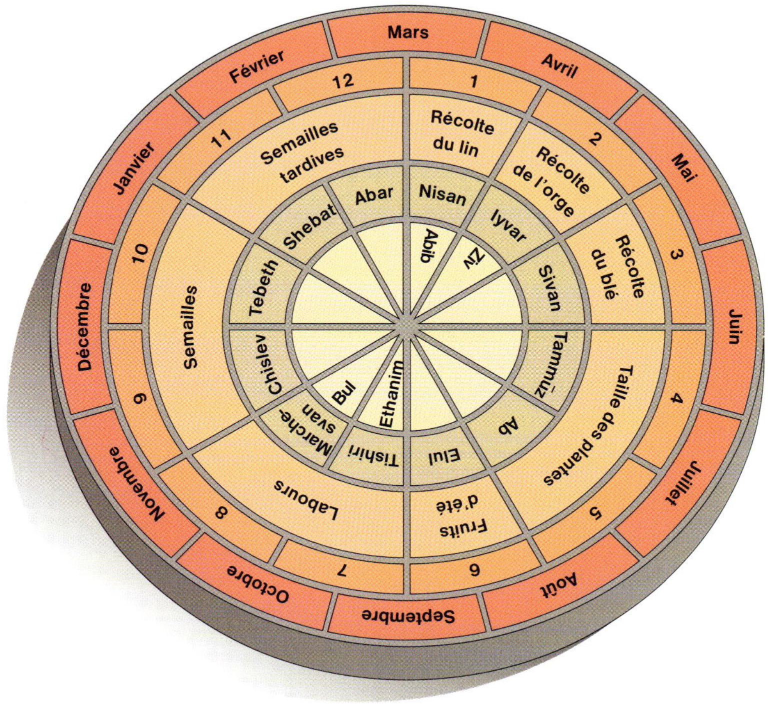

Ci-dessus : statuette de divinité assise, en bronze, provenant d'Ougarit (XVIIIe siècle av. J.-C.). Musée du Louvre, Paris.
Ci-contre : protome de caprin en bronze et lapis-lazuli avec des yeux en coquille, mis au jour à Ebla (vers 1700 av. J.-C.). Musée d'Alep, Syrie.
Au centre : le diagramme illustre les différentes façons dont les Israéliens divisent l'année. Ils utilisent d'abord les mois cananéens (au centre), dont on ne connaît que quatre noms, auxquels ils substituent par la suite des nombres ordinaires. L'usage de compter les mois du premier au douzième précède l'adoption du calendrier babylonien. Le calendrier babylonien commence au mois de Nisan (mars-avril).

en diffusent l'usage. L'industrie du verre se développe du fait d'un accès aisé aux matières premières nécessaires à la fusion de la pâte vitrée - les silicates de calcium, abondants dans les sables des plages libanaises. Après la fusion, on ajoute souvent des pigments minéraux pour provoquer des colorations variées très prisées.

Le niveau technologique de l'intérieur du pays est de très loin inférieur à celui de la côte. Le **travail du bronze** est attesté dans la vallée du Jourdain, où se développe la technique du repoussé et la production d'objets ouvragés. La traditionnelle technique de la sculpture de l'ivoire est également très répandue, tout comme celle, plus courante, de l'os. Comme en Phénicie, dans la région nord de la Syrie, on crée des **objets en ivoire** utilisés comme ornements de mobilier et parois des salles palatines. Les ivoires syriaques comptent parmi les produits de luxe les plus demandés, surtout par la cour assyrienne.

En Crète, tout comme dans le monde oriental, les développements techniques apparaissent surtout par le biais de l'artisanat et dans le cadre de la société urbaine. L'absence, dans la civilisation minoenne, d'un développement équivalent dans le domaine scientifique, c'est-à-dire d'une réflexion théorique suscitée par le désir de connaître, s'explique par la motivation essentiellement pratique des innovations techniques, dans la ligne de ce qui est déjà apparu dans les civilisations fluviales. Les principales technologies, comme la métallurgie, la céramique, l'attelage et la propulsion à voile des bateaux, parviennent en Crète depuis l'Orient, qui les a perfectionnées au cours du IIIe millénaire avant de les diffuser dans toute la Méditerranée. Les vecteurs de cette

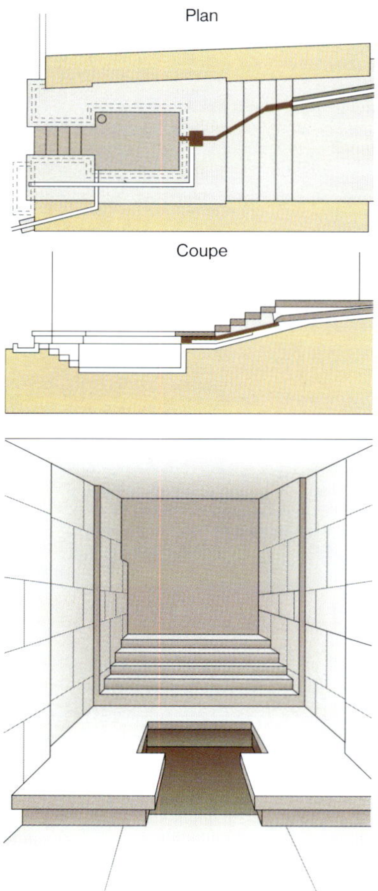

expansion sont tout à la fois le commerce et les groupes humains se déplaçant d'un lieu à l'autre. Il semble que ce soit les artisans du Nil et les colons de Syrie, présents dans l'île, qui ont introduit la métallurgie du bronze, le plateau rotatif du potier pour la production de céramique, ainsi que d'autres techniques.

En ce qui concerne la **métallurgie**, les Crétois apprennent à extraire les métaux (surtout le cuivre, puis l'étain, l'or, l'argent, l'arsenic, le plomb) des minéraux grâce à

la **fusion**. Cette technique nécessite la construction de fourneaux dotés d'une prise d'air, afin d'obtenir une température relativement élevée, et l'emploi de creusets pour contenir le métal en fusion. De plus, on fabrique les outils qui servent à travailler le métal : des pinces, des marteaux et, surtout, des moules en pierre et en terre cuite qui donnent la forme voulue à la masse fluide. Après la première fusion, l'opération peut se répéter, afin d'épurer progressivement le métal. Simultanément aux techniques de base sont introduites d'autres innovations, dont la plus importante est sans aucun doute l'**alliage**.

Par la fusion du cuivre et de l'étain, on obtient du bronze, tout à la fois plus malléable et plus résistant. Dans un premier temps, les produits en métal sont coûteux et plutôt rares du fait de la difficulté d'approvisionnement. On utilise donc encore longtemps les outils en pierre, notamment pour le travail de la terre. En revanche, les **armes** sont tout de suite produites en **bronze** ; elles sont de meilleure qualité, plus robustes, et durent plus longtemps que les armes en pierre. Les armes les plus répandues sont les dagues, caractérisées d'abord par leurs lames en forme de feuille de laurier, puis par une feuille plus large à nervure centrale et une base arrondie. A l'époque de la splendeur minoenne, la grande habileté des armuriers crétois permet de fabriquer une longue épée avec des nervures incisées au centre, un dos arrondi et un talon plat.

Il s'agit alors d'armes funéraires et non d'armes de combat, comme le montre la fine décoration damasquinée et les poignées souvent plaquées en or. Par la suite, ce modèle sera perfectionné, lorsque, repris par des forgerons mycéniens, on le garnira d'un talon plat et suffisamment long, permettant de porter trois trous ou plus pour la rivure (lien avec la poignée).
Avec le temps, le **bronze** sert aussi pour fabriquer les avant-trains des **charrues**.
L'objet métallique, une fois fondu, versé dans les moules et refroidi, est décoré par divers moyens, qui incluent la technique au repoussé, le filigrane, l'incision et, pour l'or, la granulation. Les Crétois sont particulièrement habiles en **orfèvrerie** ; ils produisent des vases, des coupes, des tasses, mais aussi des joyaux, des colliers, des boucles d'oreilles, des anneaux et des pendentifs. Une technique particulièrement raffinée est le **damasquinage** des armes (surtout des lames d'épée), qui consiste en une marqueterie en or et en argent.
Les splendides objets mis au jour dans les tombes mycéniennes, mais à l'évidence de facture minoenne, mettent en évidence l'habileté des artisans crétois, ainsi que la beauté et la variété des thèmes ornementaux : chasse au lion ou aux oiseaux des marais, aux motifs floraux qui reproduisent les lis, si caractéristiques de l'art crétois. Tous les outils sont fabriqués en bronze : burins, pinces, trépans, ciseaux, utilisés aussi pour la taille des pierres dures et particulièrement adaptés à la production des sceaux.

En Crète, les potiers jouissent d'une considération particulière. Ils résident dans le palais ou se déplacent de cité en cité ; malgré la diffusion et la valeur des objets en bronze, les céramiques, utilisées d'abord dans des cérémonies, maintiennent leur prédominance. Dans une première phase, les potiers produisent des coupes, des tasses, des amphores, des *píthoi,* embellis de décorations colorées figuratives ou géométriques, qui deviennent les objets de luxe des palais et sont exportés en grand nombre. Ensuite, la céramique est utilisée à des fins plus pratiques, comme la fabrication d'amphores pour le stockage des denrées et leur transport

par mer. Malgré l'apparente baisse de qualité, surtout dans la décoration, les vases crétois continuent à être imités, surtout en Grèce et en Méditerranée occidentale. La **technique du potier** est basée sur le **plateau rotatif** (d'importation orientale), qui consiste à travailler un bloc d'argile en le faisant tourner très rapidement sur un disque mobile.
Le décor peut être appliqué de la même façon, surtout s'il s'agit de motifs géométriques qui dessinent des ondulations sur la surface du vase. On procède ensuite à la cuisson. Les céramiques les plus célèbres des ateliers minoens, d'énormes vases décorés, sont employés pour la conservation des marchandises dans les magasins du palais ou pour le transport de produits alimentaires par la mer.

Quelques connaissances nouvelles sont transmises à la Crète par des peuples orientaux plus évolués, mais beaucoup d'autres dérivent de l'expérience accumulée par les Crétois eux-mêmes, surtout dans le domaine de la navigation. On utilise le chariot pour les voyages et les transports terrestres : il est construit entièrement en bois, avec des roues pleines fixées à la caisse par des courroies de cuir. La traction exploite la force des bœufs et surtout des ânes. Les modes d'attelage et de harnachement sont plutôt rudimentaires : ils comprennent un système de robustes courroies en cuir accrochées autour du cou et, partiellement, autour des épaules des animaux qui, étant donné leur robustesse, sont capables de porter de très lourdes charges. Les chariots à deux ou quatre roues ont des dimensions variées.
Le **char** léger fait son apparition peu avant ou simultanément à l'arrivée des Mycéniens. C'est la grande invention qui a révolutionné le mode de locomotion dans le monde mésopotamien à partir de la moitié du IIe millénaire av. J.-C. De proportions réduites et doté de roues à rayons, plus rapide, ce char n'est pas dédié au transport des marchandises, mais à des déplacements rapides, comme ceux nécessités par une campagne militaire. Le cheval en assure la traction, les documents en linaire B témoignant de son élevage.
Pour la Crète, la mer représente de très loin la voie de communication la plus importante. La **charpenterie** et la **menuiserie** trouvent de vastes applications dans la construction de **navires** de dimensions variées. A une époque très ancienne, il n'existait probablement pas de différence entre les bateaux de transport et ceux utilisés à la guerre ; ensuite, la distinction, déjà opérée dans la flotte égyptienne, s'exprime moins par la forme que par les dimensions. Les navires, longs en général de vingt à trente mètres, sont caractérisés par la forme surélevée de la proue et par une voile carrée unique. De plus, ils sont dotés de rames qui se substituent aux voiles en cas de calme plat.
La **connaissance de notions météorologiques et nautiques,** doublée d'une bonne technique de la construction navale, permet aux Minoens de gérer un volume de trafics commerciaux tout à fait remarquable, tant pour son extension que pour la quantité des marchandises transportées. Les fresques découvertes à Akrotiri, dans l'île de Théra (Santorin), permettent d'avoir une idée du soin apporté par les Minoens aux **infrastructures portuaires**. Les images présentent, parmi d'autres scènes, l'arrivée au port des navires après une expédition militaire ; la crique est dotée de quais artificiels, tandis qu'un édifice, doté de nombreuses ouvertures sur sa façade principale, semble être un chantier naval.

Un aperçu, enfin, de ces sciences qui sont pratiquées seulement pour leur lien avec l'administration palatine et les activités commerciales. Les **mathématiques** se développent ou, pour être plus précis, reçoivent les influences venues de la civilisation mésopotamienne à travers ses contacts avec les ports syriaques. On n'atteint certes pas des niveaux très avancés, mais on élabore cependant une numérotation en nombres entiers et en fractions, ainsi qu'un système de calcul, rudimentaire mais capable de répondre aux exigences de la comptabilité et de l'enregistrement, telles qu'elles apparaissent dans les documents en linéaire B mis au jour à Cnossos.

Page ci-contre, en haut : aménagements d'évacuation des eaux de pluie dans le palais de Cnossos.
A gauche : plan, coupe et vue de face des bains de la reine dans le palais de Cnossos.
A droite : bijoux du trésor de Minos, palais de Malia. Musée archéologique, Malia.
Sur cette page, à droite : reconstitution de la façon de dresser une colonne (en haut) et galerie du palais de Cnossos (en bas).
Ci-dessous : amphores dans les caves du palais de Cnossos.

En Grèce, dans le domaine de l'agriculture, tout en introduisant quelques innovations importantes, on améliore certaines techniques déjà en usage. Cependant, les progrès ne concernent pas la culture des céréales, dont la production, comme nous l'avons déjà vu, est plutôt limitée. Les Grecs ne cherchent pas à améliorer leurs techniques d'exploitation des sols : le fumage, qui s'opère surtout en laissant la terre se reposer pendant de longues périodes, et l'irrigation, nécessaire dans une région où l'été est plutôt sec et la pluviosité faible et mal distribuée sur l'année. Les Grecs connaissent les aqueducs et les divers systèmes de canalisations, mais ils ne les utilisent pas couramment pour l'agriculture. Dans ce domaine, ils trouvent plus facile d'importer des céréales, à moindre prix, de pays naturellement producteurs. L'habileté technique des paysans grecs se manifeste surtout dans le soin apporté aux cultures spécialisées, notamment celles de l'olivier et de la vigne, qui garantissent des produits de qualité pour les échanges commerciaux.

Ci-dessus : **Deux déesses avec un enfant** *(XVe siècle av. J.-C.), groupe en ivoire provenant de Mycènes. Musée archéologique national, Athènes.*
A gauche : détail de **l'Olpé Chigi** *(milieu du VIIe siècle av. J.-C.), chef-d'œuvre de la céramique corinthienne, qui offre la première représentation connue d'une phalange hoplitique, alors qu'au son des flûtes, on se prépare à la bataille. Musée de la Villa Giulia, Rome.*

La **métallurgie** constitue un secteur important de l'économie grecque, où l'on n'enregistre cependant pas de progrès significatifs en comparaison des pays orientaux, d'où les Grecs tirent les techniques de fusion et de travail du métal. Les **procédés de fusion** pour l'extraction des métaux à partir des minéraux se décomposent en deux phases successives : pendant la première, le métal est séparé du minéral; durant la seconde, le produit ainsi obtenu est transformé en une masse fluide qui est coulée dans les moules d'argile ou de pierre. Le travail du métal peut aussi avoir lieu après la première fusion, au moyen du martelage. Les feuilles obtenues sont ensuite travaillées par les techniques de l'incision et du repoussé.
Dans un premier temps, le **four de fusion** a la forme d'un puits creusé dans le sol et revêtu à l'intérieur de matériaux réfractaires (pierre, argile). La prise d'air est une ouverture en forme de canal qui relie l'extérieur au fond, et l'évacuation des scories se fait par le haut. Une notable amélioration est enregistrée avec la construction de fours hors du sol, avec une ouverture latérale au niveau du rebord du creuset.
C'est de l'Orient, et surtout de l'Égypte, que les Grecs adoptent l'usage du soufflet, la forme de leurs principaux outils de travail et les notions techniques pour la préparation d'alliages de bronze flexibles, adaptés à la fabrication d'outils à ressort (pinces).
Il existe une technique particulière, caractéristique des âges les plus reculés, pour la création d'alliages de cuivre et d'étain (bronze). Elle prévoit la fusion séparée des métaux; pour augmenter l'homogénéité, on jette dans le creuset des morceaux de bois vert qui émettent des vapeurs et provoquent l'ébullition du métal à l'état pur, favorisant ainsi l'amalgame.

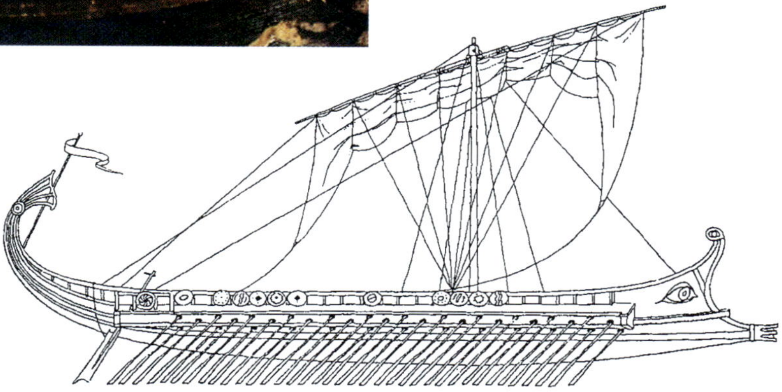

Des premières utilisations du fer découlent la découverte de gisements de fer sur le sol grec et, simultanément, son importation d'autres pays. A leur début, les techniques de **travail du fer** procurent un métal de quantité et caractéristiques inférieures à celles du bronze. C'est pour cette raison que, pendant longtemps encore, on préfère les armes en bronze.
La plus ancienne technique de fusion du fer consiste à faire fondre le minerai à la chaleur du charbon, puis à le travailler à chaud avec un marteau. La qualité du produit obtenu est plutôt médiocre. Elle s'améliore quand on découvre que, en immergeant le métal encore chaud dans l'eau froide, sa résistance en est très fortement augmentée.
C'est alors que le fer commence à supplanter le bronze, qui se raréfie à cause des guerres incessantes qui handicapent le réapprovisionnement en métaux de base.
Le fer est d'abord employé dans la fabrication des armes, et les longs estocs (lances) en bronze, originaires de Crète et utilisés par les princes mycéniens, sont remplacés, à la cour, par des épées en fer. Son usage s'étend ensuite aux **ustensiles** et **outils agricoles**.
Leur robustesse et leur coût modique en facilitent la diffusion, même dans les classes moins aisées; les paysans effectuent ainsi de façon plus efficace les travaux de défrichage,

de creusement des canaux, de labours; l'artisanat connaît également un saut qualitatif grâce à ces nouveaux outils.

A ce moment-là de l'histoire grecque, la céramique et la navigation sont toutes deux fortement influencées par les apports étrangers. Les Grecs tirent profit des connaissances de la Crète, qui possède une grande avance technique. Pour la **fabrication des vases**, on utilise de préférence l'argile alluvionnaire qui, parce qu'elle contient beaucoup de sédiments minéraux, permet d'obtenir une coloration rosée ou jaunâtre. De plus, ce matériau résiste au feu sans subir ni altérations ni fractures. Le travail se fait au tour, d'abord actionné par un assistant du potier, puis perfectionné par l'introduction d'un mécanisme à pédale qui imprime un mouvement à la roue. Parfois, les décors sont aussi exécutés selon la même technique, qui permet d'unir au goût raffiné des productions grecques une variété typologique remarquable.

L'autre secteur dans lequel excellent les Grecs est la **navigation**. Pour leur type d'économie, basée sur le commerce, il est impératif de posséder une bonne technique navale. Les Mycéniens s'initient lors de contacts avec la Crète, comme en témoigne la ressemblance de leurs navires respectifs. Il s'agit d'embarcations à quille basse et plate, à proue élevée et à timon postérieur. La force de propulsion est fournie par une rangée unique de rames, mais elle provient aussi d'une voile quadrangulaire fixée à un mât situé au centre du navire. Les deux systèmes sont rendus nécessaires par l'inconstance du vent en Méditerranée. Par la suite, on distingue la forme de la quille : un type plus large et arrondi, adapté au transport de charges importantes et aux longues traversées; un autre plus long et fin, qui autorise une meilleure manœuvre et une plus grande rapidité, qualités indispensables dans les combats.

La pentécontore, ainsi appelée car elle présente cinquante rames disposées sur une rangée unique, devient le type de navire de guerre le plus répandu dans l'Antiquité.

L'AGRICULTURE SPÉCIALISÉE

D'importants changements se font jour, tant dans la culture que dans le broyage des olives. La récolte est faite à la main, en grimpant dans les arbres, de façon à cueillir le fruit dans les meilleures conditions. L'étape suivante, le broyage, est assez complexe dans la mesure où une simple presse en pierre est insuffisante pour séparer l'huile des impuretés liquides et surtout solides. Ainsi, après le pressurage, on fait décanter le produit en plusieurs étapes dans des bassins pour séparer l'huile des substances solides.

La vigne, abondante dans tout le monde grec et produisant des vins réputés, reçoit des soins particuliers : on ne la cultive pas en hauteur, mais au niveau du sol pour éviter les dommages causés par le vent; la terre alentour doit être piochée, débarrassée des herbes et enrichie.

Après la vendange, le raisin est broyé dans de grands tonneaux en bois (ou d'autres matériaux). On procède d'abord au broyage avec les pieds, auxquels se substitue bientôt une presse; cette dernière est constituée d'une longue poutre supportant une masse de pierre à l'une de ses extrémités, avec laquelle on appuie sur le raisin déposé dans des récipients séparés les uns des autres par des nattes. Ce type de foulage permet de mieux broyer le raisin. Le vin est versé dans des píthoi, grands récipients en terre cuite, où a lieu la fermentation. La résine placée à l'intérieur des récipients confère au vin grec le goût particulier qui le caractérise encore aujourd'hui. Le vin est ensuite transvasé, après filtrage par un tissu ou un tamis métallique, dans des amphores ou des outres en peau.

L'habileté des Grecs se révèle dans le choix de bois robustes, comme le sapin et le pin, dans le calfatage et dans la liaison établie entre la quille et les bordages. Les Grecs étant dépourvus d'instruments comme la boussole et le sextant, ils s'orientent en observant le ciel et d'après leurs connaissances des vents, acquises par l'expérience.

Une innovation d'origine orientale, d'une importance majeure et d'une grande utilité économique, est introduite en Grèce vers le VIIe siècle av. J.-C. Il s'agit de la **frappe de la monnaie**. Les monnaies, pièces de métal de poids et de forme fixes, sont établies et garanties par l'État. Elles permettent de surmonter au moins deux inconvénients majeurs : les lenteurs des transactions commerciales dues à la nécessité de peser à chaque fois le métal représentant le prix des marchandises, et la possibilité de fraudes.

Les monnaies, d'abord frappées en argent et en or, puis en bronze et en cuivre, sont immédiatement très appréciées.

Sur le plan militaire, il faut rappeler la grande innovation tactique introduite par la création de la **phalange hoplitique**, formation de fantassins adossés les uns aux autres, armés de lances et protégés par un gros bouclier rond. Cette disposition permet de constituer un mur humain, une véritable machine destinée à percer le front ennemi, dont la force d'impact réside précisément dans sa disposition en rangs serrés. L'innovation est liée à la naissance des *póleis* et favorisée par le poids plus important de la classe des marchands dans la société; le nombre de personnes qui peuvent se procurer des armes et devenir hoplites à l'intérieur d'une phalange est en augmentation.

Page ci-contre, en bas : une trière grecque (en haut) et une pentécontore à deux mâts (en bas). Comportant trois rangs de rameurs sur chaque côté, les premières trières sont construites par les Corinthiens à la fin du VIIIe siècle av. J.-C. La pentécontore, qui peut atteindre 38 mètres de long, est découverte sur presque toute sa longueur et munie de rostres permettant d'éperonner les navires ennemis : elle deviendra le navire de guerre le plus répandu dans l'Antiquité. Sur cette page, en haut : tasse à anses, Ialiso (Rhodes). British Museum, Londres. A droite : rhyton en or provenant de Mycènes (XVIe siècle av. J.-C.). Musée archéologique national, Athènes.

La **métallurgie** est le domaine dans lequel se distinguent les peuples préhistoriques et protohistoriques de l'Europe méridionale, comme d'ailleurs ceux des régions septentrionales. Avec une diffusion qui part des zones riches en minerai, évidemment favorisées, pour s'étendre dans des régions beaucoup plus éloignées, le **cuivre** se présente d'abord sous forme d'objets qui se substituent aux modèles en pierre. Les premiers outils fabriqués sont ceux qui servent à réaliser l'extraction du minerai, comme les **masses** et les **pics**, utilisés pour le marteler et l'extraire. La fusion constitue l'étape suivante ; elle permet un travail plus précis, puisque le métal coulé dans les moules peut adopter la forme désirée. Pour la fusion, on emploie des fours déjà en usage pour la cuisson des vases en argile. Avec l'introduction des **alliages**, aussi bien le cuivre et l'arsenic que, plus tard, le cuivre et l'étain (c'est-à-dire le véritable **bronze**), on obtient un produit d'une qualité nettement supérieure. Les découvertes de fours, tuyères et creusets mettent en évidence un progrès parallèle de l'exploitation des métaux et de leur technique de la fusion, pour lesquelles toute une série d'outils sont mis au point, comme des marteaux, des ciseaux, des pinces. Les milliers de fragments d'objets de bronze mis au jour dans les dépôts situés à proximité des fonderies confirment l'hypothèse selon laquelle la **refonte** constitue une technique caractéristique de la métallurgie européenne. La refonte est également pratiquée chez des peuples plus évolués, qui ont depuis longtemps découvert et perfectionné la métallurgie mais se bornent à utiliser des moules d'argile réfractaire. Au contraire, les dépôts européens suggèrent l'emploi de modèles et de moules en bronze. On ne sait pas précisément si ces formes refondues servent à préparer d'autres modèles en terre cuite, ou si elles sont directement utilisées pour la coulée. Dans le dernier cas, la même forme peut être utilisée plusieurs fois selon un procédé que l'on peut pratiquement qualifier d'industriel.

Le développement d'une métallurgie de refonte permet de créer des centres de travail du métal pouvant être situés à de grandes distances des zones d'extraction. Les métaux, fondus sur place et transformés en lingots aux formes variées, peuvent être transportés dans un autre atelier et soumis alors à une nouvelle fusion et à la coulée dans les moules. Pour des objets de petites dimensions, comme les petites boucles (clous) qui ornent les vases en terre cuite, les vestes, les armes, les outils, on pratique une fusion complète : le métal, porté à l'état liquide, est versé dans des moules ouverts (modèles monovalves) ou fermés (modèles bivalves), les finitions étant par la suite opérées manuellement. Les alliages de bronze se transforment avec le temps. Le premier alliage utilisé comporte l'emploi de 15 à 20 % d'étain, alors que, par la suite, le plomb est présent dans des quantités toujours plus importantes et tend à se substituer complètement à l'étain.

Ci-contre : Haches provenant du dépôt d'Ardéa (Rome). Certaines présentent des emmanchures allongées, les autres des ailettes renversées (VIIIe siècle av. J.-C.). Musée Pigorini, Rome. Le développement de la sidérurgie (dont on peut situer les débuts entre 1700 et 1100 av. J.-C.) donne une grande impulsion à la fabrication des armes et des objets en fer, beaucoup plus robustes et durables que ceux fabriqués en bronze. Ci-dessous : archer, bronze nuraghique. Musée archéologique national, Cagliari. Page ci-contre, en haut : outils et armes provenant du trésor de Lloseta (Majorque), culture tayolitique. Musée archéologique, Barcelone. En bas : urne biconique en céramique portant un décor peint, provenant de La Mattonara (VIIIe siècle av. J.-C.), culture villanovienne. Musée Pigorini, Rome.

La **sidérurgie** – qui débute à des périodes différentes selon les régions mais se situe globalement entre 1700 et 1100 av. J.-C. – requiert une plus grande habileté technique. La première difficulté consiste à atteindre la haute température nécessaire pour transformer le minerai de fer en métal : le produit ainsi obtenu présente une robustesse et une résistance très supérieures à celles du bronze. Le minerai de fer est facilement accessible : on connaît de riches gisements dans presque toutes les régions. Dans le bassin occidental de la Méditerranée, il y a deux « voies du fer » : la première descend du nord de l'Europe, la seconde vient du sud, qui est la voie des colonisations phénicienne et grecque. Il faut signaler l'orfèvrerie, apparaissant simultanément au cuivre, réservée à la fabrication d'objets de valeur déposés dans les tombes ou servant à la thésaurisation. On emploie aussi couramment l'argent dans la fabrication des objets précieux. Il est obtenu à partir de plusieurs types de galènes, préalablement chauffés et soumis à la coupellation (oxydation partielle).

L'**usage répandu du cheval** pour les déplacements rapides, ainsi que pour la traction des chariots (et non sa domestication, qui remonte à une période plus ancienne) constitue un des aspects les plus caractéristiques de l'âge du fer. A l'âge du bronze, déjà, on connaît de nombreuses représentations du cheval, attelé à un chariot ou finement harnaché. L'animal, par sa vélocité et son agilité, favorise les échanges entre les régions méditerranéennes et le reste de l'Europe, surtout le long des voies qui incluent le passage des Alpes. Le cheval n'est jamais utilisé dans les champs, mais exclusivement pour **tirer des chariots**, dont la forme apparaît de plus en plus perfectionnée. On trouve des chariots à deux et quatre roues à rayons. Dans le premier cas, il s'agit de chars et de véhicules de parade ; dans le second, il s'agit de chars de guerre. Enfin, le chariot est utilisé à des fins funéraires.

La **céramique** représente l'autre activité artisanale prédominante de ces populations. Elle constitue la grande découverte du néolithique, lorsque l'homme comprend que l'argile peut être transformée et retravaillée pour donner des objets solides après cuisson. L'**argile** est une roche sédimentaire constituée d'un mélange d'éléments très fins, dérivés de la lente décomposition d'autres roches ; les minéraux qui la composent sont, pour l'essentiel, des silicates d'aluminium, des oxydes de métaux alcalino-terreux ou des oxydes de fer.
La principale caractéristique de l'argile est sa capacité à devenir plastique, malléable, quand elle est imbibée d'eau ; elle peut être modelée facilement. Une fois sèche, elle se densifie et perd de sa plasticité ; enfin, avec la cuisson, l'eau est complètement éliminée, une partie des minéraux fond et l'argile se transforme en un matériau compact et solide, en devenant alors terre cuite ou céramique. L'argile est d'abord utilisée seule. Avec l'expérience, on sait la purifier pour obtenir une céramique plus fine, ou bien on y ajoute d'autres matériaux : en mélangeant l'argile avec des granules de quartz (dégraissants), on diminue le risque de bris de vase pendant la cuisson. Au contraire, en la mélangeant avec des granules de calcaire (fondants), on réussit à diminuer la quantité de chaleur nécessaire pour atteindre le même degré de cuisson, économisant ainsi une quantité importante de combustible.
Pour **modeler les vases**, on utilise d'abord la **technique** « à colombine ». L'esquisse du vase est d'abord réalisée en superposant un cordon d'argile molle en spirale ; il faut ensuite lui donner la forme désirée, en la faisant tourner à la main sur une base quelconque, avec l'aide d'instruments adaptés.
L'introduction du **tour** révolutionne la production céramique. Cette technique consiste à placer l'argile sur un disque de bois placé sur un axe, animé par contrepoids ou sur pivot pour le faire tourner rapidement. En employant la force centrifuge, le vase est modelé avec les mains ou des instruments simples et prend une forme plus régulière.
La **technique de cuisson** se modifie également au cours du temps : de la combustion « à ciel ouvert » – qui consiste à mettre le feu au bois et autres végétaux recouvrant la céramique séchée et empilée – on passe à la construction des fours, constitués de simples fosses creusées dans le sol et recouvertes de pierres et d'argile. Dans le premier cas, les vases ont des formes irrégulières et présentent la coloration tachetée des surfaces.
Parmi les **techniques décoratives** les plus utilisées, on trouve l'estampage, obtenu par l'impression sur l'argile encore crue d'empreintes de poinçons représentant des figures variées (comme des cercles ou des rosettes) ; l'incision à cru et la « cordelette », obtenue en imprimant un fil de bronze tordu dans de l'argile crue et en incrustant au tracé ainsi préparé une pâte colorée ; l'abrasion, qui consiste à frotter les surfaces du vase avec une latte de bois ou une pierre dure de façon à les faire briller uniformément et à les imperméabiliser. Avec l'introduction du tour, la production s'améliore : les vases présentent un aspect plus régulier et une surface plus lisse, mieux adaptée au décor. Mais la grande période de la céramique, surtout de la céramique italique, est celle de la colonisation grecque. C'est alors que sont apprises les techniques de **peinture des vases** et qu'on fabrique des pièces rivalisant avec les vases grecs, non seulement par leur variété typologique mais aussi par leur décor polychrome.

Dans tout le monde antique, le **filage** est une **activité typiquement féminine**. Il s'agit de toute une série d'opérations qui transforment la fibre brute en fil, avec lequel on tisse les étoffes, alors que les peaux sont cousues. La fibre la plus utilisée est la laine, mais le lin et le chanvre sont aussi utilisés. On exploite également des fibres comme celles du sparte, une herbe haute, dure et peluchée qui pousse dans la zone méditerranéenne, surtout dans les régions sableuses de l'Espagne et de l'Afrique du Nord. La matière à filer est enroulée autour d'un bâton léger (quenouille ou pierre) ; la femme en tire une petite quantité, l'enroule avec le doigt et la fixe au **fuseau**, un instrument en bois bombé en son centre et étiré à ses extrémités, auquel elle imprime un mouvement de rotation avant de le laisser pendre, tirant un autre fil de la quenouille. Le fuseau continue à tourner grâce au poids d'une boule (rotule) en pierre, en bois, en os ou en terre cuite, placée à une de ses extrémités. On obtient ainsi un fil très fin et uniforme. A partir de 1500 av. J.-C., le **métier à tisser** apparaît dans de nombreuses régions. Sa première version est horizontale : la chaîne du tissu est tendue entre deux ensouples reliées au sol par quatre piquets. On lui substitue un métier vertical (les deux ensouples sont fixées à un cadre rectangulaire en bois). Avec le métier vertical, la chaîne peut être tendue par des poids, généralement en terre cuite. La chaîne est constituée de fils verticaux, maintenus écartés par des bâtonnets. C'est entre eux qu'on passe les fils horizontaux (trame) avec une canette. Les tissus varient selon leur épaisseur et le travail exigé ; des tissus simples, on passe aux tissus à rayures, aux tissus doubles et enfin aux tissus tressés.
Quelques tissus (les restes d'une tunique de Sparte proviennent de Cuevas de los Murciélagos en Espagne) datent d'une période postérieure à 2000 av. J.-C.
Ils sont importants, parce qu'exceptionnels. Les systèmes utilisés sont très similaires à ceux dont on se sert pour les corbeilles : quelques fragments présentent un décor d'entrelacs et de tresses.

La période du bronze récent est caractérisée par un éclatement des structures archaïques des cités et par la fondation de nouvelles capitales. En Asie Mineure et en Mésopotamie, on assiste à la dissolution du système politique des royaumes urbains, auxquels se substituent des empires contrôlant de vastes territoires. Les modestes villages d'antan se transforment en **centres urbains fortifiés** avec des terre-pleins imposants, des portes et des murailles bien défendues. A cet égard, **Hattousa, la capitale hittite**, dont les vestiges sont encore visibles au cœur de l'Anatolie, est l'exemple le plus significatif. Déjà occupée, la cité se développe considérablement; elle comprend une partie surélevée, la citadelle de Büyük-kalé, premier noyau administratif, et une partie basse au nord-ouest. Le développement urbain se fait vers le sud, dans la direction de l'expansion hittite. Autour du noyau originel, surgit une ville haute cernée par un nouveau **rempart** et dotée d'une seconde citadelle. Le choix urbanistique consiste à adapter le plan de la cité à la topographie du lieu : sur la hauteur, le terrain accidenté présente des déclivités difficilement franchissables afin de se protéger au maximum des attaques ennemies. L'épais rempart, qui confère à la cité son caractère distinctif, est formé d'un premier mur, puis d'un second suivant le périmètre extérieur du premier à un niveau inférieur. Il s'agit de **murailles cyclopéennes**, d'énormes pierres constituant la partie inférieure des murs. Les blocs gardent souvent la forme qu'ils avaient au moment de l'extraction dans la carrière, et leur liaison se fait à l'aide de pierres et de rocs plus petits. Les murailles sont percées de **portes monumentales**, ornées de reliefs : la porte des Lions, ainsi nommée en raison des sculptures de lions qui l'encadrent; la porte Royale, avec un relief du dieu de la Guerre; et la porte des Sphinx, décorée de statues représentant ces animaux fabuleux. De robustes tours carrées flanquent les passages des portes, formés de deux piliers reliés par un arc. Enfin, les murailles sont complétées par des poternes, petites ouvertures permettant, en cas de danger, une communication de la cité avec l'extérieur. La disposition de chacun des éléments **intra-muros** n'est pas ordonnée selon un principe centralisateur, caractéristique des régions mésopotamiennes, mais plutôt par une différenciation des espaces et des bâtiments selon leurs fonctions. Ainsi, le grand temple dédié à la divinité protectrice de la cité se trouve dans la partie basse de la cité, alors que les palais, les archives et les bâtiments officiels sont à l'intérieur de la citadelle, elle-même comprise, avec les forteresses et les autres temples, dans une enceinte. L'ensemble s'adapte aux irrégularités du terrain, rocheux et montagneux. Le centre du pouvoir n'est pas représenté par un palais, mais par des unités séparées et disposées autour d'un espace ouvert, qui servent de résidence royale, salle d'audiences, porte de garde et lieu de conservation des archives. Un tel plan correspond à l'évolution du rapport entre la cité et le territoire alentour : la cité n'est plus seulement le centre qui tire profit de la campagne et de ses productions pour son entretien, mais le siège d'un pouvoir contrôlant un territoire beaucoup plus vaste avec le relais de centres d'importance secondaire. Les rapports entre le centre et les zones périphériques deviennent plus complexes, les activités de négoce international se substituant progressivement à une agriculture autrefois prédominante.
A partir de l'âge du fer, l'économie puis l'urbanisme périclitent dans de nombreuses régions, comme la Mésopotamie méridionale et l'Anatolie. Quelques cités jadis florissantes déclinent. Ainsi Babylone, qui, grande capitale du sud à l'époque kassite et jusqu'au bref essor chaldéen, cède la première place politique et administrative pour assumer une fonction religieuse de cité sainte, liée au culte du dieu Mardouk.

A droite : relief en basalte représentant le dieu de la Guerre (XIVe-XIIe siècle av. J.-C.); il a orné la porte royale d'Hattousa, capitale de l'empire hittite. Musée archéologique, Ankara.
Ci-dessous : reconstitution d'une ziggourat. La ziggourat, création architecturale mésopotamienne, comprend trois étages disposés en terrasses, avec des escaliers permettant d'accéder à la plus haute terrasse, qui constitue la base du temple.

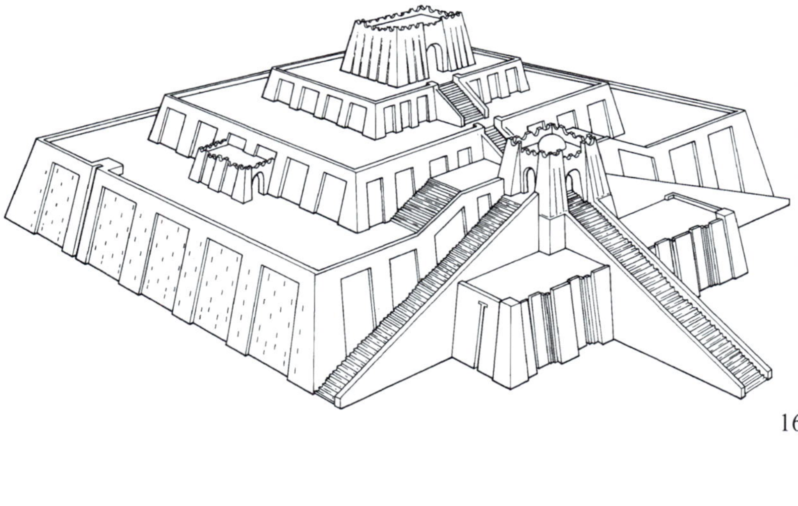

La **fondation des nouvelles capitales** qui remplacent les anciennes cités intervient simultanément. Généralement, elles surgissent à proximité de ces dernières.
Les résidences royales qui sont édifiées jouent un triple rôle : administratif, représentatif et d'exaltation de la gloire du souverain, pratique très fréquente à la période néo-assyrienne (IXe-VIIe siècle av. J.-C.). Constituant l'élément unificateur des **cités assyriennes**, le **palais** est subdivisé en plusieurs parties distinctes, tant du point de vue fonctionnel qu'architectural. C'est dans le centre du palais, destiné à la représentation, que se déroulent les audiences. Il s'agit d'une cour sur laquelle ouvrent la salle du trône, distinguée extérieurement par une façade monumentale, et ses dépendances. Une autre cour, plus grande et quelque peu éloignée du centre, relie les magasins, les bureaux et les archives. Une troisième partie du palais, moins accessible, est réservée aux logements privés. La décoration des pièces varie selon leur importance. Le plan des palais présente quelques constantes dans la durée : l'alignement des quatre angles sur les points cardinaux, un mur extérieur continu et percé d'une ouverture unique, plusieurs quartiers intérieurs agencés par blocs autour de la cour. Rationnel, régulier et géométrique, l'ensemble met en évidence une conception ordonnée de l'espace, qui se réfère à son tour à une conception cosmique. Ainsi conçu, le palais concentre en lui-même toutes les activités :

LES CAPITALES ASSYRIENNES

« L'ancienne cité de Calach [Nimroud], construite par Salmanasar, roi d'Assyrie, est tombée en ruine [...] et je l'ai reconstruite », rapportent les annales du roi Assurnazirpal II. Et encore : « J'ai fondé un palais fait en cèdre, cyprès, genévrier, buis, mûrier, pistachier et tamarin pour en faire ma demeure royale et satisfaire mon plaisir de seigneur. » La capitale traditionnelle de l'Assyrie est ***Assur****, centre politique et religieux, point de départ des expéditions militaires à la période médo-assyrienne. Assurnazirpal II transfère la capitale à* ***Calach*** *(l'actuelle Nimroud), mettant un terme à la suprématie d'Assur. Ses successeurs également seront à l'origine de la fondation de nouvelles capitales : Sargon II construira Dour-Sharroukên, l'actuelle Khursabād, alors que Sennachérib déplacera sa capitale à Ninive. Ces fondations ont des motifs plus idéologiques que pratiques : il s'agit de créer un nouveau « cosmos » par rapport au « chaos » environnant, cette nouvelle création situant le roi sur le plan des dieux en renouvelant symboliquement la création du monde.*

De même qu'Assurnazirpal II déplace la capitale d'Assur à Calach dans un but d'autoglorification, Sargon II fonde ***Dour-Sharroukên*** *pour laisser une trace éternelle de son passage. L'emplacement des nouvelles capitales confirme leur origine idéologique : elles naissent à des distances rapprochées, sans présenter d'avantages manifestes les unes par rapport aux autres. Dour-Sharroukên est dotée d'un mur d'enceinte de forme rectangulaire, complété par des tours saillantes. Sur chaque côté, on a percé deux portes, sauf du côté ouvrant sur l'acropole, ce qui brise la régularité du plan. Les édifices sont rassemblés sur le terre-plein de la citadelle et sont répartis en deux zones : le noyau comprend le palais royal, la ziggourat (tour à terrasses) et six temples, tandis que les logements des fonctionnaires se trouvent de l'autre côté. Calach illustre la capacité assyrienne de rassembler dans un espace défini, celui de l'acropole, un ensemble d'édifices monumentaux, dont chacun constitue une unité. Les palais royaux édifiés par les successeurs de Sargon II forment un complexe organique qui, bien qu'élaboré sur le long terme, donne une impression d'unité, une image cohérente d'un empire universel. En revanche, Dour-Sharroukên constitue une amélioration par rapport à la capitale précédente. Par certains aspects, on peut la considérer comme l'exact opposé de la capitale hittite Hattousa : là, une réunion d'éléments indépendants, même s'ils sont intégrés à l'ensemble ; ici, une unité.*

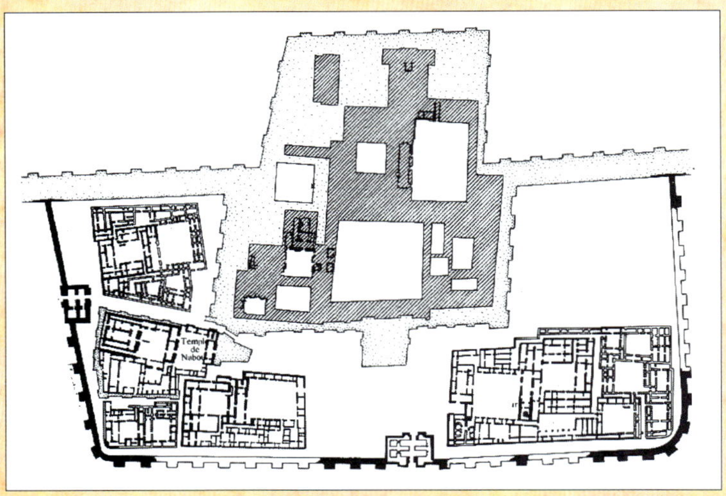

artisanales, administratives, d'enregistrement, de comptabilité et d'archivage.
Le plan du palais reproduit celui du temple, d'après un préalable idéologique commun ; le culte des dieux se manifeste dans le temple, tout comme la célébration de la puissance royale s'exprime dans le palais. Le roi tire sa légitimité de la volonté divine, au nom de laquelle il agit et garantit le bien-être de l'État. La **structure** du palais répond aussi à des contraintes suscitées par la nature du site et la disponibilité en matériaux de construction.

politiques et économiques. La cité de **Dour-Sharroukên** (Khursabād), devenue la capitale de Sargon II, est conçue comme centre du pouvoir royal. Situé à proximité du palais et relié à ce dernier, le temple reste présent dans le tissu urbain, mais il est désormais dépourvu de tout pouvoir politique.
Le plan caractéristique du **temple**, qui s'est développé à partir du noyau formé d'une cella unique contenant la statue de la divinité, comprend une cour, précédée d'un vestibule, sur laquelle s'ouvrent les édifices cultuels.

A gauche, en haut : poids ou contrepoids de porte en forme de lion assis, bronze (VIIIe siècle av. J.-C.) provenant de Dour-Sharroukên.
A gauche, en bas : plan du complexe de Dour-Sharroukên (Khursabād), résidence du roi Sargon II, abandonnée à sa mort (705 av. J.-C.).
A droite : le noyau de la ziggourat de Dour-Kourigalzou.

Ainsi, alors que le relief montagneux de l'Anatolie favorise le développement de la forteresse, en Mésopotamie méridionale, la rareté des pierres contraint à employer des briques en argile, modelées et séchées au soleil, utilisées pour former des murs continus et massifs, dont les fenêtres, qui affaibliraient la structure, sont presque totalement absentes. Il n'y a pas de colonnes, mais des supports en bois, la monotonie des façades étant rompue par l'aménagement d'entrées monumentales et l'alternance de saillants et de rentrants. Le mur est souvent revêtu d'une couche de boue ou recouvert de panneaux émaillés à motifs figurés.

En revanche, en **Assyrie**, région de la Mésopotamie septentrionale, la pierre est largement en usage. La colonne, très prisée, allège l'aspect compact des édifices et leur confère un plus grand élancement. Le **bît-hilani** est souvent cité dans les annales des rois assyriens comme ornement de leurs palais : il s'agit d'un portique édifié devant les portes, composé de types de colonnes originaires du nord de la Syrie. Le palais exprime à l'évidence une laïcisation du pouvoir, dans la mesure où il s'est substitué au temple qui gérait autrefois toutes les activités

Généralement, le temple se distingue des autres édifices de la cité par une enceinte, à l'intérieur de laquelle s'élève la **ziggourat**, c'est-à-dire la tour du temple, le monument religieux le plus célèbre de la civilisation mésopotamienne. Généralement édifié sur une plate-forme carrée ou rectangulaire, mais parfois ovale ou circulaire, il s'agit d'un édifice formé de terrasses superposées de dimensions décroissantes, qui abrite le sanctuaire à son sommet, accessible par des escaliers placés à l'extérieur de la tour.

Aux VIIe et VIe siècles av. J.-C., **Ninive** puis **Babylone** témoignent d'une transformation des modèles d'urbanisme précédents, avec l'affirmation d'une conception plus aérée de l'espace urbain. L'expansion des deux cités s'opère à travers la constitution de grandes zones suburbaines à forte densité de population et l'inclusion d'espaces verts, parcs et jardins. Cette mutation coïncide avec la destruction de nombreux établissements urbains situés sur le passage de l'expansion assyrienne. Dans quelques-uns de ces centres, il ne subsiste plus que le siège du gouverneur, qui imite, par sa structure et la splendeur de son décor, le pouvoir central dont il est l'émanation.

L'urbanisation ne touche que la région égyptienne, correspondant à la vallée du Nil et à la Nubie, où des centres urbains sont créés sous l'influence de la civilisation des pharaons. Dans le reste du territoire africain, là où l'agriculture se développe, il existe des villages de peuples sédentaires, constitués d'habitats permanents; partout où l'élevage occupe la première place, chez les anciens Berbères ou les Libyens, les tribus pratiquent la récolte de fruits et la chasse; il n'existe pas d'habitats permanents en raison du nomadisme caractéristique de ces systèmes économiques.

Déjà, à une époque ancienne (IIIe millénaire av. J.-C.), on assiste en Égypte à une **floraison de centres urbains** accompagnée d'un programme d'occupation du territoire. C'est la nécessité de centraliser la régulation des crues du Nil et de préparer le sol en vue de son exploitation agricole qui décide de la naissance d'une cité; l'intégration du noyau urbain au territoire alentour permet de faciliter l'accomplissement des tâches administratives, le contrôle des eaux du fleuve et le stockage des récoltes.
Le plan s'adaptant le mieux à ce but est celui de la **cité ouverte,** qui agence ses différents quartiers entre les canaux et les cultures, sur un territoire qui ne connaît pas de délimitation précise. Composante importante des cités égyptiennes à des époques reculées, en général autour du temple et de la résidence royale, les **remparts** tendent à disparaître à des époques plus récentes, lorsque la situation politique et sociale acquiert une plus grande stabilité. Dans les civilisations orientales, le rempart est un élément omniprésent, caractéristique de la structure urbaine.
En Égypte, au contraire, il est édifié aux seules périodes où la sécurité du royaume est menacée. Il est détruit à la fin de la crise, parce que le tissu urbain est conçu comme une partie intégrante du territoire, ne devant en aucun cas être un élément de fragmentation. De plus, le rempart peut représenter un obstacle dans l'exécution de la politique interne.

Ci-dessus : la partie sud du temple d'Amon à Louxor.
Ci-dessous : le premier pylône du temple de Louxor, édifié sous Ramsès II (XIXe dynastie), précédé de statues colossales du pharaon et de l'obélisque oriental (l'obélisque occidental se trouve aujourd'hui place de la Concorde, à Paris; il ne reste que la base à Louxor).

Dans l'ancienne Égypte, le territoire est divisé en nomes, qui correspondent à des districts administratifs, dotés chacun d'une capitale. Ces cités, entourées de nécropoles étendues, sont le siège des activités religieuses et économiques du pays, ainsi que le centre de perception des impôts. Les **capitales des nomes** constituent donc les fondements du système de contrôle centralisé sur lequel repose l'économie égyptienne. Elles sont réparties à des distances régulières (généralement entre trente et soixante kilomètres), dans le but d'exploiter pleinement les ressources des vallées fertiles et de contrôler le Nil en permanence.
La classification la plus courante fait état de vingt-deux nomes en Basse-Égypte et vingt en Haute-Égypte. Les centres religieux les plus importants et les fortifications situées dans des zones stratégiques échappent à cette rigoureuse planification de l'urbanisme.
Les domaines agricoles à forte densité de population s'étendent autour des cités, alors que les zones plus éloignées, et moins peuplées, sont destinées au pâturage.

LES TEMPLES RUPESTRES

Ces temples égyptiens célèbres se différencient de ceux qui ont été présentés dans le cours du texte. Il s'agit des sanctuaires érigés par la reine Hatshepsout à Deir el-Bahari, et par Ramsès II à Abou-Simbel.
Le premier est construit au cœur d'un amphithéâtre naturel en roche blanche, dans lequel on a inséré le corps de l'édifice, incluant le sanctuaire, prolongé par une rampe monumentale qui épouse la pente rocheuse. C'est la volonté de s'intégrer au paysage tout en le respectant qui est à l'origine d'une telle construction. Les portiques sont composés de piliers polygonaux, dont les angles multiples éliminent l'impression de pesanteur; de plus, l'alternance d'ombres et de lumières dans la colonnade donne un rythme du plus grand effet.
Le temple d'Abou-Simbel, lui aussi creusé dans la roche, est encore plus monumental et spectaculaire. Les statues colossales placées à l'entrée, le plan qui se complique et se ramifie par rapport au modèle traditionnel, ainsi que les éléments décoratifs de taille gigantesque placés à l'intérieur contribuent à dégager une impression d'harmonie, mais aussi de solennité intimidante.
Dans les deux sanctuaires, on retrouve une caractéristique propre aux temples thébains : la montée progressive vers le sanctuaire, manifestée par l'élévation des niveaux et par la gradation de la lumière jusqu'à atteindre l'obscurité finale.

La grande proximité de la campagne avec l'administration et les temples est avantageuse, à la fois pour les paysans, qui peuvent ainsi accéder aux marchés et aux boutiques artisanales, et pour l'État, qui peut contrôler efficacement la productivité.

Parmi les nombreuses cités disséminées sur les rives du Nil, se distinguent les **capitales du royaume** : Memphis, dont les nécropoles sont bien connues, est la plus ancienne; **Thèbes**, la plus récente. C'est pendant le Nouvel Empire que Thèbes accroît considérablement son territoire, fournissant le plus ancien exemple du développement de l'urbanisme égyptien. Située en un lieu que la mythologie désigne comme l'origine du monde, Thèbes est la cité sainte du dieu Amon. Son plan adopte le modèle de la cité ouverte, sans aucun rempart. La zone centrale s'étend à l'ouest, jusqu'aux temples funéraires qui précèdent la montagne thébaine dans laquelle est creusée la nécropole. A l'est, sont implantés deux quartiers très importants : l'*opet* d'Amon avec le temple de Karnak et l'*opet* du sud avec le temple de Louxor.
La cité se développe aussi bien à l'intérieur qu'à l'extérieur des enceintes sacrées, le long des monumentales allées des Sphinx.
Les principes géométriques d'axialité qui régissent l'ensemble reflètent et traduisent la disposition ordonnée du monde, visant à protéger du chaos qui trouve dans le désert son équivalent spatial.
Il existe cependant en Égypte **un autre modèle urbain** qui naît en réponse à des nécessités précises et se développe autour des grands centres funéraires. Ce type de plan est caractérisé par la régularité des éléments qui le composent, par la géométrie et la rigoureuse axialité des quartiers, ainsi que par la présence de murs périmétraux quadrangulaires. Le schéma et la fonctionnalité de ce type de cité, conçu par le pouvoir central pour héberger les prêtres et

les adeptes du culte funéraire, sont à l'opposé de la cité ouverte. Il s'agit d'une élaboration abstraite, destinée uniquement à satisfaire les exigences pratiques d'un culte particulier. Une fois la raison de sa construction disparue, la cité décline à son tour. Au contraire, dans la cité ouverte, la disposition moins schématique des structures créées par l'homme favorise le paysage et perdure de façon harmonieuse.
Les deux modèles de cité décrits ci-dessus sont présents dans l'éphémère capitale fondée par le pharaon réformateur Aménophis IV (qui changera son nom en Akhenaton); il l'a nommée **Akhetaton** (actuelle Tell al-Amarna), en l'honneur du dieu Aton dont il tente d'imposer le culte.
Akhetaton se développe selon un plan en damier sans limites précises, alors que le quartier populaire présente, lui, une structure fermée, reproduisant les éléments caractéristiques des cités funéraires et des cités-chantiers (en usage surtout au Moyen Empire pour la construction des complexes funéraires pharaoniques). De la même façon, les forteresses construites en Nubie, le long de la turbulente ligne frontière, sont constituées d'une citadelle protégée par un puissant mur quadrangulaire, renforcé de contreforts et de tourelles circulaires.

Les éléments constitutifs de la cité égyptienne comprennent le palais royal, les quartiers résidentiels et l'espace sacré, composé de plusieurs édifices cultuels souvent disposés autour d'un enclos et reliés à un môle sur le Nil. Ce môle acquiert une importance particulière au moment des cérémonies, pendant lesquelles on transporte la statue de la divinité sur une barque sacrée. Les processions les plus solennelles partent du temple d'Amon à Karnak, rejoignent Louxor par le Nil et retournent enfin au point de départ par la terre ferme le long d'une allée bordée de sphinx qui relie les deux sanctuaires. Le cortège pénètre alors dans le temple en franchissant le **pylône**, portail monumental constitué d'une ouverture centrale encadrée de deux tourelles en

A gauche : le temple funéraire de la reine Hatshepsout (XVIIIe dynastie) à Deir el-Bahari. Creusé dans le rocher dans un amphithéâtre naturel, il est composé de trois grandes terrasses superposées et pentues, adossées à la paroi de la montagne. L'originalité, le caractère imposant et la beauté du sanctuaire conçu par Senmout, favori de la reine, font de ce temple l'un des chefs-d'œuvre de l'architecture égyptienne. On notera aussi que la tombe d'Hatshepsout ne se trouve pas sous le temple, non plus que dans les environs, mais est creusée dans la roche de la Vallée des Rois, derrière la montagne de Deir el-Bahari.
Ci-dessus : les magasins du Ramesseum, le temple funéraire de Ramsès II à Thèbes (XIXe dynastie).
Ci-contre : un des bas-reliefs les plus connus du temple d'Hatshepsout.

forme de pyramide tronquée. Symbole le plus manifeste de l'espace sacré, le pylône en marque l'entrée. Les deux tourelles flanquent la porte du temple, de la même façon que la plaine enserre le fleuve des deux côtés de la vallée du Nil et que les montagnes voisinent avec le disque solaire. De forme trapézoïdale caractéristique, le pilône est décoré de bas-reliefs et précédé des statues colossales des rois et d'obélisques. A l'intérieur de ce sanctuaire, se trouvent d'autres pylônes qui constituent autant d'ajouts successifs à l'ensemble.

Le Nouvel Empire donne un grand essor à l'**architecture religieuse**, entreprenant des travaux d'agrandissement et d'embellissement des sanctuaires les plus importants, comme celui de Thèbes, ou la construction de nouveaux ensembles qui se distinguent par de plus grandes dimensions, un goût scénographique et l'adoption du même type de plan. La puissance et la grandeur des pharaons y trouvent un instrument de propagande efficace : à travers la glorification du dieu qui a permis tant de succès, le roi, son fils (lui-même dieu), célèbre son image victorieuse. La commémoration se poursuit à travers les nombreuses scènes figurées en relief ou peintes sur les parois et sur les colonnes des temples. La voie d'accès à l'édifice sacré est constituée d'une **allée bordée de statues de sphinx** qui conduit au pylône d'entrée du portail monumental, précédé de deux **obélisques**. La porte s'ouvre sur une cour à ciel ouvert, ceinte par une colonnade, d'où l'on accède à une salle ornée de hautes colonnes et, enfin, à la cella qui abrite la statue du dieu, entourée de chapelles renfermant les statues des divinités mineures. De ce schéma, découle un cheminement progressif pour avoir accès à la divinité, ce que confirment le niveau du sol (bas dans la cour, un peu plus élevé dans la salle, et davantage encore dans le sanctuaire), et la diffusion de la lumière, qui va toujours diminuant jusqu'à atteindre la semi-obscurité dans la cella du dieu. Les **colonnes**, élément fondamental de l'architecture égyptienne, sont toujours grandioses et couronnées de chapiteaux à palmettes, papyrus ou lotus.
Le schéma décrit s'applique remarquablement à **Karnak** (la partie septentrionale de Thèbes), un gigantesque **sanctuaire** dédié à Amon. Un quadrilatère en brique cerne le grand temple en pierre du dieu, complété par une série de chapelles dédiées aux divinités mineures et aux souverains qui les ont édifiées. A l'intérieur se trouve aussi un lac sacré, symbole de l'eau primordiale ; au sud, s'amorce une allée bordée de statues de sphinx à tête de bélier, qui conduit à Louxor (le quartier méridional de Thèbes), où s'élève l'autre grand temple dédié à Amon. Le **temple de Louxor** suit le schéma longitudinal typique : le pylône et la cour de Ramsès II sont suivis d'un long vestibule bordé de colonnades, puis d'une cour, entourée d'une double rangée de colonnes sur trois de ses côtés et de quatre colonnes sur le quatrième ; à partir de deux salles hypostyles situées dans l'axe de la cour, on accède à un premier sanctuaire, la chapelle « de la Barque » (où se trouve la barque sacrée destinée au transport de la statue d'Amon) ; enfin, une troisième salle hypostyle conduit à la chapelle du dieu. Le tout est complété par une série d'annexes et de dépôts disposés symétriquement au corps central de l'édifice.

Les palais des pharaons sont malheureusement conservés de façon fragmentaire. Les palais d'Aménophis IV à Tell al-Amarna et d'Aménophis III à Thèbes sont particulièrement intéressants. Ils présentent, tout comme les temples, une structure tripartite avec un portique qui fait office de vestibule, une salle centrale à colonnades, salle de réception et de représentation, et enfin les appartements privés. A l'intérieur du corps central, sont disposées des pièces destinées aux serviteurs, aux magasins et aux ateliers.
L'ensemble répond aux exigences d'un véritable centre de pouvoir, remplissant des fonctions administratives, résidentielles et représentatives.

Étant donné l'importance de l'au-delà dans la religion égyptienne, la **sépulture** revêt une signification particulière.
Les pharaons du Nouvel Empire ne se font pas ensevelir dans de grandes pyramides, comme leurs prédécesseurs : ils préfèrent les **tombes creusées dans la roche**, le plus souvent

A gauche : dos d'une chaise en bois plaqué or et argent, avec des incrustations en pâte de verre, de la tombe de Toutankhamon (XVIIIe dynastie), représentant le jeune pharaon et son épouse. Musée égyptien, Le Caire.
Ci-dessus : ruines du temple du pharaon Ramsès II (XIXe dynastie) à Abydos.
A droite : détail de la façade du petit temple rupestre d'Abou-Simbel, avec une des statues colossales de Ramsès II.
Page ci-contre, en haut : couvercle d'un coffret en bois et en ivoire représentant une scène de harem ; il provient du trésor mis au jour dans la tombe de Toutankhamon. Musée égyptien, Le Caire.
En bas, à gauche : plan du temple funéraire du pharaon Ramsès III (XXe dynastie) à Médinet Habou.
A droite : vue de l'intérieur du même temple. Ce complexe est si vaste qu'il a été possible, à une certaine époque, d'y installer une cité.

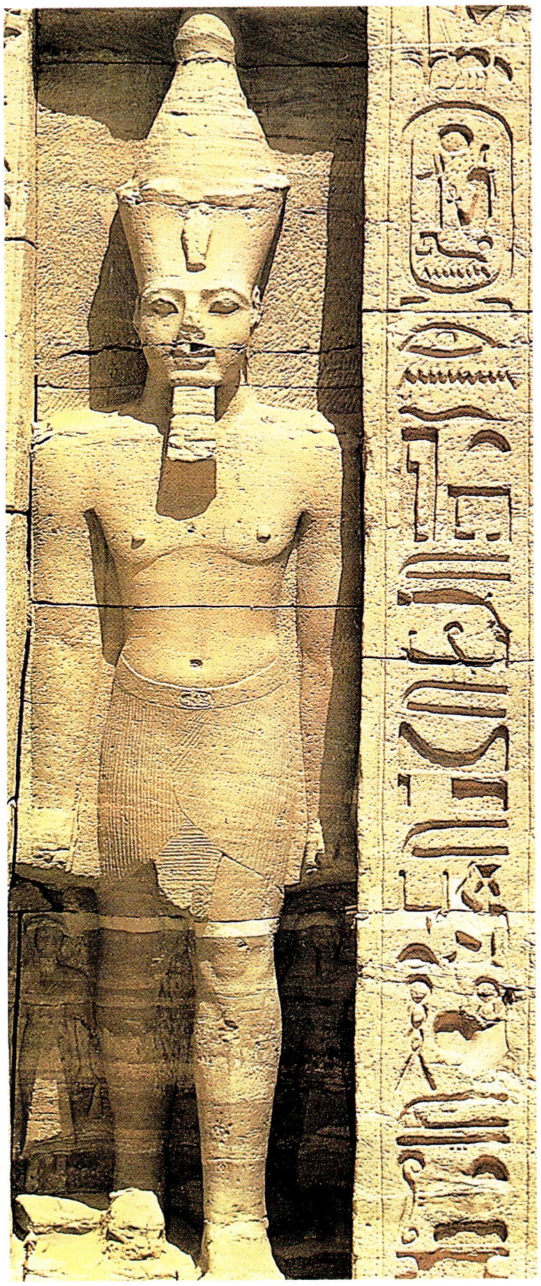

LA NÉCROPOLE THÉBAINE

Pendant le Nouvel Empire, quand Thèbes devient la capitale de l'Égypte, les souverains choisissent d'être enterrés le long de la rive occidentale du Nil, en face des temples de Karnak et de Louxor. C'est alors que se modifie une conception qui, jusqu'alors, rassemblait en un complexe funéraire unique la pyramide, le temple et la tombe. Celle-ci, avec sa masse uniforme, sa division interne complexe et son système élaboré de fermeture, devait assurer le sommeil éternel du pharaon. Mais, déjà pendant la première période intermédiaire, le pillage des tombes royales est organisé sur une vaste échelle et les pyramides sont violées.

Les souverains de la XVIIIe dynastie et leurs successeurs préfèrent les sépultures creusées au pied de la montagne thébaine, cachées dans les anfractuosités de la roche, dépourvues de tout aspect monumental, mais mieux protégées. Les hypogées, creusés dans une authentique pyramide naturelle, la montagne de Thèbes, rompent le lien qui, dans le passé, unissait la tombe au temple, et s'installent loin des terres cultivées, dans les parois rocheuses d'un oued tourné vers le désert. En revanche, les temples sont érigés aux abords des zones fertiles, dans la vallée. L'accès à la zone funéraire thébaine est marqué par les colosses de Memnon, seuls vestiges du temple d'Aménophis III, qui témoignent de la grandeur du sanctuaire.

Parmi les temples funéraires qui sont parvenus jusqu'à nous, on compte le temple imposant de Ramsès III, à Médinet Habou, qui porte un décor en relief exaltant les expéditions du pharaon contre les Peuples de la Mer; plus au nord, le Ramesseum de Ramsès II célèbre sa victoire contre les Hittites à Qadesh; encore plus au nord, le temple de Séthi Ier fait actuellement l'objet de fouilles. A Deir el-Bahari, s'élève le plus somptueux des temples de ce type : celui d'Hatshepsout, conçu par l'architecte Senmout et défini par les Égyptiens eux-mêmes comme « le plus sublime des sublimes ». Pour accéder aux tombes royales, il faut s'éloigner de cette zone et pénétrer dans le désert; c'est dans une gorge rocheuse qu'ont été creusés cinquante-huit hypogées de dimensions diverses, présentant une structure rendue complexe par l'addition d'annexes à la chambre funéraire proprement dite. Ces sépultures sont caractérisées par leur riche décor de peintures et de reliefs couvrant les parois : des figures apotropaïques, des scènes mythologiques et des textes funéraires escortent le défunt dans l'au-delà et protègent son riche mobilier funéraire. Le trésor mis au jour dans la plus célèbre de ces tombes, celle de Toutankhamon, témoigne de la quantité de richesses accumulées dans ces sépultures, richesses qui seront cependant dérobées dans les siècles suivants. Quelques tombes sont célèbres pour leur superbe décoration, comme celle de Séthi Ier, dont le plafond peint reproduit la voûte céleste, permettant ainsi de connaître les théories de l'astronomie égyptienne.

Hormis les tombes des pharaons, celles de grands dignitaires de la cour et de fonctionnaires, placées à proximité des souverains qu'ils avaient servis pendant leur vie, ont été mises au jour. Les tombes des nobles des XVIIIe et XIXe dynasties sont bien connues et, récemment, les archéologues ont fouillé un nouveau secteur de la nécropole thébaine, où sont enterrés les dignitaires des XXVe et XXVIe dynasties. Il s'agit de véritables palais souterrains, obéissant à des plans complexes et entourés de murs en brique crue aux dimensions imposantes.

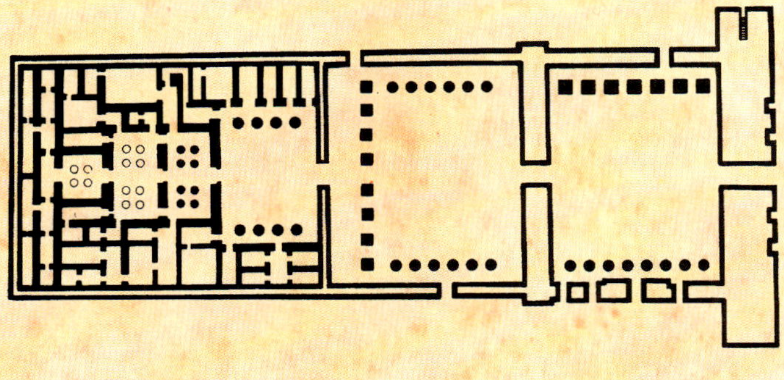

dissimulées. Le soin porté à l'édifice funéraire se déplace de l'extérieur vers l'intérieur : la complexité et la riche décoration des hypogées dans les Vallées des Rois et des Reines témoignent de l'existence d'une foi profonde dans la vie après la mort. Au début du Nouvel Empire (1570-1085 av. J.-C.), les pharaons, pour des raisons de sécurité, font diviser de façon plus nette les deux éléments qui composent le complexe funéraire traditionnel : la chapelle destinée à la célébration des rites funéraires est transférée dans un temple indépendant, alors que la tombe, réduite à un hypogée, est creusée dans un autre lieu, aussi dissimulé que possible. L'entrée, orientée au sud, est fermée par une porte taillée dans la roche. Ces sépultures diffèrent des tombes creusées dans des cavernes au Moyen Empire, qui se signalent par une façade architectonique taillée dans le flanc de la montagne, de laquelle on peut accéder à la salle du culte située à l'arrière. Aménophis Ier (1545-1524 av. J.-C.) décide d'aménager son hypogée à l'ouest de Thèbes, dans un oued protégé par les chaînes de montagne environnantes. Sa tombe est la première d'une longue série dans la Vallée des Rois et des Reines. Un **hypogée** est constitué d'un corridor d'accès, d'un vestibule et d'une chambre funéraire pour le sarcophage.

Ce plan se maintient pendant toute la XVIIIe dynastie. Habituellement, le corridor est en pente raide et se termine en angle droit dans le vestibule, de forme quadrangulaire, duquel on passe ensuite dans la chambre funéraire. Parfois, le plan peut comporter

plusieurs petites pièces latérales annexes, tandis que, pour protéger la tombe des pilleurs, la descente est fréquemment interrompue par des puits larges et profonds. Avec la XIXe dynastie, la disposition d'ensemble est modifiée : le corridor d'accès se développe considérablement et ne se termine plus en angle droit. On préfère désormais un plan régulier, inconnu jusqu'alors, qui se caractérise surtout par la distribution des pièces le long d'un axe unique. L'extension du couloir permet de descendre profondément dans la roche. Tant les corridors que les chambres sont destinés à recueillir le matériel funéraire, comme en témoigne la tombe de Toutankhamon, l'unique tombe qui nous est parvenue intacte.

Le plan des grands centres de la civilisation de la vallée de l'Indus est régi par un critère géométrique ; ils présentent tous un **plan quadrangulaire** en damier orienté nord-sud. On retrouve cette caractéristique dans les centres érigés après la décadence des XIXe-XVIIIe siècles av. J.-C., consécutive, notamment, à l'invasion des Aryens. **Pirak**, un gros bourg de la plaine de l'Indus, habité de 1800 à 700 av. J.-C., constitue un exemple caractéristique d'une telle continuité.
Les maisons sont regroupées en quartiers ; certaines, d'après les résultats de fouilles archéologiques, étaient réservées aux artisans, d'autres au stockage des céréales.
Les maisons mitoyennes, à plan carré ou circulaire, construites en brique crue, se caractérisent par des niches creusées dans les murs. Pirak s'inscrit donc dans la lignée des cités de la période précédente, bien qu'elle n'ait pas conservé leur organisation complexe. Même si la civilisation de l'Indus a décliné brusquement, elle n'a pas été complètement détruite et réussit à survivre dans des cultures épigones, nées au moment de son expansion, surtout le long des côtes occidentales et aux frontières du Doāb. Quelques-unes de ses composantes sont à l'origine de la naissance de cités énéolithiques qui, à leur tour, fournissent les éléments permettant la création de ce qu'on appellera la civilisation du Gange.

Parallèlement à ce type d'établissement, on peut en trouver un autre qui se répand pendant la période védique et devient prédominant avec l'installation progressive des Aryens dans la plaine indo-gangétique. Ceux-ci, renonçant à la vie nomade, s'établissent dans des lieux fixes et créent des **villages à plan rectangulaire**, dotés d'accès sur chaque côté. Les maisons, de plan circulaire ou carré, sont constituées de plusieurs pièces. Les traces archéologiques conservées sont infimes, car les matériaux présents en abondance dans la région et utilisés dans les constructions sont tous périssables. C'est d'abord le **bois** que l'on va chercher dans les grandes forêts qui couvrent alors la majeure partie de la plaine et qui, traversées et peuplées par les premiers envahisseurs indo-européens, abritent les premiers établissements. C'est ensuite le **bambou**, qui pousse en abondance le long des fleuves, et la paille utilisée pour la couverture des toits en forme de coupole ou à plan incliné.

Pour des motifs religieux, tous les arbres ne peuvent être abattus afin d'en exploiter le bois. Après avoir déterminé l'arbre destiné à être abattu, il faut d'abord accomplir des cérémonies et des rites particuliers. Cet usage tire son origine de la croyance en des divinités de la nature.

Des matériaux et des plans identiques sont mis en œuvre pour les bâtiments publics ou sacrés, car, pendant la période védique et même avant, l'espace sacré est un lieu auquel un élément de la nature (la colline, la roche, l'arbre, l'eau) confère un caractère privilégié. Dans la construction du temple, les éléments architectoniques rappellent ceux de la nature. L'arbre devient un pieu pour les sacrifices, la roche un socle de pierre ou un autel, alors que l'eau est omniprésente dans les rites, surtout

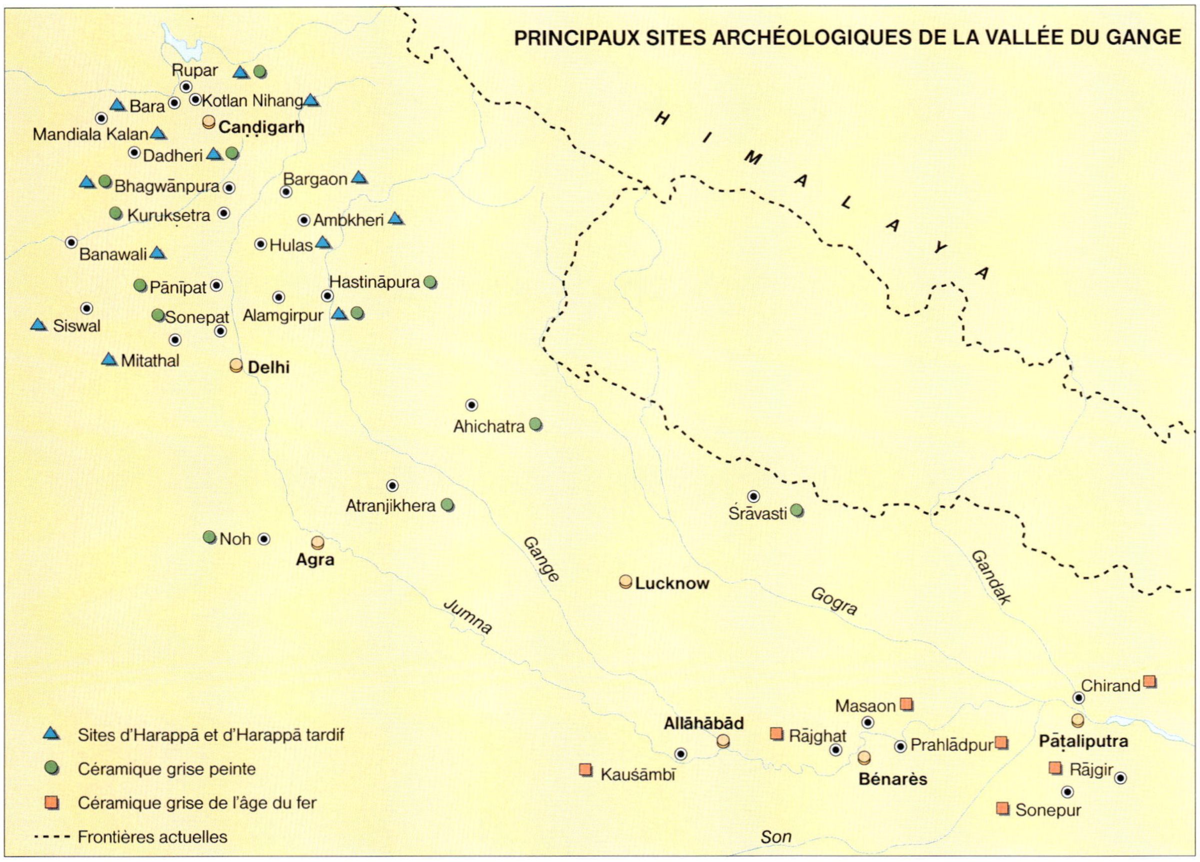

A gauche : les principaux sites archéologiques de la vallée du Gange aux IIe et Ier millénaires av. J.-C. Les principaux centres politiques et religieux de l'Inde ancienne, comme Kauśāmbī, Rājghat (l'ancienne Bénarès) et Pāṭaliputra, naissent au centre de la vallée du Gange. Ci-dessus, en double page : l'agglomération de Pirak au début de l'âge du fer (1100 av. J.-C.). Les constructions, caractérisées par des niches creusées dans les parois en briques crues, sont mitoyennes et forment de véritables quartiers.

RITUEL DE FONDATION D'UNE MAISON

Avant tout, il faut trouver un terrain adapté, situé à proximité d'une source afin de permettre un approvisionnement aisé en eau.
Une seconde règle doit être respectée, qui concerne la nature du sol : si des épineux sont présents, il vaut mieux changer de terrain ; si, au contraire, l'herbe y pousse, la prospérité et la force sont assurées au nouveau noyau familial. Les plantes rampantes, notamment, promettent une descendance nombreuse et un bétail abondant.
Le prêtre intervient ensuite ; à travers une série d'épreuves, il teste la solidité du sol. L'examen consiste à tenir une poignée de terre dans la main pour juger de sa consistance, la goûter, la renifler pour en analyser l'odeur et la regarder avec attention pour en déterminer la couleur. Chaque type de terrain correspond à une caste différente : la terre blanche à l'habitation du brahmane, la terre rouge au kṣātriya (le guerrier), la jaune à l'homme libre, la noire à l'intouchable. Enfin, lorsqu'un astrologue a déterminé un jour propice aux travaux, la construction peut débuter ; la maison doit être orientée de telle façon que le malheur ne puisse s'abattre sur elle.

dans les sacrifices, qui se terminent toujours par un bain purificatoire. Au-delà de l'arbre sacré, on construit un abri. Le lieu sacré peut être fermé par une enceinte en bois, puis, plus tard, en pierre. Cette disposition primitive se retrouvera dans l'architecture indienne des périodes suivantes, surtout à l'époque bouddhique.
Les analogies entre l'habitat et les édifices sacrés sont confirmées par le **rituel de fondation** qui précède la construction d'une maison. La structure portante de la maison est formée de poteaux de bois enfoncés dans le sol, agencés sur les côtés, sur les angles et au centre pour soutenir le toit. La pose de chacun d'eux s'accompagne de rites précis. Les murs sont élevés entre les poteaux, avec des ouvertures qui ne doivent jamais être disposées dans un axe afin d'éviter que la maison puisse être « traversée du regard ».
La porte d'entrée n'est pas située à l'ouest, direction qui indique la région des morts. Les structures internes, en bambou, soutiennent le toit de paille maintenu par des lianes fixés aux piliers d'angle. La maison est complétée par la construction d'un enclos en bois ou en nattes tressées (puis, en brique ou en pierre) qui sépare l'espace intérieur habité de l'extérieur, où se trouve le jardin.

Les textes littéraires de l'époque védique nous informent sur la présence de palais ou de salles de réunions, de sanctuaires et de sépultures mais, toujours du fait de l'utilisation de matériaux de construction périssables, les fouilles archéologiques donnent de maigres résultats. Parmi les rares éléments retrouvés, on trouve des **tumulus funéraires à coupole**, dotés en leur centre de poteaux en bois, dont la forme peut être considérée comme l'antécédent de la *stūpa* bouddhiste. D'autres sépultures mettent en évidence un autre type funéraire, caractérisé par une chambre creusée dans la roche et surmontée d'une couverture à coupole.
Ce modèle est à rapprocher des maisons circulaires des villages védiques.
Dans ce cas aussi, le centre de la chambre est occupé par un pilier en pierre, un rappel direct du symbolisme religieux de l'arbre.
Nous savons que des territoires morcelés survivent à la chute de la civilisation de la vallée de l'Indus. Ils s'apparentent aux centres qui leur ont donné naissance, mais à un degré de développement très inférieur.

Ci-dessous : détail des fortifications de Kauśāmbī, au centre de la vallée du Gange. Bien qu'elles ne puissent être datées avec précision, elles constituent un des rares témoignages de l'architecture gangétique ancienne.
A droite : plan de la nécropole de Katelai, dans l'actuel Pakistan (environ 1500-500 av. J.-C.). A noter la présence de deux chevaux inhumés à proximité de la tombe de leur maître, détail significatif étant donné l'importance du cheval dans la culture védique des premiers royaumes de la vallée du Gange.

A **Mohenjo-Dāro**, la stratification révèle que les habitats, de facture de plus en plus médiocre, se superposent sur les ruines de leurs prédécesseurs, en essayant de se maintenir au-dessus du niveau inondable.
En revanche, à **Harappā**, apparaît une culture, nommée « cimetière H », du nom du cimetière qui recouvre les ruines de la cité. Cette culture se caractérise par des constructions rudimentaires, peu soignées et de dimensions

réduites. Le tableau est différent lorsqu'on analyse le matériel mis au jour dans la région de Kāthiāwār, sur la côte occidentale ; à travers leur stratigraphie, les centres de Rangpur, Lothal ou Rodji, et d'autres situés plus au sud, montrent que l'interruption a été moins brutale. Parmi ces localités, **Lothal** est la plus connue : de plan rectiligne, la ville est pourvue d'un système de drainage, d'un grenier et d'un podium, caractéristiques de la civilisation de la vallée de l'Indus.
Dans le Doāb, le « pays des Deux Fleuves », qui comprend les bassins du Gange et de la Jumna, les fouilles ont mis en lumière des éléments qui permettent de suivre les phases successives de l'occupation du site d'**Hastināpura**, situé le long du cours supérieur du Gange. La première phase (première période) présente une couche dépourvue de traces de constructions et contenant de la vaisselle ocre grossière ; la seconde recèle des restes de murs de boue, ou de boue et de briques, associés à une vaisselle grise peinte. Cette culture urbaine est datée approximativement entre 1000-800 et 500 av. J.-C. L'apparition de la céramique grise pourrait indiquer une seconde invasion engendrée par le déplacement des Aryens du Pendjab vers le Doāb.

Les caractéristiques de l'architecture, des arts figurés, de la littérature et de la religion de cette région reflètent les traditions et apports singuliers des différents peuples qui l'occupent plus ou moins durablement.
Cette affirmation s'applique particulièrement à la structure et à la forme des implantations urbaines, dont la fonctionnalité dépend de facteurs sociaux, historiques et économiques.
Les débuts de l'urbanisme sont à rechercher parmi les civilisations environnantes plus avancées : la civilisation mésopotamienne pour le nord de la Syrie et la Palestine, la civilisation égyptienne pour la zone côtière.
A la différence de ces deux grandes civilisations, **le développement urbain n'est pas homogène** dans la région syrienne ; il varie selon la zone et la période considérées.
Ces variations s'accompagnent de quelques constantes, comme la permanence de la tradition nomade et l'absence de grands sanctuaires (qui, tant en Mésopotamie qu'en Égypte, forment le noyau originel du développement de la cité).
En Syrie, à l'exception évidente des sites côtiers, se développe une culture agricole centrée autour de nombreux **petits centres fortifiés** soumis à un pouvoir central, ou fonctionnant comme des cités-États. Si une culture urbaine se développe dans la région, elle n'implique pas l'élimination des noyaux liés à l'agriculture ou à l'élevage. Au contraire, une des principales caractéristiques des cités syriennes réside dans ce lien très fort maintenu avec l'organisation agricole. Le plan des **cités syro-palestiniennes** est caractérisé par un **rempart** massif, aux imposants contreforts quadrangulaires ou circulaires, qui délimite l'établissement urbain et le sépare des terres agricoles alentour. Le centre de la cité se distingue d'abord par une enceinte intérieure, laquelle disparaît au cours du IIe millénaire ou sert de fondation pour l'acropole, zone publique et administrative qui abrite le palais royal et le temple principal de la cité.
Le **système défensif**, composé de murs externes et d'un grand terre-plein précédé d'un large fossé peu profond, est assurément le trait distinctif de la cité syro-palestinienne.
Au cours des siècles, cette région est exposée aux invasions et aux tentatives de domination par des puissances étrangères (mésopotamienne, égyptienne et anatolienne) ou des tribus nomades, tels les Hébreux et les Araméens, qui ne s'installent pas toujours de façon pacifique. Les **portes** des cités sont composées d'au moins deux baies protégées par des portails à battants ou par des herses, qui sont parfois précédés de bâtiments défensifs. Enfin, les **terre-pleins** sont construits selon une technique particulière qui emploie une base en dalles ou en blocs de pierre irréguliers, un amas de terre et une couverture en pierre.
Les **bâtiments d'habitation** reprennent un modèle égyptien de plan longitudinal (un vestibule donne sur une cour que l'on traverse pour accéder à deux pièces situées sur le côté opposé). Ce plan est également utilisé pour la construction des **temples** : les fouilles archéologiques mettent le plus souvent en évidence une disposition longitudinale tripartite, avec un vestibule, une pièce intermédiaire et une cella.

A gauche : détail d'un relief provenant de Nimroud (VIIIe siècle av. J.-C.), représentant les portes de l'enceinte d'une cité phénicienne. British Museum, Londres.
Ci-dessus : détail des ruines de l'antique cité syrienne d'Ougarit, avec une des poternes ouvertes dans les fortifications.
Les édifices résidentiels et administratifs se trouvent à l'intérieur de la citadelle.

Le grand **Temple de Jérusalem**, l'expression la plus grandiose de l'architecture hébraïque, construit pendant le règne de Salomon, au Xe siècle av. J.-C, pour abriter l'Arche d'alliance, obéit à cette ordonnance. Il est précédé d'une grande cour dotée d'une large vasque lustrale (la « mer de Bronze », portée par douze bœufs cités dans le texte biblique). L'entrée du temple se compose d'un portique à deux colonnes en bronze. L'intérieur est scandé par un vestibule, une salle rectangulaire abritant un autel en or et la table d'offrandes et, enfin, une pièce carrée, entièrement revêtue d'or, qui recèle l'arche sainte. L'édifice est complété par des annexes pour le service, disposées sur trois niveaux tout autour du temple. La pierre employée pour la construction du temple est entièrement revêtue de planches en cèdre du Liban, alors que les portails sont en olivier.
Le **palais**, siège du pouvoir royal et centre des activités administratives, constitue le cœur

de la cité, tout comme en Mésopotamie. Son plan reprend d'ailleurs en grande partie celui du palais mésopotamien.

Il faut considérer à part les **cités côtières** (Byblos, Sidon, Tyr, Tripoli), dont l'urbanisme et l'architecture sont avant tout déterminés par leur position géographique, auprès de promontoires ou sur des îlots situés à une faible distance de la côte. La mer et l'altitude protègent la cité contre les attaques extérieures, alors que le bras de mer intérieur permet l'accostage et la réparation des navires dans le **port**, élément le plus caractéristique de l'urbanisme. Son équipement, qui révèle la compétence maritime des Phéniciens, comprend des môles d'accostage, ainsi que des brise-lames pour protéger le port et les canaux. L'ensemble est complété par le ***cothon***, ou bassin de carénage, attesté non seulement en Phénicie, mais aussi dans les colonies occidentales comme Mozia, en Sicile, ou Carthage. Le port est logiquement situé en dehors du rempart, souvent double et doté de tours crénelées, qui délimite le noyau urbain. L'acropole est séparée par un autre rempart, autour duquel sont édifiés les quartiers résidentiels, les boutiques artisanales, les locaux destinés aux activités commerciales et les édifices de culte.
A proximité, mais en dehors des limites de la cité, se trouvent le *tophet* (enclos sacré) et la nécropole. Sur les reliefs néo-assyriens, les habitations des cités côtières, comme à Tyr, sont mitoyennes, comportent plusieurs étages et sont souvent ornées de colonnes et de balcons. Les fouilles archéologiques de Sarepta ont mis au jour un quartier de la cité occupé par des laboratoires et des officines ; des outils, des objets, des dépôts de coquilles ou de scories de fusion et des pressoirs y mettent en évidence la pratique de la teinture des étoffes, le travail des métaux et la production de l'huile.
Les **édifices sacrés**, souvent édifiés dans des quartiers différents, peuvent être constitués de petits sanctuaires cubiques, d'influence égyptienne. Il peut aussi s'agir, comme dans la tradition syrienne, de simples enclos à ciel ouvert (**tophet**) qui contiennent des stèles sacrées : c'est là que se déroulent les sacrifices humains, d'après les témoignages anciens. L'architecture funéraire comprend de vastes **nécropoles** situées à proximité des cités, comme celles qui ont été mises au jour près de Palmyre, l'actuelle Tadmor, en Syrie. On distingue trois types principaux de tombes : les tombes à fosse, les tombes à puits (l'accès vertical donne accès au centre de la tombe divisé en plusieurs pièces) et, enfin, les tombes à dromos (corridor), ces tombes comportant une rampe d'accès qui permet d'accéder aux chambres funéraires.

Le **palais** de l'ancienne **Alalah** (l'actuelle Tell Atshana), cité de grande importance stratégique, a probablement été construit sous le règne du roi Idrimi. Il reflète tout à la fois les influences mésopotamiennes et les caractères propres à l'architecture syrienne. Le plan est organisé autour d'une salle rectangulaire, dotée d'un foyer, qui donne accès à un atrium composé de deux colonnes en bois. L'atrium ouvre sur un vestibule qui donne accès à deux salles, subdivisées à l'intérieur par deux saillies des murs et une colonne. Dans l'ensemble, le plan central reproduit le modèle mésopotamien, en introduisant un élément novateur : la **colonne**, utilisée pour la division de l'espace interne, mais aussi comme ornement des portiques. Ce schéma se développe dans le **bīt-hilani**, le palais emblématique de la Syrie pendant le Ier millénaire av. J.-C., d'ailleurs imité dans les palais néo-assyriens. Dans le bīt-hilani, une rampe étroite conduit à un portique à colonnades (comptant jusqu'à trois colonnes) et permet d'accéder à la salle du trône, disposée dans le même axe que la façade. Sur les côtés du portique, des escaliers permettent de parvenir aux étages supérieurs. Si l'on compare le plan du palais d'Alalah (XVe siècle av. J.-C.) avec celui-ci, caractéristique des palais du nord de la Syrie, comme Til Barsip, Tell Taynat, et Zincirli (Ier millénaire av. J.-C.), il est aisé d'établir une relation entre eux et de souligner les caractéristiques de l'architecture syrienne par rapport à l'architecture mésopotamienne.

En double page : reconstitution hypothétique du temple de Salomon (Xe siècle av. J.-C.) : (1) autel pour les offrandes, (2) la « mer de Bronze », (3) bassins montés sur roues pour laver les animaux destinés au sacrifice, (4) cinq candélabres placés sur les côtés nord et sud, (5) autel en or pour l'encens, (6) table en or sur laquelle sont posés chaque samedi les pains azymes de la Semaine, (7) l'Arche d'alliance, qui contient les tables de la Loi, flanquée de deux chérubins (8).
A droite : deux sarcophages anthropoïdes (XIIIe siècle) d'influence égyptienne, provenant de Deir el-Balah en Palestine. Musée d'Israël, Jérusalem.

Universellement connus, les **grands palais** symbolisent la civilisation minoenne. Les ruines des palais de Cnossos, Phaistos et autres sites crétois, exemples uniques de l'architecture palatiale méditerranéenne à l'âge du bronze, témoignent des influences résultant des relations établies sur les plans artistique et culturel entre le Proche-Orient et l'Égée. Les premiers palais sont érigés à la période dite du minoen moyen (environ 2000-1570 av. J.-C.) et correspondent au premier essor de cette civilisation. Avec l'apparition des palais, de profonds changements politiques et économiques se réalisent.
On doit tenir compte des deux faits suivants : la naissance d'un pouvoir monarchique qui trouve son siège dans le palais, et la concentration des richesses dans les mains du souverain qui administre le territoire, décide des activités économiques, dirige les ateliers, les boutiques artisanales et les magasins.
L'établissement des palais en Crète, tout comme en Orient auparavant, représente une étape dans le passage du néolithique à l'âge du bronze. Quand l'agriculture spécialisée et l'exploitation des ressources insulaires permettent de subvenir aux besoins de certaines classes sociales, telles celles des artisans et des marchands, les richesses se concentrent dans les mains des princes qui détiennent l'autorité politique et économique, légitimant celle-ci en arguant d'un pouvoir sacré qui leur a été dévolu. Ce sont aussi des prêtres, c'est-à-dire des intermédiaires entre les divinités et les hommes : c'est pourquoi ils jouent un rôle fondamental dans l'obtention de la faveur divine, sans laquelle il ne peut y avoir de prospérité.
Le **palais**, siège du roi-prêtre, devient le **centre inamovible de la société minoenne** à l'âge du bronze ; il est au cœur de toutes les activités politiques, économiques et religieuses.
On pourrait assurément le comparer au temple-grenier des cités sumériennes, mais avec une signification religieuse moins évidente. Du point de vue architectural, la période s'étendant jusqu'à la fin de la période protopalatiale (« des premiers palais ») est caractérisée par une **cour centrale,** autour de laquelle sont disposées les pièces regroupées selon leur fonction. L'espace est organisé de façon centrifuge, c'est-à-dire qu'il est orienté du centre vers la périphérie, laquelle, dépourvue d'enceintes, présente seulement des ouvertures canalisant les flux d'hommes et de marchandises. La cour centrale est le noyau de tout l'édifice et remplit une fonction spécifique qui la distingue des pièces qui l'entourent. Elle constitue en effet un point d'aboutissement, ce qui est bien mis en évidence par la diversité de ses façades, correspondant à la variété des fonctions assurées par les différents quartiers du palais. La cour comprend, en outre, un portique ou une disposition monumentale, selon ses fonctions. Si le secteur ouest, constitué de salles soutenues par des colonnes et des piliers, est généralement consacré au culte, ce sont des salles au décor raffiné qui occupent le secteur est, réservé à la représentation et à l'usage privé du souverain. Hormis ces pièces, mais reliées à elles, se trouvent d'autres espaces plus simples, de forme rectangulaire, servant de magasins ou d'ateliers artisanaux, disposés tout autour ; la lumière pénètre par des fenêtres et par de petites cours intérieures.

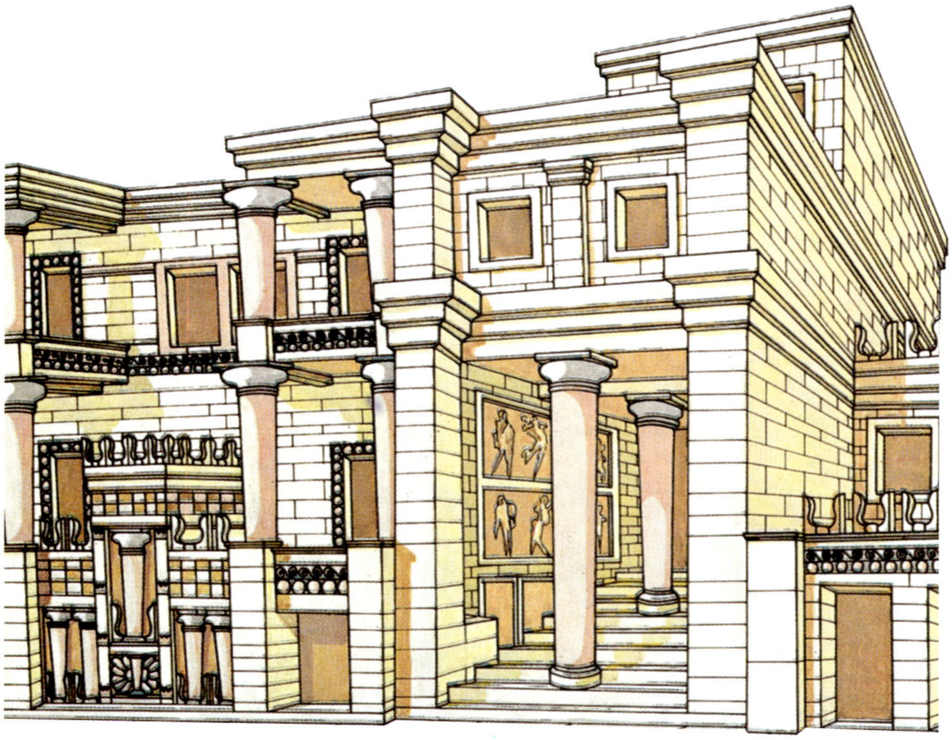

A gauche : cour centrale du palais de Cnossos, reconstitution de la façade ouest. Le complexe date d'une période comprise entre le XVIIIe et le XVIe siècle av. J.-C. ; il occupe environ 10 000 m². Le palais minoen se développe autour d'une grande cour rectangulaire orientée nord-sud, avec des quartiers d'habitation, des pièces pour les hôtes ou pour les serviteurs, de petits sanctuaires, des magasins et des ateliers artisanaux. Une telle disposition ne suit pas un plan rigide.
Ci-dessous : ruines des structures architectoniques d'un bassin lustral dans le palais de Cnossos.
A droite : reconstitution d'un plafond en bois du palais de Cnossos.

Second élément caractéristique des palais crétois, leur **développement en hauteur**, à savoir la présence de plusieurs étages superposés, révélés par les grands escaliers, encore *in situ*, mis au jour au cours des fouilles. Cela représente une nouveauté dans l'architecture palatiale. Le **palais de Cnossos** en constitue assurément l'exemple le plus remarquable. Il s'étend sur une superficie d'environ 10 000 m² et possède deux étages sur la façade occidentale, quatre sur la façade orientale. Des vestiges d'escaliers ont aussi été découverts à Malia, à Zakro et surtout à Phaistos, où la présence d'escaliers monumentaux laisse penser qu'ils pouvaient être utilisés comme gradins, d'où il était possible d'assister à des spectacles ou à des cérémonies religieuses, ou comme voie de passage de processions vers les zones cultuelles situées à l'intérieur du palais.

Dans la première phase, les palais suivent le schéma oriental traditionnel avec des pièces regroupées selon leurs fonctions et disposées autour d'une cour centrale. Dans la

seconde phase palatiale (1570-1450 av. J.-C.), en revanche, l'architecture minoenne se révèle la plus originale. Le palais prend des proportions plus importantes, non seulement en surface, mais aussi en élévation. Des **cours** intérieures, ainsi que des **colonnes** et des **piliers**, qui se substituent souvent aux murs aveugles, favorisent la diffusion de la lumière. Ces innovations s'accompagnent d'éléments décoratifs ; conjointement aux fresques innombrables qui ornent les parois des salles les plus importantes, elles contribuent à donner une impression de pouvoir, de richesse et de raffinement artistique.
C'est également à ce moment qu'apparaît le **mégaron à la crétoise**, cette façon typiquement minoenne d'organiser l'espace, qu'il s'agisse des appartements royaux ou des lieux de cérémonie. Il s'agit d'une unité formée de deux salles contiguës qui communiquent entre elles par plusieurs portes séparées par des piliers (*políthyron*), se substituant aux murs pleins. Le tout est en général complété par un portique extérieur. Un tel aménagement se place à l'opposé de la conception du mégaron qui s'affirmera plus tard dans l'architecture grecque. Ce dernier est en effet un espace ouvert, aéré, alors que l'autre est carré et délimité par des murs pleins présentant un accès unique. L'exemple le mieux conservé se trouve dans le palais de Cnossos, au-delà de la façade orientale de la cour centrale, au cœur d'un espace résidentiel. Il était probablement utilisé comme demeure royale comportant une salle d'audiences, comme le suggèrent les traces d'un trône en bois placé contre un mur et portant un décor en frise représentant des haches bipennes, symbole religieux autant que de pouvoir.

A droite :* le Prince aux lis, *fresque provenant du palais de Cnossos. Musée archéologique, Héraklion. A l'origine, elle faisait partie du décor de la paroi orientale du corridor réservé aux processions sacrées.
Ci-dessous : petites céramiques représentant des habitations minoennes (1700-1660 av. J.-C.). Musée archéologique, Héraklion.

En comparant les plans des divers palais, force est de constater une similitude dans la **disposition des pièces** : l'entrée principale, placée au nord, présente un décor monumental (propylées et escaliers) et est reliée à la zone cultuelle. Les entrées secondaires correspondent aux trois autres points cardinaux. L'aile ouest est généralement réservée au culte. Elle est reliée à une série de magasins, simples salles rectangulaires, où les marchandises sont conservées dans de grands vases en terre cuite (*píthoi*). Une cour sépare l'aile ouest de l'aile est, quartier résidentiel et de représentation qui comprend le mégaron. A l'est, sont aussi situés, après les appartements royaux, les quartiers des serviteurs et les autres magasins. Enfin, au nord, une autre zone, constituée d'une salle hypostyle et d'ateliers artisanaux, est réservée au culte.
Le **palais de Zakro**, brutalement abandonné alors qu'il était en pleine activité, donne le meilleur exemple de cette dernière zone : les fouilles archéologiques ont mis au jour des outils et des objets qui fournissent de nouvelles informations sur les techniques métallurgique et céramique, ainsi que sur le type de travail accompli dans ces quartiers. La présence de puits, de bassins lustraux, de piscines et de citernes, localisés dans différentes parties du palais, suggère l'accomplissement de rites de purification précédant l'exercice du culte par le roi et les prêtres. Les bains, les citernes et les piscines sont remplis d'eau provenant de sources canalisées, alors que les eaux usées sont évacuées par des égouts.
Le complexe palatial n'est pas isolé du monde extérieur par un mur et, surtout à la période néopalatiale, s'intègre au paysage environnant ; voici les étages superposés qui descendent vers la plaine comme autant de terrasses et les grandes voies d'accès qui, depuis l'intérieur du pays, la nécropole, le port, conduisent au palais ; voici les **quartiers résidentiels** et les maisons seigneuriales, disposées tout autour. L'intégration du palais dans le territoire correspond à la dépendance de la périphérie par rapport au centre et aux échanges continus entre ces deux pôles. En termes politiques, c'est ainsi que se traduit la suprématie du pouvoir central.

La Crète a laissé d'autres témoignages architecturaux importants : il s'agit des **villas**, édifices moins vastes que les palais, mais reproduisant cependant leur complexité. Les ruines ont généralement été mises au ▷

jour dans les localités proches des palais ; ainsi à **Vathypétro** et **Tylissos,** près de Cnossos, et à Hagia Triada, près de Phaistos. Il pourrait s'agir de résidences estivales ou de centres d'activités économiques, politiques et religieuses, tout comme dans les palais.
Les villas présentent elles aussi une partition fonctionnelle de l'espace : les magasins situés à proximité de la zone cultuelle, le « mégaron à la crétoise », les quartiers résidentiels et seigneuriaux, la zone d'activité avec les boutiques et les ateliers artisanaux. Les autres éléments caractéristiques de l'architecture palatiale sont présents : les escaliers, les colonnes, les fresques pariétales, la cour centrale. La présence de locaux destinés aux archives et de salles du trésor, annexes des magasins et de la zone cultuelle, semble confirmer les fonctions administratives et économiques de ces édifices.

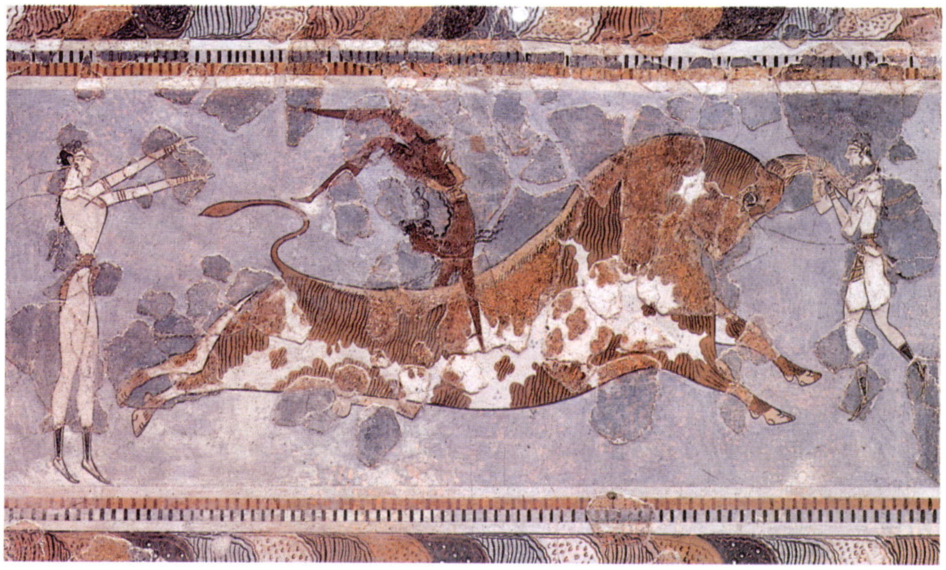

A gauche : fresque dite de **la Tauromachie,** *provenant du palais de Cnossos (1700-1400 av. J.-C.). Musée archéologique, Héraklion. Cette petite fresque représente peut-être trois acrobates luttant contre un taureau : l'un d'eux exécute un saut périlleux sur la croupe de l'animal.*
En bas, en double page : l'escalier monumental du palais de Malia.

Plan du palais de Cnossos : 1) emplacement du théâtre à gradins, 2) porte extérieure et **propylon,** *3) salle à piliers, 4) portique nord-occidental, 5) vestibule, 6) zone réservée aux initiations et bassin lustral, 7) salle du trône et vestibule, 8) maison du trésor du nord-ouest, 9) cour occidentale, 10) long corridor et magasins, 11) grand escalier permettant d'accéder à l'étage noble, 12) zone du palais comprenant les habitations les plus tardives, 13) propylée sud, 14) maison sud, 15-16) corridor et portique sud, 17) cour centrale, 18) maison nord-est, 19) passage d'entrée nord-est, 20) magasins royaux de céramique, 21) magasins du nord-est, 22) bastion oriental, 23) escalier présumé, 24) salle d'enseignement, 25) salle aux haches bipennes, 26) zone découverte, 27) mégaron de la reine, 28) canal, 29) rampe qui sort de la cour centrale, 30) maison du sud-est, 31) grand escalier.*

La **villa d'Hagia Triada** (petite cité minoenne sise sur une colline à l'ouest de Phaistos, vers la mer) présente un grand intérêt. Elle a peut-être servi de résidence de plaisance aux souverains de Phaistos. C'est un édifice construit sur un plan singulier, en L, et doté de deux cours. Celle située au nord, vers la mer, est peut-être réservée aux usages commerciaux, tandis que la cour sud sert à célébrer les cérémonies et les rites sacrés. Autre nouveauté architecturale, l'édifice révèle une disposition en deux ailes identiques qui communiquent entre elles. Il est malaisé d'expliquer ce dédoublement, chaque partie pouvant assumer une fonction particulière.

Hormis les salles cultuelles situées au centre du palais, l'architecture minoenne n'a laissé aucune trace de temples, car la religion crétoise célèbre ses rites dans des grottes. En revanche, on possède de nombreux témoignages sur l'architecture funéraire, au travers des **nécropoles** situées à proximité des grands centres. Il s'agit de tombes à inhumation dans lesquelles la dépouille mortelle est déposée à même la terre ou placée dans un sarcophage. Il existe trois types principaux de tombes : les tombes à fosse, les tombes à puits et les chambres funéraires. Comme dans la nécropole de Chrysolakkos, au nord de Malia, les tombes creusées dans la roche peuvent faire partie d'un ensemble unique, composé de nombreuses pièces dans lesquelles sont placés les autels pour les offrandes et le matériel funéraire, avec des objets en or comme le pendentif aux abeilles.
Les tombes les plus originales et les plus intéressantes ont été découvertes dans la nécropole attenante au palais de Cnossos : la tombe dite **temple-tombeau** et la tombe royale d'Isopata. La première, ainsi nommée du fait de sa structure, apparaît en fait comme un monument à la fois funéraire et cultuel, comportant deux étages : l'étage supérieur est réservé au culte, alors que l'étage inférieur, plus vaste et compartimenté, constitue le lieu de sépulture proprement dit. Une série de piliers fait office de vestibule, qui donne accès à une crypte à piliers reliée à la chambre funéraire. Le schéma architectural est en harmonie évidente avec celui du palais.
En revanche, la **tombe d'Isopata** semble être le prototype de la tholos mycénienne, avec son vestibule qui conduit à la grande chambre funéraire souterraine de forme rectangulaire.

A gauche : détail d'un modèle de sanctuaire en terre cuite, provenant de Cnossos. Musée archéologique, Héraklion. A droite : tête de taureau, détail d'un relief peint découvert à Cnossos. Musée archéologique, Héraklion. Le motif du taureau est une constante dans l'art minoen de Cnossos, qui se réfère à l'époque du Minotaure, le fils mythique de Minos.

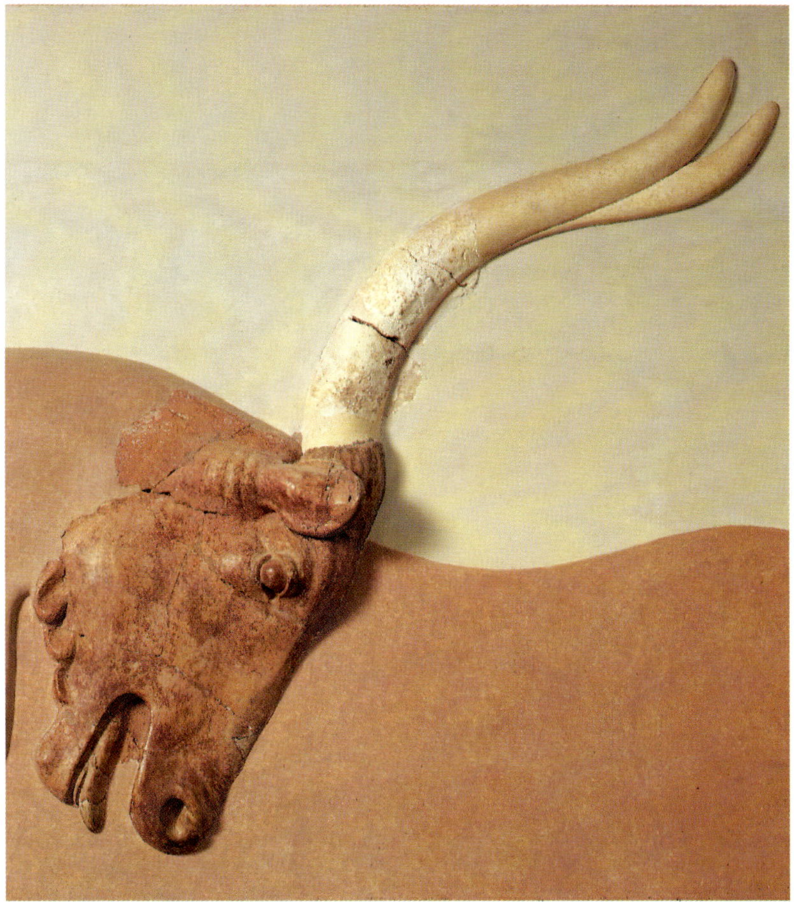

La **cité minoenne** s'organise autour du palais, sans pourtant se développer selon un plan précis : il s'agit d'un ensemble de quartiers et de bourgs disposés selon un tracé non géométrique, mais topographique et fonctionnel, le tout sillonné par un réseau de voies qui partent du palais en direction de la mer, de la plaine et de la nécropole. La cité comprend un lieu de rassemblement public, sorte de place entourée de ce qui semble être des gradins pour accueillir le peuple.
Ces derniers disparaissent dans les phases ultérieures de la civilisation minoenne, lorsque le palais s'impose comme centre de pouvoir unique. L'agglomération urbaine de **Ghourniá**, située dans la partie orientale de l'île, est le site crétois le mieux conservé.

Séparées par des rues tortueuses et étroites, les maisons sont subdivisées en pièces aux formes irrégulières. Le **palais** se trouve au centre. Son ordonnance est identique à celle des grands palais minoens.
Il y a aussi un **sanctuaire** d'époque tardive (apr. 1450 av. J.-C.), où ont été découvertes, outre des objets sacrés comme des vases et des tables d'offrandes, des idoles féminines aux bras levés, des serpents s'enroulant autour de leur corps. On vénérait probablement ici la même déesse aux Serpents qu'à Cnossos.
Des **maisons** qui composent la cité de Ghourniá, le plan seul est connu (on y a découvert des outils de menuisier et de bronzier) ; il est identique à celui des maisons d'autres cités. Elles sont le plus souvent rectangulaires et de dimensions variables, avec une salle centrale à colonnes pour le foyer ; un des côtés, soutenu par trois piliers, peut être ouvert, donnant ainsi accès à la cour, source de lumière de l'habitation.
Il s'agit de la même structure que le mégaron du palais. De petits modèles en céramique et en ivoire ont été découverts, qui reproduisent des façades de maisons et permettent d'en imaginer l'aspect d'ensemble ; elles ne possèdent qu'un niveau, avec un toit en terrasse et une entrée aménagée en hauteur, ou, plus tard, au niveau du sol. Il s'agit de l'habitat caractéristique de l'artisan qui peut parfois faire office de boutique.

A gauche : entrée dite du Trésor d'Atrée, la plus majestueuse des tombes à tholos de Mycènes.
Ci-dessous : coupe de la tombe d'Atrée, appelée aussi Trésor d'Atrée, parce qu'on y a découvert un riche mobilier funéraire comprenant des bracelets, des coupes et des masques funéraires en or.
En bas : à Mycènes, passée la porte des Lions, on voit l'allée funéraire circulaire A.

Les premiers vestiges importants d'architecture grecque proviennent du monde mycénien, à partir de la fin du XVe siècle av. J.-C. Il s'agit de **citadelles,** défendues par des murs d'une épaisseur considérable, disséminées en Argolide et dans d'autres régions du Péloponnèse : Argos, Mycènes, Tirynthe, Pylos. Elles abritent des **palais fortifiés** et des monuments funéraires. La première impression dégagée par ces édifices est celle de monumentalité et de robustesse, expression d'une classe militaire conquérante et dominatrice. C'est un monde nouveau, foncièrement différent du monde crétois, où les palais sont conçus selon un plan ouvert et s'étendent dans le paysage en le mettant en valeur.

L'architecture traduit les **préoccupations de défense** qui prédominent dans la Grèce mycénienne : les espaces sont délimités par de **puissantes enceintes** dotées de bastions défensifs, de portes fortifiées, de discrètes voies d'accès protégées par des courtines obligeant à emprunter un passage unique. Ces murs d'enceinte sont dits cyclopéens car constitués d'énormes blocs de pierre, grossièrement équarris, assemblés et fixés avec de la pierraille, interrompus par endroits par des poternes (petites ouvertures cachées). Les portes d'accès à la citadelle sont creusées dans l'épaisseur des murs, des piliers monolithiques en constituant généralement l'encadrement. L'exemple le plus célèbre est la **Porte des Lions** donnant accès à la nécropole de Mycènes : elle est caractéristique car, haut de trois mètres, le fronton qui domine le passage est encore en place sur l'architrave. Le motif sculpté représente deux lions rampants qui s'affrontent de part et d'autre d'une colonne surmontée d'un chapiteau ; il joue assurément un rôle protecteur pour le palais et l'ensemble de la citadelle.

Tirynthe offre un exemple significatif du **plan d'urbanisme** mycénien et de ses fortifications. Une longue rampe, interrompue par deux portes intermédiaires, permet de parvenir à la cité et conduit à une première cour, protégée par un corps de garde. La citadelle est sise sur une hauteur et entourée d'ouvrages défensifs répartis sur plusieurs niveaux. De la première cour, ornée de colonnes sur un de ses côtés, on passe dans une cour intérieure, celle du **palais**. Les portiques en occupent trois côtés, alors que le quatrième correspond à la façade d'entrée du mégaron, élément central du palais, autour duquel sont disposées les autres pièces de la demeure royale. Précédé d'un portique à deux colonnes et d'une porte, le mégaron est une salle rectangulaire, complètement fermée, comprenant un foyer central avec quatre colonnes d'angle. Ce dispositif rappelle le « mégaron à la crétoise », mais à la conception d'un espace ouvert, aux nombreux accès, se substitue celle d'un noyau central bien protégé et difficile d'accès. Sa position révèle que le mégaron est la salle la plus importante du palais ; les fresques et les stucs peints qui le décorent en apportent la confirmation. L'intégration de la peinture dans l'architecture de la peinture est minoenne, mais seule la technique a été reprise, alors que les thèmes figurés, en harmonie avec l'édifice, sont de caractère militaire. La cour ne joue pas un rôle fonctionnel, comme dans les palais crétois ; c'est un simple appendice du mégaron à partir duquel se développe le palais tout entier. L'espace est ici hiérarchisé, avec des pièces disposées autour d'un noyau bien défendu. C'est l'antithèse de la liberté quasi anarchique du palais minoen.

L'architecture mycénienne présente une autre singularité : la **monumentalité**. Déjà relevée à propos des murs cyclopéens et des portes, cette caractéristique apparaît aussi dans les **tombes mycéniennes**, notamment celle qu'on nomme le « **Trésor d'Atrée** ». Il s'agit d'un type d'édifices creusés dans la roche, auxquels on accède par un long vestibule, le *dromos*, encastré dans la colline à ciel ouvert et bordé de murs en pierre de taille. Le corps central est circulaire (*tholos*), doté de colonnes adossées et de décorations. Une porte s'ouvre au centre, surmontée par un fronton constitué de colonnes et de bandeaux décorés de spires minoennes,

qui reprennent le décor de la façade.
La salle intérieure est dominée par une voûte composée d'assises annulaires disposées en encorbellement.

Au seuil du Ier millénaire av. J.-C., la chute de la civilisation mycénienne ouvre une période de bouleversements et d'invasions peu favorable à l'expression artistique. Durant cette période, l'architecture, dépourvue de toute monumentalité, offre un aspect pratique et utilitaire. Ses manifestations sont très éloignées de la complexité des palais mycéniens. Il s'agit tout au plus de constructions isolées, d'habitations comptant une pièce unique ; ces dernières présentent un plan elliptique ou rectangulaire (XIe-IXe siècle av. J.-C.), qui devient absidal à une époque ultérieure (fin du IXe siècle av. J.-C.-première moitié du VIIIe siècle av. J.-C.). A l'intérieur, quelques piliers en bois, disposés sur l'axe principal, soutiennent une couverture rudimentaire. Il s'agit en réalité d'une **architecture primitive** faite de matériaux pauvres comme le bois, la brique, l'argile, la pierre grise.

Ce n'est qu'au VIe siècle av. J.-C. qu'il sera possible de noter un saut qualitatif important, avec l'introduction de la pierre taillée et la différenciation, selon leur usage, de la forme et du plan de chaque édifice. En revanche, pendant la période de transition, les édifices servent indifféremment à des usages sacrés et profanes. Les premières réalisations de l'**architecture religieuse** remontent aux VIIIe-VIIe siècles av. J.-C. Les fouilles entreprises dans le temple d'Héra à Samos, le temple d'Artémis à Éphèse, le temple d'Apollon à Thermos et celui d'Héra à Olympie permettent de suivre l'évolution de l'architecture religieuse. De l'élévation sur une base en pierre de murs en brique crue, typiques de la technique primitive, on passe à des murs en pierre taillée. Simple à ses débuts, avec une pièce unique, la forme devient aussi plus complexe, avec l'ajout à la cella d'un **pronaos** (vestibule à colonnes) et d'un **péristyle** (portique à colonnes qui entoure l'édifice). Des colonnes en pierre se substituent peu à peu aux piliers en bois et le toit en terrasse, d'origine mycénienne, laisse place à un toit pentu, ce qui permet d'agrémenter les façades du temple de frontons caractéristiques, ornés de groupes sculptés. L'espace intérieur est aussi modifié : l'alignement des colonnes divisant la cella en deux nefs, qui oblige à placer la statue du dieu sur un côté, est supprimé ; les colonnes sont disposées le long des parois (Héraïon d'Olympie), ou en deux rangées afin d'obtenir un espace à trois nefs.
C'est ensuite que se précisent les divers éléments constitutifs des colonnes : la base, le fût et le chapiteau. Leurs variations, ainsi que celles de la frise conduisent à définir **deux ordres architecturaux** : dorique et ionique. **L'ordre dorique** s'affirme, hormis le continent, en Crète et dans les colonies de Grande Grèce et de Sicile. L'allongement vers le haut (contracture) du fût à cannelures verticales et la simplicité de la forme quadrangulaire du chapiteau attestent que la colonne dorique est un élément constitutif de la structure de l'édifice, et non pas seulement décoratif. Le rôle du léger gonflement du fût au tiers de sa hauteur (entasis) est uniquement visuel. **L'ordre ionique** s'impose, quant à lui, dans les colonies d'Asie Mineure ; les premiers exemples de colonnes montrent un chapiteau formé d'une couronne de feuilles pendantes, mais le motif végétal se stylise ensuite en deux volutes qui s'écartent et accueillent une palmette dans l'espace libre, créant ainsi un point d'appui continu pour la trabéation. Le chapiteau ionique dérive probablement de chapiteaux orientaux des cités grecques d'Asie Mineure, et répond à des critères ornementaux qui se différencient de la solide géométrie de l'ordre dorique. La colonne, plus élancée, présente un plus grand nombre de cannelures et une base plus élaborée.

Parallèlement à l'évolution architecturale, une grande transformation s'accomplit **dans le domaine de l'urbanisme**. Le nouveau type d'implantation est la ***pólis***, reflet d'une Grèce qui sort alors des âges obscurs. Un grand nombre de centres nouveaux émergent des ruines des citadelles mycéniennes, et c'est de ces dernières qu'est issue l'**acropole**, partie haute de la cité, siège du pouvoir et centre religieux. A proximité immédiate, se trouve l'***ásty*** (la ville basse), dont le centre est l'**agora**, place qui constitue le cœur de la vie citadine et des affaires économiques, servant aussi de marché.

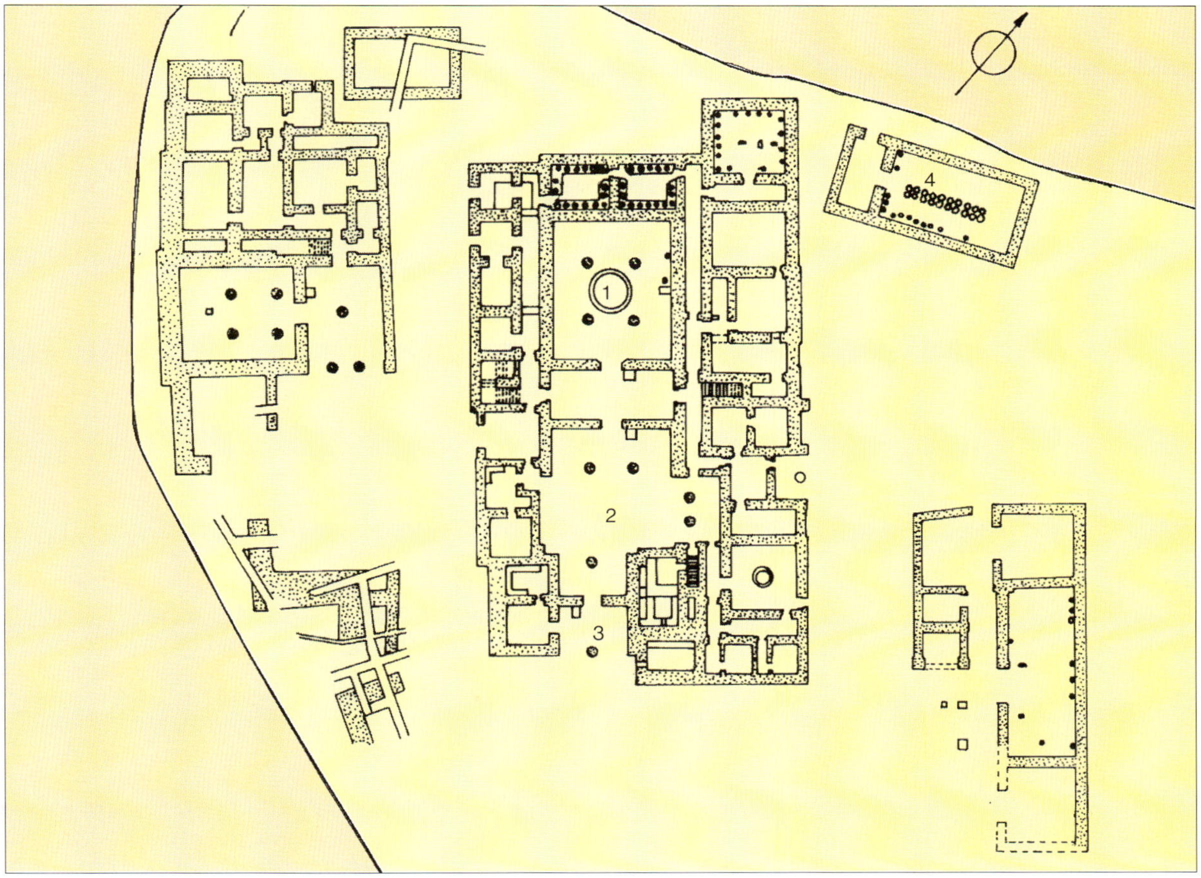

Ci-dessus : plan du palais de Nestor à Pylos. Il se distingue des palais de Mycènes et de Tirynthe par sa complexité et par son ouverture vers l'extérieur. Les éléments constitutifs sont typiquement minoens : 1) mégaron, 2) cour, 3) propylées, 4) entrepôt.
Ci-dessous, à gauche : galerie de la casemate sud à Tirynthe. A droite : détail du cercle des tombes à Mycènes.

Si l'essor urbain est communément attesté en Orient dès le IIIe millénaire, l'implantation humaine la plus fréquente dans le monde occidental, au moins jusqu'aux VIe-Ve siècles av. J.-C., est le **village**. Le village européen de l'âge du bronze atteint parfois des dimensions considérables, se transformant en véritable **centre fortifié**. Les établissements varient beaucoup en fonction du lieu de leur implantation et des matériaux employés. Dans l'Espagne du sud-est, apparaissent des ensembles de cabanes de plan circulaire ou quadrangulaire entourées d'un mur de protection et de bastions.
La pierre commence à faire son apparition comme matériau de construction, mais elle n'est utilisée que pour les ouvrages défensifs et les soubassements, alors que les parties supérieures et les structures des édifices continuent à être essentiellement en bois.
En France méridionale, la typologie des cabanes varie du plan circulaire au plan ovale ou allongé, terminé en abside. On connait aussi de petites pièces circulaires avec un toit en coupole constitué de pierres plates.
Sur les rives des lacs, s'imposent les **habitats sur pilotis** de plan rectangulaire. Or les découvertes les plus récentes mettent en évidence le fait que les maisons sur pilotis sont généralement construites sur la terre ferme. Leur position surélevée permet d'éviter l'humidité, contre laquelle on utilise aussi des sols en planches soigneusement assemblées.

Les ouvrages de délimitation et de défense des villages sont caractéristiques d'une société évoluée. On en connait différents types, depuis les remparts en pierre avec des fossés creusés dans la roche (Pouilles), jusqu'aux palissades des cités lacustres.
Des systèmes de protection plus évolués apparaissent lentement ; ils adoptent une forme circulaire et sont formés de fossés et de bastions en bois, disposés sur les hauteurs plus fréquemment qu'en plaine.
Les innombrables ***castros*** ibériques, qui en constituent l'exemple le plus remarquable, reflètent le caractère tout à la fois rural et guerrier de la population. Les ***talayots*** de Majorque et de Minorque sont, eux aussi, intéressants ; il s'agit de tours en pierre qui servent à la fois de poste d'observation et de refuge, témoignant de la diffusion des établissements fortifiés. Les *talayots*, construits en pierres sèches, sont en forme de cône tronqué ou de pyramide. A l'intérieur, se trouve une pièce unique, recouverte par une fausse coupole et surmontée d'un toit soutenu au centre par une colonne monolithique ou un pilier en bois. Les ***nauetas*** sont caractéristiques de Minorque ; elles sont construites en pierres superposées, adoptant la forme d'un navire comme la célèbre *naueta* d'Es Tudons, près de Ciudadela.
En Sardaigne apparaissent des constructions analogues, les ***nuraghi***, qui sont utilisées jusqu'à la fin de l'âge du fer. Il s'agit de tours en forme de cône tronqué, hautes de plus de vingt mètres et constituées de grands blocs irréguliers de pierre. Leur plan est circulaire *(tholos)* et comprend plusieurs pièces. Parfois, les nuraghi font partie d'une structure complexe comme à Orrobiu, où la tour centrale abrite une haute chambre voûtée reposant sur des consoles. Ses dimensions sont considérables et ses murs cyclopéens ; l'édifice est formé de grands blocs de pierre non équarris, assemblés sans mortier. Autour de cette tour centrale sont disposées d'autres tours extérieures d'époques successives, enserrées dans une enceinte. Les monuments de plan ellipsoïdal, qui apparaissent simultanément en Corse et à Pantelleria, sont appelés sesi, par analogie avec ceux de Malte. Ils relèvent, tout comme les nuraghi, de l'architecture mégalithique de la Méditerranée occidentale. **Su Nuraxi**, à **Barumini**, est le plus grand complexe nuraghique, créé peu après la moitié du IIe millénaire av. J.-C. A la tour centrale sont accolées quatre tours disposées de façon concentrique, sur le devant et sur les côtés ; elles sont unies par une courtine en pierre de façon à former un bastion défensif pour le nuraghe central. Devant ce bastion, dans le complexe de Barumini, comme dans de nombreux autres, est érigé un autre rempart, constitué par un alignement de petites tours reliées entre elles, que l'on appelle un brai. Le schéma qui vient d'être décrit est caractéristique des **châteaux nuraghiques** ; il se précisera dans les phases les plus évoluées de la civilisation nuraghique, qui s'étendent du Xe au VIe siècle av. J.-C.
On peut suivre les modifications successives subies par ce monument, apparu au cours du IIe millénaire, à l'âge du bronze, sous la forme d'une simple tour en forme de cône tronqué. Le terme qui le désigne, **nuraghe**, dérive du sarde *nurra*, qui signifie « tas de pierres » ou « cavité » ; il semble donc faire allusion à son aspect extérieur, un gros tas de pierres carrées, tout autant qu'à son intérieur creux et

A gauche : la naueta d'Es Tudons, monument mégalithique de l'île de Minorque (Baléares).
Ci-dessus : murs cyclopéens du talayot de Ses Paisses, près d'Artá, dans l'île de Majorque (Baléares).
Les talayots sont des constructions mégalithiques, similaires aux nuraghi sardes, qui se développent en Espagne pendant l'âge du bronze.
La culture mégalithique, du néolithique à l'âge du bronze, est présente dans toute l'Europe occidentale et méditerranéenne, avec des variantes qui vont du dolmen et du menhir, en Grande-Bretagne et en France, au nuraghe et au talayot, en Sardaigne et en Espagne.
A droite : stèle de Solona de Cabañas, Caceres. Musée archéologique, Madrid.
Les stèles, même si elles sont érigées séparément, font partie intégrante de complexes religieux.

LES CIVILISATIONS TERRAMARE ET VILLANOVIENNE

A l'époque du bronze moyen et récent et jusqu'à l'âge du fer dans les régions italiennes de l'Émilie et de la Lombardie, s'affirme une civilisation protohistorique, la civilisation terramare, qui tire son nom du terme « terra marna » en dialecte émilien, désignant une terre particulièrement fertile. Les témoignages archéologiques qui en permettent la reconstitution consistent dans les traces d'établissements, des restes de cabanes, de la céramique, des objets en pierre, en bronze, de petites statues zoomorphes. Dans une première phase, cette civilisation est organisée en villages ouverts, composés de cabanes rondes ou rectangulaires ; à une période plus tardive, les villages s'entourent de remblais et de fosses. Les plans de ces villages sont trapézoïdaux, et le terre-plein sur lequel ils sont installés est consolidé par de gros blocs de pierre ou une série de pieux. Dans les zones marécageuses de la plaine basse, on trouve des pilotis, dont la fonction est de protéger des inondations périodiques de la Val Padana, qui s'intensifient entre le IIe et le Ier millénaire av. J.-C.

L'économie est essentiellement agricole, mais repose aussi sur l'élevage et sur la chasse. Comme pour les autres civilisations protohistoriques, la céramique est la forme artisanale la plus représentée ; par le biais des vases à surface grise ou noire brillante portant une bordure, avec des gravures parallèles ou croisées et une anse surélevée, on peut établir un lien possible avec les cultures danubio-balkaniques. L'urne ovoïde, ou biconique, est un produit céramique typique retrouvé en de nombreux exemplaires dans les nécropoles de la civilisation terramare. La métallurgie produit des haches, des épées et des ornements comme des épingles aux formes variées.

La civilisation villanovienne est la culture la plus représentative de l'âge du fer en Italie ; elle se distingue par la pratique de l'incinération et l'utilisation d'urnes biconiques. Son nom dérive du petit établissement découvert aux environs de Bologne au siècle dernier (vers 1850). La civilisation villanovienne s'est constituée dans la période intermédiaire entre l'âge du bronze et l'âge du fer, à partir du XIIIe siècle av. J.-C., quand elle s'associe à la civilisation apenninienne, qui pratique l'inhumation, avant de se greffer ensuite sur la civilisation terramare. Les principaux établissements sont situés dans les deux zones importantes de diffusion de la civilisation villanovienne : le territoire de Bologne et la région située entre l'Arno et le Tibre. La différence n'est pas seulement géographique, puisque le véritable centre moteur se trouve entre l'Arno et le Tibre, là où s'affirmeront par la suite les Étrusques et où la présence de nombreux cours d'eau, qui descendent des Apennins, favorise la communication entre la côte et l'intérieur. Muller-Karpe distingue deux périodes de développement de la civilisation villanovienne : la première est caractérisée par l'incinération, les tombes à puits, les urnes biconiques, les fibules, les armes et les bracelets en bronze ; la deuxième, par une plus grande abondance d'armes en bronze, par un répertoire céramique plus développé, parmi lequel se trouve de la céramique en argile sur fond clair avec un décor géométrique sombre. Une troisième phase a été mise en évidence, qui utilise la céramique protocorinthienne et de nouveaux types de fibules.

habitable. La structure haute et robuste de ces constructions laisse penser qu'elles servaient de poste d'observation et, en cas de danger, de refuge. Du reste, leur localisation, souvent à proximité d'une source d'eau, et la qualité des terres qui les environnent soulignent le fait que les nuraghi ne remplissent pas seulement une fonction défensive. Au cours des siècles, ils vont s'agrandir et se diversifier pour adopter, à la fin du Ier millénaire av. J.-C., la forme de châteaux fortifiés, dotés d'enceintes et dominés en leur centre par une tour principale. C'est autour d'eux que sont disposés les édifices religieux et civils des communautés organisées en clans. Au début du Ier millénaire av. J.-C., le développement de ces châteaux laisse penser qu'ils constituent le siège politique d'autant de royaumes gouvernés par un prince.

En ce qui concerne l'**architecture funéraire**, divers types de sépultures mégalithiques ont été retrouvées dans toute la région : dans le sud de l'Espagne, on trouve des chambres funéraires souterraines ; en Sardaigne, les **tombes dites des Géants** ; aux Baléares, les *nauetas*.

A l'origine, les tombes espagnoles sont de petites fosses rondes cernées de murets qui recueillent plusieurs dépouilles mortelles. Avec le temps, des fosses de dimensions toujours plus importantes sont creusées, ceintes de dalles de pierre et dotées d'un couloir d'accès. La phase finale est constituée de grands monuments trapézoïdaux, dans lesquels le vestibule et la chambre forment une pièce unique, et de structures en tholos dont les parois sont faites de piliers carrés, régulièrement agencés, ou de murs en pierres sèches. La couverture de la chambre est composée d'une fausse coupole, un pilier central garantissant la solidité de l'ensemble. Le tout est enfermé dans un tumulus.

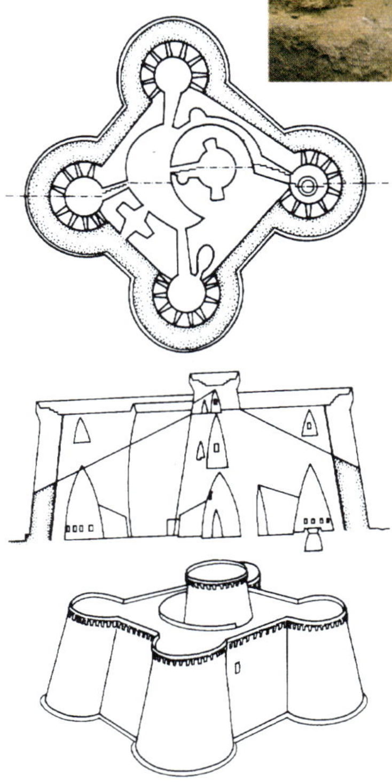

A gauche : urne biconique à couvercle en forme de casque à crête (IXe siècle av. J.-C.), provenant de Barbarano Romano, près de Viterbe. A droite : porte d'accès au nuraghe Genna Maria de Villanovaforru (Cagliari). Ci-dessous : plan, coupe et reconstitution du nuraghe de Su Nuraxi, à Barumini, dans la province de Cagliari, qui a connu une occupation continue de la seconde moitié du IIe millénaire av. J.-C. au IVe siècle av. J.-C. Les nuraghi subissent d'importantes modifications au cours de leur évolution : de leur aspect initial de tour tronconique, ils se transforment, par des agrandissements successifs et l'accomplissement de fonctions nouvelles et plus complexes, en châteaux fortifiés.

Les tombes des Géants, en Sardaigne, sont de grandes constructions terminées en absides : elles sont formées d'un vestibule de type dolménique ou à voûte, ainsi que d'un hémicycle ouvert, comprenant en son centre une grande stèle renforcée, terminée en arc avec un portique d'entrée à sa base.

Les *nauetas* des Baléares sont du même style : elles se présentent comme des chambres allongées, construites en gros blocs de pierre et caractérisées par une abside semi-circulaire qui contraste avec la façade rectiligne.

Il existe d'autres types, moins répandus, de sépultures : les tombes collectives, aux salles beaucoup plus vastes. Selon leur localisation géographique, elles adoptent des formes et des caractéristiques diverses : chambres lobées (Malte), nombreuses niches disposées en éventail (Sardaigne), chambres allongées avec des façades (Baléares).

Les productions artistiques de la Mésopotamie et de l'Anatolie révèlent une prédilection pour l'art du relief et la gravure des sceaux, qui atteignent des niveaux d'expressivité remarquables. Ils s'intègrent dans la tradition mésopotamienne de l'art narratif. L'œuvre d'art naît de la volonté d'exalter une personne ou des événements importants; dans le but, aussi, de perpétuer le souvenir du passé, de célébrer le présent et de se garantir face aux incertitudes du futur. L'art narratif historique est **aulique**, ou palatial, parce que transformé en instrument de propagande du roi. Les périodes de grand développement de ce genre coïncident avec l'affirmation d'un pouvoir central absolu (empires hittite et néo-assyrien).

Le **décor en relief** apparaît sur divers types d'objets : les stèles et les panneaux en pierre qui décorent les palais, mais aussi les obélisques et les cippes marquant les limites territoriales. Les thèmes les plus fréquents sont politiques ou militaires, mais les scènes religieuses ne sont pas absentes; au contraire, il est fréquent que les dimensions sacrée et profane coexistent dans la même représentation, dans la mesure où, en Mésopotamie, le roi reçoit directement son pouvoir de la divinité, au nom de laquelle il agit. C'est ainsi que l'évocation historique destinée à célébrer une grande action du souverain glorifie en même temps le dieu qui l'a inspirée. Un premier exemple significatif est donné par la **stèle des Vautours**, qui célèbre le triomphe d'Eannatoum, roi sumérien de Lagash, lors d'un conflit qui l'oppose à la cité d'Oumma à propos de limites territoriales. Sur la stèle (2560 av. J.-C.), une inscription décrit l'action figurée dans le bas-relief, qui présente le souverain victorieux, tandis qu'il avance avec son armée, foulant l'ennemi aux pieds. L'événement se déroule sur plusieurs registres : Eannatoum est d'abord représenté à la tête de l'infanterie lourde, puis sur son char, suivi par l'infanterie légère, les vautours (qui ont donné son nom à la stèle) se jettent sur les cadavres des ennemis vaincus. L'autre face de la stèle illustre l'intervention divine qui a déterminé la victoire : Ningirsu, dieu de Lagash, occupe la place d'honneur et tient le filet qui lui a permis de capturer les ennemis. Un autre exemple important appartient à une époque plus tardive : la **stèle de Narâm-Sin** (Narâm-Sin est le quatrième souverain de la dynastie sargonide d'Akkad et règne de 2260 à 2223 av. J.-C.). Le roi est présenté triomphant au pied d'une montagne, au-dessus de laquelle apparaissent les attributs de la divinité, tandis qu'au-dessous gisent les cadavres des ennemis; gravissant les pentes de la montagne, l'armée suit son souverain. La présence de la nature, à travers la montagne et les plantes, alliée à la disposition des figures, qui ne sont plus représentées sur des registres superposés, mais disposés de façon réaliste, marque une avancée importante dans le développement artistique du monument historique.

A gauche : hiéroglyphes hittites qui racontent la vie du roi Katuwas, détail d'un relief du palais de Katuwas à Karkemish (IXe siècle av. J.-C.). Musée archéologique, Ankara.
A droite : la stèle de Narâm-Sin (seconde moitié du IIIe millénaire av. J.-C.). Musée du Louvre, Paris.

Les exemples présentés ci-dessus, s'ils sont antérieurs à la période étudiée dans ce chapitre, permettent de comprendre certaines techniques de représentation encore utilisées aux époques suivantes, jusqu'à l'apogée de l'art du relief, qui coïncide avec l'empire néo-assyrien. Parmi ces techniques, figurent la scène représentée à son point culminant, c'est-à-dire au moment clé du fait historique rapporté, et la « technique à épisodes », qui développe un sujet à travers un petit nombre de scènes résumant toute l'histoire.
Ces deux techniques confèrent un caractère symbolique et allusif à la scène, la représentation étant narrative dans la mesure où elle se réfère à des personnages et à des faits précis, alors que, dans le même temps, elle utilise des images stéréotypées, applicables à toutes les situations.
Les reliefs des périodes suivantes se servent, en fait, de ces schémas iconographiques pour représenter des événements et des personnages de régions différentes.
L'habitude de marquer les frontières avec des **koudourrous** (bornes en pierre sculptées en relief) se répand particulièrement sous la dynastie kassite (1600-1100 av. J.-C.). Sur une face, dans la partie basse, sont indiquées les clauses de cession du terrain par le souverain à sa famille ou à des fonctionnaires et, dans la partie haute, apparaissent des scènes de présentation à un dieu, des processions de donateurs, des représentations ou des symboles de la divinité invoquée pour protéger les frontières. L'**obélisque** est peu répandu; on en connaît uniquement quelques exemples d'origine assyrienne.

A gauche, en double page : bas-relief provenant du palais d'Assurbanipal à Ninive (VIIe siècle av. J.-C.); un cortège de prisonniers de guerre y est représenté. Musée du Louvre, Paris. Ci-dessous : **Lionne blessée,** *détail d'un cycle de bas-reliefs en albâtre ayant pour thème la chasse du roi, palais d'Assurbanipal à Ninive (VIIe siècle av. J.-C.). A droite : koudourrou d'époque kassite (XIIIe siècle av. J.-C.), avec les symboles des divinités et des animaux. Musée du Louvre, Paris.*

Les **reliefs pariétaux** sont les plus nombreux. Tant l'emploi en architecture de panneaux sculptés en relief, appliqués comme revêtement des façades et des parois murales internes des édifices, que la gravure rupestre - la sculpture d'une paroi rocheuse, souvent dans des lieux isolés et difficiles d'accès - pourraient être d'origine hittite.
La caractéristique principale de la **sculpture hittite** est en effet d'être conçue en fonction de l'architecture. Les sphinx et les lions qui ornent les portes des temples et des palais dans les cités anatoliennes s'intègrent bien aux proportions des édifices hittites. Ils sont sculptés en ronde bosse d'une façon à la fois très plastique et précise, mais aussi avec une richesse de détails, fruit d'un habile travail d'incision. Une attention analogue est réservée aux détails de la physionomie et aux habits des figures humaines.
Dans les reliefs, à l'exemple de celui du dieu sculpté près de la porte du Roi, à Hattousa, le contraste entre le buste, vu de face, et les jambes, vues de profil, est une conséquence de l'absence de perspective dans l'art mésopotamien, associée à l'exigence d'une représentation idéalisée, et non réaliste.
Une importante série de reliefs a été mise au jour dans le sanctuaire rupestre de **Yazilikaya** (XIIIe siècle av. J.-C.) : sur les murs d'une galerie rocheuse, une procession divine, composée de deux cortèges qui convergent vers la paroi centrale, évoque la rencontre du dieu suprême avec une déesse. Du même lieu, provient la représentation d'un souverain embrassé par une divinité. Les thèmes historiques sont absents des reliefs hittites, alors que les thèmes religieux prédominent. Le roi est toujours figuré en habits religieux et associé aux emblèmes sacrés. La technique de composition des reliefs rupestres est généralement simple, mais une série de reliefs en pierre provenant d'une autre localité anatolienne importante, **Alacahöyük**, témoigne d'un progrès considérable dans le mode de représentation. Sur chaque support, se trouve une scène autonome (le roi devant l'autel; le roi placé en face d'un dieu; trois acrobates exécutant leurs exercices; des serviteurs portant des animaux exotiques), mais les images individuelles constituent des moments d'un ensemble plus complexe, donnant ainsi le premier exemple de composition d'une série cohérente de sculptures de grandes dimensions sur pierre. **Malatya** offre un troisième exemple de technique narrative, en confirmant la tendance hittite à subdiviser la représentation d'un épisode unique en plusieurs parties et à le développer sur plusieurs panneaux : une série de reliefs montrent le roi, et parfois la reine, en train de faire des libations et d'accomplir des sacrifices; les figures sont répétées à deux moments successifs de l'action afin de suggérer l'idée de mouvement dans le déroulement de la scène.

A l'**époque néo-assyrienne**, le relief, ou **orthostate**, bénéficie de l'expérience technique et du langage expressif venus à maturation au cours des siècles précédents et atteint son plus haut degré de perfection. C'est le support de prédilection pour les thèmes historiques et, dans une moindre mesure, pour les sujets religieux. Ces dalles sculptées en bas relief sont avant tout destinées à décorer les pièces des somptueux palais royaux. Dans ce cas aussi, la sculpture reste liée à l'architecture.
Sur les panneaux de revêtement, à côté de la scène figurée (dont les dimensions correspondent à celles du panneau, ou sont plus réduites quand la représentation est articulée en plusieurs registres), se trouve une inscription en **écriture cunéiforme**, faisant partie des annales du roi. Le texte constitue une légende de l'image, et les deux moyens de communication, écrit et visuel, concourent à livrer un unique message célébrant le roi et l'État assyrien. Les orthostates, disposés les uns à côté des autres, recouvrent les parois internes des salles du palais et les façades monumentales des édifices qui s'ouvrent sur la cour centrale, au cœur de la demeure royale. Ils relatent les expéditions guerrières du roi, ses succès à la chasse, ou bien décrivent les cortèges de tributaires venant lui rendre hommage, les diverses origines ethniques de ces derniers témoignant de l'étendue des domaines impériaux.
On peut accepter une interprétation récente, qui voit dans les reliefs néo-assyriens un aspect du vaste système destiné à célébrer le souverain; le palais et le récit historiographique des annales en constituent deux autres moyens.
Le style narratif des orthostates est tout à fait adapté à l'exaltation et à la légitimation du pouvoir absolu du souverain.
Cette légitimité repose sur une assise sacrée qui rend tout à la fois plus crédible et plus acceptable la supériorité du roi : ses actes sont directement inspirés et approuvés par Assour, dieu « national » des Assyriens, dont il est le grand prêtre.

Les scènes des reliefs proposent un schéma répétitif qui donne toujours au roi, générateur des actions, le rôle principal. La concordance de visée entre les images des reliefs et les inscriptions royales est frappante; dans ce dernier cas aussi, le roi raconte à la première personne les exploits extraordinaires qu'il a accomplis : « Au début de mon règne, dans la première année de mon règne [...], j'ai mobilisé mes chars et mes armées, j'ai traversé de hautes montagnes par des routes difficiles, qui n'étaient pas adaptées au passage de chars et de troupes, et marché contre le territoire de [...] ».
Sur les reliefs, le roi est représenté affrontant les animaux les plus féroces au cours d'une chasse, ou à la tête de son armée, tandis qu'il mène celle-ci à la victoire. Le **rôle essentiel du souverain** est souligné par son apparition récurrente dans la même séquence narrative et par la focalisation de l'action vers la figure

royale. Cette focalisation positive indique que l'action se termine par un succès; en revanche, l'angle de vue inverse, celui de l'ennemi, indique une opposition au roi et à l'État assyrien, sanctionnant une défaite ou une reddition. Toutes choses émanent du roi, et son intervention, nécessaire à la réussite d'une entreprise, est garantie par le soutien de la divinité, représentée dans le disque ailé du dieu Assour ou dans les symboles d'autres divinités.

Enfin, la prééminence du souverain est accentuée par l'installation des reliefs sur des emplacements stratégiques, dans l'axe des portes d'entrée, pouvant être vus de l'extérieur avant de guider le visiteur à l'intérieur du palais, le long d'un parcours imposé, marqué par l'omniprésence du souverain. Dans les reliefs néo-assyriens, on trouve trois thèmes de prédilection : la guerre et la chasse, le rite, le cortège des tributaires. **C'est la guerre qui occupe la première place,** parce qu'elle est l'instrument essentiel par lequel le souverain joue son rôle d'ordonnateur universel. Les panneaux montrent les étapes successives d'une campagne militaire : le franchissement des obstacles naturels pendant la marche, la défaite de l'ennemi, la résignation des prisonniers et leur punition, le défilé plus pacifique des tributaires et la procession triomphale. La scène la plus couramment représentée est celle du roi sur son char,

A gauche : figure féminine en terre cuite (vers 1000 av. J.-C.), provenant de Tepe Marlik. Iran Bastan Museum, Téhéran. De nombreuses séries de figures humaines sculptées ont été mises au jour dans la partie nord-ouest de l'Iran : quelques-unes d'entre elles, souvent en couples, lèvent des coupes votives, probablement utilisées pour les libations. Ces statuettes ont une caractéristique curieuse : leurs pieds ont six doigts.
Ci-dessus : détail d'une fresque représentant des dignitaires (VIIIe siècle av. J.-C.), du palais de Tell Ahmar de Téglath-Phalasar III. Musée d'Alep. Le cycle de Tell Ahmar, bien que provenant d'un palais provincial syrien, est considéré comme l'un des plus importants de la période assyrienne.
A droite : plat mésopotamien finement décoré, provenant du nord de l'Irak. Musée de l'Irak, Bagdad.

avançant sur les cadavres des ennemis ; ces mêmes ennemis sont toujours montrés en fuite, tués, empalés aux portes des cités, ou emmenés en longues files au cours de leur déportation. Étant donné l'importance du sujet, ces reliefs décorent la salle principale du palais, la salle du trône.
Le thème de la chasse, qui exalte les qualités physiques, le courage et les prouesses du souverain face aux animaux les plus féroces, célèbre son triomphe dans le domaine privé, exact contrepoint de ses succès guerriers. L'animal partage le même destin fatal que l'ennemi. Dans ce cas, l'iconographie a clairement recours à un schéma d'origine égyptienne : monté sur son char, le roi atteint avec son arc un animal en fuite, et piétine les cadavres de ceux qu'il a déjà abattus.
Le thème du rite est traité de manière plus statique et formelle : les représentations se font sur une plus grande échelle que les reliefs guerriers, afin de donner un caractère solennel à la scène. Les reliefs de ce type proviennent, en majeure partie, du **palais d'Assurnazirpal II** : ils représentent l'arbre sacré, symbole de vie, avec, à côté, le souverain plongé dans une attitude d'adoration, parfois suivi de génies ailés, de figures tutélaires aux fonctions apotropaïques. Une variante place le roi à la place de l'arbre, entouré de génies distinctifs, tant par leur aspect physique que leurs vêtements et les objets qu'ils portent (génie à tête d'aigle, génie ailé portant une coiffure à cornes, génie avec un bandeau frontal). Les deux variantes iconographiques manifestent une identification symbolique entre l'arbre et le souverain, incitant le spectateur à saisir le lien profond qui unit la royauté et la divinité dans le devenir du monde assyrien. Un troisième groupe de reliefs représente le roi dans une attitude solennelle, entouré de fonctionnaires et d'intendants, alors qu'il accueille le cortège des peuples soumis apportant leurs tributs.

Si le relief est la principale expression de l'art narratif, le **sceau** acquiert, à la même période, une valeur artistique toujours plus grande et s'enrichit de motifs ornementaux figurés. Né, dans un premier temps, comme instrument d'authentification et d'individualisation, il se présente ensuite sous la forme de symboles, auxquels est attribuée une signification donnée par convention. Généralement, le **sceau est de forme cylindrique**, ce qui, en le faisant tourner sur le support destiné à en recevoir l'empreinte, permet d'obtenir un motif rectangulaire.
Les possibilités offertes par une surface assez large permettent de représenter une grande variété de thèmes et des compositions toujours plus complexes. Dans un premier temps, il s'agit d'animaux, dont le motif est répliqué : ils sont placés les uns à côté des autres, souvent par deux, symétriquement, ou disposés selon un schéma héraldique.
Par la suite, avec la diffusion et l'amélioration de la technique de l'incision de la pierre, des animaux, des hommes ou des divinités participant à des scènes narratives et représentés en action sont également gravés.
Les thèmes les plus fréquemment choisis relèvent du registre religieux et consistent, soit en luttes d'animaux entre eux ou de combats de héros épiques contre des monstres, soit en scènes rituelles où le roi figure près de l'arbre sacré. Non seulement les sujets, mais aussi le traitement des thèmes iconographiques sont identiques à ceux trouvés sur les reliefs.

La même exigence documentaire et conventionnelle que pour le sceau est à la base de la plus grande conquête culturelle de la Mésopotamie : l'**invention de l'écriture**. Il s'agit d'une innovation révolutionnaire, non seulement parce qu'elle permet d'améliorer

L'ÉCRITURE CUNÉIFORME

La mise au point de l'écriture cunéiforme est l'aboutissement d'un processus commencé avec l'essor de la civilisation urbaine. La pictographie, premier stade de cette transformation, consiste en un code formé de dessins, dont chacun est associé à l'objet qu'il représente. Il s'agit d'un système relativement simple, dans lequel chaque caractère est un logogramme correspondant à un mot. Son évolution tend vers une représentation conventionnelle et une abstraction plus grande. En fait, puisqu'il n'est pas possible de tout dessiner (par exemple les noms propres), il est continuellement nécessaire d'ajouter de nouveaux signes et de leur attribuer une signification adéquate, jusqu'à rendre impossibles la mémorisation et le maniement d'une quantité trop importante de pictogrammes. Le changement fondamental consiste à attribuer à chaque signe un son et non une image. De cette façon, il est possible, en combinant un nombre limité de caractères, d'exprimer un nombre infini de mots. Du logogramme (un signe correspond à un mot), on passe au syllabogramme (un signe correspond au son d'une syllabe). Le signe pictographique, par une simplification et une stylisation continues, devient cunéiforme.

L'écriture est l'apanage de la puissante caste des scribes. L'écriture cunéiforme n'est pas uniquement utilisée à des fins pratiques, mais aussi, et surtout, culturelles.

Les témoignages archéologiques sont particulièrement abondants, parce que les écrits sont gravés sur des tablettes d'argile qui, une fois cuites, sont impérissables. C'est ainsi que nous sont parvenues des listes de signes et de noms, utilisées dans les écoles pour enseigner la lecture et l'écriture (une sorte de précurseur des abécédaires), mais aussi des œuvres poétiques, épiques, mythologiques et historiographiques.

l'organisation de la vie économique (enregistrement comptable, archivage, listes d'inventaire, de rations, d'ouvriers), mais aussi parce qu'elle permet de transcrire la mémoire historique, facilitant le renforcement de la tradition culturelle des peuples et sa transmission. Au IIe millénaire et dans le Ier millénaire av. J.-C., le système d'écriture est appelé **cunéiforme** parce qu'il est composé de signes gravés sur des tablettes d'argile avec un stylet en forme de coin. A cette époque de trafics commerciaux intenses, de contacts culturels entre des empires élargis, le système cunéiforme devient un important moyen de communication. Étant donné la nature composite de l'histoire mésopotamienne, le cunéiforme ne transcrit pas une langue unique. Né en milieu sumérien, il s'adapte à l'akkadien et à ses variantes méridionale (le babylonien) et septentrionale (l'assyrien), de telle façon que l'akkadien se diffuse sous forme de cunéiformes et devient l'écriture et la langue diplomatique du Proche-Orient, utilisé par les souverains étrangers dans leur correspondance (lettres de Tell al-Amarna entre le pharaon et le roi assyrien).

Une importante **production littéraire** se fait jour, constituée de genres spécifiques : la poésie lyrique, la poésie épico-mythologique, l'historiographie. Les sujets religieux occupent une place importante ; apparaissent également des hymnes et des poèmes mythologiques relatant les événements de la vie des dieux et des héros, expliquant la création de l'univers, les lois de la nature, la signification de la mort ; le ***Poème de la création*** et l'***Épopée de Gilgamesh*** sont deux des poèmes parmi les plus célèbres. Une littérature à caractère historique procure des listes de dates, de dynasties et de souverains. Les annales des rois et les inscriptions commémoratives constituent les **œuvres historiographiques** les plus importantes. Ce genre se développe d'abord dans les régions périphériques comme l'Anatolie hittite, laquelle montre un net penchant pour les recherches historiques et produit des traités politiques, des autobiographies et des testaments royaux, dont les préambules ne se contentent pas d'exposer les faits, mais en analysent les causes et les effets. Au contraire, l'historiographie mésopotamienne est essentiellement composée de chroniques.

Les annales des rois assyriens, importantes du point de vue documentaire, sont subdivisées en épisodes guerriers, politiques ou civils pour chaque année de règne d'un souverain. Présenté à la première personne par le roi, le récit des événements met en évidence, en manipulant quelque peu les faits (nombre d'ennemis morts ou capturés, difficultés de la marche, âpreté des combats), sa bravoure ou son invincibilité, soutenues et légitimées par la faveur d'Assour. Les annales font usage de procédés rhétoriques et de poncifs littéraires, à l'instar du recours aux schémas iconographiques standardisés des orthostates pour glorifier le roi. Parfois, ce dernier, selon un modèle de « priorité héroïque », se révèle le plus grand parmi tous les princes valeureux qui l'ont précédé ; ou, selon un modèle de « postériorité héroïque », il lance une malédiction contre ceux de ses successeurs qui ne poursuivraient pas son œuvre.

Ci-dessus : tablette d'argile gravée de pictogrammes (2800 av. J.-C.), provenant de Sumer et relatant l'enregistrement des récoltes.
En haut : le roi assyrien Assurbanipal inspecte le butin de Babylone, bas-relief en albâtre du palais d'Assurbanipal à Ninive (VIIe siècle av. J.-C.), British Museum, Londres.
A droite : une des tablettes dites Blau, qui sont les plus anciens exemples de l'association d'une représentation avec des pictogrammes.

A la grande impulsion donnée à l'architecture pendant le Nouvel Empire, correspond un essor artistique qui atteint des sommets, tant dans la statuaire et le relief que dans la peinture.
La **sculpture** se caractérise surtout par sa **monumentalité**, comme l'illustrent les grandes statues de Ramsès II à Abou-Simbel et des colosses d'Aménophis III. On ne représente pas seulement les dieux, mais aussi, très souvent, les pharaons. Les statues ont alors un rôle de glorification, encore accentué par leurs dimensions ; mais elles remplissent aussi une fonction d'incarnation, en tant que soutien à l'esprit vital qui se prolonge après la mort ; dans cette circonstance, elles restent à la place du défunt, lui permettant ainsi de survivre. Les statues ne représentent pas une action, mais indiquent un état ; c'est pourquoi les figures sculptées sont hiératiques et ont des **attitudes figées**. En général, elles sont représentées assises sur un trône, ou debout, une jambe devant l'autre, dans une position raide. La répétition de ces stéréotypes produit une impression d'uniformité. De la même façon, la **représentation frontale** consiste en une division idéalisée du corps humain selon une ligne verticale et fournit une vision spéculaire, restreignant l'éventail des poses possibles. Une troisième caractéristique stylistique vient de l'adoption d'une **norme géométrique** d'après laquelle chacune des parties du corps à sculpter s'inscrit dans une forme solide, plus précisément un cube ou un parallélépipède. La figure assise est préférée car, avec les angles droits des genoux, des coudes et des hanches, elle s'y prête mieux que les autres. En ce qui concerne la finalité pratique de la statue, c'est-à-dire l'incarnation de la personne représentée, la statue est particulièrement précise et réaliste dans le traitement du visage : on cherche, non seulement à reproduire la physionomie du défunt, mais aussi ses caractéristiques intérieures, sa personnalité. On constate donc l'existence d'une dualité dans la sculpture égyptienne : d'une part, une tendance à l'**idéalisation**, au respect d'une forme abstraite, de l'autre un penchant vers le réalisme.
Le formalisme augmente pendant le Nouvel Empire, qui produit des statues élégantes, harmonieuses, dans le respect du canon.
Pendant la crise religieuse de la période amarnienne, c'est la **recherche de la vérité** qui prédomine, avec la transposition dans la pierre de traits réalistes. Dans ce domaine, les exemples les plus significatifs sont fournis par les portraits d'Aménophis IV, promoteur du culte d'Aton : le visage osseux et allongé, la lèvre charnue, le ventre gonflé soulignent l'abandon de la représentation stylisée du corps. Cependant, la statuaire amarnienne devient parfois obsédée par cette recherche de vérité : l'accentuation des détails anatomiques donne des résultats frôlant la caricature.
Cet art de protestation politico-religieuse s'affirme à travers son refus de la beauté.
La période suivante, qui conclut le Nouvel Empire, recueille à la fois le formalisme du premier âge thébain et le naturalisme exacerbé de l'hérésie, composant une tendance nouvelle vers le dépassement de l'immobilité rigide au profit du mouvement du visage et de la figure tout entière.

Cette dernière tendance apparait encore plus nettement dans le **relief** et la **peinture** que dans la sculpture. Ces formes artistiques trouvent un très vaste champ d'application et de diffusion : le relief dans le décor des parois murales des temples ; la peinture dans les tombes. Tous deux développent des thèmes narratifs et, bien qu'ignorant la perspective et plaçant librement les figures sur le fond, réussissent à reproduire le mouvement, la succession d'actions, en répartissant les scènes sur plusieurs registres. Dans le rendu d'une figure humaine, le visage et les membres sont de profil, l'œil et les épaules de face, le bassin de trois quarts.
Les thèmes présents sur les **reliefs des temples** sont d'abord guerriers et représentent les expéditions victorieuses du pharaon, afin de glorifier sa puissance et de lancer un avertissement à ses ennemis.

A gauche : détail des reliefs muraux du temple de Séthi Ier à Abydos (XIXe dynastie).
Le pharaon, portant la couronne bleue sur la tête, est en train d'accomplir en qualité de prêtre la fumigation de l'encens en présence des offrandes.
Ci-dessous : statue de Toutankhamon (XVIIIe dynastie), en bois stuqué et peint, provenant de la tombe de Toutankhamon. Musée égyptien, Le Caire.
Page ci-contre, en haut à gauche : ostrakon avec une danseuse (XVIIIe dynastie). Musée égyptien, Turin.
En bas : vase à parfums en albâtre provenant de la tombe de Toutankhamon (XVIIIe dynastie) ;
la réunion de quatre morceaux a permis de le reconstituer. Musée égyptien, Le Caire.
A droite : hiéroglyphes peints (XVIIIe dynastie), de la tombe du vizir Rekhmaré, à Thèbes. Tous ces signes, bien qu'étant des éléments de l'écriture, conservent pleinement leur valeur figurative.

Parmi les multiples exemples, les reliefs du temple funéraire d'Hatshepsout à Deir el-Bahari méritent une présentation sommaire : ils racontent d'abord la naissance de cette reine par la volonté du dieu Amon – elle fut reconnue comme sa fille légitime – grâce auquel elle peut s'asseoir sur le trône d'Horus, puis sa décision d'embellir la demeure paternelle en envoyant à Karnak deux obélisques (l'un d'eux se trouve encore dans le temple) et, enfin, la grande aventure de l'expédition dans le pays de Pount.
Les reliefs du temple de Ramsès III à Médinet Abou retiennent aussi l'attention, avec la scène symbolique et redondante de la victoire sur les Peuples de la Mer ; seul sur son char dans une scène de chasse, le pharaon intrépide se tourne, l'arc à la main, pour tuer un lion, alors que les chevaux, lancés au galop, piétinent les corps des animaux déjà morts. Il y a enfin les reliefs d'Abou-Simbel, sur lesquels Ramsès III célèbre ses victoires contre les Hittites.
En revanche, la **peinture** développe des thèmes mythologiques ou tirés de la vie quotidienne, comme celui du défunt représenté assis sur un petit banc, avec sa femme et ses serviteurs, dans une ambiance joyeuse de jeux et de danses. Cet exemple nous frappe par le climat serein et familial de ce type d'évocation. La vivacité des couleurs et la grande animation de la scène renforcent la conviction d'une existence outre-tombe. Souvent, tout comme pour les reliefs, la peinture s'accompagne d'inscriptions commentant et expliquant le sens des scènes.

Parmi les arts mineurs, l'**orfèvrerie** occupe une place de choix, due, en partie, à l'abondance de la documentation archéologique en la matière. Le mobilier funéraire des pharaons comprend une grande variété d'objets raffinés : pectoraux, larges colliers ronds, anneaux, diadèmes et pendentifs en or. La décoration se compose de motifs géométriques, végétaux et animaux qui ont une signification symbolique.
Plus tard, apparaissent sur des lames travaillées au repoussé, des scènes figuratives dont les protagonistes sont généralement le roi et la reine (trône de Toutankhamon).
La **polychromie**, obtenue par l'emploi de pâte de verre, de lapis-lazuli, turquoises et autres pierres enchâssées dans de l'or, est la caractéristique des bijoux égyptiens.

Le Nouvel Empire voit aussi la naissance d'une **littérature profane**, dont le genre d'élection est la **poésie lyrique**, laquelle aborde le thème de l'amour sous ses divers aspects psychologiques. Suivent ensuite les **hymnes royaux**, à savoir les prières de remerciement que le pharaon adresse à la divinité, dans lesquelles trouve place, à côté de sentiments de tristesse, l'expression d'une adhésion joyeuse à la vie et d'une admiration de la nature, témoignages de la puissance divine.
La **fable** tient, elle aussi, une place importante ; elle est associée aux livres de sagesse du fait de ses intentions moralistes et didactiques. Le **récit** est proche, par certains aspects, de la fable et se manifeste dans le roman fantastique ou à fondement historique. Il trouve une première grande réalisation au

Moyen Empire avec les *Aventures de Sinouhé*, récit dans lequel sont racontées, sous forme autobiographique, les vicissitudes d'un noble diffamé par une conspiration de palais. Une issue heureuse conclut les aventures du protagoniste. Le *Récit des deux frères* est plus proche du fantastique : il raconte l'histoire de deux frères qui, par la malveillance de la femme du premier, deviennent ennemis, et inclut une série de miracles, métamorphoses et aventures extraordinaires.
Un grand nombre de **textes** sont **religieux**, essentiellement funéraires. Le ***Livre des morts***, dérivé des *Textes des sarcophages* antérieurs, constitue la plus vaste collection d'hymnes, de prières et de formules magiques de l'ancienne Égypte. Il renferme la tradition mythologique égyptienne sur les origines de l'univers et les aventures des dieux, le but de cette littérature étant de réconforter les défunts.
Quant au développement de l'art dans les autres régions de l'Afrique ancienne, les études archéologiques commencent seulement à en appréhender les expressions.

Pour les périodes prévédique et védique, on ne dispose d'aucune découverte archéologique, à l'exception de quelques pièces de céramique décorée et de quelques figurines d'homme ou d'animal en terre cuite. Au contraire, la **littérature**, fruit de la réflexion théologique et philosophique, produit au même moment les plus anciens ouvrages de tradition védique, point d'aboutissement d'une réflexion séculaire. On peut donc affirmer que la civilisation indienne de cette période est caractérisée par un **raffinement de la pensée** qui contraste avec le silence des arts plastiques ; ce qui est peut-être explicable, du moins en partie, comme en architecture, par le caractère périssable des matériaux utilisés.

Au cours de la période qui voit la fin de la civilisation de l'Indus, la **céramique** présente un riche répertoire décoratif de motifs peints ou appliqués sur la vaisselle. Les sujets ornementaux sont généralement géométriques ou naturalistes, mais toujours très stylisés, disposés en bandes sur la surface de l'objet. A la diversité décorative correspond une multitude de formes et de tailles, certains objets atteignant des dimensions imposantes. Le décor peint est généralement noir sur fond rouge ou blanc. Cette céramique présente quelques analogies avec les répertoires de la production iranienne de Tepe Sialk et Tepe Hissar, la vaisselle mise au jour dans ces localités comportant aussi des décors noirs sur fond rouge, avec des motifs géométriques représentant parfois des animaux de façon abstraite et stylisée. L'exemple le plus célèbre est celui formé de deux triangles unis par le sommet, qui représente symboliquement la chèvre.

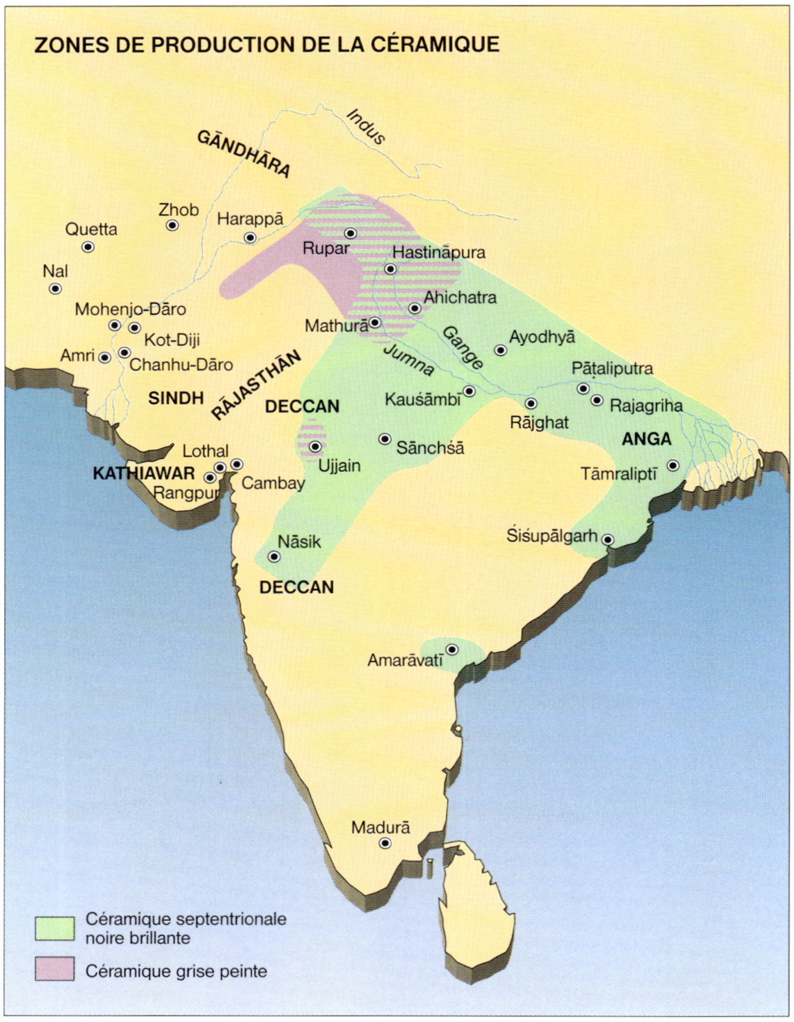

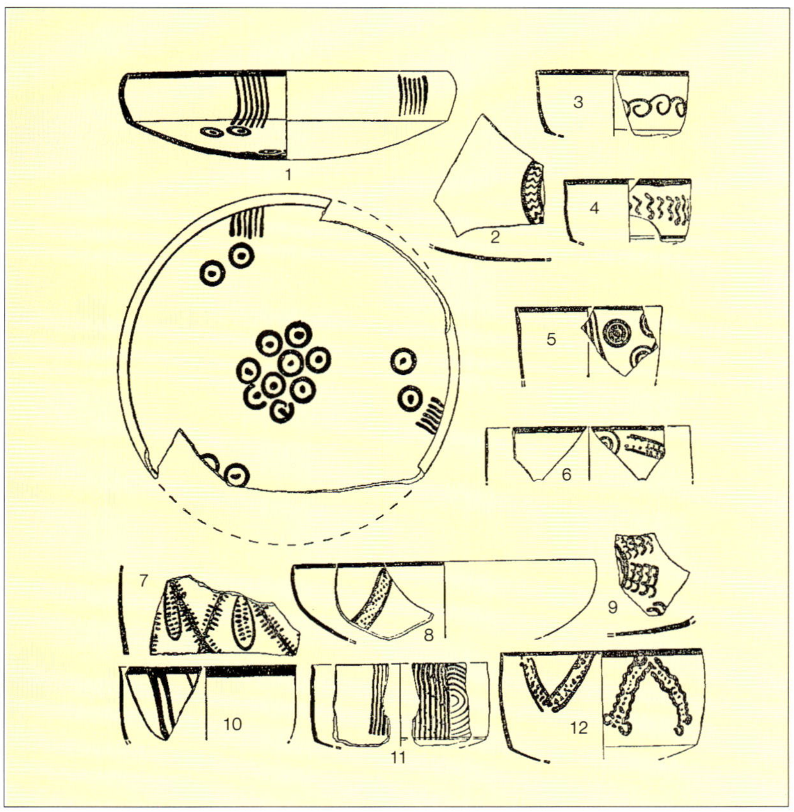

En haut : carte de l'Inde antique avec les zones de production de la céramique grise et de la céramique noire polie.
A gauche : fragments de céramique grise peinte, 1-4, provenant d'Ahichatra ; 5-9, de Pānīpat ; 10-12, d'Hastināpura.

Au début du Ier millénaire av. J.-C., apparait une aire culturelle de production qui réunit, dans un ensemble unique, les nombreux villages agricoles fondés le long des rives du Gange. La production céramique est caractérisée par sa **couleur grise**, qui peut rester dépourvue de décor mais présente parfois des motifs en virgule, des demi-cercles concentriques et des traits obliques peints en blanc. Ces décors rappellent ceux de la céramique noire et rouge. La coloration grise semble dériver d'une couche antérieure rose pâle. Il pourrait s'agir d'un changement de la tradition dû à l'arrivée des Aryens, ou d'une évolution des pratiques artisanales, parallèlement aux débuts de la métallurgie du fer.
Cette céramique grise se trouve dans les couches les plus anciennes de quelques-unes des plus influentes cités historiques de l'Inde, comme Pānīpat, Hastināpura et Mathurā ; elle annonce la production de vases noirs polis, caractéristique de la période historique.

Dans les nécropoles de sites de la vallée de l'Indus, ont été mises au jour des **terres cuites** représentant des animaux et des hommes. L'exemple le plus important réside dans les découvertes faites à Pirak, où des statuettes reproduisent des **chevaux** de façon grossière et primitive. A la même époque, dans d'autres nécropoles, comme celle de Katelai (Pakistan), datée entre 1500 et 500 av. J.-C., des chevaux ont été inhumés à côté de la tombe de leurs maîtres. Enfin, proviennent, toujours de Pirak, des statuettes **équestres**. Ces témoignages artistiques et culturels révèlent l'intérêt accordé au cheval dans la culture védique des premiers royaumes de la vallée du Gange. A côté de ces éléments novateurs, une tradition iconographique semble perdurer, celle des figures féminines aux attributs sexuels mis en évidence, typiques de la vallée de l'Indus.

A un panorama artistique aussi modeste s'oppose la floraison d'une foisonnante **littérature religieuse**. La rédaction des livres du *Veda* et des textes liturgiques, de cérémonie et de prière date exactement de cette période. Ces ouvrages contiennent la sagesse et la religion des Aryens. L'intérêt de ces textes est indubitable, tant par leur contenu religieux que par les témoignages apportés sur la langue sacrée, le **sanskrit**.
A l'origine, le sanskrit était un des dialectes parlés par les envahisseurs aryens, attesté à la fin du Ier millénaire av. J.-C. Le sanskrit classique sera systématisé par le grammairien **Pāṇini** (vers le IVe siècle av. J.-C.). Les ***Veda*** (savoir) sont les documents littéraires les plus anciens de l'Inde. Ils contiennent des hymnes,

CONTACTS ET INFLUENCES ENTRE L'INDE ET L'IRAN

Les nouvelles installations qui, à la fin des cultures urbaines de la vallée de l'Indus, apparaissent dans le Baloutchistan, le Sind, le Pendjab, dans la vallée du Gange et en Inde centrale produisent une céramique peinte portant un décor géométrique (bandes de lignes parallèles, en damier, lignes en zigzag) mêlé à des éléments naturalistes stylisés (animaux et plantes).

Les réalisations présentent des analogies, tant dans la forme que dans le décor, avec la production iranienne de Tepe Sialk et de Tepe Hissar, ce qui laisse supposer des contacts directs entre l'Inde de cette période et les cultures iraniennes contemporaines. C'est pourquoi il est intéressant de s'arrêter brièvement sur la céramique iranienne. L'abondante production céramique iranienne provient de sites tels Tepe Sialk, Tepe Giyān, Tepe Hissar, lieux des plus anciennes installations humaines en Iran, où s'est formé un patrimoine artistico-culturel qui se répand dans toute la région et va jusqu'à influencer la Mésopotamie et l'Inde. Il est possible de suivre l'évolution à partir du Ve millénaire av. J.-C., à travers les perfectionnements techniques, la variété des formes et le niveau artistique élevé vers lesquels on tend peu à peu.

La céramique préhistorique iranienne (Ve-IVe millénaire av. J.-C.) est essentiellement caractérisée par son décor peint : les motifs sont généralement géométriques, comme les arêtes de poissons, les bandes en zigzag et les motifs en damier. Le triangle, une des figures les plus répandues, est disposé en séries qui épousent la forme du vase, même si, le plus souvent, la réunion de deux triangles par leur sommet est préférée, car elle correspond à la stylisation géométrique d'une chèvre, animal sacré pour l'Iran. Au IVe millénaire av. J.-C., la peinture de vases (Sialk II) accueille, à côté des motifs géométriques, des figures zoomorphes : des boucs et des oiseaux schématisés sont insérés dans un motif répétitif. Au milieu du IVe millénaire av. J.-C. (Sialk III), la céramique peinte devient plus originale avec la présence d'animaux (chèvres, oiseaux, chevaux, taureaux, panthères) et d'hommes. Apparaissent aussi des scènes composées de personnages nombreux, qui semblent représenter des thèmes mythologiques : les figures sont de couleur noire ou brun foncé sur un fond crème ou blanc et n'obéissent plus à un schéma géométrique. La culture de Sialk III se diffuse aussi dans le nord-est de l'Iran (Tepe Hissar), mais ici les motifs zoomorphes sont à la fois plus ornementaux et schématiques. Parallèlement à cette céramique de l'Iran central, naît, dans la région méridionale, une autre culture, très importante pour le développement ultérieur de l'art élamite. Dans ce cas aussi, le décor va de la simple ornementation géométrique à des dessins d'animaux.

Au cours du IIIe millénaire av. J.-C., les cultures septentrionales des hauts plateaux sont reléguées au second plan par la civilisation élamite naissante et, parce qu'elles évoluent plus lentement, finissent par en subir l'influence. Dans la seconde moitié du IIe millénaire av. J.-C., de nombreuses localités préhistoriques sont peu à peu abandonnées et la production céramique peinte se poursuit uniquement à Giyan, alors qu'à Tepe Hissar naît une culture caractérisée par une vaisselle noire et grise aux formes élégantes. Il faut attendre le Ier millénaire av. J.-C., pour assister à la naissance d'une nouvelle culture, qui pourrait être le fait des premières tribus iraniennes arrivées dans l'ouest de l'Iran.

De nouveau, Sialk est le centre le plus prestigieux, surtout par la production céramique, améliorée dans sa technique de production (consistance de la pâte, émail coloré, cuisson), qui rénove le répertoire, moins par des motifs insolites (géométriques, en damier, soleils, cercles, croix; animaux domestiques, sauvages et fantastiques, taureaux, chevaux et bouquetins ailés ou non) que par une nouvelle façon de les présenter. Les animaux sont peints à la base de la panse, dans une partie qui, jusqu'alors, n'avait jamais été décorée. En revanche, les motifs géométriques sont disposés en continu vers le haut du vase.

MUNDAKA UPANIṢAD

Upaniṣad *composée en vers, la* Mundaka *remonte à la fin de la période védique et se rattache au 4e* Veda, *l'*Atharvaveda.

4. – [...] Double est la connaissance que tu dois avoir – voilà ce que disent les connaisseurs-de-Brahman – la connaissance supérieure et l'inférieure.

5. – D'elles, l'inférieure est le Rigveda, *et le* Yajurveda, *et le* Sāmaveda, *et l'*Atharvaveda, *la psalmodie, le rituel, la grammaire, l'interprétation étymologique et la prosodie et l'astronomie. Et puis la supérieure, par laquelle l'Immuable est connu :*

6. – Ceci qui est invisible et insaisissable, sans parent et sans couleur, et n'a ni yeux, ni oreilles, ni mains, ni pieds, mais est à jamais – l'Omnipénétrant qui est partout et impalpable, l'impérissable Omniprésent et Cela que les sages partout contemplent comme la Matrice des créatures.

7. – Ainsi que l'araignée émet et résorbe [son fil], *ainsi que les herbes naissent sur la terre, ainsi que les poils poussent sur le corps d'un homme vivant, de même ici dans l'univers tout ce qui est procède de l'Immuable.*

8. – Par l'énergie en œuvre le Brahman universel s'étend, et de Brahman naît la matière, et de la matière vient la vie, et le mental, et la vérité et les mondes, et dans les œuvres l'immortalité.

9. – Lui qui est omniscient et comprend tout, de qui l'énergie est de la substance de la connaissance, c'est Lui de qui vient ce Brahman, et de Lui le nom et la forme prennent naissance, et en Lui la matière a son commencement. [...]

Śri Aurobindo, Jean Herbert, Trois Upaniṣad (Īśā, Kena, Mundaka), *Mundaka Upaniṣad, chap. I, Albin Michel, collection « Spiritualités vivantes », Paris, 1972.*

des explications liturgiques, théologiques et philosophiques du savoir par excellence : la **connaissance du sacré**.
L'évolution de la religion védique vers le monothéisme et la prédominance d'une conception de la vie spirituelle, basée sur les sacrifices et les actes cultuels, donne une volumes nous sont parvenus, contiennent des doctrines ésotériques destinées à des disciples privilégiés. Les livres traitent de l'âme individuelle *(ātman)* et de l'âme universelle *(brahman)* : un thème sur lequel reposera la philosophie indienne postérieure à la période védique. *Brāhmana*, *Āranyakā* et *Upaniṣad*

Ci-contre : coupe en or avec des lions, technique du repoussé, retrouvée dans un dépôt de Quetta, provenant de la civilisation de la vallée de l'Indus (vers 1900 av. J.-C.). Musée national, Karachi.

place plus grande aux brahmanes (prêtres). Les *Brāhmana* sont les livres qui contiennent des indications sur les activités des prêtres : de longueur variée, ils traitent de divers sujets d'après le *Veda* auquel ils se réfèrent et dont ils sont complémentaires. Les livres *Āranyakā* et *Upaniṣad* sont contemporains. Les premiers traitent du symbolisme et de la mystique du sacrifice; ils doivent être étudiés dans la solitude des bois, comme le suggère le titre lui-même, qui signifie « Méditations sylvestres ». Les *Upaniṣad*, dont plus de cent

représentent l'effort d'organiser et de concilier le patrimoine des idées du passé avec les nouvelles intuitions qui caractérisent l'évolution de la religion védique.
Pendant la longue période qui s'écoule entre les premiers et les derniers documents du *Veda*, les grands changements intervenus dans le domaine religieux et l'évolution de la conception même de la vie conduisent de l'optimisme et du panthéisme rigvédique au monisme et à une attitude de renonciation dans les épreuves de la vie.

L'art de la Syrie antique présente deux caractéristiques principales : la multiplicité des influences extérieures et le manque d'homogénéité de la production. De plus, si l'instabilité politique constitue un obstacle à l'épanouissement d'un langage artistique spécifique, elle facilite en revanche le développement des **arts mineurs**, comme l'orfèvrerie, le travail du verre, la gravure de l'ivoire et le métal travaillé au repoussé. Pour autant, ces caractéristiques n'empêchent pas la formation d'un art autonome, qui n'est pas réductible à une simple imitation des langages artistiques des civilisations limitrophes.

A gauche : coupe en or, technique du repoussé, temple de Baal à Ougarit (XIIIe siècle av. J.-C.). Musée d'Alep.
Ci-dessus : sphinx à tête de bélier, plaque d'ivoire perforée provenant d'Arslān Tash (seconde moitié du VIIIe siècle av. J.-C.).
A droite : collier en or, lapis-lazuli et pâte turquoise, mis au jour dans une tombe de Mari, l'actuelle Tell Hariri (XIIIe siècle av. J.-C.).

Les **coupes métalliques** forment une autre catégorie d'objets élégants et de grande valeur artistique. Il s'agit de coupes en or, en argent, et surtout en bronze, travaillées au repoussé et ornées d'éléments figurés. Comme dans le cas des ivoires, les coupes n'ont pas été mises au jour dans des localités syriennes (exception faite d'Ougarit), mais en Assyrie et dans le bassin méditerranéen. Ces coupes présentent des caractéristiques communes qui soulignent leur originalité et permettent d'identifier une zone unique de production. La décoration est faite d'une rosace centrale autour de laquelle sont disposés des éléments figurés. Les exemples les plus simples offrent des motifs ornementaux géométriques; les plus complexes sont ornés de frises d'hommes ou d'animaux, ou sont placés selon un schéma héraldique qui oppose deux figures symétriques de chaque côté d'un arbre. Parfois, et ce sont là les exemples les plus magnifiques, les figures composent des scènes narratives, telles la lutte entre animaux et la chasse au lion. A noter que certains éléments iconographiques (comme la chasse en char) se retrouvent à l'identique sur les reliefs mésopotamiens, ce qui pourrait confirmer l'hypothèse selon laquelle les arts mineurs jouent un rôle de médiateur thématique entre les grandes civilisations orientales.

Dans cette civilisation syrienne composite, la production la plus remarquable est d'abord celle des ivoires qui, vers 1500 av. J.-C., se répand en bénéficiant des influences égyptienne, mésopotamienne et égéenne. La distribution géographique des ivoires, qui font l'objet d'une demande importante, est très étendue : elle recouvre tout le bassin méditerranéen et l'ensemble de la région proche-orientale.
Les **ivoires d'époque phénicienne** sont l'aboutissement d'une longue tradition attestée dès le IIe millénaire dans l'arrière-pays syro-palestinien. Un langage stylistique et un répertoire iconographique se développent, dans lesquels on peut reconnaître des influences hittites, égyptiennes et égéennes. Le premier ensemble important d'ivoires, daté entre 1350 et 1150 av. J.-C, provient de Meggido en Palestine. Les objets (boîtes à onguents et à cosmétiques, peignes, manches de miroirs, louches, petits coffres, tablettes de jeux, panneaux ornementaux) sont travaillés en bas relief. Les **motifs ornementaux** sont floraux (palmettes, fleurs de lotus), zoomorphes (griffons, sphinx, vaches, béliers, chiens) et anthropomorphes. Ces motifs forment parfois des scènes narratives, dont les thèmes les plus fréquents sont des épisodes de guerre et de chasse ou l'hommage des membres d'un cortège à un personnage (roi ou dieu) assis sur son trône. Les ivoires d'époque phénicienne ont été découverts à Nimroud et Khursabād (capitales néo-assyriennes), Samaria, Zincirli, Arslān Tash; s'agissant de localités qui sont toutes éloignées du territoire phénicien, on peut en déduire que les ivoires ont fait l'objet de transactions commerciales ou ont servi de butin de guerre. De très nombreuses pièces des lots importants de Nimroud, constitués d'objets venant de divers palais, sont des ornements de mobilier, surtout de lits.
Ces lots, tout comme ceux de Meggido, présentent des **thèmes iconographiques** provenant d'Égypte; cependant, les thèmes mythologiques égyptiens (comme la naissance d'Horus, la fleur de papyrus, la vache allaitant son veau, le sphinx), désormais dépourvus de leur valeur symbolique et magique, sont mêlés à des thèmes autochtones comme « la femme à la fenêtre », un mythe local qui se retrouvera dans la Vénus classique. Quelques ivoires d'Arslān Tash et de Samaria présentent un raffinement particulier : ils sont gravés et embellis par l'incrustation de verre polychrome.

L'ORIGINE DE L'ALPHABET

Les écritures mésopotamienne et égyptienne reflètent des cultures prestigieuses, répandues dans tout le Proche-Orient. Leur complexité est due tant à leur forme qu'à leur structure, avec le mélange des signes correspondant à des mots et à des syllabes, avec le nombre important de caractères, ainsi que les diverses significations que chacun peut avoir. Cela en limite l'usage aux milieux officiels et aux scribes qui sont les seuls à les connaître. L'écriture en linéaire B de Crète représente un premier exemple de simplification. Elle est composée de seulement quatre-vingt-dix signes, chacun correspondant à une syllabe formée d'une consonne et d'une voyelle. Les difficultés de la syllabisation sont équilibrées par la relative facilité d'apprentissage d'une liste peu nombreuse de caractères, si on la compare aux plus de six cents caractères cunéiformes. Toujours dans le monde égéen, à Chypre, un abécédaire de cinquante-six signes a été élaboré. En dépit du fait que ni le linéaire B ni l'écriture chypriote n'ont encore été déchiffrés, un assouplissement dans la pratique de l'écriture apparaît à l'évidence. Les inscriptions découvertes sur les parois rocheuses des mines égyptiennes du Sinaï, ainsi que sur les objets votifs mis au jour dans le temple de la déesse Hathor à Sezabit el-Khadem, près de la zone minière, remontent à environ 1500 av. J.-C. Ces inscriptions présentent un double intérêt : elles sont constituées d'un nombre de signes très réduit (seulement vingt-six) et sont rédigées dans une langue du groupe ouest-sémitique, d'après les hypothèses les plus récentes. Ce système d'écriture se compose de syllabogrammes qui notent la valeur de la consonne, à l'exclusion des voyelles. Les inscriptions sont l'œuvre de mineurs (esclaves ou prisonniers des Égyptiens) d'origine palestinienne. Hormis la forme des signes dérivée de l'écriture égyptienne, la grande nouveauté consiste dans le principe syllabique qui ne note pas la valeur des voyelles. C'est là le moment décisif dans le processus de simplification de l'écriture des grandes civilisations fluviales, qui aboutit à l'alphabet phénicien et, de là, à l'alphabet grec.

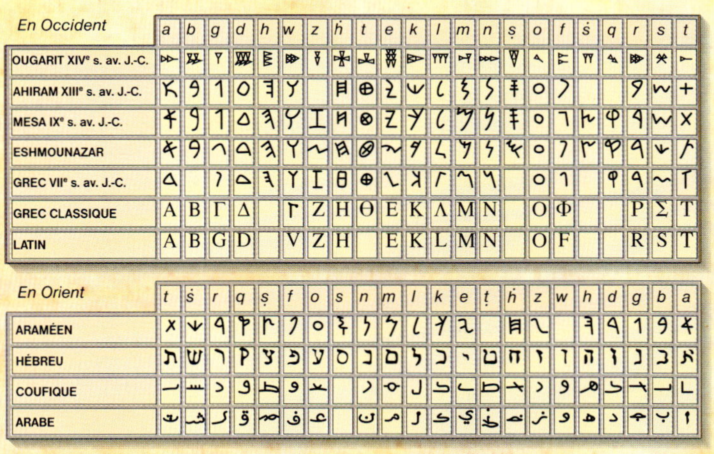

Toujours dans le cadre du travail du métal, l'**orfèvrerie** occupe une place de choix. L'importation de bijoux par l'Égypte stimule une production prospère en ce domaine. Au IIe millénaire av. J.-C., Ougarit, Byblos ou Gaza produisent des **pectoraux** et des **médaillons en or**, travaillés au repoussé et décorés d'émaux selon la technique de l'émail cloisonné. C'est ainsi qu'une tradition s'élabore, qui se diffusera largement pendant le Ier millénaire av. J.-C., surtout dans les cités phéniciennes. Les bijoux sont généralement en or, métal précieux et inaltérable. Conjointement à l'or, on emploie aussi l'**argent** et le **bronze**. Pour la confection des colliers, bracelets, anneaux, les métaux sont associés à des pierres dures comme la cornaline, le jaspe, le cristal de roche ou le verre coloré. L'orfèvre emploie la technique du repoussé, la granulation et le filigrane. Les motifs décoratifs sont essentiellement végétaux (fleurs de lotus, palmettes, rosettes), mais on façonne aussi des bijoux aux formes animales, comme le scarabée, le griffon, le sphinx. Les figures humaines sont exceptionnelles, à l'exception de la tête féminine, symbole de fécondité. Les images chargées d'une signification magico-religieuse sont préférées, comme le scarabée et la croix ansée analogue au symbole égyptien de la vie. Enfin, les beaux anneaux avec des chatons ovales sont très répandus, de même que les boucles d'oreilles en forme de demi-lune et celles formées d'une tige allongée terminée par un pendentif.

A gauche : le schéma représente l'évolution de l'écriture en Occident et en Orient.
Ci-dessous : plaque d'ivoire représentant une scène de banquet royal, le char royal et deux prisonniers, du palais de Meggido en Palestine (XIIIe siècle av. J.-C.). Musée d'Israël, Jérusalem.
A droite : détail d'un panneau d'ivoire représentant une chasse aux lions, provenant d'Ougarit (XVIIIe siècle av. J.-C.).

Les objets en **verre**, plus que tous les autres, sont liés à la côte asiatique de la Méditerranée en général, et à la Phénicie en particulier. Les produits de cet artisanat sont si réputés qu'ils vont contribuer à la légende attribuant aux Phéniciens la découverte du

verre. En réalité, il semble raisonnable de penser que la vitrification est une technique originaire de Mésopotamie, perfectionnée par l'Égypte, pour aboutir dans les centres côtiers du Levant, où la production est favorisée par la présence d'un type de sable bien adapté à la fusion du verre. En variant la température de fusion et en ajoutant d'autres composantes aux éléments de base, on obtient des pâtes différentes. Le verre est de couleur bleue ; les autres tons sont obtenus en ajoutant des oxydes métalliques et des minéraux. La variété chromatique dépend des

dosages adoptés et va du bleu au vert, au jaune, au blanc. La catégorie la plus importante d'objets en verre est constituée par les onguents, dont la valeur est due, pour l'essentiel, au travail complexe exigé : un noyau de sable humide enroulé dans une toile est immergé dans le verre en fusion au moyen d'une canne ; on le fait ensuite tourner sur une surface plane pour le lisser ; enfin, il est décoré en alternant l'application de fils de verre de couleurs différentes. Ce procédé, dont la paternité revient aux Phéniciens, procure une grande réputation à leurs verres. Quant à la production des sceaux et des amulettes, les résultats atteints sont inférieurs à ceux des objets précédemment analysés. Les **sceaux syriens** ne se distinguent guère des sceaux mésopotamiens par le style ou les thèmes figurés, alors que les **amulettes** démontrent la forte influence exercée par la magie égyptienne. Les matériaux utilisés sont la stéatite, ou des pierres dures comme l'opale et la cornaline, souvent montées sur de l'or, de l'argent ou du bronze. Le scarabée est le motif le plus courant qui, dépouillé de sa seule symbolique religieuse égyptienne (la résurrection), devient un support emblématique répandu dans les pays du Levant, puis dans toute la Méditerranée.

Des différents aspects culturels de la civilisation syro-palestinienne émerge l'une des plus révolutionnaires découvertes de l'humanité : l'**écriture alphabétique**. D'importants documents épigraphiques mis au jour dans la région du Sinaï et dans les cités palestiniennes, qui datent environ de la moitié du IIe millénaire av. J.-C., confirment que diverses tentatives sont en cours dans cette zone pour créer un nouveau système d'écriture, plus simple que les grands systèmes hiéroglyphique et cunéiforme. Les cités côtières se font elles aussi l'écho de ce phénomène : Ougarit veut créer un système graphique pour transcrire sa propre langue, proche des langues ouest-sémitiques (phénicien, hébreu, araméen) et, entre le XIVe et le XIIIe siècle av. J.-C., elle élabore un alphabet à **caractères cunéiformes**. Les signes sont schématisés et simplifiés, clairement soumis à un procédé d'abstraction formelle, qui tire du symbole graphique sa valeur phonétique. L'**abécédaire d'Ougarit** est connu grâce à la découverte de tablettes d'écoliers sur lesquelles sont tracés les trente signes qui le composent. L'ordre est déjà celui attribué traditionnellement à l'**alphabet phénicien**. Ce dernier apparaît pour la première fois à Byblos, vers 1000 av. J.-C. Le dénominateur commun de toutes ces expériences peut se résumer à la tentative de rédiger un texte dans une langue sémitique occidentale avec une graphie plus appropriée que le cunéiforme. Les Grecs adoptent, probablement au cours du IXe siècle av. J.-C., le modèle phénicien, dans lequel ils trouvent des signes qui ne correspondent pas aux consonnes de leur langue et qu'ils utilisent donc pour les voyelles. La naissance de l'alphabet moderne date du moment où est faite la distinction entre voyelles et consonnes.

A gauche : médaillon piriforme en or figurant une déesse nue, provenant d'Ougarit (XIVe-XIIIe siècle av. J.-C.). A droite : fragment d'un vase en albâtre avec une inscription hiéroglyphique (XIVe siècle av. J.-C.), mis au jour à Ougarit. Musée de Damas. Ci-dessous : bulle provenant de la localité syrienne de Tell Fray, avec l'empreinte du sceau du roi hittite Hattousili III (1286-1265 av. J.-C.). Son nom apparaît en hittite hiéroglyphique au centre, et en cunéiforme dans le cercle périphérique. Le document atteste la présence hittite dans ce centre du haut Euphrate.

L'écriture n'est pas utilisée uniquement à des fins administratives ou politiques ; c'est aussi l'important véhicule d'une **littérature** qui s'est transmise en grande partie de façon indirecte. Quelques sources grecques révèlent l'existence de deux genres : l'un **historiographique** (annales de Tyr), l'autre, épico-mythologique. La documentation directe provient d'Ougarit, dont les fouilles ont mis au jour un ensemble très riche de documents administratifs et législatifs, de lettres officielles, ainsi qu'un ensemble considérable de tablettes portant des textes épiques et mythologiques, dont le plus célèbre a pour protagonistes Baal et la déesse Anat. Le récit se rattache à un mythe très répandu dans tout le Proche-Orient, celui de la mort et de la résurrection divine, référence explicite à la régénérescence du cycle végétal.
Le **genre épique** s'est transmis par le biais des deux poèmes d'Aqhat et de Keret, qui développent un thème que l'on retrouve dans le poème mésopotamien le plus remarquable et le plus connu : *l'Épopée de Gilgamesh*. C'est le thème de la mort inéluctable à laquelle l'homme, même s'il est sage et fort, ne peut échapper. Ainsi en est-il du jeune Aqhat, fils tant attendu du roi Daniel qui avait longtemps prié les dieux pour avoir une descendance. Aqhat ne cède pas aux flatteries de la déesse Anat qui désire son arc, ce refus rendant sa mort inévitable. De la même façon, Keret est disgracié, perd toute sa famille, puis, après de nombreux exploits et

UNE INSCRIPTION ROYALE SYRIENNE DATÉE DU XVe SIÈCLE AVANT JÉSUS-CHRIST

L'autobiographie du roi d'Alalah, Idrimi, texte daté du XVe *siècle av. J.-C., rédigé sous forme d'inscription monumentale, est en réalité un récit littéraire. Il raconte comment, à cause d'une révolte, la famille du jeune Idrimi a été chassée d'Alep et s'est réfugiée auprès des parents de sa mère, à Emar. A la différence de ses frères, Idrimi est conscient d'avoir été privé du pouvoir et il part pour le désert sur son char, avec son cheval et son bouclier. Dans le désert, il subit plusieurs épreuves, parmi lesquelles sa rencontre avec les Cananéens et avec les nomades Hapiru, chez qui, après les avoir vaincus, il vécut sept ans. Pendant toute cette période, Idrimi cherche à obtenir des signes favorables de la divinité à travers l'observation du vol des oiseaux et l'examen des viscères des animaux sacrifiés. Finalement, la septième année, la déesse Adad lui donne un présage favorable. Idrimi organise alors son retour : il construit des navires, y embarque des soldats pour le pays de Mukish, obtient sans combattre la soumission du pays de la cité d'Alalah et, enfin, se réconcilie avec ses frères, qui se présentent à lui. Ses difficultés ne sont cependant pas encore terminées, car le roi hourrite Barattarna lui est hostile. La persécution dure sept ans, au bout desquels Idrimi est reconnu roi, après avoir envoyé une ambassade aux Hittites et conclu un traité avec eux. Le récit a été analysé par des spécialistes, en ayant recours aux éléments constitutifs d'une fable magique, découverts par Propp en 1928* (Morphologie du conte). *Ils en ont déduit que l'autobiographie d'Idrimi suit le modèle de la fable avec la figure du héros qui dépasse un manque initial grâce à des aides magiques et divines. Le modèle est structuré en une succession ordonnée et logique d'éléments narratifs, essentiels pour raconter l'histoire d'un héros dans sa quête : le dommage de base, le début de la quête, le transfert dans l'espace, les épreuves à surmonter, le retour, la victoire avec l'anéantissement du mal antérieur, la persécution, le sauvetage, l'ascension au trône du protagoniste. Déjà, le départ pour le désert sur son char est un thème largement utilisé dans la littérature proche-orientale, qui confère au protagoniste la stature d'un héros surmontant les épreuves du désert, lieu isolé et angoissant, tout comme les forêts dans les fables européennes. Mais, au-delà de la volonté de célébrer Idrimi comme héros, l'analyse démontre que le récit est motivé par le désir de justifier, face à l'opinion publique, la prise de pouvoir d'un usurpateur, en exaltant le courage du protagoniste et en mettant en relief l'aide divine dont il a bénéficié.*

En bas, dans l'encadré : tablette en caractères cunéiformes, provenant d'Emar. On note, à gauche, une empreinte de style mitannien ; sur la droite, un sceau de type syro-hittite composé en hiéroglyphes, encadrés de deux figures divines ; au-dessus de l'empreinte, la même inscription apparaît en caractères cunéiformes.
A droite : détail du sarcophage d'Ahiram, roi de Byblos (vers 1000 av. J.-C.). Le roi, représenté assis devant une table garnie, porte dans sa main un lotus retourné, symbole de mort.
Ci-dessous : céramique philistine avec des figures stylisées en rouge et noir, de Tell Aitun en Palestine (XIIe siècle av. J.-C.), Musée d'Israël, Jérusalem.

vicissitudes, réussit à en reconstituer une autre avant de tomber gravement malade. Ce sont les thèmes éternels de la souffrance qui poursuit l'homme et de la mort contre laquelle il est inutile de lutter.

Dans le domaine littéraire, la région côtière n'occupe pas la première place, comme c'était le cas pour d'autres expressions artistiques. L'ancien **peuple d'Israël** produit une œuvre vaste et extraordinaire, très novatrice tant dans son esprit que dans sa finalité par rapport aux ouvrages des régions limitrophes, même si elle présente des éléments stylistiques et thématiques communs. Il s'agit de la **Bible** (qui se limite à l'**Ancien Testament**), un ensemble de livres différents par leurs auteurs, leur époque de rédaction et leur contenu, composés, pour l'essentiel, après la perte de l'autonomie politique afin de transmettre la foi du peuple hébreu tout au long de ses tribulations. Le **but** n'est pas seulement **historiographique**, mais aussi **religieux**. Distinguer ces deux niveaux, politique et religieux, se révèle une entreprise difficile, puisque leur juxtaposition découle d'une conception propre à Israël de l'histoire et de l'univers. Il y a un Dieu unique (Jahvé), qui domine la nature et l'homme qu'il a créés et à travers lesquels se manifestent sa grandeur et sa gloire. L'affirmation du monothéisme met un terme aux conceptions selon lesquelles Dieu et le monde ne font qu'un : la divinité est détachée de la nature et a pris un caractère transcendantal ; elle n'est pas habitée par des passions humaines, mais par la justice et la miséricorde, alors que le fidèle n'a plus une attitude apeurée, mais de soumission confiante à la volonté divine.
L'optique et les critères historiographiques diffèrent aussi de ceux des annales des souverains mésopotamiens. C'est à cause de ce mélange entre les plans historique et divin que les événements sont considérés comme une conséquence du pacte que Dieu a établi avec son peuple. On s'arrête, non seulement sur les succès et les victoires, mais aussi sur les défaites et les malheurs causés par les violations du pacte.
L'Ancien Testament diffère du reste de l'historiographie orientale ancienne par une narration continue, qui s'oppose à l'aspect fragmentaire de documents isolés, comme les inscriptions royales, les traités et les lettres. De plus, le récit biblique est sous-tendu par une **conception de l'histoire** qui s'écarte de celle des chroniques mésopotamiennes ou égyptiennes, et procède sur les bases d'une évaluation des causes et des effets ayant pour effet de lier les événements individuels les uns aux autres.

Du point de vue artistique, la civilisation minoenne s'exprime très différemment des grandes civilisations égyptienne et mésopotamienne. La Crète ignore la monumentalité, alors qu'elle atteint des niveaux de perfection technique et artistique dans les arts mineurs (gravure, bijoux) et dans la sculpture en ronde bosse. La peinture sur fresques et le relief sont très répandus et d'un grand raffinement. Quant à la **céramique**, dès l'époque protopalatiale, les artistes minoens créent une technique décorative et une thématique qui vont caractériser l'ensemble de l'art minoen. A partir du **minoen moyen** (environ 2000-1570 av. J.-C.), la décoration des vases offre des **thèmes naturalistes**

récurrents, inspirés par les milieux marin et champêtre : poissons, poulpes, oiseaux, lis, pavots recouvrent les surfaces des vases, s'adaptant par leurs courbes aux formes du récipient. C'est une technique caractéristique du décor des vases crétois que de disposer les motifs figurés en torsion, probablement parce que le décor est apposé alors que le vase tourne lentement sur une natte (pour les périodes les plus anciennes) ou sur un tour (lorsque celui-ci est introduit).
Le décor peut occuper toute la surface du vase, ou être divisé en zones, sur les surfaces de plus grande largeur et près du bec, du col, des poignées et du pied. La sensibilité pour la nature se note aussi dans la recherche de la **couleur** et du **réalisme des images**. De la plus ancienne production, antérieure aux premiers palais, caractérisée par un décor linéaire (spirales, triangles, hachures, cercles, motifs en arêtes de poisson), on passe à d'autres motifs comme les tentacules du poulpe, les stèles de fleurs, les poissons.
La nature est non seulement reproduite dans sa forme, mais aussi dans ses **couleurs** : les artistes crétois utilisent le rouge, le jaune, le cramoisi, le blanc, le bleu et le vert.
La fantaisie et la créativité portent à utiliser deux techniques décoratives différentes, celles de la peinture et du relief. Les vases sont alors non seulement peints, mais on applique des éléments en forme de fleurs sur leur surface.

A la **période néopalatiale** (environ 1570-1450 av. J.-C.), la **céramique** devient particulièrement élaborée, en harmonie avec les autres expressions artistiques qui atteignent alors leur apogée. Les motifs animaliers et floraux réapparaissent, mais la forme des vases se diversifie (plus élancée et originale). On produit des coupes, des jarres et surtout les célèbres **rhytons**, vases coniques allongés qui prennent, pour les exemplaires les plus réussis, la forme d'une tête d'animal (taureau). Les vases en stéatite sculptée provenant d'Hagia Triada appartiennent aussi à cette phase. De tels vases, célèbres à juste titre, sont ornés de bas-reliefs.
Le premier exemplaire complet que l'on a retrouvé est une tasse conique représentant un jeune prince qui donne des ordres à un

officier de la garde. Le prince, figuré de la même façon que sur les fresques, est légèrement courbé et tend le sceptre vers un soldat, représenté à une échelle plus réduite, qui porte un casque et une arme en bandoulière ; on entrevoit, derrière, les gardes qui émergent à peine de leurs boucliers gigantesques. D'autres fragments de rhytons présentent des épreuves sportives, comme le pugilat et la tauromachie. Le **Vase aux moissonneurs** offre une scène champêtre : un cortège nombreux avance en chantant allégrement. Les personnes, placées sur des registres différents, portent les outils utilisés pour la moisson (faux et fourches) et sont guidées par un joueur de sistre (grelot égyptien) qui dirige le chant et par un prêtre portant une longue tunique brodée.
Dans les trois exemples cités, le raffinement et l'habileté technique sont saisissants, ainsi que le dynamisme des représentations.

A gauche : porteur de vase rituel, détail d'une fresque provenant du palais de Cnossos. Musée archéologique, Héraklion.
Ci-contre : vase provenant du palais de Phaistos (vers 1500 av. J.-C.). Musée archéologique, Héraklion.
Ci-dessus : sarcophage en pierre provenant d'Hagia Triada (vers 1400 av. J.-C.). Musée archéologique, Héraklion.
Page ci-contre, en haut : coupe du prince, vase en stéatite d'Hagia Triada (1550-1500 av. J.-C.). Musée archéologique, Héraklion.

A l'époque du minoen tardif, apparaît dans la seule région de Cnossos ce qu'on a appelé le **style palatial**, caractérisé par une géométrisation des motifs naturalistes qui produit un résultat inverse à la vive spontanéité de la période précédente. La **céramique** semble avoir renoncé à la couleur : le décor est peint dans des tons de brun et de noir sur un fond clair. Après le passage de la Crète sous domination mycénienne, la culture minoenne se trouve affaiblie et entre en décadence. Sont alors confectionnés des jarres à pied, des bols, des coupes et des brocs ornés de motifs qui sont des versions dégénérées du style palatial. La nouvelle préoccupation de l'artiste n'est pas le raffinement ou la légèreté des décorations, mais l'aspect compact, si compact d'ailleurs qu'il semble être motivé par la crainte de laisser le moindre espace libre sur la surface du vase. Mais à ce moment-là, du fait d'influences continentales nombreuses, il est difficile de conserver intactes les caractéristiques de la céramique minoenne.

Les **fresques** décorant les palais sont encore plus célèbres que les vases. Retrouvées en petit nombre et souvent en mauvais état, elles suffisent néanmoins à souligner la capacité des artistes et le raffinement de la cour. Les fresques ornent soit les parties principales du palais – où a lieu l'accueil des étrangers et de la population locale à l'occasion de spectacles et de cérémonies religieuses –, soit les salles cultuelles et les corridors qui, de l'extérieur, mènent à la cour centrale. L'union entre peinture et architecture est un trait caractéristique dès l'époque protopalatiale, lorsque les salles intérieures, peut-être sous l'influence égyptienne, sont décorées avec des enduits peints sur du plâtre. Les fresques n'apparaissent, d'après les témoignages dont nous disposons, qu'à partir de 1600 av. J.-C. La majeure partie d'entre elles proviennent de Cnossos, mais quelques fresques splendides appartiennent à des villas et aux maisons jouxtant le palais : Amnisos, la Villa aux Fresques, Hagia Triada.

Ces dernières fresques, à la différence des fresques palatiales, privilégient les thèmes naturalistes et donnent moins de place à la figure humaine. Les plus anciennes sont des fresques **miniatures**, ainsi définies parce qu'elles représentent les sujets à une échelle inférieure à la réalité. Dans ce cas aussi, les exemples proviennent de Cnossos et représentent des moments de la vie à la cour, comme la cérémonie qui se déroule devant un sanctuaire orné d'une colonne, d'une corne de taureau et de haches bipennes. Les spectateurs se trouvent à des emplacements divers : les dames de la cour ou les prêtresses dans une loge, et tout autour la foule, représentée par un grand nombre de têtes qui, tournées dans des directions variées, donnent une impression de mouvement. Il existe une autre distinction, basée sur la couleur, entre la peau blanche des femmes et la peau brune des hommes, convention empruntée à l'Égypte. Une autre fresque de cette série miniature évoque une danse rituelle de femmes vêtues

de jaune, de bleu et de blanc devant un public assis parmi des oliviers. On a retrouvé des fragments qui ne sont pas moins beaux, telle la très célèbre ***Parisienne***, figure de femme très raffinée et élégante, vêtue de bleu (comme cela est fréquent dans les représentations de personnages féminins), avec une abondante chevelure noire et bouclée qui tombe sur les épaules. Ce type de fresque est comparable à des fresques plus anciennes, trouvées dans le palais mésopotamien de Mari, et cela pourrait ainsi témoigner d'une influence orientale en Crète. A la fin de l'époque des premiers palais, une autre technique apparait : celle des **fresques en relief** ; un magnifique exemple est donné par le taureau en position d'attaque qui orne un côté de l'entrée nord du palais de Cnossos. Quelques fresques sont grandeur nature et représentent des personnages de façon réaliste. Il en est ainsi de la fresque peinte dans le vestibule qui mène du portique ouest à l'escalier monumental dans le palais de Cnossos. Cette fresque, qui montre un cortège de tributaires et de porteurs d'offrandes représentés sur deux registres superposés, accompagne les visiteurs, leur offrant comme point de référence fixe une bande centrale ondulée qui passe au milieu des figures et contraste avec la couleur brune

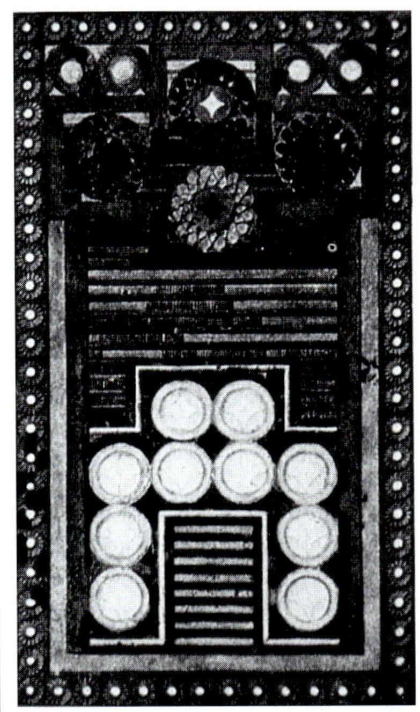

A droite : table de jeu crétoise en ivoire, avec des incrustations en cristal, lapis-lazuli et monture en or. Ci-dessous : danseuses, fresque du palais de Cnossos, Musée archéologique, Héraklion.

de la peau des hommes. La fresque, très abîmée, n'a conservé qu'une seule figure entière : il s'agit d'un homme qui avance en portant un grand rhyton, le torse cambré, de façon à contrebalancer le poids du vase. Les couleurs sont très soignées, comme le rouge-brun de la peau et le costume jaune. Le thème du cortège de tributaires n'est pas une innovation minoenne : les palais et les temples égyptiens sont souvent décorés de longues files de personnages, mais les Crétois ont apporté le **sens du mouvement** à la scène et proposent la représentation d'un corps courbé sous le poids de la fatigue.
La célèbre fresque du *Prince aux fleurs de lis* représente un homme dont la tête est ornée d'une couronne de lis et qui avance dans un paysage où s'épanouissent des fleurs stylisées ; il tient en main une corde à laquelle était

peut-être attaché un animal qui a disparu. Les scènes de la vie de cour – les jeux, les cérémonies, les processions – ne sont pas les seuls sujets représentés sur les fresques. Des thèmes naturalistes reproduisent la forme et les couleurs des plantes. Ce ne sont pas l'exactitude réaliste ou la minutieuse attention portée au détail qui guident le peintre, mais la volonté de recréer l'atmosphère de la nature crétoise. Les paysages, qui semblent tous faire partie d'un monde fabuleux, sont peuplés d'oiseaux bleus au milieu de lis et de roses, de singes bleus se déplaçant sur un fond de fleurs de lotus, de roches grises, turquoise, jaunes, roses (maison dite des Fresques de Cnossos), ou cueillant des crocus (palais de Cnossos).

Ci-dessous : le célèbre fragment de peinture pariétale dit **la Parisienne** *(1500-1450 av. J.-C.), provenant du palais de Cnossos. Musée archéologique, Héraklion. A droite : fresque des Dauphins, palais de Cnossos. Musée archéologique, Héraklion. Ci-dessous : vase en céramique de Camarès mis au jour dans le palais de Phaistos. Musée archéologique, Héraklion.*

Des éléments exotiques et crétois se mêlent, qui révèlent, outre l'influence de l'art égyptien, l'**intention naturaliste** (mais **non réaliste**) de ces peintures. Représentent-elles les parcs royaux, où la flore et la faune locales côtoient les animaux et les plantes exotiques ? On se souviendra des huppes et des perdrix aux pattes rouges, des chats qui pourchassent des faisans, des dauphins qui ornent le mégaron de la reine à Cnossos, et de la frise de griffons qui court sur le trône de bois. Ce qui frappe le plus la sensibilité de l'artiste, c'est le mouvement continu de la nature : ces peintures sont caractérisées par leur dynamisme, qu'il s'agisse de paysages ou de thèmes plus conventionnels ou hiératiques.

L'autre principe guidant l'artiste est le rapport intangible des peintures avec l'architecture et la distribution de l'espace ; les cortèges de tributaires scandent le mouvement dans les corridors, créant un parcours orienté de l'extérieur vers l'intérieur, vers le cœur du palais, siège de la magnificence du roi et de sa cour. Les paysages éclairent les salles intérieures, répondant aux critères de fusion et d'intégration entre le centre et la périphérie, entre l'édifice et son espace environnant. C'est le même critère qui pousse les architectes à construire des portiques, des loggias et des cours apportant de la lumière et laissant entrevoir l'espace alentour.

De la **sculpture** crétoise, il reste peu d'exemplaires et tous ceux qui subsistent sont de petites dimensions : il s'agit de **statuettes en terre cuite** de divinités féminines, comme les célèbres déesses aux serpents, ou d'hommes et de femmes aux bras levés dans l'attitude de la prière. Les mêmes sujets sont réalisés en bronze, mais avec des résultats plus médiocres, notamment l'absence d'une étude en perspective. Il faut cependant mentionner une statuette en ivoire qui représente un acrobate au moment où il va sauter sur le taureau ; c'est encore une fois le mouvement qui motive l'artiste.

Pour compléter le tableau de l'art minoen, il faut inclure deux catégories d'objets, les bijoux et les sceaux, qui sont produits en quantités importantes et révèlent de grandes qualités artistiques. L'habileté technique des orfèvres crétois se manifeste dans les **bijoux**, comme le fameux **pendentif aux Abeilles**, mis au jour dans la nécropole de Malia : deux abeilles, unies par les pattes et l'abdomen, forment un motif circulaire et soutiennent au centre une goutte de miel, les ailes ouvertes donnant de l'amplitude à l'objet. L'emploi conjoint de surfaces lisses et granulées, dans lesquelles les influences de la bijouterie égyptienne et mésopotamienne apparaissent à l'évidence, ajoute à la valeur du bijou. L'autre chef-d'œuvre plus tardif de l'orfèvrerie est constitué par les célèbres gobelets de Vaphio (localité de Laconie, en Grèce). Il s'agit de deux verres décorés au repoussé, avec des scènes figurées : sur l'un d'eux, on voit la capture de taureaux sauvages au lasso ; sur l'autre, des taureaux domestiqués tirent une charrue. Dynamisme et naturalisme sont encore les inspirateurs de la décoration.

Les graveurs crétois recueillent, eux aussi, les influences venues d'Orient pour graver les **sceaux** en pierre dure ou en ivoire, mais ils savent les assimiler et les traduire d'une manière tout à la fois originale et savante. Avant l'introduction de l'écriture, les sceaux ont une fonction pratique d'identification et d'attestation de propriété. La nécessité d'un dessin compréhensible développe l'art de la gravure. On trouve d'abord les types de sceaux les plus fréquents en Orient, comme les sceaux-cylindres mésopotamiens, les sceaux syriens et le scarabée égyptien. Des formes originales sont ensuite créées : le cylindre écrasé (plat d'un côté, avec un manche de l'autre), de forme lenticulaire et annulaire. Dès le début, les gravures crétoises révèlent une plus grande liberté que leurs modèles orientaux dans le choix des motifs : scènes de chasse, danses rituelles ou, plus souvent encore, sujets inspirés de la nature. Ensuite, tout comme pour la céramique, les sceaux deviennent de plus en plus stylisés.

Il est assurément justifié de classer les sceaux parmi les objets artistiques, du fait du raffinement de la gravure et de la capacité de représenter des scènes complexes, mais ce sont aussi de précieux témoignages sur la première forme d'**écriture** utilisée par les Crétois. Le premier à les avoir étudiés et classés, l'archéologue anglais Arthur Evans, a révélé qu'il s'agissait de pictogrammes hiéroglyphiques. Même s'il s'agit là en partie d'emprunts faits à l'Égypte, ce système d'écriture, selon Evans, doit être attribué pour l'essentiel à l'inventivité crétoise.
Les hiéroglyphes sont des images facilement reconnaissables, comme un bateau, un homme qui marche, une tête de bœuf, un œil ou une charrue. Peu à peu, les signes perdent leur connotation naturaliste et se font plus schématiques : leur première valeur idéographique disparaît pour prendre une valeur phonétique. En d'autres termes, les hiéroglyphes se transforment lentement en un système d'écriture syllabique. Déjà, en 1600 av. J.-C., le **linéaire A** (ainsi est nommé le résultat de cette évolution) est largement utilisé dans l'île. Le document le plus important a été mis au jour dans la villa d'Hagia Triada, d'autres inscriptions provenant de Phaistos et de quelques tombes de Cnossos. Il semble donc que le linéaire A n'a pas supplanté les hiéroglyphes, mais que les deux systèmes ont coexisté pendant quelque temps. Les témoignages épigraphiques appuient cette thèse : alors qu'à Phaistos, le linéaire A est déjà utilisé, ce dernier n'est pas encore répandu à Cnossos ; beaucoup plus tard, Malia l'adopte et le conserve alors que, ailleurs, l'usage du linéaire B est répandu. On estime que les documents rédigés en linéaire A sont essentiellement de nature économique (contrats, comptes, actes administratifs), mais ce système d'écriture, malgré des tentatives répétées, reste, à ce jour, **indéchiffrable**.

Ci-dessous : disque de Phaistos, terre cuite avec des hiéroglyphes non déchiffrés (vers 1600 av. J.-C.). Musée archéologique, Héraklion. En Crète, une écriture de type hiéroglyphique se transforme lentement en un système d'écriture syllabique. Déjà, vers 1400 av. J.-C., le linéaire B, fruit de cette évolution, est utilisé dans une grande partie de l'île.
Ci-contre : vase exécuté à la barbotine, découvert dans la vallée de Messara (vers 1800 av. J.-C.). Musée archéologique, Héraklion.
À droite, au-dessus : tablette en argile provenant d'Hagia Triada, portant un décompte des grains en linéaire A ; au-dessous : trois tablettes en argile qui auraient pour sujet des animaux, rédigées en linéaire B. Musée archéologique, Héraklion.

A partir de 1450 av. J.-C., dans la seule ville de Cnossos, apparaît une autre écriture, le **linéaire B**, ainsi nommé pour sa ressemblance avec le linéaire A et pour l'identité d'une partie des signes phonétiques qui le composent. Comme le linéaire A, le linéaire B est syllabique, même si subsistent encore quelques idéogrammes pour indiquer les nombres et les noms propres. De très nombreuses tablettes ont été découvertes à Cnossos, où elles se sont conservées. L'incendie du palais les a cuites et rendues ainsi impérissables. Mais une découverte révolutionnaire a eu lieu lors de la mise au jour d'un autre lot de tablettes en linéaire B, provenant du palais de Pylos en Messénie (Grèce). Pour la première fois, on commence à abandonner l'hypothèse selon laquelle les linéaires A et B seraient deux expressions d'une même langue, et à penser que le linéaire B est peut-être l'adaptation d'un système graphique plus ancien, transcrit d'une langue grecque. En Crète, cette écriture est attestée dans la seule Cnossos. En Grèce, au contraire, elle est attachée à de nombreux sites. Le déchiffrement accompli par l'architecte Michael Ventris et le philologue John Chadwick reconsidère les résultats des fouilles d'Evans ; ces travaux ont livré de nouvelles informations concernant la société mycénienne, son organisation administrative ou sociale et la domination achéenne en Crète.
Puisque les témoignages relatifs aux trois systèmes d'écriture utilisés en Crète à l'époque minoenne consistent en comptes et enregistrements, il est possible de conclure que l'écriture est née dans un but pratique, en assurant une fonction administrative pour le palais. Parmi les autres manifestations artistiques de la civilisation minoenne, les sources donnent une grande importance à la **danse** et à la **musique**. On connaît de nombreuses représentations d'instruments de musique en usage dans l'île, comme la harpe, la lyre, le fifre double, le cymbalum et le systre (sarcophage d'Hagia Triada). Il est cependant pratiquement impossible de comprendre quel type de musique se jouait et quelles caractéristiques elle possédait.

Une source autorisée comme Homère nous parle, dans le dix-huitième livre de l'*Iliade*, d'une danse que « Dédale apprit à Ariane dans la grande Cnossos », faisant allusion à une danse à deux figures : un cercle de jeunes gens et de jeunes filles se tenant par la main, puis deux rangées de danseurs se faisant face. Il est très difficile d'établir si la musique et la danse avaient une valeur exclusivement religieuse, ou si elles pouvaient aussi être pratiquées dans un contexte profane.

A l'époque mycénienne, les arts témoignent de l'intégration d'éléments caractéristiques de la culture crétoise. Dans la céramique peinte, à côté de la tradition autochtone, se diffuse une production à motifs naturalistes (fleurs, plantes, animaux) typiques de l'art crétois. Le penchant pour une décoration peinte des salles de palais a, lui aussi, une origine crétoise et s'épanouit sur les amples parois murales du mégaron. Les peintres mycéniens aiment reproduire des scènes inspirées de la chasse et de la guerre, des activités qui expriment la force et l'héroïsme du roi (les mêmes thèmes se retrouvent sur les stèles à relief qui caractérisent les tombes à fosse mises au jour à Mycènes). Les **peintures pariétales** n'ont cependant pas la vivacité narrative des fresques crétoises, dont les Mycéniens ont repris la technique dans un esprit différent. Les figures sont disposées à des niveaux variés sur un même plan, et sont peintes sur des fonds unis, jaunes, bleus, rouges, bruns. Les défilés d'hommes et de femmes, inspirés des cortèges du palais de Cnossos, sont fréquents. Les ressemblances relevées dans la céramique et la peinture démontrent les contacts entre les deux cultures et suggèrent même la présence d'artistes crétois en Grèce. Les précieux objets en or, comme les **gobelets de Vaphio**, décorés au repoussé avec des scènes de capture et de domestication des taureaux, ou les armes aux lames portant des motifs plaqués sur l'or peuvent être attribués à des artistes crétois du fait du naturalisme des scènes et du mouvement qui les anime.
Les **masques funéraires** en électrum et en or, aux traits schématisés, semblent refléter un goût plus proprement mycénien et sont le prélude à un processus d'abstraction qui apparaît dans la décoration florale et animale de la dernière période.

Le dernier type de production céramique mycénienne appartient au «style du grenier», son décor étant réduit à une simple ligne ondulée. Le riche répertoire décoratif s'appauvrit : les lignes amples et courbes, les volutes deviennent des dessins géométriques, alors que les figures humaines se transforment en silhouettes maladroites aux membres filiformes. La **céramique**, témoin omniprésent des différentes étapes de l'art grec, révèle, au XIe siècle av. J.-C. (période submycénienne), une typologie réduite à quelques formes et une limitation de la décoration, primitivement étendue sur toute la surface, à quelques parties du vase.

A **Athènes**, à la fin du XIe siècle et pendant tout le Xe siècle av. J.-C., un nouveau courant artistique se développe, qui, se rattachant au submycénien, dispose le décor selon un critère nouveau; on substitue aux vases à formes élargies et renflées de l'époque mycénienne des vases ovoïdes, s'amincissant progressivement. Des motifs simples - demi-cercles, cercles concentriques, lignes et bandes - sont mis en évidence par des bandes de vernis noir qui isolent les décors. Ce **style**, nommé **protogéométrique**, est exporté, conjointement à la céramique attique, dans de nombreuses régions (Béotie, Phocide, Thessalie, Corinthe, Argolide, Cyclades), où il influence la production. On trouve des représentations animales à côté des motifs géométriques et abstraits prédominants.
La représentation du cheval, encore très schématique, annonce l'évolution qui, entre le IXe et le VIIIe siècle av. J.-C., voit l'apparition du **style géométrique**. On trouve quelques statuettes de bronze de ce style; elles sont de petites dimensions et reproduisent en ronde bosse les images de l'homme et du cheval, si fréquentes dans la céramique.

LES VASES DE STYLE GÉOMÉTRIQUE

La forme des vases du style géométrique, qui atteignent parfois des dimensions importantes, devient plus élancée et harmonieuse. L'unité chromatique du vernis noir, interrompu par des bandes ornementales sur les vases protogéométriques, s'anime avec un décor plus fourni, dont le motif prédominant est le méandre. La surface du vase tend à être entièrement occupée de bandes qui, par leur succession, scandent sa forme. Ces bandes sont décorées de rhombes, de motifs en zigzag, de points, de motifs en damier et réticulés.
A l'intérieur d'un répertoire à prédominance géométrique, apparaissent aussi des images figurées. C'est le ***style du Dipylon*** *(du nom de la nécropole importante située à l'extérieur de la Double porte d'Athènes), qui représente des personnages dont les premiers à apparaître sont l'homme et le cheval. Le répertoire funéraire est très vaste; le meilleur exemple en est donné par une amphore décorée par une scène d'exposition d'un défunt sur son lit funèbre. De nombreux autres vases, dus à plusieurs maîtres artisans, appartiennent à ce style, où les sujets sont inspirés du rituel funéraire : le transport du défunt sur un char, des files de chars et de cavaliers qui accompagnent le cortège funèbre, des luttes, des duels, des batailles navales rendues de façon très animée, le tout dans le but de célébrer le défunt comme un héros.*
L'épopée homérique *constitue l'autre grand thème du style géométrique, avec les épisodes du naufrage d'Ulysse, l'enlèvement d'Hélène et de nombreuses scènes de guerre ou de bataille qui font allusion, de façon générique, au monde d'Homère. Les figures humaines sont peintes en noir et sont schématisées à l'aide de triangles auxquels sont soudés des bras filiformes, alors que les jambes, rendues de profil, sortent du sommet du triangle inférieur. Les têtes sont des taches noires avec quelques saillies pointues, qui indiquent les détails du visage. Les représentations, figurées ou géométriques, sont cependant insérées dans un schéma parfaitement symétrique.*

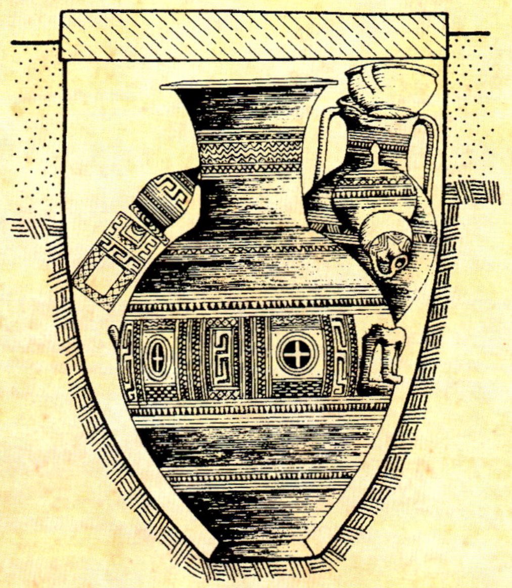

A gauche : **koré** ***de l'époque archaïque (610-480 av. J.-C.). Musée de l'Acropole, Athènes. Pendant la seconde moitié du VIe siècle av. J.-C., dans la région gréco-asiatique, où l'on avait toujours porté des vêtements en lin qui permettent de former des plis souples, la mode du chiton s'affirme : il révèle les formes du corps et est couvert d'un manteau qui se porte en mantelet ou sur l'épaule, créant des effets de draperie. C'est l'habit portée par les korai de l'Acropole d'Athènes, les statues de jeunes Athéniennes vouées à la déesse.***
A droite : dessin reproduisant une sépulture athénienne de femme, datant de 850 av. J.-C., trouvée dans la zone de l'Aréopage.

A gauche : la célèbre ***Olpé Chigi****, de style protocorinthien (seconde moitié du* VII*e siècle av. J.-C.). Musée national de la Villa Giulia, Rome.*
Ci-dessous : un des deux gobelets en or mis au jour dans la tombe en tholos de Vaphio (1500 av. J.-C.) en Laconie. Ils sont considérés comme les chefs-d'œuvre de l'orfèvrerie de l'époque minéo-mycénienne, tant par leur technique très raffinée que par le rendu des figures et du paysage; le décor est au repoussé sur une feuille extérieure, doublée à l'intérieur d'une feuille lisse. Musée archéologique national, Athènes.
A droite : fragment d'une tête de femme, fresque du dernier palais de Tirynthe (**XIII*****e siècle av. J.-C.). Musée archéologique national, Athènes.***

A la fin du VIIIe siècle et tout au long du VIIe siècle av. J.-C., Corinthe se substitue à Athènes, en imposant son propre style, qu'elle diffuse dans toute la Méditerranée grâce au vaste réseau commercial dont elle fait partie. Le **protocorinthien** est caractérisé par des figures noires pleines, sur lesquelles sont ajoutées des retouches rouges et blanches pour les détails. On trouve des motifs en forme de tresse, de fleurs de lotus, de palmettes, de rosaces, de volutes, ainsi que de nombreuses figures animales, comme les lions, les chiens, les cerfs, les oiseaux ; une évidente influence orientale est la conséquence de rapports commerciaux accrus. Dans la phase de maturité du protocorinthien, apparaissent des scènes narratives dont l'apogée est marquée par la célèbre **Olpé Chigi**, décorée de scènes de batailles et de files de cavaliers.
La particularité de tels vases consiste dans la miniaturisation des scènes et dans une polychromie de rouge, d'orange, de noir et de blanc. La période orientalisante d'Athènes met en avant des éléments déjà relevés dans le style géométrique, comme la tendance au monumentalisme et le recours aux figures noires. A côté des thèmes funéraires traditionnels, on adopte ceux de la nouvelle tendance orientalisante : des lions, des sphinx et des éléments mythiques.
La technique décorative est dite à **figures noires**, toujours plus détaillées, se détachant sur un fond blanc (vases de la Grèce continentale), ou avec la tête couleur d'argile (vases produits en Grèce orientale).

C'est à la période orientalisante que remonte le **début de la grande statuaire** grecque. Il s'agit de statues monumentales qui proposent une figure humaine en pied, avec une jambe légèrement avancée, détail qui, avec la monumentalité, suggère une imitation de la statuaire égyptienne. En réalité, l'esprit qui anime les sculpteurs égyptiens et grecs est différent : les premiers font des portraits, alors que les seconds s'inspirent de jeunes hommes nus, à la beauté idéale, et donnent ainsi naissance à la grande tradition du nu héroïque. L'art grec archaïque, à la différence de l'art créto-mycénien, s'intéresse à l'homme et non à la nature, et confère à la divinité un caractère anthropomorphe. Dans les figures viriles, nues, des ***kouroi*** et dans les figures féminines, vêtues, des ***korai***, s'atténuent les frontières entre le divin et l'humain.
Les statues, de forme ronde ou carrée selon leur provenance, présentent toutes une pose rigide et le « sourire archaïque », une courbe particulière de la lèvre pour rendre sa profondeur, les yeux étant ouverts et obliques.

En ce qui concerne la **littérature**, la Grèce offre à cette époque l'un de ses plus grands chefs-d'œuvre : l'épopée homérique. L'*Iliade* et l'*Odyssée* ne sont pas de simples récits mythiques, mais des œuvres littéraires raffinées, derrière lesquelles les Grecs distinguent un auteur unique, **Homère**, le chanteur aveugle de Chio. L'***Iliade*** est le récit des derniers jours dramatiques de la guerre de Troie, avec en filigrane les dix années de conflit. La structure de l'***Odyssée*** est plus complexe : on suit le fil des deux récits du voyage d'Ulysse et de celui de son fils lancé à sa recherche. Vers la fin, les deux récits n'en font plus qu'un. L'épopée d'Homère se place à la fin des âges obscurs, dont elle ressuscite le souvenir en célébrant une entreprise qui réunit tous les Grecs contre les Barbares. Ainsi commence à se forger et se consolider la conscience d'une identité hellénique.
Hésiode, qui vécut dans la seconde moitié du VIIIe siècle et une partie du VIIe siècle av. J.-C., est l'autre grande figure des débuts de la littérature grecque. On lui doit *la Théogonie* et *les Travaux et les Jours*, les premières formes d'épopée didactique. ***La Théogonie*** est un petit poème retraçant la formation du cosmos, la naissance des dieux, et les aventures qui portent Zeus à s'imposer aux autres dieux de l'Olympe. En revanche, ***les Travaux et les Jours*** témoignent des conditions socio-économiques régnant en Béotie à la fin du VIIIe siècle av. J.-C.

Les régions de la Méditerranée occidentale subissent précocement l'influence des cultures orientales, plus évoluées. Le phénomène est favorisé par l'existence de relations maritimes. A partir du néolithique, il y a un afflux continu d'objets, d'idées, de techniques et de motifs décoratifs vers l'Occident. Cependant, des régions comme la péninsule Ibérique, la Sardaigne, Malte et l'Italie méridionale développent des cultures originales, expressions différenciées d'un même **caractère méditerranéen**.
D'autre part, l'existence d'éléments communs entre l'Orient et l'Occident pourrait être le fruit du hasard, puisque de nombreux peuples anciens ont développé les mêmes conceptions, cultes, techniques et goûts, sans qu'aient pu être mis en évidence l'établissement de contacts et l'échange d'expériences. L'image du taureau, par exemple, qui est caractéristique de l'art de l'âge du bronze en Espagne, suggère un contact - non prouvé - avec la Crète.
Pour la période qui va environ de 1800-1700 à 700 av. J.-C., la Méditerranée excelle dans la production d'**objets en bronze**. Les **armes**, très ouvragées - lances, poignards, haches, cognées, casques, cuirasses ou jambières -, révèlent une uniformité typologique surprenante, de Mycènes jusqu'à la Baltique. Leur représentation sur les monuments funéraires et sur les stèles est très répandue. Comme elles sont souvent de très grandes dimensions, on peut penser que ces armes n'ont pas une destination pratique, mais uniquement funéraire, alors qu'on accroît leur valeur par l'addition d'éléments en or. Parmi de nombreux exemples, on peut citer une stèle, mise au jour dans une localité espagnole, qui se réfère à la tradition, très répandue en Europe et en Méditerranée, de célébrer les guerriers comme une classe sociale importante : le défunt, armé d'une lance, d'une épée et d'un bouclier, est accompagné d'un char à quatre roues.

Mais, en cette période, c'est la **petite statuaire en bronze** qui occupe la première place, avec des statuettes zoomorphes et anthropomorphes, des modèles réduits de chars et de barques, des vases et des urnes cinéraires. La **Sardaigne** est riche en documents archéologiques de cette période, les objets en bronze occupant une place de premier plan. Pour la plupart, ces objets sont obtenus par la fusion à cire perdue, qui ne produit pas deux figures exactement identiques. Il s'agit d'objets votifs qui sont soudés sur le lieu de l'offrande, comme le montrent les traces de plomb au pied des objets datant généralement de la première moitié du Ier millénaire av. J.-C.
Ces **statuettes** représentent des guerriers, des donateurs, des animaux et des divinités. Chaque catégorie possède des caractères propres : il semble que les personnages portant coiffure et manteau avec la main droite levée sont des chefs ou des dignitaires (leur rang peut être aussi indiqué par un long bâton tenu dans la main droite). On reconnaît le guerrier par ses armes, sa tunique courte, ses jambières et son casque. L'originalité des petites statues sardes réside dans leur variété, qui s'oppose à la production en masse de la **péninsule Ibérique**. Cette dernière région se caractérise par l'importance donnée au culte : les nombreuses offrandes votives et sacrificielles sont en grande partie des statuettes en bronze, produites en série et peu raffinées. Les figures anthropomorphes prédominent, et parmi celles-ci les cavaliers à pied ou à cheval. A côté des ex-voto en bronze, on trouve des **sculptures en pierre** : elles représentent souvent une figure entière, parfois seulement la tête et le buste du dédicant. Les plus tardives ont probablement bénéficié des influences grecques.
L'**Espagne** est une région de la Méditerranée occidentale qui présente un développement artistique intense dès l'époque préhistorique : il suffit de penser aux peintures des grottes de la région des Cantabres et des Pyrénées.
Pendant la période néolithique, c'est l'Espagne du sud et de l'est qui offre les exemples de **peintures rupestres** les plus remarquables. Réalisées dans des abris rocheux, ou sur des parois rocheuses à l'air libre, elles ont un contenu différent des peintures rupestres du paléolithique : ce ne sont plus de nombreux animaux, mais des représentations de l'homme, à la chasse, dans des scènes rituelles ou à la guerre.
Les figures, peintes en noir ou en rouge, sont schématisées, l'anatomie humaine étant résumée par des formes géométriques ou par de simples lignes. A l'est, la nouveauté consiste dans l'adoption d'un schéma narratif au moyen duquel le peintre illustre les activités d'une société de chasseurs et de guerriers, de femmes se consacrant aux activités sédentaires.
Pendant le IIe millénaire av. J.-C., l'Espagne se distingue par la diffusion de la **céramique campaniforme**, décorée de motifs incisés ou imprimés, remplis d'une matière blanche, divisés en bandes formées de lignes, de torsades, de zigzags, de triangles. La culture du vase campaniforme, considérée par certains savants comme un dérivé de la culture mégalithique, par d'autres comme une

A gauche : situle en bronze provenant de la nécropole de la Certosa, Bologne (vers 500 av. J.-C.). Civico Museo Archeologico, Bologne. Les situles sont des seaux en métal, surtout en bronze, dont la fonction essentielle est de contenir un liquide pour un usage quotidien ou rituel.
Si l'usage rituel est lié à la libation, la forme et le décor reflètent alors le type de libation auquel ils sont destinés.
Ci-dessus : poignard de l'âge du fer, provenant de Miraveche, en Espagne. Musée de Burgos.

culture autonome plus récente, envahit toute l'Europe, non seulement la zone d'expansion de la culture mégalithique, mais aussi le centre-est et le nord. En plein âge du bronze, va s'affirmer la civilisation d'El-Agar qui, à partir du sud, va aussi se répandre à l'est de l'Espagne et au Portugal. A la fin du IIe millénaire av. J.-C., de nouveaux venus arrivent de la mer pour s'approvisionner en argent, cuivre, étain et installer des comptoirs commerciaux. Les Phéniciens précèdent les Grecs, suivis des Carthaginois; les Celtes pénètrent, eux, par les Pyrénées. L'art des Ibères autochtones reflète ces influences variées qui s'épanouissent dans les armes et les objets en métal, ainsi que dans la céramique portant des incisions profondes aux formes géométriques. Les divers centres de production ont en commun l'usage de la roue du potier et la préférence pour des décors géométriques, rigides, parfois animés par des figures après l'arrivée des Grecs. La céramique peinte est plus exceptionnelle.

Ci-dessous : deux stèles de l'ancienne civilisation de Luni qui, de l'époque néolithique, perdure jusqu'à l'époque romaine. Ces monuments sont le fruit d'un processus d'abstraction qui réduit les corps à des schémas géométriques. Musée communal de la civilisation de Lunigiana, La Spezia.
A droite : **Lutteurs,** *petit bronze protosarde (VIIIe-VIIe siècle av. J.-C.). Musée archéologique national, Cagliari.*

Enfin, une série de réalisations monumentales, dont les origines remontent au néolithique, se diffuse largement dans toute l'Europe. Il s'agit des **menhirs**, dont la signification varie en fonction de l'époque et de la région d'origine. Les menhirs sont des monolithes droits qui peuvent être isolés dans le paysage ou organisés en groupes dits **alignements**. Il existe sans aucun doute un lien entre les menhirs, les poteaux sculptés et les obélisques, mais leur interprétation est rendue incertaine par le grand syncrétisme de la religion protohistorique, qui se manifeste par une fusion continuelle et active entre des cultes différents. Les menhirs pourraient tout aussi bien représenter des dieux que des défunts, mais dans de nombreux cas, on peut voir en eux, surtout pour les exemplaires les plus tardifs, des substituts de la figure humaine. Ainsi, en Sardaigne, de nombreuses pierres larges semblent représenter une figure féminine reconnaissable par la présence des seins. Les menhirs corses arborent parfois un signe en forme de casque cornu (symbolisant les guerriers), ou sont dotés d'attributs féminins qui suggèrent la représentation d'une déesse-mère. En Corse, il existe de nombreux alignements de menhirs disposés en rangs compacts et réguliers, comme s'ils représentaient les limites d'un sanctuaire. La face principale de la pierre est toujours tournée vers l'est, et l'orientation de l'ensemble, dans quelques cas, varie en fonction de la position du solstice ou de l'équinoxe du soleil. De tels complexes sont peut-être à mettre en relation avec la religion du dieu-ancêtre, dont on perpétue chaque année le souvenir en plaçant une nouvelle pierre selon une orientation convenable. Les hypothèses concernant les menhirs sont variées. Selon certains chercheurs, leur ombre servirait à marquer le passage des saisons, d'après la position du soleil sur l'horizon. Même s'il s'agit avant tout de monuments de l'époque chalcolithique, ils continuent à apparaître aux époques suivantes, jusqu'à l'âge du fer. En Italie, on trouve les menhirs de Lunigiana, souvenirs de l'ancienne **civilisation de Luni** qui, du néolithique, se poursuit jusqu'en pleine période romaine. Ces monuments singuliers sont le résultat d'un processus d'abstraction qui réduit les corps à des motifs géométriques, les formes de la figure épousant les contours de la stèle. Les **idoles ibériques** appartiennent à la même catégorie, avec la figure humaine traitée comme un motif ornemental : les yeux sont représentés par des rosettes; les bras, collés au corps, sont de simples lignes incisées.

Il est malaisé de brosser un tableau global de la religion mésopotamienne du fait de l'aspect fragmentaire des sources documentaires et des nombreux aléas suscités par les événements historiques.
La caractéristique traditionnelle du culte réside dans son lien avec la terre et la fertilité, manifesté par **Tammûz** (forme hébraïque de

Dumuzi), le dieu de la Végétation, dont la mort et la résurrection reproduisent le cycle végétal. Pour un peuple sédentaire, le bien-être signifie une bonne récolte, une terre bien irriguée et une agriculture florissante.
La pratique religieuse se confond alors avec la magie et se traduit par des rites destinés à s'assurer, par analogie, la fécondation de la terre par les dieux.
Les **divinités assyro-babyloniennes**, aux formes humaines, sont généralement **liées à la nature** : le ciel, l'air, la terre, les astres, la tempête. Avec la civilisation sumérienne, apparaît un panthéon bien organisé et diversifié pour chaque cité. Les phénomènes naturels (tempête, pluie) sont personnifiés par des divinités masculines, alors que les déesses féminines sont liées à la fécondité.
Le panthéon urbain tend aussi à accueillir des divinités étrangères, particulièrement quand elles sont vénérées par un peuple conquérant ou par une nouvelle dynastie. Cela met en relief une autre caractéristique de cette religion, à savoir son lien étroit avec la politique, symbolisé, à travers les siècles, par l'omniprésence du **roi-prêtre** qui reçoit le pouvoir de la divinité afin d'accomplir les actes militaires, économiques et administratifs assurant le bien-être de ses sujets.

En revanche, le panthéon des peuples **nomades** est composé de **divinités célestes** : le ciel est l'unique constante de leur vie errante et il est considéré comme un dieu. Il n'est pas représenté sous forme humaine, mais comme une étoile. Omniscient, il domine toute la terre ; c'est le principe de toute chose et son attitude envers les hommes est paternelle. L'union politique des peuples de pasteurs et d'agriculteurs trouve sa correspondance dans le domaine religieux avec la fusion des caractéristiques de tous leurs dieux. Alors, apparaissent des divinités ayant une identité propre, qui ne sont donc plus uniquement les personnifications d'éléments de la nature. Le dieu céleste le plus important est **Anu** (dont le nom signifie « ciel »), père des dieux et maître du panthéon. Cependant, dans les faits, son pouvoir est éclipsé par celui de la divinité atmosphérique **Enlil**, le dieu de la Tempête. Enlil domine le monde terrestre et gouverne les hommes ; c'est pourquoi il est appelé **Baal** (seigneur). Son rôle consiste à déterminer le destin de chaque homme, à faire respecter la justice et à punir les coupables ; il réunit en lui les aspects positif et négatif des phénomènes atmosphériques. Il est, d'une part, le dieu qui envoie la pluie pour fertiliser la terre et, d'autre part, le roi du déluge lié aux mythes relatifs à la disparition de l'humanité. En tant que dieu de la Tempête, Enlil est accompagné d'une série de divinités secondaires qui représentent plus précisément l'inondation, l'ouragan, la foudre. Il peut aussi prendre des noms différents et, selon les régions, il devient l'Adad amorrite, le Teshub hourrite, etc.

A gauche : détail d'un koudourrou provenant d'un temple de Sippar, avec le dieu Shamash et le disque solaire (milieu du IXe siècle av. J.-C.). Ci-dessus : génie ailé, relief du palais d'Assurnazirpal II (IXe siècle av. J.-C.).

Parmi les dieux de la Tempête, **Adad** mérite une attention particulière ; probablement d'origine ouest-sémitique, il occupe une place importante chez les Assyriens du fait de son rôle de destruction et d'extermination.

À côté des divinités célestes, se trouvent les divinités astrales, parmi lesquelles les divinités solaires occupent une place de choix. Le **Soleil** est considéré comme la source de la vie et de la lumière : il est donc associé à la rationalité, à la justice et à la connaissance, mais il symbolise aussi le feu destructeur qui fait naître les ténèbres par sa disparition quotidienne. En Mésopotamie, il est essentiellement vénéré pour ses vertus positives et rationnelles, en tant que dieu de la Justice, juge par excellence et vengeur du mal. Connu sous le nom de **Shamash**, il compte parmi ses fonctions celle de divinité tutélaire des prophètes, du fait de son omniscience. Au cours du IIe millénaire, une dimension solaire est conférée au dieu national ; ainsi en est-il de **Mardouk**, le dieu babylonien, qui passe du rang de dieu local à celui de divinité universelle. Le dieu **Assur** subit la même transformation, même si son culte est moins répandu que celui de Mardouk. Pendant l'empire néo-assyrien, Assur s'approprie tous les pouvoirs divins et réduit les autres dieux au statut de membres de sa cour. Il est craint pour son *melammu* (la splendeur terrifiante) : les ennemis, éblouis et terrorisés par sa lumière, s'enfuient, comme il est rapporté plusieurs fois dans les annales assyriennes. Son symbole, représenté par le disque solaire ailé, est une preuve supplémentaire de son association avec le soleil.

Le culte du soleil se propage en Mésopotamie occidentale et en Anatolie ; il y est introduit par les Hittites, auprès desquels le Soleil, fils de la Tempête et du Ciel, jouit d'un grand prestige. En tant que pasteur des hommes, il voit dans leur cœur et connaît leurs pensées, méritant ainsi le titre de dieu de la Justice et de la Morale. Le culte du soleil est lié à la royauté, et le titre de « Soleil » ou « Mon Soleil » est donné au roi, qui n'est néanmoins divinisé qu'après sa mort.

Une autre divinité astrale est liée à la **Lune**, planète primordiale dans les civilisations agricoles car ses phases rythment les travaux. Ses influences sur la terre lui confèrent aussi des vertus de fertilité. Dans sa première fonction, elle est personnifiée par des divinités masculines comme **Sin**, dans la seconde par des divinités féminines comme **Ishtar**. Déesse de l'Amour, de la Guerre, de la

Végétation et de la Lune, Ishtar s'intègre dans un mythe rattaché à Tammūz, le dieu de la Végétation, porteur de mort et de résurrection. Le destin de Tammūz, connu sous des noms divers selon les régions, est toujours lié à une déesse, son amante, dont il pleure la mort. Le dieu personnifie la semence qui contient la vie. Pour accomplir sa fonction, il doit rentrer sous terre : c'est alors qu'il peut s'épanouir et donner naissance à une nouvelle vie.

Le sentiment religieux qui se révèle dans les prières et les textes rituels est basé sur la **peur** que la **divinité** inspire à l'homme. L'impénétrable volonté divine rend insondable le mystère qui entoure les dieux. L'homme, à l'aide de la prière, du rite et, plus souvent encore, de la magie, doit s'attirer la faveur du dieu. Le **culte** occupe donc une place importante. C'est même là que réside la tâche principale du souverain, le seul à pouvoir établir un contact avec le dieu qui demeure dans le temple, appelé justement la « maison du Dieu ». Puisqu'ils sont imaginés sous forme humaine, les dieux ont des exigences matérielles, comme de manger, se laver et se vêtir. La satisfaction de ces besoins constitue une partie essentielle du culte et du devoir du roi. Avec la formation de grands États, le roi ne peut être présent dans tous les lieux de culte. Il délègue donc ses fonctions sacrées aux **prêtres**, ces hommes formant généralement leurs successeurs par des enseignements dispensés dans les dépendances des temples. L'exécution du rite est associée à la lecture d'un mythe, dont le récit a une valeur magique, car il a le pouvoir, non seulement de décrire une situation, mais de la recréer. Le **mythe** fournit l'archétype de l'action sacrée, en la projetant au moment même de la création du monde. Le lien existant entre le mythe et le rite est particulièrement frappant dans la célébration de la nouvelle année, pendant laquelle sont célébrées les noces du roi et de la prêtresse, qui représente la déesse de la Fécondité, assurance de prospérité et de bien-être pour le peuple tout entier. La lecture du poème de la Création établit un lien entre le début de la nouvelle année et le début du monde.

Au culte d'État, la religion individuelle oppose un **rituel magique** fait d'exorcismes et de conjurations. Le simple sujet, exclu des rites officiels, dépourvu d'instruments de prière, se tourne souvent vers la magie pour affronter les démons qui provoquent la mort, les maladies, ou encore les angoisses et les peurs ; pour s'en protéger, il faut pratiquer un exorcisme ou se procurer des **amulettes**. Il peut recourir aussi à la divination pour communiquer avec les forces surnaturelles et connaître par avance le danger afin de l'éviter. L'observation des viscères d'animaux, du vol des oiseaux, des phénomènes naturels (vent, tonnerre, étoiles) peut avertir de l'imminence d'un événement favorable ou non. Grâce au matériel épigraphique, de nombreuses listes de **présages** nous sont parvenues, qui témoignent clairement de la diffusion des pratiques magiques et divinatoires. Avec la formation de vastes États, l'exercice de la royauté ne cesse de se laïciser, alors que le fossé augmente entre le culte officiel et les croyances individuelles. Au fur et à mesure, la religion se conforme aux exigences de la politique et se mue en institution subordonnée à la monarchie. Si l'on y ajoute les motivations d'ordre économique, on comprend facilement la crise religieuse qui conduit les individus à préférer la magie et qui pousse la religion officielle à se tourner vers les divinités astrales. Au milieu du Ier millénaire av. J.-C., se répand le sentiment de fatalisme, qui accroît encore l'usage de la religion comme instrument de pouvoir. C'est dans ce climat qu'intervient la réforme religieuse de **Zarathushtra** (Zoroastre), que l'on peut d'ailleurs rapprocher du prophétisme hébreu, de la prédication de Bouddha ou des enseignements de Confucius. En fait, bien que toutes ces grandes expériences religieuses se soient déroulées dans des lieux distincts et soient dépourvues de liens les unes avec les autres, elles ont en commun le fait de constituer des réactions à des religions officielles polythéistes excessivement formelles, et d'avoir diffusé un enseignement de nature essentiellement éthique.

Page ci-contre, en bas : **Gilgamesh dompte un lion rugissant,** ***relief en albâtre (fin du VIIIe siècle av. J.-C.), placé à l'origine en face de l'entrée de la salle du trône, dans une des cours internes du palais de Sargon II à Dour-Sharroukên. Musée du Louvre, Paris. Gilgamesh est un ancien roi d'Ourouk qui, divinisé, est devenu le protagoniste d'un cycle de poèmes épiques sumériens et d'un grand poème akkadien.***
Sur cette page, à gauche : bas-relief avec un génie protecteur, du palais de Sargon II à Dour-Sharroukên (fin du VIIIe siècle av. J.-C.). Musée du Louvre, Paris.
A droite : déesse respirant le parfum d'une fleur, relief en pierre provenant de Mari (XVIIIe siècle av. J.-C.). Musée du Louvre, Paris.

Les doctrines eschatologiques proche-orientales sont basées sur la peur de la mort, d'où les tentatives d'éloigner le plus possible le moment du trépas et l'espérance qu'il existe une vie après la mort. Dès les plus anciens poèmes épiques, le drame de la mort est conjuré par la recherche fébrile de l'immortalité, mais l'échec d'une telle quête impose d'accepter son triste sort. L'homme du peuple, qui conçoit l'existence dans les termes pratiques du quotidien, accueille la mort comme partie intégrante du cycle de vie, déterminé par le moment de la conception et de la naissance. Le culte d'un dieu qui meurt et renaît, pratiqué par tous les peuples de la Mésopotamie, exprime très précisément ce sentiment. Il faut une nouvelle fois en revenir à la découverte de l'agriculture, lorsque l'homme observe le cycle végétal et le compare au cycle vital (la femme est synonyme de champ ; l'acte de procréation de semence), parvenant à la certitude de pouvoir survivre dans l'au-delà, comme la graine qui, cachée dans la terre, donne naissance à une plante nouvelle. La croyance en une **vie après la mort**, qui trouve ses origines dans la préhistoire, est attestée à l'époque historique par le soin particulier apporté aux monuments et aux **rites funéraires**, basés sur l'inhumation et la conservation du défunt grâce à un matériel funéraire très riche, constitué de tout ce qui peut permettre de continuer à jouir des plaisirs terrestres. Le destin du souverain outre-tombe est cependant différent de celui de l'homme du peuple ; il ne pourrait en être autrement étant donné son rôle d'intermédiaire entre les dieux et les hommes. Sa vie future est uniquement composée des aspects agréables de l'existence terrestre, comme le chant, la musique, les banquets, à moins qu'il ne soit divinisé et monte aux cieux. En revanche, une existence plus triste attend les hommes du peuple dans l'au-delà ; ils iront dans un monde souterrain obscur, rempli de poussière et de larmes, peuplé de monstres et de démons. En ces lieux, la souffrance des morts se manifeste par une soif inextinguible. C'est au fils aîné que revient le devoir d'étancher la soif de son père mort, généralement enseveli sous le plancher de la maison. Un destin moins terrible est réservé à celui qui meurt à la guerre, car ses parents prendront soin de lui et sa soif sera apaisée par les larmes de sa femme.

La religion égyptienne est polythéiste, c'est-à-dire liée au culte de plusieurs divinités. Elle est basée sur l'existence d'une caste sacerdotale, de temples et de fêtes rituelles, comme, d'ailleurs, la plupart des religions antiques. Cependant, à la différence de ces dernières, qui donnent aux dieux des formes humaines, les **divinités égyptiennes** s'incarnent dans des **animaux**. Cette particularité, selon une interprétation récente, semble avoir été transmise à la religion égyptienne par le biais du totémisme, d'abord implanté en Afrique et qui, entré ensuite en contact avec les conceptions religieuses asiatiques, a permis que se maintienne intact le lien très puissant unissant les divinités à la nature. Celui-ci perdurera en Égypte, même après la diffusion de l'anthropomorphisme, et se manifestera dans les représentations de divinités hybrides (humaines et animales).

Une autre particularité de la religion égyptienne réside dans la subdivision du territoire en circonscriptions (elle correspond à la subdivision administrative) dont dépendent un temple et ses prêtres. Chacune vénère un groupe de divinités hiérarchiquement soumises à un dieu plus important qui les a toutes engendrées. La suprématie d'une divinité sur toutes les autres confère un prestige politique à ses prêtres : ainsi la puissante caste sacerdotale d'Amon à Thèbes. Un des premiers et des plus importants groupes de divinités est l'**Ennéade** (neuf dieux) d'**Héliopolis**, au sein duquel Atoum, le dieu local, crée et domine les autres divinités : Shou, Tefnout, Geb, Nout, Osiris, Isis, Seth et Nephtys. A **Memphis**, l'ancienne capitale, le dieu **Ptah** exerce sa suprématie ; à **Hermopolis**, on vénère une **Ogdoade** : quatre couples de divinités dans lesquels l'élément masculin est représenté par un renne, et l'élément féminin par un serpent. De ces regroupements naissent les **triades**, c'est-à-dire la combinaison d'une divinité masculine et de ses deux fils (Atoum, Shou et Tefnout), ou d'un couple et de son fils (Osiris, Isis et Horus).

Il y a ensuite les **éléments de la nature** comme le Nil, le soleil, la terre et le ciel, qui sont constamment vénérés sur tout le territoire avec des noms variés selon les régions. Le **Nil** est honoré sous le nom d'**Hâpi**, incarné par un taureau noir ; il fait l'objet de l'un des cultes principaux du fait de sa fonction fécondatrice d'importance vitale pour la terre égyptienne. Le **soleil** est un autre élément fondamental : peu à peu associé à des divinités plus importantes comme Horus, Amon et Atoum, il porte généralement le nom de **Rê**, le soleil créateur qui renaît à chaque aurore. Il peut être représenté par un

A gauche : le pharaon Akhenaton portant une tablette votive, calcaire peint sur un socle d'albâtre, provenant de Tell al-Amarna. Musée égyptien, Le Caire. Akhenaton est le nom pris par Aménophis IV en l'honneur d'Aton, dont il cherche à imposer le culte au détriment de celui d'Amon. Mais le culte d'Aton reste circonscrit à la famille royale, alors que la majorité des Égyptiens continue à vénérer ses divinités personnelles et à maintenir le culte d'Osiris. Ci-contre : Agenouillée sur le hiéroglyphe désignant l'or, symbole d'éternité, la déesse Isis prie, les mains tendues sur le hiéroglyphe désignant le sceau, lui aussi symbole d'éternité. De la tombe d'Aménophis II (XVIIIe dynastie). Ci-dessous : le dieu Anubis à tête de chacal embaume le corps du défunt, fresque de la tombe thébaine de Sennedjem (XIXe dynastie).

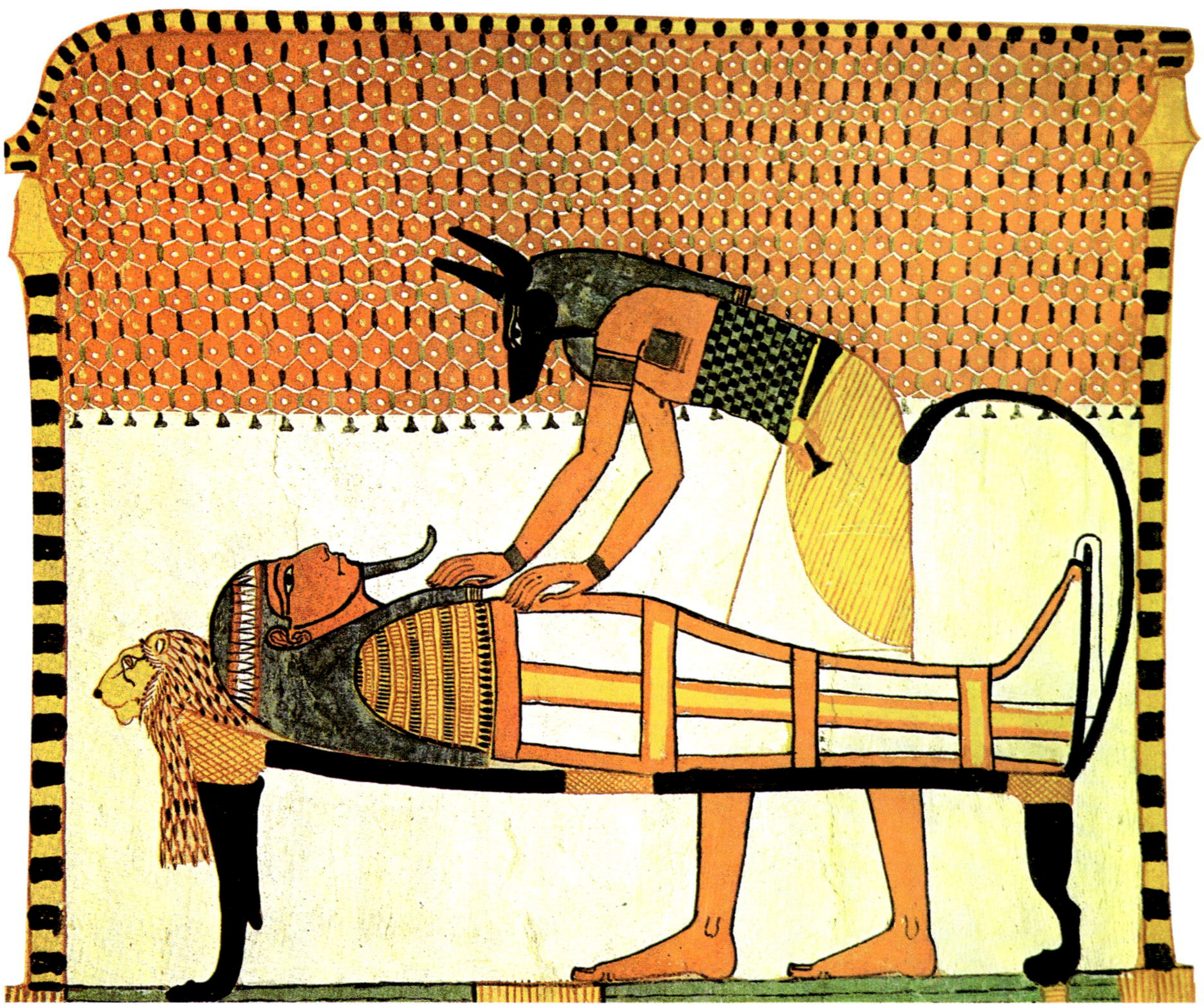

faucon, un scarabée, un lion ou un taureau, et se déplace à bord d'une barque qui le transporte de l'est vers l'ouest. Pendant le trajet, il combat le serpent Apophis, symbole des ténèbres, dont il triomphe. Le mythe de **Geb** et **Nout**, la **Terre** et le **Ciel**, raconte leur séparation, opérée dans la violence par Shou, afin de créer la vie sur terre. Geb, divinité masculine, symbolise la terre nourricière ; Nout est représentée sous la forme d'une femme au corps constellé d'étoiles, courbée au-dessus de la terre. Elle engendre le soleil et, chaque soir, elle le cache dans sa bouche. **Horus** est le grand dieu céleste égyptien, avec qui s'identifie le pharaon. Il est représenté par un faucon, le soleil et la lune occupant la place des yeux. Son importance, due à l'identification avec le pharaon, s'accroît encore lorsque Horus est associé au soleil, sous le nom de **Rê-Horus**. Le pharaon devient alors le fils de Rê.

Ci-dessus : pectoral avec un scarabée, tombe du pharaon Toutankhamon (XVIIIe dynastie). Musée égyptien, Le Caire.
Ci-contre : détail d'une peinture de la tombe de Séthi Ier dans la Vallée des Rois (XIXe dynastie), montrant le pharaon faisant des offrandes au dieu Rê.
L'attention spéciale réservée à Rê est due au fait que le pharaon est considéré comme le fils du dieu.
A droite : majolique représentant la déesse Sati (fin de la XVIIIe dynastie). Musée de Brooklyn, New York.

Parmi les divinités de l'atmosphère, il convient de s'arrêter sur Amon et sur Seth, le seigneur de la Tempête, rival d'Horus. **Amon** devient particulièrement important pendant la XVIIIe dynastie, quand il est élevé au rang de dieu dynastique et assimilé au soleil. La **Lune**, elle, est vénérée sous un double aspect : comme régulatrice du cycle chronologique, base de toute mesure, elle se présente sous la forme d'une divinité masculine (**Thot**) ; comme principe de la fertilité, de la végétation et de l'eau génératrice de vie, elle est féminine (**Hathor**). Hathor peut prendre un caractère guerrier, comme Ishtar, son équivalent en Mésopotamie. On vénère aussi **Isis** comme déesse de la Fécondité : mère des dieux et d'Horus, elle est représentée avec deux cornes de vache, entre lesquelles est placé le disque solaire. L'importance de la déesse vient de son association au **mythe** et au **rite** célébrant la mort d'**Osiris**. Ce dernier est un dieu très important dans le panthéon égyptien : on ne peut le confondre avec les autres, non seulement parce qu'il a une apparence totalement anthropomorphe, mais surtout parce que, comme l'homme, il est mortel.
La version de base du mythe raconte qu'Osiris, fils de Geb, frère et époux d'Isis, vit d'abord sur terre, où il est roi d'Égypte. C'est un législateur avisé, un souverain clément, faisant régner la paix et la sagesse. Mais, par une ruse, son frère **Seth** réussit à l'éliminer en le précipitant, encore vivant à l'intérieur d'un sarcophage, dans le Nil. Osiris meurt, et son épouse Isis recherche longtemps son cadavre, que le courant a emporté au loin. Une fois retrouvé, elle le ramène en Égypte et affronte la colère de Seth, qui démembre le cadavre. Isis part de nouveau rechercher les membres épars d'Osiris et, en le reconstituant, lui redonne la vie. Après avoir engendré son fils Horus, le dieu est finalement accueilli comme seigneur du royaume des Morts. C'est son lien avec l'au-delà qui a permis au culte d'Osiris de se développer.

Le mort est ainsi généralement identifié à Osiris, qui règne dans l'au-delà, mais qui est surtout le dieu de la Renaissance. Cette identification implique une vision optimiste de la **vie dans l'au-delà**, conçu comme un lieu souterrain recevant la visite du Soleil pendant son voyage nocturne. Le défunt vit dans une terre très fertile, où les tâches quotidiennes sont accomplies par des serviteurs représentés par les statuettes placées dans la tombe.
C'est la poursuite d'une vie, non seulement spirituelle, mais aussi physique. Le recours à la **momification** et au dépôt d'objets, de biens matériels et de nourriture dans la tombe tire son origine de cette croyance. Mieux le corps sera traité, plus l'âme sera heureuse. Avant d'être admis dans le royaume des Bienheureux, le défunt passe en jugement devant Osiris, Thot et quarante-deux divinités, son cœur étant placé sur le plateau d'une balance et la vérité sur l'autre plateau.

Le **destin du pharaon** est très différent. Pivot du système religieux égyptien, il est non seulement le dépositaire du pouvoir politique et civil, mais encore l'émanation directe et l'**incarnation de la divinité**. C'est pourquoi il fait l'objet de la même vénération que les dieux, qu'il est d'ailleurs le seul à pouvoir approcher directement. Le pharaon est le grand prêtre chargé de célébrer le culte, avec la participation des autres prêtres.
Un destin glorieux l'attend dans l'au-delà, où il s'identifie avec Osiris et devient une divinité immortelle au même rang que les autres dieux. C'est ce qui justifie la splendeur et l'abondance dont témoignent les sépultures des pharaons. Pendant leur vie, ils sont assimilés à Rê, le Soleil. Le phénomène devient particulièrement évident pendant

A gauche : détail d'une statue d'Amon (XXIIe dynastie). Musée du Louvre, Paris.
Ce dieu est généralement représenté sous une forme humaine. Ses animaux sacrés sont l'oie et le bélier. L'affirmation et la diffusion du culte d'Amon débutent avec la reprise du pouvoir par les pharaons après la domination des Hyksos. La suprématie d'Amon est fondée sur la volonté de domination des pharaons de Thèbes (Amon est considéré comme le seigneur de Thèbes) et de la puissante caste sacerdotale. A l'initiative d'Aménophis IV, l'hérésie amarnienne s'oppose à cette suprématie avec la proclamation d'Aton comme dieu suprême.
A droite, en double page : scène de cosmogonie, du sarcophage de Boutehamon (XXIe dynastie). Musée égyptien, Turin.
Les* Textes des Pyramides *fournissent de nombreux renseignements sur les plus anciennes conceptions égyptiennes, dites héliopolitaines, du cosmos.

le Nouvel Empire. De **Thèbes**, la capitale de la XVIIIe dynastie, provient la restauration du pouvoir pharaonique après la domination des Hyksos, avec la diffusion et l'affirmation du culte du dieu local, Amon, associé au soleil et donc au pharaon. La **suprématie d'Amon**, établie par la volonté des souverains de Thèbes et de son puissant clergé, provoque cependant l'opposition de certains sanctuaires vénérant d'autres dieux. L'**hérésie amarnienne** tente de se libérer de la tyrannie d'Amon grâce au culte d'**Aton** par Aménophis IV. Cette hérésie comporte l'éradication du culte d'Amon, l'abandon de Thèbes pour une nouvelle capitale, Akhetaton (l'Horizon d'Aton) et l'adoption d'un nouveau nom par le pharaon : Akhenaton (Aimé d'Aton). Le culte d'Aton est, sans aucun doute, une forme de monothéisme qui reste circonscrit à la famille royale. Les Égyptiens continuent d'adorer leurs divinités personnelles et à maintenir le culte d'Osiris. La réforme religieuse introduite par le culte d'Aton se fonde sur le principe de l'existence d'un dieu unique, universel, qui crée la vie et veille à son déroulement ; elle assigne au souverain un rôle essentiel, puisqu'il est l'unique intermédiaire entre Dieu et les hommes. L'éthique est absente de cette nouvelle foi, comme le démontre la reprise du vieux concept du *maat*, qui ne signifie plus « droiture » ou « justice », mais « vérité ». Cette vérité est représentée par la force des éléments de la nature s'opposant aux activités désuètes des anciennes divinités.
Aton offre à ses disciples des avantages d'ordre matériel ; il crée et nourrit la vie, et le fidèle, au cours de son existence, doit lui montrer sa gratitude, ce qui n'implique pas l'offrande en échange d'une vie droite et vertueuse. Que la religion d'Aton soit une religion de la nature est démontré également par le type de temple érigé par Akhenaton dans la nouvelle capitale, le long des rives du Nil. A la différence des temples traditionnels, celui-ci est à l'air libre, permettant au disque solaire d'être adoré dans toute sa splendeur. Dans l'architecture privée, les demeures des nobles et des fonctionnaires, tous des fidèles du souverain et des adeptes de ses doctrines réformatrices, le même souci de recherche de luminosité est observé. Le culte du *maat* comme vérité impose que tout soit conforme à la nature et en harmonie avec elle. Il exige aussi que, se conformant à ce principe, les cérémonies de la cour et l'image du souverain soient transformées.
Dans le domaine artistique, les conséquences sont évidentes et représentent une rupture avec la tradition égyptienne séculaire, rupture identique à celle qui s'est produite dans le domaine religieux. Cette éphémère réforme dure jusqu'au règne du jeune pharaon Toutankhamon, mais celui-ci rétablit la tradition thébaine, qui acquiert une nouvelle splendeur sous les Ramessides. L'histoire religieuse des Égyptiens est aussi une histoire politique : lorsque l'Égypte décline, c'est le clergé thébain qui dirige politiquement le pays par l'intermédiaire des grands prêtres nobles qui profitent de la faiblesse des derniers pharaons, jusqu'à l'arrivée de dynasties étrangères qui reprennent le pouvoir politique et instaurent des pratiques religieuses archaïsantes. C'est ainsi que réapparaissent des temples et des cultes oubliés, dédiés à des divinités populaires primitives.

Dans le **reste du continent africain**, les expressions religieuses ne sont ni aussi institutionnalisées ni aussi complexes. Les religions sont beaucoup plus simples, à la fois du fait des variations du niveau de civilisation

atteint, mais aussi de l'organisation sociale, qui n'est pas encore concrétisée par des États régionaux. Ainsi en est-il, jusque vers la moitié du premier millénaire av. J.-C., du **royaume de Koush** qui, bien qu'il soit devenu puissant et ait conquis politiquement l'Égypte en transférant la capitale dans la cité de Napata, continue d'être soumis culturellement et religieusement à la civilisation égyptienne.

Parmi les autres populations, l'expression religieuse la mieux connue à ce jour est celle des **Berbères libyens**. Pour eux, comme en général pour tous les peuples d'Afrique septentrionale, les phases culturelles antérieures à l'arrivée des Phéniciens ne sont que partiellement connues. On sait seulement que le sentiment religieux de ces populations se fixe sur une grande variété d'objets : éléments célestes, comme le soleil et la lune ; de la nature, comme les montagnes et les fleuves ; jusque, plus communément, les pierres rondes et pointues qui font l'objet de culte, tout comme les eaux douces, les sources, les puits et les arbres, symboles de fécondité. Quelques animaux sont associés à l'énergie fécondatrice, comme le taureau, le lion et surtout le bélier, dont le culte est très répandu dans toute l'Afrique, Égypte comprise, avant l'assèchement du Sahara. Le poisson est un symbole phallique et revêt une fonction apotropaïque car il éloigne les esprits malins ; son correspondant féminin est la coquille, qui représente le sexe de la femme et sert d'amulette aussi bien aux vivants qu'aux morts. Parmi les parties du corps humain, les cheveux semblent posséder également une valeur religieuse, peut-être associée à la virilité. Les Libyens en prennent grand soin, les rassemblant au sommet de la tête au moyen d'une natte enroulée, comme en témoignent les fresques égyptiennes.

Ci-dessus : détail d'une barque solaire sur un relief du temple du dieu Amon, à Karnak. Le sanctuaire du dieu se trouve dans le temple, et c'est là qu'on achemine l'image d'Amon venue sur une barque richement décorée d'or et de pierres précieuses, au cours d'une fête solennelle à laquelle participent le pharaon et la famille royale.
A droite : statue en bois peint et doré qui représente Toutankhamon, identifié avec Horus alors que, sur une barque en papyrus, le dieu essaie de harponner le monstre envoyé par son frère Seth. Musée égyptien, Le Caire.

Un des aspects les mieux connus de la religion libyo-berbère concerne la mort. Les défunts sont ensevelis en position repliée, accroupis sur un côté ; les os sont souvent dépouillés de leur chair. La vie outre-tombe est assurée par la nourriture et les objets déposés dans la sépulture. Les **sacrifices funéraires** sont célébrés dans des espaces orientés vers l'est, entourés d'une enceinte et contenant des monuments en forme d'obélisque et de stèle. Les défunts de haut rang accueillent de nombreuses tombes dans leur propre sépulture. Hormis les divers cultes chthoniens, liés à la fertilité, il semble que soient vénérés des astres (le soleil, la lune), qui ne sont cependant pas représentés par de grandes figures anthropomorphes.

Le *Rigveda*, le plus ancien texte sacré de l'Inde, invoque de nombreuses divinités qui sont, dans leur majorité, des **représentations de phénomènes naturels**. Il existe une affinité remarquable entre quelques éléments du védisme et la religion iranienne de l'*Avesta*, témoin d'une origine ethnique et culturelle commune à ces civilisations, toutes deux descendantes du groupe indo-iranien. Avec l'arrivée des Aryens en Inde septentrionale, la religion védique commence à se répandre. Elle s'impose aux cultes locaux, souterrains et phalliques, grandement méprisés par les envahisseurs. La peur et l'admiration pour les phénomènes naturels conduisent à y voir des manifestations divines et, sur la base de cette croyance, sont créées peu à peu des divinités dotées d'attributs et de fonctions spécifiques. La division de l'univers en trois parties, ciel, terre et air, est reprise dans le monde divin, dans lequel on distingue des divinités célestes, terrestres et atmosphériques.

Au premier groupe appartiennent **Rita**, Mitra et Varuna. Le premier est le dieu du Ciel, considéré comme le créateur de l'univers, généralement associé à la Terre (Pṛthivī). Parmi les divinités célestes, **Mitra** est le seigneur de la Splendide Lumière du jour, le Soleil en personne; **Varuṇa** est le Firmament enveloppé par les ténèbres et personnifie le ciel. Tous deux sont bienfaisants. Varuṇa est le plus sage : ses lois régissent l'univers et maintiennent l'ordre cosmique; il punit les menteurs et les coupables en protégeant l'opprimé. Parmi les autres divinités célestes, sont vénérées **Oushas** (l'Aurore) et **Sourya** (le Soleil), dont **Viṣṇu** est l'une des personnifications, destinée à jouer un grand rôle dans l'évolution ultérieure de la religion indienne. Visnu représente le parcours accompli par le soleil de son lever à son coucher.

Cependant, le dieu national de l'Inde védique est **Indra**, une divinité de l'atmosphère, violente et guerrière, aux dimensions incommensurables, qui occupe l'espace terrestre et soutient le ciel. Il est dans toute chose qui bouge et respire; c'est la force combattant le démon afin de libérer les eaux fécondantes gardées prisonnières. Pour cette raison, Indra est le dieu de la Tempête et des Ouragans, qui sauve l'Inde de la sécheresse. Dans le groupe des divinités terrestres, hormis Pṛthivī, la Terre, on compte **Agni** : beau comme le soleil, il personnifie le feu sacrificiel et il est très cher au cœur des hommes parce qu'il les protège, veille sur les maisons et est le prêtre de la famille. **Soma**, une autre divinité terrestre, symbolise la boisson enivrante qui confère à l'Inde la vigueur nécessaire à la réalisation de ses grandes entreprises. Elle est préparée pour les sacrifices en l'honneur des dieux et son usage est exclusivement sacré. Ses caractéristiques et son nom révèlent ses liens avec une divinité célébrée dans l'*Avesta*, l'*Haoma*, ayant les mêmes fonctions.

HYMNE À INDRA

1. « Celui qui, premier né, courageux, dieu lui-même, a surpassé les dieux par sa sagesse, dont les deux mondes craignent la fureur à la mesure de sa grande valeur, celui-ci, ô peuple, c'est Indra.

2. Celui qui consolide la terre vacillante, qui calme les montagnes en colère, celui qui est plus vaste que l'atmosphère, celui qui soutient le ciel, celui-ci, ô peuple, c'est Indra.

3. Celui qui tue le serpent, libère les sept fleuves, celui qui, en conduisant les vaches au loin, avait éloigné Vala, celui qui fait naître le feu par le contact entre deux pierres, le conquérant dans la bataille, celui-ci, ô peuple, c'est Indra.

4. Celui par lequel des bouleversements ont été accomplis, celui qui rend la race Dāsa inférieure et négligeable, celui qui, comme pour un jeu, place ses armées et remporte la victoire en prenant ses richesses à l'ennemi, celui-ci, ô peuple, c'est Indra.

[...]

13. Le ciel et la terre s'inclinent devant lui, les montagnes craignent sa colère, ce buveur du fameux soma, dont les bras sont comme la foudre [...], celui-ci, ô peuple, c'est Indra.

14. Celui qui favorise le fouleur et le cuisinier, celui qui gratifie le laudateur et l'homme respectueux des rites, celui qui par la prière, le soma et ce don confère la force, celui-ci, ô peuple, c'est Indra. »

Traduction originale de V. Pisani et L. P. Mishra, Le Letterature dell'India, *Sansoni/Accademia, Florence, 1970.*

Les derniers hymnes du *Rigveda* mettent déjà en évidence la transformation en cours dans l'ancienne religion : les personnalités des dieux tendent à disparaître; il n'en reste que les noms, derrière lesquels se cachent des aspects distincts d'un être unique. D'où le renforcement de la conviction que tout ce qui existe dans la nature est une émanation du Créateur. Dans le même temps, une tendance fait son chemin, qui deviendra caractéristique de la religion indienne. Il s'agit de la **recherche philosophique** et de la quête de réponses aux nombreuses interrogations de l'homme, par exemple sur l'origine du monde et sur la destinée après la mort. La spéculation théologique attribue une valeur croissante au **sacrifice**. Un temps considéré comme un moyen d'obtenir des faveurs divines, il est désormais élevé au rang de force suprême, supérieure aux dieux eux-mêmes. La conviction s'impose alors que seul le sacrifice peut permettre à l'homme d'atteindre le bien suprême, et que rien ne peut se faire dans le monde qui n'en soit dérivé. Trois conséquences en découlent : le soin minutieux qui doit être apporté à son exécution; les nombreux textes qui naissent afin d'en établir les normes et le déroulement; enfin, le pouvoir acquis par les prêtres qui l'accomplissent. Le sacrifice est lié au **feu**, son élément constitutif essentiel. À côté des sacrifices à un feu, exécutés dans la maison par le prêtre de la famille, il est prévu des sacrifices à trois feux, plus solennels. Dans les deux cas, le sacrifice a une valeur privée car il n'est jamais accompli pour garantir le bien-être de la collectivité. L'importance prise par le sacrifice mène à un autre changement religieux : l'affirmation progressive du **monothéisme**. En fait, la force animatrice du sacrifice est le *brahman*, noyau cosmique à l'origine de l'univers tout entier qu'il soutient. On considère que le **brahmanisme** est une religion panthéiste, convaincue que le *brahman*, le principe cosmique, est partout présent. Une réflexion explore les relations entre l'âme individuelle, l'***ātman***, et l'âme universelle, le ***brahman***. D'abord opposées, elles font l'objet d'une conciliation de la part de la caste des prêtres. L'*ātman* et le *brahman*, dans leur harmonie, forment une réalité unique avec l'univers; la sagesse et la béatitude consistent à atteindre cette unité, à concevoir l'âme individuelle comme le miroir de la grande âme universelle.

A droite, en double page : statuette en bronze d'un homme portant une canne, debout sur une charrette tirée par des bœufs (vers 1500 av. J.-C.). Musée de l'Inde occidentale, Bombay. Ce petit chef-d'œuvre de la sculpture, mis au jour dans un village de l'Inde centrale, reflète l'influence des civilisations de la vallée de l'Indus. Celle-ci, bien qu'ayant disparu deux ou trois siècles auparavant, laisse en héritage à l'Inde aryenne ses avancées techniques et d'importants aspects de sa culture.

Le problème de la mort et de l'au-delà est au centre de la réflexion spirituelle. Déjà, la religion védique annonçait avec optimisme une poursuite de la **vie après la mort**, dans un au-delà où l'homme juste continue de mener, avec son corps, l'existence dont il jouissait sur terre ; l'homme mauvais doit, en revanche, expier ses fautes.
A cette théorie est liée la croyance dans la **transmigration de l'âme**, qui devient un élément essentiel du brahmanisme.
Le cycle de la naissance et de la mort, celui de l'incarnation, de la dissolution du corps et d'une nouvelle incarnation sont des thèmes fondamentaux de la philosophie, du mythe, de la religion, de la politique et de l'art. Ils s'appliquent, non seulement à la vie de l'individu, mais aussi à l'histoire de la société et au mouvement du cosmos.
La mythologie nous apprend que chaque cycle de l'univers se divise en **quatre *yugas*** (**âges du monde**). Comme dans la tradition gréco-romaine, ces quatre âges portent chacun le nom d'un métal ; ils sont caractérisés par le fait que chacun présente un déclin des qualités morales par rapport au précédent. Ainsi, les ères indiennes *krita*, *treta*, *dvpara*, *kali* sont nommées sur la base des vertus correspondant à chaque période ; elles se succèdent lentement, dans un ordre irréversible. Dans la première, l'ordre moral du monde, le *dharma*, est solide : tous les hommes et les femmes naissent vertueux et passent leur vie à accomplir leur devoir, les prêtres vivent dans la sainteté, le roi et les nobles agissent selon les principes d'une souveraineté idéale, les paysans et les citadins se consacrent à l'agriculture et à l'artisanat, et

LE SACRIFICE

Le sacrifice du soma, *la boisson des dieux, qui s'accomplit une fois par an, au printemps, est précédé de quatre jours de préparation. Le rituel comporte la coupe des cheveux, l'onction du corps, le port d'un vêtement neuf, un jeûne sévère et une veille exténuante de la part du fidèle, qui éloigne ainsi les forces du Mal. Les paroles murmurées, l'immobilité contemplative, les mortifications corporelles et le réchauffement du corps procurent un état permettant de communiquer avec les dieux. Le sacrificateur est définitivement libéré du Mal par un bain purificateur. Trois feux sont allumés, et des prêtres choisis. Le sacrifice proprement dit se déroule le cinquième jour, et consiste à écraser trois fois le soma. Le suc, recueilli dans différents récipients, est purifié en passant par un filtre de laine de brebis et est utilisé pour les libations, pur ou mélangé avec du lait, de la farine et du miel. Le rite est accompagné de la récitation d'hymnes et de chants spéciaux.*

Le sacrifice du cheval *est l'un des rites les plus solennels et importants. Seul un souverain fort et conquérant peut le célébrer pour accroître sa force, agrandir son royaume et obtenir la victoire à la guerre. Le cheval symbolise la puissance royale ; c'est l'unique sacrifice qui, aux souhaits du roi, inclut la demande de faveurs pour ses sujets. La cérémonie débute au printemps ou en été, et se déroule sur plus d'une année.*
On laisse un étalon de grande race errer librement pendant une année, surveillé et protégé par des nobles, des princes et des guerriers. Une fois ce laps de temps écoulé, après des sacrifices d'animaux et la libation de soma, le cheval est étouffé entre des tissus. La reine, pour assurer sa descendance, doit se coucher à côté du cheval, qui est ensuite incinéré et offert aux divinités.

Ci-dessus : relief en stéatite représentant une divinité à cornes dans une position de yoga en compagnie d'animaux. Il s'agit peut-être de Pasupati (le « seigneur des animaux », une des épithètes du dieu Siva). Musée national de l'Inde, New Delhi.

même les classes inférieures observent l'ordre sacré qui préside à la vie. Mais, au fur et à mesure, l'ordre perd du terrain pour atteindre le déclin moral et social du *kali yuga*. Le cycle tout entier représente un seul jour du *brahman* (l'âme du monde), ou *kalpa*, qui commence avec la création et l'émanation de l'univers à partir d'une substance divine invisible, et se termine par la dissolution et la réabsorption dans l'absolu. Le progrès et le déclin de chaque kalpa sont marqués par des cycles mythologiques : la domination victorieuse des dieux, l'interlude de la défaite et de la dévastation, lorsqu'ils sont soumis aux titans, incarnations du Mal, et enfin la libération des dieux. Ce thème est sous-jacent dans le **mythe de la parade des fourmis**, dans lequel il est raconté comment Indra, après avoir tué le titan gigantesque qui retenait les eaux prisonnières, libère celles-ci et permet au fleuve de la vie de s'écouler à nouveau. Pendant la domination du monstre, la cité des Dieux est tombée en ruine, et la première action d'Indra consiste à la reconstruire. Il confie à Viśvakarman, dieu des Arts et des Métiers, la charge d'édifier un palais d'une splendeur incomparable. Cependant, au fur et à mesure de la construction, Indra devient toujours plus exigeant, jusqu'au jour où l'architecte divin, désespéré, demande l'aide du créateur du monde, Brahman, ce dernier lui promettant qu'il sera très prochainement libéré de son fardeau. Le jour suivant, un brahmane se présente au palais d'Indra. C'est un jeune homme, doté de la beauté et de la sagesse. Leur rencontre a lieu dans la salle d'audiences, et le jeune homme explique le motif de sa visite : ayant entendu parler de son prestigieux palais, il voudrait savoir combien d'années seront encore nécessaires pour l'achever et quels travaux devra encore effectuer Viçvakarman, puisque, avant lui, aucun Indra n'a eu une demeure aussi splendide. Sur un ton paternel, Indra demande au jeune homme combien d'Indra il a pu connaître. Celui-ci répond qu'il en a connu plusieurs, qu'il a été le témoin de la terrible destruction de l'univers, et qu'il a vu toute chose périr à la fin de chaque cycle. Qui pourra jamais raconter les âges du monde, qui passent en se succédant les uns aux autres ? La véritable sagesse consiste à savoir qu'on ne pourra pas les raconter. Alors qu'il prononce ces paroles, pénètre dans la salle une armée de fourmis. Le jeune homme sourit et explique à Indra que chacune des fourmis, en son temps, a été désignée roi des Rois en vertu de ses qualités, mais qu'à présent, à travers la renaissance, chacun de ces souverains est redevenu une fourmi. Indra, le roi des Dieux humilié, son orgueil bafoué, est finalement guéri d'une ambition excessive ; par la pratique d'une sagesse spirituelle et terrestre, il reconnaît le rôle de la roue qui tourne à l'infini dans le jeu de la vie.

A l'image d'une culture syrienne marquée par la diversité de peuples ayant chacun une histoire, la religion voit s'affirmer de nombreux **cultes hétérogènes**, qui subissent l'influence des grandes civilisations voisines. Comme, à ces caractéristiques, s'ajoute une documentation peu abondante, le tableau qui se dessine est nécessairement fragmentaire. Il est pourtant utile de faire le point sur le discours religieux, les divinités et les rites de la zone syro-palestinienne avant de s'arrêter ensuite sur les deux expériences religieuses, phénicienne et hébraïque, qui sont les plus originales de cette région. La religion hébraïque non seulement se détache nettement de l'environnement dans lequel elle se développe, mais encore donne lieu à une expérience unique, basée sur des principes de foi véritablement novateurs.

A gauche : couple divin, sculpture syro-hittite en basalte (XIIe siècle av. J.-C.), de Tell Halāf. Musée d'Alep, Syrie.
Ci-dessous : offrandes votives, du petit temple des stèles (XIVe siècle av. J.-C.), en Palestine. Musée d'Israël, Jérusalem.

Comme dans les domaines littéraire et artistique, la cité d'Ougarit fournit de précieux témoignages qui permettent de reconstituer les pratiques religieuses de la région. Les différentes religions syriennes sont à replacer dans le cadre plus vaste des religions orientales, du fait de leur caractère polythéiste et naturaliste. Les divinités sont multiples et personnifient toutes un **aspect de la nature**, comme le ciel, la terre, la tempête, la foudre, le soleil. Chacune présente des caractéristiques précises, mais, loin de posséder une personnalité propre, elles ont souvent les attributs d'autres divinités.
Le panthéon est dominé par un dieu suprême de nature céleste, **El**, dont le nom signifie Dieu. Son statut de dieu suprême est éclipsé par une autre divinité plus active : **Baal** (seigneur), dieu de la Nature puis de la Tempête. On trouve en Baal l'équivalent de cette force cosmique ambivalente – favorable en pluie féconde, destructrice en ouragan – qui est vénérée chez tous les peuples anciens du Proche-Orient. Baal est connu aussi sous le nom d'**Adad** et, comme tel, est considéré comme dieu de la Végétation. Caractérisée par son destin de vie et de mort, qui reflète le cycle de la végétation, cette divinité est présente dans chaque panthéon oriental.
Il y a, enfin, un élément féminin, représenté par la déesse de la Fécondité, épouse de Baal, **Astarté**, dont le nom dérive probablement de celui de la déesse mésopotamienne Ishtar. Sur de nombreuses statuettes en terre cuite, elle est présentée nue, ou revêtue d'un léger voile collant au corps, et portant une fleur de lotus et un serpent, motifs iconographiques empruntés à l'Égypte ; parfois, elle est déesse de la Guerre. Des divinités secondaires, aussi désignées sous le nom de Baal, s'ajoutent aux **divinités nationales** qui protègent différentes populations, telles Kémosh pour les Moabites et Milkom pour les Ammonites (deux populations installées à proximité d'Israël).
Des **divinités étrangères** font aussi leur apparition dans le panthéon syro-palestinien. Parmi celles d'origine égyptienne, on retrouve Hathor, déesse de l'Amour, dont le culte finit par se confondre avec celui de son homologue Astarté. L'adoption du culte de Rê (le Soleil), dieu suprême de l'Égypte et de son pharaon, a des motivations plus politiques. Parmi les divinités babyloniennes accueillies en Syrie, il faut noter Ninurta, dieu de la Guerre, Sin, dieu de la Lune, Anu, dieu du Ciel, et Nergal, dieu de la Mort.

Il est possible de compléter les rares témoignages archéologiques disponibles par les nombreuses informations indirectes livrées par la Bible. On y apprend que les représentations anthropomorphes des divinités syriennes sont d'origine étrangère ou constituent des imitations locales d'images étrangères, alors que l'esprit religieux autochtone préfère les représentations symboliques et fétichistes comme les pierres, les poteaux et objets similaires, considérés comme les lieux où réside la divinité.
De la même façon, des sources, des bois et des cavernes sont vénérés. En effet, l'absence de temples – peut-être due à la limitation des recherches archéologiques – serait à relier à un usage signalé dans la Bible, à savoir la célébration des rites et des sacrifices à ciel ouvert, sur les sommets des montagnes, sur des collines ou dans les bois, le **lieu sacré** étant clos par une enceinte aux dimensions et aux formes variées, contenant une pierre sacrée ou un autel. Il renferme aussi une stèle ou un cippe sacré et, parfois, un arbre, une source ou tout autre objet de manifestation divine ; ce rôle est souvent rempli par les ***massebahs*** et les *asherahs*. Les premiers sont des cippes ou des pilastres, hauts, étroits et grossièrement travaillés, parfois ornés des attributs de la virilité ou de la féminité.
Il est probable que le rite qui leur est associé consiste pour le fidèle à embrasser la stèle et à déposer des offrandes votives. En revanche, les ***asherahs*** sont de gros pieux représentant la déesse Astarté, dont leur nom est dérivé.
Les **sacrifices** sont accomplis sur les autels dressés à l'intérieur des enceintes sacrées et consistent en dons de nourriture, boissons et encens. Les victimes destinées à l'immolation sont égorgées : les meilleurs morceaux et leur sang sont déposés sur l'autel, tandis que les

autres parties sont partagées entre les participants ou brûlées. En s'appuyant sur des passages de la Bible et sur quelques témoignages archéologiques encore sujets à caution, on a supposé que, afin d'apaiser la colère d'un démon lors de catastrophes, des sacrifices humains étaient pratiqués. La **magie** est très répandue, liée aux amulettes, aux exorcismes et aux enchantements. Les devins sont nombreux, accompagnés de prophètes (interprètes de la volonté divine) qui parlent au nom du dieu et accomplissent des miracles en état d'extase. Des prophètes qui joueront un rôle très important en Israël.

On peut aussi parler de pluralité des divinités dans la **religion phénicienne**. Certains dieux sont communs aux religions sémitiques de la région syro-palestinienne. Cela ne signifie pas nécessairement que les célébrations qui ont lieu en Phénicie à l'âge du fer dérivent nécessairement de cultes alors attestés en Syrie. Le panorama religieux phénicien n'est pas unitaire : il est fait de particularismes, les différences étant nombreuses d'une cité à l'autre ; de plus il se caractérise par son syncrétisme et ses innovations fréquentes. Au plan religieux, une probable conséquence de l'aspect fragmentaire du contexte politique phénicien réside dans l'institution d'un panthéon propre à chaque cité-État, laquelle organise de façon autonome le rituel public avec des fêtes et des célébrations. Ces panthéons urbains présentent quelques traits communs : une organisation des divinités en triades, qui n'exclut cependant pas la présence d'autres dieux, l'habitude de leur attribuer des noms de fonctions plutôt que des noms propres, afin de pouvoir compléter le nom générique par des attributions spécifiques, enfin, le caractère interchangeable, déjà relevé dans les religions syriennes, des attributs et des compétences des différentes divinités.

Le **panthéon de Byblos** est dominé par El, le dieu suprême assimilé à Rê, le dieu du pharaon, ce qui reflète clairement l'influence égyptienne. Il y a ensuite une divinité féminine, dont le culte est très ancien, nommée Baalat, la maîtresse de la cité. Son iconographie, caractérisée par des symboles égyptiens, la relie à Hathor-Isis. La divinité la plus importante est cependant **Adon** ; son nom d'origine sémitique signifie « seigneur », mais il est utilisé comme un nom propre. Il est le « dieu qui meurt » : la fête célébrée en son honneur se compose de manifestations publiques de lutte, de la tonsure des femmes, de la prostitution rituelle et de la liturgie du « réveil » d'Adon. Le culte de ce dieu, qui se retrouvera plus tard dans la mythologie grecque, est lié à la croyance d'une vie après la mort. A **Sidon**, on vénère la triade composée de Baal, Astarté et Eshmoun. Si le nom de la première divinité est commun et générique, la déesse Astarté, elle, jouit d'un culte dérivé de l'ancienne tradition sémitique syro-palestinienne et répandu dans toute la Phénicie. Connue comme la « maîtresse des batailles », la Bible lui attribue des liens avec la fertilité et l'amour, et elle sera plus tard assimilée à Aphrodite par les Grecs. La troisième divinité, **Eshmoun**, est le dieu principal, le « Baal de Sidon ». Son culte est attesté dès le Ier millénaire av. J.-C. et son nom, qui semble être relié au terme hébreu signifiant « huile », fait référence à ses vertus de guérisseur ; comme tel, Eshmoun est identifié avec Asclépios dans la mythologie grecque. A **Tyr**, autre cité phénicienne importante, la triade est formée par **Melqart**, Astarté et Bait-ili (Baitylos). Melqart est la puissance tutélaire de la cité : son nom signifie « roi de la cité ». Son culte remonte au Xe siècle av. J.-C. quand Hiram, le roi de Tyr, fait ériger un sanctuaire en son honneur et répand son culte. En fait, Melqart, absent de la tradition du IIe millénaire av. J.-C., s'affirme progressivement. Il est considéré comme le fondateur de la cité et le protecteur de ses activités économiques. Chaque année, lors d'une fête, on célèbre son réveil. Melqart est donc une autre expression du dieu qui meurt et renaît, déjà rencontrée plusieurs fois.

A gauche : statuette d'un dieu assis dans une attitude de bénédiction, en bronze doré (vers 1300 av. J.-C.), Ougarit. Musée de Damas, Syrie.
Ci-dessous : tête de lit en ivoire illustrant les invectives du prophète Amos contre les Samaritains, Nimroud.
A droite : statuette de divinité phénicienne en bronze, provenant de Sidon (1500 av. J.-C.). Musée du Louvre, Paris.
Le panorama religieux phénicien apparaît très fragmenté : chaque cité-État a son panthéon et organise les rites publics, avec des fêtes et des célébrations diverses. Un des points communs aux différents panthéons est l'organisation des divinités principales en triades, même s'il existe d'autres dieux.

Le culte du dieu de la Foudre et du Feu, vénéré sous le nom de **Reshef**, est répandu dans toute la Phénicie. Une série de divinités secondaires est également présente aux côtés des triades principales, qui personnifient des qualités et des fonctions (Chusor, découvreur du fer) ou des attributs moraux (Sydyk, la justice, Misor, la droiture). Le culte est accompli par le souverain – au moins dans les cités principales, Tyr, Byblos et Sidon –, secondé par des prêtres strictement hiérarchisés. Parmi les rites les plus célèbres, se trouve la **prostitution sacrée** en l'honneur

d'Astarté, à laquelle s'oppose avec force l'Ancien Testament. Quelques sources précisent d'ailleurs, soit que la prostitution est un rite exceptionnel, réservé aux étrangers, soit que, dans quelques cités, non seulement les prêtresses, mais aussi toutes les femmes doivent, une fois dans leur vie, se soumettre à cette pratique. Des interprétations plus récentes excluent tout lien direct de ce rite avec la fertilité de la nature et proposent une explication beaucoup plus prosaïque : la prostitution sacrée serait un moyen de remplir les caisses du temple. Des rites et des sacrifices fréquents sont attestés, pour lesquels les fidèles doivent apporter des offrandes au temple ou immoler des animaux. Mais le plus célèbre rite est le **sacrifice humain**, en particulier celui des enfants.

A gauche : femme à la fenêtre, probablement une déesse ou une prostituée sacrée, ivoire assyrien provenant d'Arslān Tash. Musée d'Alep, Syrie. Ci-dessous : le « bouclier de David », d'après un relief sur un mur de Jérusalem. Avant de devenir le symbole national et religieux du judaïsme, il était considéré comme un motif décoratif ou un symbole magique.

La Bible mentionne des lieux nommés *tophets,* où étaient brûlés les fils et les filles des Phéniciens. Attesté surtout à Carthage, la plus importante colonie de Tyr (mais probablement répandu dans toute la zone phénicienne), le **tophet** est un sanctuaire à ciel ouvert, situé hors les murs, qui contient des urnes cinéraires et des stèles en pierre. Dans les urnes, des ossements d'enfants ont été trouvés. L'Orient phénicien n'offre pas de témoignages qui viendraient corroborer ces sacrifices. La même citation biblique pourrait faire référence à un unique rite initiatique de purification sacrificielle. Le tophet pourrait être simplement une nécropole d'enfants.

Pour étudier la **religion d'Israël**, il est possible de partir du *Décalogue* (les Dix Commandements) qui constitue la plus ancienne codification de la loi hébraïque. L'affirmation de l'existence d'un dieu unique est l'aspect distinctif majeur de l'expérience religieuse d'Israël par rapport au polythéisme environnant. Non seulement Israël ne donne pas une forme humaine à son dieu, mais encore en interdit toute représentation, le seul fait de prononcer son nom constituant, en soi, un péché. Il se manifeste par l'intermédiaire de ses créations, les nuages, la tempête, le feu et, surtout, par les interventions historiques en faveur de son peuple. Le *Décalogue* définit ce **monothéisme** en lui conférant une dimension morale et en l'opposant fortement aux divinités anthropomorphes des panthéons polythéistes. Le dieu d'Israël, juste, bon et miséricordieux, connaît la fragilité et la faiblesse humaines. Dans la phase la plus ancienne, il existe un **grand prêtre**, investi d'une autorité importante, auquel est adjoint un collège sacerdotal composé de membres de la tribu de Lévi. Le lieu sacré est représenté par une tente (phase nomade), et c'est seulement à l'époque de Salomon que l'**arche** abritant les Tables de la Loi reçoit un emplacement fixe dans le Temple de Jérusalem. Les fêtes principales sont la **Pâque**, initialement liée au monde pastoral (offrande d'agneaux au printemps) et qui devient ensuite la plus grande fête hébraïque, lors de laquelle sont célébrés le départ de l'Égypte et l'entrée dans la Terre promise, ainsi que les fêtes des Semaines (moisson) et des Cabanes (vendange). Enfin, sont prévus le jeûne obligatoire ainsi que, élément majeur du culte israélite, le repos du samedi.

Un des aspects les plus caractéristiques de la religion hébraïque est, sans aucun doute, le **prophétisme**, lequel devient, à partir du XIe siècle av. J.-C., un élément indissociable de son devenir. L'activité des premiers grands prophètes se déroule sur fond de turbulences conduisant à la division de l'État en deux royaumes, sous la menace continue d'attaques extérieures, assyriennes pour l'essentiel. Les prophètes sont aussi des « voyants » : ils sont capables de révéler ce qui se passe ailleurs, ou ce qui se passera dans le futur. Dans la Bible, ils apparaissent comme des continuateurs de l'œuvre de Moïse, défenseurs de leur peuple et de Jahvé (Dieu) contre les divinités étrangères et les déviations des souverains, et interprètes de la volonté divine. La prédication des grands prophètes, tels Osée, Élie, Amos, Isaïe ou Jérémie, insiste

JONAS

« Par ordre de Jahvé, un grand poisson avala Jonas et il resta dans ses entrailles pendant trois jours et trois nuits.
Alors qu'il était dans ses entrailles, Jonas pria le seigneur son dieu :
Dans mon angoisse, je t'ai appelé,
ô seigneur,
Et tu m'as répondu.
Du profond monde des morts, j'ai crié,
j'ai appelé à l'aide,
et tu m'as entendu.
Tu m'as jeté au fond de la mer,
l'eau m'a submergé,
tes ondes sont passées sur moi.
Je pensais être privé
de ta présence
et ne jamais plus voir
ton Temple saint.
[...] Quand je suis revenu à la vie
je t'ai prié, Jahvé,
et de ton Temple saint
tu m'as entendu.
Ceux qui adorent les idoles
t'ont abandonné.
Je chanterai ta gloire,
je t'offrirai des sacrifices
et ferai ce que j'ai promis.
Tu es le sauveur, ô Jahvé !
Alors, Jahvé donna un nouvel ordre
au poisson qui vomit Jonas sur la plage. »

Telle est la singulière aventure arrivée à Jonas, un des prophètes qui, selon la Bible, fils d'Amittaï, aurait vécu au temps de Jéroboam II, roi d'Israël de 787 à 747 av. J.-C.
L'ouvrage de Jonas est différent des autres livres prophétiques, car il livre son message en racontant un épisode dont il est le protagoniste. Par ordre de Jahvé, Jonas devait se rendre à Ninive, cité ennemie d'Israël, et proclamer le jugement de Dieu contre elle. Jonas s'y refuse et s'enfuit. Ce n'est qu'après une série d'événements dramatiques que le prophète se résout à obéir à l'ordre de Jahvé. Les habitants de Ninive écoutant son message et renonçant à leur mauvais comportement, Jahvé ne les punit pas. Jonas ne comprend pas cette décision et Jahvé lui rappelle que, dans son amour, il veut sauver tous ceux qui se repentent et se convertissent ; même s'ils sont des ennemis de son peuple, Dieu leur montre de la miséricorde.
A travers ce récit didactique, l'auteur présente à ses concitoyens le drame spirituel qui naît du contraste entre les difficultés infligées par Dieu à un prophète pour éprouver sa foi, et l'attitude de Dieu qui accepte de pardonner à d'autres hommes qui l'ont offensé, parce qu'il est le Dieu de chacun. L'expérience vécue par le prophète est à rapprocher de celle de chaque Hébreu, appelé par Dieu à remplir une mission.

sur la dénonciation des injustices ou des abus sociaux, et présente les défaites comme autant de conséquences de la **violation de l'Alliance** avec Dieu. Le thème de l'imminence du **châtiment divin** est une constante de la prédication prophétique ; avec l'aggravation de la situation politique, dans la seconde moitié du VIIIe siècle av. J.-C., l'heure du jugement est désormais proche. Cependant, les prophètes n'annoncent pas la destruction définitive d'Israël, mais atténuent la perspective du malheur par l'espérance dans la miséricorde de Jahvé et dans la restauration d'une époque heureuse. Quand le peuple aura expié ses fautes, il renaîtra grâce au **Messie**, descendant de la maison de David.

Le messianisme fait partie intégrante des écrits prophétiques de l'Ancien Testament. Des prophètes, comme Amos et Osée, promettent le rétablissement de l'ordre et de l'harmonie après une punition qui détruira le pays. **Isaïe** est le premier à annoncer explicitement la venue du Messie. Il dénonce l'usage effréné de la richesse et le culte des faux dieux comme des crimes envers la sainteté de Jahvé. Il prédit aussi une punition imminente, mais précise que la colère divine ne s'abattra pas sur tous, qu'une tribu survivra, la nouvelle semence sainte dont naîtra le Messie.

A gauche : un épisode de l'histoire de Jonas, miniature tirée de la* Bible de Kennicot*. Ci-dessus : deux rabbins célèbrent la Pâque par la cérémonie du* Seder*, miniature d'un manuscrit hébreu du XVe siècle. Bibliothèque palatine, Parme. La Pâque est la principale fête du calendrier hébreu, qui commémore la libération du peuple d'Israël de l'esclavage en Égypte. A droite :* le sacrifice d'Abraham*, miniature tirée d'un psautier anglais du XIIe siècle. Hunterian Museum, Glasgow.

Parmi l'abondant matériel archéologique mis au jour en Crète, les statuettes en terre cuite représentant des **figures féminines** caractérisent chaque phase de la civilisation minoenne. Au paléolithique, des figures féminines nues aux larges flancs et aux attributs sexuels mis en évidence, communes à la zone culturelle égéo-anatolienne, ainsi qu'au Proche et au Moyen-Orient, symbolisent la féminité. Au néolithique, des idoles campaniformes – ainsi nommées à cause de leurs jupes « cloche » –, seins découverts et bras levés, constituent un modèle qui, avec de légères modifications, est attesté jusqu'à la période mycénienne, notamment dans l'iconographie de la déesse aux serpents. Ces données confirment le rôle de la femme dans le domaine religieux, en tant que symbole de la fécondité, et donc de la force de la nature et du mystère qui entoure la naissance d'une nouvelle vie. La femme, qui garantit la perpétuation du genre humain, est comme la terre qui en assure la survivance. Un lien spontané s'établit ainsi entre la **femme et la nature**, fondé sur un concept unique, celui de la régénération universelle.

En Crète, une divinité vénérée peut être assimilée, en partie, à la Grande Mère orientale, cette dernière apparaissant davantage liée aux animaux qu'à la terre.

En bas, à gauche : hache bipenne (période minoenne). Musée archéologique, Héraklion. La hache, de grandes dimensions, est utilisée pour les sacrifices rituels ou comme attribut de la divinité féminine à laquelle elle est associée.
Ci-contre : grande figure de déesse (XIIIᵉ siècle av. J.-C.), provenant du sanctuaire de Gazi, en Crète. Musée archéologique, Héraklion.
A droite : idole crétoise (période minoenne). Musée archéologique, Héraklion. Dans la religion crétoise, c'est encore l'élément féminin qui domine, démontrant un lien fort avec la nature ; la figure féminine symbolise en fait la fécondité et le mystère de la vie : la femme, qui assure la perpétuation du genre humain, se place sur le même plan que la terre, qui assure la survie.

Sur les sceaux, elle est souvent représentée entourée par des fauves qu'elle soumet ; c'est l'image de la « **maitresse des animaux** » (*Pòtnia theron*), citée aussi dans les documents en linéaire qui se réfèrent à la période de domination mycénienne. Il s'agit d'une divinité liée à la force sauvage de la nature, vivant dans les montagnes, où elle chasse et préside aux accouplements et aux naissances des animaux. Ses sanctuaires sont placés aux sommets des montagnes, à ciel ouvert, cernés par des enceintes. A l'intérieur, on y allume des feux, déposant auprès d'eux des offrandes votives constituées de figurines en terre cuite à formes humaines et animales, ou reproduisant des parties guéries d'un corps. A côté de la *Pòtnia theron*, il existe un seigneur des animaux, lui aussi figuré sur les sceaux et peut-être vénéré dans les mêmes sanctuaires. Les héritiers grecs de ces deux divinités sont Artémis et Apollon.

La **déesse aux serpents** est une célèbre figure féminine du panthéon minoen. De petites statues la représentent avec une tiare sur la tête, la poitrine découverte, avec des serpents enroulés autour des bras et du corps. Le fait que ces statues aient toujours été découvertes dans des sanctuaires palatiaux (Cnossos) ou urbains (Ghourniá) démontre qu'il s'agit là d'un culte domestique, dans lequel le serpent joue le rôle de génie tutélaire de la maison et non d'animal chthonien. La déesse peut parfois être associée à des oiseaux, surtout des colombes, s'envolant au-dessus de sa tête ou posées sur une colonne ; le rôle de l'oiseau est probablement identique à celui du serpent. Cet élément aussi se retrouvera dans la religion grecque, qui possède au moins deux déesses importantes associées à des oiseaux : Athéna et la chouette (mais aussi le serpent), Héra et le coucou. La **déesse à l'arbre**, apparaissant sur les gemmes et les sceaux, est la troisième déesse du panthéon minoen ; son culte est lié à l'agriculture, et elle symbolise probablement le cycle annuel de la nature. Parfois, l'arbre, reproduit seul, constitue le véritable objet du culte. Les fresques palatiales fournissent aussi d'utiles témoignages : on y voit des danses qui se déroulent à l'intérieur d'une forêt, ainsi que des processions avec des offrandes de fleurs. D'autres documents iconographiques montrent des femmes en extase, adorant l'arbre ou en train de pleurer. L'arbre divinisé semble être à l'origine de deux types de festivités : joyeuses, pour la renaissance de la nature au printemps, et tristes, pour l'hiver.

Aux côtés de la déesse à l'arbre apparait alors une **divinité masculine de la végétation**, armée d'un bouclier en forme de huit. Ces deux divinités s'identifient avec Ariane et avec Dionysos, le dieu du Vin, dont le culte est confirmé par les tablettes en linéaire B et dont la souffrance, la mort et la résurrection sont fêtées parallèlement au cycle de la végétation. Ces cultes sont célébrés dans des temples rupestres, et dans les palais se déroulent des danses rituelles autour de substituts des arbres, les piliers, souvent isolés dans les pièces destinées au culte et décorés des symboles sacrés de la double hache et de la corne de taureau.

En conséquence, il apparait clairement que l'une des caractéristiques essentielles de la religion minoenne est le **naturalisme**, à savoir le lien étroit que les Crétois ont établi avec tous les aspects de la nature. Ils perçoivent le divin dans les animaux, les fleurs, les arbres, les sources, la mer, la terre. D'où le caractère spontané, émotionnel plus que rationnel, de la religiosité dans ses aspects les plus divers (spectacles, processions et fêtes), et la

personnalité même des dieux, images proches de l'homme, demeurant dans tout ce qui l'entoure. Une valeur sacrée est attribuée dans toute l'île aux **grottes** situées dans les montagnes. En ce domaine aussi, l'archéologie a mis au jour trois sites importants : la grotte du mont Dikti, celle du mont Ida et l'antre d'Amnisos (Cnossos), où l'on vénère une divinité féminine, Illizia, protectrice des accouchements. Les deux autres grottes sont rattachées au culte d'une divinité masculine qui deviendra essentielle dans la religion grecque. Il s'agit de **Zeus**, qui n'est pas encore le dieu suprême de l'Olympe, mais un dieu enfant né dans une de ces grottes. Le culte du dieu est associé à celui d'une déesse mère, qui élève l'enfant avec l'aide d'un collège de prêtres armés (*curetes*).

En Crète, la représentation anthropomorphique des dieux est absente de la grande statuaire, contrairement aux autres civilisations. En revanche, la présence divine est perçue dans des objets ou des animaux symboliques, qui ornent les colonnes et les piliers des palais, décorent les vases ou sont reproduits en terre cuite pour être offerts dans les sanctuaires. La **hache bipenne** (à double lame) est très répandue, non seulement à l'intérieur de l'île, mais aussi dans toute la zone proche-orientale. Il est difficile d'établir avec certitude sa signification, en l'absence de sources écrites qui corroboreraient les hypothèses formulées, mais il semble que ce type de hache, représentée plusieurs fois et dans des contextes différents, ait avant tout une valeur instrumentale, c'est-à-dire qu'elle sert à accomplir les sacrifices. De plus, ce peut être un attribut des divinités féminines, car elle est parfois représentée sur leur tête. Elle peut aussi apparaître comme motif ornemental, gravée sur des piliers et des autels, le plus souvent placée au milieu de deux cornes taurines consacrées. On peut aussi penser que, associée à une déesse, la hache indique la soumission du pouvoir royal à l'élément féminin (son image est souvent présente dans le palais, comme dans le sanctuaire des haches bipennes à Cnossos), mais elle peut avoir une signification plus universelle et se référer à l'alliance des éléments masculin et féminin, symbolisée par la double lame. La hache bipenne est liée aux **cornes consacrées**, image stylisée de la tête du taureau. Les cornes surplombent les façades des temples et ornent les escaliers monumentaux. De plus, le taureau est fréquemment figuré sur les fresques et les vases. Un des thèmes iconographiques les plus répandus est celui de la **tauromachie** : quelques jeunes gens et jeunes filles font des acrobaties en bondissant sur la croupe du taureau, du haut d'une tourelle, ou procèdent à sa capture avec des cordes. Les fêtes peuvent aussi être célébrées à l'intérieur du palais, dans la cour centrale ou dans la zone consacrée au théâtre, et revêtir un caractère initiatique. En Crète, le taureau représente aussi le principe masculin. Enfin, l'**eau** est un autre élément sacré important, en particulier à l'intérieur du palais, où les bassins lustraux, les sources et les puits sont nombreux. L'eau est probablement un élément purificateur, auquel le roi-prêtre a recours avant d'accomplir le sacrifice ou de se présenter à la divinité.

En haut, à gauche : tête de taureau mise au jour à Cnossos (1600 av. J.-C.). Musée archéologique, Héraklion. Le taureau et les cornes sont très fréquemment représentés sur les fresques et les vases.
Ci-contre :* la Petite Déesse aux serpents, *sanctuaire du palais de Cnossos (1600-1580 av. J.-C.). Musée archéologique, Héraklion.
A droite : déesse assise, œuvre provenant de la porte du temple archaïque de Rhizania (VIIIe siècle av. J.-C.). Musée archéologique, Héraklion.

Dans le cadre ainsi défini, le culte des morts n'occupe pas une place importante. A l'évidence, l'**au-delà** n'engendre pas la peur ou l'angoisse pour le Crétois ; il n'existe d'ailleurs aucun document attestant avec certitude sa croyance dans l'au-delà. On peut cependant conclure de l'étude archéologique qu'il croit en la survivance du défunt après la mort. Le rite funéraire caractéristique de la civilisation minoenne, dès l'époque paléolithique, est l'inhumation. Les corps sont déposés dans des grottes rupestres, et ce n'est que plus tard que feront leur apparition les tombes à fosse ou à chambre, creusées dans la roche. Le sarcophage mis au jour dans la villa d'Hagia Triada est important, car ses décors peints représentent les cérémonies funéraires : placé devant la tombe, le défunt accueille un cortège varié, composé de porteurs d'offrandes, de musiciens et d'animaux.

Apparemment, le mort reçoit ce dont il a besoin pour son départ, imaginé comme un voyage (une des offrandes est une barque). La représentation révèle aussi une enceinte sacrée, avec des arbres et un autel auprès duquel sont accomplies les libations. La scène est complétée par des objets sacrés, comme la corne taurine et les haches bipennes. L'**inhumation** continue à être le rite funéraire dominant jusqu'à l'invasion dorienne et l'adoption de l'incinération.

La religion grecque est l'aboutissement d'une longue évolution, au cours de laquelle des influences provenant de régions et de civilisations variées se superposent aux cultes locaux pour finalement se fondre dans le panthéon des divinités olympiennes et dans la mythologie dont ils sont les protagonistes. Le premier substrat, dénommé égéen, puise dans une religiosité méditerranéenne très ancienne, liée au culte des **figures féminines**, symboles de la fécondité terrestre. De nombreuses divinités féminines secondaires apparaissent à la suite d'**Athéna**, ou lui sont assimilées en lui léguant leurs noms et leurs attributs personnels. Ainsi, la maîtresse de la nature sauvage, identifiée dans les inscriptions anciennes sous le nom de Potnia, est absorbée par Athéna, qui adopte cette épithète, comme en témoigne Homère.
La **mer** est vénérée par un cortège de divinités masculines (Nérée, Triton, Pelée) qui, par la suite, se retrouveront dans **Poséidon**.
Ces apports s'expliquent par l'animisme des origines, qui attribue à chaque composante de la nature une puissance divine.
Il faut insister sur l'influence de la civilisation minoenne, par l'intermédiaire de laquelle sont introduits des éléments du culte chthonien (relatif à la puissance et à la divinité de la terre et du monde souterrain), cependant repris dans une approche plus réfléchie, centrée sur des conceptions religieuses plus complexes. Les **dieux crétois** entrent également dans le panthéon olympien, mais seulement à travers les influences exercées par les divinités qui leur sont propres. En ce domaine, la civilisation mycénienne joue le rôle d'intermédiaire, puisqu'elle représente la fusion des éléments chthoniens et célestes. Ainsi, la maîtresse des animaux vénérée dans les palais crétois se transforme en Athéna et en Héra, toutes deux associées à un oiseau ou à un animal chthonien comme le serpent. La déesse de la Végétation qui, en Crète, est symbolisée par l'arbre sacré ou le pilier, réapparaît en Héra ou en Artémis.
Parmi les divinités masculines, Dionysos constitue le principal emprunt aux Minoens, alors que le seigneur des animaux se retrouve dans Hermès, Apollon et Héraclès.
Enfin, certains dieux découlent de l'**influence orientale** : Apollon, peut-être issu d'Asie Mineure ; Artémis, déjà citée sur les tablettes de Pylos et liée au culte de la Grande Mère d'Éphèse ; Héphaïstos, héritier des nombreux personnages divinisés d'Asie Mineure ; ou Aphrodite, pouvant être associée à Astarté. Zeus est assurément d'**origine indo-européenne** : il dérive du Dyeus des anciennes religions indienne et iranienne. Le Zeus grec, dieu du Ciel et maître suprême du Temps, intègre aussi des caractéristiques des divinités orientales de la tempête (Adad, Teshoub, Baal) et du jeune dieu qui meurt dans la religion crétoise.

A gauche* : Apollon en seigneur des animaux,** ***accompagné d'un lion, statuette en ivoire (VIe siècle av. J.-C.). Divinité multiforme (en Crète, il est vénéré sous la forme d'un dauphin), Apollon est un dieu solaire et un archer dont les flèches provoquent la peste. Ci-dessus : Athéna. Musée national romain, Rome. Ci-dessous, en double page : tablette votive présentant une procession et un sacrifice, œuvre d'un artiste corinthien originaire de Pitsa (VIe siècle av. J.-C.). Le premier témoignage important sur la religion grecque est livré par les poèmes homériques, dans lesquels les dieux et les déesses de l'Olympe apparaissent avec leurs attributs et les prérogatives qui leur sont propres. Le panthéon grec subit une transformation importante à l'arrivée des Mycéniens : c'est la fin de la primauté féminine, en vigueur dans le culte archaïque, et la domination des dieux masculins, si bien que même Athéna est masculinisée en assumant ses fonctions de déesse guerrière.

Avec les **Mycéniens**, se produit un fait considérable qui donnera son visage définitif à la religion grecque : l'abandon du primat des divinités féminines, en vigueur dans l'ancien culte, et leur substitution par des **divinités masculines**. Poséidon, perçu comme seigneur de la terre, occupe d'abord la première place parmi les dieux, avant que, dès la fin de la période mycénienne, **Zeus**, le protecteur de la dynastie mycénienne, ne devienne le premier des dieux. Les **déesses féminines** conservent cependant une place importante et incarnent chaque aspect de la féminité : Déméter la mère, Héra l'épouse fidèle qui protège les mariages, Aphrodite l'amante inconstante favorisant les unions de la chair, et enfin Hestia, Artémis et Athéna incarnant toutes trois la vierge privée d'attributs sexuels. Athéna, déesse guerrière protectrice de la cité, est immédiatement masculinisée. Une fois dépassés le mysticisme et le naturalisme de la religion minoenne, la religion grecque distingue nettement entre les sphères humaine et divine et établit des relations entre les deux basées sur les prières et les sacrifices en échange de faveurs.

Dans les poèmes d'**Homère**, *l'Iliade* et *l'Odyssée,* se trouvent et agissent les dieux et les héros (Achille, Hector, Pâris, Hélène, Zeus, Héra, Poséidon, Athéna, les Cyclopes, les Géants) qui peupleront la littérature et la mythologie classiques.
Le mythe principal des poèmes homériques

est celui de Troie, qui fait remonter les causes de la guerre à une compétition entre Héra, Athéna et Aphrodite, afin de déterminer laquelle est la plus belle. Le prince troyen Pâris, juge de l'épreuve, tranche en faveur d'Aphrodite et obtient en échange de pouvoir s'emparer d'Hélène, épouse de Ménélas, roi de Sparte. L'enlèvement d'Hélène conduit tous les chefs achéens à marcher sur Troie. La guerre dure dix années et se termine par la chute de la cité, grâce à un stratagème imaginé par Ulysse. Tous les héros grecs ne parviendront pas à retrouver leur patrie.
De nombreux cycles et traditions mythologiques se greffent sur ce mythe et se retrouveront dans le patrimoine de la grande tragédie classique. Chez Homère, sont formulés les concepts caractéristiques de la religion grecque : la justice, le destin, l'idée de la divinité. Les poèmes homériques sont basés sur l'opposition entre la **justice** et son contraire, l'***hybris***, la défiance envers les dieux. L'offense d'Agamemnon envers Achille est due à l'*hybris*, la colère d'Achille étant à l'origine de nombreux revers des Achéens pendant la guerre *(l'Iliade)*; tout comme le long et aventureux exil d'Ulysse, dans *l'Odyssée,* est la punition infligée par Poséidon à l'*hybris* du héros qui l'a offensé en se moquant de lui et en rendant son fils Polyphème aveugle. Dans les deux cas, les héros dépassent les limites imposées du **destin**, compris comme une portion de vie concédée à l'homme. Il revient aux dieux de rétablir l'harmonie et la justice.
En revanche, la naissance du monde et des dieux fait l'objet d'une autre œuvre de la Grèce archaïque, la *Théogonie* d'**Hésiode**, qui reprend la tradition et la reformule. Hésiode a le mérite de classer et de sélectionner les mythes. Son récit débute par le chaos absolu qui existe avant toute chose, la **Terre** et **Éros**, le principe de la reproduction sexuelle apparaissant ensuite. Dès lors, chaque être aura un père et une mère. Ce premier récit débute par la naissance du jour et de la nuit et aboutit au règne de Cronos. S'y ajoutent d'autres généalogies, dont la plus importante est celle qui, des accouplements de Zeus, fait dériver toutes les divinités olympiennes.

Pour les Grecs, les divinités, conçues sous forme humaine, sont des puissances actives; des temples et des autels leur sont consacrés, tandis qu'elles reçoivent prières, sacrifices et offrandes. Chaque région possède ses cultes et ses protecteurs, mais les Grecs sont néanmoins conscients de leur unité ethnique et culturelle, qu'ils entendent sauvegarder; ils trouvent précisément dans la religion et dans la langue des éléments de cette cohésion. En réponse à ces exigences de l'ensemble de la communauté, apparaissent des **lieux sacrés** qui attirent des foules nombreuses venant de toute la Grèce. Le sanctuaire de Délos est l'un des plus célèbres, chronologiquement précédé de ceux de Delphes, **Dodone** et Olympie. Delphes est liée au culte d'Apollon, qui rend ses oracles par la bouche de la Pythie, la prêtresse du dieu. Elle prophétise depuis la crypte du temple, assise sur un tripode, pénétrée par l'inspiration divine. Dodone est consacrée à Zeus, dont la volonté s'exprime par le bruissement des feuilles de chêne du bois sacré. Les **jeux sportifs**, qui représentent une autre forme du culte panhellénique, sont associés au rituel funéraire. Les Jeux olympiques, institués en 776 av. J.-C., selon la tradition, sont liés à Pélops, dont le tumulus funéraire est situé à l'intérieur de l'enceinte du sanctuaire. Les athlètes qui rivalisent pour la victoire n'espèrent pas la richesse, mais la gloire, qui équivaut à l'immortalité.

La créativité grecque ne se cantonne pas aux domaines artistiques et religieux, mais se développe pleinement dans la **philosophie**. La philosophie grecque naît au VIe siècle av. J.-C. et offre une riche réflexion qui s'épanouit également dans d'autres régions de l'Orient. La question fondamentale concerne l'origine des choses; elle trouve une première réponse spontanée dans le mythe. Les premières spéculations philosophiques - basées sur le ***logos*** (pensée rationnelle) et sur le ***mythos*** (récit fantastique ou religieux) - ont lieu au sein de l'école ionienne, dont les membres sont définis par Aristote comme les « anciens physiologues ». L'origine du monde, d'après ces philosophes, ne se trouve pas dans les choses particulières, mais dans la matière infinie susceptible de produire toujours des êtres nouveaux; c'est alors qu'émerge le concept de *fysis* (nature), utilisé pour qualifier le monde dans son devenir. **Thalès de Milet** (VIIe-VIe siècle av. J.-C.) expose que l'eau constitue le principe primordial, à l'origine de toute chose. Anaximène et Anaximandre proposeront d'autres éléments, air ou infini, pour incarner ce principe vital.
Au-delà des solutions proposées et de leur dépassement par les spéculations ultérieures, ce qui compte, c'est que l'homme, avec ces premières tentatives, abandonne définitivement la vision mythique et découvre la raison comme instrument suprême de la connaissance. De fait, l'optique cosmogonique est abandonnée et, avec Thalès, la religion d'Homère commence à être critiquée avec force. Cette **critique rationaliste** se développera avec Anaximandre et, ensuite, élargira son horizon avec Xénophon, pour arriver enfin, avec Héraclite, à la remise en question de la mythologie épique et de la religion officielle. En rapportant toute chose au monde physico-biologique, les Milésiens abordent à leur façon les concepts de la création et de l'évolution du monde. Pourtant, ils ne critiquent pas ouvertement la religion. Mais en théorisant l'*âpeiron* (l'infini), Anaximandre en exclut tout caractère divin et, surtout, toute référence à un dieu personnel.

En haut : détail d'un vase grec (Ve siècle av. J.-C.), représentant le duel entre Achille et Hector. Ci-dessus : hydre à figures noires montrant Polyphème aveuglé, découverte à Cerveteri (Ve siècle av. J.-C.). La cosmogonie homérique a été acceptée pendant des siècles par les Grecs comme une religion officielle.

Le tableau des croyances religieuses des civilisations européennes préhistoriques et protohistoriques n'est pas clairement défini. Les documents écrits sont absents, et le fait de devoir se baser exclusivement sur l'archéologie, qui autorise souvent des interprétations contradictoires, ne facilite pas la reconstitution. Les thèmes de la fertilité, du culte des morts et du culte des éléments de la nature semblent être relativement fréquents et répandus. Il est difficile d'aller au-delà de ces constatations, tout comme il est malaisé de les relier entre eux ou de les situer chronologiquement. Le **culte de la fertilité**, avec les idoles féminines aux attributs sexuels mis en évidence, paraît être le plus ancien : il est déjà présent à l'époque préhistorique et perdure jusqu'à l'aube de l'âge des métaux, couvrant une zone très vaste qui s'étend de l'Extrême-Orient à l'Atlantique. Le lien avec la terre qui offre la nourriture et la vie est, à l'évidence, un sentiment très ancien qui concerne le chasseur et le cueilleur, mais aussi le paysan néolithique, pour qui la fertilité de la terre est l'élément essentiel de sa vie et de l'organisation sociale. Ce discours peut assurément s'appliquer à la civilisation de l'Occident méditerranéen. Les nombreuses stèles, disséminées çà et là, d'Espagne méridionale en Sardaigne, de Corse à Malte, portent les symboles de la féminité, parfois associés à des figures masculines (Corse, Sardaigne) ; elles renvoient aux cultes magiques destinés à assurer la fertilité du sol.

En bas, à gauche : idole en granit provenant de Cáceres, en Espagne (âge du bronze). Musée archéologique, Madrid. Ci-contre : idoles-plaques mises au jour dans diverses localités (début de l'âge du bronze). Musée archéologique, Madrid. Ci-dessous : idoles en os et pierre d'Almizaraque (Almería), en Espagne. Musée archéologique, Madrid.

Il semble qu'à l'âge des métaux, le **culte des personnages masculins** soit prédominant. La production artistique de la période consiste en petits bronzes représentant des donateurs et des guerriers, dont les armes sont figurées avec beaucoup de soin. Ce fait révèle une évolution sociale très importante, à savoir l'émergence d'une caste militaire qui jouit de privilèges politiques et économiques, la possession d'armes étant à la base de cette supériorité. La représentation des guerriers témoigne aussi du **culte des ancêtres**, présent dans toutes les anciennes civilisations.
Il révèle le fort sentiment d'appartenance des populations à un territoire et à une communauté et a dû contribuer au phénomène culturel très ancien que constitue le mégalithisme. L'érection de monuments en pierre de proportions considérables, comme les dolmens et les menhirs, et le soin avec lequel ils sont décorés de gravures et de peintures révèlent l'engagement de toute la communauté dans la célébration du rite.
Les mégalithes d'Europe septentrionale et atlantique datent du néolithique, alors que ceux de la zone méditerranéenne perdurent à l'âge du bronze et jusqu'à l'aube de l'âge du fer (Sardaigne, Corse). Leur caractère, essentiellement funéraire, est une confirmation supplémentaire de la propagation du culte des ancêtres. Dans les tombes des défunts de rang social élevé, a été découverte une grande quantité d'objets en bronze, de céramique, de bijoux d'or et d'ambre, ainsi que la carcasse d'un cheval – retrouvée, dans de nombreux cas, aux côtés du défunt –, animal qui a probablement été introduit par les nomades indo-européens et les peuples des steppes arrivés en Europe par vagues successives.
La possession d'un cheval est synonyme de prestige social et, tout comme les armes, caractérise la caste militaire.

La croyance basée sur le **culte des astres** (le soleil, la lune et leur position au cours de leur révolution) est très ancienne. Les grands complexes circulaires de menhirs, avec leurs longs alignements, présentent une spécificité : les faces principales de ces monolithes sont tournées vers l'est, alors que leur disposition, en cercle ou en ligne, tient compte de la position des équinoxes et des solstices du **soleil**. Celui-ci devient finalement une divinité, mais il est difficile d'établir avec précision les honneurs qui lui étaient attribués, ou de préciser le rapport que l'art met en évidence entre l'astre et les défunts. En conclusion, on peut imaginer qu'il y a eu un déplacement du culte de la fertilité et de la terre vers celui des héros ou des divinités masculines, déplacement qui se produit parallèlement à l'apparition du bronze et à l'affirmation du patriarcat. Le changement religieux est lié aux vastes bouleversements économiques et sociaux qui se produisent en Europe à l'âge du bronze : le passage d'une communauté agricole à une société artisanale et guerrière, du nomadisme à la sédentarisation, de l'usage d'outils en pierre à celui des outils en métaux. Dans un premier temps, la maternité semble occuper une place importante, la figure prépondérante de la reproduction étant la mère, qui donne la vie, avant de s'étendre ensuite au monde végétal, lorsque la **terre mère** devient le giron dans lequel sont semées les graines. Cependant, avec l'affermissement de l'agriculture et de l'élevage, la fonction masculine dans le processus de création devient plus évidente et vitale. On donne alors un **époux** à la **déesse mère,** qui accomplit son devoir de géniteur en restant cependant le serviteur ou le fils de la déesse. Au cours du temps, il devient un partenaire de rang égal, ou même supérieur. Le culte concentrant l'énergie créatrice dans le principe masculin, reconnu comme générateur, la déesse tend à perdre partiellement sa prédominance et son prestige. Toutefois, des manifestations de culte d'origine asiatique commencent à se répandre du Proche-Orient à la Bretagne et à la Scandinavie, avec la civilisation mégalithique. Le culte, centré dans l'île de Malte sur les images monumentales de la

Mère stéatopyge, se propage graduellement en Espagne et sur tout le littoral atlantique. Les menhirs, héritiers des Vénus paléolithiques et que l'on trouve dispersés en de nombreux lieux de la Méditerranée occidentale, témoignent de la persistance du culte à une époque assez tardive, alors qu'ils assument une fonction essentiellement funéraire.

On comprend aisément comment la religion préhistorique a pu mettre en relation les mystères de la mort et de la vie, de la naissance et de la fertilité. C'est la terre qui constitue le lien, car elle donne la vie, nourrit la graine semée comme dans un ventre maternel, et reçoit la dépouille mortelle du défunt à la fin de son cycle de vie. Ainsi, le **culte des morts,** qui s'étend alors dans tout l'Occident, subit de plus en plus l'influence de la déesse mère : pendant et après la période chalcolithique, on rencontre fréquemment les emblèmes de la déesse dans les tombes et dans le rituel funéraire. Les **sépultures** en position repliée prédominent, ainsi que les inhumations dans les tombes rupestres et dans les tombes à chambre des régions ibériques de l'époque mégalithique. Quelques savants ont avancé l'hypothèse selon laquelle les morts étaient déifiés, et donc vénérés sous la forme d'un culte divin. Les défunts de rang social élevé participent au caractère sacré émanant de la déesse et, avec elle, ils exercent une influence bénéfique sur les vivants. Ils sont donc des objets de vénération et reçoivent des offrandes dans leurs magnifiques tombes. L'adoration des bétyles dans les sanctuaires mégalithiques de Malte semble dériver du culte des morts.
A l'âge du bronze, à côté des **inhumations**, on trouve des **incinérations**, parfois postérieures à celles-ci ; dans ce cas, il pourrait s'agit du monument funéraire d'un chef, dont l'utilisation s'est poursuivie pour ses descendants. Quel que soit le mode de déposition, les **obsèques** semblent consister en un rituel élaboré, comportant, notamment, un repas et l'offrande d'un matériel funéraire pour faciliter le voyage du mort vers la vie future.

A gauche : divinité féminine sculptée dans le marbre (2500 av. J.-C.), mise au jour dans le complexe nauragique de Senorbi. Musée archéologique national, Cagliari.
Ci-dessous : situle provenant de la nécropole de la Certosa, Bologne, vers 500 av. J.-C. Civico Museo Archeologico, Bologne.
A droite : statuette dite du **Chef de tribu des monts Arcosu,** *petit bronze représentant un guerrier vêtu d'un manteau, un poignard en bandoulière, portant une épée dans une main et s'appuyant sur un bâton de l'autre main.*

BIBLIOGRAPHIE

INDEX

CARTES ET PLANS

▮ DICTIONNAIRES

Encyclopédie française, Larousse, Paris, 1977-1983.
Encyclopaedia Universalis, Paris, nouv. éd., 1989.
Dictionnaire d'histoire universelle, Michel Mourre, Éditions Universitaires, Paris, 1982.
Grand Larousse universel, Paris, 1985-1993, 15 vol.
Grand Robert des noms propres, Paris.

▮ ATLAS

Le Grand Atlas de l'archéologie, Encyclopaedia Universalis, Paris, 1985.
L'Atlas historique..., sous la direction de J. Bertin et P. Vidal-Naquet, Hachette, 1987.
Atlas historique, sous la direction de G. Duby, Larousse, 1987.
Atlas historique, Stock, Paris, 1968.

▮ OUVRAGES GÉNÉRAUX

Coll. « Encyclopédie de la Pléiade », Paris, Gallimard, 1956-1958.
Coll. « Nouvelle Clio », P.U.F., Paris, 1985-1991.
Coll. « Que sais-je ? », P.U.F., Paris.
Coll. « La Vie quotidienne », Hachette.
Delorme, J., *Chronologie des civilisations,* P.U.F., Paris, nouv. éd., 1984.
Delorme, J., *les Grandes Dates* (4 vol.), coll. « Que sais-je ? », P.U.F., Paris, 1990.
Destins du monde, sous la direction de L. Febvre et F. Braudel, Armand Colin, Paris, 1962-1990.
Les Grandes Civilisations, sous la direction de R. Bloch, Arthaud, Paris, 1965, rééd. Poche Arthaud, 1991.
Histoire générale des civilisations, sous la direction de M. Crouzet, Paris, P.U.F., 1963-1980.
Le Monde et son histoire, sous la direction de M. Meuleau, Bordas, Paris, 1975, « coll. Bouquins », Robert Laffont, Paris, 1984-1985.

▮ OUVRAGES THÉMATIQUES

Coll. « L'Art et les grandes civilisations », Citadelles et Mazenod, Paris.
Coll. « Histoire générale des sciences », P.U.F., Paris.
Coll. « Histoire générale des techniques », P.U.F., Paris.
Coll. « L'Univers des formes », Gallimard, Paris.
Eliade, M., *Histoire des croyances et des idées religieuses,* 4 vol., Payot, 1989.
Ellul, J., *Histoire des institutions,* coll. « Themis », P.U.F., Paris.
Rachet, G., *Dictionnaire de l'archéologie,* Robert Laffont, Paris, 1982.
Dictionnaire encyclopédique d'archéologie, sous la direction de L. Cottrell, vol. III, Laffont-Bompiani, Paris, 1962.
Histoire générale des religions, sous la direction de Gorce M. et Mortier R., Librairie Aristide Quillet, Paris, 1947.
Le Nouveau Dictionnaire des auteurs - Le Nouveau Dictionnaire des œuvres, coll. « Bouquins », Robert Laffont, Paris.

▮ PRÉHISTOIRE

Clark, G., *la Préhistoire de l'humanité,* coll. « Petite bibliothèque Payot », Payot, Paris, 1962.
Coppens, Y., *le Singe, l'Afrique et l'Homme,* « Le Temps des sciences », Fayard, Paris, 1983.
Leakey, R., Lewin, R., *les Origines de l'homme,* Arthaud, Paris, 1979.
Leroi Gourhan, A, *les Chasseurs de la préhistoire,* Métailié, Paris, 1983.
Leroi-Gourhan, A., *le Fil du temps,* « Le Temps des sciences », Fayard, Paris, 1983.
Leroi Gourhan, A, *l'Homme et la Matière,* Albin Michel, Paris, 1992.
Leroi-Gourhan, A., *Mécanique vivante,* « Le Temps des sciences », Fayard, Paris, 1983.
Leroi-Gourhan, A., et collaborateurs, *la Préhistoire,* coll. « Nouvelle Clio », vol. I, P.U.F., Paris, 1966.
Leroi-Gourhan, A., *Préhistoire de l'art occidental,* coll. « L'Art et les grandes civilisations », Citadelles et Mazenod, Paris, 1995.

▮ ORIENT ANCIEN

Amiet, P., *l'Art antique du Proche-Orient*, coll. « L'Art et les grandes civilisations », vol. III, Citadelles et Mazenod, Paris, 1977.
Amiet, P., *les Civilisations antiques du Proche-Orient,* coll. « Que sais-je ? » n° 185, 4e édition, P.U.F., Paris, 1992.
Attiet, J.-P., *l'Art antique du Proche-Orient,* Paris, Citadelles et Mazenod, 1971.
Deshayes, J., *les Civilisations de l'Orient ancien,* coll. « Les Grandes Civilisations », vol. III, Arthaud, Paris, 1969.
Garelli, P., *le Proche-Orient asiatique. Des origines aux invasions des Peuples de la Mer,* coll. « Nouvelle Clio - L'Histoire et ses problèmes », P.U.F., Paris, 1969.
Garelli, P., et Nikiprowetzky, V., *le Proche-Orient asiatique. Les Empires mésopotamiens. Israël,* coll. « Nouvelle Clio - L'Histoire et ses problèmes », P.U.F., Paris, 1974.
Moscati, S., *l'Orient avant les Grecs,* P.U.F., Paris, 1963.
Will, E., *le Monde grec et l'Orient. Le Ve siècle (510-403),* coll. « Peuples et civilisations », P.U.F., Paris, 1972.

▮ MÉSOPOTAMIE ET ANATOLIE

Bittel, K., *les Hittites,* coll. « L'Univers des formes », Gallimard, Paris, 1987.
Bottero, J., *la Religion babylonienne,* coll. « Mythes et Religions », P.U.F., Paris, 1952.
Conteneau, G., *la Vie quotidienne à Babylone et en Assyrie,* Hachette, Paris, 1950.
Garellli, P., *l'Assyriologie,* coll. « Que sais-je ? » n° 1144, P.U.F., Paris, 1990.
Kramer, S.-N., *L'histoire commence à Sumer,* vol. III, Flammarion, Paris, 1994.
Rutten, M., *Babylone,* coll. « Que sais-je ? », 3e éd., P.U.F., Paris, 1966.

▮ ÉGYPTE

Daumas, F., *la Civilisation de l'Égypte pharaonique,* coll. « Les Grandes Civilisations poche», Arthaud, Paris, 1988.
Daumas, F., *la Vie dans l'Égypte ancienne,* coll. « Que sais-je ? », P.U.F., Paris, 1973.
Desroches-Noblecourt, Ch., *l'Art égyptien,* P.U.F., Paris, 1961.
Drioton, E., Vandier, J., *l'Égypte des origines à la conquête d'Alexandre,* coll. « Dito », P.U.F., Paris, 1989.

▮ SYRIE, PALESTINE

Chouraqui, A., *Histoire du judaïsme,* coll. « Que sais-je ? », P.U.F., Paris, 1990.
Chouraqui, A., *la Vie quotidienne des Hébreux au temps de la Bible,* Hachette, Paris, 1971.
Dupont-Sommer, A., *les Araméens,* coll. « L'Orient ancien illustré », Maisonneuve, Paris, 1949.
Moscati, S., *l'Épopée des Phéniciens,* coll. « L'Aventure des civilisations », Fayard, Paris, 1971.

▮ IRAN, ASIE MINEURE

Ghirshman, R., *l'Iran, des origines à l'islam,* coll. « Les Origines de l'humanité », Albin Michel, Paris, 1976.
Ghirshman, R., *Perse,* coll. « L'Univers des formes », Gallimard, Paris, 1964.
Grousset, R., et collaborateurs, *la Civilisation iranienne,* Payot, Paris, 1952.

▮ MONDE GREC

Akurgal, E., *Orient et Occident. La naissance de l'art grec*, coll. « L'Art dans le monde », Albin Michel, Paris, 1969.
Aymard, A., Auboyer, J., *l'Orient et la Grèce antique,* coll. « Histoire générale des civilisations », Quadrige, 1994.
Bériard, J., *la Colonisation grecque de l'Italie méridionale et de la Sicile dans l'Antiquité,* P.U.F., Paris, 1957.
Chamoux, F., *la Civilisation hellénistique à l'époque archaïque et classique,* coll. « Les Grandes Civilisations poche », Arthaud, Paris, 1981.
Charbonneaux, J., Martin, R., Villard, F., *Grèce archaïque. Grèce classique. Grèce hellénistique,* coll. « L'Univers des formes », Gallimard, Paris, 1984.
Demargne, P., *Naissance de l'art grec,* coll. « L'Univers des formes », Gallimard, Paris, 1985.
Faure, P., *la Vie quotidienne en Crète au temps de Minos (1500 av. J.-C.),* Paris, 1975.
Finley, M.-I., *les Premiers Temps de la Grèce, l'âge du bronze et l'époque archaïque,* Flammarion, Paris, 1988.
Finley, M.-I., *les Anciens Grecs,* Le Seuil, Paris, 1983.
Finley, M.-I., l*e Monde d'Ulysse,* Le Seuil, Paris, 1990.
Flacelière, R., *Histoire littéraire de la Grèce,* Les Lettres, Paris, 1983.
Glotz, G., Cohen, M., *Histoire grecque,* 4 vol., P.U.F., Paris, 1945-1948.

Grimal, P., *Dictionnaire de la mythologie grecque et romaine,* P.U.F., Paris, 1994.
Lévêque, P., *l'Aventure grecque,* coll. « Destins du monde », vol. III, Armand Colin, Paris, 1992.
Maffre, J.-J., *l'Art grec,* coll. « Que sais-je ? », 3e éd., 1991.
Vernant, J.-P., *Mythe et société en Grèce ancienne,* Le Seuil, Paris, 1992.

ÉTRURIE ET LATIUM

Bianchi-Bandinelli, R., Giuliano, A., *les Étrusques et l'Italie avant Rome,* coll. « L'Univers des formes », Gallimard, 1973.
Bloch, R., *l'Art des Étrusques,* Paris, 1965.
Bloch, R., *les Origines de Rome,* coll. « Que sais-je ? », P.U.F., Paris, 1994.
Heurgon, J., *la Vie quotidienne chez les Étrusques,* Hachette, Paris, 1975.
Heurgon, J., *Rome et la Méditerranée occidentale jusqu'aux guerres puniques,* coll. « Nouvelle Clio », P.U.F., Paris, 1993.
Mansuelli, G.-A., *les Étrusques,* Albin Michel, Paris, 1966.

AMÉRIQUES

Lehman, H., *l'Art précolombien,* Charles Massin, Paris, 1960.
Lehman, H., *les Civilisations précolombiennes,* coll « Que sais-je ? », P.U.F., Paris, 1983.

INDE

Auboyer, J., *la Vie quotidienne dans l'Inde ancienne,* Hachette, Paris, 1961.
Basham, A.-L., *la Civilisation de l'Inde ancienne,* coll. « Les Grandes Civilisations », vol. III, Arthaud, Paris, 1976.
Filiozat, J., Renou, L., *l'Inde classique,* 3 vol., Maisonneuve, Paris, 1985.
Piggott, *Prehistoric India,* Harmondsworth, 1950.

CHINE

Gernet, J., *le Monde chinois,* coll. « Destins du monde », Armand Colin, Paris, 1990.
Gernet, J., *la Chine ancienne, des origines à l'Empire,* coll. « Que sais-je ? », P.U.F., Paris, 1992.
Grousset, R., *Histoire de l'Extrême-Orient,* Geuthner.
Keightley, D. N., *The Origins of Chinese Civilization,* Berkeley, 1983.
Watson, W., *l'Art de l'ancienne Chine,* coll. « L'Art et les grandes civilisations », Citadelles et Mazenod, Paris, 1979.

PROTO-HISTOIRE EUROPÉENNE

Childe, G., *l'Europe préhistorique. Les premières sociétés européennes,* coll. « Petite bibliothèque Payot », Payot, Paris, 1962.
Childe, G., *l'Aube de la civilisation européenne,* Payot, Paris, 1949.
Duval, P.-M., *les Celtes : de la préhistoire aux Celtes,* coll. « L'Univers des formes », Gallimard, Paris, 1977.
Guilaine, J., *la France d'avant la France, du néolithique à l'âge du fer,* Hachette, Paris, 1980.
Hubert, H., *les Celtes depuis l'époque de la Tène et la civilisation celtique,* coll. « Évolution de l'humanité poche », Albin Michel, Paris, 1989.
Mansuelli, G.-A., *les Civilisations de l'Europe ancienne,* coll. « Les Grandes Civilisations », vol. III, Arthaud, Paris, 1967.

Les folios en *italique* renvoient aux légendes des illustrations.

DE L'APPARITION DE L'HOMME AUX CIVILISATIONS FLUVIALES

L'ORIENT ET LA MÉDITERRANÉE ENTRE LE IIe ET LE Ier MILLÉNAIRE

Photographies

AFE, Rome : 39h, 70, 81b
Agenzia Contrasto, Rome : 181h
Agenzia fotografica Luisa Ricciarini, Milan : 16d, 18b, 20d, 22bd, 23d, 24b, 25b, 26h, 26b, 32bd, 38bd, 39b, 44b, 61b, 73b, 78g, 80b, 90g, 90hd, 91d, 94h, 97hg, 100h, 100b, 101, 104bg, 104bd, 105d, 105bd, 106b, 107b, 107d, 118d, 124h, 124b, 125h, 125b, 125d, 126hg, 127hg, 127hd, 127b, 128bd, 129hg, 129hd, 129b, 130g, 131c, 131b, 132hd, 134-135b, 135hg, 138-139b, 140h, 140bg, 140bd, 141h, 141c, 141b, 143h, 143bg, 143bd, 144h, 144g, 145h, 145bg, 148c, 156h, 157b, 158h, 158b, 159b, 162h, 162b, 163g, 170b, 171h, 171b, 172h, 172-173b, 173hg, 173hd, 174h, 175bg, 175bd, 176b, 178g, 178-179h, 183hg, 183b, 185h, 190hd, 190b, 191h, 191b, 192g, 192h, 192b, 193h, 193bg, 194g, 195hg, 195b, 196g, 197h, 197b, 202g, 202-203b, 203h, 205h, 208h, 210hg, 210hd, 210b, 211g, 211c, 211d, 212h, 213bd, 214h, 214bg, 214bd, 215hg, 215b
• **AISA/Ricciarini** : 25h, 39c, 130-131h, 133, 144b, 145bd, 155bg, 159h, 176g, 176h, 178c, 196d, 199g
• **Archivio IGDA, Milan/Ricciarini** : 12g, 13g, 13d, 30-31b, 35d, 36h, 36g, 41hg, 41hd, 42hd, 45d, 52h, 52g, 54h, 54b, 55hg, 55bg, 55d, 56g, 60b, 62b, 70g, 72h, 72g, 72b, 73h, 76g, 76bd, 77hd, 80h, 57b, 84g, 92bg, 92d, 99bg, 103bg, 106g, 108b, 110g, 110hd, 117g, 120h, 120-121b, 121hg, 123h, 139d, 152h, 152b, 153hg, 153b, 154h, 154d, 168bg, 169d, 180h, 185b, 186c, 187b, 187d, 188hd, 189c, 206b, 207g, 207d

Dessins

Gianni Burato, Vérone : 136-137b, 146h
Ugo Guidolin/Graffito : 12h, 14b, 15g, 16h, 17, 22h, 26g, 27b, 28b, 29, 30h, 33c, 34b, 35h, 37h, 39h, 40h, 42g, 43d, 45h, 48-49b, 59b, 65h, 66b, 75bd 116b, 118g, 122h, 126hd, 128h, 128bg, 142hg, 142bg, 150cg, 166, 184h

Toutes les autres illustrations proviennent des Archives AME, Milan.